J. von Staudingers
Kommentar zum Bürgerlichen Gesetzbuch
mit Einführungsgesetz und Nebengesetzen
EGBGB/IPR
Internationales Wirtschaftsrecht

Kommentatorinnen und Kommentatoren

Dr. Karl-Dieter Albrecht
Vorsitzender Richter am Bayerischen Verwaltungsgerichtshof, München

Dr. Hermann Amann
Notar in Berchtesgaden

Dr. Christian Armbrüster
Privatdozent an der Freien Universität Berlin

Dr. Martin Avenarius
Wiss. Assistent an der Universität Göttingen

Dr. Christian von Bar
Professor an der Universität Osnabrück, Honorary Master of the Bench, Gray's Inn (London)

Dr. Wolfgang Baumann
Notar in Wuppertal

Dr. Okko Behrends
Professor an der Universität Göttingen

Dr. Detlev W. Belling, M.C.L.
Professor an der Universität Potsdam

Dr. Werner Bienwald
Professor an der Evangelischen Fachhochschule Hannover

Dr. Andreas Blaschczok
Professor an der Universität Leipzig

Dr. Dieter Blumenwitz
Professor an der Universität Würzburg

Dr. Reinhard Bork
Professor an der Universität Hamburg, Richter am Hanseatischen Oberlandesgericht zu Hamburg

Dr. Wolf-Rüdiger Bub
Rechtsanwalt in München, Lehrbeauftragter an der Universität Potsdam

Dr. Elmar Bund
Professor an der Universität Freiburg i. Br.

Dr. Jan Busche
Privatdozent an der Freien Universität Berlin

Dr. Michael Coester, LL.M.
Professor an der Universität München

Dr. Dagmar Coester-Waltjen, LL.M.
Professorin an der Universität München

Dr. Dr. h. c. mult. Helmut Coing
em. Professor an der Universität Frankfurt am Main

Dr. Matthias Cremer
Notar in Dresden

Dr. Hermann Dilcher †
em. Professor an der Universität Bochum

Dr. Heinrich Dörner
Professor an der Universität Münster

Dr. Christina Eberl-Borges
Wiss. Assistentin an der Universität Potsdam

Dr. Werner F. Ebke, LL.M.
Professor an der Universität Konstanz

Dr. Jörn Eckert
Professor an der Universität Kiel, Richter am Schleswig-Holsteinischen Oberlandesgericht in Schleswig

Dr. Eberhard Eichenhofer
Professor an der Universität Jena

Dr. Volker Emmerich
Professor an der Universität Bayreuth, Richter am Oberlandesgericht Nürnberg

Dipl.-Kfm. Dr. Norbert Engel
Leitender Ministerialrat im Bayerischen Senat, München

Dr. Helmut Engler
Professor an der Universität Freiburg i. Br., Minister in Baden-Württemberg a. D.

Dr. Karl-Heinz Fezer
Professor an der Universität Konstanz, Honorarprofessor an der Universität Leipzig, Richter am Oberlandesgericht Stuttgart

Dr. Johann Frank
Notar in Amberg

Dr. Rainer Frank
Professor an der Universität Freiburg i. Br.

Dr. Bernhard Großfeld, LL.M.
Professor an der Universität Münster

Dr. Karl-Heinz Gursky
Professor an der Universität Osnabrück

Dr. Ulrich Haas
Professor an der Universität Halle-Wittenberg

Norbert Habermann
Richter am Amtsgericht Offenbach

Dr. Johannes Hager
Professor an der Humboldt-Universität zu Berlin

Dr. Rainer Hausmann
Professor an der Universität Konstanz

Dr. Dott. h. c. Dieter Henrich
Professor an der Universität Regensburg

Dr. Reinhard Hepting
Professor an der Universität Mainz

Joseph Hönle
Notar in Tittmoning

Dr. Bernd von Hoffmann
Professor an der Universität Trier

Dr. Heinrich Honsell
Professor an der Universität Zürich, Honorarprofessor an der Universität Salzburg

Dr. Dr. Dres. h. c. Klaus J. Hopt, M.C.J.
Professor, Direktor des Max-Planck-Instituts für Ausländisches und Internationales Privatrecht, Hamburg

Dr. Norbert Horn
Professor an der Universität zu Köln

Dr. Heinz Hübner
Professor an der Universität zu Köln

Dr. Rainer Jagmann
Vorsitzender Richter am Landgericht Freiburg i. Br.

Dr. Ulrich von Jeinsen
Rechtsanwalt und Notar in Hannover

Dr. Dagmar Kaiser
Privatdozentin an der Universität Freiburg i. Br.

Dr. Rainer Kanzleiter
Notar in Neu-Ulm, Professor an der Universität Augsburg

Wolfgang Kappe †
Vorsitzender Richter am Oberlandesgericht Celle a. D.

Dr. Ralf Katschinski
Notar in Hamburg

Dr. Benno Keim
Notar in München

Dr. Sibylle Kessal-Wulf
Richterin am Schleswig-Holsteinischen Oberlandesgericht in Schleswig

Dr. Diethelm Klippel
Professor an der Universität Bayreuth

Dr. Hans-Georg Knothe
Professor an der Universität Greifswald

Dr. Helmut Köhler
Professor an der Universität München, Richter am Oberlandesgericht München

Dr. Jürgen Kohler
Professor an der Universität Greifswald

Dr. Heinrich Kreuzer
Notar in München

Dr. Jan Kropholler
Professor an der Universität Hamburg, Wiss. Referent am Max-Planck-Institut für Ausländisches und Internationales Privatrecht, Hamburg

Dr. Hans-Dieter Kutter
Notar in Schweinfurt

Dr. Gerd-Hinrich Langhein
Notar in Hamburg

Dr. Dr. h. c. Manfred Löwisch
Professor an der Universität Freiburg i. Br., vorm. Richter am Oberlandesgericht Karlsruhe

Dr. Dr. h. c. Werner Lorenz
Professor an der Universität München

Dr. Peter Mader
Ao. Professor an der Universität Salzburg

Dr. Ulrich Magnus
Professor an der Universität Hamburg, Richter am Hanseatischen Oberlandesgericht zu Hamburg

Dr. Peter Mankowski
Privatdozent an der Universität Osnabrück

Dr. Peter Marburger
Professor an der Universität Trier

Dr. Wolfgang Marotzke
Professor an der Universität Tübingen

Dr. Dr. Michael Martinek, M.C.J.
Professor an der Universität des Saarlandes, Saarbrücken

Dr. Jörg Mayer
Notar in Pottenstein

Dr. Dr. h. c. mult. Theo Mayer-Maly
Professor an der Universität Salzburg

Dr. Dr. Detlef Merten
Professor an der Deutschen Hochschule für Verwaltungswissenschaften Speyer

Dr. Peter O. Mülbert
Professor an der Universität Mainz

Dr. Dirk Neumann
Vizepräsident des Bundesarbeitsgerichts a. D., Kassel, Präsident des Landesarbeitsgerichts Chemnitz a. D.

Dr. Ulrich Noack
Professor an der Universität Düsseldorf

Dr. Hans-Heinrich Nöll
Rechtsanwalt in Hamburg

Dr. Jürgen Oechsler
Professor an der Universität Potsdam

Dr. Hartmut Oetker
Professor an der Universität Jena, Richter am Thüringer Oberlandesgericht Jena

Wolfgang Olshausen
Notar in Rain am Lech

Dr. Dirk Olzen
Professor an der Universität Düsseldorf

Dr. Gerhard Otte
Professor an der Universität Bielefeld

Dr. Hansjörg Otto
Professor an der Universität Göttingen

Dr. Frank Peters
Professor an der Universität Hamburg, Richter am Hanseatischen Oberlandesgericht zu Hamburg

Dr. Axel Pfeifer
Notar in Hamburg

Dr. Alfred Pikalo †
Notar in Düren

Dr. Jörg Pirrung
Ministerialrat im Bundesministerium der Justiz, Bonn, Richter am Gericht erster Instanz der Europäischen Gemeinschaften, Luxemburg

Dr. Ulrich Preis
Professor an der Fern-Universität Hagen und an der Universität Düsseldorf

Dr. Manfred Rapp
Notar in Landsberg a. L.

Dr. Thomas Rauscher
Professor an der Universität Leipzig, Dipl. Math.

Dr. Peter Rawert, LL.M.
Notar in Hamburg, Professor an der Universität Kiel

Eckhard Rehme
Vorsitzender Richter am Oberlandesgericht Oldenburg

Dr. Wolfgang Reimann
Notar in Passau, Professor an der Universität Regensburg

Dr. Dieter Reuter
Professor an der Universität Kiel, Richter am Schleswig-Holsteinischen Oberlandesgericht in Schleswig

Dr. Reinhard Richardi
Professor an der Universität Regensburg

Dr. Volker Rieble
Professor an der Universität Mannheim

Dr. Wolfgang Ring
Notar in Landshut

Dr. Anne Röthel
Wiss. Mitarbeiterin an der Universität Erlangen-Nürnberg

Dr. Herbert Roth
Professor an der Universität Heidelberg

Dr. Rolf Sack
Professor an der Universität Mannheim

Dr. Ludwig Salgo
Professor an der Universität Frankfurt a. M.

Dr. Gottfried Schiemann
Professor an der Universität Tübingen

Dr. Eberhard Schilken
Professor an der Universität Bonn

Dr. Peter Schlosser
Professor an der Universität München

Dr. Jürgen Schmidt
Professor an der Universität Münster

Dr. Karsten Schmidt
Professor an der Universität Bonn

Dr. Günther Schotten
Notar in Köln, Professor an der Universität Bielefeld

Dr. Hans Hermann Seiler
Professor an der Universität Hamburg

Dr. Walter Selb †
Professor an der Universität Wien

Dr. Reinhard Singer
Professor an der Universität Rostock, Richter am Oberlandesgericht Rostock

Dr. Jürgen Sonnenschein
Professor an der Universität Kiel

Dr. Ulrich Spellenberg
Professor an der Universität Bayreuth

Dr. Sebastian Spiegelberger
Notar in Rosenheim

Dr. Hans Stoll
Professor an der Universität Freiburg i. Br.

Dr. Hans-Wolfgang Strätz
Professor an der Universität Konstanz

Dr. Dr. h. c. Fritz Sturm
Professor an der Universität Lausanne

Dr. Gudrun Sturm
Assessorin, Wiss. Mitarbeiterin an der Universität Lausanne

Burkhard Thiele
Ministerialdirigent im Justizministerium Mecklenburg-Vorpommern, Schwerin

Dr. Bea Verschraegen, LL.M.
Professorin an der Universität Wien

Dr. Klaus Vieweg
Professor an der Universität Erlangen-Nürnberg

Dr. Reinhard Voppel
Rechtsanwalt in Köln

Dr. Günter Weick
Professor an der Universität Gießen

Gerd Weinreich
Richter am Oberlandesgericht Oldenburg

Dr. Birgit Weitemeyer
Wiss. Assistentin an der Universität Kiel

Dr. Joachim Wenzel
Vorsitzender Richter am Bundesgerichtshof, Karlsruhe

Dr. Olaf Werner
Professor an der Universität Jena, Richter am Thüringer Oberlandesgericht Jena

Dr. Wolfgang Wiegand
Professor an der Universität Bern

Dr. Peter Winkler von Mohrenfels
Professor an der Universität Rostock, Richter am Oberlandesgericht Rostock

Dr. Roland Wittmann
Professor an der Universität Frankfurt (Oder), Richter am Brandenburgischen Oberlandesgericht

Dr. Hans Wolfsteiner
Notar in München

Dr. Eduard Wufka
Notar in Starnberg

Dr. Michael Wurm
Richter am Bundesgerichtshof, Karlsruhe

Redaktorinnen und Redaktoren

Dr. Christian von Bar
Dr. Wolf-Rüdiger Bub
Dr. Heinrich Dörner
Dr. Helmut Engler
Dr. Karl-Heinz Gursky
Norbert Habermann
Dr. Dott. h. c. Dieter Henrich
Dr. Heinrich Honsell
Dr. Norbert Horn
Dr. Heinz Hübner
Dr. Jan Kropholler

Dr. Dr. h. c. Manfred Löwisch
Dr. Ulrich Magnus
Dr. Dr. Michael Martinek, M.C.J.
Dr. Gerhard Otte
Dr. Lore Maria Peschel-Gutzeit
Dr. Peter Rawert, LL.M.
Dr. Dieter Reuter
Dr. Herbert Roth
Dr. Hans-Wolfgang Strätz
Dr. Wolfgang Wiegand

J. von Staudingers
Kommentar zum Bürgerlichen Gesetzbuch
mit Einführungsgesetz und Nebengesetzen

Einführungsgesetz zum
Bürgerlichen Gesetzbuche/IPR
Internationales Wirtschaftsrecht

Dreizehnte
Bearbeitung 2000
von
Karl-Heinz Fezer

Redaktor
Ulrich Magnus

Sellier – de Gruyter · Berlin

Die Kommentatorinnen und Kommentatoren

Dreizehnte Bearbeitung 2000
KARL-HEINZ FEZER unter
Mitarbeit von Dr. STEFAN KOOS

12. Auflage
./.

10./11. Auflage
./.

Sachregister

Rechtsanwalt Dr. Dr. VOLKER KLUGE, Berlin

Zitierweise

STAUDINGER/FEZER (2000) IntWirtschR Rn 1
Zitiert wird nach Paragraph bzw Artikel und Randnummer.

Hinweise

Das **Vorläufige Abkürzungsverzeichnis 1993** für das „Gesamtwerk STAUDINGER" befindet sich in einer Broschüre, die den Abonnenten zusammen mit dem Band §§ 985–1011 (1993) bzw. seit 2000 gesondert mitgeliefert wird. Eine aktualisierte Neubearbeitung befindet sich in Vorbereitung und wird den Abonennten wiederum kostenlos geliefert werden.

Der **Stand der Bearbeitung** ist jeweils mit Monat und Jahr auf den linken Seiten unten angegeben.

Am Ende des Bandes befindet sich eine Übersicht über den aktuellen **Stand des Gesamtwerks** STAUDINGER zum Zeitpunkt des Erscheinens dieses Bandes.

Die Deutsche Bibliothek – CIP-Einheitsaufnahme

J. von Staudingers Kommentar zum Bürgerlichen Gesetzbuch : mit Einführungsgesetz und Nebengesetzen / [Kommentatoren Karl-Dieter Albrecht ...]. – Berlin : Sellier de Gruyter
    Teilw. hrsg. von Günther Beitzke ... – Teilw. im Verl. Schweitzer, Berlin. – Teilw. im Verl. Schweitzer de Gruyter Berlin. – Teilw. u. d.T.: J. v. Staudingers Kommentar zum Bürgerlichen Gesetzbuch
    ISBN 3-8059-0784-2

[Erg.-Bd.]. Einführungsgesetz zum Bürgerlichen Gesetzbuche / IPR Internationales Wirtschaftsrecht. – 13. Bearb. / von Karl-Heinz Fezer. –
Red. Ulrich Magnus. – 2000
ISBN 3-8059-0935-7

© Copyright 2000 by Dr. Arthur L. Sellier & Co. – Walter de Gruyter GmbH & Co. KG, Berlin. – Printed in Germany

Dieses Werk einschließlich aller seiner Teile ist urheberrechtlich geschützt. Jede Verwertung außerhalb der engen Grenzen des Urheberrechtsgesetzes ist ohne Zustimmung des Verlages unzulässig und strafbar. Das gilt insbesondere für Vervielfältigungen, Übersetzungen, Mikroverfilmungen und die Einspeicherung und Verarbeitung in elektronischen Systemen.

Satz: jürgen ullrich typosatz, Nördlingen

Druck: Sebald Sachsendruck, Plauen.

Bindearbeiten: Lüderitz und Bauer, Buchgewerbe GmbH, Berlin.

Umschlaggestaltung: Bib Wies, München.

♾ Gedruckt auf säurefreiem Papier, das die DIN ISO 9706 Norm über Haltbarkeit erfüllt.

Inhaltsübersicht

	Seite*
Vorwort	IX
Allgemeines Schrifttum	XI
A. Einleitung	1
B. Internationales Kartellprivatrecht	19
C. Internationales Wettbewerbsprivatrecht	149
D. Internationales Markenprivatrecht	284
Sachregister	333

---

* Zitiert wird nicht nach Seiten, sondern nach Paragraph bzw Artikel und Randnummer; siehe dazu auch S VI.

Vorwort

Gegenstand der Darstellung des Internationalen Wirtschaftsrechts ist das Wirtschaftskollisionsrecht, das exemplarisch anhand des Internationalen Privatrechts des Kartellrechts, des Wettbewerbsrechts und des Markenrechts ausgebreitet wird. Die vorgeschlagene Neukonzeption des Internationalen Wirtschaftsprivatrechts beruht auf einem internationalprivatrechtlichen Globalisierungsansatz, dessen Folge eine Integration des internationalen Kartellprivatrechts, des internationalen Wettbewerbsprivatrechts und des internationalen Markenprivatrechts im Sinne einer auf ein System der Weltwirtschaft ausgerichteten Funktionseinheit ist. Der weltwirtschaftliche Prozeß der Globalisierung verlangt eine Kompatibilisierung der für die internationalen Wirtschaftsbeziehungen relevanten Rechtswertungen. Die Ausrichtung des Wirtschaftskollisionsrechts an den Erfordernissen eines globalisierten Welthandelssystems betont das internationale Interesse an einer aktiven Entwicklung, Förderung und Erhaltung effektiver Strukturen im Weltwettbewerb. Die von Souveränitätsaspekten geprägte Klassik völkerrechtlicher Theorieansätze wird relativiert in einer globalen Weltwirtschaftsordnung, die sich an der internationalen Verantwortung für die Strukturierung eines funktionsfähigen Weltwettbewerbs und zugleich an dem Abbau protektionistischer Handelshemmnisse orientiert. Das Verständnis des Wirtschaftskollisionsrechts als einer integrativen Rechtseinheit versucht, anhand des Auswirkungsprinzips und des Postulats eines Marktordnungsrechts deliktsrechtliche und territorialstaatliche Denkweisen zu überwinden. Das Markenrecht steht exemplarisch für das Immaterialgüterrecht, ohne die Struktur- und Funktionsunterschiede im Recht des geistigen Eigentums zu verkennen. Elektronischer Welthandel im Internet, und zwar business to consumer sowie business to business, grenzüberschreitende Werbung eines Euro- oder auch Globalmarketings und allgemein das Internetrecht verlangen eine Anpassung des Wirtschaftskollisionsrechts an die Bedürfnisse des Wirtschaftsverkehrs auf globalen Märkten.

Meinem wissenschaftlichen Assistenten, Herrn Dr. STEFAN KOOS, danke ich für die fruchtbare Diskussion des internationalprivatrechtlichen Globalisierungsansatzes und die wertvolle Mitarbeit bei der Erstellung des Textes.

Konstanz, im Mai 2000   KARL-HEINZ FEZER

Allgemeines Schrifttum

Das Sonderschrifttum ist zu Beginn der einzelnen Kommentierungen bzw in Fußnoten innerhalb der Kommentierung aufgeführt.

I. Allgemeine Werke zum internationalen Privatrecht und internationalen Verfahrensrecht

vBAR, Internationales Privatrecht, Bd 1, Allgemeine Lehren (1987) u Bd 2, Besonderer Teil (1991)
BAUMBACH/LAUTERBACH/ALBERS/HARTMANN, ZPO (57. Aufl 1999)
BRÖDERMANN/IVERSEN, Europäisches Gemeinschaftsrecht und Internationales Privatrecht (1994)
ERMAN/WESTERMANN, Handkommentar zum BGB (1993)
FERID, Internationales Privatrecht (3. Aufl 1986)
FIRSCHING/vHOFFMANN, Internationales Privatrecht (5. Aufl 1997)
GEIMER, Internationales Zivilprozeßrecht (3. Aufl 1997)
GEIMER/SCHÜTZE, Europäisches Zivilverfahrensrecht (1997)
HENRICH (Hrsg), Vorschläge und Gutachten zur Reform des deutschen internationalen Sachen- und Immaterialgüterrechts (1991)
HONSELL/VOGT/SCHNYDER (Hrsg), Kommentar zum schweizerischen Privatrecht, Internationales Privatrecht (1996)
KEGEL, Internationales Privatrecht (7. Aufl 1995)
KROPHOLLER, Internationales Privatrecht (3. Aufl 1997)
KROPHOLLER, Europäisches Zivilprozeßrecht (6. Aufl 1998)
LÜDERITZ, Internationales Privatrecht (2. Aufl 1992)
MAKAROV, Quellen des internationalen Privatrechts, Bd I, Gesetzestexte (1953) u Bd II, Texte der Staatsverträge (1960)
Münchener Kommentar, BGB (3. Aufl 1998)
Münchener Kommentar, ZPO (1992)
MUSIELAK, ZPO (1999)
NEUHAUS, Die Grundbegriffe des Internationalen Privatrechts (2. Aufl 1979)
NUSSBAUM, Deutsches Internationales Privatrecht (1932)
PALANDT, BGB (59. Aufl 2000)
PASTOR/AHRENS, Der Wettbewerbsprozeß (4. Aufl 1999)
RAAPE, Internationales Privatrecht (5. Aufl 1961)
RAAPE/STURM, Internationales Privatrecht I, Allgemeine Lehren (1977)
RAUSCHER, Internationales Privatrecht (1999)
REITHMANN/MARTINY, Internationales Vertragsrecht (5. Aufl 1996)
RGRK-WENGLER, Das Bürgerliche Gesetzbuch, Band IV, Internationales Privatrecht (1981)
RUMMEL, Kommentar zum ABGB (2. Aufl 1992)
SAVIGNY, System des heutigen Römischen Rechts, VIII. Bd (1849)
SCHNYDER, Das neue IPR-Gesetz (2. Aufl. 1990)
SCHRICKER, Urheberrecht (1998)
SCHULZE, Das öffentliche Recht im internationalen Privatrecht (1972)
SCHURIG, Kollisionsnorm und Sachrecht (1981)
SCHWIMANN, Grundriß des internationalen Privatrechts (1982)
SCHWIND, Internationales Privatrecht (1990)
SOERGEL, BGB (12. Aufl 1996)
STEIN/JONAS, ZPO (21. Aufl 1997)
STEINDORFF, Sachnormen im internationalen Privatrecht (1958)
THOMAS/PUTZO, ZPO (22. Aufl 1999)
WIECZOREK/SCHÜTZE, Zivilprozeßordnung und Nebengesetze (3. Aufl 1994)
ZÖLLER, ZPO (21. Aufl 1999).

II. Allgemeine und grundlegende Werke zum internationalen Wirtschaftsrecht

BÄR, Kartellrecht und internationales Privatrecht (1965)
BASEDOW, Weltkartellrecht (1998)
BAUDENBACHER (Hrsg), Das UWG auf neuer Grundlage (1989)
BAUMBACH/HEFERMEHL, Wettbewerbsrecht (20. Aufl 1998)
BECHTOLD, GWB (2. Aufl 1999)
BINDER, Zur Auflockerung des Deliktsstatuts, RabelsZ 20 (1955) 401
BRIEM, Internationales und Europäisches Wettbewerbsrecht und Kennzeichenrecht (1995)
vBÜREN/DAVID (Hrsg), Schweizerisches Immaterialgüter- und Wettbewerbsrecht (1995)
DAVID, Kommentar zum schweizerischen Privatrecht – Markenschutzgesetz, Muster- und Modellgesetz (4. Aufl 1994)
DEUTSCH, Wettbewerbstatbestände mit Auslandsbeziehung (1962)
DRASCH, Das Herkunftslandprinzip im Internationalen Privatrecht (1996)
EMMERICH, Kartellrecht (8. Aufl 1999)
FEZER, Teilhabe und Verantwortung – Die personale Funktionsweise des subjektiven Privatrechts, 1986
ders, Zur Begriffsgeschichte des Wirtschaftsrechts seit der Gründung der Bundesrepublik Deutschland, in: MOHNHAUPT (Hrsg), Rechtsgeschichte in den beiden deutschen Staaten (1988–1990) (1991) 704
ders, Markenrecht (2. Aufl 1999)
FIKENTSCHER, Wettbewerb und gewerblicher Rechtsschutz (1958)
Frankfurter Kommentar zum GWB (3. Aufl 1993)
Gemeinschaftskommentar zum GWB (4. Aufl 1980 ff)
FRORIEP, Der unlautere Wettbewerb im internationalen Privatrecht (1958)
GLEISS/HIRSCH, Kommentar zum EG-Kartellrecht (4. Aufl 1993)
GLOY, Handbuch des Wettbewerbsrechts (2. Aufl 1997)
GOLDMAN/LYON-CAEN/VOGEL, Droit commercial européen (5. Aufl 1994)
GRABITZ/HILF, Kommentar zur Europäischen Union (13. Lfg 1999)
GROEBEN/THIESING/EHLERMANN, Kommentar zum EU-/EG-Vertrag (5. Aufl 1997)
Großkommentar UWG (9. Lfg 1994)
HABERMEIER, Neue Wege zum Wirtschaftskollisionsrecht (1997)
HENN, Patent- und Know-how-Lizenzvertrag (4. Aufl. 1999)
HERDEGEN, Internationales Wirtschaftsrecht (2. Aufl 1995)
HOLL/KLINKE (Hrsg), Internationales Privatrecht, Internationales Wirtschaftsrecht (1985)
HOPPE, Lizenz- und Know-how-Verträge im internationalen Privatrecht (1994)
JOERGES, Die klassische Konzeption des internationalen Privatrechts und das Recht des unlauteren Wettbewerbs, RabelsZ 36 (1972) 421
KOHLER, Der unlautere Wettbewerb (1914)
KÖHLER/PIPER, UWG (1995)
KOOS, Europäischer Lauterkeitsmaßstab und globale Integration (1996)
KOPPENSTEINER, Österreichisches und europäisches Wettbewerbsrecht (3. Aufl 1997)
KREUZER, Ausländisches Wirtschaftsrecht vor deutschen Gerichten (1986)
LANGEN/BUNTE, Kommentar zum deutschen und europäischen Kartellrecht (7. Aufl 1994)
LANGEN/NIEDERLEITHINGER/RITTER/SCHMIDT, Kommentar zum Kartellgesetz (6. Aufl 1982)
LOCHER, Das Internationale Privat- und Zivilprozeßrecht der Immaterialgüterrechte aus urheberrechtlicher Sicht (1993)
MARTINEK, Das internationale Kartellprivatrecht (1987)
MEESSEN, Völkerrechtliche Grundsätze des internationalen Kartellrechts (1975)
ders, Zusammenschlußkontrolle in auslandsbezogenen Sachverhalten, ZHR 143 (1979) 273
ders, Kollisionsrecht der Zusammenschlußkontrolle (1984)
PAGENBERG/GEISSLER, Lizenzverträge (4. Aufl 1997)
SCHRICKER, Urheberrecht (1987)
SCHIKORA, Der Begehungsort im gewerblichen Rechtsschutz und Urheberrecht (1968)
SCHMIDT-PREUSS, Grenzen internationaler Unternehmensakquisition (1983)
SCHNYDER, Wirtschaftskollisionsrecht (1990)
SCHWARTZ, Deutsches Internationales Kartellrecht (1962)

Allgemeines Schrifttum

STUMPF/GROSS, Der Lizenzvertrag (7. Aufl 1998)

A. TROLLER, Das internationale Privat- und Zivilprozeßrecht im gewerblichen Rechtsschutz und Zivilprozeßrecht (1952)

K. TROLLER, Das internationale Privatrecht des unlauteren Wettbewerbs (1962)

ULMER, Die Immaterialgüterrechte im internationalen Privatrecht (1975)

VEELKEN, Interessenabwägung im Wirtschaftskollisionsrecht (1988)

VOGEL, Der räumliche Anwendungsbereich der Verwaltungsrechtsnorm (1965)

WEBER, Die kollisionsrechtliche Behandlung von Wettbewerbsverletzungen mit Auslandsbezug (1982)

WENGLER, Die Anknüpfung des zwingenden Schuldrechts im internationalen Privatrecht, ZVglRW 1941, 168

WESTRICK/LOEWENHEIM, GWB (Stand 1.1.1991)

WIEDEMANN, Handbuch des Kartellrechts (1999)

WIRNER, Wettbewerbsrecht und internationales Privatrecht (1960)

ZWEIGERT, Internationales Privatrecht und öffentliches Recht, in: 50 Jahre Institut für Internationales Recht an der Universität Kiel (1965) 124.

A. Einleitung

Schrifttum

BAEUMER, Anmerkungen zum Territorialitätsprinzip im Internationalen Patent- und Markenrecht, in: FS Fikentscher (1998) 803
BASEDOW, Weltkartellrecht (1998)
BAUDENBACHER, Schwerpunkte der schweizerischen UWG-Reform, in: BAUDENBACHER (Hrsg), Das UWG auf neuer Grundlage (1989)
BAUMBACH/HEFERMEHL, Wettbewerbsrecht (20. Aufl 1998)
BEHRENS, Elemente eines Begriffs des Internationalen Wirtschaftsrechts, RabelsZ 50 (1986) 483
BRIEM, Internationales und Europäisches Wettbewerbsrecht und Kennzeichenrecht (1995)
DEUTSCH, Wettbewerbstatbestände mit Auslandsbeziehung (1962)
DROBNIG, Das Profil des Wirtschaftskollisionsrechts, RabelsZ 52 (1988) 1
FEZER, Markenschutz durch Wettbewerbsrecht, GRUR 1986, 485
ders, Teilhabe und Verantwortung – Die personale Funktionsweise des subjektiven Privatrechts (1986)
ders, Vertriebsbindungssysteme als Unternehmensleistung. Zum Wettbewerbsschutz des selektiven Vertriebs im grauen Markt, GRUR 1990, 551
ders, Zur Begriffsgeschichte des Wirtschaftsrechts seit der Gründung der Bundesrepublik Deutschland, in: MOHNHAUPT (Hrsg), Rechtsgeschichte in den beiden deutschen Staaten (1988–1990) (1991) 704
ders, Der wettbewerbsrechtliche Schutz der unternehmerischen Leistung, in: Gewerblicher Rechtsschutz und Urheberrecht in Deutschland, Festschrift zum hundertjährigen Bestehen der Deutschen Vereinigung für gewerblichen Rechtsschutz und Urheberrecht, Bd II (1991) 939
ders, Leistungsschutz im Wettbewerbsrecht, WRP 1993, 63
FIKENTSCHER, Wettbewerb und gewerblicher Rechtsschutz (1958)
ders, Wettbewerbsrecht im TRIPS-Agreement der Welthandelsorganisation, GRUR IntT 1995, 529
FIKENTSCHER/IMMENGA (Hrsg), Draft International Antitrust Code (1995), 53
FIKENTSCHER/HEINEMANN/KUNZ-HALLSTEIN, Das Kartellrecht des Immaterialgüterschutzes im Draft International Antitrust Code, GRUR IntT 1995, 757
vGAMM, Das Verbot einer unbilligen Behinderung und einer sachlich nicht gerechtfertigten Diskriminierung, NJW 1980, 2489
GLOEDE, Der deutsche Außenhandel und seine wettbewerbsrechtliche Beurteilung nach deutschem und internationalem Privatrecht, GRUR 1960, 464
HABERMEIER, Neue Wege zum Wirtschaftskollisionsrecht (1997)
HEINEMANN, Das Kartellrecht des geistigen Eigentums im TRIPS-Übereinkommen der Welthandelsorganisation, GRUR IntT 1995, 535
HERDEGEN, Internationales Wirtschaftsrecht (2. Aufl 1995)
HOEREN, Internet und Recht – Neue Paradigmen des Informationsrechts, NJW 1998, 2849
IMMENGA, Rechtsregeln für eine internationale Wettbewerbsordnung, in: FS Mestmäcker (1996) 593
KOOS, Europäischer Lauterkeitsmaßstab und globale Integration (1996)
KUNER, Internationale Zuständigkeitskonflikte im Internet, CR 1996, 453
LINDACHER, Zum IPR des unlauteren Wettbewerbs, WRP 1996, 645
MANKOWSKI, Internet und Internationales Wettbewerbsrecht, GRUR IntT 1999, 909
SACK, Die kollisions- und wettbewerbsrechtliche Beurteilung grenzüberschreitender Werbe- und Absatztätigkeit nach deutschem Recht, GRUR IntT 1988, 320
SCHIKORA, Der Begehungsort im gewerblichen Rechtsschutz und Urheberrecht (1968)
SCHLOSSER, EuGVÜ (1996)
SCHLUEP, Vom lauteren zum freien Wettbewerb, GRUR IntT 1973, 446

ders, Über den Begriff der Wettbewerbsverfälschung, in: FS Kummer (1980) 487
ders, Die Werbung im revidierten Lauterkeitsrecht, in: BAUDENBACHER (Hrsg), Das UWG auf neuer Grundlage (1989) 71
SIEHR, Ausländische Eingriffsnormen im inländischen Wirtschaftskollisionsrecht, RabelsZ 52 (1988) 41
ULMER, Der Begriff „Leistungswettbewerb" und seine Bedeutung für die Anwendung von GWB und UWG-Tatbeständen, GRUR 1977, 565.

Systematische Übersicht

I.	Begriff des internationalen Wirtschaftsrechts		1
II.	Notwendigkeit einer Neugestaltung des internationalen Wirtschaftsrechts		3
III.	Fortentwicklung des Wettbewerbskollisionsrechts		7
IV.	Kompatibilisierung des Wettbewerbsrechts		14
V.	Systematischer Standort des Wettbewerbskollisionsrechts		19
VI.	Standort im internationalen Wirtschaftsrecht		21
VII.	Gang der Darstellung		28
VIII.	Allgemeine Fragen		
	1.	Qualifikation	36
	2.	Intertemporales Recht	38
	3.	Vorrang des Konventionsrechts	39
	4.	Vorrang des Gemeinschaftsrechts	40

I. Begriff des internationalen Wirtschaftsrechts

1 Der Begriff des **internationalen Wirtschaftsrechts** befindet sich in einer ständigen Entwicklung (vgl zur historischen Entwickung des Wirtschaftsrechtsbegriffs FEZER, in: MOHNHAUPT [Hrsg], Rechtsgeschichte in den beiden deutschen Staaten [1988–1990], 704 ff). Gegenstand des internationalen Wirtschaftsrechts ist die Erfassung wirtschaftsrechtlich erheblicher **Sachverhalte mit Auslandsberührung** (SIEHR RabelsZ 52 [1988] 41, 46). Die Notwendigkeit eines eigenständigen internationalen Wirtschaftsrechts liegt in der zunehmenden Verflechtung der nationalen Wirtschaftsräume. Der sich intensivierende **Prozeß der Globalisierung** zwingt zu einer ganzheitlichen und kompatibilisierenden Betrachtung der einzelnen für die Erfassung internationaler Wirtschaftsvorgänge relevanten Regelungskomplexe (HERDEGEN § 1 Rn 1). Der Begriff des internationalen Wirtschaftsrechts ist bislang nicht klar abgegrenzt. Einigkeit besteht dahin, daß für die Abgrenzung des Rechtsgebiets und damit für die Begriffsbildung die systematische Zusammenführung einzelner an sich verschiedenen Rechtskomplexen zugehöriger Regelungsbereiche im Sinne einer auf ein **System der Weltwirtschaft** ausgerichteten funktionalen Einheit (vgl BEHRENS RabelsZ 50 [1986] 483, 504) maßgeblich ist. In der vorliegenden Darstellung des internationalen Wirtschaftsrechts wird ein für die internationalen Wirtschaftsbeziehungen wesentlicher Rechtsbereich einer eigenständigen Darstellung zugeführt, die sich nicht auf das Wettbewerbsrecht im engeren Sinne beschränkt, sondern Kartellrecht, Lauterkeitsrecht und Immaterialgüterrecht umfaßt. Eine Begrenzung des umfassenderen Begriffs des internationalen Wirtschaftsrechts ist damit ebensowenig verbunden wie mit der Beschränkung der Darstellung auf das Wirtschaftskollisionsrecht.

A. Einleitung

Die Begriffe „**Internationales Kartellprivatrecht**", „**Internationales Wettbewerbspri-** 2 **vatrecht**" und „**Internationales Markenprivatrecht**", die zur Umschreibung der Gegenstände des Wirtschaftskollisionsrechts, auf die sich die vorliegende Darstellung bezieht, verwendet werden, bringen den Gedanken der *Globalisierung als internationalprivatrechtlichen Theorieansatz des Wirtschaftskollisionsrechts* zum Ausdruck. Dem steht nicht entgegen, entspricht vielmehr, daß namentlich im Kartellrecht die Zuordnung zum Privatrecht und damit auch die Zuordnung zum IPR im klassischen Sinne problematisch ist (zur im Kartellrecht nicht mehr tragfähigen Unterscheidung zwischen öffentlichem Recht und Privatrecht s Rn 46). Auch der Begriff des Kartellkollisionsrechts als Teilbegriff des Wirtschaftskollisionsrechts erfaßt sowohl die vorrangig die privatautonome Interessensphäre betreffende Kollisionsanknüpfung, in welcher nach klassischer Betrachtungsweise die internationale Austauschbarkeit der Sachnormen vorherrscht, als auch den Bereich der durch öffentliche Wirtschaftsinteressen der Staaten geprägten Kollisionsanknüpfung (vgl DROBNIG RabelsZ 52 [1988] 1, 2). Der Begriff des Wirtschaftskollisionsrechts im Kontext eines Verständnisses von Wettbewerbsrecht, das auf privatrechtliche Interessen einwirkt und privatrechtliche Interessen als Reflex einer institutionellen Bestandssicherung eines funktionsfähigen Wettbewerbs gewährleistet, erscheint derzeit noch als ungewohnt.

II. Notwendigkeit einer Neugestaltung des internationalen Wirtschaftsrechts

Das internationale Wirtschaftsrecht befindet sich im Umbruch. Das Zusammenwach- 3 sen der in der Europäischen Union zusammengeschlossenen Mitgliedstaaten zu einem gemeinsamen Binnenmarkt bewirkt erhebliche Veränderungen der Rahmenbedingungen für die europäische Wirtschaft. Die Liberalisierung im europäischen Binnenmarkt erfordert eine konsequente Vereinheitlichung und Harmonisierung namentlich des Wirtschaftsrechts. Dies stellt nicht nur ein Gebot der juristischen Umsetzung des wirtschaftspolitischen Entwicklungsprozesses dar, sondern zugleich eine Notwendigkeit im Hinblick auf die Sicherung des Wirtschaftsstandortes Europa im weltweiten Standortwettbewerb, da nationale Rechtsunterschiede im grenzüberschreitenden Waren- und Dienstleistungsverkehr belastend wirken. Die Gestaltung des Wirtschaftsrechts wird selbst zu einem Gegenstand des Wettbewerbs in Europa (EBENROTH RIW 1995, 1,6). Die geänderten Rahmenbedingungen für den Welthandel zwingen zudem zur Fortentwicklung bestehender Rechtsinstrumentarien, die auch vor der systematischen Einordung einzelner Rechtsgebiete nicht halt macht. Folge ist zum einen eine *Europäisierung* und *Internationalisierung* der wirtschaftsrechtlichen Sachnormen und zum anderen das Erfordernis staatenübergreifender Regulierungs- und Kontrollmechanismen.

Die Realisierung eines weltweiten Wirtschaftsrechts gestaltet sich auch nach Schaf- 4 fung der WTO schwierig. So wurde bislang noch kein internationales Regelsystem im Bereich des Kartellrechts implementiert; kartellrechtliche Vorschriften finden sich im internationalen Bereich allenfalls vereinzelt, insbesondere hinsichtlich von Wettbewerbsbeschränkungen in Lizenzverträgen (vgl Art 40 TRIPS; dazu näher HEINEMANN GRUR IntT 1995, 535, 537 f). Ein umfassendes internationales Kartellrecht fehlt im GATT 1947/1994 bislang (vgl FIKENTSCHER GRUR IntT 1995, 529, 532; zum Entwurf eines Weltkartellrechts vgl BASEDOW, Weltkartellrecht), obwohl hierfür ein erhebliches Bedürfnis besteht, bringt doch die Globalisierung der Märkte eine verstärkte grenzüberschreitende Ausrichtung der Wettbewerbsaktivitäten der Marktteilnehmer und eine Tendenz zu multinationalen Konzernstrukturen mit sich.

5   Für eine Internationalisierung der nationalen Wettbewerbsschutzsysteme bieten sich mehrere Wege an. Dabei haben weder ein einheitliches internationales Wettbewerbsrecht noch eine umfassende internationale Harmonisierung in absehbarer Zeit Aussicht, realisiert zu werden (vgl auch IMMENGA, in: FS Mestmäcker 593, 599). Von einer international besetzten Arbeitsgruppe von Kartellrechtlern wurde bereits im Jahre 1993 mit dem *Draft International Antitrust Code* ein *plurilateral agreement* iSv Annex 4 der WTO vorgelegt (s dazu FIKENTSCHER/IMMENGA [Hrsg], Draft International Antitrust Code, 1995, 53 ff; WuW 1994, 128 ff; vgl auch FIKENTSCHER/HEINEMANN/KUNZ-HALLSTEIN GRUR IntT 1995, 757 ff; IMMENGA, in: FS Mestmäcker 593, 600 ff; BASEDOW 70 ff), der bedeutsame Anhaltspunkte für die zukünftige Gestaltung eines Weltkartellrechts liefert. Denkbar, aber wenig aussichtsreich ist auch eine internationale Vereinbarung, die sich auf die Regelung kollisionsrechtlicher Probleme im Bereich des Wettbewerbsrechts, wie etwa die Frage einer extraterritorialen Anwendung der nationalen Wettbewerbsrechtsnormen, beschränkte. Solange ein internationales Regelungswerk nicht besteht, muß eine zunehmend globalisierte Betrachtungsweise Eingang in das nationale und supranationale Wettbewerbsrecht finden. Dies stellt nicht nur eine Notwendigkeit im Hinblick auf die WTO-Verpflichtungen der WTO-Unterzeichnerstaaten sowie der Europäischen Union dar, sondern dient letztlich auch der Positionierung der europäischen Wirtschaft in einem liberalisierten Welthandel, die von einer Effektivierung des Weltwettbewerbs profitiert. Eine solche Globalisierung des nationalen Rechts umfaßt das gesamte Wirtschaftsrecht, zu dem neben dem Kartellrecht namentlich das Lauterkeitsrecht und das Immaterialgüterrecht gehören.

6   Die Diskussion um die Globalisierung im Wirtschaftsrecht leidet namentlich im Wettbewerbsrecht zuweilen daran, daß nur auf den ersten Blick wirklich globale Ansätze vorgeschlagen werden. Wird etwa davon gesprochen, die Rahmenbedingungen für die Wirtschaft seien zu internationalisieren, um effektivere Strukturen für eine Stärkung des Wirtschaftsstandortes Deutschland und insbesondere für die nationale Wirtschaft zu schaffen, so stellt dies allein keinen echten globalen Ansatz dar, und zwar auch dann nicht, wenn eine weitgehende Einflußnahme europäischen Rechts und Verpflichtungen im Rahmen multilateraler Vereinbarungen angenommen werden. Eine solche **Internationalisierung** stellt lediglich einen Prozeß der **Anpassung** an verschärfte Rahmenbedingungen infolge des faktischen Zusammenwachsens der Märkte dar. Ein wirklich **globaler Ansatz** muß primär eine Effektivierung der internationalen Wettbewerbsstrukturen im Auge haben, um zu einem echten Weltwettbewerb im Rahmen bestehender und zukünftiger Verpflichtungen des freien Welthandels zu führen. Die Förderung effektiver Weltwettbewerbsstrukturen, die auch die Fortentwicklung nationaler rechtlicher Rahmenbedingungen erfordert, führt zu Strukturen, die es den konkurrenzfähigen nationalen bzw gemeinschaftlichen Wettbewerbern einfacher machen, sich auf dem Weltmarkt zu behaupten. Globalisierung in diesem Sinne bedeutet eine **rechtliche Gestaltung**, in deren Folge ein Anpassungsprozeß der Wettbewerber hinsichtlich deren Wettbewerbsfähigkeit erzwungen wird.

III. Fortentwicklung des Wettbewerbskollisionsrechts

Ein solcher globaler Ansatz prägt die Fortentwicklung des Wettbewerbskollisionsrechts. Bei den Problemen der Extraterritorialität inländischen Wettbewerbsrechts, der Anwendbarkeit ausländischen Wettbewerbsrechts im innerstaatlichen Rahmen und der Interessenkonflikte ausländischer Normgeber mit den Rechtsanwendungsinteressen des inländischen Gesetzgebers im wirtschaftspolitischen Bereich geht es daher nicht nur um Toleranz oder freundliche Rücksichtnahme auf ausländische Rechtsanwendungsinteressen, sondern um das **internationale Interesse an einer aktiven Entwicklung, Förderung und Erhaltung effektiver Strukturen im Weltwettbewerb**. Klassische völkerrechtliche Ansätze, die geprägt sind von reinen Souveränitätsaspekten, sind angesichts der im Rahmen der Weltwirtschaftsordnung zu fordernden internationalen Verantwortung für die Herausbildung eines funktionierenden Weltwettbewerbs und zugleich für den Abbau protektionistischer Tendenzen nur noch begrenzt heranziehbar. Sie müssen solchen globalen Ansätzen weichen, die auf den Wettbewerbsprozeß abgestimmter und damit funktionaler Natur sind.

Die gewandelten Rahmenbedingungen machen es erforderlich, das Kollisionsrecht im Hinblick auf die Anforderungen der Globalisierung fortzuentwickeln (FEZER GRUR 1990, 551, 563). Da die entsprechenden Kollisionsnormen Teil der jeweiligen nationalen Rechtsordnung sind und daher vorwiegend originär nationale Interessen verfolgen, sind sie häufig nicht auf die Bedürfnisse des internationalen Handels und namentlich nicht auf die Erfordernisse einer Weltmarktliberalisierung ausgerichtet (EBENROTH RIW 1994, 1, 9). Traditionelle Vorbehalte gegen eine Anwendung ausländischen Wirtschaftsrechts durch nationale Gerichte verlieren in dem Maße ihre Berechtigung, als der Schutz eines liberalen Welthandels und insbesondere eines funktionsfähigen Weltwettbewerbs international in den Vordergrund treten und zu Aufgaben der nationalen Rechtsordnungen werden. Bereits zum jetzigen Zeitpunkt ist nationale Wirtschaftspolitik und folglich auch die Motivation wirtschaftspolitischer Gesetzgebung nicht mehr auf originäre nationale Interessen beschränkt, sondern umfaßt auch Faktoren, die gleichsam in einem **internationalisierten Interesse** liegen. Die Berücksichtigung derartiger Faktoren im nationalen Rahmen stellt einerseits ein Erfordernis im Zusammenhang mit der Verpflichtung der Staaten auf einen liberalisierten Welthandel mit einem funktionsfähigen Wettbewerb dar. Andererseits liegt sie auch im eigenen Interesse der Bundesrepublik Deutschland an einem verzerrungsfreien Weltwettbewerb. Auswirkungen hat dies vor allem auf eine Abwägung eigener nationaler Rechtsanwendungsinteressen mit Rechtsanwendungsinteressen fremder Staaten bei der Frage der Anwendung ausländischen mit nationalen Rechtsnormen kollidierenden Wettbewerbsrechts. Eine globale Betrachtungsweise beeinflußt zudem das Verständnis des **ordre public**, dessen Verletzung nicht auf genuin inländische Interessen beschränkt ist, sondern auch bei Verletzung weltmarktbezogener Marktordnungsinteressen anzunehmen sein wird.

Ein mit der Globalisierung der Märkte verbundenes grundsätzliches Problem für die kollisionsrechtliche Behandlung von Sachverhalten mit Auslandsbezug liegt vor allem darin, daß die **räumlichen Marktbereiche** oft nur schwer national abgrenzbar sind. Der Umstand, daß das Kollisionsrecht eine Zuordnung eines Sachverhaltes zum Regelungsbereich eines prinzipiell territorial begrenzten nationalen Sachrechts vornimmt, führt zu einer Inkompatibilität der herangezogenen Begrifflichkeiten. So können sich Werbemarkt und Absatzmarkt teilweise überschneiden und gleichzeitig auch territorial kaum trennbar sein, etwa in Fällen der grenzüberschreitenden Werbung in Grenzgebieten. Diskrepanzen im Bereich der Wettbewerbsregeln in verschiedenen Marktbereichen führen aufgrund wachsender Interdependenzen der nationalen Wirtschaftsbereiche und des Verschmelzens nationaler Marktbereiche zunehmend zu Rechtsunsicherheiten und Wettbewerbsverzerrungen. Hier zeigt sich zugleich, daß mittelfristig das Kollisionsrecht auch in einer global weiterentwikkelten Form an seine Grenzen stößt und an der Herausbildung von auf einem breiten internationalen Konsens getragenen Standards im Bereich des materiellen Wettbewerbsrechts kein Weg vorbeiführt. Das Kollisionsrecht ist flexibel an den Entwicklungsstand eines globalisierten Wettbewerbsschutzsystems anzupassen. Mit einer wachsenden Herausbildung internationalisierter Schutzstandards und eines internationalen Konsenses zur Durchsetzung der nationalen und staatenübergreifenden Wettbewerbsschutzsysteme kann das Kollisionsrecht im Sinne der Grundidee einer gleichsam internationalen Arbeitsteilung im Rahmen des Schutzes der nationalen Teilmärkte im Weltwettbewerb ausgerichtet werden. Räumlich exorbitante nationale Ordnungsansprüche der Staaten, ein maßgeblicher Störfaktor innerhalb eines Systems allseitiger Kollisionsnormen (vgl BASEDOW RabelsZ 52 [1988] 8, 36), werden dadurch zurückgedrängt. Insbesondere steigt der nationale Akzeptanzgrad im Hinblick auf die Anwendung ausländischen Wettbewerbsrechts mit dem Grad der Herausbildung internationaler Schutzstandards. Tendenzen, vorrangig das eigene Wettbewerbsrecht zur Anwendung zu bringen, können so zurückgedrängt werden, was zu einem **weltoffenen Kollisionsrecht** führt. Vor diesem Hintergrund scheint auch die Ausgestaltung des § 130 Abs 2 GWB als einseitige Kollisionsnorm nicht mehr sachgerecht.

10 In der Praxis besonders deutlich wird die Problematik fehlender internationaler Standards im Rahmen des Wettbewerbsrechts derzeit im Bereich der modernen Medien, wie vor allem hinsichtlich des Rechtsrahmens des **Internets**. Die wachsende Verbreitung des räumlich nicht begrenzbaren Internethandels führt in Verbindung mit der Globalisierung des Handels auch im Bereich der Endabnehmer zur Herausbildung eines **internationalen Marktplatzes**. Überkommene Konzepte, die von grundsätzlich trennbaren nationalen Marktbereichen ausgehen, die allenfalls in einzelnen Beziehungen grenzübergreifend wirken, können kaum mehr herangezogen werden (vgl HOEREN NJW 1998, 2849, 2850, der auf eine „Deterritorialisierung des Rechts" durch das Internet hinweist). Gerade hieran zeigt sich, daß die überkommenen juristischen Instrumentarien mit der bereits bestehenden Internationalisierung der Wirtschaft nicht Schritt halten konnten, zumal auch weiterhin nicht von der Existenz eines von den nationalen Marktbereichen völlig losgelösten transnationalen, virtuellen Internetmarktes auszugehen ist (MANKOWSKI GRUR IntT 1999, 909, 911; vgl aber auch KUNER CR 1996, 453, 458 [Notwendigkeit eines staatlichen Zuständigkeitsverzichtes im Internet]). Um so wichtiger erscheint es, auf die Schutzfunktionen des Wettbewerbsrechts, wie namentlich des **Schutzes eines internationalen Leistungswettbewerbs** abzustellen und eine flexible **allseitige Auswirkungsanknüpfung** zu entwickeln.

11 Im **Immaterialgüterrecht** kann die herkömmliche Schutzlandanknüpfung im Bereich des **Internets** wie auch der weltweiten **Fernsehausstrahlung** etwa via **Satellit** zu deutlichen **Schutzdefiziten** führen. Folge der Schutzlandanknüpfung ist es, daß regelmäßig **ausländische Sachverhalte** nur unter äußerst engen Voraussetzungen berücksichtigungsfähig sind, weil davon ausgegangen wird, daß wegen der territorialen Begrenzung des Immaterialgüterrechtsschutzes der Begehungsort einer Immaterialgüterrechtsverletzung stets nur im Schutzland denkbar ist. Gleichwohl wird auch insoweit nach herkömmlicher Auffassung bei der Bestimmung des Ortes der Vornahme einer Verwertungshandlung auf das Ausstrahlungsland (ULMER Rn 24) bzw den Standort des Internetservers abgestellt (s Rn 691 f; vgl zum Satellitenrundfunk auch Art 1 Abs 2 Ziff b) der Richtlinie 93/83/EWG betreffend Satellitenrundfunk und Kabelweiterverbreitung [ABl EG L 248/15], wonach die öffentliche Wiedergabe über Satellit nur in dem Mitgliedstaat stattfindet, in dem die programmtragenden Signale unter der Kontrolle des Sendeunternehmens und auf dessen Verantwortung in eine ununterbrochene Kommunikationskette eingegeben werden und Art 3 des Vorschlages für eine Richtlinie über bestimmte rechtliche Aspekte des elektronischen Geschäftsverkehrs im Binnenmarkt [ABlEG 1999 C 30/4, 8, geänderter Vorschlag v 1. 9. 1999, Dok KOM [1999] 427 endg]; vgl OLG Frankfurt aM GRUR IntT 1996, 247, 251 [Satellit erweitert Lizenzgebiet]; vgl dazu auch Rn 446). Eine inländische Immaterialgüterrechtsverletzung ist nach dieser Auffassung wegen des Territorialitätsprinzips mithin nur möglich, wenn sich der Sender bzw der Internetserver im Inland befindet. Daher kann ein potentieller Verletzer etwa den Standort des Servers, von dem aus er eine immaterialgüterrechtsverletzende Information weltweit zum Abruf stellt, ohne weiteres in einen Staat verlegen, in dem kein oder nur ein schwächerer Immaterialgüterrechtsschutz besteht (ähnlich LG Düsseldorf GRUR 1998, 159, 160; JACOBS/SCHULTE-BECKHAUSEN, Hdb des Wettbewerbsrechts § 27 Rn 43). Dies ist solange bedenklich, als kaum internationale Schutzstandards existieren. Wird zudem durch die von einem, etwa in den Vereinigten Staaten befindlichen Internetserver verbreitete Information eine deutsche Marke betroffen, so wäre nach herkömmlicher Sicht mangels berücksichtigungsfähiger Rechtsgutsverletzung nicht von einer inländischen Markenrechtsverletzung auszugehen. Ein Schutzrechtsinhaber ist wegen des Territorialitätsprinzips gezwungen, mit erheblichem finanziellen Aufwand in jedem von der Internetinformation erreichten Land gesondert gegen eine Verletzung vorzugehen; es besteht insoweit eine erhebliche **Aufwandsdiskrepanz** zwischen der ohne besonderen Schwierigkeiten weltweit wirkenden Verletzung und der ungleich aufwendigeren Verfolgung derselben (vgl BAEUMER, in: FS Fikentscher [1998] 803, 818). Ein wachsendes Volumen des weltweiten **e-commerce** wird verstärkt Probleme schaffen, auf die die hergebrachte kollisionsrechtliche Sichtweise nicht vorbereitet ist. Bereits jetzt wird man etwa kaum davon ausgehen können, daß eine nicht in der jeweiligen Landessprache abgefaßte Internetinformation vernachlässigbare Auswirkungen auf den nationalen Markt erzeugt, da jedenfalls die Hauptsprache des Internets, Englisch, zunehmend weltweit verstanden wird. Zudem werden in absehbarer Zukunft sinnvoll einsetzbare Rohübersetzungsprogramme im Internet selbst verfügbar sein.

Beträchtliche Schutzlücken ergeben sich bis zur Schaffung weltweit geltender Schutzrechte im Zuge einer internationalen Harmonisierung unter Zugrundelegung eines streng verstandenen Territorialitätsprinzips auch in Fällen **internationaler Rufausbeutung und Rufbeeinträchtigung** mit der Folge einer Beeinträchtigung der überragenden Kennzeichnungskraft und Wertschätzung etwa einer **Weltmarke**. Dem wird die Erfassung ausschließlich auf inländischem Territorium vorgenommener Aktivitäten nicht gerecht, etwa in Fällen, in denen die Inlandswettbewerbsposition eines inländischen Schutzrechtsinhabers, wie etwa des Rechtsinhabers einer Marke mit Weltgeltung, durch Schädigungsaktivitäten vom Ausland aus beeinträchtigt wird. Wollte man in geeigneten Fällen die Möglichkeit einer Berücksichtigung entsprechender Aktivitäten mit der Begründung ablehnen, es handle sich um eine Handlung außerhalb der territorialen Geltung des inländischen Markenrechts, so würde das innerstaatliche Recht gerade den Bereich der Kennzeichen mit Weltgeltung, der infolge der Internationalisierung der Wirtschaft immer bedeutsamer wird, außer acht lassen. Das **Territorialitätsprinzip** und das hieraus folgende **Schutzlandprinzip** sollte daher **weltmarktkompatibel** aufgefaßt werden, um eine sinnvolle Anpassung an die gewandelten realwirtschaftlichen Gegebenheiten zu erreichen.

13 Mit den Schutzdefiziten im Bereich des Wettbewerbsrechts im weiteren Sinne, namentlich des Lauterkeitsrechts und des Immaterialgüterrechts ist nicht nur ein erhebliches Wettbewerbsverzerrungspotential verbunden, sondern auch eine Behinderung internationaler Wirtschaftätigkeiten der Unternehmen. Die Diskrepanz zwischen rechtlicher Erfassung grenzübergreifender Sachverhalte besonders im Bereich des Internets und der internationalen Dimension der zu erfassenden Probleme zeigt sich deutlich anhand des Falles eines italienischen Betreibers einer kommerziellen Webpage auf einem italienischen Server, der eine in den Vereinigten Staaten geschützte Marke verwendete. Ein US-amerikanisches Gericht nahm eine Verletzung des amerikanischen Markenrechts an, weil die Internetinformation auch in den Vereinigten Staaten abrufbar war; im Prinzip wurde festgestellt, daß die Abrufbarkeit der von dem ausländischen Server abzurufenden Information in den USA zu unterbinden sei (Southern District Court of New York v 19. 6. 1996, 939 F Supp 1032, 1044 f [Playboy Enterprises Inc vs Chuckleberry Publishing Inc]). Das bedeutet letztlich, daß bei mangelnden technischen Möglichkeiten einer territorialen Begrenzbarkeit der Abrufbarkeit von Internetinformationen die entsprechende Informationsverbreitung im Internet vollständig und zwar auch soweit zu unterbleiben hätte, als eine Abrufbarkeit auch außerhalb des eigentlichen Schutzlandes möglich ist. Hiermit ist auch ein prozessuales Problem verbunden, da eine nationale Entscheidung damit im Ergebnis eine Wirkung hat, die sich nicht auf das eigene Staatsterritorium beschränkt, sondern weltweit wirkt. Eine vollständig befriedigende Lösung dieser Problematik ist nach dem heutigen Stand der nationalen Wettbewerbsschutzsysteme kaum in Sicht. Die Internationalisierung des Kollisionsrechts ist daher nur eine vorläufige, wenn auch notwendige Maßnahme.

IV. Kompatibilisierung des Wettbewerbsrechts

14 Ein erster Schritt einer Modernisierung des Wettbewerbskollisionsrechts muß die parallele Umsetzung eines im materiellen Wettbewerbsrecht vordringenden Verständniswandels im Kollisionsrecht sein, dessen Folge die Herausbildung von für alle Teilbereiche des Wettbewerbsschutzsystems heranziehbaren Anknüpfungskriterien ist. Kartellrecht, Lauterkeitsrecht und Immaterialgüterrecht schützen den Leistungswettbewerb aus verschiedenen Richtungen. Der gemeinsame Schutzwzeck erfordert eine **Kompatibilisierung der Teilbereiche eines umfassenden Wettbewerbsschutzsystems** auch im kollisionsrechtlichen Rahmen (FEZER GRUR 1990, 551, 563; vgl auch Koos 195). Ein Verständniswandel ist in zwei Richtungen festzustellen. Zum einen verliert die traditionelle Unterscheidung zwischen öffentlichrechtlichem wirtschaftspolitischem Charakter des Kartellrechts und dem privatrechtlichen Charakter des Lauterkeitsrechts zunehmend an Bedeutung. Die partielle Zuordnung des Kartellrechts zum öffentlichen Recht hatte zur Folge, daß internationalprivatrechtliche Grundsätze nicht ohne weiteres im Kartellrecht heranziehbar waren, vor allem aber, daß eine uneingeschränkte Berücksichtigung ausländischen Rechts einschließ-

lich dessen Anwendbarkeit durch inländische Gerichte nur in engen Grenzen für möglich gehalten wurde, weil aufgrund der wirtschaftspolitischen Prägung des Kartellrechts von einer mangelnden Fungibilität der Sachnormen in diesem Bereich auszugehen war (Rn 6). Ein gewandeltes Verständnis vom Verhältnis zwischen öffentlichem Recht und Privatrecht hat zu einer zunehmenden Auflockerung dieser Trennung und zu einer Überwindung des Grundsatzes der strikten Nichtanwendung ausländischen öffentlichen wie namentlich wirtschaftspolitischen Rechts geführt (vgl Rn 25 f). Eine klare Trennung zwischen dem öffentlichrechtlichen und dem privatrechtlichen Bereich ist besonders im Wirtschaftsrecht kaum mehr sinnvoll, weil Privatrechtsverhältnisse zunehmend durch öffentlichrechtliche Normen mitgestaltet werden. Für das von einer Doppelfunktionalität geprägte Kartellrecht, das gerade die Privatautonomie der Marktteilnehmer gegen den freien Wettbewerb einschränkende, privatautonome Aktivitäten schützen soll, gilt dies besonders. Überzeugende Gründe, im Bereich des Kartellrechts andere Anknüpfungsgesichtspunkte heranzuziehen als im Lauterkeitsrecht und im Immaterialgüterrecht, lassen sich aus dem teilweise öffentlichrechtlichen Charakter des Kartellrechts kaum herleiten.

Als ein zweiter Schritt ist ein Verständniswandel dahin zu bewirken, daß eine **Schutzzweckdiskrepanz** zwischen Kartellrecht, Lauterkeitsrecht und Immaterialgüterrecht keine oder zumindest nur eine untergeordnete Rolle spielen kann. Zugrundezulegen ist vielmehr das Konzept eines umfassenden und in sich **kompatiblen Systems zum Schutz eines verzerrungsfreien Leistungswettbewerbs**. Bei konsequenter Umsetzung dieses Konzeptes sind Kartellrecht, Lauterkeitsrecht und Immaterialgüterrecht als kompatibles System zum Schutz der Marktordnung zu begreifen. Wichtigste Konsequenz hieraus ist die **Betonung des Marktordnungsgedankens auch im Bereich des Lauterkeitsrechts**. Die Schutzzwecke von Lauterkeitsrecht und Kartellrecht stehen daher in einem **Parallelitätsverhältnis** zueinander.

Dies stellt eine **Weiterentwicklung** der hergebrachten Auffassung einer gemäßigten Unterscheidung zwischen den vom Kartellrecht einerseits und dem Lauterkeitsrecht andererseits verfolgten Schutzzwecken dar. Nach vorherrschender Sichtweise sind Kartellrecht und Lauterkeitsrecht Teile eines umfassenden Schutzsystems zur Gewährleistung der Institution Wettbewerb aus verschiedenen Schutzrichtungen (BAUMBACH/HEFERMEHL Allg Rn 88). Die heute herrschende Auffassung zum Verhältnis von Kartellrecht und Lauterkeitsrecht steht noch immer in der Tradition der ursprünglichen, historisch bedingten These einer Antinomie der Schutzzwecke des GWB und des UWG, wonach das UWG mangels einer unmittelbaren wirtschafts- und wettbewerbspolitischen Zweckbezogenheit nicht vorrangig dem Schutz der Institution Wettbewerb dienen sollte (vgl vGAMM NJW 1980, 2489, 2490). Allerdings ist die Auffassung, das UWG diene ausschließlich dem Schutz der Mitbewerber hinsichtlich ihrer ungestörten wirtschaftlichen Betätigung, während der Leistungswettbewerb sowie die Marktstruktur allenfalls reflexartig geschützt würden, überwunden, nachdem verstärkt auch Allgemeininteressen in die lauterkeitsrechtliche Beurteilung von Wettbewerbsverhalten eingeflossen sind. So hat sich der Schutzzweck des Lauterkeitsrechts zunehmend in Richtung auch eines **abstrakten Schutzes des Leistungswettbewerbs** entwickelt (vgl FEZER, in: Gewerblicher Rechtsschutz und Urheberrecht in Deutschland 939, 959 f; WRP 1993, 63, 64 f; FIKENTSCHER 127, 129; vGAMM NJW 1980, 2489, 2490; ULMER GRUR 1977, 565, 568 f). Gleichwohl geht die herrschende Auffassung in Deutschland auch heute noch davon aus, daß im Bereich des Lauterkeitsrechts der Schutz der Marktordnung bzw der Institutionenschutz gegenüber einer primären individualschützenden Zwecksetzung zurücktritt (MünchKomm/KREUZER Art 38 Rn 238 mwN).

17 Die Parallelität der Normzwecke im Rahmen eines umfassenden Systems zum Schutz der Institution Wettbewerb betrifft auch das **Immaterialgüterrecht**. Gewerbliche Schutzrechte dienen ebenso wie das Kartellrecht und das Lauterkeitsrecht institutionellen Zielen im Hinblick auf den effektiven Leistungswettbewerb, da sie letztlich dem **unternehmerischen Leistungsschutz** als Parameter für den Leistungswettbewerb dienen. Der Schutz unternehmerischer Leistung, in dessen Interesse gewerbliche Schutzrechte durch die Begründung zeitlich begrenzter Monopolstellungen des Schutzrechtsinhabers auf den ersten Blick Einschränkungen des Wettbewerbs im Individualinteresse bewirken, ist als originäre Aufgabe des Wettbewerbsrechts anzusehen (FEZER GRUR 1986, 485, 491; WRP 1993, 63, 64 f; aA BAUMBACH/HEFERMEHL § 1 Rn 439). Der Immaterialgüterrechtsschutz rückt damit systematisch in die unmittelbare Nähe des Kartellrechts und des Lauterkeitsrechts.

18 Konsequenz der Normzweckparallelität von Kartellrecht, Lauterkeitsrecht und Immaterialgüterrechtsschutz ist die Notwendigkeit eines **einheitlichen kollisionsrechtlichen Ansatzes**, der vorrangig an **Marktordnungsgesichtspunkten** zu orientieren ist. Entgegen der herrschenden Auffassung, die eine generelle Übertragung des **Auswirkungsprinzips** auf das Lauterkeitsrecht mangels hinreichender Normzweckkongruenz ablehnt, ist das Auswirkungsprinzip als maßgebliches Grundprinzip der kollisionsrechtlichen Anknüpfung nicht nur im Kartellrecht, sondern auch im Lauterkeitsrecht und – überlagert durch ein gemäßigtes Schutzlandprinzip (s dazu Rn 693 ff) – im Immaterialgüterrecht heranzuziehen. Dabei sollte im Interesse der Etablierung und des Schutzes einer effektiven Wettbewerbsordnung das Auswirkungsprinzip in allen Teilbereichen des Wettbewerbsrechts im weiteren Sinne im Hinblick auf seine Reichweite einer **Neubewertung** unterzogen werden. Besonders die Überlagerung der kollisionsrechtlichen Anknüpfung nach dem Auswirkungsprinzip durch **völkerrechtliche Aspekte** infolge von Souveränitätsbedenken führen zu Einschränkungen, wie etwa in Form einer Begrenzung auf unmittelbare Auswirkungen. Ob und inwieweit solche völkerrechtlichen Begrenzungskriterien auch weiterhin aufrechtzuerhalten sind, ist mit zunehmender Globalisierung im Sinne einer arbeitsteiligen Ordnung des weltweiten Wettbewerbs neu zu entscheiden.

V. Systematischer Standort des Wettbewerbskollisionsrechts

19 Eng verbunden mit dem Wandel im Rahmen der Normzweckdefinition ist eine Neubetrachtung der **systematischen Einordnung des Lauterkeitsrechts und des Immaterialgüterrechts** und als Konsequenz auch der entsprechenden kollisionsrechtlichen Normen. Die konzeptionelle Einheit des materiellen Wettbewerbsrechts im weiteren Sinne, bestehend aus Kartellrecht, Fusionskontrollrecht, Lauterkeitsrecht und Immaterialgüterrecht zum Schutz des Leistungswettbewerbs spiegelt sich im jeweiligen Kollisionsrecht wider (FEZER GRUR 1990, 551, 563). Das hat zugleich Auswirkungen auf die hergebrachte **Einordnung des Lauterkeitskollisionsrechts in das internationale Deliktsrecht** (dazu etwa DEUTSCH 24; SCHIKORA 83; vgl aber Stellungnahme des Max-Planck-Instituts für ausländisches und internationales Patent-, Urheber- und Wettbewerbsrecht zum Entwurf eines Gesetzes zur Ergänzung des internationalen Privatrechts GRUR IntT 1985, 104, 107, wo die Entwicklung auf deliktsrechtlichen Gedanken beruhender lauterkeitsrechtlicher Kollisionsregeln als

A. Einleitung

Anachronismus bezeichnet wird, ebenso GK-SCHRICKER Einl UWG Rn F 168). Die marktordnungsrechtliche Komponente des Lauterkeitsrechts führt bereits nach der herrschenden Auffassung zu Unterschieden in der kollisionsrechtlichen Behandlung von Sachverhalten des allgemeinen Deliktsrechts einerseits und des Lauterkeitsrechts andererseits (DEUTSCH 27; vgl BRIEM 40 f, der das Recht des unlauteren Wettbewerbs nicht als Teil des Deliktsrechts verstanden wissen will). Die dogmatische Einordnung des Rechts des unlauteren Wettbewerbs in das Deliktsrecht ist danach kollisionsrechtlich grundsätzlich nicht von Bedeutung (SACK GRUR IntT 1988, 320, 330). So spielt bei der Bestimmung des Wettbewerbsstatuts zwar – bedingt durch die deliktsrechtlichen Wurzeln des Lauterkeitsrechts – wie im allgemeinen Deliktsrecht der Tatort eine wesentliche Rolle für die Anknüpfung; diese wird aber aufgrund der wettbewerbsschützenden Zielrichtung des Lauterkeitsrechts durch **marktbezogene Gesichtspunkte** jedenfalls mitbestimmt. Eine unterschiedliche kollisionsrechtliche Behandlung von internationalen wettbewerbsrechtlichen Sachverhalten einerseits und allgemeinen internationalen deliktsrechtlichen Sachverhalten andererseits begründet sich auch damit, daß im Lauterkeitsrecht im Vergleich zum allgemeinen Deliktsrecht nicht der Schadensersatz, sondern der **Unterlassungsanspruch**, mithin die Beseitigung der unmittelbaren Gefahr künftiger Verletzungen im Vordergrund steht (GLOEDE GRUR 1960, 464, 471; STAUDINGER/VHOFFMANN [1998] Art 38 Rn 509).

Bei einer stärkeren Betonung des Marktordnungsaspektes ist das Lauterkeitsrecht grundsätzlich konzeptionell vom Deliktsrecht zu trennen (vgl auch GK-SCHÜNEMANN Einl UWG Rn E 64 f; dagegen LINDACHER WRP 1996, 645, 646 unter Hinweis auf die „Achtung der Tradition"). Da die kollisionsrechtliche Behandlung lauterkeitsrechtlicher Sachverhalte bereits nach der herrschenden Auffassung weitgehend marktbezogen erfolgt, stellt die konzeptionelle Trennung des Lauterkeitskollisionsrechts vom Deliktskollisionsrecht nur noch einen kleinen Schritt dar. Diese **konzeptionelle Neubestimmung** betrifft auch das Immaterialgüterrecht, das, soweit es um die Folgen einer Verletzung von Immaterialgüterrechten geht, überwiegend noch dem internationalen Deliktsrecht zugeordnet wird.

VI. Standort im internationalen Wirtschaftsrecht

Die vorgeschlagene Neukonzeption des internationalen Wirtschaftsprivatrechts aufgrund eines internationalprivatrechtlichen Globalisierungsansatzes verstärkt die auch schon nach traditionellem Verständnis des Wirtschaftskollisionsrechts bestehende Tendenz, das Kartellrecht, Lauterkeitsrecht und Immaterialgüterrecht in einen eigenen wirtschaftsrechtlichen Kontext zu stellen und einem einheitlichen Rechtsverständnis zuzuführen. Eine Gesamtdarstellung des Kartell-, Lauterkeits- und Immaterialgüterkollisionsrechts in einem eigenständigen Werk zum Internationalen Wirtschaftsprivatrecht liegt damit nahe. Im Bereich des Internationalen Immaterialgüterkollisionsrechts wird das Markenprivatrecht exemplarisch behandelt, auch wenn die dem Werk zugrundeliegende Gesamtkonzeption gleichermaßen auch das Patent- und Urheberprivatrecht betrifft. Schon wegen der aufgrund seiner Schutzintention engen Verwandtschaft des Markenrechts mit dem Lauterkeitsrecht (vgl ULMER Rn 32) bietet sich eine exemplarische Behandlung dieses Teilgebietes des Immaterialgüterrechts innerhalb der Gesamtdarstellung an. Die vorliegende internationalprivatrechtliche Konzeption des Wirtschaftskollisionsrechts aufgrund eines einheitlichen Theorieansatzes der Globalisierung der Weltwirtschaft tritt neben die

Darstellungen des Internationalen Privatrechts des Wettbewerbsrechts, Kartellrechts und Immaterialgüterrechts (STAUDINGER/vHOFFMANN [1998] Art 38 Rn 505 ff) sowie die das Kartellkollisionsrecht behandelnden Ausführungen innerhalb der Kommentierung des Art 34 EGBGB (STAUDINGER/MAGNUS[12] Art 34 Rn 1 ff).

22 Das Konzept der Darstellung will hergebrachte Strukturen im Bereich des Wirtschaftsrechts überwinden. Das gilt nicht nur für die dogmatische Einordnung des Lauterkeitsrechts in das Deliktsrecht und das Verständnis dieser Rechtsmaterie als Marktordnungsrecht, sondern auch für die Einordnung wirtschaftspolitisch motivierter Rechtsnormen, einschließlich Eingriffsnormen in das Rechtssystem im allgemeinen.

23 Insbesondere die Diskussion um die kollisionsrechtliche Anknüpfung des Kartellrechts ist in neuerer Zeit geprägt durch einen tiefgreifenden Verständniswandel. Wurde ursprünglich von einer Nichtanwendbarkeit ausländischer kartellrechtlicher Vorschriften als wirtschaftspolitisch motivierte Eingriffsnormen ausgegangen, weil eine Austauschbarkeit der Normen im Sinne des klassischen IPR abgelehnt wurde (vgl dazu Rn 44), so ist dieses Nichtanwendbarkeitsdogma in neuerer Zeit überwunden worden. Dies ist zum einen auf die erkannte Doppelfunktionalität des Kartellrechts als Recht zum Schutz privatautonomer Gestaltungsmöglichkeiten, zum anderen auf ein gewandeltes Verständnis vom Verhältnis zwischen Staat und Gesellschaft, als dessen Folge sich die Funktion des Privatrechts in einer neuen Sichtweise darstellt, zurückzuführen. Dieses Privatrechtsverständnis ist namentlich dadurch gekennzeichnet, daß die gesellschaftspolitische Funktion des Privatrechts im allgemeinen verstärkt herausgestellt wird, so daß ein eigentlicher Gegensatz zwischen klassischem Privatrecht einerseits und wirtschafts- bzw sozialpolitisch motivierten Rechtsnormen, die zumindest teilweise dem öffentlichen Recht zuzuordnen sind, andererseits, nicht besteht. Es ist eine Funktionsangleichung der Rechtsmaterien zu beobachten, so daß die eindeutige Zuordnung des Kartellrechts zum Privatrecht oder zum öffentlich-rechtlichen Eingriffsrecht kaum mehr bedeutsam erscheint.

24 Schon wird die Berechtigung der bislang herrschenden Sonderanknüpfungslehre im Rahmen des Wirtschafts- und damit auch des Kartellrechts mit der Begründung angezweifelt, die Vertreter der Sonderanknüpfungslehre führten die dem Dogma der Nichtanwendung ausländischen öffentlichen Rechts zugrunde liegende qualitative Trennung zwischen wirtschaftspolitischen öffentlichrechtlichen Normen und Privatrecht in anderem Gewande weiter, in dem sie eine Trennung zwischen wirtschafts- bzw sozialpolitisch motiviertem Privatrecht, welches einer Sonderanknüpfung zuzuführen sei und reinem Privatrecht, auf welches die klassischen IPR-Regeln anzuwenden seien, vornähmen (s HABERMEIER 114).

25 Die auf dem Verständniswandel hinsichtlich der Funktion des Privatrechts basierende Argumentation dieser kritischen Auffassung verdient zwar Zustimmung, nicht jedoch die Schlussfolgerung, eine Sonderanknüpfung sei generell im Bereich des Wirtschaftsrechts aufzugeben. Eine Sonderanknüpfung wirtschaftspolitisch motivierter Rechtsnormen ist lediglich dogmatisch nicht zwingend, da ein eigentlicher Funktionsgegensatz zwischen reinem Privatrecht und wirtschafts- bzw sozialpolitisch motiviertem Privatrecht kaum mehr festzustellen ist. Dies bedeutet aber nicht, daß eine Sonderanknüpfung nicht aus gleichsam pragmatischen Gründen hilfreich und erforderlich sein mag. In der Tat ist eine Sonderanknüpfung im Bereich des Wirtschafts-

bzw Kartellrechts nach wie vor deshalb erforderlich, weil unabhängig von einer Kongruenz der Funktionen von reinem Privatrecht und wirtschaftspolitisch motiviertem Privatrecht privatautonome Aspekte zumindest im Marktordnungsrecht im Interesse einer effektiven Marktordnung zurückgedrängt sind.

Bestimmte Elemente des klassischen IPR sind daher zweckmäßigerweise aus dem Bereich des Kartellkollisionsrechts wie des Wettbewerbskollisionsrechts im weiteren Sinne, einschließlich des Kollisionsrechts des unlauteren Wettbewerbs, fernzuhalten. Namentlich aus dem Grundsatz der Privatautonomie herrührende Aspekte können insoweit keine Berücksichtigung finden. Zweckmäßigkeitserwägungen und nicht etwa dogmatische Gründe führen mithin dazu, daß an einer Sonderanknüpfung zumindest im Bereich des Kartellrechts festzuhalten ist. **26**

Die Diskussion hinsichtlich der kollisionsrechtlichen Behandlung des Wettbewerbsrechts, insbesondere des Kartellrechts, betrifft das **gesamte Wirtschaftsrecht**, auch soweit es über den im weiteren Sinne wettbewerbsrechtlichen Bereich hinausgeht; ihre Ergebnisse können zumindest eingeschränkt auf dieses übertragen werden. Der hinnehmbare Einfluß der Privatautonomie im Rahmen der kollisionsrechtlichen Prüfung differiert indes. Allgemein läßt sich sagen, daß eine Austauschbarkeit der in- und ausländischen Normen, die früher ausschließlich im Bereich des reinen Privatrechts angenommen wurde, in dem Maße bejaht werden kann, wie es zu der Herausbildung eines weitgehenden internationalen Konsenses in Bezug auf ein bestimmtes wirtschafts- insbesondere wettbewerbspolitisches Konzept kommt. Diese Entwicklung hat bereits eingesetzt und sich nach Gründung der WTO intensiviert. Eine solche weitgehende Austauschbarkeit wirtschaftspolitischer Normen verschiedener Staaten wird die bislang vorherrschende, die kollisionsrechtliche Akzeptanz fördernde Überwindung bestehender Detailunterschiede zwischen der **lex fori** und der fremden Wettbewerbsrechtsordnung über die Heranziehung des völkerrechtlichen Prinzips der **comitas** (s Rn 78) ersetzen. **27**

VII. Gang der Darstellung

Das **Internationale Kartellrecht** wurde an den Beginn der Darstellung gestellt. Die das gesamte Wettbewerbskollisionsrecht im weiteren Sinne beherrschende marktort- bzw wettbewerbsspezifische Anknüpfung wird maßgeblich durch dem Kartellkollisionsrecht entnommene Prinzipien bestimmt. Das kartellrechtliche **Auswirkungsprinzip**, welches nach der in diesem Werk vorgeschlagenen Konzeption als übergeordnetes Grundprinzip das internationale Wirtschaftsrecht beherrscht, ist für die Bereiche des Lauterkeitskollisionsrechts und des Markenkollisionsrechts ausgehend vom Internationalen Kartellprivatrecht zu entwickeln. Im Rahmen des Internationalen Kartellprivatrechts stellen sich wegen des aufsichtsrechtlichen Charakters des materiellen Kartellrechts grundlegende Fragen zum Verhältnis inländischer und ausländischer Rechtsanwendungsinteressen und zum Stellenwert internationalisierter Interessen im Zusammenhang mit der Schaffung und Erhaltung eines verzerrungsfreien Weltwettbewerbs. Neuere Entwicklungstendenzen betreffen die Fortentwicklung des kartellrechtlichen Auswirkungsprinzips hin zu einer allseitigen Kollisionsnorm und die Zurückdrängung klassischer völkerrechtlicher Begrenzungskriterien im Rahmen der extraterritorialen Anwendung nationalen Kartellrechts zugunsten einer streng funktionalen Betrachtungsweise. **28**

29 Nach einer allgemeinen Darstellung der in Schrifttum und Rechtsprechung vorgeschlagenen verschiedenen Ansätze zur Berücksichtigung ausländischen Kartellrechts im Rahmen der Sachrechtsanwendung und zur Kollisionsanknüpfung wird das Auswirkungsprinzip dargestellt. Die mit dem Auswirkungsprinzip typischerweise verbundene Extraterritorialität des Anwendungsbereichs nationalen Kartellrechts führt zur Notwendigkeit von Begrenzungskriterien, die sich aus völkerrechtlichen, vornehmlich aber aus funktionalen kollisionsrechtlichen Gründen ergeben. In diesem Zusammenhang finden sich in Rechtsprechung und Schrifttum auch Ansätze zu einem allgemeinen Interessenabwägungsgebot zur Begrenzung einer extraterritorialen Anwendung des nationalen Kartellrechts auf Sachverhalte mit Auslandsberührung. Im Anschluß wird das Auswirkungsprinzip im Hinblick auf den Begriff der Inlandsauswirkung im Sinne des § 130 Abs 2 GWB dargestellt. In diesem Rahmen ist von einer strikten Trennung kollisionsrechtlicher und sachrechtlicher Kriterien auszugehen. Dies steht teilweise im Gegensatz zu einer verbreiteten Auffassung im Zusammenhang mit der herrschenden Schutzzwecklehre, die den Begriff der Inlandsauswirkung nach dem Schutzzweck der jeweils in Frage stehenden Sachnorm bestimmt und dabei teilweise Tatbestandsverwirklichung der Sachnorm als Voraussetzung für die Annahme einer Inlandsauswirkung voraussetzt. Anhand der Einzelfallgruppen wird schließlich der Begriff der Inlandsauswirkung erläutert.

30 Die im Kartellrecht gewonnenen Erkenntnisse sind nach der hier vertretenen ganzheitlich marktordnungsorientierten Sichtweise auf die übrigen Bereiche des Wettbewerbsrechts im weiteren Sinne zu übertragen. Das gilt vor allem für das **Recht des unlauteren Wettbewerbs**. Das deutsche Kollisionsrecht ist in diesem Bereich mangels einer ausdrücklichen Kollisionsnorm geprägt durch die Rechtsprechungsentwicklung und die wissenschaftliche Diskussion. Seit der *Stahlexport*-Entscheidung (BGH NJW 1964, 969, 972 [Stahlexport]) folgen Gerichte und das herrschende Schrifttum der Anknüpfung an das Recht am Ort der **wettbewerblichen Interessenkollision**. Obwohl diese Anknüpfung einen echten wettbewerbsspezifischen Ansatz darstellt und sich damit der kartellrechtlichen Anknüpfung an das Recht auf dem Auswirkungsmarkt annähert, wurde der entscheidende Schritt in Richtung der Anerkennung einer vollständigen, mit dem Kartellkollisionsrecht kompatiblen marktordnungsrechtlichen Anknüpfung bislang nicht vollzogen. Das ist darauf zurückzuführen, daß ein vorrangiger Marktordnungscharakter dem Lauterkeitsrecht im Gegensatz zum Kartellrecht nach wie vor abgesprochen wird und das Lauterkeitsrecht dogmatisch – bislang kaum angefochten – dem Deliktsrecht zugeordnet wird. Vereinzelt wird im deutschen Schrifttum eine Heranziehung des Auswirkungsprinzips auch im Bereich des Lauterkeitsrechts erwogen. In den Nachbarstaaten **Schweiz** und **Österreich** wurde diese Unsicherheit bereits vor Jahren durch die Etablierung des Auswirkungsprinzips auch für das Recht des unlauteren Wettbewerbs im Rahmen der IPR-Kodifikationen beendet; allerdings ist besonders in der Rechtsprechung des österreichischen OGH zu beobachten, daß die erzielten Ergebnisse den von der deutschen Rechtsprechung über die Anwendung der Interessenkollisionslösung erzielten Ergebnissen weitgehend entsprechen (Rn 386). Hieran zeigt sich die Nähe des Interessenkollisionsansatzes zum Auswirkungsprinzip.

31 Nach der Darstellung der verschiedenen im Bereich des Lauterkeitsrechts vertretenen Anknüpfungsansätze folgt eine Untersuchung kollisionsrechtlich erheblicher Aspekte im Gemeinschaftsrecht, insbesondere im Zusammenhang mit den Grund-

A. Einleitung

freiheiten des EGV und dem sekundären Gemeinschaftsrecht sowie dem gemeinschaftsrechtlichen Diskriminierungsverbot. Besondere Bedeutung kommt dabei den Auswirkungen der *Cassis*-Rechtsprechung des EuGH bzw eines hieraus abgeleiteten **gemeinschaftsrechtlichen Herkunftslandprinzips** auf die Marktortanknüpfung nach innerstaatlichem Kollisionsrecht zu. Im Rahmen des sekundären Gemeinschaftsrechts im Bereich der technischen Verbreitung von Information besteht eine Tendenz zur Anknüpfung an das Recht am Ausstrahlungs- bzw Ursprungsort der Information, womit in den jeweiligen Regelungsbereichen der betreffenden Richtlinien die Marktortanknüpfung verdrängt werden dürfte. Nach einer detaillierten Darstellung der Marktortanknüpfung durch die Rechtsprechung werden die kollisionsrechtlichen Grundsätze auf die einzelnen Fallgruppen unlauteren Wettbewerbs angewendet. Dabei wird stets sowohl auf die herrschende Interessenkollisionslösung als auch auf die Lösung nach dem Auswirkungsprinzip in der in diesem Werk vertretenen weiten Auslegung abgestellt.

Das **Internationale Markenprivatrecht** wird exemplarisch für das Kollisionsrecht der 32 Immaterialgüterrechte behandelt. Hier erscheint eine Übertragung der im Rahmen des Internationalen Kartellrechts und des Internationalen Lauterkeitsrechts entwickelten Grundsätze nicht ohne bestimmte Modifikationen möglich, weil das Immaterialgüterrecht traditionell vom **Territorialitätsprinzip** beherrscht wird. Die territoriale Begrenztheit der Immaterialgüterrechte mag man aus praktischen oder dogmatischen Gründen kritisieren, eine Verpflichtung des nationalen Rechts auf das Territorialitätsprinzip bestreiten. Der Versuch seiner Beseitigung hat jedenfalls kaum Aussicht auf Erfolg, da derzeit ein breiter internationaler Konsens in Bezug auf das Territorialitätsprinzip und das daraus folgende **Schutzlandprinzip** besteht. Die Vorgabe des Territorialitätsprinzips durch das internationale Konventionsrecht dürfte zudem die Unterzeichnerstaaten der entsprechenden internationalen Abkommen auf dieses verpflichten. Die oben dargestellten Schutzdefizite infolge einer strengen Heranziehung des Territorialitätsprinzips führen aber zu der Frage, wie eine kompatibilisierende Anpassung des Schutzlandprinzips an die kollisionsrechtlichen Prinzipien der anderen Teilbereiche des Wettbewerbsrechts zu erfolgen hat, ohne dabei das Territorialitätsprinzip bzw das daraus folgende Schutzlandprinzip generell in Frage zu stellen.

Nach der Darstellung des Territorialitätsprinzips und seiner Entwicklung unter Einbeziehung vom Urheberrecht ausgehender neuerer Tendenzen im Schrifttum zur Wiederbelebung des in der frühen Rechtsprechung des Reichsgerichts vorherrschenden **Universalitätsprinzips** wird das Schutzlandprinzip einschließlich seiner sachlichen Reichweite behandelt. An dieser Stelle werden Vorschläge zur Auflockerung der territorialen Begrenztheit des Markenrechts im Hinblick auf eine Kompatibilisierung des Immaterialgüterkollisionsrechts mit den übrigen Teilbereichen des Wettbewerbskollisionsrechts gemacht. Der Grundgedanke dabei ist, eine Synthese zwischen dem kartell- bzw allgemein wettbewerbsrechtlichen Auswirkungsprinzip und dem durch das Konventionsrecht vorgegebenen Schutzlandprinzip unter dem Gesichtspunkt der **Globalisierung** vorzunehmen, um den Leistungswettbewerb beeinträchtigende Schutzdefizite zu vermeiden (dazu schon Rn 11). Eine maßgebliche Rolle spielt dabei ein Wandel im Verständnis des Markenschutzes. Steht im Rahmen des Markenrechts traditionell der rechtsbegründende staatliche Hoheitsakt im Vordergrund, so erfährt diese Sichtweise nun eine Veränderung insoweit, als die Marke als ein vom Unternehmen losgelöster Vermögenswert anzusehen ist. Damit dient der Markenschutz dem Schutz der unternehmerischen Leistung, namentlich der unternehmerischen Investition in die Marke. Als Konsequenz hieraus entfernt sich der Schutz der Marke von der traditionellen Sichtweise eines bloßen Registermarkenschutzes und nähert sich in seiner Funktion im Hinblick auf den Leistungswettbewerb dem Lauterkeitsrecht an. Der hoheitliche Verleihungsakt – essentielle Grundlage für die strenge Territorialität der Marke – tritt in den Hintergrund.

34 Besondere Beachtung findet das Kollisionsrecht im Rahmen von **Rechtsgeschäften über Marken**. Der Streit zwischen Vertretern einer Einheitsanknüpfung und einer gespaltenen Anknüpfung ist im Bereich des Markenkollisionsrechts anders als im Urheberkollisionsrecht derzeit zugunsten einer gespaltenen Anknüpfung entschieden, wonach sich der verpflichtende Teil des markenrechtlichen Gesamtgeschäfts nach vertragskollisionsrechtlichen Grundsätzen richtet, während für den verfügenden Teil immaterialgüterkollisionsrechtliche Grundsätze maßgeblich sind. Die von der herrschenden Meinung im Markenkollisionsrecht vertretene **Spaltungstheorie** hat allerdings den Nachteil der Schwierigkeit bei der Abgrenzung des obligatorischen Bereichs eines Gesamtvertragswerks vom verfügenden Bereich, der nur dadurch gemildert werden kann, daß man diese Abgrenzung dem Recht des jeweiligen Schutzlandes überläßt. Auch dann ist aber nicht zu verkennen, daß die dogmatische Inkompatibilität dieser Lösung zu zahlreichen anderen Rechtsordnungen gerade im Rahmen einer auf Globalisierungsaspekte Rücksicht nehmenden Gestaltung des Kollisionsrechts problematisch ist.

35 Die Darstellung ist um die Herstellung nötiger **Bezüge zum schweizerischen und zum österreichischen Recht** bemüht. Daher wurde großer Wert auf die Berücksichtigung von Rechtsprechung und Schrifttum dieser Rechtsordnungen gelegt. Eine Beeinflussung der wettbewerbskollisionsrechtlichen Rechtsprechung und der Wissenschaft sowohl in der Schweiz als auch insbesondere in Österreich durch die deutsche Rechtsprechung und Lehre zum Wettbewerbskollisionsrecht ist von jeher feststellbar. Umgekehrt wurde vor allem das deutsche Kartellkollisionsrecht in erheblichem Maße durch die schweizerische Lehre beeinflußt. Auch der auch für das Kollisionsrecht bedeutsame Funktionswandel des Lauterkeitsrechts wird durch den von der schweizerischen Rechtswissenschaft postulierten und dem neuen schweizerischen UWG zugrundeliegenden **funktionalen Ansatz** maßgeblich mitgeprägt (vgl dazu nur SCHLUEP GRUR IntT 1973, 446, 447; ders, in: FS KUMMER 487, 518 ff; ders, in: BAUDENBACHER [Hrsg] 71, 92 f; BAUDENBACHER, in: BAUDENBACHER [Hrsg] 15 ff), führt dieser doch dazu, daß sich Lauterkeitsrecht und Kartellrecht annähern. Durch die neuen IPR-Kodifikationen in Österreich und der Schweiz waren neue Impulse für das Wettbewerbskollisionsrecht zu erwarten, die vor allem im Lauterkeitskollisionsrecht zu neuen, gegenüber der deutschen Dogmatik eigenständigen Ansätzen geführt haben und die Weiterentwicklung eines deutschen Wirtschaftskollisionsrechts zu beeinflussen vermögen. So ist es wenig überraschend, daß in neuerer Zeit das deutsche Schrifttum insbesondere die Entscheidungspraxis des österreichischen OGH verstärkt aufgreift. Die Darstellung enthält deshalb in den einzelnen Teilbereichen ausführliche Hinweise auf die österreichische und schweizerische Rechtspraxis und das Schrifttum. Daneben wird regelmäßig die Rechtslage nach dem schweizerischen und dem österreichischen IPRG im Anschluß an die Darstellung der deutschen Rechtslage behandelt.

VIII. Allgemeine Fragen

1. Qualifikation

Über die Festlegung der kollisionsrechtlichen Tatbestandsmerkmale entscheidet **36** grundsätzlich die *lex fori* nach ihren eigenen Rechtsbegriffen (STAUDINGER/MAGNUS[12] Einl zu Art 27 Rn 37 mwN). Das betrifft vor allem die Reichweite des Wettbewerbsstatuts in Abgrenzung vom allgemeinen Delikts- oder Vertragsstatut. Ausnahmsweise wird die Abgrenzung der Statute einem anderen Recht als der *lex fori* überlassen. Dies wird für die Bestimmung der Grenze zwischen verfügenden und verpflichtenden Elementen markenrechtlicher Vertragswerke angenommen, die dem Recht des Schutzlands überlassen wird (s Rn 744). Die Qualifikation erfolgt damit im Ergebnis nach der *lex loci protectionis* und nicht nach der *lex fori*.

Soweit im Einzelfall vertragskollisionsrechtliche Vorschriften heranzuziehen sind, **37** namentlich im Bereich des Lizenzvertragsrechts, oder soweit eine wettbewerbskollisionsrechtliche Beurteilung im Rahmen einer Parallelwertung zum Vertragskollisionsrecht vorzunehmen ist (vgl Rn 335 f), ist auch die einheitliche Auslegung und Anwendung dieser Vorschriften in den Vertragsstaaten des EVÜ gem Art 36 EGBGB zu beachten (rechtsvergleichende Qualifikation). Der Globalisierungsansatz (s Rn 4 ff) im Bereich des Wirtschaftskollisionsrechts führt allerdings auch außerhalb des internationalen Vertragsrechts zu der Überlegung, inwieweit eine Qualifikation stärker internationalisiert werden sollte. Eine Entwicklung hin zu einer internationalisierten Qualifikation kann in diesem Bereich Verzerrungseffekte vermindern. Ansatzweise hat sie in der im Rahmen des internationalen Kartellprivatrechts geführten Diskussion bereits insoweit Eingang gefunden, als die internationale Akzeptanz des Begriffs der Marktauswirkung als erheblicher Aspekt für die mögliche Allseitigkeit einer Kartellkollisionsnorm angesehen wird.

2. Intertemporales Recht

Durch Gesetz zum Internationalen Privatrecht für außervertragliche Schuldverhält- **38** nisse und für Sachen vom 21. 5. 1999 (BGBl I 1026) wurde das internationale Deliktsrecht kodifiziert. Die Neuregelungen sind grundsätzlich auch für das Lauterkeits- und Immaterialgüterdeliktsrecht einschlägig (zur Verdrängung des allgemeinen Deliktskollisionsrechts im Bereich des Kartellrechts Rn 47). Der Gesetzgeber hat einerseits auf eine spezielle Regelung bewußt verzichtet, das Lauterkeitskollisionsrecht andererseits nicht aus dem Anwendungsbereich der Neukodifizierung ausgenommen (vgl Begr RegE BT-Drucks 14/343, 10; vgl auch Rn 343). Dabei ist er davon ausgegangen, daß die von der Rechtsprechung entwickelten Grundsätze im wesentlichen Gültigkeit behalten (s Rn 344, 419). Gleichwohl ergeben sich in einzelnen Fragen Unterschiede zur bisherigen Rechtslage. Soweit solche bestehen, wie etwa infolge der Ersetzung der weitgehenden Anspruchsbegrenzung zum Schutz deutscher Staatsangehöriger im Hinblick auf im Ausland begangene unerlaubte Handlungen (Art 38 aF EGBGB) durch Art 40 Abs 3 nF EGBGB (Rn 644 ff), bleibt das bis zum Inkrafttreten der Gesetzesänderung am 1. 6. 1999 geltende Internationale Privatrecht anwendbar, soweit davor abgeschlossene Vorgänge betroffen sind. Dies entspricht den Grundsätzen, die sich auch aus Art 220 Abs 1 EGBGB und Art 236 § 1 EGBGB ergeben (SPICKHOFF NJW 1999, 2209, 2210).

3. Vorrang des Konventionsrecht

39 Die sich aus den einschlägigen internationalen Konventionen ergebenden Regeln gehen den nationalen autonomen Kollisionsregeln vor. Das betrifft vor allem den Inländerbehandlungsgrundsatz im PVÜ und im TRIPS, aus dem für Immaterialgüterrechte die Maßgeblichkeit einer Schutzlandanknüpfung hergeleitet wird (vgl Rn 684, 702).

4. Vorrang des Gemeinschaftsrechts

40 Dem Gemeinschaftsrecht kommt allgemein Vorrang vor nationalen Rechtsvorschriften und damit auch vor dem nationalen Kollisionsrecht zu. Insbesondere im Anwendungsbereich der **Art 81, 82 EGV** ist nationales Kartellkollisionsrecht unanwendbar (s Rn 132 ff). Es bleibt abzuwarten, inwieweit mit der geplanten „Rom II" VO des Rates über das auf außervertragliche Schuldverhältnisse anwendbare Recht eine umfassende Verdrängung des nationalen Wettbewerbskollisionsrechts verbunden sein wird (vgl dazu den Regelungsvorschlag der Groupe europeén de droit international privé, IPRax 1999, 286 ff; dazu JAYME IPRax 1990, 298; zu dem hierauf basierenden Entwurf vom 21. 6. 1999 vgl DETHLOFF JZ 2000, 179, 180). Im übrigen gilt, daß die Folgen einer Anwendung nationaler Kollisionsregeln gegen Gemeinschaftsrecht verstoßen können (näher dazu Rn 433 ff). Die Regeln des **EuGVÜ** sowie des Parallelabkommens zwischen den Staaten der EU und den EFTA-Staaten (**Lugano-Übereinkommen**; vgl dazu GEIMER/SCHÜTZE Rn 11 f mwN) über die internationale Zuständigkeit genießen Vorrang vor den Zuständigkeitsregelungen des nationalen Zivilprozeßrechts. Zwar ist streitig, ob es sich bei dem in Ausführung des Art 293 EGV geschlossenen EuGVÜ zumindest um sekundäres Gemeinschaftsrecht handelt, das im Rang über dem nationalen Recht steht (SCHLOSSER Rn 20; ders, NJW 1975, 2132, 2133). In diesem Fall folgt die Verdrängung der nationalen Zuständigkeitsregelungen aus dem Grundsatz des Vorranges des Gemeinschaftsrechts. Nach anderer Ansicht handelt es sich bei dem EuGVÜ sowie bei dem Lugano-Übereinkommen (dazu GEIMER/SCHÜTZE Einl Rn 19) um einen gewöhnlichen völkerrechtlichen Vertrag (GROEBEN/THIESING/EHLERMANN/SCHWARTZ Art 220 Rn 12; KROPHOLLER Einl Rn 12). Auch danach wird jedoch ein grundsätzlicher Vorrang des Übereinkommens nach dem Prinzip der völkerrechtsfreundlichen Auslegung des autonomen nationalen Rechts angenommen (KROPHOLLER Einl Rn 13). Für das EuGVÜ hat der EuGH den Vorrang vor kollidierenden innerstaatlichen Vorschriften mit dem Grundsatz der Rechtssicherheit innerhalb der Gemeinschaftsrechtsordnung und mit den Zielen des Übereinkommens begründet (EuGHE Slg 1979, 3423 Rn 5 [Sanicentral/Collin]; 1983, 3663, 3674 Rn 13 [Duijnstee/Goderbauer]; vgl dazu auch KROPHOLLER Einl Rn 13). Entsprechendes gilt für die Zuständigkeitsregeln des Lugano-Übereinkommens (vgl KROPHOLLER Einl Rn 57).

B. Internationales Kartellprivatrecht

Schrifttum

ALTENMÜLLER, Die Auswirkungen des Art 9 Abs 3 EWG-VO Nr 17 auf die Schiedsgerichtsbarkeit, RIW 1975, 471
AUTENRIETH, Die Anzeigepflicht beim Zusammenschluß ausländischer Unternehmen, RIW 1980, 820
ders, Die grenzüberschreitende Fusionskontrolle in Theorie und Praxis (1982)
ders, Der britische Protection of Trading Interests Act im System des Internationalen Kartellrechts, RIW 1983, 15
BACH, Deutsche Fusionskontrolle bei inlandswirksamen Auslandszusammenschlüssen, WuW 1997, 291
BACHMANN, Der Gerichtsstand der unerlaubten Handlung im Internet, IPRax 1998, 179
BÄR, Kartellrecht und internationales Privatrecht (1965)
ders, Internationales Kartellrecht und unlauterer Wettbewerb, in: FS Moser (1987) 143
BARUCH, Zum Anwendungsbereich des GWB, WuW 1961, 530
BASEDOW, Wirtschaftskollisionsrecht, Theoretischer Versuch über die ordnungspolitischen Normen des Forumstaates, RabelsZ 52 (1988) 8
ders, Entwicklungslinien des internationalen Kartellrechts, NJW 1989, 627
ders, Der kollisionsrechtliche Gehalt der Produktfreiheiten im europäischen Binnenmarkt: favor offerentis, RabelsZ 59 (1995) 1
ders, Weltkartellrecht (1998)
BAUM, Anm zu BGH Urt v 8. 2. 1984 – VIII ZR 254/82, RabelsZ 53 (1989) 146
BECHTOLD, Zum Referenten-Entwurf der 6. GWB-Novelle, BB 1997, 1853
ders, GWB (2. Aufl 1999)
BECK, Die extraterritoriale Anwendung amerikanischen Wettbewerbsrechts unter besonderer Berücksichtigung länderübergreifender Fusionen, WuW 1984, 447
ders, Die extraterritoriale Anwendung nationalen Wettbewerbsrechts unter besonderer Berücksichtigung länderübergreifender Fusionen (1986)
ders, Extraterritoriale Anwendung des EG-Kartellrechts – Rechtsvergleichende Anmerkungen zum „Zellstoff"-Urteil des Europäischen Gerichtshofs, RIW 1990, 91
BELKE, Die vertikalen Wettbewerbsbeschränkungsverbote nach der Kartellgesetznovelle 1973, ZHR 138 (1974) 227
BLENK, Die Zustellung von Bescheiden der Kartellbehörden mit Auslandsbezug, RIW 1980, 233
BRÜHL, Das kartellrechtliche Preis- und Konditionenbindungsverbot (§ 15 GWB) (1982)
BRÜNING, Die Beachtlichkeit des fremden ordre public (1997)
BUNTE, Die 6. GWB-Novelle – Das neue Gesetz gegen Wettbewerbsbeschränkungen, DB 1998, 1748
DEUTSCH, Wettbewerbstatbestände mir Auslandsbeziehung (1962)
DEVILLE, Die Konkretisierung des Abwägungsgebotes im internationalen Kartellrecht (1990)
DROBNIG, Die Beachtung von ausländischen Eingriffsgesetzen – eine Interessenanalyse, in: FS Neumayer (1985) 159
ders, Das Profil des Wirtschaftskollisionsrechts, RabelsZ 52 (1988) 1
EBEL, Novellierung des Gesetzes gegen Wettbewerbsbeschränkungen, NJW 1973, 1665
EBENROTH, Fusionskontrolle bei Auslandszusammenschlüssen mit mittelbarem Inlandsbezug, DB 1984, 597
EBENROTH/AUTENRIETH, Die Fusionskontrolle beim Zusammenschluß ausländischer Unternehmen unter indirekter Beteiligung eines inländischen Unternehmens, BB 1981, 16
EBENROTH/LANGE, Die Auswirkungen der Europäischen Fusionskontrollverordnung auf das bundesdeutsche Recht der Unternehmenszusammenschlüsse, BB 1991, 845
dies, EG-Fusionskontrolle nach Abschluß der Uruguay-Runde im Rahmen des GATT, WuW 1994, 601
EBENROTH/PARCHE, Der Verordnungsentwurf einer europäischen Fusionskontrolle und seine

Auswirkungen auf nationales und internationales Kartellrecht, BB Beilage zu Heft 33/1988, 1
EMMERICH, Kartellrecht (8. Aufl 1999)
FIKENTSCHER/HEINEMANN/KUNZ-HALLSTEIN, Das Kartellrecht des Immaterialgüterschutzes im Draft International Antitrust Code, GRUR IntT 1995, 757
Frankfurter Kommentar zum GWB (3. Aufl 1993)
vGAMM, Rechtswahl für internationale Wettbewerbsbeschränkungen und zwingendes Recht, NJW 1977, 1553
GEIMER/SCHÜTZE, Europäisches Zivilverfahrensrecht (1997)
Gemeinschaftskommentar zum GWB (4. Aufl 1980 ff)
GEORGIEFF, Kollisionen durch extraterritoriale staatliche Regelungen im internationalen Wirtschaftsrecht (1989)
GLEISS/HOOTZ, Bundeskartellamt ändert Verwaltungspraxis zu Lizenzverträgen über Auslandspatente, BB 1962, 1060
GLEISS/HIRSCH, Kommentar zum EG-Kartellrecht (4. Aufl 1993)
GLOY, Handbuch des Wettbewerbsrechts (2. Aufl 1997)
GOLDMANN, Zur Auslegung des § 23 GWB, WuW 1963, 379
GOLDMAN/LYON-CAEN/VOGEL, Droit commercial européen (5. Aufl 1994)
GRÖNER/KNORR, Internationalisierung der Wettbewerbspolitik, in: FS Mestmäcker (1996) 579
GROSSFELD/ROGERS, A Shared Value Approach to Jurisdictional Conflicts in International Economic Law, IntCompLQ 32 (1983) 931
GULDIMANN, Zur extraterritorialen Anwendung nationaler Wettbewerbsgesetze in der internationalen Zivilluftfahrt, ZLW 1989, 87
HABERMEIER, Neue Wege zum Wirtschaftskollisionsrecht (1997)
vHAHN, Fusionskontrolle bei Auslandszusammenschlüssen, WuW 1983, 448
HAYMANN, Extraterritoriale Wirkungen des EWG-Wettbewerbsrechts (1974)
HERBST/THURNHER, Österreichische Fusionskontrolle – Auslandsumsätze für Aufgriffsschwellen irrelevant, WuW 1997, 692
HONSELL/VOGT/SCHNYDER (Hrsg), Kommentar zum schweizerischen Privatrecht, Internationales Privatrecht (1996)
HUBER, Auswirkungstheorie und extraterritoriale Rechtsanwendung im internationalen Kartellrecht, ZGR 1981, 510
ders, Die grenzüberschreitende Anwendung des Kartellrechts, in: Schwerpunkte des Kartellrechts 1982/83 (1984)
IMMENGA, Internationale Selbstbeschränkungsabkommen zwischen staatlicher Handelspolitik und privater Wettbewerbsbeschränkung, RabelsZ 49 (1985) 303
ders, Extraterritoriale Rechtsanwendung zwischen Recht und Politik, in FS Neumayer (1986) 323
ders, Rechtsregeln für eine internationale Wettbewerbsordnung, in: FS Mestmäcker (1996) 593
IMMENGA/MESTMÄCKER, GWB (2. Aufl 1992)
dies, EG-Wettbewerbsrecht (1997)
JAYME, Ausländische Rechtsregeln und Tatbestand inländischer Sachnormen – Betrachtungen zu Ehrenzweigs Datum-Theorie, in: Gedächtnisschrift Ehrenzweig (1976) 35
JOHANNES, Exportkartelle und Entwicklungshilfe, RIW 1962, 301
JUENGER, The „Extraterritorial" Application of American Antitrust Law and the New Foreign Relations Law Restatement, WuW 1990, 602
KAFFANKE, Nationales Wirtschaftsrecht und internationaler Sachverhalt, ArchVR 1989, 129
KERSTEN, Zur Anwendbarkeit des GWB auf ausländische Unternehmenszusammenschlüsse mit Inlandswirkungen, WuW 1979, 721
KEVEKORDES, Auslandszusammenschlüsse im internationalen und materiellen Kartellrecht (1986)
KLAWITTER, Anm zu BGH Beschl v 29.5.1979 – KZR 2/78, WuW/E BGH 1616
KNEBEL, Die Extraterritorialität des Europäischen Kartellrechts, EuZW 1991, 265
KOHLER, Internationale Gerichtsstandsvereinbarungen: Liberalität und Rigorismus im EuGVÜ, IPRax 1983, 265
KOOS, Europäischer Lauterkeitsmaßstab und globale Integration (1996)
KRENN, Anknüpfung von Exportkartellen im deutschen und österreichischen Internationalen Privatrecht, RIW 1976, 487
KREUZER, Ausländisches Wirtschaftsrecht vor deutschen Gerichten (1986)

B. Internationales Kartellprivatrecht

KROPHOLLER, Internationales Privatrecht (3. Aufl 1997)
ders, Europäisches Zivilprozeßrecht (6. Aufl 1998)
LANGE, Räumliche Marktabgrenzung in der europäischen Fusionskontrolle (1994)
ders, Anm zu EuGH Urt v 28. 4. 1998 – C-306/96, WuB V F. Art 85 EGV 1.98, 1053
LANGE/SANDAGE, The Wood Pulp Decision and its Implications for the Scope of EC Competition Law, CMLRev 1989, 137
LANGE/WIESSNER, Die Schiedsfähigkeit internationaler Antitrust-Streitigkeiten, RIW 1985, 757
LANGEN/BUNTE, Kommentar zum deutschen und europäischen Kartellrecht (7. Aufl 1994)
LANGEN/NIEDERLEITHINGER/RITTER/SCHMIDT, Kommentar zum Kartellgesetz (6. Aufl 1982)
LEIBLE, Kollisionsrechtlicher Verbraucherschutz im EVÜ und in EG-Richtlinien, in: SCHULTE-NÖLKE/SCHULZE (Hrsg), Europäische Rechtsangleichung und nationale Privatrechte (1999)
LÜDERITZ, Fremdbestimmte internationale Zuständigkeit?, in: FS Zweigert (1981) 233
MANN, The Doctrine of Jurisdiction in International Law, Rec des Cours 1964 I
ders, Sonderanknüpfung und zwingendes Recht im internationalen Privatrecht, in: FS BEITZKE (1979) 607
MARKERT, Praxis der Fusionskontrolle 1980/81, in: Schwerpunkte des Kartellrechts 1980/81 (1982)
ders, Anm zu KG Beschluß v 26. 11. 1980 – Kart.17/80, RIW 1981, 407
ders, Rezension von AUTENRIETH, Die grenzüberschreitende Fusionskontrolle in Theorie und Praxis, WuW 1983, 214
MARTINEK, Das internationale Kartellprivatrecht (1987)
ders, Das uneingestandene Auswirkungsprinzip des EuGH zur extraterritorialen Anwendbarkeit der EG-Wettbewerbsregeln, IPRax 1989, 347
MARTINY, Der deutsche Vorbehalt gegen Art 7 Abs 1 des EG-Schuldvertragsübereinkommens vom 19. 6. 1980 – seine Folgen für die Anwendung ausländischen zwingenden Rechts, IPRax 1987, 277
ders, Die Anknüpfung an den Markt, in: FS Drobnig (1999) 389

MEESSEN, Völkerrechtliche Grundsätze des internationalen Kartellrechts (1975)
ders, Zusammenschlußkontrolle in auslandsbezogenen Sachverhalten, ZHR 143 (1979) 273
ders, Kollisionsrecht der Zusammenschlußkontrolle (1984)
ders, Antitrust Jurisdiction under Customary International Law, AmJIntL 78 (1984) 783
MENG, Neuere Entwicklungen im Streit um die Jurisdiktionshoheit der Staaten im Bereich der Wettbewerbsbeschränkungen, ZaöRV 1981, 469
ders, Völkerrechtliche Zulässigkeit und Grenzen wirtschaftsverwaltungsrechtlicher Hoheitsakte mit Auslandswirkung, ZaöRV 1984, 675
MERTENS, Ausländisches Kartellrecht im deutschen internationalen Privatrecht, RabelsZ 31 (1967) 385
MESTMÄCKER, Staatliche Souveränität und offene Märkte, RabelsZ 52 (1988) 205
MOK/JOHANNES, Schiedsgerichtsbarkeit und EWG-Vertrag, RIW 1966, 125
MÜLBERT, Ausländische Eingriffsnormen als Datum, IPRax 1986, 140
MUELLER, Das Antitrustrecht der Vereinigten Staaten am Scheidewege, WuW 1986, 533
MÜLLER-HENNEBERG, Zur Auslegung des § 6 GWB, WuW 1961, 309
Münchener Kommentar, BGB (3. Aufl 1998)
NEUHAUS, Internationales Zivilprozessrecht und internationales Privatrecht, RabelsZ 20 (1955) 201
ders, Neue Wege im europäischen Internationalen Privatrecht?, RabelsZ 35 (1971) 401
ders, Die Grundbegriffe des Internationalen Privatrechts (2. Aufl 1979)
RASCH, Internationale Kartelle im kommenden deutschen Recht, WuW 1952, 824
REHBINDER, Extraterritoriale Wirkungen des deutschen Kartellrechts (1965)
REITHMANN/MARTINY, Internationales Vertragsrecht (5. Aufl 1996)
ROTH, Die Fusionskontrolle internationaler Unternehmenszusammenschlüsse, RabelsZ 45 (1981) 501
ders, Reasonable Extraterritoriality: Correcting the „Balance of Interests", CMLRev 41 (1992) 245
RUDOLF, Territoriale Grenzen der staatlichen Rechtsetzung, BerGesVR 1973, 7

RÜTER, Zur Frage der Anerkennung und Vollstreckung ausländischer kartellprivatrechtlicher Entscheidungen in den USA und in Deutschland (1970)
SANDROCK, Neuere Entwicklungen im Internationalen Verwaltungs-, insbesondere im Internationalen Kartellrecht, ZVglRW 1969, 1
SAVIGNY, System des heutigen Römischen Rechts, VIII. Bd (1849)
SCHLOSSER, Anm zu BGH Urt v 23. 10. 1979 – KZR 21/78, NJW 1979, 1226
SCHLUEP, Vom lauteren zum freien Wettbewerb, GRUR IntT 1973, 446
ders, Über den Begriff der Wettbewerbsverfälschung, in: FS Kummer (1980) 487
ders, Die Werbung im revidierten Lauterkeitsrecht, in: BAUDENBACHER (Hrsg), Das UWG auf neuer Grundlage (1989)
SCHMIDT-PREUSS, Grenzen internationaler Unternehmensakquisition (1983)
SCHNYDER, Die Anwendung des zuständigen fremden Sachrechts im Internationalen Privatrecht (1981)
ders, Wirtschaftskollisionsrecht (1990)
SCHÖDERMEIER, Die vermiedene Auswirkung, WuW 1989, 21
SCHÜTZ, Der räumlich relevante Markt in der Fusionskontrolle, WuW 1996, 286
SCHULTE, Änderungen der Fusionskontrolle durch die 6. GWB-Novelle, AG 1998, 297
SCHULZE, Das öffentliche Recht im internationalen Privatrecht (1972)
SCHURIG, Kollisionsnorm und Sachrecht (1981)
ders, Zwingendes Recht, „Eingriffsnormen" und neues IPR, RabelsZ 54 (1990) 217
SCHWARTZ, Deutsches Internationales Kartellrecht (1962)
ders, Übereinkommen zwischen den EG-Staaten: Völkerrecht oder Gemeinschaftsrecht?, in: FS Grewe (1981) 551
SIEHR, Ausländische Eingriffsnormen im inländischen Wirtschaftskollisionsrecht, RabelsZ 52 (1988) 41
SOERGEL, BGB (12. Aufl 1996)
STEINDORFF, Die Anerkennung amerikanischer Kartellentscheidungen, NJW 1954, 374
ders, Kartellrecht und Schiedsgerichtsbarkeit, WuW 1984, 190
STIEFEL, „Discovery"-Probleme und Erfahrungen im Deutsch-Amerikanischen Rechtshilfeverkehr, RIW 1979, 509
STOCKMANN, Kartellbehördliche Ermittlungen im Ausland, WuW 1975, 243
STROHM, Wettbewerbsbeschränkungen in Patentlizenzverträgen (1971)
VEELKEN, Interessenabwägung im Wirtschaftskollisionsrecht (1988)
ders, Zur internationalen Reichweite energiekartellrechtlicher Durchleitungspflichten, RabelsZ 53 (1989) 72
VISCHER, Kollisionsrechtliche Parteiautonomie und dirigistische Wirtschaftsgesetzgebung, in: FS Gerwig (1960) 167
ders, Zwingendes Recht und Eingriffsgesetze nach schweizerischem IPR-Gesetz, RabelsZ 53 (1989) 438
VOGEL, Der räumliche Anwendungsbereich der Verwaltungsrechtsnorm (1965)
VOLLMER, Kartell-Schiedsklauseln in internationalen Wirtschaftsverträgen, GRUR IntT 1986, 589
WEBER, Die kollisionsrechtliche Behandlung von Wettbewerbsverletzungen mit Auslandsbezug (1982)
WEITBRECHT, US-Antitrustrecht vor internationalen Handelsschiedsgerichten, IPRax 1986, 313
WENGLER, Die Anknüpfung des zwingenden Schuldrechts im internationalen Privatrecht, ZVglRW (1941), 168
ders, Völkerrechtliche Schranken des Anwendungsbereichs von Strafgesetzen, JZ 1977, 257
WESTRICK/LOEWENHEIM, GWB (Stand 1. 1. 1991)
WIECZOREK/SCHÜTZE, Zivilprozeßordnung und Nebengesetze (3. Aufl 1994)
WIEDEMANN, Handbuch des Kartellrechts (1999)
WILDHABER, Multinationale Unternehmen und Völkerrecht, BerGesVR 1978, 7
WOLF, in: Extraterritoriale Rechtsanwendung unter Berücksichtigung der Entwicklung im US-Antitrustrecht, WuW 1982, 22
WÜRDINGER, Exportkartell und EWG, WuW 1960, 313
ZWEIGERT, Internationales Privatrecht und öffentliches Recht, in: 50 Jahre Institut für Internationales Recht an der Universität Kiel (1965) 124.

B. Internationales Kartellprivatrecht

Systematische Übersicht

I.	Abgrenzung	41
II.	Rechtsquellen	49
III.	**Berücksichtigung und Anknüpfung ausländischen Kartellrechts**	
1.	Allgemeines	50
2.	Sachrechtliche Ansätze	53
a)	Berücksichtigung ausländischen Kartellrechts im Rahmen der zivilrechtlichen Generalklauseln und der Regeln zur Unmöglichkeit	53
b)	Berücksichtigung ausländischen Kartellrechts als Rechtfertigungsgrund für Wettbewerbsbeschränkungen mit Inlandsauswirkung	59
3.	Kollisionsrechtliche Ansätze	61
a)	Schuldstatutstheorie	61
b)	Entwicklung des ordre-public-Grundsatzes zur Kollisionsnorm	63
c)	Sonderanknüpfung	64
4.	Entwicklung einer allseitigen Kollisionsnorm	68
a)	Grundsatz der Nichtanwendbarkeit ausländischen öffentlichen Rechts	68
b)	System einseitiger Kollisionsnormen	71
c)	Entwicklung allseitiger Kollisionsnormen	78
d)	Rück- und Weiterverweisungen (Renvoi)	90
IV.	**Auswirkungsprinzip**	
1.	Begriff der Auswirkung	91
2.	Begründung des Auswirkungsprinzips	93
a)	Extraterritorialität	93
b)	Völkerrechtliche Schranken	94
aa)	Allgemeines	94
bb)	Souveränitätsansatz	95
cc)	Prinzipien des internationalen Strafrechts	97
dd)	Sinnvolle Anknüpfung	98
ee)	Das Auswirkungsprinzip als sinnvoller Anknüpfungspunkt	111
c)	Begrenzungskriterien für das Auswirkungsprinzip	115
aa)	Allgemeines Interessenabwägungsgebot	115
bb)	Unmittelbarkeit der Auswirkung	120
cc)	Quantitatives Begrenzungskriterium	125
dd)	Tatsächliche Auswirkungen	129
V.	**Anknüpfung inländischen Kartellrechts**	
1.	Kollisionsnorm	131
a)	Verhältnis des § 130 Abs 2 GWB zum allgemeinen Kollisionsrecht	131
b)	Verhältnis zum Gemeinschaftskartellrecht	132
c)	Kollisionsrechtlicher Charakter des § 130 Abs 2 GWB	135
d)	Einseitigkeit der Kollisionsnorm	140
e)	Anwendung des GWB	142
2.	Wettbewerbsbeschränkung	144
3.	Inlandsauswirkung	145
a)	Allgemeines	145
b)	Abgrenzung der Inlandsauswirkung	147
aa)	Notwendigkeit einer Abgrenzung	147
bb)	Inlandsauswirkung als Beeinträchtigung des Schutzzwecks des GWB	149
cc)	Inlandsauswirkung als Beeinträchtigung des sachnormbezogenen Schutzzwecks	160
dd)	Tatsächliche Inlandsauswirkung	163
c)	Völkerrechtliche und kollisionsrechtliche Begrenzungen	168
aa)	Allgemeines	168
bb)	Unmittelbarkeit	175
cc)	Spürbarkeit	185
dd)	Tatsächliche Wirkungen	190
VI.	**Inlandsauswirkung im Rahmen der Einzelfallgruppen**	
1.	Kartelle	195
a)	Allgemeines	195
b)	Praxis	200
c)	Freistellungen und Bereichsausnahmen	205
2.	Preis- und Konditionenbindungen	210
3.	Ausschließlichkeitsverträge	219
4.	Lizenzverträge	229
5.	Mißbrauch einer marktbeherrschenden Stellung	238

6. Diskriminierung, Boykott und unbillige Behinderung 244
a) Allgemeines 244
b) Diskriminierungs- und Behinderungsverbot 245
c) Boykottverbot 251
d) Umgehungstatbestände 254
7. Zusammenschlußkontrolle 255
a) Allgemeines 255
b) Anmeldepflicht 258
aa) Anwendbarkeit 258
bb) Schutzzweckbezogene Anknüpfung 259
cc) Spürbarkeit 260
dd) Inlandsauswirkung bei Zusammenschlüssen im Inland 263
ee) Inlandsauswirkung bei Zusammenschlüssen im Ausland 265
ff) Begrenzung der Anmeldepflicht 268
c) Untersagung 269

aa) Inlandsauswirkung 269
bb) Untersagungsbefugnisse 275

VII. Das Auswirkungsprinzip im EU-Kartellrecht
1. Allgemeines 285
2. Praxis des EuGH 289
3. Praxis der Kommission 291
4. Auswirkung im Rahmen der Einzelfallfragen 293
a) Art 81, 82 EGV 293
b) Zusammenschlußkontrolle 297

VIII. Internationales Kartellprozeßrecht
1. Gerichtsbarkeit 301
2. Internationale Zuständigkeit 302
3. Verfahrensdurchführung 315
4. Anerkennung und Vollstreckung 324

I. Abgrenzung

41 Das internationale Kartellrecht betrifft die Frage, welches nationales Kartellrecht auf einen Sachverhalt mit Auslandsbezug Anwendung findet. Da die einschlägige deutsche Kollisionsnorm als **einseitige Kollisionsnorm** ausgestaltet ist (s Rn 140), beantwortet das deutsche internationale Kartellrecht vorrangig die Frage nach der Anwendbarkeit des deutschen Kartellsachrechts auf Auslandssachverhalte, weiter auch die Frage, inwieweit eine Anwendung ausländischen Kartellrechts in Betracht kommt.

42 Der eindeutige **Marktordnungscharakter** des Kartellrechts, der sich in einer strikten Heranziehung des in § 130 Abs 2 GWB kodifizierten kollisionsrechtlichen **Auswirkungsprinzips** widerspiegelt, bewirkt nach herkömmlichem Verständnis eine **fundamentale Abgrenzung zum internationalen Lauterkeitsrecht und zum internationalen Immaterialgüterrecht**. Die traditionelle Auffassung siedelt beide Rechtsgebiete im **Deliktsrecht** an und sieht hierin Verhaltenskodizes, die allenfalls von gewissen marktordnungsrechtlichen Aspekten überlagert sind. Obwohl sich der Gegensatz zwischen privatrechtlicher Durchsetzung von wirtschaftlichen Individualinteressen und öffentlichrechtlicher Marktordnung auch für das Lauterkeitsrecht zunehmend auflöst (s Rn 325 ff), wird nahezu allgemein an der dogmatischen Trennung der Rechtsgebiete festgehalten. Diese Trennung setzt sich auch im korrespondierenden **Kollisionsrecht** fort. Während das Auswirkungsprinzip als dem Marktordnungsgedanken am ehesten gerecht werdender kollisionsrechtlicher Ansatz im Kartellrecht anerkannt ist, wird es im bislang unkodifizierten deutschen Lauterkeits- und Immaterialgüterkollisionsrecht von der herrschenden Meinung nicht als maßgeblich angesehen. Allerdings bestehen in der marktortorientierten **Interessenkollisionlösung** des BGH Tendenzen zur Annäherung an einen marktordnungsrechtlichen Kollisionsansatz. In diversen ausländischen Rechtsordnungen, etwa der Schweiz und Österreich, wird das Auswirkungsprinzip auch im Lauterkeitsrecht herangezogen, so daß der Gegensatz zum Marktordnungsrecht zunehmend verschwimmt.

Die hergebrachte Aufspaltung des Wettbewerbsrechts in marktordnungsrechtliche **43** und individualverhaltenskontrollrechtliche Bereiche mit Auswirkungen auf die kollisionsrechtliche Behandlung entsprechender Sachverhalte ist nicht aufrechtzuerhalten, weil sie den Anforderungen eines **effektiven Wettbewerbsschutzsystems** zum Schutz des Leistungswettbewerbs nicht gerecht wird. Nicht zuletzt im Hinblick auf die Rahmenbedingungen eines zunehmend globalisierten Wettbewerbs ist eine **wertungskompatible Ausgestaltung aller Teilgebiete des Wettbewerbsrechts** erforderlich, die sich an den Erfordernissen der Marktordnung zu orientieren hat. Für das Wettbewerbskollisionsrecht folgt hieraus die Entwicklung paralleler Anknüpfungskriterien im Kartellrecht, Lauterkeitsrecht und Immaterialgüterrecht. Ein Gegensatz zwischen diesen Teilgebieten existiert nicht; der alle Teilgebiete beherrschende Anknüpfungsgrundsatz kann notwendig nur das **Auswirkungsprinzip** sein.

Allgemein wird davon ausgegangen, daß die Regeln des Internationalen Privatrechts **44** auf privatrechtliche Normen zugeschnitten sind. Das Kartellrecht nimmt mit seiner sowohl auf individuale als auch auf öffentliche Interessen bezogenen **Doppelfunktion** (vgl vGamm NJW 1977, 1553, 1555) insoweit eine Sonderstellung ein, weil es teilweise dem **öffentlichen Recht** zugeordnet werden kann. Für die praktische kollisionsrechtliche Erfassung von wettbewerbsrechtlichen Sachverhalten erscheint die Unterscheidung zwischen öffentlichrechtlichen und privatrechtlichen Rechtsgebieten innerhalb des internationalen Wirtschaftsprivatrechts allerdings als wenig sachdienlich. Ebenso wie es für die Heranziehbarkeit des Auswirkungsprinzips auf lauterkeitsrechtliche Sachverhalte keine Rolle spielen kann, daß das Lauterkeitsrecht im privatrechtlichen Bereich wurzelt, darf der öffentlichrechtliche Charakter des Kartellrechts nicht überbewertet werden. Hinzu kommt, daß die uneingeschränkte Berücksichtigung ausländischen Rechts deshalb auf privatrechtliche Normen begrenzt wurde, weil nur in diesem Bereich von einer **Gleichwertigkeit** bzw **Austauschbarkeit der einschlägigen Normen im klassischen Verständnis des IPR** nach Savigny (Savigny 26 ff) ausgegangen und diese Gleichwertigkeit als Voraussetzung für ein Zurücktreten eigener staatlicher Rechtsanwendungsinteressen zugunsten fremden Rechts und damit für eine Anwendbarkeit ausländischen Rechts angesehen wurde (vgl Mestmäcker RabelsZ 52 [1988] 205, 216; Weber 144). Eine entsprechende Austauschbarkeit wurde im Bereich öffentlichrechtlicher Normen deshalb nicht gesehen, weil diese politisch geprägt seien und ihre jeweiligen staatspolitischen Ziele eine internationale Austauschbarkeit untereinander verhinderten. Die Berechtigung dieser Argumentation erscheint allerdings angesichts tiefgreifender Veränderungen im Verständnis des **Verhältnisses zwischen öffentlichem Recht und Privatrecht** als fragwürdig, weil Privatrechtsverhältnisse zunehmend durch öffentlichrechtliche Normen mitgestaltet werden, eine klare Trennung der Bereiche angesichts dieser Gemengelage kaum mehr sinnvoll ist (vgl Neuhaus RabelsZ 35 [1971] 401, 403; Martinek 36). Das gilt besonders für das von einer **Doppelfunktionalität** geprägte Kartellrecht, das gerade die Privatautonomie der Marktteilnehmer gegen den freien Wettbewerb beschränkende privatautonome Aktivitäten schützt (vgl Mertens RabelsZ 31 [1967] 385, 393). Auch ein Wandel im Verständnis von der Funktion des Privatrechts hin zu einer zunehmenden Betonung gesellschafts- und wirtschaftsgestaltender Aufgaben wird namentlich im Bereich des Wirtschaftsrechts bewirkt, so daß eine Abgrenzung schwierig erscheint (vgl HABERMEIER 114, der hierin ein Argument gegen die Sonderanknüpfungslehre sieht; vgl auch hier Rn 65).

45 Maßgeblich ist das Verständnis eines **Gesamtwettbewerbsschutzsystems**, das Kartellrecht, Lauterkeitsrecht und Immaterialgüterrecht als kompatible Systeme zum Schutze der Marktordnung begreift. Das Überwiegen des Marktordnungsinteresses in allen Teilen eines Gesamtwettbewerbsschutzsystems führt zu einer **Sonderanknüpfung** auch im Rahmen des Kartellrechts (s Rn 64 ff), nachdem die Regeln des allgemeinen Internationalen Privatrechts mit den dort vorzufindenden privatautonomen Einflüssen staatlichen Regelungsinteressen nicht gerecht werden (vgl Rn 44). Aus diesem Grund scheint die Frage, ob das Kartellrecht im ganzen dem **öffentlichen Recht** (NEUHAUS 33; SANDROCK ZVglRW 69 [1968] 1 ff; vgl auch BÄR 292 f) oder wegen des Charakters des Kartellrechts als Regulativ privatautonomer Verhaltensweisen ganz oder teilweise dem **Privatrecht** zuzuordnen ist (MERTENS RabelsZ 31 [1967] 385, 293; MARTINEK 25), eher von theoretischer Bedeutung zu sein.

46 Aus den dargelegten Gründen kommt es nicht auf die Qualifikation des gesamten Kartellrechts oder bestimmter kartellrechtlicher Normen als öffentliches Recht an (vgl auch Art 13 Satz 2 schwIPRG). Eine andere Auffassung wäre auch angesichts der Doppelfunktion des Kartellrechts im Bereich öffentlichrechtlicher und privatrechtlicher Funktionen nicht praktikabel. Hinzu kommen beträchtliche Schwierigkeiten bei der nach der *lex fori* vorzunehmenden Abgrenzung öffentlichrechtlicher von privatrechtlichen Normen (vgl auch DROBNIG RabelsZ 52 [1988] 1, 3). Andererseits ist nicht zu verkennen, daß eine internationalprivatrechtliche Anknüpfung nicht auf solche Sachverhalte paßt, die ausschließlich verwaltungsrechtliche oder strafrechtliche Bezüge vorweisen. Ein sachgerechter Ansatz ist es, unabhängig davon, ob eine kartellrechtliche Sachnorm öffentlichrechtlicher Natur ist, darauf abzustellen, inwieweit eine kartellrechtliche Sachnorm **unmittelbare** Bedeutung für die **Gestaltung der Privatrechtsverhältnisse** der an der Wettbewerbsbeschränkung beteiligten Personen hat (MARTINEK 31 f). Nach dieser Auffassung unterfallen solche Normen nicht dem internationalen Privatrecht, die erst durch eine verwaltungsbehördliche oder verwaltungsgerichtliche Entscheidung vermittelt auf die Privatrechtsverhältnisse einwirken. Danach unterfallen neben den eindeutig privatrechtlich zu qualifizierenden Sachnormen, wie etwa **Normen zu Kündigung und Rücktritt von Kartellverträgen, zu Unterlassungs- und Schadensersatzansprüchen bei Wettbewerbsverstößen,** zu der **gesamtschuldnerischen Haftung der Kartellmitglieder** oder zu den **Formvorschriften für Kartellverträge** (vgl auch Rn 88), auch andere nicht eindeutig privatrechtliche Normen dem Internationalen Privatrecht, die unmittelbar die privatrechtlichen Verhältnisse der an der Wettbewerbsbeschränkung beteiligten Rechtssubjekte regeln (MARTINEK 28; ähnlich KEGEL § 23 V 3). Das sind insbesondere diejenigen Verbotsnormen, die **unmittelbar zur Unwirksamkeit wettbewerbsbeschränkender Abreden und Verhaltensweisen führen** (vgl auch MERTENS RabelsZ 31 [1967] 385, 395). Ein ähnlicher Weg ist es, konkret zu prüfen, inwieweit eine ausländische kartellrechtliche Norm die **Individualfreiheit** schützt (MünchKomm/IMMENGA Nach Art 37 Rn 16).

47 Das Kartellkollisionsrecht ist einschlägig, soweit ein Sachverhalt sachrechtlich vom Recht gegen Wettbewerbsbeschränkungen erfaßt wird. Das bedeutet allerdings nicht, daß bereits auf dieser Ebene eine vollständige Prüfung sämtlicher Tatbestandselemente der in Betracht kommenden kartellrechtlichen Sachnormen zu erfolgen hat (s Rn 148 mwN). Das Kartellkollisionsrecht verdrängt in diesem Anwendungsbereich die Kollisionsregeln des allgemeinen IPR. Die kartellkollisionsrechtlichen Anknüpfungsgrundsätze erstrecken sich dann gleichermaßen auf das Vertragsrecht wie auf das Deliktsrecht (KEGEL § 23 V 3; STAUDINGER/vHOFFMANN [1998] Art 38 Rn 559; MünchKomm/KREUZER Art 38 Rn 238). Kommen zugleich Ansprüche aus allgemeinem Zivilrecht in Betracht, so dürfte auch insoweit die kartellkollisionsrechtliche Anknüpfung im Hinblick auf ein ansonsten bestehendes Verzerrungspotential maßgeblich sein (vgl zum Lauterkeitsrecht Rn 329). Allgemein entscheidet die *lex fori* über die Anwendung und die Reichweite ihrer Kollisionsnormen, insbesondere bei der Abgrenzung der verschiedenen Anknüpfungsregeln voneinander.

Die zentrale Problematik des Internationalen Kartellrechts liegt wegen der auch **48** öffentlichrechtlichen Ausprägung kartellrechtlicher Normen in der Frage, inwieweit ausländisches Kartellrecht von inländischen Gerichten angewendet werden kann und damit auch in der Problematik der **Allseitigkeit kartellrechtlicher Kollisionsnormen**. Ein **kollisionsrechtliches** Problem liegt nur bei der Frage der **Anwendung** ausländischen Kartellrechts (Anwendung im engeren Sinne; vgl KREUZER 54; MARTINEK 18 ff) vor, nicht dagegen bei der Frage der bloßen **Berücksichtigung** ausländischen Kartellrechts (Anwendung im weiteren Sinne), etwa im Rahmen der **zivilrechtlichen Generalklauseln**. Nur bei ersterer geht es um die Problematik der unmittelbaren Heranziehbarkeit des ausländischen Kartellrechts, während bei letzterer bereits nationales Recht kollisionsrechtlich berufen ist, ausländisches Recht aber Berücksichtigung, etwa im Sinne eines Rechtfertigungs- oder Sittenwidrigkeitsgrundes, findet (MARTINEK 20; vgl aber auch KREUZER 79 f, der in Fällen der indirekten Berücksichtigung ausländischen Kartellrechts bei der direkten Anwendung des deutschen Geschäftsstatuts die Unterscheidung für eine bloße terminologische Frage hält). Ein Problem der **Anwendung** ausländischer Eingriffsnormen, liegt dagegen bei der denkbaren Berücksichtigung als Verbotsnorm iSd § 134 BGB vor (vgl BRÜNING 146), weil ein solches Vorgehen die unmittelbare Verbindlichkeit der ausländischen Norm im Inland voraussetzt (BGHZ 59, 82, 85). Zudem läßt sich die Rechtsprechung zur Berücksichtigung ausländischer Eingriffsnormen im Rahmen der zivilrechtlichen Generalklauseln und der Unmöglichkeitsregeln auch in Richtung einer **Anwendbarkeit** der ausländischen Normen als Vorfrage für die nach dem kollisionsrechtlich anwendbaren deutschen Zivilrecht bestehenden Rechtsfolgen umdeuten (näher dazu Rn 55).

II. Rechtsquellen

Das Kartellkollisionsrecht findet im deutschen Recht eine Kodifizierung in **§ 130** **49** **Abs 2 GWB** (zum Verhältnis zum allgemeinen Kollisionsrecht s Rn 131), in dem das Auswirkungsprinzip als **einseitige Kollisionsnorm** ausgestaltet ist (s Rn 140 f). Die Vorschrift ist im Jahre 1978 im Rahmen der 4. GWB-Novelle als § 98 Abs 2 in das GWB integriert worden (zur Gesetzesgeschichte IMMENGA/MESTMÄCKER/REHBINDER § 98 Abs 2 Rn 2 ff). Im Zuge der Neubekanntmachung des GWB vom 26. 8. 1998 (BGBl I 2546), ist die nach § 98 Abs 2 Satz 2 GWB aF geltende Sonderregelung für Exportkartelle entfallen. Im Bereich des **Gemeinschaftsrechts** findet sich keine ausdrückliche Kollisionsnorm zur Anknüpfung des gemeinschaftlichen Wettbewerbsrechts; die Geltung des Auswirkungsprinzips entspricht ständiger Kommissionspraxis und eingeschränkt auch der Rechtsprechung des EuGH (näher Rn 289 ff). Neuerdings wird in dem aus der Rechtsprechung des EuGH zu den Produktfreiheiten hergeleiteten **Herkunftsland-**

prinzip eine auf innergemeinschaftliche Sachverhalte begrenzte **gemeinschaftsrechtliche Kollisionsregel** gesehen. Danach kollidiert das Auswirkungsprinzip des § 130 Abs 2 GWB, insbesondere eine mögliche extraterritoriale Anwendung des nationalen Kartellrechts mit den Grundfreiheiten des EGV (BASEDOW RabelsZ 59 [1995] 1, 52 f). Die Grundfreiheiten des EGV richten sich aber nur gegen im Einzelfall binnenmarktstörende Sachnormen des anwendbaren nationalen Rechts und damit gegen das Ergebnis der kollisionsrechtlichen Anwendung, nicht hingegen bereits gegen den kollisionsrechtlichen Anwendungsbefehl selbst. Das Auswirkungsprinzip wird deshalb nicht durch das Herkunftslandprinzip verdrängt (vgl zum **Lauterkeitsrecht** ausführlich Rn 433 ff). Eine dem § 130 Abs 2 GWB entsprechende Norm besteht in **§ 6 Abs 1 östKartG**. Das schweizerische Recht enthält in **Art 137 Abs 1 schwIPRG** eine allseitige Kollisionsnorm im Sinne des Auswirkungsprinzips (vgl auch Art 2 Abs 2 schwKG). Zur Anknüpfung ausländischen Kartellrechts findet sich im deutschen Recht keine geschriebene Kollisionsnorm. Die Frage ist heftig umstritten; teilweise wird ein Ausbau des § 130 Abs 2 GWB zur **allseitigen Kollisionsnorm** gefordert (näher Rn 78 ff; 391). Im **gemeinschaftsrechtlichen Rahmen** existiert keine geschriebene Kollisionsnorm für die Feststellung des Anwendungsbereichs des EU-Kartellrechts (zum Vorrang des Gemeinschaftskartellrechts s Rn 132). Anerkannt ist insoweit ebenfalls die Anwendung des **Auswirkungsprinzips**, wobei der EuGH bislang dazu neigt, das Auswirkungsprinzip durch das territoriale Merkmal der Durchführung im Gemeinsamen Markt zu ergänzen. Die Kommissionspraxis und der überwiegende Teil des Schrifttums gehen hingegen von der Heranziehung des reinen Auswirkungsprinzips aus (vgl insoweit eingehend IMMENGA/MESTMÄCKER/REHBINDER, EG-Wettbewerbsrecht, Einl E Rn 55 ff).

III. Berücksichtigung und Anknüpfung ausländischen Kartellrechts

1. Allgemeines

50 Die nach herrschendem Verständnis **einseitige Kartellkollisionsnorm** des § 130 Abs 2 GWB trifft nur eine Aussage über den Anwendungsbereich inländischen Kartellrechts. Das sich in einer Gemengelage zwischen öffentlichem Recht und Zivilrecht befindliche Kartellrecht hat Rechtsprechung und Lehre stets vor die Problematik gestellt, inwieweit eine Anwendung ausländischer Kartellrechtsnormen durch deutsche Gerichte und Behörden möglich bzw geboten ist. Diese Frage betrifft vor allem die unmittelbare Heranziehung ausländischer kartellrechtlicher Normen über kollisionsrechtliche Normen, aber auch die nicht eigentlich kollisionsrechtliche Frage der bloßen **Berücksichtigung** ausländischen Kartellrechts bei der Anwendung inländischen Rechts (zur Unterscheidung zwischen Anwendung und Berücksichtigung ausländischen öffentlichen Rechts vgl MARTINEK 18 ff; KREUZER 53 f; s hier Rn 48). Die Rechtsprechung hat insoweit das strenge **Nichtanwendbarkeitsdogma** (dazu Rn 68 f) niemals angewendet und **mittelbar** ausländische sozial- und wirtschaftspolitische Gesetzgebung herangezogen. Sie ist damit grundsätzlich einem **sachrechtlichen Ansatz** gefolgt (vgl aber auch Rn 55). Da die Rechtsprechung mit der Berücksichtigung fremden öffentlichen Rechts etwa im Rahmen der Anwendung **zivilrechtlicher Generalklauseln** des inländischen Rechts im Ergebnis den jeweiligen ausländischen Normen einen mittelbaren Einfluß auf private Rechtsgeschäfte zugesteht, liegt insoweit eine **Durchbrechung des strengen Territorialitätsprinzips des öffentlichen Rechts** vor (KREUZER 79 f), jedenfalls soweit man dieses auch auf die Frage der Bestimmung des Anwendungsbereichs einer Norm erstrecken will (dazu Rn 69). Eine **Verpflichtung zur Anwendung ausländi-**

B. Internationales Kartellprivatrecht

schen Kartellrechts ist zumindest **völkerrechtlich** nicht gegeben (vgl KG WuW/E OLG 3051, 3059 [Morris-Rothmans]).

Für die Anwendung kartellrechtlicher Normen ist allgemein **Art 34 EGBGB** von Bedeutung. Regelungen des Kartellrechts zählen als der Parteiendisposition entzogenen Normen zu den zwingenden Bestimmungen iSd Vorschrift (STAUDINGER/MAGNUS[12] Art 34 Rn 106). Auf die Qualifikation als öffentliches Recht kommt es dabei nicht an (MünchKomm/MARTINY Art 34 Rn 11). Als maßgeblich wird vielmehr die Entscheidung darüber angesehen, ob die betreffende Norm einem öffentlichen Interesse dient (SOERGEL/vHOFFMANN [1998] Art 34 Rn 3; MünchKomm/MARTINY Art 34 Rn 12). Dabei muß ausreichen, daß die Norm durch Gemeinwohlinteressen geprägt ist. Das trifft auf das **Kartellrecht** wegen des dieses beherrschenden Marktordnungscharakters zu. Soweit daneben auch Individualinteressen verfolgt werden, ist dies unschädlich, erst recht der Umstand, daß über ihre Anwendung unmittelbar auf Privatrechtsverhältnisse eingewirkt wird. Eine generelle Erstreckung des Begriffs der Eingriffsnorm auch auf zwingende drittstaatliche Bestimmungen, die vorrangig Individualinteressen auszugleichen bestimmt sind, wird allerdings abgelehnt (STAUDINGER/MAGNUS[12] Art 34 Rn 127). 51

Art 34 EGBGB regelt jedoch nicht die Frage der von deutschen Gerichten zu berücksichtigenden Beachtlichkeit zwingender ausländischer Normen gegenüber einem abweichenden Vertragsstatut (auch STAUDINGER/MAGNUS[12] Art 34 Rn 4); die entsprechende Regelung in Art 7 Abs 1 EVÜ wurde vom Gesetzgeber nicht übernommen. Darin liegt keine grundsätzliche gesetzgeberische Entscheidung gegen eine prinzipielle Anwendbarkeit drittstaatlicher Eingriffsnormen (s Rn 70). Eine Gebotenheit der Anwendung ausländischen Kartellrechts kann insbesondere unter Zugrundelegung einer internationalisierten Sichtweise gegeben sein (s Rn 64 ff). Der Begriff der ausländischen Eingriffsnorm entspricht dem Begriff der inländischen Eingriffsnorm in Art 34 EGBGB (STAUDINGER/MAGNUS[12] Art 34 Rn 113). Es entscheidet nach überwiegender Auffassung der normsetzende Staat, inwieweit einer Norm ein von dem anwendbaren Recht unabhängiger Geltungswille zukommt, indem er ihren zwingenden Charakter anordnet (SOERGEL/vHOFFMANN [1998] Art 34 Rn 78; STAUDINGER/MAGNUS[12] Art 34 Rn 113). Die Qualifikation der Norm als Eingriffsnorm obliegt aber dem Kollisionsrecht der **lex fori** (MünchKomm/MARTINY Art 34 Rn 9). Das Ergebnis der danach vorgenommenen Beurteilung ist sodann daraufhin zu überprüfen, ob es mit einem entsprechenden Geltungswillen des Normsetzungsstaates übereinstimmt. 52

2. Sachrechtliche Ansätze

a) Berücksichtigung ausländischen Kartellrechts im Rahmen der zivilrechtlichen Generalklauseln und der Regeln zur Unmöglichkeit

Eine Berücksichtigung fremden Kartellrechts kommt einerseits im Rahmen **zivilrechtlicher Generalklauseln** in Betracht, soweit unmittelbar oder mittelbar auch inländische Interessen betroffen sind. Der BGH hat verschiedentlich ausländisches öffentliches Recht bei der Anwendung von **§ 138 Abs 1 BGB** berücksichtigt, etwa in Fällen der Umgehung amerikanischer Embargovorschriften. Diese dienten zwar staatspolitischen Zwecken der Vereinigten Staaten, doch diente ihre Einhaltung nach Auffassung des Gerichts zugleich der Erhaltung der freiheitlichen Ordnung des Westens und lag damit im **inländischen Interesse** (BGHZ 34, 169, 177; NJW 1962, 1436, 1437; 53

BGH NJW 1991, 634, 635 [Anspruch nach § 826 BGB wegen Verstoßes gegen thailändische Embargovorschriften]; vgl BGH NJW 1976, 197, 198 [Fluchthilfe] als Beispiel für ein nicht auch inländische Interessen betreffendes ausländisches Verbotsgesetz). Entsprechendes gilt für ausländische Ausfuhrverbote bezüglich Kulturgütern, die dem **allgemein zu achtenden Interesse aller Völker** und damit auch der Bundesrepublik Deutschland an der Bewahrung fremden Kulturguts an Ort und Stelle dienen (BGHZ 59, 82, 85). Eine weitere Fallgruppe liegt bei ausländischen Verbotsnormen zur Verhinderung von Verhaltensweisen vor, die unter Berücksichtigung der auch im Inland herrschenden rechtlichen und sittlichen Anschauungen eine Verletzung **allgemein gültiger sittlicher Grundsätze** darstellen, etwa Antikorruptionsgesetze (BGHZ 94, 268, 271). Schließlich hat die Rechtsprechung ausländische Verbotsgesetzgebung im Rahmen des **Wegfalls der Geschäftsgrundlage** gemäß § 242 BGB berücksichtigt (BGH NJW 1984, 1746, 1747) oder als Grund für eine anfängliche oder nachträgliche **Unmöglichkeit** angenommen (vgl RGZ 93, 182, 184; RGZ 97, 6, 10). Dabei ist zu beachten, ob etwa ein ursprünglich gegebener Geltungswille der betreffenden Norm fortzubestehen aufgehört hat (BGHZ 128, 41, 53 [DDR-Außenhandelsmonopol]). Die Berücksichtigung ausländischer Eingriffsnormen über **§ 134 BGB** hat der BGH dagegen zunächst offengelassen (BGHZ 34, 169, 178), später mangels **unmittelbarer Verbindlichkeit** ausländischer Verbotsnormen im Inland ausdrücklich abgelehnt (BGHZ 59, 82, 85; 128, 41, 53).

54 Die in der Literatur als **Datumstheorie** vertretene Methode, wonach ausländisches öffentliches Recht als ausländisches Datum bei der Anwendung des deutschen Zivilrechts herangezogen wird (vgl zur Datumstheorie aus dem Schrifttum JAYME, in: FS Ehrenzweig 37, 43; MÜLBERT IPRax 1986, 140, 141; BAUM RabelsZ 53 [1989] 146, 160), wird von Teilen des Schrifttums als den spezifischen kollisionsrechtlichen Fragestellungen nicht gerecht werdend abgelehnt (BASEDOW NJW 1989, 627, 633; IMMENGA/MESTMÄCKER/REHBINDER § 98 Abs 2 Rn 244; vgl DROBNIG, in: FS Neumayer 159, 177; weitgehend ablehnend auch STAUDINGER/ MAGNUS[12] Art 34 Rn 134 f). Teilweise wird davon gesprochen, die sachrechtliche Lösung verschleiere zumeist die eigentlichen kollisionsrechtlichen Probleme (SCHURIG RabelsZ 54 [1990] 217, 241; BRÜNING 151 f; ähnlich SOERGEL/vHOFFMANN Art 34 Rn 81; STAUDINGER/vHOFF- MANN [1998] Art 38 Rn 500). Insbesondere der Weg über § 138 Abs 1 BGB trage dem Umstand nicht Rechnung, daß es bei der Frage der Berücksichtigung fremden Wirtschaftsrechts darauf ankomme, ob innerstaatliche Interessen die Berücksichtigung gebieten. Der Begriff der Sittenwidrigkeit sei insoweit ungeeignet, weil er auf den Schutz von Grundwerten einer ausgleichenden Gerechtigkeit und nicht auf den Schutz von öffentlichen Interessen in Bezug auf den Schutz fremder Staaten ausgerichtet sei (KREUZER 87). Soweit für die Bestimmung der Sittenwidrigkeit iSd § 138 BGB bei Auseinanderfallen von *lex fori* und *lex causae* ausschließlich auf die Maßstäbe der *lex fori* abgestellt wird, wird desweiteren eine nicht sachgerechte Übertragung dieser Sittenmaßstäbe auf die *lex causae* befürchtet (SCHNYDER Rn 317; vgl auch BÄR 157 ff; s noch hier Rn 56).

55 Es bestehen keine Bedenken gegen die **sachrechtliche** Berücksichtigung ausländischer Eingriffsnormen, wie sie der BGH im Ergebnis in den genannten Entscheidungen vorgenommen hat. Kollisionsrechtliche Sonderanknüpfung und sachrechtliche Berücksichtigung schließen sich nicht aus (MünchKomm/SONNENBERGER Einl IPR Rn 66). Der Begriff der Sittenwidrigkeit ist einer entsprechenden Ausfüllung zugänglich. Dabei muß allerdings genau unterschieden werden, ob die Sittenwidrigkeit auf einen Verstoß gegen das ausländische Verbotsgesetz selbst oder auf einen Verstoß gegen die entsprechende **gesetzgeberische Wertung** gestützt wird. So werden im Schrifttum zurecht Zweifel an der Begründung des BGH etwa in der *Nigeria-Kulturgut*-Entscheidung angebracht, soweit diese für die Begründung der Sittenwidrigkeit auf das allgemein zu achtende Interesse aller Völker abstellt, daß Kulturgut an Ort und Stelle erhalten werde, letztendlich aber die Sittenwidrigkeit gerade wegen des Verstoßes gegen die entsprechende ausländische Verbotsnorm und nicht etwa allgemein wegen des Verstoßes gegen das benannte Völkerinteresse bejaht (BGHZ 59, 82, 85 f; kritisch aus methodischen Gründen etwa BRÜNING 150). Ähnliches gilt für die Begründung der Sittenwidrigkeit mit der Verletzung allgemeiner auch im Inland herrschender sittlicher Grundsätze, die aber gerade wegen des Verstoßes gegen eine entsprechende ausländische Antikorruptionsgesetzgebung vorliegen soll (BGHZ 94, 268, 271). Es wird im Einzelfall genauerer Begründung bedürfen, inwieweit gerade der **Verstoß gegen das ausländische Verbotsgesetz** einen Verstoß gegen das Anstandsgefühl aller gerecht und billig Denkenden im Sinne des deutschen Rechts begründen kann. Im Rahmen eines zunehmend **funktional geprägten Sittenwidrigkeitsbegriffes**, wie er sich etwa für § 1 UWG anbietet (vgl dazu SCHLUEP GRUR IntT 1973, 446, 447; ders, in: FS Kummer 487, 518 ff; ders, in: BAUDENBACHER [Hrsg] 71, 92 f; BAUDENBACHER ZHR 144 [1980] 144, 145; ders, in: BAUDENBACHER [Hrsg] 15 ff; KOOS 194; kritisch zu funktionalen Ansätzen KRAFT GRUR 1980, 966; MERZ 251), aber auch im Bereich des allgemeinen zivilrechtlichen Sittenwidrigkeitsverbots zu erwägen ist, kann in solchen Fällen die Sittenwidrigkeit mit der **Ausnutzung eines ausländischen Rechtsbruchs** begründet werden. Allgemein bestehen seit der *Zeiss*-Entscheidung des BGH (BGH GRUR 1958, 189, 197 [Zeiss]) in der Rechtsprechung ähnliche Ansätze zur Berücksichtigung ausländischer lauterkeitsrechtlicher Rechtsanschauungen (vgl BGH GRUR IntT 1988, 357, 360 [Ein Champagner unter den Mineralwässern]; OLG Frankfurt aM IPRspr 1990, Nr 155, 307, 310), die der hier in Frage stehenden Berücksichtigung ausländischer Eingriffsnormen methodisch durchaus ähneln. Jedenfalls für **objektiv wettbewerbsschützende** ausländische Verbotsnormen ist dieser Ansatz im Rahmen **eines weltmarktorientierten lauterkeitsrechtlichen Sittenwidrigkeitsbegriffes** in Betracht zu ziehen. Insoweit handelt es sich um eine echte **sachrechtliche** Lösung.

Eine weitere mit der sachrechtlichen Lösung verbundene Schwierigkeit liegt in der Frage, welche Rechtsordnung über den Maßstab der guten Sitten oder die Beachtlichkeit von die Unmöglichkeit bewirkenden Umständen sowie über die Berücksichtigungsbedüftigkeit der Eingriffsnorm zu entscheiden hat, wenn *lex fori* und *lex causae* auseinanderfallen (vgl SCHNYDER Rn 317, 319). In den von der Rechtsprechung entschiedenen Fällen (Rn 53) entsprach die *lex causae* der *lex fori*, so daß sich das Problem nicht stellte (vgl SIEHR RabelsZ 52 [1988] 41, 79). Im Fall eines Auseinanderfallens von *lex fori* und *lex causae* wird man nicht stets auf die Wertungen der *lex fori* abstellen können. Es sprechen gute Gründe dafür, insoweit die Wertungen der *lex causae* zu ermitteln. Denkbar ist insoweit allerdings eine Eingrenzung durch international allgemeingültige Sittengrundsätze und Völkerinteressen, wie sie in den einschlägigen Entscheidungen des BGH teilweise anklingt, freilich im Sinne eines eine inländische Interessenberührung vermittelnden Elements.

Im übrigen kann die Berücksichtigung ausländischer Verbotsgesetze im Rahmen des § 138 BGB zur Herleitung einer Norm führen, die eine der **sachrechtlichen Lösung vorgeschaltete, kollisionsrechtliche Entscheidung** zur Anknüpfung der konkreten, ausländischen Norm enthält (SCHURIG RabelsZ 54 [1990] 217, 243 [gemischte Norm]). Hierdurch kann die Sittenwidrigkeit gerade infolge der Verletzung einer ausländischen Verbotsnorm begründet werden, soweit eine **kollisionsrechtliche** Verknüpfung des konkreten Sachverhaltes mit der Verbotsnorm, beispielsweise im Sinne einer **engen Beziehung** des Sachverhaltes zu der betreffenden Rechtsordnung, festzustellen ist. Die Berücksichtigung ausländischen Rechts nähert sich dadurch allerdings einer echten Anwendung desselben an, weshalb insoweit teilweise der Weg über den § 134 BGB für naheliegender gehalten wird (vgl Kegel § 23 I 4 b; Schurig RabelsZ 54 [1990] 217, 244; vgl auch Wengler ZVglRW [1941] 168, 205).

58 Die von der Rechtsprechung allgemein zur Berücksichtigung ausländischen öffentlichen Rechts aufgestellten Grundsätze sind ohne weiteres auf das **Kartellrecht** übertragbar. Insbesondere kann nicht mehr davon ausgegangen werden, daß der Schutz des Wettbewerbs in den einzelnen nationalen Marktbereichen ein ausschließlich eigenes staatspolitisches Anliegen des jeweiligen Staates darstellt. Die Herstellung und Erhaltung eines funktionsfähigen Wettbewerbs in den verschiedenen Staaten muß im Zuge eines wachsenden **Globalisierungsgrades** der Weltwirtschaft als internationales und damit auch nationales Anliegen angesehen werden. Das gilt nicht nur für die nationalen Wettbewerbsschutzgesetzgebungen innerhalb der europäischen Union, sondern weltweit. Kartellrechtliche Vorschriften, die diesem Anliegen zu dienen vermögen, sind allgemein daher stets berücksichtigungsfähig. Das ist jedenfalls dann anzunehmen, wenn das inländische Interesse am Schutz des inländischen Wettbewerbs nicht unterlaufen wird, was bei der zivilrechtlichen Unterbindung von den Wettbewerb in ausländischen Marktbereichen störenden Absprachen regelmäßig der Fall sein wird.

b) Berücksichtigung ausländischen Kartellrechts als Rechtfertigungsgrund für Wettbewerbsbeschränkungen mit Inlandsauswirkung

59 Bei Vorliegen einer Inlandsauswirkung iSd § 130 Abs 2 GWB kann desweiteren etwa eine nach kollisionsrechtlich anwendbarem deutschem Kartellrecht verbotene Absprache im Veranlasserstaat als politisch erwünscht angesehen werden und so zu einer Pflichtenkollision der an der Absprache beteiligten Unternehmen führen (zu dieser Gestaltung Martinek 18 f). Insoweit ist an eine Einschränkung des durch das Auswirkungsprinzip geschützten inländischen Regelungsinteresses aus Rechtfertigungsgesichtspunkten zu denken. Eine **Verdrängung des inländischen Regelungsinteresses durch das fremde Regelungsinteresse des Veranlasserstaates** läge hierin freilich nicht zwangsläufig, soweit man zivilrechtliche Maßstäbe anlegt und die Berücksichtigung etwa über die Verneinung eines Verschuldens der an der Absprache beteiligten Parteien vornimmt. Dann erfolgt nämlich, ebenso wie im Fall der Berücksichtigung ausländischen Kartellrechts im Rahmen zivilrechtlicher Generalklauseln, die Berücksichtigung des ausländischen Kartellrechts im privatrechtlichen Interesse der Vertragsparteien bzw im eigenen auf sein Zivilrecht gerichteten Rechtsanwendungsinteresse des Auswirkungsstaates. Insoweit liegt kein Konflikt zwischen in- und ausländischem Kartellrecht, sondern gleichsam zwischen inländischem Kartellrecht und inländischem allgemeinem Zivilrecht vor. Anders ist dies zu beurteilen, soweit die Berücksichtigung des ausländischen Kartellrechts aus außenpolitischen Opportunitätsgesichtspunkten erfolgt (vgl Martinek 22 f).

60 Die **Berücksichtigung kartellfreundlicher ausländischer Gesetzgebung** als **Rechtfertigung** von nach kollisionsrechtlich anwendbarer, inländischer Gesetzgebung verbote-

nen Wettbewerbsbeschränkungen erscheint, anders als die Berücksichtigung von fremde Marktbereiche schützenden, ausländischen Verbotsnormen etwa über § 138 BGB, problematisch. Das gilt erst recht, als eine **völkerrechtliche Verpflichtung** zur Berücksichtigung insoweit nicht angenommen werden kann (vgl SCHWARTZ 274; MARTINEK 20 mwN). Denn jedenfalls soweit eine Verdrängung des auf den inländischen Wettbewerb bezogenen inländischen Sanktionsinteresses nicht aufgrund des auf das eigene Zivilrecht gerichteten, inländischen Rechtsanwendungsinteresses erfolgt, sondern aufgrund der ausländischen, kartellrechtlichen Regelungsstruktur, erscheint fraglich, ob das positive Marktordnungsinteresse des inländischen Gesetzgebers nicht überwiegt. Eine Berücksichtigung des ausländischen Kartellrechts ist daher auf besonders gravierende Fälle zu beschränken, in denen insbesondere **internationalisierte Interessen an der Wettbewerbsstruktur im Veranlasserstaat** berührt werden. Die Wahrung derartiger internationalisierter Interessen liegt im Rahmen einer globalisierten Marktordnung regelmäßig zugleich im Interesse des Auswirkungsstaates.

3. Kollisionsrechtliche Ansätze

a) Schuldstatutstheorie
Nach der sogenannten **Schuldstatutstheorie** wird das Internationale Privatrecht auf sämtliche entscheidungserhebliche Normen des Vertragsstatuts angewendet, wobei es nicht auf die Qualifizierung der Normen als zwingend oder dispositiv, privatrechtlich oder öffentlichrechtlich ankommen soll (**Einheitsanknüpfung**). Im Bereich des Kartellrechts liegt die Begründung hierfür darin, daß das Kartellrecht als Regulativ gegen die wettbewerbsbeschränkenden Auswirkungen privatautonomer Absprachen konzipiert ist, daher das maßgebliche Kartellrecht dem Recht zu entnehmen ist, dem der wettbewerbsbeeinträchtigende Vertrag unterfällt. Eine Sonderanknüpfung zu Lasten der einheitlichen rechtlichen Beurteilung des Schuldverhältnisses wird abgelehnt (VISCHER, in: FS Gerwig 167, 179). § 130 Abs 2 GWB wird nicht als Kollisionsnorm, sondern als besondere **Ausprägung des ordre public** gesehen (so insbesondere MANN, in: FS Beitzke 607, 614 f; dagegen SOERGEL/vHOFFMANN Art 34 Rn 36; MünchKomm/MARTINY Art 34 Rn 75). Grundsätzlich soll nach dieser Auffassung eine Anknüpfung an das **Vertragsstatut** erfolgen, die bei Vorliegen einer Inlandsauswirkung zugunsten des inländischen Kartellrechts durchbrochen wird. Zwingende Normen ausländischen Rechts sind bei Vorliegen deutschen Vertragsstatuts außer im Rahmen einer sachrechtlichen Berücksichtigung grundsätzlich nicht beachtlich (vgl PALANDT/HELDRICH Art 34 Rn 4).

Die Schuldstatutstheorie ist **abzulehnen**, da eine Anknüpfung an das Schuldstatut der besonderen Ausprägung des Kartellrechts wie des gesamten Wettbewerbsrechts als Marktordnungsrecht nicht gerecht wird. Vor allem die im Vertragskollisionsrecht herrschenden **privatautonomen Elemente**, namentlich die **Rechtswahlmöglichkeit** passen nicht zum Marktordnungscharakter des Wettbewerbsrechts (vgl BASEDOW NJW 1989, 627, 632). Die Schuldstatutstheorie mißachtet zudem den Umstand, daß ein Interesse des Staates des Vertragsstatuts nicht notwendig höher zu achten ist als Regelungsinteressen anderer Staaten, mit deren Rechtsordnungen der Vertrag ebenfalls verknüpft sein mag (STAUDINGER/MAGNUS[12] Art 34 Rn 131; MünchKomm/MARTINY Art 34 Rn 35). Das Kartellrecht unterfällt notwendig einer **Sonderanknüpfung** (vgl Rn 64 ff). Gegen ein Verständnis des § 130 Abs 2 GWB als Ausprägung des **ordre public** anstatt einer echten Kollisionsnorm spricht bereits der Wortlaut der Norm.

b) Entwicklung des ordre-public-Grundsatzes zur Kollisionsnorm

63 Eine Entwicklung des **ordre-public-Grundsatzes** zur Kollisionsnorm kann dergestalt geschehen, daß man die fehlende Anwendbarkeit nicht berufenen, ausländischen Kartellrechts mittels einer Heranziehbarkeit dieses Rechts aufgrund des inländischen ordre public korrigiert (SCHULZE 177). Nach diesem Ansatz wird der ordre public nicht mehr lediglich passiv als Abwehrinstrument gegen fremdes Recht verstanden, sondern aktiv als **Gebot zur Heranziehung fremden Rechts** und damit gleichsam als Kollisionsnorm aufgefaßt (SCHULZE 183). Gegen diesen Ansatz spricht indes die ausschließliche Funktion der ordre-public-Klausel als **Abwehrinstrument zum Schutz inländischer Rechtsnormen** (MünchKomm/SONNENBERGER Art 6 Rn 76; MünchKomm/MARTINY Art 34 Rn 31; BRÜNING 164). So lehnte der BGH ausdrücklich die Heranziehung des ordre-public-Vorbehaltes in diesem Sinne in einem Fall ab, in dem es um die Frage der Anwendbarkeit kollisionsrechtlich an sich nicht berufener ausländischer Verbotsnormen ging, und nahm die Berücksichtigung solcher Normen ausschließlich mittelbar über die Generalklausel des § 138 BGB vor (BGHZ 94, 268, 270). Der ordre-public-Grundsatz erscheint auch wenig geeignet, eine Berücksichtigung ausländischen Kartellrechts, die besonders im Bereich des Wettbewerbsrechts immer notwendiger wird, zu erreichen. Die Schwelle für eine Anwendung ausländischen Kartellrechts liegt zu hoch, weil es für den ordre public ausschließlich auf die Gebotenheit der Anwendung durch die inländischen guten Sitten oder die inländische öffentliche Ordnung ankommt, die Anwendung ausländischen Marktordnungsrechts aber auch aus einem internationalisierten Interesse an einem funktionsfähigen Weltwettbewerb möglich ist.

c) Sonderanknüpfung

64 Inhalt der von WENGLER (ZVglRW 1941, 168, 181 ff) und ZWEIGERT (in: Fünfzig Jahre Institut für Internationales Recht an der Universität Kiel 125 ff) entwickelten **Sonderanknüpfungslehre** ist die von der allgemeinen internationalprivatrechtlichen Beurteilung unabhängige, zweck- und funktionsgemäße Anwendung inländischen **zwingenden Rechts** und die ebenso gesonderte Anwendung ausländischen privatrechtsgestaltenden Wirtschaftsrechts im Falle eines internationaltypischen Interesses entsprechend seines **eigenen Geltungsanspruchs**. Für die Entwicklung dieser Lehre liegt der wesentliche Grund darin, daß die Anwendung ausländischen Sozial- und Wirtschaftsrechts in Abhängigkeit seiner Zugehörigkeit zum Vertragsstatut zu **Pflichtenkollisionen** von inländischen Unternehmen führen kann, die einerseits nach dem Vertragsstatut im Ausland zur Erfüllung eines Vertrages verpflichtet sind, während der Vertrag nach inländischem Wirtschaftsrecht einen Verstoß darstellt. Mit der Sonderanknüpfungstheorie, die die Anwendung des Wirtschafts- und Sozialrechts von dem Schuldstatut abkoppelt, wird eine **internationale Entscheidungsharmonie** angestrebt, sowie **ausländischen Rechtsanwendungsinteressen** Beachtung verschafft. Dabei soll ausländisches Ordnungs- und Eingriffsrecht nicht stets Berücksichtigung finden, sondern einerseits nur dann, wenn dieses **privatrechtsgestaltende Wirkungen** hat, andererseits nur, wenn es in wertender Betrachtung mit einem **internationaltypischen Interesse** aller Staaten in Einklang steht, also grundsätzlich anerkennenswürdige Normzwecke verfolgt werden. Insoweit wird weniger als bei der **Interessenanalyse** der Befürworter eines Systems einseitiger Kollisionsnormen auf eine positive Interessengleichheit abgestellt, sondern negativ gefragt, ob ein **Widerspruch zu bestimmten sozial- und wirtschaftspolitischen Grundvorstellungen** besteht (s auch Rn 74). Keine Berücksichtigung finden demnach Normen, die artfremde Ordnungsversuche oder gezielte Kampfmaßnahmen darstellen. Diese Wertung erfolgt nicht innerhalb der Heranziehung des ordre-public-Grundsatzes, sondern im Rahmen der Kollisionsnorm selbst. Namentlich die **Kartellgesetze** sind danach anwendbar (ZWEIGERT, in: Fünfzig Jahre Institut für Internationales Recht an der Universität Kiel 125, 132), jedenfalls soweit sie nicht bestimmten wirtschaftspolitischen Grundvorstellungen zuwiderlaufen (enger als ZWEIGERT im Hinblick auf die Kriterien zur Feststellung eines internationaltypischen Regelungsinteresses, jedoch für das Kartellrecht ebenso MARTINEK 62 f). Das Kriterium des internationaltypischen Interesses ist nicht unproblematisch, weil es Gefahr läuft, die sozial- und wirtschaftspolitischen Grundparameter der westlichen Industriestaaten gleichsam als international allgemeingültig zu behaupten. Spätestens nach der Gründung der WTO wird man allerdings davon ausgehen können, daß sich ein weitgehender **internationaler Konsens** in Bezug auf ein bestimmtes wirtschafts-, und namentlich wettbewerbspolitisches Konzept herausgebildet hat, der der westlichen Wirtschaftskonzeption eine echte Internationaltypizität verleiht (zur Rolle entsprechender Anhaltspunkte für ein internationaltypisches Regelungsinteresse MARTINEK 62).

Die Sonderanknüpfung inländischen wie ausländischen privatrechtsgestaltenden Sozial- und Wirtschaftsordnungsrechts zur Erhaltung eines von internationaler Entscheidungsharmonie geprägten Rechtssystems und zum Schutz privater auf ausländisches Kartellrecht bezogener Rechtsanwendungsinteressen, insbesondere im Hinblick auf die Vermeidung von Pflichtenkollisionen, ist im Schrifttum anerkannt (BASEDOW NJW 1989, 627, 632; KREUZER 82; MARTINEK 45; IMMENGA/MESTMÄCKER/REHBINDER § 98 Abs 2 GWB Rn 245; STAUDINGER/MAGNUS[12] Art 34 Rn 141 ff; MünchKomm/MARTINY Art 34 Rn 33; SOERGEL/VHOFFMANN Art 34 Rn 89) und wird sowohl von Befürwortern einer allseitigen wie einer einseitigen Anknüpfung vertreten. Für die Normen der **lex fori** hat das Sonderanknüpfungsprinzip in **Art 34 EGBGB** eine Regelung gefunden. Die **Einheitsanknüpfung (Schuldstatutstheorie)** kann für das Kartellrecht als überwunden gelten. Lediglich vereinzelt werden im Schrifttum **Bedenken gegen den Sonderanknüpfungsansatz** vorgebracht (vgl etwa VISCHER, in: FS Gerwig 167, 176 ff). Teilweise wird der Sonderanknüpfungslehre vorgeworfen, sie gehe von einer überkommenen und nicht sachgerechten Zweiteilung des Internationalen Privatrechts in reine Privatrechtsnormen und Privatrechtsnormen mit sozial- bzw wirtschaftspolitischem Interesse aus. Zuzustimmen ist diesem Ansatz, soweit er zu bedenken gibt, daß eine scharfe Trennung zwischen öffentlichem Recht und Privatrecht im Wirtschaftsrecht aufgrund einer gewandelten Rolle des Privatrechts infolge der Überwindung einer Trennung von Staat und Gesellschaft (dazu BASEDOW NJW 1989, 627, 628) praktisch schwierig ist (vgl HABERMEIER 112 ff, 114, der allgemein die Unterscheidung wirtschaftspolitischen Privatrechts und reinen Privatrechts mit Konsequenzen für die kollisionsrechtliche Anknüpfung ablehnt). Die **gesonderte Anknüpfung** des Kartellrechts und des gesamten Marktordnungsrechts ist jedoch im Hinblick auf die Ziele des Wettbewerbsrechts **unverzichtbar**. Die Effektivität eines Systems zum Schutz der Wettbewerbsfreiheit im Interesse des Leistungswettbewerbs wird gefährdet, wenn es auf das durch die Grundsätze der Privatautonomie geprägte Schuldstatut ankommt (KOPPENSTEINER § 6 Rn 3; KRENN RIW 1976, 487, 494). Die Gründe, die allgemein gegen eine Rechtswahlmöglichkeit im Bereich des Marktordnungsrechts sprechen (s Rn 470 ff), gelten auch insoweit. Daneben besteht die Gefahr, daß durch die Privatautonomie ein den inländischen Marktbereich betreffender Sachverhalt einem fremden Recht unterstellt wird, das für die konkrete inländische Wettbewerbsbeschränkung keine Aussage trifft, etwa weil es keine dem inländischen Recht äquivalente Norm enthält (vgl BÄR 216). Letzteres

Argument behält seine Gültigkeit jedenfalls solange, als sich die Vorstellung von einer allen Staaten gemeinsamen Verpflichtung zur globalen Marktordnung nicht auch faktisch weitergehend durchgesetzt hat, was zu einem internationalen Rechtsanwendungswillen im Hinblick auch auf fremde Marktbereiche führen wird.

66 Die **Rechtsprechung** geht von der Zulässigkeit der Anwendbarkeit ausländischer Eingriffsnormen aus, wenn der ausländische Staat nachhaltig über die **Macht** verfügt, die betreffende von ihm erlassene Norm **durchzusetzen** (BGHZ 31, 367 372 f; 64, 183, 189 [August Vierzehn]; BGHZ 128, 41, 52). Dies wird für Eingriffsnormen angenommen, die allein der Verwirklichung wirtschaftlicher oder staatspolitischer Ziele des rechtssetzenden Staates selbst dienen (BGHZ 128, 41, 52) und deren Geltungswille fortbesteht (vgl STAUDINGER/MAGNUS[12] Art 34 Rn 128). Es handelt sich dabei um einen Ausfluß des **Territorialitätsgrundsatzes**. Der Ansatz entspricht weitgehend der von KEGEL vertretenen **Machttheorie**, wonach ausländische privatrechtsgestaltende wirtschaftspolitische Vorschriften nur dann anzuwenden sind, wenn der sie erlassende Staat über die Macht verfügt, sie durchzusetzen (SOERGEL/KEGEL [11. Aufl] Vor Art 7 Rn 396). Im Bereich des **Kartellrechts** scheidet dies weitgehend aus (vgl vGAMM NJW 1977, 1553, 1555). Das alleinige Abstellen auf die Durchsetzungsmacht wird heute im übrigen zu Recht als **zu eng** angesehen (SOERGEL/vHOFFMANN Art 34 Rn 85). Mit der Verneinung der Frage nach der faktischen rechtlichen Einwirkungsgewalt des Erlaßstaates ist noch nichts darüber ausgesagt, ob nicht ein legitimes Interesse dieses Staates an der wenigstens begrenzten Durchsetzung seiner Kartellrechtsnormen durch andere Staaten besteht, oder ob ausländische Gesetzgebung aus anderen Gründen im Inland zu berücksichtigen ist (vgl MünchKomm/MARTINY Art 34 Rn 133). Darüber hinaus wird von der Rechtsprechung die Anwendung ausländischen öffentlichen Rechts auch dann für möglich gehalten, wenn die anzuwendende ausländische Norm ausschließlich bzw vorwiegend oder zumindest gleichrangig dem **Schutz oder den Interessen Privater** dient (BGHZ 31, 367, 371; 64, 183, 189 [August Vierzehn]). Der **BGH** hat sich auch in neuerer Zeit **nicht ausdrücklich zur Sonderanknüpfungslehre bekannt**. Verschiedene Entscheidungen, in denen der BGH ausländisches Eingriffsrecht materiellrechtlich im Rahmen der Generalklausel des § 138 BGB berücksichtigt hat (s näher Rn 53), zeigen allerdings Parallelen zur Begründung der Sonderanknüpfungslehre im Schrifttum, soweit auf einen Interessengleichklang zwischen dem normsetzenden Staat und dem Forumstaat abgestellt wird (REITHMANN/MARTINY/LIMMER Rn 463, 465).

67 Nach **herrschender Auffassung** unter den Vertretern der Sonderanknüpfungslehre kommt allgemein die Anwendung ausländischen Kartellrechts innerhalb eines Systems **einseitiger Kollisionsnormen** (s Rn 71 ff; zur Sonderanknüpfungslehre im Zusammenhang mit einer allseitigen Kollisionsnorm Rn 78 ff) unter Beachtung des **Anwendungsanspruchs der ausländischen zwingenden Norm** in Betracht. Es finden sich unterschiedliche, sich gleichwohl ähnelnde Kriterien zur Bestimmung des im Inland gesondert anzuknüpfenden, ausländischen Kartellrechts. Zumeist wird eine **Interessenbetrachtung** hinsichtlich der Regelungsziele der konkreten ausländischen Norm vorgenommen. So stellt etwa ZWEIGERT auf ein **internationaltypisches Interesse** ab, dessen Vorliegen Voraussetzung für die Berücksichtigung ausländischen Eingriffs- und Ordnungsrechts ist. Ausländisches zwingendes Recht findet im Rahmen seines selbstgewollten Anwendungsbereiches Anwendung, wenn es nach seinen Zwecken und seiner Funktion als grundsätzlich legitim und anerkennungswürdig erscheint (ZWEIGERT, in: Fünfzig Jahre Institut für Internationales Recht an der Universität Kiel 125, 132; s Rn 64).

Von ähnlichem Regelungsgehalt ist der **shared value approach**, wonach die Berücksichtigung einer ausländischen Eingriffsnorm voraussetzt, daß diese Ausdruck eines im Erlaßstaat wie im Forumstaat anerkannten Wertes ist (GROSSFELD/ROGERS, IntCompLQ 32 [1983] 931, 943 f; vgl auch REITHMANN/MARTINY/LIMMER Rn 460). Teilweise wird eine **Identität** der Interessen des Erlaßstaates mit den Interessen des Forumstaates (SOERGEL/KEGEL [11. Aufl] Vor Art 7 Rn 396; IMMENGA/MESTMÄCKER/REHBINDER § 98 Abs 2 Rn 245) oder ein Interessen- und Wertegleichklang (ERMAN/HOHLOCH Art 34 Rn 24; vgl zu Art 19 schwIPRG VISCHER RabelsZ 53 [1989] 438, 451 f) gefordert.

4. Entwicklung einer allseitigen Kollisionsnorm

a) Grundsatz der Nichtanwendbarkeit ausländischen öffentlichen Rechts

Nach hergebrachtem und herrschendem Verständnis ist § 130 Abs 2 GWB eine **einseitige Kollisionsnorm**. Danach wird das Auswirkungsprinzip grundsätzlich – vorbehaltlich einer Neuauslegung bzw Fortentwicklung der Regelung – nicht für die Frage einer kollisionsrechtlichen Anwendbarkeit ausländischen Kartellrechts herangezogen. Demgegenüber wird das im Bereich des **Lauterkeitsrechts** diskutierte Auswirkungsprinzip überwiegend als **allseitige Kollisionsnorm** angesehen. Grund für die **traditionell unilateralistische Sichtweise** im Bereich des Kartellrechts ist das aus der strikten Territorialität öffentlichen Rechts folgende Konzept einer **notwendigen Einseitigkeit öffentlichrechtlicher Kollisionsnormen**. Anders als nach modernem Verständnis wurde der Gedanke der Einseitigkeit öffentlichrechtlicher Kollisionsnormen als **absolute Unanwendbarkeit ausländischen öffentlichen Rechts** begriffen. Für das Kartellrecht wird der einseitige Charakter der Kollisionsnorm zunehmend in Frage gestellt. Allerdings verstehen auch die Vertreter der heute vorherrschenden Auffassung welche die Anwendung ausländischen Kartellrechts nicht grundsätzlich ausschließen will, aber gleichwohl nicht von einem allseitigen Kollisionsansatz ausgeht, die Einseitigkeit der Kollisionsnorm nicht in dem hergebrachten, sondern in einem aufgelockerten Sinn einer **Heranziehung ausländischen Kartellrechts entsprechend seines eigenen Anwendungswillens innerhalb eines globalen Systems einseitiger Kollisionsnormen** (vgl SCHURIG 77).

Das unbedingte Anwendungsverbot hinsichtlich ausländischen öffentlichen Rechts, das wegen der öffentlichrechtlichen Aspekte des Kartellrechts bzw des behaupteten Charakters als „politisches Recht" die prinzipielle Nichtanwendbarkeit ausländischen Kartellrechts bewirkte und dazu führte, daß die Einseitigkeit der kartellrechtlichen Kollisionsnorm nicht in Frage gestellt wurde, wird überwiegend als **überwunden** angesehen (BGHZ 31, 367, 371; 64, 183, 189; BÄR 297; SIEHR RabelsZ 52 [1988] 75 f; MARTINEK 32 ff; IMMENGA/MESTMÄCKER/REHBINDER § 98 Abs 2 Rn 243; KREUZER 77 ff; HABERMEIER 113; der jedoch die im Rahmen der Sonderanknüpfungslehre vorgenommene Unterscheidung zwischen privatrechtsgestaltenden sozial- bzw wirtschaftspolitischen Normen und reinen Privatrechtsnormen kritisiert; zur **Berücksichtigung ausländischen Kartellrechts im Rahmen zivilrechtlicher Generalklauseln** Rn 53 ff). Dem ist zuzustimmen, weil die Prämisse, daß der Staat keine öffentlichen Interessen anderer Staaten fördern dürfe, einerseits aus sich heraus nicht zwingend erscheint (MARTINEK 33 f), andererseits auch nicht mit dem Verständnis einer global zu regelnden, jedenfalls international kompatibel und effektiv zu gestaltenden Wettbewerbsordnung zu vereinbaren ist. Die überkommene von einer generellen Abwehrhaltung gegen wirtschaftslenkende ausländische Gesetzgebung geprägte Sichtweise (vgl etwa SIEHR RabelsZ 52 [1988] 41, 75: „Kein Staat braucht sich insoweit zum Büttel eines anderen Staates zu machen") erscheint vor diesem Hintergrund überholt. Auch aus dem **völkerrechtlichen Rücksichtnahmegebot** ergibt sich keine abweichende Sichtweise, da regelmäßig kein Souveränitätseingriff gegeben ist, wenn ein Staat fremdes Marktordnungsrecht anwendet, es sei denn, er setze sich in Widerspruch zu konkreten Vorentscheidungen der Organe des betreffenden ausländischen Staates. Allerdings **gebietet** das Völkerrecht auch keine uneingeschränkte Anwendung ausländischen Kartellrechts (vgl KG WuW/E OLG 3051, 3059 [Morris-Rothmans]). Das **Territorialitätsprinzip** verhindert auf **völkerrechtlicher Ebene** ebenfalls nicht die grundsätzliche Heranziehbarkeit ausländischen Kartellrechts, weil es sich nach richtiger Auffassung allenfalls auf die Zwangsgewalt des Staates, nicht aber auf die Bestimmung des **Anwendungsbereichs** einer Norm bezieht (KRENN RIW 1976, 487, 497; vgl VOGEL 142 ff; SANDROCK ZVglRW 69 [1968] 1, 5; MEESSEN 18; STAUDINGER/MAGNUS^{12} Art 34 Rn 136). Ein Rechtssatz, wonach im Bereich öffentlichrechtlicher Normen und damit auch des Kartellrechts nur einseitige Kollisionsnormen existieren, besteht nicht (KREUZER 78).

70 In der unterbliebenen Übernahme des **Art 7 Abs 1 EVÜ** in Art 34 EGBGB durch die IPR-Reform von 1986 ist im übrigen keine gesetzgeberische Entscheidung gegen die Anwendung von Eingriffsnormen aus Drittstaaten gegeben (ERMAN/HOHLOCH Art 34 Rn 17). Die Frage wurde vom deutschen Gesetzgeber bewußt offengelassen; die bestehende Gesetzeslücke sollte durch Rechtsprechung und Wissenschaft ausgefüllt werden (MARTINY IPRax 1987, 277, 279 MünchKomm/MARTINY Art 34 Rn 46; REITHMAN/MARTINY/LIMMER Rn 451, 455; vgl auch MARTINEK 37 [legislatorischer Ausrutscher]; SOERGEL/VHOFFMANN Art 34 Rn 2; STAUDINGER/MAGNUS^{12} Art 34 Rn 110). Gegen die Bestimmung des Art 7 Abs 1 EVÜ hat die Bundesrepublik Deutschland einen Vorbehalt gemäß Art 22 Abs 1 lit a EVÜ eingelegt (dazu MünchKomm/MARTINY Art 34 Rn 5; ERMAN/HOHLOCH Art 34 Rn 6).

b)   System einseitiger Kollisionsnormen

71 Kann ausländisches Kartellrecht grundsätzlich Anwendung finden, so stellt sich auf dem Boden der allgemein anerkannten **Sonderanknüpfungslehre** (s Rn 64) die Frage nach den maßgeblichen **Anknüpfungskriterien**. Überwiegend wird bislang ein **allgemeiner Ausbau** der an sich einseitig auf das inländische Kartellrecht verweisenden Kollisionsnorm zu einer **allseitigen Kollisionsnorm** mit der generellen Heranziehung des Auswirkungsprinzips im Rahmen einer **erweiternden Auslegung des § 130 Abs 2 GWB** abgelehnt (IMMENGA/MESTMÄCKER/REHBINDER § 98 Abs 2 Rn 247 **anders** noch 1. Aufl Rn 277; BASEDOW NJW 1989, 627, 633), auch im Hinblick darauf, daß **Art 7 Abs 1 EVÜ** von einer **einseitigen Sonderanknüpfung** drittstaatlicher Eingriffsnormen ausgeht. Begründet wird dies damit, daß eine Beachtlichkeit ausländischen Kartellrechts ausschließlich aus privatrechtlichen Gründen zu erfolgen habe und daher eine entsprechende Kollisionsnorm dem Internationalen Privatrecht und nicht dem Wirtschaftskollisionsrecht angehöre. Diesen Gegensatz verwische eine erweiternde Auslegung des § 130 Abs 2 GWB. Zudem werde das Rangverhältnis zwischen den dem § 130 Abs 2 GWB zugrundeliegenden nationalen Marktordnungsinteressen und den ausschließlich privatrechtlichen Interessen, die zur Heranziehung des ausländischen Kartellrechts führen, verkannt, wenn bei gleichzeitiger Auswirkung im Inland und im Ausland beide Rechtsordnungen gleich gewichtet würden (BASEDOW NJW 1989, 627, 633). Der bilateralistische Ansatz führe zu einer Ungleichbehandlung zwischen den Anwendungsansprüchen inländischen und ausländischen Rechts, weil er nicht auf den **selbstbestimmten Anwendungsbereich** des ausländischen zwingenden Rechts abstelle (s Rn 78) und mißachte damit die internationale **comitas** (SOERGEL/vHOFFMANN Art 34 Rn 89). Schließlich fehle es an einer für die Annahme allseitiger Kartellkollisionsnormen notwendigen Interessenübereinstimmung der Staaten im Bereich des Kartellrechts (MESTMÄCKER RabelsZ 52 [1988] 205, 222; vgl auch KEVEKORDES 139 f). Das **LG Freiburg** scheint allerdings eine Allseitigkeit der Kartellkollisionsnorm des Art 98 Abs 2 Satz 1 aF GWB obiter in Erwägung gezogen zu haben, wenn es die Auswirkung einer Wettbewerbsbeschränkung im Hinblick auf einen Auslandsmarkt prüft und die Anwendung des betreffenden **ausländischen** Kartellrechts mangels einer solchen Auswirkung ablehnt (LG Freiburg IPRspr 1966/67 Nr 34 A, 109, 116). Die Entscheidung wird indes als **Ausreißer** zu gelten haben; die Sichtweise des § 130 Abs 2 GWB als allseitige Kollisionsnorm hat sich in der Rechtsprechung nicht durchgesetzt.

Die **herrschende Auffassung** geht daher von einem **System einseitiger Kollisionsnormen** aus. Die Anwendung ausländischen Kartellrechts setzt danach den **eigenen Anwendungswillen des ausländischen Rechts** im Hinblick auf den konkreten Sachverhalt voraus (vgl SOERGEL/LÜDERITZ Art 38 Rn 89). Der räumliche Anwendungswille des ausländischen Kartellrechts bestimmt sich nach dem **Kollisionsrecht des Erlaßstaates** und dem Inhalt seines **Sachrechts** (vgl auch WENGLER ZVglRW 1941, 168, 183 Fn 1, wonach auch das **internationale Prozeßrecht** des Erlaßstaates maßgeblich ist, insbesondere für die Frage, ob die Gerichte des betreffenden Staates die Zuständigkeit zur Entscheidung haben). Die Existenz eines solchen unilateralistischen Systems birgt allerdings die Gefahr eines **ausufernden räumlichen Anwendungsanspruchs** des ausländischen Rechts sowie der Anwendung inhaltlich nicht hinzunehmender Normen und von **Kompetenzkonflikten** der beteiligten Rechtsordnungen. **72**

Dem begegnet das Schrifttum zunächst damit, daß eine hinreichend **enge Beziehung** des Sachverhaltes zum die Eingriffsnorm erlassenden ausländischen Staat verlangt wird (WENGLER ZVglRW 1941, 168, 185; IMMENGA/MESTMÄCKER/REHBINDER § 98 Abs 2 Rn 246), die tatsächlich und durch objektive, vom Parteiwillen unabhängige Kriterien zu konkretisieren sein muß (MünchKomm/MARTINY Art 34 Rn 100). Das Kriterium der engen Beziehung findet ursprünglich seine Grundlage in der Vorstellung, daß die Anwendung fremden wirtschaftsordnenden Rechts durch nationale Gerichte gleichsam als eine Art Rechtshilfe zugunsten des fremden Staates im Rahmen der internationalen **comitas** zu verstehen ist, die durch eine entsprechend enge Beziehung gerechtfertigt wird (WENGLER ZVglRW 1941, 168, 185). Das Merkmal ist indes neu zu interpretieren, wenn man die Anwendung ausländischen Kartellrechts im **global verstandenen Interesse an einer effektiven (Welt)marktordnung** annimmt (s Rn 108 f). Jedenfalls für das **marktordnungsrechtliche** Kartellrecht, erscheinen insoweit räumliche bzw persönliche Kriterien, etwa Sitz, Staatsangehörigkeit oder Ort der Geschäftstätigkeit als ungeeignet zur Bestimmung einer hinreichend engen Beziehung. Einzig das funktionale Kriterium der **Marktauswirkung** ist bei Berücksichtigung einer im Zuge fortschreitender Globalisierung gewandelten internationalen Interessensituation und einer konsequent marktordnungsrechtlichen Sichtweise geeignet, eine entsprechende Eingrenzung zu bewirken (vgl REITHMANN/MARTINY/LIMMER Rn 473; BASEDOW NJW 1989, 627, 633, allerdings ohne die ausdrückliche Beschränkung auf dieses Kriterium). Festzuhalten bleibt, daß im Vergleich zu einer **allseitigen** Kollisionsanknüpfung (vgl dazu näher Rn 78) das Kriterium der Marktauswirkung innerhalb des Systems **einseitiger** Kollisionsnormen nicht als eigentliches Anknüpfungsmerkmal dient, sondern lediglich als **innerstaatliches Begrenzungskriterium** zur Verhinderung ausufern- **73** der fremder Rechtsanwendungsansprüche und damit als kollisionsrechtliches Korrektiv.

74 Ein weiteres korrigierendes Kriterium wird durch eine Interessenanalyse gewonnen. Dabei wird eine **Interessenidentität** zwischen dem Erlaßstaat und dem Forumstaat verlangt (so KREUZER 92 ff; IMMENGA/MESTMÄCKER/REHBINDER § 98 Abs 2 Rn 246). Ergänzend wird auf einen Gleichlauf mit gleichsam **internationalisierten nationalen Interessen** abgestellt, der mit dem Begriff des im Anschluß an ZWEIGERT (in: Fünfzig Jahre Institut für Internationales Recht an der Universität Kiel 125, 132) entwickelten Kriteriums der **internationaltypischen Interessen** als maßgebliche Grundlage für die Begründung des Konzeptes einer **allseitigen** Kollisionsnorm (dazu näher Rn 78; s zur Interessenanalyse auch Rn 67) nicht völlig deckungsgleich ist, weil letzteres nicht eigentlich positiv auf einen Interessengleichlauf, sondern lediglich auf eine fehlende Interessenmißachtung abstellt (s Rn 64). Dies ist verständlich, weil das Kriterium des internationaltypischen Interesses für die Befürworter einer allseitigen Kollisionsnorm Bestandteil der Kollisionsnorm selbst und nicht bloßes Korrektiv einer interessenfremden Kollisionsanknüpfung ist. Es darf deswegen nicht zu eng formuliert sein.

75 Eine über die bloße Begrifflichkeit hinausgehende Bedeutung hätte die Unterscheidung zwischen Interessenidentität und Gleichlauf mit internationalisierten Interessen indes nur, wenn im Rahmen der Interessen**identität** nicht auch die mittelbare Förderung deutscher Interessen ausreichend ist (vgl aber KREUZER 93), etwa im Falle der Beeinträchtigung internationaler Interessen, deren Schutz **mittelbar** auch im Interesse der Bundesrepublik Deutschland liegt. Folgt man dem Ansatz eines Systems **einseitiger** Kollisionsnormen, so erscheint es im übrigen aus der Perspektive einer **weltmarktorientierten Sichtweise** sinnvoll, nicht ausschließlich auf eine engere Interessengleichheit abzustellen, sondern **zusätzlich** das Kriterium des Gleichlaufs mit **internationalisierten Interessen** anzuwenden. Dieses muß nicht ausschließlich aus dem Gedanken der internationalen Solidarität oder der *comitas* abgeleitet werden (vgl DROBNIG, in: FS Neumayer 159, 174), sondern ergibt sich auch aus den Verpflichtungen der Bundesrepublik Deutschland im Hinblick auf die Förderung eines **verzerrungsfreien Weltwettbewerbs**. Im Bereich des Kartellrechts wird dieses Kriterium oftmals dann nicht erfüllt sein, wenn ausländische Wettbewerbsnormen rein **protektionistische Ziele** oder **wettbewerbsfremde Zwecke** verfolgen.

76 Bei einer **Kollision zwischen genuin eigenen Staatsinteressen des Forumstaates und** hiermit nicht notwendig identischen internationalisierten Interessen, die mittelbar auch Interessen des Forumstaates sind oder es etwa aufgrund entsprechender internationaler Vereinbarungen sein müssen, stellt sich dann aber die Frage, wie dieser **Konflikt** aufzulösen ist. So erscheint es nicht ausgeschlossen, daß ein **außenpolitisches Interesse** an einer freundlichen Beachtung fremder kartellfördernder Gesetzgebung aus lokalen wirtschaftspolitischen Gründen als eigenes innerdeutsches Interesse mit dem internationalisierten Interesse an einer Förderung eines möglichst **beschränkungsfreien Weltwettbewerbs** kollidiert. Hier muß jeweils im Einzelfall entschieden werden, welches Interesse überwiegt. Regelmäßig wird man davon ausgehen müssen, daß die auf den globalen Rahmen übertragene wirtschaftspolitische Zielvorgabe eines möglichst unbeschränkten Wettbewerbs **allgemeine außenpolitische Interessen** überwiegt. Im konkreten Fall können eigene außenpolitische Interessen des Forumstaates indes vorrangig gegenüber den Freihandelsinteressen sein. Zu denken ist

insoweit etwa an das außenpolitische Interesse des Forumstaates an **Entwicklungsförderung** im Ausland, der bestimmte kartellfreundliche Normen dienlich sein mögen (s auch Rn 80). Andererseits wird ein rein **protektionistisches Interesse des Forumstaates** zugunsten der eigenen Wirtschaft die internationaltypischen Freihandelsinteressen nicht überwiegen können (aA wohl MARTINEK 21 zu Selbstbeschränkungsabsprachen japanischer Automobilhersteller). Insgesamt spielt bei der Interessenanalyse auch der Grad einer Beziehung des konkreten Sachverhaltes zum Inland eine gewisse Rolle. Je geringer die **Berührung des Sachverhaltes zum Inland** ist, desto eher wird auf internationaltypische bzw vermittelte nationale Interessen abzustellen sein, um eine Interessenkompatibilität annehmen zu können. Im Falle ausländischer Kartellgesetzgebung wird man jedoch auf dem Boden einer globalisierten Sichtweise oft zumindest über dieses Kriterium eine entsprechende Kompatibilität anzunehmen haben.

Schließlich werden exorbitante Geltungsansprüche des ausländischen Rechts über eine Heranziehung des **ordre public** abgewehrt. Die Anwendung der ordre-public-Klausel könnte einerseits die Anwendung einer auf abweichenden wirtschaftspolitischen Konzepten beruhenden ausländischen Kartellrechtsnorm verhindern (BASEDOW NJW 1989, 627, 633), mithin sowohl eine **inhaltliche Korrektur** bewirken, als auch zu einer **räumlichen Korrektur** entsprechender Geltungsansprüche führen (IMMENGA/MESTMÄCKER/REHBINDER § 98 Abs 2 Rn 246). Im Hinblick auf die Korrektur einer inhaltlich unangemessenen Regelung wächst die Bedeutung des ordre public, je stärker die **Beziehung des Sachverhaltes zum Inland** ist, weil im Falle einer geringen oder fehlenden Inlandsbeziehung ein geringerer Widerstand gegen die Anwendung der ausländischen Norm anzunehmen ist (WENGLER ZVglRW 1941, 168, 198). Der ordre public ist im Einklang mit dem hier vertretenen **globalen Ansatz** zweckmäßigerweise in einem **internationalisierten Sinn** zu verstehen, so daß ein Verstoß gegen den Vorbehalt nicht allein bei Beeinträchtigung genuin inländischer Interessen, sondern auch **weltmarktbezogener Marktordnungsinteressen** anzunehmen ist. Dies folgt bereits aus den WTO-Verpflichtungen der Bundesrepublik Deutschland. Allerdings wird eine Heranziehung des ordre public praktisch nur selten in Betracht kommen, weil die Anwendung entsprechender ausländischer Normen zumeist bereits an einer mangelnden Interessenkompatibilität scheitern dürfte (KREUZER 95). 77

c) Entwicklung allseitiger Kollisionsnormen
Teilweise wird die Entwicklung einer allseitigen Kollisionsnorm für das Kartellrecht für möglich gehalten. Auf der Basis der **Sonderanknüpfungslehre** hat BÄR vorgeschlagen, im Kartellrecht zu einem **System allseitiger Kollisionsnormen** zu gelangen, um eine internationale Entscheidungsharmonie zu erreichen und Pflichtenkollisionen für Unternehmen zu vermeiden (BÄR 226 ff; vgl auch MERTENS RabelsZ 31 [1967] 385, 409; auch STAUDINGER/vHOFFMANN [1998] Art 38 Rn 567, 569). Generelles Anknüpfungsprinzip soll das **Auswirkungsprinzip** sein. Die Anwendungsvoraussetzungen für das inländische Kartellrecht werden danach auf die ausländischen Kartellrechtsnormen übertragen. Der räumliche Anwendungsbereich des ausländischen Kartellrechts hängt nach dieser Lösung mithin vom Recht der **lex fori** ab; ein **eigener Anwendungswillen des ausländischen Rechts** bleibt aber insoweit beachtlich, als eine den eigenen Geltungsanspruch des ausländischen Rechts überschreitende Anwendung vermieden werden soll (s Rn 85). In jüngerer Zeit hat vor allem MARTINEK vorgeschlagen, den an sich einseitig formulierten § 130 Abs 2 GWB im Hinblick auf die privatrechtliche Wirksamkeit und die privatrechtlichen Folgen von Wettbewerbsbeschränkungen zu 78

einer allseitigen Kollisionsnorm weiterzuentwickeln (MARTINEK 94). Im Wege einer **Analogie** soll danach das Auswirkungsprinzip auch für die Frage der Anwendung ausländischen Kartellrechts herangezogen werden. Die maßgeblichen Anknüpfungskriterien werden damit der lex fori entnommen; prinzipiell entscheidet die lex fori über den Anwendungsbereich der ausländischen Norm, während die unilateralistische Sichtweise vom eigenen Rechtsanwendungswillen des ausländischen Kartellrechts ausgeht. Begründet wird diese Konzeption mit dem Prinzip des **entgegenkommenden völkerfreundlichen Verhaltens (comitas)**, das es erfordere, gegenüber den nationalen Eigenheiten ausländischer Kartellrechtsordnungen Toleranz zu üben. Dem von ZWEIGERT (in: Fünfzig Jahre Institut für Internationales Recht an der Universität Kiel 125, 132) entwickelten Kriterium des **internationaltypischen Interesses** (s Rn 67) wird die Funktion zugedacht, **innerhalb der Kollisionsnorm selbst** und nicht etwa wie der ordre public als Abwehrinstrument in einer nachgelagerten Prüfungsstufe zu einer Aussonderung solcher Normen zu gelangen, die einem von dem Forumstaat prinzipiell anerkannten, internationalen, wirtschaftspolitischen Konzept zuwiderlaufen. Die aus dem Grundsatz der **comitas** hergeleitete Toleranz gegenüber den Eigenheiten ausländischer prinzipiell nicht systemkonträrer Kartellrechtsordnungen bewirkt eine die kollisionsrechtliche Akzeptanz fördernde Überwindung bestehender Detailunterschiede zwischen der lex fori und dem fremden Kartellrecht (vgl MARTINEK 82 f). Der Grundsatz des entgegenkommenden völkerfreundlichen Verhaltens ersetzt die im Kartellrecht fehlende **Fungibilität**, welche nach den klassischen IPR-Anknüpfungsregeln Voraussetzung für die Allseitigkeit einer Kollisionsnorm ist; die oft mangelnde Substituierbarkeit der Kartellrechtsordnungen wird durch die **comitas** kompensiert (MARTINEK 82).

79 Die **Reichweite** der nach dem allseitigen Kollisionsansatz zumeist **innerhalb der inländischen Kollisionsnorm** und nicht erst über eine Anwendung des *ordre public* (vgl ZWEIGERT, in: Fünfzig Jahre Institut für Internationales Recht an der Universität Kiel 125, 132; MünchKomm/MARTINY Art 34 Rn 99) vorgenommenen **Interessenbetrachtung** entspricht im wesentlichen der **Interessenabwägung** im Rahmen des **unilateralistischen Ansatzes** (Rn 74 ff). Eine (auch) an den **Parteiinteressen** orientierte Abwägung (vgl Art 19 Abs 1 schwIPRG) kommt dabei nicht in Betracht, weil es auch aus Marktordnungsgesichtspunkten maßgeblich auf **marktordnungsrelevante Regelungsinteressen** ankommen muß. Im übrigen muß keine echte Zielidentität oder gar Übereinstimmung des ausländischen und inländischen Rechts gegeben sein, weil mit einer solchen engen Sichtweise die Kollisionsregel unsachgemäß eingeschränkt würde (vgl Rn 74). Die Toleranz gegenüber fremdem Marktordnungsrecht gebietet es, die entsprechende Kollisionsnorm **weit zu formulieren**. Es kann daher – anders als im Rahmen des unilateralistischen Ansatzes – nur maßgeblich sein, ob das anzuwendende ausländische Kartellrecht eine **Störung** der genuin nationalen Interessen des Forumstaates oder internationalisierten Interessen bewirken würde (vgl ZWEIGERT, in: Fünfzig Jahre Institut für Internationales Recht an der Universität Kiel 125, 132; MünchKomm/MARTINY Art 34 Rn 123 [ernsthafte Störung]).

80 Dabei ist auch insoweit eine **Interessenhierarchie** zu beachten, wonach aufgrund der bestehenden WTO-Verpflichtungen globale Marktordnungsinteressen bzw Freihandelsinteressen regelmäßig Vorrang vor allgemeinen genuin nationalen Wirtschaftsinteressen oder außenpolitischen Interessen genießen. Hier ist auf den konkreten Einzelfall abzustellen (s Rn 76). **Schutzwürdige eigene Regelungsinteressen**, die die

B. Internationales Kartellprivatrecht

Anwendung störenden ausländischen Kartellrechts verhindern könnten, liegen etwa im Bereich des **Umweltschutzes**, der **Kulturförderung** oder der **Entwicklungsförderung**. Konsequenterweise finden ausländische Regelungen, die internationaltypisch sind bzw im Einklang mit den **Grundsätzen der Weltmarktliberalisierung** oder der Pflicht zur Förderung des freien Weltwettbewerbs stehen, auch dann Anwendung, wenn sie bestimmten nicht vorrangigen nationalen Interessen des Forumstaates widersprechen, die diesen Grundsätzen zuwiderlaufen, etwa dem Interesse am protektionistischen Schutz der heimischen Wirtschaft. Daneben ist ausländisches Kartellrecht auch schon dann zu beachten, wenn es allgemein zu respektierende Normzwecke verfolgt, es sei denn seine Anwendung stört die Verwirklichung schützenswerter eigener Interessen des Forumstaates, wobei auch insoweit insbesondere die regelmäßige Nichtbeachtlichkeit WTO-widriger Gesetzeszwecke zu berücksichtigen ist. Umgekehrt entspricht eine WTO-widrige ausländische Gesetzgebung nicht nur nicht einem internationaltypischen Interesse, sondern sie stört zugleich bestehende internationalisierte Interessen des Forumstaates und ist insoweit nicht beachtlich. Dies betrifft vor allem diskriminierende oder WTO-widrig protektionistische ausländische Kartellgesetzgebung (vgl MünchKomm/Martiny Art 38 Rn 123). Jedenfalls solche ausländischen Normen sind nicht zu beachten, die völkerrechtlichen Grundsätzen widersprechen oder deren Anwendung mit völkerrechtlichen Verpflichtungen des Forumstaates unvereinbar ist.

Der allseitige Kollisionsansatz führt dazu, daß **Statutenkumulationen** nicht auszuschließen sind, wenn sich ein Kartellvertrag zugleich in mehreren Staaten auswirkt und wegen dieser Auswirkungen die jeweilgen Kartellgesetze anzuwenden sind. Im Ergebnis kann ein Kartellvertrag, der sich auf mehrere Staaten auswirkt, einem **nicht eindeutigen Unwirksamkeitsurteil** ausgesetzt sein. Dies ist der Fall, wenn etwa nicht nach allen der heranzuziehenden Kartellgesetze die Absprache als unzulässig anzusehen ist (s zur internationalen Normenkollision auch Rn 118 f). Solche Fälle sind vor allem dann gegeben, wenn sich eine wettbewerbsbeschränkende Absprache räumlich **auf mehrere Marktbereiche** erstreckt, aber auch dann, wenn man den Begriff der Auswirkung weit faßt und auch bestimmte **mittelbare Marktauswirkungen** für eine Anknüpfung des betreffenden Kartellrechts genügen läßt (s Rn 122; **anders** aber die hM, vgl etwa Meessen 23 f). Das Problem der Kumulation von anwendbaren Rechten mit unterschiedlichem Verbotsbestand stellt sich hier wie im Lauterkeitsrecht (s Rn 417); es bereitet im Kartellrecht aber deswegen größere praktische Probleme, weil es anders als im Lauterkeitsrecht zumeist nicht lediglich um eine Unterlassungsverpflichtung hinsichtlich bestimmter Verhaltensweisen geht, sondern um die zivilrechtliche Wirksamkeit wettbewerbsbeschränkender Vereinbarungen. Es besteht nicht nur das Problem einer auf ihr Verhalten bezogenen Unsicherheit der Wettbewerber, sondern zudem das Problem der allgemeinen Rechtsunsicherheit im Hinblick auf bestehende Verträge. Daher erscheint es nicht als sinnvoll, ähnlich wie bei **multinationalen Lauterkeitsverletzungen etwa im Internet** (s Rn 417) davon auszugehen, daß sich die Beteiligten faktisch nach dem **strengsten anwendbaren Recht** zu richten haben. Nicht sachgerecht erscheint deshalb der Ansatz, der entsprechend einem Meistbelastungsprinzip die strengste Kartellrechtsordnung aus dem Kreis der Auswirkungsstaaten heranziehen will (vgl Wengler ZVglRW 1941, 168, 195; auch Staudinger/vHoffmann [1998] Art 38 Rn 571 bei fehlender territorialer Aufspaltung; im Ergebnis wie hier Mertens RabelsZ 31 [1967] 385, 400). Ähnliches gilt für die Bevorzugung des jeweils für die Beteiligten **günstigsten Rechts**, weil dies angesichts des Marktordnungsinteresses kein angemessenes Kriterium darstellen kann (vgl zum Günstigkeitsprinzip im **Lauterkeitsrecht** Rn 418; das Günstigkeitsprinzip führt dort freilich aufgrund der dort typischen prozessualen Situation regelmäßig zur Berücksichtigung des strengeren Rechts). Von vornherein ausscheiden muß eine Vorrangstellung des Kartellrechts des Auswirkungsstaates, dessen Recht zugleich **lex causae** ist, weil damit die im Marktordnungsrecht unpassende privatautonome Rechtswahl über Umwege ermöglicht würde, zumal diese gerade in solchen Fällen zum Zuge käme, in denen die Wettbewerbsbeschränkung von besonderer multinationaler Bedeutung ist (MARTINEK 86). Dasselbe gilt an sich für die Bevorzugung der *lex fori* (vgl MünchKomm/MARTINY Art 34 Rn 120; vgl aber auch hier Rn 82). Die pauschale Aussage, das Bedürfnis nach der Durchsetzung der eigenen Regelungen sei stärker, als das Bedürfnis nach der Respektierung ausländischen Rechts (SOERGEL/vHOFFMANN Art 34 Rn 104; vgl auch STAUDINGER/vHOFFMANN [1998] Art 38 Rn 571), geht an der eigentlichen Problematik vorbei, weil die Berücksichtigung ausländischen Marktordnungsrechts nicht länger allein gleichsam als reines Entgegenkommen zugunsten ausländischer Staaten gesehen werden kann, sondern nach weltmarktorientierter Sichtweise vorwiegend im internationalisierten Interesse erfolgt. Das gilt auch dann, wenn eine Kollision mit Regelungen der *lex fori* gegeben ist, die diesem weltmarktbezogenen Interesse widersprechen, weil insoweit dem internationalisierten Freihandelsinteresse widersprechende, genuin nationale Regelungsinteressen regelmäßig zurückstehen müssen (näher Rn 76). Über die Heranziehung einer **Schwerpunktbetrachtungsweise**, die darauf abstellt, in welchem Staat sich die Wettbewerbsbeschränkung primär auswirkt, ließe sich eine Statutenkumulation theoretisch vermeiden (WILDE, in: Hdb des Wettbewerbsrechts § 8 Rn 45). Die Ausgangslage ähnelt den Fällen der lauterkeitsrechtlichen **Multistate-Delikte**. Im Bereich des **Lauterkeitsrechts** hat die Rechtsprechung allerdings insoweit die Heranziehung nur eines Rechts des Schwerpunktes der Verletzung abgelehnt und die Rechte sämtlicher erreichter Marktbereiche herangezogen (s Rn 360; vgl auch KG WuW/E OLG 2419, 2420, wonach trotz Vorliegens eines Schwerpunkts im Ausland deutsches Wettbewerbsrecht kollisionsrechtlich anwendbar war, lediglich unter Berufung auf völkerrechtliche Grundsätze nicht angewendet wurde). Zu berücksichtigen sind auch die praktischen Schwierigkeiten bei der Bestimmung eines einzigen Verletzungsschwerpunktes (MERTENS RabelsZ 31 [1967] 384, 401; KEVEKORDES 139; DASSER/DROLSHAMMER, in: Kommentar zum schwIPRG Art 137 Rn 14), zumal es wegen der im Interesse der konsequenten Durchsetzung des Marktordnungsgedankens notwendigen **objektivierten Sichtweise** (s dazu Rn 122) nicht maßgeblich, vielmehr allenfalls als Indiz auf subjektive Faktoren, wie etwa Finalität oder Vorhersehbarkeit (**anders** aber aus völkerrechtlichen Gründen etwa MEESSEN, Zusammenschlußkontrolle 23 f) auf seiten der an der Absprache Beteiligten, ankommen kann. Quantitative Aspekte, insbesondere eine **Spürbarkeitsgrenze** können lediglich den Kreis der in Betracht kommenden Statute eingrenzen, sind jedoch nicht geeignet, eine Statutenkumulation zu verhindern.

82 Immerhin bietet es sich an, die Wirksamkeit oder Unwirksamkeit des wettbewerbsbeschränkenden Vertrages im Sinne einer **territorialen begrenzten Sonderanknüpfung** jeweils insoweit bestehen zu lassen, als der Marktbereich in dem jeweiligen Staat betroffen ist. Inwieweit der Vertrag sodann aufgrund der insoweit beschränkten Teilnichtigkeit insgesamt als nichtig anzusehen ist, kann die *lex causae* bestimmen (BÄR 231 f; zustimmend MARTINEK 86 f; MünchKomm/IMMENGA Nach Art 37 Rn 46 f; auch STAUDINGER/vHOFFMANN [1998] Art 38 Rn 571; vgl auch MERTENS RabelsZ 31 [1967] 384, 401 ff). In Fällen, in denen eine Wettbewerbsbeschränkung, die mehrere Staaten betrifft, auf einer **unteilbaren Absprache** beruht, ist daneben an eine **Abwägung der Regelungsinteressen** der betroffenen Rechtsordnungen zu denken (MünchKomm/MARTINY Art 34 Rn 120; IMMENGA/MESTMÄCKER/REHBINDER § 98 Abs 2 Rn 250; auch STAUDINGER/vHOFFMANN [1998] Art 38 Rn 571). Diese Lösung mag bei einheitlichen, **nicht territorial aufteilbaren wettbewerbsbeschränkenden Absprachen** Vorteile gegenüber der von BÄR vorgeschlagenen Vornahme einer territorialen begrenzten Sonderanknüpfung haben, wenn in lediglich zwei Staaten kollisionsrechtlich relevante Auswirkungen vorliegen. Dann wäre allerdings sinnvollerweise nicht per se auf jegliches dominante wirtschaftsbezogene Ordnungsinteresse der *lex fori* abzustellen, sondern darauf, welches der für die Anwendung in Betracht kommenden Kartellrechte **wettbewerbsrelevante Ordnungsinteressen** in einem im Sinne einer Weltmarktbetrachtungsweise **internationalisierten Verständnis** am ehesten verfolgt. Hier wären ähnliche Maßstäbe anzulegen, wie bei der Interessenabwägung im Rahmen der Interessenidentitätsprüfung des unilateralistischen Ansatzes (s Rn 74 ff). Der **Weltmarktliberalisierung** zuwiderlaufende Wirtschaftsförderungs- bzw Wirtschaftsordnungsinteressen können sich insoweit nicht durchsetzen (vgl aber IMMENGA/MESTMÄCKER/REHBINDER § 98 Abs 2 Rn 250; MünchKomm/MARTINY Art 34 Rn 120 für Exportkartelle; dazu näher Rn 75 f). Bei **multinationalen** Wettbewerbsbeschränkungen ist die Bevorzugung einer **einzigen** Kartellrechtsordnung aufgrund einer derartigen Regelungsinteressenabwägung indes kaum möglich und stößt insoweit auf ähnliche Schwierigkeiten wie die Vornahme einer Schwerpunktbetrachtungsweise. Die **ausnahmsweise Bevorzugung der lex fori oder der lex causae** für den Fall, daß ein entsprechendes auch internationalisiertes Ordnungsinteresse des Forumstaates bzw Vertragsabschlußstaates, der zugleich Auswirkungsstaat ist, gegeben ist, erscheint bei Heranziehung einer globalen Betrachtungsweise vertretbar, weil die damit verbundene faktische privatautonome Rechtswahlmöglichkeit durch Wahl des Forums wegen der Berücksichtigung von Freihandelsaspekten hinnehmbar ist. Fallen sowohl Forum- als auch Vertragsabschlußstaat in den Kreis der Auswirkungsstaaten, sollte bei entsprechender Regelungsinteressenlage der **lex causae** Vorrang vor der lex fori zukommen, weil insoweit das zusätzliche Interesse an einer einheitlichen Bewertung des Lebensvorgangs Praktikabilitätsinteressen vorgeht. Andererseits kann wegen des notwendig anzusetzenden internationalisierten Marktordnungsinteresses ein unbedingter Vorrang des Interesses der *lex fori* an der Durchsetzung des eigenen Rechts nicht angenommen werden (**anders** SOERGEL/vHOFFMANN Art 34 Rn 104; s hier Rn 76). Festzuhalten bleibt, daß die Bevorzugung von *lex fori* bzw *lex causae* nur für den genannten **Sonderfall** einer Kollision unterschiedlicher ausländischer Kartellnormen bei fehlender territorialer Aufteilbarkeit der Wettbewerbsbeschränkung hinnehmbar ist und sich keinesfalls als allgemeine Lösung für das Problem der Statutenkumulation eignet.

Kritik an dem Konzept einer allseitigen Kartellkollisionsnorm erwächst vor allem aus dessen Besonderheit, daß grundsätzlich die *lex fori* den räumlichen Anwendungsbereich des ausländischen Kartellrechts bestimmt, nachdem die Anknüpfungskriterien – nach deutschem Rechtsverständnis das Auswirkungsprinzip (zur völkerrechtlichen Legitimität des Prinzips Rn 111 ff) – dieser zu entnehmen sind und die kollisionsrechtliche Sonderanknüpfung von den eigenen Rechtsanwendungsansprüchen der lex fori ausgeht (SOERGEL/vHOFFMANN Art 34 Rn 87). Dadurch sei es grundsätzlich möglich, daß dem ausländischen Kartellrecht ein weiterer räumlicher Anwendungsbereich zuerkannt wird, als es dem fremden Anwendungswillen entspräche. Umgekehrt könne der Geltungsanspruch der ausländischen Norm bei einer allseitigen Sonderanknüpfung unterschritten werden (SOERGEL/vHOFFMANN Art 34 Rn 88). Zudem fehle es in der internationalen Rechtswirklichkeit an dem von den Vertretern einer allseitigen Kartellkollisionsnorm behaupteten Interessengleichlauf (MESTMÄCKER RabelsZ 52 [1988] 205, 220 ff). Schließlich wird das Auswirkungsprinzip für ungeeignet gehalten, als Basis für die Bestimmung des Anwendungsbereichs ausländischen Kartellrechts zu dienen (IMMENGA/MESTMÄCKER/REHBINDER § 98 Abs 2 Rn 247). Die mangelnde vollständige **internationale Akzeptanz des Auswirkungsprinzips** verhindere die Erreichung einer Entscheidungsharmonie mittels eines Systems allseitiger Kollisionsnormen (vgl MESTMÄCKER RabelsZ 52 [1988] 205, 220 f), weil es insoweit an einer hinreichenden **Reziprozität** fehle (vgl dazu auch MünchKomm/SONNENBERGER Einl IPR Rn 63).

84 Gegen die Entwicklung einer allseitigen Kartellkollisionsnorm sprechen keine **systematischen Gründe**. Ein Satz, daß die Kartellrechtskollisionsnorm zwingend einseitig sein müsse, existiert nicht. Der Grundsatz der unbedingten Nichtanwendbarkeit ausländischen öffentlichen Rechts ist überwunden (Rn 69). Das im Bereich des öffentlichen Rechts vertretene unilateralistische System weltweiter Kollisionsnormen unterscheidet sich bereits von der ursprünglich herrschenden Vorstellung einer konsequenten Einseitigkeit öffentlichrechtlicher Kollisionsnormen im Sinne einer strikten Nichtheranziehbarkeit ausländischen öffentlichen Rechts (vgl SCHURIG 147, wonach die Einseitigkeit danach schon nicht mehr rein sein könne) und nähert sich vom Ergebnis her einem Konzept allseitiger Kollisionsnormen an. Ohnehin ist öffentliches Recht nicht frei von privatrechtlichen Bezügen, und wirkt auf privatrechtliche Rechtsverhältnisse ein. Internationales öffentliches Recht und Internationales Privatrecht gleichen sich in den Strukturen an. Erst recht gilt dies für das Kartellrecht, das eine Doppelfunktion hat und vorrangig der Aufrechterhaltung privatautonomer Handlungsfreiheit durch die Verhinderung und Beseitigung von Wettbewerbsbeschränkungen dient (s Rn 44). Damit stehen systematische Gründe einer Allseitigkeit der kartellrechtlichen Kollisionsnorm nicht nur nicht entgegen, sondern können sogar für eine Allseitigkeit herangezogen werden. Für den Bereich des reinen Privatrechts erhobene Bedenken aus dem Gesichtspunkt des internationalen Entscheidungseinklanges gegen ein System einseitiger Kollisionsnormen (s LEIBLE, in: SCHULTE-NÖLKE/SCHULZE [Hrsg] 353, 384) sind auch im Wettbewerbsrecht, namentlich im privatrechtsgestaltenden und die Privatautonomie sichernden Kartellrecht gültig.

85 Auch den weiteren **Bedenken** gegen eine allseitige Kartellkollisionsnorm kann **nicht gefolgt werden**, weil insoweit **im Ergebnis** kaum ein Unterschied zwischen den Konzeptionen einseitiger und allseitiger Anknüpfung besteht (vgl auch STAUDINGER/VHOFFMANN [1998] Art 38 Rn 569). Denn einerseits schränken auch die Vertreter eines Systems einseitiger Kollisionsnormen die Akzeptanz des ausländischen Rechtsanwendungswillens gleichsam durch konkretisierungsbedürftige Abwehrkriterien wie den Erfordernissen einer genügend engen Beziehung oder einer Interessenidentität sowie durch die besondere Betonung einer Korrektur durch den ordre-public-Grundsatz stark ein (s Rn 77). Sie kommen so zu ähnlichen Ergebnissen wie bei Anerkennung eines allseitigen Kollisionsansatzes, der entsprechende Eingrenzungen bereits innerhalb der eigenen Kollisionsnorm vornimmt (so zu Recht SCHURIG 325 f). Andererseits wird der berufenen ausländischen Norm keinesfalls ein weiterer Anwendungsbereich, als dies dem eigenen **Anwendungswillen** des ausländischen Rechts entspricht, aufgedrängt, da ein fehlender Rechtsanwendungswille des ausländischen Kartellrechts, wenn auch gegenüber dem unilateralistischen Ansatz in einer zweiten Stufe,

entsprechend dem **Renvoigedanken** zu respektieren ist (BÄR 382; MARTINEK 92; vgl auch MünchKomm/MARTINY Art 34 Rn 99). Beide Lösungswege führen insoweit zum gleichen Ergebnis (IMMENGA/MESTMÄCKER/REHBINDER [1. Aufl] § 98 Abs 2 Rn 276). Schließlich haben sich die Rahmenbedingungen für die Feststellung eines Interessengleichlaufs im Sinne eines **weltmarktbezogenen Marktordnungsinteresses** nach Gründung der WTO nachhaltig gewandelt. Zwar ist zuzugeben, daß in der internationalen **Wirtschafts- und Rechtswirklichkeit** nach wie vor mit einem Freihandelsinteresse kollidierende genuine nationale Regelungsinteressen bestehen und auch mittels der nationalen Kartellgesetzgebungen verfolgt werden. Doch zwingen die gewandelten Verpflichtungen der Mitgliedstaaten der WTO insoweit zur Beachtung einer regelmäßig das Freihandelsinteresse bevorzugenden Interessenhierarchie. Bestimmte legitime mit dem Freihandelsinteresse kollidierende Regelungsinteressen sind demgegenüber hinzunehmen, allerdings kaum noch geeignet, die Annahme eines weitgehenden, die Allseitigkeit rechtfertigenden Rechtsanwendungskonsenses zu verhindern, auch wenn ein verbindlicher Weltkartellrechtskodex im Rahmen der WTO bislang nicht verwirklicht wurde. Die Unterschiede der beiden Grundansätze beschränken sich mithin weitgehend auf die methodische Fragestellung.

Schließlich hat das Konzept einer allseitigen Kollisionsnorm den Vorteil besserer **praktischer Handhabbarkeit** für sich, weil die maßgebliche inländische Kollisionsnorm die aufwendige Ermittlung fremder Kollisionsanknüpfungen entbehrlich macht (NEUHAUS 34). Für die Annahme einer allseitigen Kartellkollisionsregel sprechen aber vor allem **systematische Gründe**. Denn das Kartellrecht muß mit dem Lauterkeitsrecht zu einer in sich **kompatiblen Gesamtsystematik zum Schutz des Leistungswettbewerbs** gebracht werden. Für das Lauterkeitsrecht ist aber die Allseitigkeit der einschlägigen Kollisionsnorm anzuerkennen und zwar sowohl nach der herrschenden Interessenkollisionslösung als auch auf dem Boden eines lauterkeitsrechtlichen Auswirkungsprinzips (s Rn 379, 390 ff). Der funktionale Zusammenhang eines von seinen deliktsrechtlichen Wurzeln losgelösten, marktordnungsrechtlich verstandenen Lauterkeitsrechts mit dem Kartellrecht setzt sich konsequent im Kollisionsrecht fort. Die mit zunehmender Globalisierung gewandelten Erfordernisse an eine effektive Ausgestaltung des Gesamtwettbewerbsschutzsystems betreffen auch und gerade das Kollisionsrecht. Das führt zur Annahme einer in beiden Teilrechtsgebieten einander angeglichenen Kollisionsnorm im Sinne eines allseitigen Auswirkungsprinzips (für das **österreichische** Recht auch KOPPENSTEINER § 6 Rn 14). Das Auswirkungsprinzip genießt wachsende internationale Akzeptanz (vgl auch Abschnitt E Nr 2 RBP-Code, UN-Dok TD/RBP/CONF 10, Rev 1, Resolution 35/63, Dec 5, 1980, WuW 1982, 32 ff; Art 3 Sec 1 DIAC, in: FIKENTSCHER/IMMENGA [Hrsg], Draft International Antitrust Code, 53 ff), auch wenn es noch nicht vollständig international anerkannt ist.

Nach der Beseitigung der in § 98 Abs 2 Satz 2 aF GWB enthaltenen Privilegierung von **Exportkartellen** im Sinne des § 6 Abs 1 aF GWB ist ein maßgebliches Argument der Gegner einer allseitigen Kartellkollisionsnorm entfallen. Jedenfalls konnte § 98 Abs 2 Satz 2 aF GWB nicht selbst im Sinne einer allseitigen Kollisionsnorm ausgelegt werden, weil die damit verbundene Respektierung ausländischer Freistellungen von Exportkartellen, die sich auf den deutschen Markt auswirkten, dem zwingenden Charakter des § 98 Abs 2 Satz 1 aF GWB widersprochen hätte (MARTINEK 76). Ein **generelles** Argument gegen einen wenigstens teilweisen Ausbau des Art 98 Abs 2 Satz 1 aF GWB zur allseitigen Kollisionsnorm konnte dem auf deutsche Exportkartelle beschränkten § 98 Abs 2 Satz 2 aF GWB ohnehin nicht entnommen werden (MARTINEK 76; aA MESTMÄCKER RabelsZ 52 [1988] 205, 220 f mit dem Hinweis auf die Folgen für die Feststellung eines internationaltypischen Interesses). Allenfalls wäre zu erwägen gewesen, § 98 Abs 2 Satz 1 aF GWB lediglich im Sinne einer **unvollkommen allseitigen Kollisionsnorm** auszulegen, die die sich im Ausland auswirkenden Exportkartelle nicht erfaßt. Auch diese Einschränkung hätte nur Sinn, wenn man § 98 Abs 2 Satz 2 aF GWB als Ausdruck einer gesetzgeberischen kollisionsrechtlichen Entscheidung aufgefaßt hätte, die den genuinen nationalen Interessen an der eigenen Exportförderung Vorrang vor dem nach hier vertretenem Verständnis internationalisierten Interesse an der Erhaltung und Förderung des freien globalen Wettbewerbs einräumt (in diesem Sinne MERTENS RabelsZ 31 [1967] 385, 390; vgl auch IMMENGA/MESTMÄCKER/REHBINDER § 98 Abs 2 Rn 250). Hierfür spricht, daß der Gesetzgeber mit der Exportkartellprivilegierung ursprünglich eine derartige Interessenabwägung vorgenommen haben dürfte, die zwar im Hinblick auf den iSd WTO-Verpflichtungen der Bundesrepublik Deutschland zu beachtenden regelmäßigen Vorrang der Freihandelsinteressen vor rein nationalen handelspolitischen Interessen (s Rn 80) kritikwürdig erschien (MARTINEK 75; FIKENTSCHER/HEINEMANN/KUNZ/HALLSTEIN GRUR IntT 1995, 757, 760; vgl insoweit auch MESTMÄCKER RabelsZ 52 [1988] 205, 221), gleichwohl aber bis zu einer möglichst im Rahmen eines internationalen Konsenses vorzunehmenden gesetzgeberischen Korrektur zu respektieren gewesen wäre. Vertretbar erscheint es schon nach alter Rechtslage gerade im Hinblick auf die mit der Einbindung der Bundesrepublik Deutschland in die WTO verbundenen Verpflichtung zur Förderung eines verzerrungsfreien Weltwettbewerbs, eine entsprechende Pflicht zur WTO-kompatiblen Auslegung des § 98 Abs 2 aF GWB vorzunehmen. Mit MARTINEK hätte § 98 Abs 2 Satz 1 aF GWB dann auch auf deutsche Exportkartelle Anwendung finden und deutsches Kartellrecht im Falle einer Auswirkung im Ausland neben dem nach dem Auswirkungsprinzip primär anwendbaren ausländischen Kartellrecht herangezogen werden können. Eine ausschließliche Anwendbarkeit des deutschen Kartellrechts über § 98 Abs 2 Satz 2 aF GWB wäre danach nur dann in Betracht gekommen, soweit ausländisches Kartellrecht nicht berufen oder ineffektiv gewesen wäre (MARTINEK 78 f; ablehnend MESTMÄCKER RabelsZ 52 [1988] 205, 221 f; IMMENGA/MESTMÄCKER/REHBINDER § 98 Abs 2 Rn 250).

88 Soweit der Ausbau des § 130 Abs 2 GWB zur allseitigen Kollisionsnorm mit der Heranziehung des Auswirkungsprinzips auch im Hinblick auf die Frage der Anwendbarkeit ausländischen Kartellrechts bzw allgemein eine Anwendung ausländischen Kartellrechts für möglich gehalten wird, wird dies auf die Frage der **privatrechtlichen Wirksamkeit und die privatrechtlichen Folgen** von Wettbewerbsbeschränkungen begrenzt (MARTINEK 94; MünchKomm/IMMENGA Nach Art 37 Rn 16; vgl auch SCHWARTZ 223), weil insoweit eine systematische Annäherung an das Internationale Privatrecht besteht, die die Durchbrechung des im öffentlichen Recht herrschenden strengen Territorialitätsprinzips rechtfertigen würde. Dem kommt auch der Ansatz der allseitigen Kollisionsnorm des Art 137 schwIPRG nahe, der – beschränkt auf zivilrechtliche, deliktische Ansprüche – Ansprüche aus Wettbewerbsbehinderungen dem Recht des Staates unterstellt, auf dessen Markt der Geschädigte von der Behinderung unmittelbar betroffen ist. Betroffen sind im Bereich der eigentlichen **Anwendung** ausländischen Kartellrechts Sachverhalte, in denen es um Ansprüche aus wettbewerbsbeschränkenden Absprachen und wettbewerbsbeschränkenden unerlaubten Handlungen geht. Nicht einheitlich wird dabei die Frage beantwortet, wie der privatrechtliche Bereich des Kartellrechts zu umschreiben ist. Es gehören eindeutig dazu **privatrechtlich zu**

B. Internationales Kartellprivatrecht

qualifizierende Sachnormen, wie etwa **Normen zu Kündigung und Rücktritt von Kartellverträgen**, zu **Unterlassungs- und Schadensersatzansprüchen bei Wettbewerbsverstößen**, zu der **gesamtschuldnerischen Haftung der Kartellmitglieder** oder zu den **Formvorschriften für Kartellverträge**.

Es erscheint indes nicht zwingend, daß letztlich allein privatrechtliche Interessen es rechtfertigen, zu einer Allseitigkeit der kartellrechtlichen Kollisionsnorm zu gelangen. Der herrschenden Auffassung liegt die Vorstellung zugrunde, daß der Staat ausschließlich ein Interesse daran habe, seinen eigenen Marktbereich regulierend zu beeinflussen (vgl etwa MünchKomm/IMMENGA Nach Art 37 Rn 19: „Es ist nicht Aufgabe nationaler Behörden und Gerichte, den Wettbewerb in anderen Staaten sicherzustellen"; ebenso WILDE, in: Hdb des Wettbewerbsrechts § 8 Rn 45). Darüber hinausgehende Interessen, die eine Berücksichtigung ausländischen Marktordnungsrechts rechtfertigen können, liegen danach nur im Interesse des Schutzes der Individualfreiheit. Demgegenüber kann auch die Anerkennung gleichsam **globaler Regelungsinteressen** gegenüber der alleinigen Berücksichtigung rein nationaler Rechtsanwendungsinteressen zum Ausbau des § 130 Abs 2 GWB zu einer allseitigen Kollisionsnorm führen. Das gilt für das Wettbewerbsrecht um so mehr im Zuge einer wachsenden Internationalisierung dieser Rechtsmaterie. Ein zunehmend globalisierter Weltwettbewerb mit verschmelzenden nationalen Marktgrenzen führt zu einer **Neubestimmung der Aufgaben eines effektiven nationalen Wettbewerbsschutzsystems** (vgl Rn 43, 404, 664). Solche globalen Interessen können nicht nur entsprechend der herrschenden Meinung zur Entscheidung herangezogen werden, ob eine kollisionsrechtliche Berücksichtigung etwa mangels übereinstimmender wirtschaftspolitischer Konzepte außer Betracht bleiben muß, sondern können die **Entwicklung einer nicht ausschließlich auf den privatrechtsgestaltenden Bereich beschränkten Allseitigkeit der kartellrechtlichen Kollisionsnorm** begründen. Zur Begründung solcher globalen Regelungsinteressen läßt sich einerseits auf ein **eigenes mittelbares Rechtsanwendungsinteresse** des Forumstaates zurückgreifen, insbesondere nachdem die Globalisierung immer häufiger zu Rückwirkungen von Wettbewerbsverzerrungen in ausländischen Marktbereichen auf den Inlandswettbewerb führen wird. Vor allem aber ist andererseits im Bereich des Kartellrechts auf das Vorliegen eines **internationalisierten Interesses**, ähnlich dem von ZWEIGERT geprägten Begriff des internationaltypischen Interesses, abzustellen (vgl zur Begrifflichkeit auch Rn 108). Das Vorliegen eines solchen internationalisierten Regelungsinteresses im Hinblick auf einen liberalisierten Welthandel und verzerrungsminimierten Weltwettbewerb kann spätestens nach der Gründung der WTO nicht mehr in Frage stehen (vgl auch DASSER/DROLSHAMMER, in: Kommentar zum schwIPRG Art 137 Rn 4; zum Stand vor Gründung der WTO ähnlich bereits MARTINEK 66; KRENN RIW 1976, 487, 499, indes zweifelnd zur Herleitung einer allseitigen Kollisionsnorm aus der internationalen Liberalisierungsverpflichtung). Im Ergebnis spielt es keine Rolle, ob man die Rechtfertigung für eine Heranziehung ausländischen Marktordnungsrechts aus einem eigenen mittelbaren nationalen Rechtsanwendungsinteresse des Forumstaates oder aus einem internationaltypischen bzw internationalisierten Interesse herleitet, denn aufgrund der Mitgliedschaft der Bundesrepublik Deutschland in der WTO muß man zur Annahme eines eigenen nationalen Interesses an einer WTO-konformen Welthandelsordnung und an einer entsprechenden globalen Marktordnung kommen, die auch die Durchsetzung bzw Respektierung bestimmter fremder Kartellrechtsnormen im innerstaatlichen Rahmen einschließt. Eines Rückgriffs auf völkerrechtliche Rücksichtsnahmeprinzipien bedarf es demzufolge nicht; man mag allenfalls die *comitas* heranziehen, um dogmatisch einen erhöhten Toleranzgrad im Hinblick auf die Anwendung fremden Kartellrechts zu begründen.

d) Rück- und Weiterverweisungen (Renvoi)

90 Geht man von einer allseitigen Kartellkollisionsnorm aus, so sind Rück- und Weiterverweisungen durch das Kollisionsrecht des Staates des berufenen Rechts zwar denkbar, im Ergebnis jedoch ausgeschlossen. Das Prinzip der Gesamtverweisung gem § 4 Abs 1 EGBGB kann insoweit nicht gelten; die kartellrechtliche Kollisionsanknüpfung erfolgt im Rahmen einer Sachnormverweisung auf das jeweils anwendbare Wettbewerbsrecht (vgl für das Lauterkeitsrecht Rn 469). Die generelle Unzulässigkeit eines Renvois im wettbewerbsrechtlichen Rahmen folgt aus dem marktordnungsrechtlichen Charakter des Wettbewerbsrechts. Da die nach dem Auswirkungsprinzip vorgenommene Verweisung nach einer marktordnungsrechtlichen Schutzbedarfsentscheidung erfolgt, würde eine Berufung auch des fremden Kollisionsrechts dem Sinn der Verweisung widersprechen.

IV. Auswirkungsprinzip

1. Begriff der Auswirkung

91 Grundsätzlich ist der Auswirkungsbegriff weit aufzufassen. Eine Auswirkung ist danach jede Veränderung der Wettbewerbssituation (MünchKomm/IMMENGA Nach Art 37 Rn 32). Dabei ist die Auswirkung nicht allein als auf einzelne Wettbewerber bzw unmittelbare Konkurrenten oder Beteiligte einer Wettbewerbsbeschränkung bezogene Veränderung anzusehen. Maßgeblich muß vielmehr allgemein die Beeinflussung der Wettbewerbszusammenhänge in einem Marktbereich sein. Die Maßgeblichkeit der Marktauswirkung verdrängt andere mögliche Anknüpfungskriterien, wie den Unternehmenssitz, den Vornahmeort einer Wettbewerbsbeschränkung, die Rechtswahl oder die Art und Weise des Zustandekommens der wettbewerbsbeschränkenden Vereinbarung (MünchKomm/IMMENGA Nach Art 37 Rn 32).

92 Der Auswirkungsbegriff ist sachgerecht im Hinblick auf die – auch global zu bestimmenden – **Funktionen des Wettbewerbsgesamtschutzsystems** zu konkretisieren. Eine Auswirkung in diesem Sinne liegt grundsätzlich auch dann vor, wenn die Veränderung der Wettbewerbslage indirekt durch **Rückwirkungen** ausländischer Wettbewerbsbeschränkungen auf einen Marktbereich auftritt (vgl auch Rn 156; **anders** die hM, s Rn 175, 358). Im übrigen werden von der herrschenden Meinung weitgehende Begrenzungen des Auswirkungsprinzips im Hinblick auf die Gefahr einer mit einer uferlosen extraterritorialen Anwendung des nationalen Kartellrechts verbundenen Verletzung des völkerrechtlichen Rücksichtnahmegebotes für erforderlich gehalten (s näher Rn 94 ff).

2. Begründung des Auswirkungsprinzips

a) Extraterritorialität

93 Infolge der Anknüpfung an das Auswirkungsprinzips ist eine weitgehende Anwendung des nationalen Kartellrechts auf Auslandssachverhalte möglich, da auch im Ausland veranlaßte Wettbewerbsbeschränkungen erfaßt werden, wenn sich diese im Inlandsmarktbereich auswirken. Da es auf die reine Inlandsauswirkung ankommt,

B. Internationales Kartellprivatrecht

können im Ergebnis auch im Ausland ausschließlich von ausländischen Unternehmen veranlaßte Wettbewerbsbeschränkungen vom deutschen Kartellrecht erfaßt werden. Der **Anwendungsbereich** und der **Geltungsbereich** des GWB sind mithin nicht deckungsgleich (vgl auch SCHWARTZ 186 ff; SCHNYDER Rn 81). Charakteristisch ist damit der **extraterritoriale Anwendungsbereich** des GWB. Damit ist das Problem verbunden, inwieweit durch den extraterritorialen Anwendungsbereich des inländischen Wettbewerbsrechts **völkerrechtliche Konflikte** mit anderen Staaten entstehen können und wie diese zu verhindern sind. Zwar ist die Ausübung von **unmittelbarer staatlicher Zwangsgewalt** außerhalb des eigenen Staatsterritoriums ausgeschlossen. **Faktisch** können aber gegen eigene Staatsbürger gerichtete Verwaltungsakte eines Staates auf seinem Staatsgebiet **Rückwirkungen** auf fremde Staaten haben, die im Ergebnis einer unmittelbaren Ausübung von Hoheitsgewalt nahekommen (SCHMIDT-PREUSS 32). Typischerweise entstehen bei extraterritorialer Anwendung inländischen Wettbewerbsrechts Berührungen mit den **Regelungsinteressen betroffener ausländischer Staaten**, insbesondere des Staates, in dem die Wettbewerbsbeschränkung, die sich auf den Inlandsmarkt auswirkt, veranlaßt wurde (Veranlasserstaat). Inwieweit solche Berührungen auch bei einer wertenden Betrachtung beachtliche Konflikte darstellen können, die zu einer **völkerrechtlichen Begrenzung des Auswirkungsprinzips** zwingen, ist streitig. Nach herrschender Auffassung wird von einer Pflicht zur Beachtung völkerrechtlicher Grenzen des Auswirkungsprinzips ausgegangen, die sich entweder in einer **völkerrechtskonformen Auslegung** des § 130 Abs 2 GWB oder in einer **Begrenzung der Heranziehung kollisionsrechtlich an sich berufenen deutschen Kartellrechts** niederschlägt (in letzterem Sinne wohl BASEDOW NJW 1989, 627, 638; vgl auch KG WuW/E OLG 2419, 2420 f [Synthetischer Kautschuk II]). Angesichts der zunehmenden **Globalisierung der Wirtschaft** ist anzunehmen, daß Kollisionen nationaler Regelungsinteressen zunehmen werden; die veränderten rechtlichen Rahmenbedingungen auf dem Weltmarkt führen aber auch zu einer Neubewertung solcher Rechtsanwendungsinteressen im Hinblick auf **internationalisierte Interessenlagen**, die einen Abbau der völkerrechtlichen Konfliktgeneigtheit der extraterritorialen Anwendbarkeit der nationalen Wettbewerbsschutzsysteme bewirkt.

b) Völkerrechtliche Schranken
aa) Allgemeines
Gemäß Art 25 GG sind die **allgemeinen Regeln des Völkerrechts** Bestandteil des Bundesrechts und gehen dem Bundesrecht vor. Zu den allgemeinen Regeln des Völkerrechts gehören nach herrschender Auffassung neben dem **Völkergewohnheitsrecht** auch die **allgemeinen Rechtsgrundsätze** im Sinne des Art 38 Abs 1 lit c) des Statuts des Internationalen Gerichtshofs (BVerfGE 23, 288, 317; MAUNZ/DÜRIG Art 25 Rn 16 mwN). Das in § 130 Abs 2 GWB normierte Auswirkungsprinzip ist **völkerrechtskonform auszulegen**. Auch soweit man die allgemeinen Rechtsgrundsätze nicht zu den allgemeinen Regeln des Völkerrechts im Sinne des Art 25 GG zählt, stellen sie doch bedeutsame Auslegungsrichtlinien dar und sind als solche bei der Konkretisierung des Auswirkungsprinzips zu berücksichtigen (IMMENGA/MESTMÄCKER/REHBINDER § 98 Abs 2 Rn 17). Die Frage der völkerrechtlichen Legitimation des Auswirkungsprinzips ist von jeher Gegenstand wissenschaftlicher Diskussion. Im wesentlichen werden hierzu vier Ansätze vertreten.

bb) Souveränitätsansatz

95 Teilweise wird behauptet, es bestehe ein **völkerrechtlicher Grundsatz**, daß die Staaten aufgrund ihrer Souveränität Auslandssachverhalte regeln können. Dieser Grundsatz wird als **Vermutung für eine entsprechende Regelungskompetenz der Staaten** formuliert (BÄR 326). Die **Territorialität** des Erlasses hoheitlicher Akte betreffe nur die **Zwangsgewalt** des Staates, nicht aber dessen **Befehlsgewalt** (SCHWARTZ 247; vgl SANDROCK ZVglRW 69 [1968] 1, 5; MEESSEN 18). Die Befehlsgewalt, zu der auch die Aufstellung von Verbotsnormen gehört, könne sich auch auf das ausländische Territorium erstrecken. Eine Einschränkung dieses Grundsatzes bedürfe eines völkerrechtlichen Verbotes.

96 Diesem Ansatz mag man insoweit zustimmen, als das **völkerrechtliche Territorialitätsprinzip** nach richtiger Auffassung prinzipiell ebensowenig wie der grundsätzlichen Zulässigkeit einer innerstaatlichen Anwendung ausländischen Rechts (dazu Rn 69) der extraterritorialen Ausdehnung des Anwendungsbereichs inländischer Kartellrechtsnormen eine völkerrechtliche Grenze setzen kann (vgl KRENN RIW 1976, 487, 497). **Bedenken** begegnen der Auffassung aber deshalb, weil sie den **Souveränitätsaspekt zu stark in den Vordergrund rückt** und einen Grundsatz souveränitätsfreundlicher Auslegung und Fortbildung des Völkerrechts behauptet, der angesichts einer aufgrund **wachsender Verflechtung der Weltwirtschaft** geänderten Ausgangslage nicht mehr zeitgemäß erscheint (IMMENGA/MESTMÄCKER/REHBINDER [1. Aufl] § 98 Abs 2 Rn 23). Wenn auch eine weitgehende Zulässigkeit extraterritorialer Anwendung nationalen Marktordnungsrechts unter gleichzeitiger Akzeptanz fremden Marktordnungsrechts gerade angesichts der aufgrund der Globalisierung geänderten Rahmenbedingungen anzuerkennen ist (vgl Rn 89), so sollte dies nicht auf einen Ansatz gestützt werden, der sich durch eine Überbetonung des nationalen Souveränitätsgedanken kennzeichnet, sondern muß gerade über einen **internationalisierten Ansatz** hergeleitet werden. Der Souveränitätsgedanke ist nur ein Aspekt bei der Entscheidung zwischenstaatlicher Zuständigkeitskonflikte (vgl MEESSEN 82). Zudem wird durch die Prämisse einer Trennung von Befehls- und Zwangsgewalt bzw Befehlsgewalt und Anwendungsbereich ein mögliches Bestehen internationaler Konfliktgefahren infolge der extraterritorialen Anwendung nationalen Kartellrechts nicht beseitigt. Wird etwa ein im Ausland geschlossener Vertrag im Inland als verbotene Wettbewerbsbeschränkung angesehen mit der Folge einer Unwirksamkeit des Vertrages nach inländischem Recht, so liegt in der hiermit verbundenen Störung des Rechtsverhältnisses zumindest auf dem Territorium des Erlaßstaates bereits die Ausübung von Zwangsgewalt. Eine Trennung zwischen Befehl und Durchsetzung ist insoweit nicht weiterführend. Ein mögliches Konfliktpotential infolge der extraterritorialen Wirkung des nationalen Kartellrechts bleibt bestehen und kann nicht einfach mit dem Hinweis auf die staatliche Souveränität unberücksichtigt bleiben.

cc) Prinzipien des internationalen Strafrechts

97 Andere wollen bei wettbewerbsrechtlichen Sachverhalten die für strafrechtliche Sachverhalte entwickelten Prinzipien, wie das **Territorialitätsprinzip**, das **Schutzprinzip** und das aktive **Personalprinzip** heranziehen (vgl etwa HERMANNS 22 f; SEIDL/HOHENVELDERN AWD 1971, 53, 55 f). Wie sich im Rahmen der Problematik der Anwendung ausländischen Kartellrechts im innerstaatlichen Bereich zeigt, kollidiert aber insbesondere das auch im öffentlichen Recht herrschende **Territorialitätsprinzip** mit dem wettbewerbsrechtlichen **Auswirkungsprinzip** und wird dort unter Hinweis auf den

B. Internationales Kartellprivatrecht

Mischcharakter des Kartellrechts aufgelockert (s Rn 50). Die Heranziehung der Prinzipien des internationalen Strafrechts erfordert ebenso eine Anpassung des Territorialitätsprinzips an das Auswirkungsprinzip, woran sich bereits zeigt, daß die für das klassische Strafrecht entwickelten Grundsätze nicht unmittelbar gelten können (IMMENGA/MESTMÄCKER/REHBINDER [1. Aufl] § 98 Abs 2 Rn 25; gegen eine unmittelbare Wirkung auch MünchKomm/IMMENGA Nach Art 37 Rn 29). Im übrigen sind diese Prinzipien einer unmittelbaren Heranziehung im Kartellrecht nicht zugänglich, weil sie auf das primär dem Individualschutz dienende Strafrecht zugeschnitten sind, dessen Regeln weitgehend international fungibel sind. Es ist zwar festzustellen, daß auch das Kartellrecht mit wachsender Verflechtung der nationalen Wirtschaftsräume bezüglich der Grundregeln eines verzerrungsfreien Wettbewerbs zunehmend fungibel erscheint, es bestehen aber erhebliche Unterschiede der beiden Rechtsbereiche, so daß insbesondere die Heranziehung des **Tatortprinzips** und die damit verbundene Selbstbeschränkung des staatlichen Gesetzgebers aufgrund daraus resultierender Schutzlücken nicht als geeigneter Maßstab im Kartellrecht herangezogen werden kann. Das gilt auch für das Kartellstrafrecht (MEESSEN 98). Schließlich ist auch das **Personalitätsprinzip** nicht für das Kartellrecht heranziehbar, weil die Anknüpfung an die Staatsangehörigkeit bei typischerweise im Kartellrecht als Adressaten in Betracht kommenden juristischen Personen frei manipulierbar ist (MEESSEN 99 f).

dd) Sinnvolle Anknüpfung

Die **überwiegende Auffassung** geht von der Theorie der **sinnvollen Anknüpfung** aus **98** (KG WuW/E OLG 2419, 2420 [Synthetischer Kautschuk II]; WuW/E OLG 3051, 3053 [Morris-Rothmans]; BKartA WuW/E BKartA 2521, 2540 [Zahnradfabrik Friedrichshafen/Allison]; BÄR 328; HAYMANN 314; SANDROCK ZVglRW 69 [1968] 1, 10 f; REHBINDER 82; VOGEL 350; MEESSEN, Völkerrechtliche Grundsätze 101 ff; IMMENGA/MESTMÄCKER/REHBINDER § 98 Abs 2 Rn 19; kritisch BACH WuW 1997, 291, 293), wonach die Anknüpfung von Auslandssachverhalten mittels des Auswirkungsprinzips durch die nationale Kartellgesetzgebung der Staaten prinzipiell völkerrechtsgemäß ist, soweit ein schützenswertes Regelungsinteresse besteht und das gewählte Anknüpfungskriterium sachgerecht erscheint. **Völkerrechtliche Schranken** des Auswirkungsprinzips sind danach **einheitlich zu bestimmen**, weil es für die völkerrechtliche Legitimität des entsprechenden Regelungsinteresses der Staaten nicht darauf ankommen kann, ob die Rechtsfolgen einer Wettbewerbsverletzung rechtssystematisch dem Straf-, Verwaltungs- oder Zivilrecht zuzuordnen sind (SCHWARTZ 268; MEESSEN, Völkerrechtliche Grundsätze 168; IMMENGA/MESTMÄCKER/REHBINDER § 98 Abs 2 Rn 19; MünchKomm/IMMENGA Nach Art 37 Rn 34).

Konzeptionell unterscheidet sich der Grundansatz der sinnvollen Anknüpfung von **99** dem oben beschriebenen **Souveränitätsansatz** dadurch, daß letzterer eine umfassende Freiheit der Staaten zur extraterritorialen Regelung voraussetzt, die durch ein völkerrechtliches Verbot beschränkt ist, während der Ansatz der sinnvollen Anknüpfung einer **Abgrenzung der Staatenzuständigkeit** bedarf. Für die danach erforderliche Entwicklung einer **völkerrechtlichen Zuständigkeitsordnung** werden verschiedene Ansatzpunkte vertreten. Grundsätzlich kann nach der Konzeption der Entwicklung einer völkerrechtlichen Zuständigkeitsordnung nur ein Ansatzpunkt geeignet sein, der nicht lediglich auf eine bloße **Beschränkung einer staatlichen Regelungszuständigkeit** hinausläuft, sondern einen **allgemeinen Maßstab für eine Zuständigkeitsabgrenzung der Staaten** bildet. Notwendig ist eine **positive Abgrenzungsnorm**.

100 Unabhängig von der Kritikwürdigkeit des Begriffs einer völkerrechtlichen Zuständigkeitsordnung, dessen Inhalt besser allgemein mit dem Begriff der **Abgrenzungsordnung** erfaßt werden sollte, erscheint der Nutzen einer Unterscheidung zwischen Ansatzpunkten für eine völkerrechtliche Abgrenzung staatlicher Regelungsbereiche einerseits und für eine Beschränkung einer bestehenden staatlichen Regelungsbefugnis andererseits begrenzt, weil allgemein und nach beiden Grundkonzeptionen davon auszugehen ist, daß die Staaten eine weitgehende Freiheit bei der Formulierung ihrer kartellrechtlichen Anknüpfungskriterien besitzen, die im Ergebnis dort endet, wo Auslandssachverhalte von einer staatlichen Gesetzgebung willkürlich erfaßt werden. Unter diesem Gesichtspunkt erscheint es eher eine theoretische Frage zu sein, ob die Reichweite einer staatlichen Regelungsbefugnis durch Schranken oder positive Abgrenzungsregeln bestimmt wird.

101 Überwiegend wird die Theorie der sinnvollen Anknüpfung als Ausprägung des völkerrechtlichen **Rechtsmißbrauchsverbotes** angesehen (vgl BÄR 328; HAYMANN 314; SANDROCK ZVglRW 69 [1968] 1, 10 f; REHBINDER 82; VOGEL 350); allerdings ist der Übergang zwischen einer Herleitung aus dem Rechtsmißbrauchsverbot und einer solchen aus dem **Nichteinmischungsgebot** (dazu Rn 104) fließend. Da es sich bei dem Rechtsmißbrauchsverbot um einen **allgemeinen Rechtsgrundsatz** im Sinne des Art 38 des Statuts des Internationalen Gerichtshofs handelt, ist das Rechtsmißbrauchsverbot über Art 25 GG unmittelbar für die Auslegung nationalen Kartellrechts bedeutsam (IMMENGA/MESTMÄCKER/REHBINDER § 98 Abs 2 Rn 23 mwN; vgl allgemein zu den allgemeinen Rechtsgrundsätzen hier Rn 94). Aus dem Rechtsmißbrauchsverbot wird geschlossen, daß die Staaten Auslandssachverhalte nur dann nicht erfassen dürfen, wenn ein **starkes Mißverhältnis zwischen den Regelungsinteressen eines Staates und dem Interesse anderer Staaten am Unterbleiben von Nachteilen infolge der Regelung** besteht (REHBINDER 56; KEVEKORDES 112; vgl auch BÄR 334, der von einem „horrenden" Mißverhältnis spricht). Damit wird nur in **Ausnahmefällen** eine Überschreitung der Zulässigkeit einer Auslandssachverhaltserfassung in Betracht kommen. Gegen eine Herleitung der Theorie der sinnvollen Anknüpfung aus dem Rechtsmißbrauchsverbot wird eingewendet, daß hierdurch eine Allzuständigkeit der Staaten für die Regelung von Auslandssachverhalten vorausgesetzt und eine völkerrechtliche Zuständigkeitsordnung geleugnet wird (so MEESSEN, Völkerrechtliche Grundsätze 105, 199; vgl zur Ablehnung der Vermutung einer umfassenden Regelungskompetenz Rn 74), weil ein Rechtsmißbrauch das Innehaben einer Rechtsposition voraussetzt. Nach herrschender Auffassung besteht gerade keine Vermutung für eine umfassende Regelungszuständigkeit der Staaten. Allerdings kann man jedes staatliche Verhalten in der Völkerrechtsordnung als mißbrauchsfähige Rechtsausübung ansehen (IMMENGA/MESTMÄCKER/REHBINDER § 98 Abs 2 Rn 23). Letztlich ist das Mißbrauchsverbot aber deswegen nur schwer **allein** als Ansatz für die Entwicklung einer Abgrenzungsordnung fruchtbar zu machen, weil die **Kriterien zur Feststellung eines völkerrechtlichen Mißbrauchs** einer näheren Bestimmung bedürfen, sollen sie zu einer Abwägung staatlicher Regelungsinteressen führen. Das Mißbrauchsverbot kann jedoch zur Verallgemeinerung eines an sich qualifizierte Interventionen erfassenden Einmischungsverbotes herangezogen werden, um letzteres in Verbindung mit dem Mißbrauchsverbot als Maßstab für eine Abgrenzungsordnung heranzuziehen. Unberührt bleibt davon die Heranziehung des Mißbrauchsverbotes im Hinblick darauf, daß bei Zugrundelegung des völkerrechtlichen Einmischungsprinzips nur eine **Abwägung staatlicher Interessen** in Betracht kommt (vgl MünchKomm/IMMENGA Nach Art 37 Rn 77). Über das **Mißbrauchsprinzip** wäre dogmatisch darüber hinaus auch eine Berücksichtigung **unternehmerischer oder privater Interessen** denkbar (BKartA WuW/E BKartA 1943, 1953 [Morris-Rothmans]; MEESSEN, Zusammenschlußkontrolle 35, der insoweit einen geringen praktischen Anwendungsbereich sieht; vgl auch MEESSEN, Völkerrechtliche Grundsätze 107).

Aus dem Rechtsmißbrauchsverbot wird eine **Interessenabwägungspflicht** zumindest **102** für **Extremfälle** gefolgert (IMMENGA/MESTMÄCKER/REHBINDER § 98 Abs 2 Rn 27, 35 ff; mwN; zur Kritik hier Rn 115 ff), die dann zu einem **Vorrang des ausländischen Rechts** führen soll, wenn die Anwendung des nationalen Kartellrechts erhebliche Störungen im Veranlasserstaat bewirkt und bei einer Abwägung der beiderseitigen Interessen das Interesse des Veranlasserstaates eindeutig überwiegt (KEVEKORDES 112; IMMENGA/MESTMÄCKER/REHBINDER § 98 Abs 2 Rn 39; vgl auch den von der **ökonomischen Analyse des Rechts** beeinflußten Ansatz von DEVILLE 101, wonach ein Vorrang des Rechts des ausländischen Staates besteht, wenn der bei ihm durch die Wettbewerbsbeschränkung entstehende bezifferbare Vorteil den bezifferten Schaden im Auswirkungsstaat wesentlich übersteigt). Teilweise wird eine **Schwerpunktbetrachtungsweise** vorgenommen, wonach das inländische Kartellrecht zurücktritt, wenn der Schwerpunkt der Wettbewerbsbeschränkung im Veranlasserstaat liegt, einer relativ unbedeutenden Auswirkung im Inland gegenübersteht und die Bekämpfung der im Ausland veranlaßten Wettbewerbsbeschränkung im Hinblick auf diese Inlandsauswirkung dazu führt, daß die Wettbewerbsbeschränkung insgesamt unterlassen werden würde (KG WuW/E OLG 2419, 2420 [Synthetischer Kautschuk II]; kritisch AUTENRIETH 60 ff). Ein Vorrang des ausländischen Rechts soll auch dann in Betracht kommen, wenn der Veranlasserstaat die entsprechende Wettbewerbsbeschränkung zur Behebung eigener Krisensituationen fördert (IMMENGA/MESTMÄCKER/REHBINDER § 98 Abs 2 Rn 39).

Die Ergebnisse einer Interessenabwägung werden auf unterschiedlichen Wegen in **103** die Rechtsanwendung übertragen. Entweder man legt die **Kollisionsnorm** selbst **restriktiv** aus (SCHNYDER Rn 350) oder man nimmt **verfahrensrechtlich** die Einschränkung im Rahmen der Anwendung des **Opportunitätsprinzips** der kartellbehördlichen Ermessensausübung vor (REHBINDER 377; MARTINEK 20 f; VEELKEN 152). Ein weiterer Weg, der der kartellbehördlichen Berücksichtigung ähnelt, ist die Berücksichtigung ausländischen entgegenstehenden Kartellrechts als Rechtfertigungsgrund im Rahmen der **Ausfüllung materiellrechtlich unbestimmter Rechtsbegriffe** durch die Gerichte (REHBINDER 372; MARTINEK 20 f; vgl auch Rn 59 f). Zumeist wird davon ausgegangen, daß sich der kollisionsrechtliche und der dem Opportunitätsprinzip folgende Weg ergänzen (IMMENGA/MESTMÄCKER/REHBINDER § 98 Abs 2 Rn 38 mwN). Eine **verfahrensrechtliche Berücksichtigung** wird vor allem dann eine Rolle spielen, wenn es um die Anwendung innerstaatlicher Kartellnormen geht, die der Kartellbehörde einen Ermessensspielraum zugestehen (vgl aber auch KEVEKORDES 143). Auch dabei sind der Behörde indes enge **Grenzen** gesetzt. Insbesondere muß, wenn man eine Interessenabwägungspflicht nicht ohnehin ablehnt (s Rn 115), vermieden werden, daß mit dem nationalen und internationalisierten Marktordnungsinteresse **unvereinbare Erwägungen außenpolitischer Rücksichtnahme** zu einer Verdrängung inländischen Kartellrechts im Wege der behördlichen Ermessensentscheidung führen (s zur Interessenbewertung auch Rn 76, 80). Dies kann auch im Rahmen der insoweit grundsätzlich beschränkten gerichtlichen Überprüfung (vgl IMMENGA/MESTMÄCKER/REHBINDER § 98 Abs 2 Rn 38) nachgeprüft werden. Bei der Anwendung von Normen, die keinen Ermessensspielraum einräumen, wird eine entsprechende Einschränkung im Wege einer **Auslegung der Kartellkollisionsnorm des § 130 Abs 2 GWB** für möglich gehalten (IMMENGA/MESTMÄCKER/REHBINDER § 98 Abs 2 Rn 38).

104 Teilweise wird der Grundsatz der sinnvollen Anknüpfung auf das völkerrechtliche **Verbot der Einmischung in die inneren Angelegenheiten fremder Staaten** gestützt (WILDHABER BerGesVR 78, 52; vgl KG WuW/E OLG 2419, 2420 [Synthetischer Kautschuk II]; KG WuW/E OLG 3051, 3057 [Morris-Rothmans]; vgl auch MANN Rec des Cours 1964 I, 46 ff). Hiergegen wird von Vertretern einer Betonung des **Mißbrauchsgedankens** eingewendet, daß dem **Einmischungsverbot** nur qualifizierte Formen der Einwirkung auf die inneren Angelegenheiten eines Staates unterliegen und den durch das Auswirkungsprinzip entstehenden Jurisdiktionskonflikten das Element der gezielten Einflußnahme auf den fremden Staat fehle (IMMENGA/MESTMÄCKER/REHBINDER § 98 Abs 2 Rn 25 mwN; KEVEKORDES 110). Das Einmischungsverbot eigne sich folglich nicht als allgemeiner Maßstab zur Entwicklung einer völkerrechtlichen Zuständigkeitsordnung. Die Gegenauffassung möchte das Einmischungsverbot zumindest inhaltlich fortentwickeln, um es zur Grundlage einer Abgrenzungsordnung zu machen. MEESSEN weist darauf hin, daß das Problem der extraterritorialen Geltung nationalen Kartellrechts ein Souveränitätsproblem darstellt, weshalb sich gerade das dem Schutz der Souveränität ausländischer Staaten dienende Einmischungsverbot als Ansatzpunkt eigne (MEESSEN, Völkerrechtliche Grundsätze 200). Er formuliert eine **Abwägungsregel des völkerrechtlichen Einmischungsverbotes**, die er auf den Grundsatz der **souveränen Gleichheit der Staaten** (Reziprozität) stützt, wonach alle Staaten gleichen Anspruch auf Verwirklichung ihrer wettbewerbspolitischen und wirtschaftspolitischen Regelungsinteressen haben. Daraus folge die **Pflicht zur Abwägung** der Interessen des Inlands an dem Erlaß des kartellrechtlichen Hoheitsaktes mit den Interessen des ausländischen Staates an dem Ausbleiben einer Störung (MEESSEN, Zusammenschlußkontrolle 26 ff; ders, Völkerrechtliche Grundsätze 231 f; zur Abwägung im Rahmen des **Rechtsmißbrauchsverbotes** Rn 115 ff). Für den Fall, daß sich die gegenüberstehenden in- und ausländischen Interessen nicht aufeinander abstimmen lassen, wird eine Pflicht zur Unterlassung des Hoheitsaktes angenommen (MEESSEN, Zusammenschlußkontrolle 27; aA SCHNYDER Rn 273, vgl auch dort Rn 155). Diese Abwägungspflicht ähnelt im Ergebnis der von den Vertretern einer Herleitung des Ansatzes der sinnvollen Anknüpfung aus dem **Rechtsmißbrauchsverbot** geforderten Gegenüberstellung der Rechtsanwendungsinteressen des handelnden Staates mit den Interessen anderer Staaten am Ausbleiben von Störungen durch die Regelung (Rn 101).

105 Eine Abwägungspflicht wird teilweise auch aus **Treu und Glauben** hergeleitet. Der aufgrund des Auswirkungsprinzips entstehende Konflikt mit den Interessen ausländischer Staaten schaffe ein Rechtsverhältnis, in dem Regelungen nach Treu und Glauben abgewogen werden müßten (MENG ZaöRV 44, 675, 764 f).

106 Die **Rechtsprechung** hat zu einer völkerrechtlichen Begrenzung des Auswirkungsprinzips selten Stellung genommen. So hat das KG in einem Fall, in dem sich ein reiner von der betreffenden ausländischen Regierung unterstützter Auslandszusammenschluß auch im Inland unter dem Gesichtspunkt einer relativ unbedeutenden Verstärkung einer marktbeherrschenden Stellung ausgewirkt hat, deutsches Wettbewerbsrecht unter Berufung auf das **völkerrechtliche Nichteinmischungsprinzip** unangewendet gelassen (KG WuW/E OLG 2419, 2420 [Synthetischer Kautschuk II]). Das Abstellen nicht lediglich auf den **Schwerpunkt des Zusammenschlußvorhabens,** sondern auch auf das die **geringe Inlandsmarktauswirkung** überwiegende Interesse der ausländischen Regierung an dem Zusammenschluß und die Billigung des Zusammenschlusses durch die ausländische Rechtsordnung läuft auf eine Modifizierung des im Schrifttum teilweise vertretenen **allgemeinen Abwägungsgebotes** hinaus. Allerdings wird die Interessenabwägung durch das Abstellen auf den Schwerpunkt der Fusion weitgehend in ihrer Bedeutung verdrängt (AUTENRIETH 60). Auf das **Nichteinmischungsprinzip** hat sich das KG in einer späteren Entscheidung berufen, um zu begründen, daß die Untersagungsmöglichkeit hinsichtlich eines Auslandszusammenschlusses auf die Inlandswirkungen beschränkt ist (dazu näher Rn 280). Damit hat das Gericht insoweit die Erfassung des Auslandssachverhaltes durch das deutsche Kartellrecht abgelehnt. Eine völkerrechtlich nach Auffassung des KG grundsätzlich zulässige Erstreckung eines innerstaatlichen Hoheitsaktes setzt unter Berücksichtigung des Einmischungsverbotes danach voraus, daß der Sachverhalt nicht nur einen hinreichenden Inlandsbezug aufweist, sondern daß sich der den Inlandsbezug ergebende Sachverhalt auch **nicht sinnvoll ohne Einbeziehung des Auslandssachverhaltes regeln läßt** (KG WuW/E OLG 3051, 3057 [Morris-Rothmans]; kritisch BACH WuW 1997, 291, 296). In derselben Entscheidung hat das KG ein **Abwägungsgebot** bei Vorliegen einer entsprechenden Inlandsauswirkung aus dem Gesichtspunkt des völkerrechtlichen **Gebotes der gegenseitigen Rücksichtnahme** zwar nicht abgelehnt, aber seine Bedeutung erheblich eingeschränkt (KG WuW/E OLG 3051, 3059 f, aber auch 3057 [Morris-Rothmans]; GEORGIEFF 106). Das **BKartA** neigt zu einer **engen Auslegung** des Nichteinmischungsgebotes (vgl BKartA WuW/E BKartA 2204, 2211 [Morris-Rothmans II]).

Bei der Analyse der Problematik einer völkerrechtskonformen Auslegung des § 130 Abs 2 GWB sind **drei Stufen** zu unterscheiden: Erstens ist das Konfliktpotential einer Anwendung des Auswirkungsprinzips zu ermitteln. Es ist in diesem Zusammenhang zu fragen, inwieweit durch das Auswirkungsprinzip völkerrechtlich beachtliche Konfliktsituationen entstehen können. Zweitens stellt sich die Frage nach völkerrechtlichen Schranken des Auswirkungsprinzips. Schließlich kann sich eine begrenzende Konkretisierung des Auswirkungsprinzips aus **funktionalen Kriterien** ergeben.

Mit den **gewandelten Rahmenbedingungen nach Schaffung der WTO** ist im Bereich des Marktordnungsrechts abgesehen von der Möglichkeit diplomatischer Wege zur Konfliktvermeidung (vgl MünchKomm/IMMENGA Nach Art 37 Rn 82) das Potential für beachtliche Konflikte, die durch die Anwendung des Auswirkungsprinzips und eine mögliche extraterritoriale Anwendung nationalen Kartellrechts auftreten können, erheblich zurückgegangen. Die zunehmende Verschmelzung der nationalen Marktbereiche im Zuge der **Weltmarktliberalisierung** bewirkt oder erzwingt jedenfalls eine **Neubewertung der Interessen** in den einzelnen Nationalstaaten. So bietet insbesondere ein strenges **Souveränitätsdenken** im Bereich des Kartellrechts keine angemessenen Lösungen mehr, weil zunehmend internationalisierte Interessen im Bereich des Wirtschaftsrechts die eigenen wirtschaftspolitischen Interessen der Staaten überlagern. Auch wenn der Prozeß der Weltmarktliberalisierung international noch nicht immer konsequent vorangetrieben wird, so stellt doch das internationalisierte Interesse an einer nicht nur den eigenen Marktbereich, sondern auch Wettbewerbsverzerrungen auf dem Weltmarkt erfassenden **globalen Marktordnung** ein gewichtiges Ziel nationaler und supranationaler Wettbewerbspolitik dar. Dieses Ziel spiegelt sich auch in Verpflichtungen der nationalen Gesetzgeber im Hinblick auf einen verzerrungsminimierten Weltwettbewerb wider. Mit zunehmender Kompatibilisierung des nationalen Kartellrechts mit den Erfordernissen eines liberalen Welthandels wird der Widerstand gegenüber einer in Grenzen extraterritorialen Anwendung des nationalen Kartellrechts geringer.

109 Bedeutsamer ist, daß das völkerrechtliche Nichteinmischungsprinzip und das Rechtsmißbrauchsverbot unter einem im Hinblick auf die Zurückdrängung des klassischen Souveränitätsaspektes im Bereich des Wettbewerbsrechts infolge einer Interesseninternationalisierung gewandelten Aspekt gesehen werden muß. Eine völkerrechtswidrige **Einmischung in die inneren Angelegenheiten fremder Staaten** liegt jedenfalls dann nicht vor, wenn das betreffende aufgrund eines sachgerechten Kollisionsanknüpfungsmaßstabes anwendbare inländische Marktordnungsrecht einem **international legitimen Interesse an einer Regelung** entspricht (vgl auch RUDOLF BerGesVR 1973, 7, 29 und WILDHABER BerGesVR 1978, 7, 52, wonach eine schwächere oder überhaupt keine Inlandsbeziehung vorliegen muß, wenn die Norm nicht nur im eigenen staatlichen Interesse erlassen wurde, sondern zugleich einen Akt internationaler Solidarität darstellt und mit vergleichbaren ausländischen Normen substituierbar ist). Ebenso wie die Internationalisierung der wettbewerbspolitischen Interessenlage zu einer Berücksichtigung ausländischen Kartellrechts im Wege einer allseitigen Kartellkollisionsnorm führen muß, soweit weltmarktkompatible Regelungsziele verfolgt werden, muß eine sinnvoll begrenzte Regelung von Auslandssachverhalten durch weltmarktkompatibles nationales Marktordnungsrecht international hingenommen werden; eine völkerrechtliche Schranke besteht insoweit nicht. Ebensowenig liegt ein **Rechtsmißbrauch** vor, wenn ein Staat Auslandssachverhalte im Hinblick auf seinen eigenen Marktbereich regelt und dabei eine extraterritoriale Wirkung entsteht, soweit die Regelung als weltmarktkompatibel anzusehen ist. Insgesamt ergibt sich auch hieraus, daß das Potential für mögliche Konflikte aus der Heranziehung des Auswirkungsprinzips zunehmend geringer wird. Als weiterer Aspekt, der eine extraterritoriale Wirkung des nationalen Kartellrechts international weithin tolerabel macht, kommt der Umstand hinzu, daß richtigerweise eine kartellrechtliche **Kollisionsnorm** aus Gründen der Weltmarktkompatibilität **allseitig** verstanden werden muß (vgl Rn 85, 89). Die Kartellkollisionsnorm selbst akzeptiert damit weithin die Inhalte ausländischen Kartellsachrechts und führt zur Anwendung der entsprechenden Normen durch inländische Gerichte. Damit ist gleichsam eine **gegenseitige Akzeptanz der nationalen Kartellrechte** erreicht.

110 Soweit eine Entschärfung des möglichen Kollisionsproblems infolge der extraterritorialen Wirkung des nationalen Kartellrechts nicht schon durch eine weltmarktkompatible Sichtweise erfolgt, ist allgemein auf einen **funktionalen Gesichtspunkt** bei der Auslegung der kartellrechtlichen Kollisionsnorm abzustellen. Dieser führt zu dem heute allgemein anerkannten **Grundsatz der sinnvollen Anknüpfung**. Eigentliche völkerrechtliche Schranken des Auswirkungsprinzips müssen dafür nicht notwendig herangezogen werden, so daß dem Meinungsstreit, ob das Kriterium der sinnvollen Anknüpfung auf dem Nichteinmischungsprinzip oder auf dem Rechtsmißbrauchsgebot beruht, im Ergebnis kaum praktische Bedeutung zukommt. Ohnehin sind sich die Vertreter beider Ansätze darüber einig, daß das Auswirkungsprinzip im Ergebnis nicht völkerrechtswidrig ist und daß völkerrechtliche Schranken der Staaten bei der Formulierung kartellrechtlicher Kollisionsnormen allenfalls gleichsam willkürliche Regelungen hindern können. Gerade eine weltmarktkompatible Sichtweise zwingt aber zugleich zu einer effektiven, gleichzeitig aber international verträglichen Lösung möglicher Rechtsanwendungskonflikte. Das bewirkt eine Verpflichtung der Staaten, die einschlägige Kollisionsnorm so zu formulieren, daß ein auch nach Weltmarktgesichtspunkten effektiver Schutz des Wettbewerbs in den betreffenden Markträumen gewährleistet ist. Dabei muß die Kollisionsnorm so gewählt werden, daß sie aus entsprechenden funktionalen Gesichtspunkten sinnvoll erscheint. Sachfremde Kollisionsanknüpfungen, die dem Gebot der Funktionalität im Hinblick auf den verzerrungsfreien Leistungswettbewerb widersprechen und Rechtsanwendungskonflikte erzeugen, wären damit nicht weltmarktkompatibel und damit zu verwerfen. Insoweit ist nach wie vor auf die berechtigten Interessen fremder Staaten daran abzustellen, daß ausländische Gesetzgebung nicht in ihren Bereich hineinwirkt. Man mag dies auf einen allgemeinen auf den internationalen Bereich übertragenen **Verhältnismäßigkeitsgedanken** (vgl REHBINDER 104 f; MENG ZaöRV 44 [1984] 675, 750; MEESSEN ZHR 143 [1979] 273, 277; WOLF WuW 1982, 23; aA KEVEKORDES 113) bzw auf das Prinzip der **comitas** (vgl SCHMIDT-PREUSS 13) stützen. Unter Berücksichtigung dieser Aspekte erscheint das Auswirkungsprinzip als Anknüpfungskriterium nicht problematisch.

ee) Das Auswirkungsprinzip als sinnvoller Anknüpfungspunkt

Das Auswirkungsprinzip ist als einziger **sinnvoller Anknüpfungsgrundsatz** im Kartellrecht weithin anerkannt (ablehnend etwa MANN Rec des Cours 1964 I, 104 ff; RUDOLF BerGes VR 73, 7, 29). Es wird der marktordnungsrechtlichen Funktion des Kartellrechts wie des gesamten Wettbewerbsrechts am besten gerecht (vgl BASEDOW 19 ff; vgl dort auch zum Grad der internationalen Akzeptanz des Auswirkungsprinzips). Das gilt auch soweit man eine überwiegend auf inländische Marktordnungsinteressen abstellende Sichtweise bevorzugt, weil eine Beeinträchtigung des freien Wettbewerbs im Inland gleich wie durch inländische Wettbewerbsbeschränkungen auch durch im Ausland veranlaßte Wettbewerbsbeschränkungen möglich ist (MEESSEN 149; BÄR 333 f). Insbesondere die Anknüpfung an den **Durchführungsort** eignet sich nicht, weil der Auswirkungsstaat vom Wohlwollen des Staates, in dem die Wettbewerbsbeschränkung durchgeführt wird, abhängig wäre (MünchKomm/IMMENGA Nach Art 37 Rn 30). Im übrigen fehlt es insoweit noch an einer hinreichenden internationalen Austauschbarkeit der nationalen Kartellgesetzgebungen (s Rn 97). Ungeeignet ist auch die Anknüpfung an die **Staatsangehörigkeit**, weil sie bei typischerweise im Kartellrecht als Adressaten in Betracht kommenden juristischen Personen frei manipulierbar ist (s Rn 97) und zu einer kaum zu bewältigenden Statutenkumulation führen würde, wenn alle Angehörigen eines Konzernes zu berücksichtigen sind (MünchKomm/IMMENGA Nach Art 37 Rn 30).

Es liegt im **legitimen Interesse des Auswirkungsstaates** an einem umfassenden effektiven Wettbewerbsschutz, im Ausland veranlaßte Wettbewerbsbeschränkungen nach Maßgabe des Auswirkungsprinzips zu erfassen. Die Berechtigung dieses Interesses ergibt sich schon aus allgemeinen Erwägungen im Hinblick auf den **Schutz des Wettbewerbs im Bereich des eigenen Territoriums**, weil die extraterritoriale Wirkung der Anwendung des eigenen Kartellrechts auf im Ausland veranlaßte Wettbewerbsbeschränkungen nur ein Reflex der auf den eigenen Marktbereich bezogenen wettbewerbspolitischen Maßnahmen ist und insoweit von der Souveränität des Auswirkungsstaates umfaßt ist (KG WuW/E OLG 3051, 3061 [Morris-Rothmans]). Die Berechtigung kann aber auch insbesondere vor dem Hintergrund einer **weltmarktkompatiblen Sichtweise** mit der Notwendigkeit einer Herausbildung internationaler Wettbewerbsschutzmechanismen nicht fraglich sein, weil der effektive Schutz des freien Wettbewerbs in den nationalen Teilmärkten auch im Interesse eines verzerrungsfreien Weltwettbewerbs liegt. Demgegenüber kann umgekehrt aus der wachsenden internationalen Verflechtung der nationalen Märkte gerade nicht auf eine Pflicht der Staaten geschlossen werden, sich einer entsprechenden Erfassung von ihren Marktbereich betreffenden Wettbewerbsbeschränkungen zu enthalten (IMMENGA/MESTMÄCKER/REHBINDER § 98 Abs 2 Rn 21). Vielmehr verdient die diskriminierungsfreie Heranziehung des Auswirkungsprinzips im Hinblick auf die **internationale Arbeitsteilung** und die **Erfordernisse des grenzüberschreitenden Wirtschaftsverkehrs** den Respekt der Völkergemeinschaft (MESTMÄCKER RabelsZ 52 [1988] 205, 250). Bedenken gegen das Auswirkungsprinzip stellen sich demgegenüber gerade als Ausdruck eines mit der Weltmarktliberalisierung nicht zu vereinbarenden, auf Marktabschottung gerichteten Protektionismus dar (vgl BASEDOW NJW 1989, 627, 638).

113 Ein weiteres Argument für das Auswirkungsprinzip als völkerrechtlich akzeptables Anknüpfungskriterium ist die zunehmende **Akzeptanz des Auswirkungsprinzips in der Staatenpraxis**, wenn auch das Auswirkungsprinzip nicht zu den allgemeinen Regeln des Völkerrechts gehört (vHAHN WuW 1983, 448, 451). Neben dem US-amerikanischen Kartellrecht und dem EU-Kartellrecht erkennen etwa auch das schweizerische, französische und österreichische Recht das Auswirkungsprinzip an. Verschiedene Staaten, darunter die Bundesrepublik Deutschland und insbesondere Großbritannien (Protection of Trading Interests Act 1980), haben allerdings sogenannte **Abwehrgesetze (blocking statutes)** erlassen, um eine extraterritoriale Durchsetzung ausländischen Kartellrechts zu erschweren. Vorrangig richten sich diese Abwehrgesetze gegen eine extraterritoriale Wirkung US-amerikanischen Kartellrechts. Von der Existenz solcher Abwehrgesetze auf eine mangelnde internationale Akzeptanz des Auswirkungsprinzip zu schließen, ist indes nicht angebracht. Zum einen erfassen die meisten Abwehrgesetze nur einen eng begrenzten Fragenkreis, vorwiegend die Vorlage von Unterlagen an ausländische Stellen sowie Auskunftsverlangen ausländischer Stellen (vgl § 1 Abs 1 VO über die Übermittlung schiffahrtsgeschäftlicher Unterlagen an ausländische Stellen, BGBl II 1966, 1542). Im übrigen ist davon auszugehen, daß die Motive für den Erlaß der blocking statutes sowie für die Erhebung von Protesten gegen konkrete Einzelfallentscheidungen auf dem Boden des Auswirkungsprinzips (hierzu MEESSEN AmJIntL 78 [1984] 791 ff) – zum Teil gerade durch Staaten, die selbst dem Auswirkungsprinzip folgen – in **konkreten wirtschaftlichen Interessen** liegen und keine prinzipielle Ablehnung des Auswirkungsprinzip durch die erlassenden Staaten darstellen (MEESSEN, Völkerrechtliche Grenzen 149; IMMENGA/MESTMÄCKER/REHBINDER § 98 Abs 2 Rn 36). Nicht unberücksichtigt bleiben kann auch der Umstand, daß der Erlaß von Abwehrgesetzen ähnlich wie die in der Bundesrepublik Deutschland beseitigte Privilegierung von Exportkartellen als protektionistische Maßnahme gelten muß (MESTMÄCKER RabelsZ 52 [1988] 205, 250), die nicht mit den Erfordernissen eines globalisierten Welthandels in Einklang steht. Ihrer Existenz kann schon deshalb kein Argument gegen die internationale Akzeptanz des Auswirkungsprinzips entnommen werden.

114 Mit dem Grundsatz der sinnvollen Anknüpfung wird nur eine solche Anknüpfung nach dem Auswirkungsprinzip als konform angesehen, die von einem anzuerkennenden, sich aus dem innerstaatlichen Sachverhalt ergebenden Bedürfnis getragen ist. Das folgt auch aus dem von der Rechtsprechung aufgestellten Erfordernis für die Unbedenklichkeit einer extraterritorialen Anwendung des deutschen Kartellrechts, daß der Sachverhalt nicht nur einen hinreichenden Inlandsbezug aufweisen muß, sondern sich der den Inlandsbezug ergebende Sachverhalt auch **nicht sinnvoll ohne Einbeziehung des Auslandssachverhaltes regeln lassen darf** (KG WuW/E OLG 3051, 3057 [Morris-Rothmans]). Danach ergibt sich eine Verpflichtung auf eine wirksame Anknüpfung mit der geringstmöglichen Beeinträchtigung ausländischer Interessen. Folgerichtig wird, soweit sich eine im Ausland veranlaßte Wettbewerbsbeschränkung nur **teilweise im Inland auswirkt**, der Sachverhalt nur **insoweit** dem GWB unterworfen, als sich die Wettbewerbsbeschränkung im Inland auswirkt. Diese Auslegung des § 130 Abs 2 GWB wird im übrigen dem **Normzweck** entnommen (s Rn 143). Im Hinblick auf diese Einschränkung des § 130 Abs 2 GWB hat das KG die Untersagungsmöglichkeit hinsichtlich eines im Ausland vollzogenen Zusammenschlusses auf die Inlandswirkungen beschränkt und eine Untersagung des Zusammenschlusses insgesamt abgelehnt (KG WuW/E OLG 3051, 3054 ff [Morris-Rothmans]).

c)   Begrenzungskriterien für das Auswirkungsprinzip
aa) Allgemeines Interessenabwägungsgebot

Die **Annahme eines allgemeinen Abwägungsprinzips**, welches im Schrifttum sowohl auf dem Boden eines völkerrechtlichen **Nichteinmischungsgrundsatzes** als auch des **Rechtsmißbrauchsverbotes** oder des **comitas**-Prinzips vertreten wird, ist **abzulehnen** (aA MENG ZaöRV 1984, 675, 765 f, wonach bei Verbotsgesetzen sogar ein grundsätzlicher Vorrang des Territorialstaates besteht; dagegen VEELKEN 145 f; IMMENGA/MESTMÄCKER/REHBINDER § 98 Abs 2 Rn 37). Auch eine Reduzierung des Anwendungsbereichs einer Abwägungspflicht auf **extreme Fälle** von Regelungs- und Rechtsanwendungskonflikten dürfte nicht in Frage kommen (aA BASEDOW NJW 1989, 627, 638; IMMENGA/MESTMÄCKER/REHBINDER § 98 Abs 2 Rn 27). Ein Abwägungsgebot stößt auf erhebliche **Probleme**, da eine Abwägung zwangsläufig nur politischer Natur sein kann, die Ermittlung entsprechender **international konsensfähiger und justiziabler Maßstäbe** mithin Schwierigkeiten bereitet (MünchKomm/IMMENGA Nach Art 37 Rn 81; VEELKEN 85; LOEWENHEIM/BELKE, in: WESTRICK/LOEWENHEIM § 98 Abs 2 Rn 28; vgl auch EBENROTH/PARCHE BB Beilage zu Heft 33/1988, 1, 20). Insbesondere dürfte die Justiz mit der Aufgabe einer allgemeinen Abwägung von Staatsinteressen überfordert sein (BECK WuW 1984, 447, 460; MESTMÄCKER RabelsZ 52 [1988] 205, 251; JUENGER WuW 1990, 602, 609 f; aA WIEDEMANN, in: Hdb des Kartellrechts § 5 Rn 8; vgl auch BECK RIW 1990, 91, 95), wenn man nicht schon eine fehlende außenpolitische Kompetenz der Gerichte als Argument gegen eine Abwägungspflicht annimmt (vgl VEELKEN 152). Letzteres dürfte allerdings in dieser Allgemeinheit zu weit gehen (vgl IMMENGA/MESTMÄCKER/REHBINDER § 98 Abs 2 Rn 38; vgl auch BACH WuW 1997, 291, 297, der die Legitimierung von Kartellamt und Gerichten auf Art 25 GG stützt; enger MEESSEN, Völkerrechtliche Grundsätze 264, der eine Justiziabilität dann ablehnt, wenn eine Interessenabwägung nicht zu einem eindeutigen Überwiegen der Interessen eines Staates führt). Doch ist die Frage der Kompetenz staatlicher Stellen zur Abwägung auch **konkret** auf die **gegeneinander abzuwägenden Interessen** zu beziehen. So wird die Kartellbehörde mangels entsprechender Legitimierung etwa keine **außenpolitischen Interessen** in ihrem Abwägungsprozeß berücksichtigen können (DEVILLE 120). Es stellt sich dann aber die Frage, ob die Annahme einer allgemeinen Abwägungspflicht der Kartellbehörden und der Justiz noch **sinnvoll** ist, weil eine Beschränkung auf bestimmte Abwägungsfaktoren, die aus kompetenzrechtlichen Gründen berücksichtigt werden dürfen, aus der Sicht der Souveränitätswahrung im Interesse des ausländischen Staates kaum in Betracht kommen dürfte.

Geht man von einer allgemeinen Interessenabwägungspflicht aus, so würde man ferner kaum umhin kommen, eine **Bewertung der Schutzwürdigkeit** der kollidierenden, insbesondere fremden staatlichen Interessen vorzunehmen. Jedenfalls in dem im Schrifttum vertretenen Umfang ist eine Interessenabwägungsverpflichtung auch nicht aus **völkerrechtlichen Grundsätzen** herleitbar; ein entsprechendes Abwägungsgebot ist nicht Bestandteil des **Völkergewohnheitsrechts** (SCHNYDER Rn 155; vgl auch KG WuW/E OLG 3051, 3059 [Morris-Rothmans]). Es könnte allenfalls auf dem nicht dem Völkergewohnheitsrecht zuzuordnenden Prinzip der **comitas** beruhen (vgl KG WuW/E OLG 3051, 3059 f [Morris-Rothmans]) oder aus einem internationalisierten **Verhältnismäßigkeitsprinzip** hergeleitet werden. Die Schwierigkeit einer Ermittlung der im Widerstreit stehenden Staatsinteressen relativiert sich allerdings insoweit, als eine Abwägung ohnehin allenfalls dann in Betracht käme, wenn der fremde Staat seine **Interessen etwa in diplomatischen Noten offiziell vorträgt** (BASEDOW NJW 1989, 627, 638; vgl auch BKartA WuW/E BKartA 2521, 2541 [Zahnradfabrik Friedrichshafen/Allison]; EuG Urt v 25. 3. 1999 – T-102/96 Rn 103 ff [Gencor/Lonrho]). Die bloße Berufung der beteiligten Unternehmen auf Interessen von Drittstaaten führt deshalb nicht zu einer Abwägungspflicht der Kartellbehörde (aA WIEDEMANN, in: Hdb des Kartellrechts § 5 Rn 8 mit dem Hinweis auf einen objektiven Charakter der Abwägungskriterien und den Umstand, daß vor allem kleinere Drittstaaten oft aus handelspolitischen Erwägungen einen Konflikt mit der Kommission vermeiden). Dessen ungeachtet basiert auch die aus einem völkerrechtlichen Nichteinmischungsprinzip hergeleitete allgemeine Abwägungspflicht zu stark auf einem hergebrachten **Souveränitätsdenken**, das mit den gewandelten Rahmenbedingungen einer globalisierten Wirtschaft und den damit verbundenen Interessensverlagerungen schwer in Einklang zu bringen ist. Erst recht kommt keine Interessenabwägungspflicht hinsichtlich von **Individualinteressen** in Betracht. Insoweit erscheint aber bei echten **Pflichtenkollisionen** eine Berücksichtigung im Rahmen **zivilrechtlicher Rechtsinstitute** nicht ausgeschlossen. Eine weitgehende allgemeine Interessenabwägungspflicht, auch soweit diese auf staatliche Interessen beschränkt wird, läuft ihrerseits Gefahr, gesetzlich geschützte Individualinteressen an der Durchsetzung des nationalen Kartellrechts sowie im Hinblick auf eine mögliche Ungleichbehandlung nationaler und internationaler Sachverhalte zu gefährden (VEELKEN 85; IMMENGA/MESTMÄCKER/REHBINDER § 98 Abs 2 Rn 27 aber auch Rn 38).

117 Eine neben eine kartellbehördliche Ermessensausübung tretende Abwägungspflicht im Rahmen der **kollisionsrechtlichen Einschränkung des § 130 Abs 2 GWB** ist schließlich im Hinblick auf das **Bestimmtheitsgebot** bedenklich. Die Aufnahme einzelfallbezogener **politisch motivierter Abwägungskriterien** bei der Auslegung der Kartellkollisionsnorm erscheint problematisch. Ohnedies ist die Entwicklung einigermaßen handhabbarer Kriterien einer Interessenabwägung bisher nicht gelungen (vgl auch AUTENRIETH 57). Weil es schließlich bereits um die Ausfüllung bzw die **Begrenzung des Begriffs der Inlandsauswirkung** und nicht wie bei einer kartellbehördlichen Opportunitätsentscheidung nach Feststellung der kollisionsrechtlichen Anwendbarkeit der innerstaatlichen Kartellrechtsnorm um die Frage der Rechtsfolgen einer sich auf das Inland auswirkenden Auslandsbeschränkung geht, wäre im übrigen zumindest ein **kartellbehördlicher Beurteilungsspielraum** auf der Tatbestandsebene erforderlich (aA IMMENGA/MESTMÄCKER/REHBINDER § 98 Abs 2 Rn 38; vgl zu diesem Gesichtspunkt auch ROTH, Die Fusionskontrolle internationaler Unternehmenszusammenschlüsse, RabelsZ 45 [1981] 500, 525). Dieser kann nicht ohne weiteres bezüglich einer Vereinbarkeit der Normanwendung mit ausländischen Rechtsanwendungsinteressen angenommen werden, weil der Begriff der Inlandsauswirkung insoweit tatbestandsmäßig keine Interpretationsmöglichkeit enthält (aA KEVEKORDES 118, 143). Eine iSd Rechtsprechung von BVerwG und BVerfG unter dem Gesichtspunkt des behördlichen Beurteilungsspielraumes **beschränkte gerichtliche Nachprüfbarkeit der Interessenabwägung** (s dazu MAURER § 7 Rn 35 ff mwN) ist ohnehin abzulehnen, weil eine derartige kartellbehördliche Abwägung durch eine Überprüfungsinstanz ohne weiteres nachvollzogen werden könnte.

Ohnehin verbleiben für ein allgemeines Abwägungsgebot nur **wenige mögliche Anwendungsfälle**. Zum einen kann ein Abwägungsgebot von vornherein nur in **echten Kollisionssituationen** in Betracht kommen. Eine solche Situation liegt nicht schon dann vor, wenn etwa im Auswirkungsstaat eine im Ausland veranlaßte Wettbewerbsbeschränkung ausdrücklich verboten ist, im Veranlassungsstaat hingegen lediglich gestattet ist, oder keine sanktionsbewehrten Ge- und Verbote bestehen (BASEDOW 26; NJW 1989, 627, 638; MARKERT RIW 1981, 407, 410; ähnlich MünchKomm/IMMENGA Nach Art 37 Rn 81, wonach eine Berücksichtigung ausländischer staatlicher Interessen möglich ist, soweit es um ausgeübte ausländische Hoheitsgewalt geht; aA wohl IMMENGA/MESTMÄCKER/REHBINDER § 98 Abs 2 Rn 37), weil in solchen Fällen eine beachtliche Interessensausübung seitens des Veranlassungsstaates, die mit der legislativen Interessenausübung das Auswirkungsstaates kollidieren könnte, nicht vorliegt. Dementsprechend hat der **Europäische Gerichtshof erster Instanz** in der Entscheidung *Gencor/Lonrho* im Hinblick auf die Anwendung der FKVO das Vorliegen eines Verstoßes gegen ein völkerrechtliches Nichteinmischungsgebot mit der Begründung abgelehnt, daß der betroffene Drittstaat lediglich zu verstehen gegeben habe, das fragliche Zusammenschlußvorhaben werde als wettbewerbspolitisch unbedenklich angesehen (EuG Urt v 25. 3. 1999 – T-102/96 Rn 103 [Gencor/Lonrho]). In entsprechenden Fällen ist – soweit man private Interessen überhaupt in den Abwägungsprozeß einbeziehen will – auch keine **Pflichtenkollision der beteiligten Unternehmen** gegeben (EuGH NJW 1988, 3086, 3087 Rn 20 [Zellstoff]). Anders liegt es, wenn die **Wettbewerbsbeschränkung von dem betreffenden Staat selbst hoheitlich durchgeführt** wird. In solchen Fällen soll eine Anwendung inländischen Kartellrechts **grundsätzlich ausscheiden** (IMMENGA RabelsZ 49 [1985] 303, 306 f; IMMENGA/MESTMÄCKER/REHBINDER § 98 Abs 2 Rn 36; MünchKomm/IMMENGA Nach Art 37 Rn 81). Dies erscheint indes zweifelhaft, weil die Heranziehung des Mißbrauchsgedankens auch zu einer **Bewertung** der hoheitlich ausgeübten Interessen des Veranlasserstaates in Extremfällen führen dürfte. Inwieweit die hoheitliche Durchführung der Wettbewerbsbeschränkung durch den Veranlasserstaat hinsichtlich der Anwendung des Auswirkungskartellrechts respektiert werden müßte, wäre im Einzelfall zu überprüfen (vgl aber MENG ZaöRV 1984, 675, 762 f). Das gilt erst recht, wenn der **Veranlasserstaat** eine Wettbewerbsbeschränkung zwar nicht selbst durchführt, aber diese **fördert** (vgl aber Komm ABl 1974 L 343/19 [Kugellager]; vgl auch ABl 1985 L 92/1, 48 [Aluminiumeinfuhren aus Osteuropa]; vgl auch EuGH Slg 1988, 5193, 5244 Rn 20 [Zellstoff]; dazu Rn 288). Im Fall von **Selbstbeschränkungsabkommen** japanischer exportierender Unternehmen (sog **orderly marketing**) hat das BKartA die Anwendbarkeit des GWB bejaht, obwohl die entsprechenden sich auf den inländischen Markt auswirkenden privaten Exportbeschränkungen von der japanischen Regierung im Interesse langfristiger Exportsicherung gefördert wurden (vgl insbesondere BKartA Tätigkeitsbericht 1972, 30 f). Ein echter Konflikt liegt weiter dann nicht vor, wenn ein Staat, der seine Interessen durch die exterritoriale Wirkung der Norm des Auswirkungsstaates verletzt sieht, selbst explizit oder im Ergebnis dem Auswirkungsprinzip mit den ihm eigenen extraterritorialen Wirkungen folgt (BASEDOW NJW 1989, 627, 638, der dies aus dem Gesichtspunkt des **venire contra factum proprium** folgert). Schließlich können Rechtssetzungskonflikte im

Einzelfall durch eine konsequente Anwendung der **Spürbarkeitsgrenze** vermieden werden. Soweit nach alledem noch wirkliche extreme Konfliktfälle denkbar bleiben, können lediglich **diplomatische und bilateral rechtsangleichende Maßnahmen** Abhilfe schaffen (vgl VEELKEN 153; MünchKomm/IMMENGA Nach Art 37 Rn 81).

119 Sieht man eine Abwägungspflicht als gegeben an, so genügt es nicht, eine Interessenkollision festzustellen und sodann die beiderseitigen Interessen zu quantifizieren. Erforderlich ist auch eine Wertung dahingehend, daß jedenfalls solche kollidierenden ausländischen Interessen außer Betracht zu bleiben haben, die nicht mit bestimmten Maßstäben der Schutzwürdigkeit in Einklang stehen. Es hat damit nicht nur eine Interessenabwägung, sondern dem vorgelagert auch eine **Interessenbewertung** zu erfolgen. Ähnlich wie bei der Problematik der Anwendung ausländischen Kartellrechts im Inland, insbesondere im Rahmen eines Ausbaus der Kartellkollisionsnorm zur allseitigen Kollisionsnorm, geht es letztlich um die Frage der **Akzeptanz fremden Wirtschaftsrechts** im potentiellen Anwendungsbereich des eigenen Wirtschaftsrechts, kann doch eine Interessenabwägung zu einer Zurückdrängung an sich anwendbaren nationalen Kartellrechts durch das ausländische Recht führen. Daher sind im Ausland veranlaßte Wettbewerbsbeschränkungen unter Umständen auch dann deutschem Kartellrecht zu unterwerfen, wenn der ausländische Staat ein explizites Interesse an der Durchführung der Wettbewerbsbeschränkung hat oder diese sogar selbst durchführt. Das gilt insbesondere dann, wenn der Veranlasserstaat **wirtschaftspolitisch feindliche Ziele gegen den Auswirkungsstaat** verfolgt, die nicht etwa als iSd einschlägigen handelspolitischen Konventionen zulässige Reaktion auf **diskriminierende Regelungen** des Auswirkungsstaates anzusehen sind (insoweit wie hier BÄR 408; IMMENGA/MESTMÄCKER/REHBINDER § 98 Abs 2 Rn 39 aE). Im übrigen dürften die für die Frage der Berücksichtigungsfähigkeit ausländischen Kartellrechts geltenden Grundsätze (vgl Rn 74 ff) auch hier heranzuziehen sein. Das betrifft insbesondere die Notwendigkeit einer **Internationalisierung der Interessenbewertung** im Hinblick auf Weltmarktgesichtspunkte, die im Einzelfall auch dazu führen kann, daß ein **eigenes Interesse des Auswirkungsstaates** an einer **ausländischen** Wettbewerbsbeschränkung nicht zugunsten des ausländischen Kartellrechts in die Interessenabwägung Eingang finden darf, soweit dieses Interesse seinerseits aus weltmarktpolitischen Gründen, insbesondere dem Interesse an einer konsequenten **Weltmarktliberalisierung** nicht schutzwürdig ist. Unter diesem Aspekt erscheint es fraglich, ob das Kartellrecht des Auswirkungsstaates etwa gegenüber sich auf den inländischen Markt auswirkenden ausländischen Außenhandelsbeschränkungen zurückzutreten hat, weil die Beschränkungen im eigenen, gleichwohl **protektionistischen Interesse** des Auswirkungsstaates liegen (so aber wohl IMMENGA/MESTMÄCKER/REHBINDER § 98 Abs 2 Rn 39 aE).

bb) Unmittelbarkeit der Auswirkung

120 Zumindest bei im Ausland veranlaßten Wettbewerbsbeschränkungen, an denen **ausschließlich ausländische Unternehmen beteiligt** sind, wird zur Vermeidung einer völkerrechtlich unerwünschten Ausweitung des Anwendungsbereichs deutschen Kartellrechts die Begrenzung des Auswirkungsprinzips auf **unmittelbare Wirkungen der Wettbewerbsverletzung** gefordert (BÄR 345; REHBINDER 91; SCHWARTZ 258; IMMENGA/MESTMÄCKER/REHBINDER § 98 Abs 2 Rn 29, 73; vgl auch § 18 b Restatement of Foreign Relations Law, abgedr bei MEESSEN, Völkerrechtliche Grundsätze 57 und Art 5 New Yorker Resolution der Internationalen Law Association, abgedr bei MEESSEN, Völkerrechtliche Grundsätze 60; zu den Einzelheiten Rn 175 ff). Dem **objektiven Kriterium** der Unmittelbarkeit liegt der Gesichts-

punkt zugrunde, daß nur **zurechenbare** Auswirkungen zur Anwendung des inländischen Kartellrechts führen sollen (MEESSEN, Völkerrechtliche Grundsätze 159). Im Schrifttum werden teilweise subjektiv auslegbare Zurechenbarkeitskriterien vorgeschlagen, etwa die **Vorhersehbarkeit** einer Marktauswirkung (MEESSEN, Völkerrechtliche Grundsätze 163; KOENIGS, in: Gemeinschaftskommentar § 98 Abs 2 Rn 44; kritisch BÄR 340) oder eine **Finalität** im Hinblick auf die Marktauswirkung (WÜRDINGER WuW 1960, 315; dagegen BÄR, in: FS Moser 143, 169; s zur Kritik auch Rn 123). Dabei wird die Vorhersehbarkeit zumeist in einem **objektivierten Sinn** verstanden, so daß die Sicht eines objektiven Betrachters mit voller Kenntnis der Marktverhältnisse maßgeblich sein soll (KOENIGS, in: Gemeinschaftskommentar § 98 Abs 2 Rn 44). Allerdings wird dem Kriterium der Vorhersehbarkeit neben der Unmittelbarkeit teilweise keine eigenständige Bedeutung zugesprochen, weil bei Vorliegen einer Unmittelbarkeit faktisch regelmäßig Vorhersehbarkeit gegeben sei (DASSER/DROLSHAMMER, in: Kommentar zum schwIPRG Art 137 Rn 17). Im Gegensatz zu dem Ansatz einer **Interessenabwägung** (Rn 115 ff) werden durch die Heranziehung des Auswirkungsprinzips befürchtete völkerrechtliche Verletzungen damit bereits auf **kollisionsrechtlicher Ebene** durch eine völkerrechtskonforme Auslegung der kartellrechtlichen Kollisionsnorm zu verhindern gesucht. Teilweise wird das Eingrenzungskriterium der Unmittelbarkeit allerdings dann nicht herangezogen, wenn an einer Wettbewerbsbeschränkung auch **inländische Unternehmen** beteiligt sind, weil insoweit eine gegenüber den Fällen reiner Inlandsbeschränkungen abweichende Behandlung nicht für sachgerecht gehalten wird (LANGEN/NIEDERLEITHINGER/RITTER/SCHMIDT § 98 Rn 44; MünchKomm/IMMENGA Nach Art 37 Rn 38).

Eine **unterschiedliche Behandlung** von Sachverhalten, in denen ausschließlich ausländische Unternehmen beteiligt sind und Sachverhalten, in denen auch inländische Unternehmen beteiligt sind, erscheint nicht angebracht. Für die Feststellung einer Marktauswirkung kann es prinzipiell keinen Unterschied ausmachen, welchen Sitz die an der Wettbewerbsbeschränkung beteiligten Unternehmen haben. Generell kommt es nur darauf an, ob unter Berücksichtigung des auf den betroffenen Marktbereich bezogenen Marktordnungsinteresses ein Eingreifen des jeweiligen Kartellrechts erforderlich erscheint oder nicht. Dabei besteht kein sachlicher Grund für die Annahme, daß die kollisionsrechtlich erhebliche Betroffenheit eines nationalen Marktraumes im Hinblick darauf unterschiedlich zu beurteilen wäre, welcher Staatsangehörigkeit die beteiligten Wettbewerber sind. Die gegenteilige Auffassung kann aufgrund der Differenzierung zwischen inländischen und ausländischen Unternehmen im Rahmen ihrer Auslandsaktivitäten zu Wettbewerbsverzerrungen führen, die auch durch ein Interesse an völkerrechtlicher Verträglichkeit des Auswirkungsprinzips nicht gerechtfertigt sind. **121**

Im übrigen bietet sich die Unmittelbarkeit nicht als ein sachgerechtes Eingrenzungskriterium an. Der **Begriff** ist ohnehin unscharf und bedarf einer **näheren Inhaltsbestimmung** (s schon FEZER GRUR 1990, 551, 564), die bislang kaum geleistet wurde (vgl Rn 182). Es erscheint daneben schon fraglich, ob angesichts der Erfordernisse eines effektiven Schutzes der Marktordnung ein starres Unmittelbarkeitskriterium sinnvoll ist, was sich schon daran zeigt, daß auch Befürworter eines solchen Kriteriums Fälle für möglich halten, in denen trotz Fehlens der Unmittelbarkeit die Anwendung des innerstaatlichen Kartellrechts wegen der Intensität der Marktsauswirkung in Betracht kommt (vgl KOENIGS, in: Gemeinschaftskommentar § 98 Abs 2 Rn 21). Allerdings ist der gegenteiligen Auffassung zuzugeben, daß eine Berücksichtigung jeglicher auch **122** noch so ferner **Folgewirkungen** einer Wettbewerbsbeschränkung gerade wegen der zunehmenden Verschmelzung und gegenseitigen Abhängigkeit der internationalen Marktgrenzen zu einem Ausufern der Anwendung des nationalen Wettbewerbsrechts führen kann und damit möglicherweise Konflikte infolge der extraterritorialen Wirkung des nationalen Kartellrechts verstärkt auftreten mögen (FEZER GRUR 1990, 551, 564; IMMENGA/MESTMÄCKER/REHBINDER § 98 Abs 2 Rn 29). Es ist aber keineswegs erforderlich, die Schutzwirkung des Kartellrechts davon abhängig zu machen, ob die Wettbewerber in der Lage waren, ihr Verhalten so anzupassen, daß eine Wettbewerbsbeschränkung vermieden werden konnte (aA MEESSEN, Völkerrechtliche Grundsätze 162 mit dem Hinweis auf die Steuerungsfunktion des Kartellrechts; ihm folgend IMMENGA/MESTMÄCKER/REHBINDER § 98 Abs 2 Rn 29). Vielmehr erfordert eine konsequente Anwendung des Wettbewerbsrechts als Marktordnungsrecht das alleinige Abstellen auf **objektive Kriterien** (für das Lauterkeitsrecht s Rn 429). Zwar stellt die Unmittelbarkeit selbst ein **objektives Zurechenbarkeitskriterium** dar. Es wird aber als Kriterium zur Feststellung einer Fähigkeit der Beteiligten, die Auswirkung auf den betroffenen Marktbereich zu verhindern, verstanden oder durch die Vorhersehbarkeit der Marktauswirkung mitbestimmt (vgl IMMENGA/MESTMÄCKER/REHBINDER § 98 Abs 2 Rn 75). Es erscheint sinnvoll, anstatt formal nur unmittelbare Auswirkungen genügen zu lassen, eine **Einzelfallbetrachtung der konkreten Auswirkungen** einer Wettbewerbsbeschränkung auf den betreffenden Marktbereich vorzunehmen und danach zu entscheiden, inwieweit aus Marktordnungsgesichtspunkten ein inländisches oder internationalisiertes (s dazu Rn 89) Interesse an einer Rechtsanwendung gegeben ist (vgl auch KEVEKORDES 123 für eine Herausarbeitung konkreter Fallgruppen). Vorrangiges Kriterium muß hierfür die **Intensität der Marktauswirkung** sein (s dazu Rn 184; vgl auch Rn 125 ff, 186; ähnlich BASEDOW 22). Das gilt im übrigen auch dann, wenn man **Zurechenbarkeitsgesichtspunkte** allgemein zulassen will, da Auslandsbeschränkungen denkbar sind, die, obwohl sie sich nur mittelbar auf den Inlandsmarkt auswirken, gleichwohl eine **erhebliche Auswirkung** erzeugen, die für die Beteiligten auch vorhersehbar ist. Das ist etwa der Fall, wenn zwischen dem Verursacher der Wettbewerbsbeschränkung und einem Abnehmer im Inland nur eine Verarbeitungs- oder Handelsstufe in den Absatzweg eingeschaltet ist und die Unternehmen dieser Stufe keinen Handlungsspielraum für ein abweichendes Marktverhalten haben (KOENIGS, in: Gemeinschaftskommentar § 98 Abs 2 Rn 21). Auch nach der gegenteiligen Auffassung wird allerdings das Unmittelbarkeitskriterium aus dem Gesichtspunkt der völkerrechtlichen Zulässigkeit einer Anknüpfung nach dem Auswirkungsprinzip lediglich als **gradueller Maßstab** verstanden, weil das Völkerrecht jedenfalls nicht vorschreibt, an welche Art kartellrechtlicher Wirkungen angeknüpft werden darf (MEESSEN, Völkerrechtliche Grundsätze 163; SOERGEL/VHOFFMANN Art 34 Rn 35).

123 Die Bedenken gegen ein eingrenzendes Kriterium der Unmittelbarkeit gelten erst recht gegen **Zurechenbarkeitskriterien** wie die **Vorhersehbarkeit** oder das **subjektive Kriterium** der **Beabsichtigung** einer Marktauswirkung (s dazu Rn 120). Subjektive Aspekte sind mit den Zielen des Wettbewerbsrechts, marktstörende Effekte nicht funktionsgerechten Wettbewerbsverhaltens zu verhindern, nicht vereinbar, weil sie zu stark auf eine handlungsbezogene Sichtweise hinauslaufen (s zum Lauterkeitsrecht auch Rn 429). Dies scheint freilich nicht das Bestreben der Vertreter entsprechender Eingrenzungskriterien zu sein, sondern eine Einschränkung der möglichen Anwendungsfälle im Hinblick auf die Gefahr einer befürchteten nicht normgerechten und völkerrechtswidrig ausufernden Anwendung des nationalen Kartellrechts auf Auslandssachverhalte (vgl auch REHBINDER 91, wonach das Kriterium der Unmittelbarkeit auf die

Ernstlichkeit der Störung der inländischen Ordnung hindeutet). Gleichwohl werden durch die Berücksichtigung subjektiver Eingrenzungskriterien gleichsam **Verschuldenselemente** in die kartellkollisionsrechtliche Prüfung hineingetragen, die mit dem strikten Marktordnungscharakter des Wettbewerbsrechts nicht in Einklang gebracht werden können. Das gilt insbesondere für eine auf die Marktauswirkung bezogene **Finalität** (vgl SCHWARTZ 31; LANGEN/NIEDERLEITHINGER/RITTER/SCHMIDT § 98 Rn 40; IMMENGA/MESTMÄCKER/REHBINDER § 98 Abs 2 Rn 70; KOENIGS, in: Gemeinschaftskommentar § 98 Abs 2 Rn 44). Zudem ist eine Feststellung der Beabsichtigung einer Marktauswirkung oft schwer feststellbar, so daß das Kriterium auch insoweit ungeeignet ist. Die Absicht einer Inlandsauswirkung kann allenfalls als **Indiz für eine erhebliche Marktauswirkung** herangezogen werden (SCHWARTZ 31; vgl zum Lauterkeitsrecht auch Rn 429). Auch die **Vorhersehbarkeit** erscheint unter den genannten Gesichtspunkten nicht als sachgerechtes Kriterium (SCHNYDER Rn 164) und zwar auch dann nicht, wenn sie in einem **objektivierten Sinne** verstanden wird (vgl Rn 181; aA KOENIGS, in: Gemeinschaftskommentar § 98 Abs 2 Rn 44).

Aus **völkerrechtlichen Gründen** ist die Anerkennung eingrenzender, erst recht subjektiv verstandener Zurechnungskriterien **nicht geboten**. Insoweit kann es ohnehin nur darum gehen, eine zu weitreichende extraterritoriale Anwendung des nationalen Kartellrechts auf Auslandssachverhalte zu verhindern. Auch soweit man die Möglichkeit echter völkerrechtlich unzulässiger Kollisionsfälle als gegeben ansieht, ist damit noch nicht festgestellt, wie eine Beschränkung des Auswirkungsprinzips im einzelnen zu erfolgen hat. Völkerrechtliche Vorgaben zwingen nicht dazu, eine bestimmte **Qualität** von Wettbewerbsauswirkungen von der Erfassung durch das nationale Kartellrecht auszunehmen; es kann nicht darauf ankommen, ob sich die an einer im Ausland veranlaßten Wettbewerbsbeschränkung beteiligten Unternehmen subjektiv in der Lage sahen, die Auswirkung auf das Inland zu verhindern. Man kann aus völkerrechtlichen Gründen insoweit allenfalls auf die **Quantität** einer Auswirkung auf den inländischen Marktbereich abstellen. Völkerrechtlich geboten ist damit allenfalls die Heranziehung **objektiv quantitativer Eingrenzungskriterien**. Im übrigen gilt, daß völkerrechtliche Vorbehalte gegen das Auswirkungsprinzip im Lichte der **gewandelten Weltwirtschaftsordnung** gesehen werden müssen. Dies bewirkt das Zurückdrängen von ehemals berechtigten Vorbehalten gegen die gegenseitige Anwendung und Akzeptanz der verschiedenen nationalen Marktordnungsrechtssysteme.

cc) Quantitatives Begrenzungskriterium
Verbreitet wird auf ein quantitatives Begrenzungskriterium der **Wesentlichkeit** oder **Beträchtlichkeit** der Marktauswirkung abgestellt (vgl Art 5 (c) New Yorker Resolution der Internationalen Law Association, abgedr bei MEESSEN, Völkerrechtliche Grundsätze 60; REHBINDER 91; MEESSEN aaO 158). Das im Kartellrecht anerkannte Kriterium der **Spürbarkeit** einer Marktauswirkung stellt eine Abstufung der beträchtlichen bzw wesentlichen Marktauswirkung dar, die allgemein als hinreichend zur völkerrechtlich für notwendig erachteten Begrenzung des Auswirkungsprinzips angesehen wird (s Rn 185). Das Begrenzungskriterium der Wesentlichkeit läuft mithin im Ergebnis auf eine **Bagatellgrenze** und damit auf eine **de minimis**-Regel hinaus (MENG ZaöRV 1981, 504; KAFFANKE ArchVR 1989, 134, 145; IMMENGA/MESTMÄCKER/REHBINDER § 98 Abs 2 Rn 32). Die Heranziehung eines quantitativen Kriteriums als Begrenzung des Auswirkungsprinzips im Sinne einer Bagatellgrenze erscheint sinnvoll und ist auch im Hinblick auf den Marktordnungscharakter des Kartellrechts angemessen.

126 Die Erforderlichkeit dieses Kriteriums wird aus der **Gegenüberstellung der Regelungsinteressen** des Auswirkungsstaates und des Veranlasserstaates hergeleitet. Danach ist das eigene Regelungsinteresse geringer, je geringer die Inlandsauswirkung in quantitativer Hinsicht ist, wobei das Regelungsinteresse anderer Staaten insoweit mit der Folge steigen kann, daß sich die Konfliktgefahr erhöht (MEESSEN, Völkerrechtliche Grundsätze 158). Ein Regelungsinteresse des Inlands ist danach nur bei ernstlichen Gefahren für die inländische Ordnung legitimiert, die bei unwesentlichen Inlandsauswirkungen entfallen (IMMENGA/MESTMÄCKER/REHBINDER § 98 Abs 2 Rn 30).

127 **Streitig** ist, welcher Maßstab bei der Feststellung der quantitativen Begrenzung des Auswirkungsprinzips gelten soll. Auf der Basis des völkerrechtlichen **Mißbrauchsverbotes** wird teilweise ein **absoluter Maßstab** zugrunde gelegt oder eine **völkerrechtliche Überprüfung der kartellpolitischen Zielsetzungen** des Auswirkungsstaates im Hinblick auf eine relative Bestimmung der Wesentlichkeitsgrenze in Erwägung gezogen (IMMENGA/MESTMÄCKER/REHBINDER § 98 Abs 2 Rn 31). Nach anderer Auffassung ist die Intensität der Marktauswirkung unter Bezugnahme auf die kartellpolitischen Ziele des handelnden Staates zu messen. Nach diesem **relativen Maßstab** können vom nationalen Kartellrecht des Auswirkungsstaates auch im Ausland veranlaßte Bagatellkartelle erfaßt werden, soweit das Kartellrecht des Auswirkungsstaates die Bekämpfung von Bagatellkartellen grundsätzlich vorsieht (MEESSEN, Völkerrechtliche Grundsätze 158). Vorschläge, den Maßstab für eine quantitative Begrenzung des Auswirkungsprinzips flexibel in Abhängigkeit etwa vom **Grad des Inlandsbezuges** der beteiligten Unternehmen zu handhaben, haben sich nicht durchgesetzt (vgl IMMENGA/MESTMÄCKER/REHBINDER § 98 Abs 2 Rn 32 mwN).

128 **Für die Zugrundelegung eines relativen Maßstabes** der Wesentlichkeit spricht der Umstand, daß das nationale Marktordnungsrecht grundsätzlich zunächst von den Erfordernissen einer Regelung des **eigenen Marktraumes** ausgeht. Ein **absoluter Maßstab** wäre insoweit zu starr und berücksichtigt nicht hinreichend das **eigene legitime Regelungsinteresse** des Auswirkungsstaates. Völkerrechtlich spricht nichts gegen einen relativen Maßstab, jedenfalls soweit die zugrundeliegenden kartellpolitischen Ziele **interessengerecht** sind. Dabei kann im Hinblick auf die Völkerrechtskonformität kein allzu enger Maßstab angelegt werden. Eine andere Frage ist, inwieweit die Liberalisierung des Welthandels als internationalisiertes Regelungsinteresse zur Anpassung entsprechender quantitativer Anwendungsschranken führen muß.

dd) Tatsächliche Auswirkungen

129 Teilweise wird vertreten, daß völkerrechtlich eine Beschränkung auf die Berücksichtigung **tatsächlicher Auswirkungen** geboten sei, so daß ein **präventiver Schutz** des Inlandswettbewerbs durch Berücksichtigung potentieller Inlandsauswirkungen nicht in Betracht komme (SCHWARTZ 100; WENGLER JZ 1977, 257, 258; FRISINGER RIW 1972, 553, 559; AUTENRIETH RIW 1980, 820, 821; aA BÄR 334 f, 382). Zu **unterscheiden** ist die Frage nach der tatsächlichen oder potentiellen Inlandsauswirkung von der Frage nach der **Beeinträchtigung des potentiellen oder tatsächlichen Wettbewerbs** (KOENIGS, in: Gemeinschaftskommentar § 98 Abs 2 Rn 26; s auch hier Rn 165). Der BGH hat die Frage, ob eine tatsächliche Auswirkung erforderlich ist, zunächst offengelassen (BGHSt 25, 208, 214 [Ölfeldrohre]); er scheint in einer späteren Entscheidung im Hinblick auf § 23 aF GWB jedoch die Gefährdung des inländischen Wettbewerbs ausreichen zu lassen (BGHZ 74, 322, 326 [Organische Pigmente]; vgl auch BGH WuW/E BGH 2088, 2090 [Korkschrot]).

B. Internationales Kartellprivatrecht

Das BKartA verlangt eine **im Ansatz vorliegende Erkennbarkeit von Inlandsauswirkungen** (BKartAWuW/E BKartA 584 [Hauer]). Nicht ausreichen soll hierfür eine mögliche Auswirkung erst nach Vertragsablauf in zwei Jahren (BKartA WuW/E BKartA 741).

Eine völkerrechtliche Einschränkung des Auswirkungsprinzips über ein **qualitatives** **130 Begrenzungskriterium** im Hinblick auf potentielle Inlandsauswirkungen hängt eng mit der Frage nach **quantitativen Begrenzungskriterien** zusammen. Hier wie dort muß sich bei Annahme völkerrechtlicher Grenzen des Auswirkungsprinzips die Lösung der Problematik in Abhängigkeit davon ergeben, inwieweit ein **legitimes Regelungsinteresse** des Auswirkungsstaates anzunehmen ist. Daraus folgt, daß ein **Ausschluß potentieller Inlandsauswirkungen** im Hinblick auf die Anwendung inländischen Kartellrechts bei Auslandssachverhalten jedenfalls **nicht generell** in Betracht kommt (vgl auch MEESSEN, Völkerrechtliche Grundsätze 158 f). Die Verfolgung **sachgerechter auf den Inlandswettbewerb bezogener Schutzinteressen** durch die Gesetzgebung des Auswirkungsstaates kann nicht als völkerrechtswidrig angesehen werden. Desweiteren kann kein Zweifel daran bestehen, daß die Erfassung bestimmter **potentieller Wettbewerbsauswirkungen** aus marktordnungsrechtlicher Sicht erforderlich ist. Es kann insoweit zunächst keinen Unterschied machen, ob es sich um eine potentielle Wettbewerbsbeschränkung handelt, die von Inländern im Inland veranlaßt wurde oder um eine von ausländischen Unternehmen im Ausland veranlaßte Wettbewerbsbeschränkung mit potentieller Auswirkung auf den inländischen Wettbewerb (zur Unterscheidung zwischen potentieller Auswirkung und potentieller Wettbewerbsbeschränkung Rn 165). Allerdings sind im Hinblick auf den Umstand, daß eine tatsächliche Inlandsauswirkung nicht vorliegt, bestimmte Anforderungen an die **Konkretisierung einer Auswirkungsgefahr** zu stellen. So dürfte die generelle Erfassung fernliegender **abstrakter Gefährdungen** im Hinblick auf ein schutzwürdiges Regelungsinteresse jedenfalls aus dem Aspekt einer sinnvollen Erfassung von Auslandssachverhalten problematisch sein (vgl auch IMMENGA/MESTMÄCKER/REHBINDER § 98 Abs 2 Rn 33; MünchKomm/IMMENGA Nach Art 37 Rn 37). Im übrigen muß auch hier eine potentielle **Spürbarkeit** der Auswirkung gegeben sein. Danach sind potentielle Inlandsauswirkungen dann beachtlich, wenn konkrete Umstände zu der Annahme führen, daß die Wettbewerbsbeschränkung geeignet ist, spürbare Auswirkungen auf den Inlandswettbewerb zu entfalten (IMMENGA/MESTMÄCKER/REHBINDER § 98 Abs 2 Rn 33; vgl auch MEESSEN, Völkerrechtliche Grundsätze 158 f; MünchKomm/IMMENGA Nach Art 37 Rn 36, die auf eine reale Gefahr für den handelnden Staat abstellen; vgl auch MENG ZaöRV 1984, 675, 752). Der **Maßstab** für eine konkrete Auswirkungseignung oder eine reale Gefahr für den handelnden Staat ist **relativ** zu bestimmen (MEESSEN, Völkerrechtliche Grundsätze 158 f). Grundsätzlich entscheidet sich damit nach den **Zielen des Kartellrechts des Auswirkungsstaates**, ob eine hinreichend konkrete Gefährdung des Inlandswettbewerbs vorliegt. Eine **Überprüfung** dieser Ziele ist allenfalls in **Extremfällen** angebracht (vgl Rn 128; weitergehend wohl IMMENGA/MESTMÄCKER/REHBINDER § 98 Abs 2 Rn 33, wonach der relative Maßstab im Lichte des völkerrechtlichen Mißbrauchsverbotes allgemein durch einen absoluten Maßstab zu ergänzen ist).

V. Anknüpfung inländischen Kartellrechts

1. Kollisionsnorm

a) Verhältnis des § 130 Abs 2 GWB zum allgemeinen Kollisionsrecht
§ 130 Abs 2 GWB **verdrängt** die Normen des **allgemeinen internationalen Privatrechts** **131**

sowie in deren Bereich die allgemeinen Regeln des **internationalen Ordnungswidrigkeitenrechts** (SCHWARTZ 174 f; MünchKomm/IMMENGA Nach Art 37 Rn 22; IMMENGA/MESTMÄCKER/REHBINDER § 98 Abs 2 Rn 231; aA vGAMM NJW 1977, 1553, 1555) und des **internationalen Verwaltungsrechts** (SCHWARTZ 173 f; LANGEN/NIEDERLEITHINGER/RITTER/SCHMIDT § 98 Rn 34). Der Grundsatz der **strikten Territorialität** im Bereich des **verwaltungsrechtlichen Handelns** (vgl BGHZ 31, 367, 371; s Rn 68) gilt insoweit nicht, so daß die Handlungsbefugnisse der Kartellbehörde nach §§ 10, 12 sowie 36, 39 und 41 GWB auch für im Ausland begangene Handlungen, die sich im Inland auswirken, bestehen (MünchKomm/IMMENGA Nach Art 37 Rn 23). Im Bereich des **Kartellordnungswidrigkeitenrechts** kommt es wegen des Vorrangs des § 130 Abs 2 GWB nicht auf den Erfolgsort gemäß § 81 GWB an, wenn sich das Verhalten im Inland auswirkt. Damit stellt § 130 Abs 2 GWB nicht nur eine Norm des **internationalen Privatrechts,** sondern auch eine Norm des **öffentlichen Kollisionsrechts** dar (vGAMM NJW 1977, 1553, 1556). Die Anknüpfung nach dem Auswirkungsprinzip gilt im privatrechtlichen Bereich sowohl für vertragliche wie für deliktische Ansprüche. Die deliktsrechtliche Kollisionsnorm des § 40 EGBGB wird durch die spezielle kartellkollisionsrechtliche Regelung des § 130 Abs 2 GWB verdrängt.

b) Verhältnis zum Gemeinschaftskartellrecht

132 § 130 Abs 2 GWB wird seinerseits vom **europäischen Kartellrecht** verdrängt. Im Anwendungsbereich der Art 81 und 82 EGV sowie der europäischen Fusionskontrolle tritt § 130 Abs 2 GWB zurück. Maßgeblich sind die von den Gemeinschaftsorganen entwickelten Kollisionsgrundsätze, insbesondere ein gegebenenfalls eingeschränktes gemeinschaftsrechtliches **Auswirkungsprinzip** (s dazu Rn 285 ff).

133 Der EuGH folgt im Grundsatz dem Konzept einer parallelen Anwendung der Tatbestände des nationalen Kartellrechts und des Gemeinschaftskartellrechts (Zweischrankentheorie), erkennt aber an, daß im Einzelfall Konflikte zwischen nationalem Kartellrecht und Gemeinschaftskartellrecht auftreten können (**eingeschränkte Zweischrankentheorie**; vgl EuGHE 1969, 1, 14 Rn 6 [Walt Wilhelm]; vgl auch EuGHE 1980, 2327 Rn 15 [Guerlain]). Im Fall entsprechender Konflikte geht das Gemeinschaftsrecht entsprechend dem Prinzip des Vorrangs des Gemeinschaftsrechts vor. Maßgebliche Bedeutung für die Abgrenzung der Anwendungsbereiche von nationalem Kartellrecht und Gemeinschaftskartellrecht kommt der **Zwischenstaatlichkeitsklausel** des Art 81 Abs 1 EGV zu, die insoweit **Kollisionsnorm** ist (GROEBEN/THIESING/EHLERMANN/SCHRÖTER Art 85 Abs 1 Rn 163; GLEISS/HIRSCH Art 85 Rn 230; LANGEN/BUNTE/BUNTE Art 85 Rn 86).

134 Durch das Vordringen des europäischen Kartellrechts verliert § 130 Abs 2 GWB im Ergebnis verstärkt an Bedeutung, zumal eine Trennung zwischen nationalem Wirtschaftsbereich und Binnenmarkthandel infolge einer vorangeschrittenen **Verschmelzung des europäischen Binnenmarktes** nicht länger möglich erscheint. Die der eingeschränkten Zweischrankentheorie des EuGH zugrundeliegende Betrachtungsweise wird dem daher mangels formeller Trennbarkeit zwischen dem Wettbewerb im nationalen Marktbereich und dem Handel im Binnenmarkt kaum noch gerecht (vgl KOOS 40, 185; vgl einschränkend JUNG 46 f). Konsequenterweise muß es für die Anwendbarkeit europäischen Kartellrechts ausreichen, wenn lediglich eine spürbare Beschränkung des Wettbewerbs im Binnenmarkt vorliegt. Der Zwischenstaatlichkeitsklausel kommt bereits in ihrer weiten Auslegung durch die Gemeinschaftsorgane neben dem Spürbarkeitserfordernis nur noch geringe praktische Bedeutung zu

(GLEISS/HIRSCH Art 85 Rn 238). Das Verhältnis zwischen nationalem Kartellrecht und Gemeinschaftskartellrecht bedarf insgesamt einer Neubewertung.

c) Kollisionsrechtlicher Charakter des § 130 Abs 2 GWB

§ 130 Abs 2 GWB stellt eine echte **Kollisionsnorm** und keine Sachnorm dar, weil er den Anwendungsbereich des deutschen Kartellrechts von den Anwendungsbereichen anderer Rechtsordnungen abgrenzt (BGHSt 25, 208, 209 [Ölfeldrohre]; BGHZ 74, 322, 324 [Organische Pigmente]; MünchKomm/IMMENGA Nach Art 37 Rn 15). Allerdings bestimmt die herrschende Auffassung das in § 130 Abs 2 GWB enthaltene Anknüpfungsmoment der Inlandsauswirkung in Abhängigkeit der **Schutzzwecke** der jeweils betroffenen Einzelsachnormen des GWB (**Schutzzwecklehre**; vgl Rn 160 ff). Das führt zu einer für Kollisionsnormen untypischen **Vermengung sach- und kollisionsrechtlicher Elemente im Rahmen der Kartellkollisionsnorm** (vgl dazu Rn 148), aufgrund derer teilweise von einem systematischen **Bedeutungsverlust der Kartellkollisionsnorm** ausgegangen wird, da sich letztlich die maßgeblichen Anknüpfungskriterien aus dem Sinnzusammenhang des materiellen Wettbewerbsbeschränkungsrechts ergeben (vgl BASEDOW NJW 1989, 627, 628). Der Charakter des § 130 Abs 2 GWB als **einseitiger Kollisionsnorm** wird im Schrifttum mit beachtlichen Gründen in Frage gestellt (vgl dazu Rn 78 ff), entspricht jedoch noch **herrschender Meinung**. Die Anwendung der Norm bewirkt eine Eingrenzung der Heranziehbarkeit des deutschen Kartellrechts auf Fälle, in denen sich Wettbewerbsbeschränkungen auf den inländischen Markt auswirken.

Es werden einerseits Handlungen ausländischer Unternehmen im Ausland, die sich auf den inländischen Markt auswirken, erfaßt; andererseits werden Wettbewerbsbeschränkungen inländischer Unternehmen, die im Inland veranlaßt wurden, von der Anwendung des GWB ausgeschlossen, wenn sie sich nicht im Inland auswirken. Damit bewirkt die Vorschrift nach herrschender Meinung eine **Abgrenzung des Gesetzesanwendungsbereichs sowohl für Auslandsbeschränkungen und ausländische Unternehmen als auch für Inlandsbeschränkungen und inländische Unternehmen** (BGHSt 25, 208, 209 f [Ölfeldrohre]; LANGEN/NIEDERLEITHINGER/RITTER/SCHMIDT § 98 Rn 33; SCHWARTZ 23; IMMENGA/MESTMÄCKER/REHBINDER § 98 Abs 2 Rn 8; aA JESSEN RIW 1960, 137; MÜLLER/HENNEBERG WuW 1961, 307, 310). Die Funktion des § 130 Abs 2 GWB, neben einer Einbeziehung von außerhalb des Geltungsbereichs des GWB veranlaßten Wettbewerbsbeschränkungen eine Abgrenzung des Gesetzesanwendungsbereichs auch für inländische Unternehmen vorzunehmen, kann angesichts der entsprechenden Änderung des Regierungsentwurfs durch den Bundesrat (BT-Drucks II 1158, 76) und des klaren Wortlautes der Vorschrift nicht zweifelhaft sein.

Durch den durch die 4. GWB-Novelle 1980 eingefügten § 98 Abs 2 Satz 2 aF GWB (BGBl I 1761) wurde die Maßgeblichkeit des Auswirkungsprinzips für **Exportkartelle** im Sinne des § 6 Abs 1 aF GWB außer Kraft gesetzt. Auf im Inland oder von inländischen Unternehmen veranlaßte Wettbewerbsbeschränkungen im Zusammenhang mit Exportkartellen war deutsches Kartellrecht danach auch anwendbar, wenn keine Inlandsauswirkung vorlag. Durch die Einfügung des Satzes 2 sollte in Reaktion auf die Entscheidung *Ölfeldrohre* (BGHSt 25, 208, 209 f [Ölfeldrohre]) eine lückenlose Kartellaufsicht nach dem GWB gewährleistet werden. Die Privilegierung der Exportkartelle ist mit der Neubekanntmachung des GWB vom 26.8.1998 (BGBl I 2546) **entfallen**.

138 Teilweise wird § 130 Abs 2 GWB nicht als eigentliche Kollisionsnorm verstanden, sondern als besondere **Ausprägung des** *ordre public* (so insbesondere MANN, in: FS Beitzke 607, 614 f). Grundsätzlich soll nach dieser Auffassung eine Anknüpfung an das **Vertragsstatut** erfolgen, die bei Vorliegen einer Inlandsauswirkung zugunsten des inländischen Kartellrechts durchbrochen wird (**Einheitsanknüpfung**; zur Kritik Rn 62). Allerdings spricht bereits der **Wortlaut** des § 130 Abs 2 GWB gegen ein Verständnis der Norm als Ausprägung des ordre public (SCHWARTZ 215).

139 § 130 Abs 2 GWB ist eine **zwingende Kollisionsnorm** (KG WuW/E OLG 1993, 1995 [Organische Pigmente]; LANGEN/NIEDERLEITHINGER/RITTER/SCHMIDT § 98 Rn 36). Eine **Rechtswahl**, die der Norm widerspricht, kann nicht wirksam getroffen werden (OLG Frankfurt aM WRP 1992, 331, 332 [Heidsieck]), so daß immer, wenn eine Inlandsmarktauswirkung gegeben ist, auch deutsches Kartellrecht Anwendung findet. Umgekehrt kann die Anwendung deutschen Kartellrechts nicht vereinbart werden, wenn es an einer Auswirkung der Absprache auf das Inland fehlt (OLG Karlsruhe WuW/E OLG 2340, 2342 [Ausgleichsanspruch]; LANGEN/NIEDERLEITHINGER/RITTER/SCHMIDT § 98 Rn 36; MünchKomm/IMMENGA Nach Art 37 Rn 16). Der zwingende Charakter des § 130 Abs 2 GWB folgt unmittelbar aus dem **Marktordnungsprinzip**, das eine Berücksichtigung der im Internationalen Privatrecht grundsätzlich zulässigen Privatautonomie ausschließt. Die Vereinbarkeit deutschen Kartellrechts ist selbst nicht für solche Normen gegeben, die auch eine materiellprivatrechtliche Bedeutung haben (so aber MünchKomm/IMMENGA Nach Art 37 Rn 16), weil auch insoweit das öffentliche Interesse an der Marktordnung überwiegt und die Privatautonomie ausschließt.

d) Einseitigkeit der Kollisionsnorm

140 § 130 Abs 2 GWB stellt nach hergebrachtem Verständnis eine **einseitige Kollisionsnorm** dar. Grund hierfür ist eine traditionelle Abwehrhaltung des nationalen Rechts gegenüber der Anwendung ausländischen öffentlichen Rechts, wie namentlich des Kartellrechts. § 130 Abs 2 GWB regelt danach zunächst nur die Frage, in welchen Fällen mit Auslandsbezug deutsches Kartellrecht Anwendung findet, nicht dagegen die Frage, welches ausländische Kartellrecht Anwendung findet, wenn eine Inlandsauswirkung nicht gegeben ist. Vorschläge, § 130 Abs 2 GWB im Wege einer Analogiebildung zu einer allseitigen Kollisionsnorm auszubauen, haben sich bislang nicht gegen die herrschende unilateralistische Sichtweise durchsetzen können (vgl näher Rn 78 ff).

141 Allerdings soll ausländisches Kartellrecht als **Vertrags- oder Deliktsstatut** berufen sein können, soweit es auch dem Individualschutz der Wettbewerber dient (**kollisionsrechtliche Doppelbehandlung**; SCHWARTZ 33; KEGEL § 23 V 3; MünchKomm/IMMENGA Nach Art 37 Rn 17; zur Frage der allgemeinen Anknüpfung an das Schuldstatut hier Rn 61 ff); dies indes nur dann, wenn eine Beeinträchtigung der Ordnungsfunktion des im Kartellstatut berufenen deutschen Kartellrechts nicht gegeben ist (MünchKomm/SONNENBERGER Einl IPR Rn 68; s zu diesem für die **Sonderanknüpfung** sprechenden Aspekt hier Rn 64). Dies würde indes nichts an dem nach herrschender Auffassung bestehenden unilateralen Charakter der kartellrechtlichen Kollisionsnorm ändern, die in diesen Fällen die Anwendungsentscheidung hinsichtlich des ausländischen Kartellrechts nicht getroffen hat. Allgemein passen jedoch die Kriterien des Vertrags- bzw Deliktskollisionsrechts nicht auf das Kartellrecht, in dem es vorrangig um das Allgemeininteresse am Wettbewerbsschutz geht (STAUDINGER/vHOFFMANN [1998] Art 38 Rn 566). Der Doppelcharakter des Kartellrechts, das mit dem Wettbewerb auch im Interesse der Marktteilnehmer die individuelle wirtschaftliche Handlungsfreiheit schützt, ändert hieran nichts.

e) Anwendung des GWB
Wenn eine Inlandsauswirkung vorliegt, findet das **gesamte GWB Anwendung**, also sämtliche materiellrechtlichen und verfahrensrechtlichen Vorschriften, einschließlich der Formvorschriften (OLG Frankfurt aM WRP 1992, 331, 332 [Heidsieck]), Anmeldepflichten, Vorschriften über die Befugnisse der Kartellbehörden, insbesondere das Auskunftsverlangen nach § 59 GWB (zu § 46 aF GWB KG WuW/E OLG 1467, 1469 [BP]), zivilrechtlichen Schadensersatznormen sowie verwaltungs- und bußgeldrechtliche Sanktionsnormen (LANGEN/NIEDERLEITHINGER/RITTER/SCHMIDT § 98 Rn 34; IMMENGA/MESTMÄCKER/REHBINDER § 98 Abs 2 Rn 221). Nachdem die **internationale Zuständigkeit** der Kartellbehörden und Gerichte nach herrschender Auffassung an die kollisionsrechtliche Entscheidung der Anwendbarkeit des inländischen materiellen Rechts gekoppelt ist, hat § 130 Abs 2 GWB zumindest mittelbar auch **verfahrensrechtliche Bedeutung** (BKartA WuW/E BKartA 704, 707 [Verwertungsgesellschaften]; IMMENGA/MESTMÄCKER/REHBINDER § 98 Abs 2 Rn 14, 276; zur internationalen Zuständigkeit hier Rn 302 ff). 142

Nach überwiegender Auffassung erfaßt das GWB bei nur teilweisen Auswirkungen im Inland lediglich den die Inlandsauswirkung betreffenden **Teilsachverhalt** (vgl Rn 114). Obwohl der **Wortlaut** des § 130 Abs 2 GWB keine Einschränkung dahingehend enthält, daß deutsches Kartellrecht nur **insoweit** Anwendung findet, als sich die Wettbewerbsbeschränkung im Inland auswirkt, wird diese Einschränkung aus dem anerkannten **Zweck** des § 130 Abs 2 GWB hergeleitet, nur solche Wettbewerbsbeschränkungen dem deutschen Recht zu unterwerfen, die sich unter Berücksichtigung des Schutzzwecks der jeweiligen Sachnorm im Inland auswirken (SCHWARTZ 26 f; IMMENGA/MESTMÄCKER/REHBINDER § 98 Abs 2 Rn 223; MünchKomm/IMMENGA Nach Art 37 Rn 46; ähnlich KOENIGS, in: Gemeinschaftskommentar § 98 Abs 2 Rn 7; aA MEESSEN ZHR 143 [1979] 273, 280). Bei internationalen Kartellen, bei denen sich nur ein Teil der Vereinbarung im Inland auswirkt, wird das GWB nur auf diesen Teil angewendet; bei einer daraus folgenden Teilunwirksamkeit richtet sich die Wirksamkeit der Gesamtvereinbarung, wenn vertragskollisionsrechtlich deutsches Recht Anwendung findet, nach § 139 BGB (LANGEN/NIEDERLEITHINGER/RITTER/SCHMIDT § 98 Rn 35). Bei im Ausland vollzogenen Zusammenschlüssen beschränkt sich die Untersagungsmöglichkeit nach deutschem Recht auf die Inlandswirkungen (KG WuW/E OLG 3051, 3054 [Morris-Rothmans]; vgl auch BKartA WuW/E BKartA 1716, 1717 [Kartoffelstärke]; KERSTEN WuW 1979, 721, 728; weitergehend BACH WuW 1997, 291, 296, der ausgehend vom Territorialitätsprinzip allgemein keine Regelung des Verhaltens ausländischer Unternehmen außerhalb der Bundesrepublik Deutschland zulassen will), vorausgesetzt, eine **Isolierung des die Inlandswirkung auslösenden Teils** der Vereinbarung ist möglich (vgl MEESSEN ZHR 143 [1979] 273, 280). Eine **mangelnde** wirtschaftliche bzw tatsächliche **Teilbarkeit** der Vereinbarung führt aber nicht dazu, daß die Regelung insgesamt unterbleiben müßte (KG WuW/E OLG 4537, 4539 [Linde-Lansing]; HARMS, in: Gemeinschaftskommentar § 24 Rn 41). Die Beschränkung auf die Inlandswirkung bedeutet – ungeachtet der mangelnden hoheitlichen Vollzugsmöglichkeit im Ausland – nicht, daß eine nach deutschem Recht angeordnete Unwirksamkeit eines internationalen Kartells niemals die **Gesamtvereinbarung** erfassen könne. Vielmehr ist darauf abzustellen, **ob die Inlandsauswirkung schon mit einer Teilunwirksamkeit beseitigt werden kann** (SCHWARTZ 27). Es kommt dabei maßgeblich darauf an, welche Voraussetzungen man an eine **hinreichende Inlandsauswirkung** im quantitativen und 143 qualitativen Sinn knüpft. Bei Zugrundelegen eines – allerdings nicht der herrschenden Meinung entsprechenden (vgl Rn 120 ff) – **weiten Auswirkungsbegriffes**, der auch spürbare Rückwirkungen von Auslandswettbewerbsbeschränkungen zu Lasten deutscher Unternehmen auf die Wettbewerbsposition dieser Unternehmen auf dem Heimatmarkt einschließt, wird eine Erfassung der Gesamtvereinbarung eines internationalen Kartells, das deutsche Unternehmen auf Auslandsmärkten behindert, eher in Betracht kommen (**aA** REHBINDER 180). Im übrigen sind in internationalen Kartellverträgen enthaltene **Exzeptions-Klauseln**, die den deutschen Marktbereich von der Vertragsgeltung ausnehmen, zu beachten, soweit die Praxis des Kartells mit der Ausnahmeklausel übereinstimmt (SCHWARTZ 98; REHBINDER 180).

2. Wettbewerbsbeschränkung

144 Der in § 130 Abs 2 GWB verwendete Begriff der Wettbewerbsbeschränkung hat keine eigenständige materielle Bedeutung. Vielmehr sind hierunter **alle im ersten Teil des GWB geregelten Tatbestände** zu verstehen, weil § 130 Abs 2 GWB keine zusätzliche materielle Regelung enthält, sondern eine Norm zur Abgrenzung des Anwendungsbereichs der materiellen Normen ist (KG WuW/E OLG 1993, 1995 [Organische Pigmente]; LANGEN/NIEDERLEITHINGER/RITTER/SCHMIDT § 98 Rn 37; KOENIGS, in: Gemeinschaftskommentar § 98 Abs 2 Rn 9). § 130 Abs 2 GWB erstreckt die Anwendung des GWB somit auf alle Erscheinungsformen wettbewerbsbeschränkenden Verhaltens, wie insbesondere auch **Zusammenschlüsse** (MünchKomm/IMMENGA Nach Art 37 Rn 31) und **Empfehlungen** gem § 22 und 23 GWB (vgl zu §§ 38 Abs 1 Nr 11, 12, Abs 2 Nr 1 bis 3, 38 a GWB BKartA WuW/E BKartA 845). Soweit § 130 Abs 2 GWB von der Anwendung des GWB auf Wettbewerbsbeschränkungen spricht, ist damit auch die Anwendung des GWB auf die an der Wettbewerbsbeschränkung **beteiligten Unternehmen** gemeint (LANGEN/NIEDERLEITHINGER/RITTER/SCHMIDT § 98 Rn 38; MünchKomm/IMMENGA Nach Art 37 Rn 31).

3. Inlandsauswirkung

a) Allgemeines

145 Zentraler Begriff der kartellrechtlichen Kollisionsanknüpfung ist der Begriff der **Inlandsauswirkung**. Das Kriterium der Marktauswirkung dient einerseits der Begrenzung des Anwendungsbereichs der deutschen Kartellrechtsordnung, andererseits der funktionsgerechten Einbeziehung von Sachverhalten mit Auslandsbezug in den Regelungsbereich des GWB. Geht man mit der hier vertretenen Auffassung von einer Allseitigkeit der kartellrechtlichen Kollisionsnorm aus (vgl Rn 84 ff), so erstreckt sich diese Funktion auch auf den Anwendungsrahmen ausländischer Kartellrechtsordnungen. Nach überwiegender Auffassung ist § 130 Abs 2 GWB indes **einseitig** auszulegen (s Rn 140).

146 Unter einer Auswirkung ist jede Veränderung der Wettbewerbssituation zu verstehen (MünchKomm/IMMENGA Nach Art 37 Rn 32). Die Auswirkung auf einen nationalen Marktbereich stellt nur dann ein dem nationalen oder internationalen Marktordnungsinteresse angemessenes und funktionsgerechtes Kriterium dar, wenn man die Inlandsauswirkung konsequent objektiv auffasst. Die Inlandsauswirkung stellt mithin ein **objektives Tatbestandsmerkmal** dar (LANGEN/NIEDERLEITHINGER/RITTER/SCHMIDT § 98 Rn 40). Deshalb können wie allgemein im Rahmen jeder wettbewerbskollisionsrechtlichen Prüfung (s für das **Lauterkeitsrecht** Rn 429) finale und allgemein subjektive Aspekte bei der Feststellung der Marktauswirkung keine Rolle spielen. Es kommt insbesondere nicht darauf an, ob eine Marktauswirkung **beabsichtigt** oder **bezweckt** ist (LANGEN/NIEDERLEITHINGER/RITTER/SCHMIDT § 98 Rn 40; MünchKomm/IMMENGA Nach Art 37 Rn 27). Allerdings soll aus völkerrechtlichen Gründen im Rahmen einer Zurechenbarkeitsprüfung eine Beschränkung auf **vorhersehbare** Auswirkungen vorgenommen werden können (s dazu Rn 148). Mit dem Charakter eines objektiven Tatbestandsmerkmals ist dies nur dann vereinbar, wenn man die Vorhersehbarkeit in einem **objektivierten Sinne** auffaßt und auf die Sicht eines objektiven Betrachters mit voller Kenntnis der Marktverhältnisse abstellt (KOENIGS, in: Gemeinschaftskommentar § 98 Abs 2 Rn 44; vgl aber hier Rn 123 aE).

b) Abgrenzung der Inlandsauswirkung
aa) Notwendigkeit einer Abgrenzung

Der Begriff der Inlandsauswirkung in § 130 Abs 2 GWB wird im Hinblick auf die Gefahr einer uferlosen Ausdehnung des Anwendungsbereichs des GWB als abgrenzungsbedüftig angesehen. Die Notwendigkeit einer Abgrenzung wird einerseits **völkerrechtlich** auf die Möglichkeit einer Kollision mit Rechtsanwendungsinteressen ausländischer Staaten durch eine extraterritoriale Anwendung des GWB gestützt. Andererseits wird allgemein eine **optimale Funktionsfähigkeit** des § 130 Abs 2 GWB im Hinblick auf die Schutzzwecke des GWB sowie die **Praktikabilität** und **Justiziabilität** des § 130 Abs 2 GWB angestrebt (BGHSt 25, 208, 212 [Ölfeldrohre]). Erkennt man mit der herrschenden Meinung die Existenz im Rahmen von Art 25 GG zu beachtender völkerrechtlicher Schranken einer extraterritorialen Anwendung des nationalen Kartellrechts an, so sind die aus Gründen der Funktionsfähigkeit zu entwickelnden Abgrenzungskriterien daraufhin zu untersuchen, ob sie den Anforderungen einer völkerrechtlichen Begrenzung genügen (methodisch zutreffend KOENIGS, in: Gemeinschaftskommentar § 98 Abs 2 Rn 10). Nach dem derzeitigen Stand der Diskussion im Schrifttum sind allerdings die Kriterien zur Abgrenzung einer hinreichenden Inlandsauswirkung weitgehend identisch mit den Kriterien für eine völkerrechtskompatible Abgrenzung. Der Aspekt der optimalen Funktionsfähigkeit hängt im übrigen eng mit der völkerrechtlichen Problematik zusammen, da nur eine sinnvolle Anknüpfung als völkerrechtsgemäß angesehen wird, insoweit mithin auf einen **funktionalen Aspekt** abzustellen ist.

Einigkeit besteht darüber, daß für eine Konkretisierung des Begriffes der Inlandsauswirkung vom **Schutzzweck des GWB und der Sachnorm, gegen die durch das im Ausland zu lokalisierende Verhalten verstoßen wurde**, auszugehen ist (BGHSt 25, 208, 212 [Ölfeldrohre]; BGHZ 74, 322, 325 [Organische Pigmente]; BGH WuW/E BGH 2596, 2597 [Eisenbahnschwellen]; **Schutzzwecklehre). Die Vorschrift des § 130 Abs 2 GWB unterscheidet sich damit maßgeblich von anderen Kollisionsnormen, bei denen die Bestimmung anknüpfungsrelevanter Tatsachen unabhängig von den sachrechtlichen Zwecken vorgenommen wird. Die **Synthese sachrechtlicher und kollisionsrechtlicher Aspekte innerhalb der Kollisionsnorm** (s dazu schon Rn 135) wird namentlich im Bereich des **Wirtschaftskollisionsrechts** mit der ordnungspolitischen Ausrichtung des Rechtsgebietes und der im Zusammenhang mit einer Überwindung der Trennung von Staat und Gesellschaft entstandenen Rolle des Rechts für das Gemeinwesen des Forumstaates begründet (BASEDOW NJW 1989, 627, 628). Der Verzicht auf eine Trennung zwischen kollisionsrechtlichen und sachrechtlichen Prüfungsaspekten erscheint indes weder im Hinblick auf die Ziele des Kartellrechts zwingend, noch systematisch überzeugend. Die von einigen Autoren vertretene weitgehende **Gleichsetzung der im Hinblick auf den Schutzzweck der Sachnorm konkretisierten Inlandsauswirkung mit der materiellrechtlichen Frage der Tatbestandsverwirklichung** (vgl IMMENGA/MESTMÄCKER/REHBINDER § 98 Abs 2 Rn 44; BASEDOW NJW 1989, 627, 628) wird teilweise auch auf dem Boden der Schutzzwecklehre zu Recht abgelehnt (MünchKomm/IMMENGA Nach Art 37 Rn 33).

bb) Inlandsauswirkung als Beeinträchtigung des Schutzzwecks des GWB

149 Als **erste Stufe** einer Konkretisierung der Inlandsauswirkung wird die Berücksichtigung des **Schutzzwecks des GWB** im Allgemeinen angenommen. Danach liegt eine beachtliche Inlandsauswirkung nur dann vor, wenn das betreffende Verhalten die **allgemeinen Schutzgüter des GWB** beeinträchtigt. Bei Kartellverträgen ist das nach Auffassung des BGH dann der Fall, wenn durch das fragliche Verhalten die Betätigungsfreiheit von unbeteiligten dritten Unternehmen in Bezug auf die Herstellung und den Vertrieb im Inland beeinträchtigt sein oder werden könnte (BGHSt 25, 208, 213 [Ölfeldrohre]). Ob der BGH damit eine **allgemeine Aussage** dahingehend getroffen hat, daß ausschließlich eine **Außenwirkung** der Wettbewerbsbeschränkung auf unbeteiligte Dritte und nicht auch eine Innenwirkung der an der Absprache beteiligten Unternehmen maßgeblich ist, erscheint jedenfalls fraglich, soweit es auch auf den **Schutzzweck der betroffenen Sachnorm** ankommt, der auch die Innenwirkung erfassen kann (IMMENGA/MESTMÄCKER/REHBINDER § 98 Abs 2 Rn 42; vgl aber LANGEN/NIEDERLEITHINGER/RITTER/SCHMIDT § 98 Rn 42).

150 Der im Zusammenhang mit der Feststellung eines Inlandsmarktbezuges **relevante Markt** bestimmt sich nach Auffassung des BGH grundsätzlich durch das Zusammentreffen von Angebot und Nachfrage für die kartellierte Ware oder gewerbliche Leistung (BGHSt 25, 208, 213 [Ölfeldrohre]). Im Hinblick auf ein weiteres Verständnis des Schutzzwecks des GWB ist der geforderte Bezug der Wettbewerbsbeschränkung auf den Inlandsmarkt fraglich (IMMENGA/MESTMÄCKER/REHBINDER § 98 Abs 2 Rn 53; vgl auch hier Rn 153).

151 Erst **nach Feststellung einer Beeinträchtigung des freien Wettbewerbs im Inland** wäre zu prüfen, ob das Verhalten auch den Schutzzweck der in Betracht kommenden **Sachnorm** tangiert (MESTMÄCKER/IMMENGA/MESTMÄCKER Vor § 23 Rn 76; AUTENRIETH RIW 1980, 720, 721; EBENROTH/AUTENRIETH BB 1981, 16, 20). Es muß mithin nach herkömmlicher Auffassung eine Beeinträchtigung des freien Wettbewerbs vorliegen (vgl KOENIGS, in: Gemeinschaftskommentar § 98 Abs 2 Rn 15). Die **Zweckmäßigkeit** einer **doppelstufigen Prüfung**, die erst nach der Bejahung der **allgemeinen Inlandsauswirkung** kumulativ eine Prüfung der Beeinträchtigung der **speziellen Inlandsauswirkung** vornimmt, wird zu Recht in Frage gestellt, weil die Aussonderung eines Verhaltens aufgrund dessen, daß noch keine tatsächliche oder potentielle Beeinträchtigung des freien Wettbewerbs vorliegt, dazu führen kann, daß bestimmte Vorschriften, deren sachlicher Anwendungsbereich im **Vorfeld einer tatsächlichen oder potentiellen Wettbewerbsbeeinträchtigung** liegt, in ihrer Funktion sachwidrig eingeschränkt werden (KOENIGS, in: Gemeinschaftskommentar § 98 Abs 2 Rn 15; IMMENGA/MESTMÄCKER/REHBINDER § 98 Abs 2 Rn 44). Dies betrifft insbesondere die **Anmelde- und Anzeigepflicht** nach § 39 Abs 1 GWB im Rahmen der **Zusammenschlußkontrolle**. Dieser Anmelde- und Anzeigepflicht kommt nach Auffassung der Rechtsprechung neben der Untersagung des

Zusammenschlusses nach § 36 Abs 1 GWB eigenständige Bedeutung als **Sachnorm zu** (zu § 23 Abs 1 aF GWB: BGH WuW/E BGH 1613, 1615 [Organische Pigmente]; KG WuW/E OLG 1993, 1995 f [Organische Pigmente]). Ausgehend vom Zweck dieser Regelungen kann es nicht von Bedeutung sein, ob ein Auslands- oder ein Inlandszusammenschluß vor dem Vollzug steht; das Regelungsinteresse ist in beiden Fällen identisch; eine Funktionsbeeinträchtigung derartiger Normen im Hinblick auf Auslandssachverhalte läßt sich allenfalls mit der Erwägung begründen, es fehle, soweit die erste Stufe einer allgemeinen Inlandsauswirkung verneint wird, an dem erforderlichen **Mindestmaß einer Inlandsberührung** des Sachverhaltes. Damit würde die Erfüllung der legitimen Schutzzwecke des Kartellrechts aber in bedenklichem Ausmaß behindert (kritisch auch VEELKEN RabelsZ 53 [1989] 72, 87).

Nach Auffassung der **Rechtsprechung** ist die Verletzung des Schutzbereichs der jeweiligen Sachnorm jedenfalls Voraussetzung für die Annahme einer Inlandsauswirkung iSv § 130 Abs 2 GWB (BGHSt 25, 208, 212 f [Ölfeldrohre]; WuW/E BGH 1613, 1614 [Organische Pigmente]; OLG Stuttgart WuW/E OLG 2376, 2377 [CRP-Umzüge]). Soweit der BGH in der Entscheidung *Organische Pigmente* eine Anwendung des deutschen Rechts der Zusammenschlußkontrolle, namentlich des § 23 Abs 1 aF GWB mit der Begründung angenommen hat, der fragliche größenmäßig im Sinne des § 23 Abs 1 Nr 1 oder 2 aF GWB relevante Auslandszusammenschluß wirke sich im Inland **spürbar** aus (gegen die Spürbarkeit als Kriterium für die Feststellung einer Inlandsauswirkung KLAWITTER WuW/E BGH 1616, 1617), erscheint es nicht ausgeschlossen, daß er damit teilweise von dem aus der *Ölfeldrohre*-Entscheidung hervorgehenden Ansatz, daß kumulativ eine allgemeine Inlandsauswirkung in der Form einer **inländischen Wettbewerbsbeschränkung** und eine spezielle Beeinträchtigung der Schutzzwecke der jeweiligen Sachnorm vorliegen müssen, abgewichen ist. Denn dadurch hat der BGH von dem Vorliegen der quantitativen Anzeigevoraussetzung des § 23 Abs 1 GWB zunächst nur auf eine **ausländische** Wettbewerbsbeschränkung geschlossen und sodann lediglich noch die Spürbarkeit dieser ausländischen Beschränkung auf dem inländischen Markt geprüft, wodurch eine inländische Wettbewerbsbeschränkung nicht feststeht (vgl insofern kritisch KERSTEN WuW 1979, 721, 724). Im **Ergebnis** läuft dies darauf hinaus, keine notwendige Prüfung einer **Wettbewerbsbeschränkung im Inland** anzunehmen, soweit der Regelungszweck der speziellen Sachnorm, hier des § 23 Abs 1 aF bzw § 39 Abs 1 nF GWB betroffen ist. Die Entscheidung läßt sich – sofern sie nicht als „Ausreißer" zu verstehen ist – mithin gegen eine kumulativ doppelstufige Prüfung der Inlandsauswirkung auffassen.

Probleme ergeben sich im Rahmen einer doppelstufigen Prüfung, auch soweit einzelne Sachnormen den Schutz der **auslandsbezogenen Betätigungsfreiheit deutscher Unternehmen** bezwecken, weil der allgemeine Schutzzweck des GWB nach herrschender Auffassung allein auf den Schutz des **freien Wettbewerbs auf dem Inlandsmarkt** ausgerichtet ist (BGHSt 25, 208, 213 [Ölfeldrohre]; SCHWARTZ 36; KOENIGS, in: Gemeinschaftskommentar § 98 Abs 2 Rn 20). Würde man eine Prüfung einer konkreten sachnormbezogenen Schutzgutbeeinträchtigung nur nach Bejahung einer Beeinträchtigung einer allgemeinen Inlandsauswirkung zulassen (so ausdrücklich EBENROTH/AUTENRIETH BB 1981, 16, 20), so läge eine allein mit dem Auslandsbezug des konkreten Sachverhaltes nicht zu rechtfertigende Funktionsverkürzung der GWB-Normen vor (vgl zu dieser Gestaltung VEELKEN RabelsZ 53 [1989] 72, 87 Fn 79).

154 Dieses Problem ergibt sich allerdings dann nicht, wenn man den allgemeinen Schutzbereich des GWB weiter faßt als die herrschende Meinung und in begrenztem Maße gleichsam auch ausländische Marktbereiche unter das Regelungsziel des GWB stellt. Teilweise wird vertreten, daß das GWB nicht nur den freien Wettbewerb auf dem Inlandsmarktbereich schütze, sondern zugleich auch auf **deutschen Exportmarktbereichen** (MÜLLER-HENNEBERG WuW 307, 314 f). Der notwendige Inlandsbezug entsprechender Sachverhalte ergibt sich dann aus der Beeinträchtigung des deutschen Exportes und der daran beteiligten Unternehmen. Mit der inzwischen aufgehobenen Ausnahme der **Exportkartelle** von dem Auswirkungsprinzip gem § 98 Abs 2 Satz 2 aF GWB hatte sich die Bedeutung dieser Frage abgeschwächt. Eine Beschränkung der Erstreckung des Schutzbereichs des GWB wird insoweit vorgenommen, als ausschließlich unmittelbare Exportmarktbeschränkungen erfaßt werden sollen, nicht aber Drittmarktbeschränkungen (IMMENGA/MESTMÄCKER/REHBINDER § 98 Abs 2 Rn 87), und als der Schutz nur inländischen Unternehmen sowie ausländischen Unternehmen mit inländischer Exporttätigkeit zugutekommen soll (REHBINDER 135). Andere wollen in der **wettbewerbsbeschränkenden Bindung deutscher Unternehmen** auf Auslandsmärkten eine Inlandsauswirkung sehen (BARUCH WuW 1961, 530, 532; JOHANNES RIW 1962, 301, 302).

155 Eine **allgemeine Erweiterung des Schutzzwecks des GWB auf Auslandsmarktbereiche** ist im Hinblick auf eine verstärkt erforderliche international verantwortliche Marktordnung und das eigene Interesse des nationalen Gesetzgebers an einer effektiven Weltwettbewerbsordnung nicht ganz fernliegend, derzeit indes nicht durchsetzbar (vgl auch REHBINDER 124; IMMENGA/MESTMÄCKER/REHBINDER § 98 Abs 2 Rn 82). Ergebnis einer solchen Auffassung wäre ein fast unbegrenzter Anwendungsbereich des GWB bzw bei Zugrundelegung einer allseitigen Kartellkollisionsnorm auch der anderen nationalen Kartellgesetze, der zu kaum auflösbaren internationalen Kompetenzkonflikten führen würde. Die **gewandelten Rahmenbedingungen für internationale Wirtschaftsvorgänge** müssen aber dennoch zu einer **Neubewertung der Regelungsziele des nationalen Marktordnungsrechts** führen. Aus der wachsenden gegenseitigen Abhängigkeit der internationalen Märkte und der zunehmenden Verschmelzung zu die Staatengrenzen überschreitenden internationalen räumlich relevanten Märkten folgt – solange die Entwicklung eines internationalen Wettbewerbsschutzsystems nicht erreicht ist – gerade nicht, daß sich das nationale Marktordnungsrecht verstärkt auf den nationalen Bereich zurückzuziehen hat. Vielmehr muß die Regelung entsprechender Sachverhalte stärker die internationale Bedeutung der Wettbewerbsregelung auf den nationalen Märkten und die Rückwirkungen internationaler Wettbewerbsbeschränkungen auf nationale Marktbereiche im Auge behalten. So erscheint es nicht ausgeschlossen, jedenfalls die **Betätigungsfreiheit im deutschen Exportwirtschaftsverkehr** dem Schutz des GWB zu unterstellen. Durch die Abschaffung der Privilegierung von Exportkartellen dürfte sich an dieser Beurteilung nichts ändern.

156 Indes erscheint es nicht unbedingt erforderlich, den allgemeinen Schutzbereich des GWB umzuformulieren. Ausreichend und sinnvoll dürfte es sein, insoweit an den Begriff der Inlandsauswirkung anzuknüpfen und die von der herrschenden Auffassung vorgenommene starre Begrenzung auf **unmittelbare** Inlandsauswirkungen aufzugeben (s auch Rn 122, 182). Auf diese Weise könnten etwa bedeutsame **Inlandsrückwirkungen von Exportbeschränkungen** auf ausländischen Märkten als Beeinträchtigung der **inländischen Wettbewerbsposition** der betroffenen Unternehmen aufgefaßt

B. Internationales Kartellprivatrecht

werden und so eine mittelbare Auswirkung auf den Inlandswettbewerb angenommen werden. Dieser Weg müßte sich allerdings strikt an den Erfordernissen der Inlandsmarktordnung ausrichten und mit einer **strengen Spürbarkeitsprüfung** bzw **Bedeutsamkeitsbetrachtung** kombiniert werden, um eine ausufernde Anwendung deutschen Wettbewerbsrechts zu vermeiden. Ein solcher Ansatz ist allerdings **weiter** als die Auffassung, die allgemein die Betätigungsfreiheit deutscher Unternehmen auf Exportmärkten schützen will (IMMENGA/MESTMÄCKER/REHBINDER § 98 Abs 2 Rn 87), da eine Beschränkung auf unmittelbare Exportmärkte unter Ausschluß von Beschränkungen, die von Drittmärkten ausgehen, nicht notwendig gegeben ist.

Gegen eine doppelstufige Prüfung wird schließlich eingewendet, daß es aus dem Aspekt des **Rechtsanwendungsbedürfnisses** nicht sinnvoll erscheine, eine allgemeine Inlandsauswirkung zu bejahen, die **konkrete Sachnorm** aber **mangels Vorliegens einer speziellen Inlandsauswirkung** unangewendet zu lassen (IMMENGA/MESTMÄCKER/REHBINDER § 98 Abs 2 Rn 44).

Insgesamt dürfte es gleichwohl nicht richtig sein, von einer Trennung zwischen allgemeiner und spezieller Inlandsauswirkung ganz abzusehen. Denn auch wenn die speziellen Schutzzwecke der einzelnen kartellrechtlichen Sachnormen den allgemeinen Schutzzweck des GWB mitprägen, so kann der allgemeine Schutzzweck des GWB im Einzelfall über den konkreten Schutzzweck der Sachnorm hinausreichen. Ein alleiniges Abstellen auf den konkreten Schutzzweck der einzelnen Kartellsachnorm würde das Verhältnis zwischen kollisionsrechtlicher Prüfung des Anwendungsbereichs nationalen Kartellrechts und der dem materiellen Recht zugehörigen Frage nach der Erfüllung des Tatbestandes der konkreten Sachnorm vermengen (MünchKomm/IMMENGA Nach Art 37 Rn 33; vgl auch hier Rn 148). Letztlich entspräche dies nicht der **Funktion des § 130 Abs 2 GWB** (für § 98 Abs 2 aF GWB AUTENRIETH 64). Auch wenn die Vorschrift des § 98 Abs 2 Satz 2 aF GWB in der Neufassung des GWB nicht mehr enthalten ist, dürfte davon auszugehen sein, daß sich an dem grundsätzlichen strukturellen Gefüge zwischen Kartellkollisionsrecht und materiellrechtlicher Prüfung im Kartellrecht nach dem Willen des Gesetzgebers nichts geändert hat. Wenn der Gesetzgeber aber ursprünglich den Anwendungsbereich des GWB auf reine Exportkartelle unabhängig vom allgemeinen Geltungsbereich des GWB ausgedehnt hat, so zeigt sich hieran, daß er den allgemeinen Geltungsbereich des GWB auf wettbewerbsbeschränkende Inlandsauswirkungen festlegen wollte (EBENROTH/AUTENRIETH BB 1981, 16, 21). Die Prüfung des speziellen Schutzzweckes der konkreten Kartellsachnorm kann daher an sich nicht erfolgen, ohne auch den allgemeinen Schutzzweck des GWB zu berücksichtigen. Dennoch sollte die **kumulative** Doppelstufigkeit der Inlandsauswirkungsprüfung aus den oben dargelegten Gründen dann nicht streng durchgeführt werden, wenn die konkrete Sachnorm ausnahmsweise keine aktuelle oder potentielle Wettbewerbsbeschränkung vorsieht, sondern zum Schutz des Inlandswettbewerbs im **Vorfeld einer Wettbewerbsbeschränkung** ansetzt, so daß ihre Anwendbarkeit am Fehlen einer Wettbewerbsbeschränkung im Inland im Sinne einer allgemeinen Inlandsauswirkung scheitern würde (im Ergebnis auch IMMENGA/MESTMÄCKER/REHBINDER § 98 Abs 2 Rn 44, der „jedenfalls" eine Aufspaltung in allgemeine und spezielle Inlandsauswirkungen insoweit ablehnt, als über die allgemeine Inlandsauswirkung Sachverhalte dem GWB entzogen werden, die nach dem Schutzzweck der konkreten Sachnorm erfaßt sein müssen). Die Doppelstufigkeit der Prüfung einer Inlandsauswirkung erfolgt nach Opportunitätsgesichtspunkten im Hinblick auf den Schutz des inländischen Wettbewerbs. Soweit hierzu die Anwendung von Sachnormen erforderlich ist, die bereits im Vorfeld einer Wettbewerbsbeschränkung ansetzen, kann ein auch völkerrechtlich hinzunehmendes Rechtsanwendungsbedürfnis des normerlassenden Staates nicht von vornherein bestritten werden. Soweit man schließlich anerkennt, daß der Begriff der Wettbewerbsbeschränkung im Sinne des § 130 Abs 2 GWB keine eigenständige Bedeutung hat, sondern lediglich ein Oberbegriff für die im ersten Teil des GWB geregelten Tatbestände ist (s Rn 144), liegt es nahe, an der Eingriffsschwelle der konkreten Sachnorm anzuknüpfen und deren Anwendung nicht an einer fehlenden Inlandsbeschränkung scheitern zu lassen.

159 Eine **weitergehende**, wenn auch nicht mit der derzeitig herrschenden Auffassung zu vereinbarende **Erwägung** ist es, ausgehend von einer strikten Trennung zwischen kollisionsrechtlicher Anwendungsprüfung und materiellrechtlicher Tatbestandssubsumtion, den Begriff der Inlandsauswirkung in § 130 Abs 2 GWB gänzlich von dem speziellen Schutzzweck der einzelnen Sachnorm zu lösen und einen **autonomen Auswirkungsbegriff** zu prägen, der sich an funktionalen Erwägungen im Zusammenhang mit dem Prinzip der sinnvollen Anknüpfung orientiert. Erst auf der **materiellrechtlichen** Ebene wird dann der spezielle Schutzzweck der Sachnorm über die Tatbestandsprüfung berücksichtigt. Dadurch würden zwar Sachverhalte unter den allgemeinen Anwendungsbereich des inländischen Kartellrechts fallen, die bei Vornahme einer zweistufigen Prüfung der Inlandsauswirkung bereits im Rahmen der kollisionsrechtlichen Prüfung ausgeschieden werden könnten. Diese Lösung hat aber den Vorteil der Klarheit für sich. Zudem erscheint sie im Zusammenhang mit einer zur **allseitigen Kollisionsnorm** auszubauenden Kartellkollisionsnorm besser handhabbar. Um nicht von vornherein Sachverhalte einer Erfassung durch das inländische Kartellrecht zu entziehen, die nach dem Zweck einzelner Sachnormen des GWB erfaßt werden sollen, darf der Begriff der Inlandsauswirkung dabei nicht zu eng begrenzt werden. Namentlich eine Beschränkung auf tatsächliche Auswirkungen einer Wettbewerbsbeschränkung scheidet im Rahmen des rein kollisionsrechtlich zu konkretisierenden Begriffs der Inlandsauswirkung aus. Der Begriff muß auch die Erfassung von Sachverhalten ermöglichen, die noch im Vorfeld einer Wettbewerbsbeschränkung liegen, soweit insofern ein schutzwürdiges Regelungsinteresse des Auswirkungsstaates besteht, wie es im Rahmen des § 39 Abs 1 GWB enthalten ist. Schließlich ist, wie oben dargestellt wurde, daran zu denken, auch mittelbare Inlandsauswirkungen bis zu einem bestimmten Grad für eine kollisionsrechtliche Anwendbarkeit des nationalen Kartellrechts genügen zu lassen.

cc) Inlandsauswirkung als Beeinträchtigung des sachnormbezogenen Schutzzwecks

160 Das Ergebnis der Konkretisierung der Inlandsauswirkung differiert nach der herrschenden **Schutzzwecklehre** in Abhängigkeit von der jeweils einschlägigen Norm und deren konkreten Schutzzweck. Das ergibt sich auch daraus, daß der Begriff der Wettbewerbsbeschränkung in § 130 Abs 2 GWB gegenüber den von den einzelnen Sachnormen erfaßten Wettbewerbsbeschränkungen keine eigenständige Bedeutung hat. Zudem ist auch die Frage, ob schon eine Gefährdung des inländischen Wettbewerbs als Inlandsauswirkung ausreicht oder ob eine tatsächliche Auswirkung erforderlich ist, in Abhängigkeit von der konkreten Sachnorm zu beantworten (s dazu Rn 165). Nach der **Schutzzwecklehre** ist daher eine für alle Fallgruppen von Wettbewerbsbeschränkungen **einheitliche Aussage zur Anwendbarkeit die Inlandsauswirkung**

B. Internationales Kartellprivatrecht

beschränkender Kriterien nicht möglich (Koenigs, in: Gemeinschaftskommentar § 98 Abs 2 Rn 18).

Kollisionsrechtliche Prüfung des Anwendungsbereichs der Schutznorm und **materielle** 161
Prüfung der Sachnorm sind auseinanderzuhalten (vgl auch Rn 148). Daher bedeutet die Heranziehung des Schutzzwecks der konkreten Sachnorm bei der Konkretisierung des Begriffs der Inlandsauswirkung nicht, daß für die Annahme einer Inlandsauswirkung mindestens ein **Tatbestandsmerkmal der Sachnorm** in bezug auf das Inland erfüllt sein muß (so aber Immenga/Mestmäcker/Rehbinder § 98 Abs 2 Rn 46; wie hier MünchKomm/Immenga Nach Art 37 Rn 33; vgl auch weitergehend hier Rn 159). Gegen eine Verknüpfung des Begriffs der Inlandauswirkung mit dem Tatbestand der Sachnorm sprechen auch die Erwägungen des BGH im *Ölfeldrohre*-Beschluß, in dem der BGH die Beeinträchtigung des inländischen freien Wettbewerbs für maßgeblich erklärt, anstatt im Einklang mit dem Wortlaut des § 1 aF GWB auf die tatsächliche Beeinflussung oder die Eignung der Absprache zur Beeinflussung der inländischen Erzeugung oder Marktverhältnisse abzustellen (BGHSt 25, 208, 213 [Ölfeldrohre]). Damit verzichtet der BGH gerade auf eine Prüfung des Tatbestandes der Sachnorm im Hinblick auf die Feststellung einer Inlandsauswirkung.

Von dem Schutzzweck der konkreten Sachnorm hängt es nach **herrschender Auffas-** 162
sung ab, ob die Bindung inländischer Unternehmen im Rahmen einer Kartellabsprache als relevante Inlandsauswirkung genügt, oder ob allein die Beeinträchtigung der Betätigungsfreiheit von unbeteiligten dritten Unternehmen in bezug auf Herstellung und Vertrieb der betroffenen Waren oder gewerblichen Leistungen ausreicht. Insoweit kommt es also darauf an, ob die konkrete Sachnorm neben unbeteiligten Dritten auch die an der fraglichen Wettbewerbsbeschränkung beteiligten Unternehmen selbst gegen eine übermäßige Selbstbeschränkung schützt. Ist dies der Fall, so kann eine relevante Inlandsauswirkung auch bei einer bloßen **Innenwirkung** der Wettbewerbsbeschränkung vorliegen (Immenga/Mestmäcker/Rehbinder § 98 Abs 2 Rn 43). Geht man dagegen von einem weiten, von der speziellen Sachnorm gelösten kollisionsrechtlichen Auswirkungsbegriff aus (Rn 159), so ist die Frage der Relevanz einer bloßen Innenauswirkung im Rahmen der kollisionsrechtlichen Prüfung nicht bedeutsam, sondern verlagert sich auf die materiellrechtliche Tatbestandssubsumtion.

dd) Tatsächliche Inlandsauswirkung
Streitig ist, ob bei der Konkretisierung der Inlandsauswirkung eine tatsächliche Aus- 163
wirkung vorliegen muß oder ob auch eine **bloße Gefährdung des inländischen freien Wettbewerbs** im Sinne des allgemeinen Schutzzwecks des GWB (s Rn 149) ausreicht. Der Wortlaut des § 130 Abs 2 GWB sagt hierüber nichts aus (aA Autenrieth RIW 1980, 820, 821). Ein großer Teil des Schrifttums hält eine **Beschränkung auf tatsächliche Inlandsauswirkungen** auch aus völkerrechtlichen Gründen für erforderlich (Schwartz 100; Wengler JZ 1977, 257, 258; Frisinger RIW 1972, 553, 559; Autenrieth RIW 1980, 820, 821; aA Bär 334 f, 382). Vom BGH wurde die Frage zunächst offengelassen (BGHSt 25, 208, 214 [Ölfeldrohre]). In der Entscheidung *Organische Pigmente* scheint er dagegen im Hinblick auf § 23 aF GWB die Gefährdung des inländischen Wettbewerbs ausreichen lassen zu wollen (BGHZ 74, 322, 326 [Organische Pigmente]; vgl auch BGH WuW/E BGH 2088, 2090 [Korkschrot]). Das BKartA setzt eine **im Ansatz vorliegende Erkennbarkeit von Inlandsauswirkungen** voraus (BKartA WuW/E BKartA 584 [Hauer]). Nicht ausreichen soll

hierfür eine mögliche Auswirkung erst nach Vertragsablauf in zwei Jahren (BKartA WuW/E BKartA 741).

164 Allgemein sollte das Vorliegen des kartellkollisionsrechtlichen Anknüpfungsmomentes dann angenommen werden, wenn eine gewisse **Inlandsbeziehung** gegeben ist. Umgekehrt ist es nicht sachgerecht, eine Anwendbarkeit des nationalen Kartellrechts anzunehmen, wenn eine Inlandsbeziehung fehlt und ein Regelungsinteresse insoweit ausscheidet. Grundsätzlich kommt eine Berücksichtigung auch potentieller Auswirkungen auf die inländischen Marktverhältnisse in Betracht, weil bereits die Eignung zur Beeinflussung der inländischen Marktverhältnisse eine **bestehende** und nicht erst eine potentielle **Inlandsbeziehung** begründet (REHBINDER 136 f; BÄR 382; aA SCHWARTZ 99 f). **Völkerrechtliche Gründe** stehen einer Berücksichtigung potentieller Inlandsauswirkungen nicht grundsätzlich entgegen (vgl MEESSEN, Völkerrechtliche Grundsätze 158 f; s Rn 130).

165 Ausgehend von der herrschenden **Schutzzwecklehre**, die den Begriff der Inlandsauswirkung nach dem Schutzbereich des GWB und der jeweiligen Sachnorm konkretisiert, ist zu fragen, inwieweit der Schutzzweck der konkreten Sachnorm auch den präventiven Wettbewerbsschutz über eine Erfassung von lediglich potentiellen Wirkungen einschließen will. Man mag dies als eine Frage der **in der Sachnorm angelegten Schutzintensität** im Sinne des Wirkungsgrades in Bezug auf das Schutzgut auffassen (so IMMENGA/MESTMÄCKER/REHBINDER § 98 Abs 2 Rn 48), während die Frage nach der Relevanz einer potentiellen oder tatsächlichen Auswirkung lediglich auf den **potentiellen Inlandswettbewerb** eine solche des Schutzgutes selbst ist (KOENIGS, in: Gemeinschaftskommentar § 98 Abs 2 Rn 26). Will die betroffene Sachnorm einen Präventivwettbewerbsschutz verwirklichen, so würde die Maßgeblichkeit des Schutzzwecks der Sachnorm bei konsequenter Koppelung der kollisionsrechtlichen Anwendbarkeitsfrage an die an sich materiellrechtliche Frage der Anwendungsvoraussetzungen der konkreten Einzelnorm dazu führen, daß eine hinreichende Inlandsauswirkung vorliegt (LANGEN/NIEDERLEITHINGER/RITTER/SCHMIDT § 98 Rn 46; REHBINDER 137; KOENIGS, in: Gemeinschaftskommentar § 98 Abs 2 Rn 26).

166 Es ist daher auf dem Boden der **Schutzzwecklehre** eine **Einzelbetrachtung der verschiedenen Sachnormen** des GWB dahingehend vorzunehmen, ob die jeweilige Norm sich auf die Erfassung tatsächlicher Wirkungen beschränkt oder auch die bloße Eignung einer Beeinträchtigung des inländischen Wettbewerbs erfaßt.

167 Soweit **§ 1 GWB** eine Untersagung von Vereinbarungen, Beschlüssen oder aufeinander abgestimmten Verhaltensweisen enthält, die eine Wettbewerbsbeschränkung lediglich bezwecken, liegt hierin eine – allerdings durch ein subjektives Kriterium begrenzte – Erfassung der bloßen Gefährdung des Wettbewerbs. Insoweit genügt folglich eine potentielle Inlandsauswirkung jedenfalls dann, wenn die Inlandsauswirkung bezweckt ist (für § 1 aF GWB ähnlich LANGEN/NIEDERLEITHINGER/RITTER/SCHMIDT § 98 Rn 46; IMMENGA/MESTMÄCKER/REHBINDER § 98 Abs 2 Rn 50; KOENIGS, in: Gemeinschaftskommentar § 98 Abs 2 Rn 27; MünchKomm/IMMENGA Nach Art 37 Rn 36). Ob ausgehend von der Schutzzwecklehre auf die **Finalität** in Bezug auf die Inlandsauswirkung zwingend abzustellen ist, erscheint fraglich (zur grundsätzlichen Kritik an der Finalität als Eingrenzungskriterium Rn 123, 183). Dies hängt davon ab, inwieweit man die kollisionsrechtliche Prüfung an die Tatbestandsmerkmale der konkreten Sachnorm anknüpft (vgl etwa

IMMENGA/MESTMÄCKER/REHBINDER § 98 Abs 2 Rn 46, aber auch MünchKomm/IMMENGA Nach Art 37 Rn 33). Geht man ausschließlich von einer allgemeinen **Eignung der Wettbewerbsbeschränkung zur Verletzung des Schutzzwecks der Norm** aus, so kann es für die kollisionsrechtliche Frage nicht auf eine Finalität ankommen. Ebenso genügt bei § 36 GWB im Rahmen der **Zusammenschlußkontrolle** eine bloße Eignung der Beeinflussung der inländischen Marktverhältnisse bzw die Erwartung des Entstehens oder der Verstärkung einer marktbeherrschenden Stellung im Inland (für § 24 aF GWB IMMENGA/MESTMÄCKER/REHBINDER § 98 Abs 2 Rn 50). Allgemein kann es für die Inlandsauswirkung eines Zusammenschlusses nur auf die Möglichkeit einer Auswirkung auf dem Inlandsmarkt ankommen (KOENIGS, in: Gemeinschaftskommentar § 98 Abs 2 Rn 34). Für **abstrakte Gefährdungstatbestände** wird eine **qualifizierte abstrakte Gefahr** im Sinne einer aufgrund konkreter Umstände feststellbaren Eignung der Wettbewerbsbeschränkung zur Beeinträchtigung des inländischen Wettbewerbs verlangt (IMMENGA/MESTMÄCKER/REHBINDER § 98 Abs 2 Rn 33; MünchKomm/IMMENGA Nach Art 37 Rn 37). **§§ 14 und 17 GWB** bezwecken auch die vorbeugende Sicherung des Wettbewerbs als Institution und der wirtschaftlichen Handlungsfreiheit anderer Marktteilnehmer als des Lizenznehmers bzw Gebundenen und sind dementsprechend Gefährdungstatbestände, für die eine potentielle Auswirkung ausreicht (KOENIGS, in: Gemeinschaftskommentar § 98 Abs 2 Rn 29; IMMENGA/MESTMÄCKER/REHBINDER § 98 Abs 2 Rn 50; vgl aber auch BKartA WuE/E BKartA 584 [mindestens im Ansatz erkennbare tatsächliche Auswirkungen]). Dagegen kommt es etwa bei **§ 19 GWB** auf **tatsächliche Wirkungen** durch Mißbrauch einer marktbeherrschenden Stellung auf dem inländischen Markt an. Entsprechend setzt die Mißbrauchsaufsicht über freigestellte Kartelle nach **§ 12 GWB** eine tatsächliche Wirkung (Mißbrauch der durch die Freistellung erlangten Marktstellung) voraus. Dasselbe gilt etwa für die Mißbrauchsaufsicht über Ausschließlichkeitsbindungen gemäß **§ 16 GWB** und die Mißbrauchsaufsicht über übermäßig beschränkende Lizenzverträge gemäß **§§ 17 Abs 3 Satz 2 GWB** (vgl für das GWB vor der 6. GWB-Novelle IMMENGA/MESTMÄCKER/REHBINDER § 98 Abs 2 Rn 50; KOENIGS, in: Gemeinschaftskommentar § 98 Abs 2 Rn 32).

c) Völkerrechtliche und kollisionsrechtliche Begrenzungen
aa) Allgemeines

Aus Praktikabilitätsgründen zur Vermeidung einer **ausufernden Berücksichtigung auslandsbezogener Sachverhalte** wird eine weitere Begrenzung des Auswirkungsprinzips durch verschiedene Kriterien gefordert. Daneben werden verbreitet entsprechende Begrenzungen aus völkerrechtlichen Gründen für notwendig gehalten (zur Frage der völkerrechtlichen Schranken vgl schon Rn 94 ff). Als Begrenzungskriterien werden vor allem die Unmittelbarkeit, die Spürbarkeit und die Tatsächlichkeit der Inlandsauswirkung genannt. Im Zusammenhang mit der Unmittelbarkeit werden auch eine objektive Vorhersehbarkeit und subjektive Kriterien, insbesondere die Finalität im Hinblick auf die Inlandsauswirkung diskutiert. Daneben wird aus völkerrechtlichen Gründen teilweise ein allgemeines Abwägungsgebot hinsichtlich der in- und ausländischen Rechtsanwendungsinteressen behauptet.

Soweit eine Begrenzung des Auswirkungsprinzips allein aus Praktikabilitätsgründen bzw **kollisionsrechtlichen Gründen** erfolgt, betreffen derartige Begrenzungen stets **inländische und ausländische Unternehmen gleichermaßen**. Dagegen liegt bei Begrenzungen aus völkerrechtlichen Gründen die Frage nahe, inwieweit diese Begrenzungen auch inländischen Unternehmen gegenüber gelten müssen. Grundsätzlich betreffen die Folgen der Existenz **völkerrechtlicher Schranken** für die Anwendung des nationalen Kartellrechts **ausschließlich das Verhältnis zu ausländischen Staaten** und ihren Staatsangehörigen bzw den in ihnen ansässigen Unternehmen. Das Völkerrecht kann selbst aber nicht dazu zwingen, entsprechende Schranken auch auf inländische Unternehmen zu erstrecken. Aus diesem Grund wird verbreitet eine Heranziehung verschiedener Begrenzungskriterien nur in Fällen für notwendig gehalten, in denen die Wettbewerbsbeschränkung im Ausland ausschließlich von ausländischen Unternehmen veranlaßt wurde (vgl LANGEN/NIEDERLEITHINGER/RITTER/SCHMIDT § 98 Rn 45; MünchKomm/IMMENGA Nach Art 37 Rn 39; IMMENGA/MESTMÄCKER/REHBINDER § 98 Abs 2 Rn 54). Dies führt zu einer **Ungleichbehandlung inländischer und ausländischer Unternehmen**, soweit die Begrenzung des Auswirkungsprinzips kollisionsrechtlich in geringerem Maße geboten ist als völkerrechtlich. Vor allem betrifft dies das Kriterium der Unmittelbarkeit, aber auch der Tatsächlichkeit einer Inlandsauswirkung. Ein Verstoß gegen den Gleichheitssatz und das Diskriminierungsverbot des Art 12 Abs 1 EGV wird zumeist verneint (IMMENGA/MESTMÄCKER/REHBINDER § 98 Abs 2 Rn 54) oder nicht problematisiert.

170 Unabhängig von der Frage eines Verstoßes gegen den Gleichheitssatz und das Diskriminierungsverbot führt eine Ungleichbehandlung deutscher und ausländischer Unternehmen bei der Prüfung der Anwendbarkeit des inländischen Kartellrechts aufgrund der damit verbundenen Benachteiligungen deutscher Unternehmen im Ausland zu Wettbewerbsverzerrungen im Verhältnis zu den ausländischen Konkurrenten. Ebenso wie bei der Problematik einer Unterworfenheit deutscher Unternehmen auf Auslandsmärkten unter das deutsche Lauterkeitsrecht (s Rn 352, 398 f, 477 ff) erscheint dies problematisch, soweit diese Unternehmen zwei Rechtsordnungen berücksichtigen müssen (WILDE, in: Hdb des Wettbewerbsrechts § 8 Rn 21). Derartige **Wettbewerbsverzerrungen** infolge der Anwendung des inländischen Marktordnungsrechts sind allgemein zu vermeiden und zwar nicht aus dem Gesichtspunkt einer einseitigen Förderungspflicht des deutschen Rechts gegenüber seinen Staatsangehörigen, sondern aus dem dem **Marktordnungscharakter des Wettbewerbsrechts** zu entnehmenden Gedanken, daß internationales und nationales Wettbewerbsverzerrungspotential allgemein zu minimieren ist. Die Ungleichbehandlung von inländischen und ausländischen Unternehmen aus kollisionsrechtlichen bzw völkerrechtlichen Gründen steht nicht im Einklang mit den Zielen eines auf eine verzerrungsfreie Marktordnung gerichteten Wettbewerbsrechts. Zudem würde eine differenzierende Berücksichtigung des Sitzes der an der Wettbewerbsbeschränkung beteiligten Unternehmen bei der Konkretisierung des Auswirkungsprinzips die Einführung eines **personalen Moments** in die Kartellkollisionsnorm bedeuten, das mit der Struktur des § 130 Abs 2 GWB nicht vereinbar ist (so auch WILDE, in: Hdb des Wettbewerbsrechts § 8 Rn 21).

171 Darüberhinaus muß, wenn man schon aus völkerrechtlichen Gründen entsprechende Einschränkungen des Auswirkungsprinzips als geboten sieht, eine Heranziehung der entsprechenden Begrenzungskriterien auch dann erfolgen, wenn nicht ausschließlich ausländische Unternehmen an der im Ausland veranlaßten Wettbewerbsbeschränkung beteiligt sind. Eine Ungleichbehandlung erscheint unter dem Gesichtspunkt des **Gleichbehandlungsgrundsatzes** des Art 3 Abs 1 GG bedenklich. Letztlich bewirkt die unterschiedliche Behandlung von in- und ausländischen Unternehmen eine **Differenzierung nach der Staatsangehörigkeit bzw des Sitzes des Unternehmens**. Durch die unterschiedliche Auslegung des § 130 Abs 2 GWB im Hinblick auf den Sitz des

Unternehmens wird der Gleichbehandlungsgrundsatz tangiert. Insoweit ist ein sachlicher Grund für eine Ungleichbehandlung erforderlich. Der Gleichheitssatz des Art 3 Abs 1 GG ist auf die fragliche Gestaltung grundsätzlich **anwendbar**. Zwar scheidet eine Heranziehung des Art 3 Abs 1 GG aus, wenn die Differenzierung deshalb faktisch stattfindet, weil die betroffenen Personenkreise unterschiedlichen Rechtsordnungen unterworfen sind. Eine entsprechende Problematik wird im Rahmen der Auswirkungen einer auf EU-Ausländer begrenzten Nichtanwendung nationaler gegen die **Warenverkehrsfreiheit** gemäß Art 28 EGV verstoßender Gesetze diskutiert (vgl VGH Mannheim NJW 1996, 72, 74). Letztendlich beruht die Unterschiedlichbehandlung nicht auf dem Umstand, daß ausländische Unternehmen einer fremden Rechtsordnung unterworfen sind, sondern auf der **im Hinblick auf völkerrechtliche Grundsätze teilweise eingeschränkten nationalen Kollisionsnorm**. Insoweit liegt gleichsam eine Kollision nicht des nationalen Kollisionsrechts mit ausländischem Recht vor, sondern allenfalls ein Konflikt mit Völkerrecht, das, soweit man die Begrenzung des Auswirkungsprinzips auf die **allgemeinen Regeln des Völkerrechts** stützt, gemäß Art 25 GG Bestandteil des Bundesrechts ist. Allerdings hat das BVerfG die Verletzung des Gleichbehandlungsgrundsatzes insoweit abgelehnt, als die unterschiedliche Behandlung auf der Ausübung eines **gesetzgeberischen Ermessens hinsichtlich des in den Tatbestand einer Norm einzubeziehenden Personenkreises** beruht (BVerfG 4, 7, 19). Bei der hier interessierenden Problematik geht es um die Frage, welcher Personenkreis in den Anwendungsbereich der Normen des deutschen GWB fällt. Doch ist die entsprechende Entscheidung des BVerfG gleichwohl auf diesen Fall nicht übertragbar, weil insoweit ein gesetzgeberisches Ermessen über die tatbestandliche Eingrenzung des Personenkreises nicht erfolgt. Vielmehr steht die tatbestandliche Anwendungsreichweite der Kartellkollisionsnorm fest; es erfolgt aus völkerrechtlichen Gründen eine **differenzierende Anwendung** der an sich auf inländische wie ausländische Unternehmen gleichermaßen anwendbaren Kollisionsnorm des § 130 Abs 2 GWB.

Ein **sachlicher Grund** für eine Ungleichbehandlung ausländischer und inländischer Unternehmen bei der Anwendung des § 130 Abs 2 GWB besteht nur auf den ersten Blick. Zwar ist Art 3 Abs 1 GG erst dann verletzt, wenn eine Gruppe von Normadressaten im Vergleich zu anderen Normadressaten anders behandelt wird, obwohl zwischen beiden Gruppen keine Unterschiede von solcher Art und solchem Gewicht bestehen, daß sie die ungleiche Behandlung rechtfertigen könnten (st Rspr vgl BVerfGE 55, 72, 88). Doch muß der sachliche Grund sich gerade auf die **konkrete Ungleichbehandlung** beziehen. Es ist demnach zu fragen, ob ein gewichtiger Grund dafür besteht, daß inländische Unternehmen im Ausland anderen kollisionsrechtlichen Grundsätzen unterworfen werden als ausländische Unternehmen. Dabei ist maßgeblich, ob dieser Grund gerade eine Schlechterbehandlung der inländischen Unternehmen rechtfertigt. Die **völkerrechtlichen Erfordernisse** an die Auslegung des innerstaatlichen Kollisionsrechts sind insoweit nicht heranziehbar, weil diese keinen Grund für die fortbestehende weite Auslegung des Auswirkungsprinzips in bezug auf inländische Unternehmen darstellen. Allenfalls das **fortbestehende Interesse des Gesetzgebers an der Erfassung bestimmter Wettbewerbsbeschränkungen**, die sich auf den Inlandsmarkt auswirken, könnte insoweit als sachlicher Grund in Erwägung gezogen werden. Doch erscheint gerade dies problematisch, weil das gesetzgeberische Marktordnungsinteresse eben nicht die Differenzierung nach der Staatszugehörigkeit der Marktteilnehmer erfordert, sondern sich im Gegenteil gegen hieraus entstehende Wettbewerbsverzerrungen richtet.

173 Ein Verstoß gegen das Diskriminierungsverbot des **Art 12 Abs 1 EGV** durch die unterschiedliche kollisionsrechtliche Behandlung von Sachverhalten mit Beteiligung ausländischer und inländischer Unternehmen wird zumeist nicht in Betracht gezogen oder verneint (IMMENGA/MESTMÄCKER/REHBINDER § 98 Abs 2 Rn 54). Nach herrschender Auffassung beschränkt sich die Funktion des gemeinschaftsrechtlichen Diskriminierungsverbotes auf die Beseitigung der Ausländerdiskriminierung, also auf die Beseitigung von Nachteilen aus Gründen der ausländischen Staatsangehörigkeit. Danach ist der Anwendungsbereich des Art 12 Abs 1 EGV nicht in Fällen einer Schlechterbehandlung von inländischen Unternehmen gegenüber ausländischen Unternehmen eröffnet. Eine Inländerdiskriminierung, die aus der Anwendung des Gemeinschaftsrechts herrührt, wird als gemeinschaftsrechtlich zulässig angesehen (vgl EuGH Slg 1986, 3231, 3242 Rn 16 [Driancourt/Cognet]; vgl dazu Rn 453). Nichts anderes wird aus Sicht des Gemeinschaftsrechts für eine Inländerdiskriminierung angenommen werden, die aus Gründen innerstaatlicher völkerrechtlicher Rücksichtnahmeerwägungen stattfindet. Angesichts der verstärkten Einbindung des gemeinschaftlichen Binnenmarktes in den globalen Wettbewerb sollte indes darüber nachgedacht werden, das Diskriminierungsverbot im Hinblick auf den Abbau von Diskriminierungsverzerrungen in sämtliche Richtungen auszubauen und auch die Schlechterbehandlung von Inländern an Art 12 Abs 1 EGV zu messen (Koos 146).

174 Praktisch soll eine **Feststellung der einzelnen Begrenzungskriterien** durch die Kartellbehörde oder die Gerichte nicht erfolgen müssen, soweit die Wettbewerbsbeschränkung im Hinblick auf den Inlandsmarkt ein solches besonderes Gewicht hat, daß mögliche qualitative und quantitative Schwellen des sinnvollen Anknüpfungspunktes jedenfalls nicht unterschritten werden (KG WuW/E OLG 3051, 3056 [Morris-Rothmans]; MünchKomm/IMMENGA Nach Art 37 Rn 43).

bb) Unmittelbarkeit

175 Die Begrenzung auf unmittelbare Auswirkungen einer im Ausland veranlaßten Wettbewerbsbeschränkung zur Ausschaltung von Fernfolgen solcher Wettbewerbsbeschränkungen wird zumeist unmittelbar mit **völkerrechtlich** notwendigen **Beschränkungen des Auswirkungsprinzips** begründet (vgl Rn 120). Bei dem Kriterium der Unmittelbarkeit handelt es sich um ein **objektives Begrenzungskriterium**, das auf dem Gedanken der **Zurechenbarkeit** einer Auswirkung auf den Inlandsmarkt beruht (vgl MEESSEN, Völkerrechtliche Grundsätze 159).

176 Das Begrenzungskriterium der Unmittelbarkeit wird im **Schrifttum** ganz überwiegend als sachgerechte und notwendige Einschränkung der kollisionsrechtlichen Berücksichtigung von im Ausland veranlaßten Wettbewerbsbeschränkungen angesehen (vgl LANGEN/NIEDERLEITHINGER/RITTER/SCHMIDT § 98 Rn 45; MünchKomm/IMMENGA Nach Art 37 Rn 39; IMMENGA/MESTMÄCKER/REHBINDER § 98 Abs 2 Rn 57 mwN; aA AUTENRIETH RIW 1980, 820, 824; KEVEKORDES 123), jedenfalls dann, wenn an der Wettbewerbsbeschränkung ausschließlich **ausländische Unternehmen** ohne nähere Inlandsbeziehung beteiligt sind (gegen eine Differenzierung KOENIGS, in: Gemeinschaftskommentar § 98 Abs 2 Rn 23; WILDE, in: Hdb des Wettbewerbsrechts § 8 Rn 22). Das Unmittelbarkeitskriterium ist auch durch die **Rechtsprechung** und die kartellbehördliche Praxis als grundsätzlich heranzuziehen-

des Begrenzungskriterium anerkannt (vgl BGH WuW/E BGH 1613, 1615 [Organische Pigmente]; KG WuW/E OLG 1339, 1346 [Linoleum]; OLG Düsseldorf WuW/E OLG 1061, 1063 [Kundenschutzvereinbarung]; BKartA WuW/E BKartA 2521, 2526 [Zahnradfabrik Friedrichshafen/Allison]). Allerdings ist teilweise im Ergebnis trotz der Nennung des Unmittelbarkeitskriteriums eine Berücksichtigung bereits **mittelbarer Beeinflussungen der inländischen Marktverhältnisse**, etwa durch eine verringerte inländische Produktionskapazitätsauslastung infolge eines einen Auslandsmarkt betreffenden Preis- und Konditionenkartells erfolgt (vgl KG WuW/E OLG 1339, 1346 [Linoleum]). Ebenso hat der BGH eine hinreichende Inlandsauswirkung eines Exportkartells theoretisch für möglich gehalten, wenn die betreffenden Handlungen der Unternehmen geeignet sind, „mit Rücksicht auf die schon vorher außerordentlich große Wirtschaftskraft" diese Wirtschaftskraft „in einer Weise zu verstärken, daß allein dadurch die Chancen für künftige Wettbewerber verringert und deshalb nachteilige Auswirkungen auf den Wettbewerb im Inland" auftreten würden (BGHSt 25, 208, 214 [Ölfeldrohre]; vgl dazu auch IMMENGA/MESTMÄCKER/REHBINDER § 98 Abs 2 Rn 90; LOEWENHEIM/BELKE, in: WESTRICK/LOEWENHEIM § 98 Abs 2 Rn 41; s auch hier Rn 203).

177 Bei im Ausland veranlaßten Wettbewerbsbeschränkungen, an denen **inländische Unternehmen** beteiligt sind, wird nach verbreiteter Auffassung keine Beschränkung auf unmittelbare Inlandsauswirkungen verlangt (aA KOENIGS, in: Gemeinschaftskommentar § 98 Abs 2 Rn 23; WILDE, in: Hdb des Wettbewerbsrechts § 8 Rn 22). Das Vorliegen eines sachlichen Grundes für eine unterschiedliche kollisionsrechtliche Behandlung von reinen Inlandsbeschränkungen und Auslandsbeschränkungen unter Beteiligung inländischer Unternehmen wird insoweit verneint (LANGEN/NIEDERLEITHINGER/RITTER/SCHMIDT § 98 Rn 44; MünchKomm/IMMENGA Nach Art 37 Rn 38; LANGEN/BUNTE/JUNGBLUTH § 98 Abs 2 Rn 109; vgl auch hier Rn 169). **Ausnahmen** von dem grundsätzlichen Verzicht auf ein Unmittelbarkeitskriterium bei auslandsbezogenen Wettbewerbsbeschränkungen mit Inlandsbezug sollen aus überwiegenden Gründen der rechtsstaatlichen Bestimmtheit, Justiziabilität und Praktikabilität in Betracht kommen, sowie zur Entlastung der innerstaatlichen Behörden und Gerichte bei nur minimaler Berührung der gesetzlichen Schutzziele (IMMENGA/MESTMÄCKER/REHBINDER § 98 Abs 2 Rn 61).

178 Dem Merkmal der Unmittelbarkeit wird damit **keine eigentliche kollisionsrechtliche Bedeutung,** sondern allein eine **völkerrechtliche Bedeutung** beigemessen, die darin liegt, daß der Anwendungsbereich des deutschen Kartellrechts nicht unbegrenzt auf ausländische Rechtsunterworfene ausgedehnt werden soll. Die herrschende Meinung hält die Heranziehung des Unmittelbarkeitskriteriums allerdings nur dann für geboten, wenn ausschließlich ausländische Unternehmen an der Wettbewerbsbeschränkung beteiligt sind; es ist fraglich, ob nicht auf dem Boden der Auffassung, die ein solches Kriterium völkerrechtlich für erforderlich hält, konsequenterweise das Unmittelbarkeitskriterium auch dann herangezogen werden muß, wenn an der Wettbewerbsbeschränkung **neben ausländischen auch inländische Unternehmen** beteiligt sind. Eine unterschiedliche kollisionsrechtliche Behandlung von inländischen Unternehmen, die zusammen mit ausländischen Unternehmen an einer Wettbewerbsbeschränkung beteiligt sind, einerseits und inländischen Unternehmen, die eine Wettbewerbsbeschränkung ohne ausländische Beteiligung durchführen, andererseits erscheint fragwürdig.

179 Bei Wettbewerbsbeschränkungen **ausschließlich ausländischer Unternehmen** wird das

Unmittelbarkeitskriterium von der überwiegenden Auffassung als völkerrechtliches Korrektiv zur Begrenzung des Auswirkungsprinzips im Wege der völkerrechtskonformen einschränkenden Auslegung des § 130 Abs 2 GWB herangezogen (LANGEN/ NIEDERLEITHINGER/RITTER/SCHMIDT § 98 Rn 45; MünchKomm/IMMENGA Nach Art 37 Rn 39; IMMENGA/MESTMÄCKER/REHBINDER § 98 Abs 2 Rn 73). Da das Völkerrecht nicht vorschreibt, an welche Art kartellrechtlicher Wirkungen angeknüpft werden darf, wird das Unmittelbarkeitskriterium verbreitet als **gradueller Maßstab** verstanden (MEESSEN, Völkerrechtliche Grundsätze 163; SOERGEL/VHOFFMANN Art 34 Rn 35), wonach ein Völkerrechtsverstoß infolge der Anwendung des Auswirkungsprinzips um so näher liegt, je ferner die Wirkungen sind (IMMENGA/MESTMÄCKER/REHBINDER § 98 Abs 2 Rn 73). Die praktische Handhabbarkeit und Klarheit des Unmittelbarkeitskriteriums erscheint daher entgegen der herrschenden Auffassung fraglich.

180 Regelmäßig wird eine unmittelbare Inlandsauswirkung angenommen, wenn sich die Wettbewerbsbeschränkung **auf den inländischen Markt bezieht,** oder wenn ein **inländisches Unternehmen auf dem Inlandsmarkt gebunden** wird (IMMENGA/MESTMÄCKER/ REHBINDER § 98 Abs 2 Rn 74; MünchKomm/IMMENGA Nach Art 37 Rn 39). Dagegen werden bloße **Reflexwirkungen** ausländischer Binnenmarktbeschränkungen infolge der wechselseitigen Abhängigkeiten der Märkte nicht als ausreichend für die Annahme einer unmittelbaren Inlandsauswirkung angesehen (vgl das Beispiel bei IMMENGA/MESTMÄCKER/REHBINDER § 98 Abs 2 Rn 74). Keine unmittelbare Inlandsauswirkung liegt danach etwa vor bei einer **allgemeinen Schwächung der Wettbewerbskraft eines Unternehmens auf dem Inlandsmarkt** oder bei **Auswirkungen von ausländischen Preiskartellen auf die Angebotssituation im Inland** (vgl dazu aber Rn 181), sowie bei **Rückwirkungen von Exportkartellen** auf die an dem Kartell beteiligten inländischen Unternehmen im Inland (DASSER/DROLSHAMMER, in: Kommentar zum schwIPRG Art 137 Rn 16; BÄR, in: FS Moser 143, 166).

181 Die Abgrenzung unmittelbarer von mittelbaren Inlandsauswirkungen ist fließend und wird von der herrschenden Meinung im Hinblick darauf vorgenommen, daß das Unmittelbarkeitskriterium als **Zurechnungskriterium** aufgefaßt wird (IMMENGA/ MESTMÄCKER/REHBINDER § 98 Abs 2 Rn 75) und damit in engem Zusammenhang mit der **Vorhersehbarkeit** einer Inlandsauswirkung steht. So soll eine unmittelbare Inlandsauswirkung etwa dann zu **verneinen** sein, wenn ein **Preiskartell** südafrikanischer Unternehmen kartellierte Waren auf den schweizerischen Markt liefert, die von dort aus bearbeitet oder unbearbeitet in die Bundesrepublik Deutschland weiterverkauft werden (vgl zu dem Beispiel WÜRDINGER WuW 1960, 313, 315). Dagegen soll die Unmittelbarkeit in diesem Beispiel anzunehmen sein, wenn die Mitglieder des Preiskartells den Weiterverkauf in die Bundesrepublik Deutschland über eine eigene Vertriebsorganisation kontrollieren. Entsprechendes gilt für **ausländische Produktionsbeschränkungen**, die an sich keine unmittelbare Auswirkung auf den Inlandsmarkt haben, weil sie weder den inländischen Markt regeln, noch Unternehmen auf dem Inlandsmarkt binden. Dennoch würde der Umstand, daß der Vertrieb der vom Produktionskartell betroffenen Waren über ein eigenes Vertriebssystem der beteiligten Unternehmen erfolgt, dazu führen, daß sich das Produktionskartell im Ergebnis wie ein direktes Preiskartell auswirkt (IMMENGA/MESTMÄCKER/REHBINDER § 98 Abs 2 Rn 75). Allgemein soll das Vorhandensein einer **Kontrolle des inländischen Absatzweges** durch die an der sich unmittelbar auf einen anderen Zwischenmarkt beziehenden Wettbewerbsbeschränkung beteiligten Unternehmen regelmäßig dazu führen, daß

die Unmittelbarkeit auch im Hinblick auf den Inlandsmarkt zu bejahen ist. Eine solche Absatzkontrolle kann durch Tochtergesellschaften der beteiligten Unternehmen geschehen, über ein Franchise-System oder Vertragshändlernetze. Bisweilen wird auch darauf abgestellt, ob die Absprache ausländischer Unternehmen über ihr Verhalten auf Auslandsmärkten **praktisch zwingend zu einer Inlandsauswirkung führt** (KOENIGS, in: Gemeinschaftskommentar § 98 Abs 2 Rn 61; LANGEN/BUNTE/JUNGBLUTH § 98 Abs 2 Rn 132). In entsprechenden Fällen wird eine **Zurechenbarkeit infolge der Vorhersehbarkeit der Inlandsauswirkung** für die an der Wettbewerbsbeschränkung beteiligten ausländischen Unternehmen angenommen. Es wird dann entweder von dem Vorliegen einer unmittelbaren Inlandsauswirkung ausgegangen (so wohl IMMENGA/MESTMÄCKER/REHBINDER § 98 Abs 2 Rn 75, vgl aber auch dort Rn 95) oder die Unmittelbarkeit verneint, der Sachverhalt gleichwohl aufgrund des in diesen Fällen besonders intensiven Hineinwirkens in den Schutzbereich der jeweiligen GWB-Norm der Anwendung des GWB unterworfen (KOENIGS, in: Gemeinschaftskommentar § 98 Abs 2 Rn 21). Das Kriterium der **Vorhersehbarkeit** einer Inlandsauswirkung dient damit gleichsam einer **Eingrenzung des Begriffs der Unmittelbarkeit** (vgl auch DASSER/DROLSHAMMER, in: Kommentar zum schwIPRG Art 137 Rn 17, wonach der Vorhersehbarkeit neben der Unmittelbarkeit keine eigenständige Bedeutung zukommt; vgl aber auch VGAMM NJW 1977, 1553, 1556 und IMMENGA/MESTMÄCKER/REHBINDER § 98 Abs 2 Rn 95, wonach eine Unmittelbarkeit nicht erforderlich ist, wenn die Inlandsmarktauswirkung gezielt oder sonstwie zurechenbar ist). Die Vorhersehbarkeit wird dabei regelmäßig im **objektivierten Sinne** aufgefaßt. Maßgeblich ist danach die Sicht eines objektiven Betrachters mit voller Kenntnis der Marktverhältnisse (vgl KOENIGS, in: Gemeinschaftskommentar § 98 Abs 2 Rn 44).

Das Unmittelbarkeitskriterium erscheint weder im Bezug auf inländische noch auf ausländische Unternehmen sachgerecht. Eine unterschiedliche kollisionsrechtliche Behandlung von Wettbewerbsbeschränkungen, an denen nur ausländische Unternehmen beteiligt sind und solchen, an denen auch inländische Unternehmen beteiligt sind, ist unabhängig von weiteren sachlichen Bedenken gegen die Unmittelbarkeit als Begrenzung des Auswirkungsprinzips nicht sinnvoll (s auch Rn 121). Abgesehen davon ist der Begriff der unmittelbaren Inlandsauswirkung unscharf, einer abstrakten Definition angesichts der vielfältigen Erscheinungsformen von Wettbewerbsbeschränkungen nicht zugänglich (DASSER/DROLSHAMMER, in: Kommentar zum schwIPRG Art 137 Rn 16) und kaum den Anforderungen an die Rechtssicherheit gemäß anwendbar. Insbesondere sagt die Unmittelbarkeit einer Inlandsmarktauswirkung nicht zwangsläufig Entscheidendes über das Vorliegen eines berechtigten inländischen Rechtsanwendungsinteresses aus. Letztlich greifen deshalb auch die Befürworter eines Unmittelbarkeitskriteriums teilweise auf korrigierende Wertungen zurück, wenn sie trotz lediglich mittelbarer Auswirkungen auf den Inlandsmarkt inländisches Kartellrecht wegen eines außerordentlich intensiven Hineinwirkens in den Schutzbereich der GWB-Norm anwenden wollen (so KOENIGS, in: Gemeinschaftskommentar § 98 Abs 2 Rn 21). Es stellt sich insoweit die Frage, ob nicht besser ganz zugunsten einer **einzelfallbezogenen Betrachtung der konkreten Auswirkungen auf den Inlandsmarkt** auf ein **Unmittelbarkeitskriterium verzichtet** werden sollte (s Rn 122). Maßgeblich müßten hierbei im Hinblick auf den inländischen Marktbereich **objektiv quantitative Aspekte** sein (ähnlich BASEDOW 22). Insbesondere dürfen bei einer Bewertung des inländischen Regelungsinteresses auch **internationalisierte Interessen** an einer Erfassung des Auslandssachverhaltes nicht außer Betracht gelassen werden.

183 Soweit eine Verbindung des Unmittelbarkeitskriteriums mit subjektiven Aspekten der Zurechenbarkeit, etwa der **subjektiven Vorhersehbarkeit** oder der **Beabsichtigung** einer inländischen Marktauswirkung, erfolgt, ist dies ohnehin abzulehnen, da sich der marktordnungsrechtliche Charakter des Kartellrechts nur mit **objektiven Kriterien** vereinbaren läßt (s ausführlich Rn 89). Zwar neigt die herrschende Auffassung dazu, die kollisionsrechtliche Entscheidung über den Anwendungsbereich des inländischen Kartellrechts an die Tatbestände der einzelnen möglicherweise verletzten Sachnormen zu knüpfen (vgl Rn 161). Nachdem § 1 GWB für nicht bewirkte Wettbewerbsbeschränkungen ein **Bezwecken** einer Wettbewerbsbeschränkung verlangt, könnte daher das Finalitätskriterium in diesem Rahmen Eingang in die Konkretisierung des Begriffes der Inlandsauswirkung finden. Doch ist eine solche Vermischung von materiellrechtlichen und kollisionsrechtlichen Aspekten generell abzulehnen (s Rn 148). Im übrigen ist in Anlehnung an die Auslegung des Begriffs des Bezweckens im Rahmen des als Vorbild für § 1 nF GWB dienenden Art 81 Abs 1 EGV davon auszugehen, daß es gerade nicht auf die subjektive Absicht der Parteien ankommt (vgl Komm v 13. 12. 1989 ABl 1990 L 21, 71 Rn 45 [Bayo-n-ox]). Subjektive Kriterien haben allerdings **Indizfunktion** hinsichtlich einer bedeutsamen Inlandsmarktauswirkung.

184 Die konsequente Heranziehung eines **interessenbezogenen Intensitätskriteriums** (vgl auch Rn 220) dürfte dazu führen, daß gegenüber einer Heranziehung des Unmittelbarkeitskriteriums der Anwendungsbereich des inländischen Kartellrechts nicht weiter ausgedehnt wird. Das gilt jedenfalls dann, wenn man das Intensitätskriterium nicht als bloße **Bagatellgrenze** auffaßt (s Rn 186). In diesem Sinne wäre das Intensitätskriterium als regelungsinteressenbezogenes Eingrenzungskriterium mit dem allgemein als Bagatellgrenze verstandenen Spürbarkeitskriterium zu verbinden.

cc) Spürbarkeit

185 Ein **von der jeweiligen Sachnorm unabhängiges** Spürbarkeitskriterium wird verbreitet sowohl aus **kollisionsrechtlichen** wie aus **völkerrechtlichen** Gründen für erforderlich gehalten (Für ein von der Sachnorm unabhängiges Spürbarkeitskriterium etwa vGAMM NJW 1977, 1553, 1556; LANGEN/NIEDERLEITHINGER/RITTER/SCHMIDT § 98 Rn 43; MünchKomm/IMMENGA Nach Art 37 Rn 41; BKartA WuW/E BKartA 707, 712 [Verwertungsgesellschaft] sowie die Rechtsprechung des BGH und des KG, s im folgenden; ablehnend etwa MEESSEN ZHR 143 [1979] 280, 284; MARKERT WuW 1983, 214, 215; KLAWITTER WuW/E BGH 1616, 1617; LOEWENHEIM/BELKE, in: WESTRICK/LOEWENHEIM § 98 Abs 2 Rn 36). Es korrespondiert mit dem Kriterium der **Wesentlichkeit einer Marktauswirkung**, das zur völkerrechtsverträglichen Einschränkung des Auswirkungsprinzips vertreten wird. Die Spürbarkeit der Inlandsmarktauswirkung stellt nach ganz überwiegender Auffassung eine bloße **Bagatellgrenze** dar, die bei realistischer Betrachtungsweise den völkerrechtlichen Anforderungen an eine wesentliche bzw beträchtliche Inlandsauswirkung genügen soll (IMMENGA/MESTMÄCKER/REHBINDER § 98 Abs 2 Rn 78; vgl auch schwBG BGE 90 II 501, 513; 99 II 228, 232).

186 Soweit auf das von der herrschenden Auffassung geforderte Unmittelbarkeitskriterium verzichtet wird, erscheint es **kollisionsrechtlich** erforderlich, ein quantitatives Begrenzungskriterium so zu modifizieren, daß keine Ausuferung der Berücksichtigung von Auslandssachverhalten im Rahmen der Anwendung inländischen Rechts erfolgt. Gerade ein **quantitatives Begrenzungskriterium** eignet sich aus Marktordnungsgesichtspunkten zur sinnvollen Ausgrenzung nicht regelungsbedürftiger Auslandssachverhalte. An der bloßen Bagatellgrenze wäre dann nicht festzuhalten, son-

B. Internationales Kartellprivatrecht

dern es müßte im Einzelfall geprüft werden, ob die **Intensität der Inlandsmarktauswirkung,** ausgehend von den Interessen an einem effektiven Schutz des Inlandswettbewerbs gegen Wettbewerbsverzerrungen, allgemein ein solches Ausmaß erreicht, daß der **Regelungszweck des inländischen Marktordnungsrechts** eine Rechtsanwendung erfordert.

Erforderlich ist nach der **Rechtsprechung** eine spürbare Veränderung der Marktstruktur auf dem Inlandsmarkt (vgl BGHZ 74, 322, 327 [Organische Pigmente]; KG WuW/E OLG 2106, 2107 [Straßenbaugeräte]). Eine **spürbare Marktauswirkung** wurde im Fall eines **Unternehmenszusammenschlusses** schon bei einer Zunahme der Marktanteile um 0,14% bejaht, nachdem durch den Zusammenschluß ein Mitbewerber ausschied und das betreffende Unternehmen über den Umsatzzuwachs hinaus Zugang zu dem qualifizierten Know-how des ausgeschiedenen Mitbewerbers erlangte (BGHZ 74, 322, 327 [Organische Pigmente]). Bei dem der Entscheidung *Synthetischer Kautschuk II* des KG zugrundeliegenden Zusammenschluß wurde von einer Spürbarkeit bei einem Marktzuwachs von 0,4% ausgegangen, wobei ebenfalls ein potentieller Mitbewerber wegfiel und eine beträchtliche zusätzliche Herstellungskapazität zur Verfügung stand (KG WuW/E OLG 2419, 2420 [Synthetischer Kautschuk II]; zu den Zahlen BKartA WuW/E BKartA 1837, 1838 f [Bayer-France-Firestone France]). Daraus läßt sich der **Grundsatz** ableiten, daß bei einer sehr geringen Erhöhung der Marktanteile regelmäßig **weitere Wettbewerbseinflüsse** vorliegen müssen, etwa durch die Erlangung von Kapazitätszuwächsen, Know-how-Erlangung, effektiverer Vertriebsmöglichkeiten im Inland oder die Erlangung von im Inland besonders bekannten Marken. Ist dies nicht der Fall, genügt eine **alleinige Erhöhung der Marktanteile** ab ca 3% (MünchKomm/IMMENGA Nach Art 37 Rn 42). Zu beachten ist, daß etwaige weitere Wettbewerbseinflüsse **auf den inländischen Markt bezogen** sein müssen, soweit nicht schon die Erhöhung der Marktanteile allein ausreicht, um eine Spürbarkeit auf dem Inlandsmarkt anzunehmen. Es ist daher zu prüfen, inwieweit sich etwa eine Know-how-Erlangung oder Kapazitätszuwächse gerade auf den inländischen Markt auswirken, um diese Faktoren bei der Feststellung der Spürbarkeit heranziehen zu können (EBENROTH/AUTENRIETH BB 1981, 16, 24). Insoweit dürfte es aber genügen, daß sich die Wettbewerbskraft des betreffenden Unternehmens allgemein deutlich verbessert; eine Übertragung der im Schrifttum hinsichtlich einer Unmittelbarkeit der Marktauswirkung entwickelten Grundsätze scheidet aus.

Die Spürbarkeit wird in der Rechtsprechung bereits dann bejaht, wenn aus einer wettbewerbsbeschränkenden Abrede keine Begrenzung auf ein bestimmtes Liefervolumen hervorgeht, sondern Anhaltspunkte für die Möglichkeit eines größeren Liefervolumens in der Zukunft bestehen (vgl OLG Stuttgart WuW/E OLG 5895, 5896 [Flugzeugschlepper]).

Das Begrenzungskriterium der Spürbarkeit wird grundsätzlich sowohl bei im Ausland veranlaßten Wettbewerbsbeschränkungen ausschließlich **ausländischer Unternehmen** als auch **inländischer Unternehmen** angewendet, nachdem es nicht nur als völkerrechtliche Begrenzung des Auswirkungsprinzips angenommen wird, sondern auch aus kollisionsrechtlichen Gründen für erforderlich gehalten wird. Jedenfalls bei Beteiligung **inländischer Unternehmen** an einer im Ausland veranlaßten Wettbewerbsbeschränkung will REHBINDER die Anwendbarkeit der Bagatellklausel auf **abstrakte Gefährdungstatbestände** beschränkt wissen, weil die übrigen Sachnormen bereits auf materiellrechtlicher Ebene Spürbarkeit erfordern oder auf Wettbewerbsbeschänkungen höherer Intensität abstellen (IMMENGA/MESTMÄCKER/REHBINDER § 98 Abs 2 Rn 69). Eine derartige Einschränkung erscheint indes **nicht notwendig**, da insoweit die kollisionsrechtliche Spürbarkeitsprüfung unabhängig von der auf der materiellrechtlichen Ebene erfolgenden Tatbestandsprüfung der einzelnen Sachnorm vorzunehmen ist. Eine ähnliche Berücksichtigung des Tatbestandes der jeweils betroffenen Sachnormen bei der Bestimmung der kollisionsrechtlichen Anwendbarkeitsgrenzen erfolgt nach der Auffassung, die allgemein die Spürbarkeit nicht als einen von der jeweiligen Sachnorm losgelösten, von einem bestimmten Mindestmarktanteil oder einen Mindestumsatz abhängigen, **absoluten Maßstab** auffaßt, sondern auf der Grundlage der möglicherweise verletzten **Sachnorm** bestimmt (BECHTOLD § 130 Rn 15; vgl auch KEVEKORDES 124). Der Begriff der Spürbarkeit einer Inlandsmarktauswirkung deckt sich dann weitgehend mit den materiellrechtlichen Spürbarkeitsschwellen im Rahmen der einzelnen Tatbestände des GWB. Soweit die betroffene Sachnorm keine Spürbarkeitsschwelle enthält, soll für die Inlandsauswirkung auf die Spürbarkeitsschwelle im Sinne des § 1 GWB zurückgegriffen werden (BECHTOLD § 130 Rn 15). Auch insoweit gilt indes, daß die kollisionsrechtliche Spürbarkeitsschwelle unabhängig von der materiellrechtlichen Tatbestandsprüfung zu bestimmen ist.

dd) Tatsächliche Wirkungen

190 Eine Begrenzung der Berücksichtigung von im Ausland veranlassten Wettbewerbsbeschränkungen auf Fälle tatsächlicher, nicht lediglich möglicher Auswirkungen wird, soweit sie nicht abgelehnt wird, vorwiegend aus **völkerrechtlichen Gründen** für notwendig gehalten, aber auch aus allgemeinen **kollisionsrechtlichen Gründen** zur Vermeidung einer nicht sinnvollen, ausufernden Berücksichtigung von Auslandssachverhalten (vgl etwa MÜLLER/HENNEBERG WuW 1961, 307, 312 f) für zweckmäßig erachtet. Der **BGH** hat sich in der Frage der Notwendigkeit einer tatsächlichen Auswirkung zunächst nicht entschieden (BGHSt 25, 208, 214 [Ölfeldrohre]), scheint im Hinblick auf § 23 aF GWB die Gefährdung des inländischen Wettbewerbs jedoch ausreichen lassen zu wollen (BGHZ 74, 322, 326 [Organische Pigmente]; vgl auch BGH WuW/E BGH 2088, 2090 [Korkschrot]). Das **BKartA** verlangt eine zumindest **im Ansatz vorliegende Erkennbarkeit** nicht nur potentieller, sondern **tatsächlicher Inlandsauswirkungen** (BKartA WuW/E BKartA 584 [Hauer]; WuW/E BKartA 741, 742).

191 Bei Wettbewerbsbeschränkungen **inländischer Unternehmen** bzw einer Beteiligung inländischer Unternehmen an einer im Ausland veranlaßten Wettbewerbsbeschränkung besteht eine Tendenz im Schrifttum, teilweise in Abhängigkeit von der betroffenen Sachnorm bereits die bloße **Eignung zur Gefährdung des inländischen Wettbewerbs** ausreichen zu lassen (LANGEN/NIEDERLEITHINGER/RITTER/SCHMIDT § 98 Rn 46; vgl auch BGH WuW/E BGH 2088, 2090 [Korkschrot]). Ähnlich wie im Fall des Begrenzungskriteriums der Unmittelbarkeit einer Inlandsauswirkung beruht diese Differenzierung auf dem **völkerrechtlichen Hintergrund** der behaupteten Notwendigkeit einer Begrenzung des Auswirkungsprinzips. Überwiegend wird im Schrifttum daher eine tatsächliche Inlandsauswirkung nur hinsichtlich Wettbewerbsbeschränkungen **ausländischer Unternehmen** verlangt (AUTENRIETH RIW 1980, 820, 821; für eine generelle Beschränkung auf tatsächliche Wirkungen SCHWARTZ 99 f; HAYMANN 186 ff; MÜLLER-HENNEBERG WuW 1961, 307, 312; REHBINDER 90).

192 Verbreitet wird bei der Heranziehung des Kriteriums einer tatsächlichen Inlandsaus-

B. Internationales Kartellprivatrecht

wirkung nach der in Betracht kommenden **Sachnorm** differenziert (LANGEN/NIEDERLEITHINGER/RITTER/SCHMIDT § 98 Rn 46; KOENIGS, in: Gemeinschaftskommentar § 98 Abs 2 Rn 26; BECHTOLD § 130 Rn 14; vgl auch LOEWENHEIM/BELKE, in: WESTRICK/LOEWENHEIM § 98 Abs 2 Rn 37). Danach kommt es darauf an, inwieweit die konkrete Sachnorm eine tatsächliche und nicht nur mögliche Wettbewerbsbeschränkung voraussetzt. Das bedeutet im Ergebnis, daß auf eine **generelle und abstrakte Beschränkung auf tatsächliche Inlandsauswirkungen** verzichtet wird und anstelle dessen die kollisionsrechtliche Entscheidung mit dem Tatbestand der jeweiligen Sachnorm verknüpft wird, deren Schutzintensität letztlich entscheidet, welche Art und Intensität einer Auswirkung für die Berufung des inländischen Kartellrechts ausreicht (vgl IMMENGA/MESTMÄCKER/REHBINDER § 98 Abs 2 Rn 64 iVm Rn 50). Nach dieser Auffassung genügt für kartellrechtliche Sachnormen mit **Gefährdungscharakter** bereits eine infolge der möglichen Auswirkungen eines Kartells oder eines Zusammenschlusses bestehende **Gefahr für die Freiheit des Wettbewerbs** (MünchKomm/IMMENGA Nach Art 37 Rn 36; IMMENGA/MESTMÄCKER/REHBINDER § 98 Abs 2 Rn 65). Für **abstrakte Gefährdungstatbestände**, bei denen die Gefahr nicht Tatbestandselement der Norm ist und bei denen damit der Begriff der hinreichenden Gefährdung des inländischen freien Wettbewerbs nicht aus der Norm selbst heraus konkretisiert werden kann, soll demgegenüber ein den Begriff der potentiellen Inlandswirkung konkretisierendes **kollisionsrechtliches Anknüpfungskriterium** herangezogen werden, um allzu fernliegende Gefährdungen rein theoretischer Art auszuschalten (IMMENGA/MESTMÄCKER/REHBINDER § 98 Abs 2 Rn 66; ähnlich MünchKomm/IMMENGA Nach Art 37 Rn 37). Erforderlich ist danach eine **qualifizierte abstrakte Gefahr**, die dann vorliegt, wenn konkrete Umstände dafür sprechen, daß die Wettbewerbsbeschränkung geeignet ist, den inländischen Wettbewerb zu beeinträchtigen (MünchKomm/IMMENGA Nach Art 37 Rn 37; IMMENGA/MESTMÄCKER/REHBINDER § 98 Abs 2 Rn 76). Dabei wäre der Begriff der Beeinträchtigung des inländischen freien Wettbewerbs im Einklang mit der **Schutzzwecklehre** im Sinne des von der konkreten Sachnorm umfaßten Schutzbereichs zu verstehen (IMMENGA/MESTMÄCKER/REHBINDER § 98 Abs 2 Rn 67).

Der herrschenden Auffassung zum Kriterium der Tatsächlichkeit einer Inlandsauswirkung ist insoweit zuzustimmen, als eine generelle Beschränkung des Auswirkungsprinzips in diesem Sinne nicht zweckmäßig erscheint. Zum einen ist sie jedenfalls nicht völkerrechtlich geboten, weil ein kartellrechtlicher Präventivschutz einem legitimen staatlichen Regelungsinteresse entspricht und damit **völkerrechtlich** grundsätzlich zulässig ist (MEESSEN, Völkerrechtliche Grundsätze 158; MünchKomm/IMMENGA Nach Art 37 Rn 36; IMMENGA/MESTMÄCKER/REHBINDER § 98 Abs 2 Rn 76). Eine tatsächliche Marktauswirkung ist insbesondere auch dann nicht geboten, wenn an der Wettbewerbsbeschränkung ausschließlich ausländische Unternehmen beteiligt sind. Zum anderen ist sie auch **kollisionsrechtlich** wenig sinnvoll, weil durch ein Tatsächlichkeitskriterium Sachverhalte aus dem Anwendungsbereich des GWB ausgenommen werden, die nach dem Sinn und Zweck eines effektiven Systems zum Schutz der Marktordnung regelungsbedürftig sind (im Ergebnis ähnlich mit dem Hinweis auf die Ungeeignetheit eines erst nachträglich feststellbaren Anknüpfungskriteriums IMMENGA/MESTMÄCKER/REHBINDER § 98 Abs 2 Rn 64).

Im Gegensatz zur herrschenden Auffassung ist jedoch die Zweckmäßigkeit einer Berücksichtigung der Tatsächlichkeit einer Inlandsauswirkung mit den selben Gründen zu verneinen, wie die Auffassung, daß ein Spürbarkeitskriterium nur im Rahmen des Tatbestandes der jeweiligen Sachnorm von Bedeutung sei (s Rn 189). Das Kollisionsrecht hat nur die Aufgabe, den Anwendungsbereich des inländischen Sachrechts abzugrenzen. Es dient aber nicht dazu, eine Vorabentscheidung über die Erfassung des konkreten Sachverhaltes durch die jeweilige Sachnorm zu treffen. Kollisionsrechtlicher Anwendungsbefehl und Subsumtion unter die jeweilige kollisionsrechtlich anwendbare Sachnorm sind streng auseinanderzuhalten. Eine Vermengung von materiellrechtlichen Tatbestandselementen mit kollisionsrechtlichen Anknüpfungskriterien verbietet sich im Interesse systematischer Klarheit.

VI. Inlandsauswirkung im Rahmen der Einzelfallgruppen

1. Kartelle

a) Allgemeines

195 Das GWB ist auf wettbewerbsbeschränkende Vereinbarungen, Beschlüsse von Unternehmensvereinigungen und aufeinander abgestimmte Verhaltensweisen im Sinne des § 1 GWB anwendbar, wenn eine Inlandsauswirkung im Sinne des § 130 Abs 2 GWB vorliegt. Das gilt unabhängig davon, ob an der wettbewerbsbeschränkenden Absprache ausschließlich ausländische Unternehmen beteiligt sind. Die **herrschende Auffassung**, die die kollisionsrechtliche Entscheidung weithin von sachrechtlichen Gesichtspunkten der betroffenen Norm abhängig macht, verlangt bei ausschließlicher Beteiligung **ausländischer Unternehmen** an der Wettbewerbsbeschränkung eine spürbare und unmittelbare Einschränkung oder Verfälschung des Wettbewerbs (vgl für § 1 aF GWB IMMENGA/MESTMÄCKER/REHBINDER § 98 Abs 2 Rn 89). Bei einer **Verhinderung des Wettbewerbs** ist stets von einer **Spürbarkeit** auszugehen. Sind an der Wettbewerbsbeschränkung auch **inländische Unternehmen** beteiligt, soll das **Unmittelbarkeitserfordernis** entfallen. **Tatsächliche** Auswirkungen werden im Rahmen der Verletzung des § 1 GWB nicht gefordert, weil § 1 GWB bereits eine bezweckte, aber nicht bewirkte Wettbewerbsbeschränkung verbietet. Es genügt bereits die konkrete Eignung zur Beeinträchtigung des inländischen Wettbewerbs. Eine **Absicht** der beteiligten Unternehmen, den Wettbewerb im Inland zu beeinträchtigen, ist **nicht erforderlich**. Nichts anderes gilt, wenn man einer tatbestandsabhängigen Konkretisierung des Begriffes der Inlandsauswirkung folgt, denn das **Bezwecken** iSd § 1 GWB ist in einem objektiven Sinn zu verstehen und meint nicht die subjektive Beabsichtigung einer Wettbewerbsbeeinträchtigung (vgl zu Art 81 Abs 1 EGV Komm v 13.12.1989 ABl 1990 L 21, 71 Rn 45 [Bayo-n-ox]).

196 Eine Inlandsmarktauswirkung durch **inlandsmarktbezogene Kartelle ausländischer Unternehmen** setzt nach herrschender Auffassung grundsätzlich die **Regelung des inländischen Marktes** voraus, so daß danach nur Wettbewerbsbeschränkungen im Sinne des § 1 GWB erfaßt werden, die unmittelbar den inländischen Markt betreffen (IMMENGA/MESTMÄCKER/REHBINDER § 98 Abs 2 Rn 95). Dabei genügt die Beeinflussung des **potentiellen Wettbewerbs** auf dem Inlandsmarkt. Nicht ausreichen soll mangels Unmittelbarkeit der Inlandsmarktwirkung grundsätzlich eine **Fernwirkung** über einen zunächst betroffenen Drittmarkt (MünchKomm/IMMENGA Nach Art 37 Rn 49). Dagegen hat ein sich auf einen Drittmarkt beziehender wettbewerbsbeschränkender Vertrag eine Inlandsauswirkung, wenn sich die Beteiligten iSd **Folgetheorie**, wonach es für die Wettbewerbsbeschränkung nicht auf den Vertragsinhalt oder Vertragszweck ankommt, sondern auf die von dem Vertrag ausgehende tatsächliche Wirkung auf

Konkurrenzbeziehungen, auf dem Inlandsmarkt wettbewerbsbeschränkend verhalten (MünchKomm/IMMENGA Nach Art 37 Rn 49; vgl zu **Folgetheorie** IMMENGA/MESTMÄCKER/IMMENGA § 1 Rn 303 ff). Ist die inländische Wettbewerbsbeschränkung Zweck des Vertrages oder des Beschlusses, wird ebenfalls eine Inlandsauswirkung angenommen (IMMENGA/MESTMÄCKER/REHBINDER § 98 Abs 2 Rn 95; LOEWENHEIM/BELKE, in: WESTRICK/LOEWENHEIM § 98 Abs 2 Rn 42; zur **Zwecktheorie** IMMENGA/MESTMÄCKER/IMMENGA § 1 Rn 297 ff). **Mittelbare Wirkungen** auf den Inlandsmarkt durch auf einen Drittmarkt bezogene Kartelle werden von der herrschenden Auffassung dann als hinreichende Inlandsauswirkung angesehen, wenn die Drittmarktbeschränkung gezielt oder sonstwie **zurechenbar den Inlandsmarkt beeinflußt** (IMMENGA/MESTMÄCKER/REHBINDER § 98 Abs 2 Rn 95). Das wird dann angenommen, wenn eine **Kontrolle des inländischen Absatzweges** durch die an der sich unmittelbar auf einen anderen Zwischenmarkt beziehenden Wettbewerbsbeschränkung beteiligten Unternehmen, etwa durch Tochtergesellschaften der beteiligten Unternehmen oder über ein Franchise-System oder Vertragshändlernetze, gegeben ist. Danach liegt eine hinreichende Inlandsauswirkung insbesondere dann vor, wenn die Mitglieder eines ausländischen einen Drittmarkt regelnden Preiskartells den Weiterverkauf in die Bundesrepublik Deutschland über eine eigene Vertriebsorganisation kontrollieren. Entsprechendes gilt für ausländische Produktionsbeschränkungen, wenn der Vertrieb der vom Produktionskartell betroffenen Ware im Inland über ein eigenes Vertriebssystem der beteiligten Unternehmen erfolgt. Dann wirkt sich das Produktionskartell im Ergebnis wie ein direktes Preiskartell im Inland aus (IMMENGA/MESTMÄCKER/REHBINDER § 98 Abs 2 Rn 75; vgl schon hier Rn 181). Teilweise wird eine Zurechenbarkeit bereits dann bejaht, wenn zwischen dem Verursacher und dem Abnehmer im Inland nicht mehr als eine Verarbeitungs- oder Handelsstufe in den Absatzweg eingeschaltet ist und den Unternehmen dieser Stufe kein Handlungsspielraum für ein anderes Marktverhalten verbleibt, weil dann die Inlandsauswirkung für den Verursacher voraussehbar und mindestens bewußt in Kauf genommen würde (KOENIGS, in: Gemeinschaftskommentar § 98 Abs 2 Rn 21, 61).

Im Zuge der 6. GWB-Novelle wurde die Privilegierung von **Exportkartellen** gemäß §6 Abs 1 aF GWB gestrichen. Damit fehlte es zugleich an der Notwendigkeit einer **Sonderanknüpfung** hinsichtlich von Exportkartellen iSd § 98 Abs 2 Satz 2 aF GWB, so daß eine entsprechende Regelung in § 130 Abs 2 GWB nicht enthalten ist. Die Anknüpfung bei Exportkartellen erfolgt daher entsprechend der Rechtsprechung des BGH vor Einführung der Sonderanknüpfung von Exportkartellen im GWB nach dem **Auswirkungsprinzip**. Somit sind Exportkartelle nur dann nach dem GWB zu beurteilen, wenn sie Inlandsauswirkungen haben (BGHSt 25, 208, 210 [Ölfeldrohre]). Das wird unter Zugrundelegung der herrschenden Auffassung in der Regel zu verneinen sein.

Die **ausschließliche Auslandsregelung** bzw Auslandsbindung schließt das Vorliegen einer Inlandsauswirkung allerdings nicht grundsätzlich aus. Der **BGH** hat eine Inlandsauswirkung eines Exportkartells für möglich gehalten, wenn die Wirtschaftskraft eines Unternehmens durch das Kartell so sehr verstärkt wird, daß allein dadurch die Chancen für künftige Wettbewerber auf dem Inlandsmarkt verringert würden und deshalb nachteilige Auswirkungen auf den Wettbewerb im Inland vorliegen würden (BGHSt 25, 208, 214 [Ölfeldrohre]). Dies würde allerdings die Berücksichtigung **mittelbarer Rückwirkungen** einer einen Auslandsmarkt regelnden Absprache auf den Inlandsmarkt bedeuten, die von der **herrschenden Auffassung** allenfalls als hinreichend anerkannt wird, soweit an der Wettbewerbsbeschränkung inländische Unternehmen beteiligt sind (s Rn 177). Regelmäßig fehlt es bei Exportkartellen nach herrschender Auffassung deshalb an einer relevanten Inlandsauswirkung. Bei Verzicht auf das Unmittelbarkeitskriterium, auch soweit an der Wettbewerbsbeschränkung ausschließlich ausländische Unternehmen beteiligt sind (s Rn 182), muß geprüft werden, inwieweit entsprechende Rückwirkungen von Exportkartellen auf die Wettbewerbsposition der beteiligten Unternehmen auf dem Inlandsmarkt ein grundsätzliches Regelungsbedürfnis des inländischen Wettbewerbsrechts begründen.

199 Ähnliche Probleme stellen sich bei wettbewerbsbeschränkenden Verhaltensweisen zur Importbegrenzung. Hier wird nach herkömmlicher Betrachtungsweise jedenfalls mangels Unmittelbarkeit keine relevante Auswirkung auf dem Heimatmarkt der behinderten exportierenden Unternehmen gegeben sein (IMMENGA, in: FS Mestmäcker 593, 597). Allenfalls wenn Rückwirkungen auf die internationale Wettbewerbsposition oder auf die Wettbewerbsposition auf dem Heimatmarkt der Unternehmen als ausreichend zu beurteilen sind, kann im Einzelfall eine relevante Auswirkung (auch) auf diesem Markt angenommen werden. So ist denkbar, daß stark exportabhängige Unternehmen durch entsprechende Importbegrenzungsabsprachen auf einem oder mehreren essentiellen Exportmärkten so geschwächt werden, daß dies zu einer Veränderung der Wettbewerbssituation auf dem Heimatmarkt führt.

b) Praxis

200 Nach Auffassung des **BGH** liegt bei Kartellen eine Inlandsauswirkung vor, wenn eine Beeinträchtigung der Betätigungsfreiheit von unbeteiligten Unternehmen auf dem Inlandsmarkt gegeben ist (BGHSt 25, 208, 212 [Ölfeldrohre]; ebenso OLG Stuttgart WuW/E OLG 2376, 2377 [CRP-Umzüge]). Sollte der BGH hiermit eine allgemeine Aussage dahingehend getroffen haben, daß es generell ausschließlich auf die Außenwirkungen der Wettbewerbsbeschränkungen auf unbeteiligte Dritte und niemals auf Innenwirkungen, auf die an der Absprache oder abgestimmten Verhaltensweise Beteiligten ankomme (gegen eine solche Auslegung der Entscheidung IMMENGA/MESTMÄCKER/REHBINDER § 98 Abs 2 Rn 42), so kann dem nicht zugestimmt werden. Die Auslegung des § 1 GWB hat sich an der Auslegung des als Vorbild der Neufassung des § 1 GWB dienenden Art 81 Abs 1 EGV zu orientieren. Danach schützt § 1 GWB nicht lediglich unbeteiligte dritte Marktteilnehmer, sondern gerade auch die an einer Vereinbarung oder Verhaltensabstimmung beteiligten oder durch einen Beschluß betroffenen Unternehmen gegen die Einschränkung ihrer wirtschaftlichen Handlungsfreiheit (vgl IMMENGA/MESTMÄCKER/EMMERICH Art 85 Abs 1 Rn 140 mwN). Grundsätzlich könnte eine Inlandsauswirkung daher auch dann vorliegen, wenn eine Absprache zu einer Einschränkung der wirtschaftlichen Handlungsfreiheit etwa eines an einem internationalen Kartell beteiligten deutschen Unternehmens führt, jedenfalls wenn hierdurch die Wettbewerbsposition des gebundenen Unternehmens auf dem inländischen Markt betroffen ist. Da nach **herrschender Auffassung** allerdings mangels Unmittelbarkeit bloße Rückwirkungen von Auslandswettbewerbsbeschränkungen auf die Wettbewerbskraft eines inländischen Unternehmens auf dem Heimatmarkt nicht für die Bejahung der Inlandsauswirkung ausreichen, ist insoweit ein **besonderer Bezug der Einschränkung der Handlungsfreiheit des betroffenen Unternehmens auf den inländischen Wettbewerb** erforderlich, der darin liegt, daß sich die Bindung des Unternehmens an die Absprache wettbewerbsbeschränkend auf dritte Unternehmen auf

dem Inlandsmarkt auswirkt. Ein **Wettbewerb im Inland** liegt allgemein vor, wenn sich **Angebot und Nachfrage** für die von dem Kartell betroffenen Waren oder Dienstleistungen im Inland treffen (KG WuW/E OLG 1071, 1072 [Triest-Klausel]; LANGEN/NIEDERLEITHINGER/RITTER/SCHMIDT § 98 Rn 42; MünchKomm/IMMENGA Nach Art 37 Rn 49 mwN). Unerheblich ist es, ob die dritten Unternehmen eine Niederlassung im Inland haben; es genügt, daß ausländische Unternehmen auf dem Inlandsmarkt als Nachfrager auftreten und in dieser Funktion durch das Kartell beeinträchtigt werden (OLG Stuttgart WuW/E OLG 2376, 2377 [CRP-Umzüge]).

Eine Inlandsauswirkung liegt danach vor, wenn die Absprache oder das abgestimmte **201** Verhalten von Unternehmen ausgeht, die im Inland ansässig sind und die Lieferung von Waren oder die Erbringung von Dienstleistungen an ausländische Abnehmer oder Auftraggeber **im Inland** regelt (OLG Stuttgart WuW/E OLG 2376, 2377 [CRP-Umzüge]). Dagegen scheidet eine Inlandsauswirkung unter Zugrundelegung der herrschenden Auffassung aus, wenn eine entsprechende Absprache inländischer Unternehmen sich auf Leistungen **außerhalb des Inlands** beziehen, weil hiervon **unmittelbar** nur der Wettbewerb im Ausland betroffen ist, nachdem **Angebot und Nachfrage** für die kartellierte Ware im Ausland aufeinandertreffen. Eine Inlandsmarktauswirkung wird deshalb auch abgelehnt, wenn ausländische Unternehmen auf ihrem Heimatmarkt Absprachen vornehmen, die sich dort auf inländische Einkäufer auswirken, obwohl hierdurch die Preisbildung und damit der Wettbewerb im Inland mittelbar betroffen ist (vgl BKartA WuW/E BKartA 447, 450 [Grubenholz]; s aber Rn 202). Eine Inlandsauswirkung bei einer inländischen Absprache, durch die sich ein Hersteller gegenüber einem Händler ausschließlich verpflichtet, im Hinblick auf den Bedarf eines in Ausland ansässigen Endabnehmers kein **Direktgeschäft** über eine im Ausland zu erfolgende Lieferung mit diesem Abnehmer vorzunehmen, hat demnach keine Inlandsauswirkung. Dagegen führt der Umstand, daß durch eine solche Absprache der Hersteller auch darin beschränkt wird, in die Belieferung des Endabnehmers keinen anderen Händler oder Vermittler einzuschalten, sondern den Bedarf des ausländischen Interessenten nur durch einen Abschluß mit dem Vertragspartner der **Projektschutzzusage** zu befriedigen, zu einer Inlandsauswirkung, weil hierdurch der im Inland stattfindende Wettbewerb der Eigenhändler beschränkt wird (OLG Stuttgart WuW/E OLG 5895, 5896 [Flugzeugschlepper]).

Auch in Fällen von Absprachen inländischer Unternehmen, die die Lieferung von **202** Waren oder die Erbringung von Dienstleistungen an ausländische Abnehmer oder Auftraggeber **im Ausland** regeln, erscheint es allerdings, soweit man ein **Unmittelbarkeitskriterium** ablehnt, sinnvoll, zu prüfen, inwieweit durch eine solche Absprache der inländische Wettbewerb deshalb betroffen sein kann, weil die an dem Kartell beteiligten Unternehmen eine stärkere Marktposition auf dem inländischen Markt erlangen. Umgekehrt wäre dann die Rückwirkung eines unmittelbar auf einen ausländischen Markt bezogenen Kartells, das deutsche Einkäufer hinsichtlich des Erwerbs von zur Einfuhr in den deutschen Marktbereich bestimmten Waren beschränkt (vgl BKartA WuW/E BKartA 447, 450 [Grubenholz]), als hinreichende Inlandsauswirkung zu qualifizieren, weil sich ein solches Kartell auf die Preisbildung im Inland und damit auf den inländischen Wettbewerb auswirkt (vgl aber Rn 201).

Bei einem sich auf einen ausländischen Markt beziehenden **Preis- und Konditionen- 203 kartell** liegt eine hinreichende Inlandsauswirkung trotz einer gleichzeitig bestehenden Auslandsmarktauswirkung dann vor, wenn die Absprache eine **Verminderung inländischer Kapazitätsauslastungen** bewirkt und damit die **Marktchancen inländischer Abnehmer** aufgrund der Steigerung der Herstellungskosten auch hinsichtlich der Inlandsproduktion nachteilig beeinflußt (KG WuW/E OLG 1339, 1346 [Linoleum]; vgl auch BKartA WuW/E BKartA 1376, 1383 [Linoleum]). Damit wird trotz Nennung des Unmittelbarkeitskriteriums in den Entscheidungsgründen im Ergebnis eine **mittelbare Beeinflussung der inländischen Marktverhältnisse** als ausreichend für eine Inlandsauswirkung angenommen (s Rn 176; ebenso IMMENGA/MESTMÄCKER/REHBINDER § 98 Abs 2 Rn 90; vgl auch BGHSt 25, 208, 214 [Ölfeldrohre]).

204 Eine Inlandsauswirkung wurde bei einem **internationalen Marktaufteilungskartell** angenommen, weil dieses zur Folge hatte, daß Lieferungen auf dem inländischen Markt unterblieben (BKartA WuW/E BKartA 1393, 1395 [Polyamid]), ebenso bei **Selbstbeschränkungsabkommen** ausländischer Unternehmen, die sich auf Exporte in die Bundesrepublik Deutschland beziehen (BKartA Tätigkeitsbericht 1972, 30 f, 63; 1975, 28, 56, 66; 1976, 37 f; WuW/E BKartA 704, 707 [Verwertungsgesellschaften]), bei **Gebietsabgrenzungen** (BKartA Tätigkeitsbericht 1971, 96) und bei der **gegenseitigen Übertragung von Verwertungsrechten** zwischen einer deutschen Verwertungsgesellschaft und ihren ausländischen potentiellen Konkurrenten auf dem deutschen Markt, durch die letztere auf eine Teilnahme am Wettbewerb auf dem deutschen Markt verzichten (KG WuW/E OLG 1863, 1864 [Gema]). Allgemein dürfte die Anzahl entsprechender Entscheidungen in Verbindung mit ausländischen und internationalen Kartellen infolge des Vordringens des **EU-Kartellrechts** abnehmen (vgl IMMENGA/MESTMÄCKER/REHBINDER § 98 Abs 2 Rn 93; LANGEN/BUNTE/JUNGBLUTH § 98 Abs 2 Rn 133).

c) Freistellungen und Bereichsausnahmen

205 Die Anwendbarkeit des deutschen Kartellrechts erstreckt sich bei Vorliegen der kollisionsrechtlichen Voraussetzungen für eine Anwendung des § 1 GWB auch auf die Möglichkeit, Kartelle vom Kartellverbot **freizustellen,** und zwar auch dann, wenn an dem Kartell ausschließlich ausländische Unternehmen beteiligt sind (MünchKomm/ IMMENGA Nach Art 37 Rn 50; LOEWENHEIM/BELKE, in: WESTRICK/LOEWENHEIM § 98 Abs 2 Rn 44). Das betrifft jedenfalls die im GWB geregelten Ausnahmen für **Normen- und Typenkartelle** (§ 2 Abs 1 GWB) sowie **Konditionenkartelle** (§ 2 Abs 2 GWB), die nicht auf die Erhaltung der Leistungsfähigkeit der an ihnen beteiligten Unternehmen abstellen.

206 Für **Spezialisierungskartelle** (§ 3 GWB), **Mittelstandskartelle** (§ 4 Abs 1 GWB), **Einkaufsgemeinschaften** (§ 4 Abs 2 GWB), allgemeine **Rationalisierungskartelle** (§ 5 GWB) und **Strukturkrisenkartelle** (§ 6 GWB) wird die **Anwendbarkeit bezweifelt**, weil die Rationalisierung bzw **Existenzsicherung ausländischer Unternehmen** und die dadurch gewährleistete **bessere Bedarfsdeckung ausländischer Volkswirtschaften** grundsätzlich nicht als Aufgabe des deutschen Rechts angesehen wird (SCHWARTZ 108; REHBINDER 186; IMMENGA/MESTMÄCKER/REHBINDER § 98 Abs 2 Rn 99; LANGEN/BUNTE/JUNGBLUTH § 98 Abs 2 Rn 134; **aA** für Rationalisierungskartelle RASCH WuW 1952, 824, 826; vgl auch BÄR 412 Fn 146). Nach dieser Auffassung kann ein Rationalisierungskartell grundsätzlich nicht damit gerechtfertigt werden, daß bei einem ausländischen Unternehmen ein Rationalisierungserfolg eintritt. Eine Legalisierung von Rationalisierungskartellen mit **ausschließlich ausländischer Beteiligung** soll deshalb, ebenso wie ein **Strukturkrisenkartell** mit ausschließlich ausländischer Beteiligung nicht in Betracht kommen (LOEWENHEIM/BELKE, in: WESTRICK/LOEWENHEIM § 98 Abs 2 Rn 47). Allerdings soll die Beteiligung ausländischer Unternehmen an einem Rationalisierungskartell bereits dann zulässig sein, wenn die Teilnahme inländischer Unternehmen die Wettbewerbsbeschränkung rechtfertigt, weil anderenfalls wünschenswerte **Rationalisierungen inländischer Unternehmen** verhindert würden (IMMENGA/MESTMÄCKER/REHBINDER § 98 Abs 2 Rn 99 mwN). Keine Probleme ergeben sich, wenn ein Rationalisierungskartell **unmittelbar der inländischen Volkswirtschaft nützt**. Das soll dann anzunehmen sein, wenn ein an dem Kartell beteiligtes ausländisches Unternehmen eine rechtlich unselbständige Produktionsstätte im Inland besitzt (IMMENGA/MESTMÄCKER/REHBINDER § 98 Abs 2 Rn 99) und wenn eine sachliche Spezialisierung für den Inlandsmarkt erfolgt (BKartA Tätigkeitsbericht 1977, 56 f, 67 zu § 5 a aF GWB). Eine **Ministererlaubnis** nach § 8 GWB für ein **Selbstbeschränkungsabkommen** ausschließlich ausländischer Unternehmen soll entsprechend der einschränkenden Auffassung nur in Betracht kommen, wenn das Abkommen durch überwiegende Gründe der **inländischen** Gesamtwirtschaft und des inländischen Gemeinwohls gerechtfertigt ist (dazu IMMENGA RabelsZ 49 [1985] 303, 310 ff).

Der **Auffangtatbestand des § 7 GWB** dürfte nach der herrschenden Auffassung nur **207** Anwendung finden, wenn die fragliche Vereinbarung oder der Beschluß unter angemessener Beteiligung der **Verbraucher im Inland** an dem entstehenden Gewinn zu einer Verbesserung der Entwicklung, Erzeugung, Verteilung, Beschaffung, Rücknahme oder Entsorgung von Waren oder Dienstleistungen **im Inland** beitragen. Dies hängt davon ab, in welchem Ausmaß ein **mittelbarer Inlandsvorteil** zu berücksichtigen ist. So erscheint es auch unter Zugrundelegung der restriktiven Auffassung zur Anwendbarkeit der Freistellungsregelungen des GWB nicht ausgeschlossen, daß man schon **mittelbare Vorteile für die inländischen Verbraucher** infolge sich in den inländischen Abgabepreisen widerspiegelnder Kostenvorteile genügen läßt, um eine Anwendbarkeit des ergänzenden Freistellungstatbestandes zu bejahen (s Rn 209).

Richtigerweise handelt es sich bei der Frage nach den Gründen für eine Freistellung **208** bestimmter Kartelltypen bei konsequenter Trennung zwischen kollisionsrechtlicher und sachrechtlicher Prüfungsebene nicht um ein eigentliches kollisionsrechtliches Problem, sondern um die **sachrechtliche Frage der Tatbestandserfüllung**. Daß die Frage dennoch auf der **kollisionsrechtlichen Ebene** gestellt wird, beruht auf dem verbreitet vertretenen Ansatz einer weitgehenden Anlehnung der kollisionsrechtlichen Anwendbarkeitsfrage an die Gesetzeszwecke der jeweiligen Sachnorm (s dazu Rn 160 f, vgl auch Rn 148).

Darüberhinaus ist ausgehend von einem **globalen Gesamtansatz** im Wettbewerbs- **209** recht auch fraglich, ob im Hinblick auf die grundsätzliche Anwendbarkeit der Freistellungsregeln des GWB ein derart weitgehender Ausschluß folgerichtig ist, oder ob man nicht auf die strenge Begrenzung auf den unmittelbaren Nutzen für die deutsche Volkswirtschaft verzichten sollte. Da indes entsprechende Kartellformen nicht lediglich direkt der Förderung des Wettbewerbs auf einem nationalen Markt und damit mittelbar der Förderung des Weltwettbewerbs dienen, sondern auch im allgemeinen volkswirtschaftlichen Interesse der jeweiligen Staaten liegen können, erscheint es – vorausgesetzt man trifft diese Entscheidung nicht ohnehin erst auf der sachrechtlichen Ebene – als zu weitgehend, eine **grundsätzliche Förderungswürdigkeit entsprechender auslandsbezogener Ziele** durch die inländischen Freistellungsregelungen anzunehmen. Allerdings ist es angebracht, nicht nur den **unmittelbaren Nutzen** eines Kartells für die inländische Volkswirtschaft zu berücksichtigen, sondern auch **mittelbare Vorteile für die inländische Volkswirtschaft** für eine Anwendbarkeit der inländischen Freistellungsregeln ausreichen zu lassen.

2. Preis- und Konditionenbindungen

210 Nach der **herrschenden Schutzzwecktheorie** haben Preis- und Konditionenbindungen iSd § 14 GWB Inlandsauswirkungen, wenn der inländische Wettbewerb beeinträchtigt ist. Dabei ist für die Bestimmung einer iSd Norm hinreichenden Inlandsauswirkung auf den **Schutzzweck** des § 14 GWB abzustellen. Geht man von einer weitgehenden Anknüpfung der kollisionsrechtlichen Entscheidung an den **Tatbestand der Sachnorm** aus (so IMMENGA/MESTMÄCKER/REHBINDER § 98 Abs 2 Rn 107; vgl dagegen hier Rn 161), so muß außerdem der Tatbestand des § 14 GWB verwirklicht sein.

211 Die Ausnahme des § 15 Abs 1 GWB für **verlagserzeugnisbezogene Preisbindungen** findet auch zugunsten ausländischer Unternehmen Anwendung, einschließlich des Formerfordernisses des § 15 Abs 2 GWB und der Mißbrauchsaufsicht gemäß § 15 Abs 3 GWB (SCHWARTZ 62; näher Rn 215). Für **vertikale Preisempfehlungen** im Sinne des § 23 GWB ergeben sich keine Besonderheiten gegenüber den Grundsätzen zu vertikalen Bindungen. Auf eine gesonderte Darstellung kann insoweit verzichtet werden.

212 **Schutzzweck** des § 14 GWB ist zunächst die Erhaltung der **Betätigungsfreiheit und Entschließungsfreiheit der gebundenen Unternehmen** auf dem **Primärmarkt**, auf dem die gebundenen Unternehmen als Nachfrager bzw Anbieter auftreten. Geschützt werden die gebundenen Unternehmen sodann auf dem **Sekundärmarkt** als Anbieter auf der nachgelagerten Marktstufe oder im Verhältnis zu dritten Unternehmen. Außerdem schützt § 14 GWB den **Intrabrand-** und den **Interbrandwettbewerb** im Sinne eines Institutionsschutzes und dient der Erhaltung der wirtschaftlichen **Betätigungsfreiheit unbeteiligter Abnehmer und Wettbewerber** auf dem **Sekundärmarkt** (IMMENGA/MESTMÄCKER/REHBINDER § 98 Abs 2 Rn 108). Zu diesem Zweck **verbietet** § 14 GWB entsprechende **Verträge** mit der Ausnahme des § 15 GWB für Verlagserzeugnisse. Die Zugrundelegung dieses umfassenden Normzwecks führt dazu, daß nicht nur an Außenwirkungen der Absprache, sondern auch an **Innenwirkungen** anzuknüpfen ist. Ein **Ausschluß des Sekundärmarktes** aus dem Gesichtspunkt der **Unmittelbarkeit** wird von der herrschenden Auffassung abgelehnt, weil die Bindung der Unternehmen auf den Sekundärmarkt gezielt ist (IMMENGA/MESTMÄCKER/REHBINDER § 98 Abs 2 Rn 108).

213 **Grundsätzlich** ist eine **Inlandsauswirkung** bei Preis- und Konditionenbindungen gegeben, wenn eine Beeinträchtigung der Handlungsfreiheit eines gebundenen Unternehmens auf dem Inlandsmarkt oder in bezug auf den Inlandsmarkt vorliegt; das wird auch dann angenommen, wenn eine Beschränkung eines gebundenen inländischen Abnehmers beim Weiterabsatz auf dem deutschen Exportmarkt erfolgt, weil **Primärmarkt** in diesem Fall der Inlandsmarkt ist (IMMENGA/MESTMÄCKER/REHBINDER § 98 Abs 2 Rn 109). Außerdem wird eine Inlandsauswirkung bei einer Beeinträchtigung des Wettbewerbs und der Handlungsfreiheit Dritter auf dem Inlandsmarkt als **Sekundärmarkt** angenommen (IMMENGA/MESTMÄCKER/REHBINDER § 98 Abs 2 Rn 109). Eine Inlands-

auswirkung soll bei Beteiligung eines inländischen Unternehmens auch vorliegen, soweit die Bindung die Handlungsfreiheit eines inländischen Lieferanten oder inländischer Dritter auf dem deutschen Exportmarkt beeinträchtigt (IMMENGA/MESTMÄCKER/REHBINDER § 98 Abs 2 Rn 109). Bei Fehlen einer relevanten Innenwirkung wird danach unterschieden, ob an der Abrede ausschließlich ausländische Unternehmen oder auch inländische Unternehmen beteiligt sind. Bei **ausschließlicher Beteiligung ausländischer Unternehmen** soll das Bedürfnis nach neben kollisionsrechtliche Begrenzungen tretenden **völkerrechtlichen Begrenzungen des Auswirkungsprinzips** dazu führen, daß eine aufgrund **konkreter Umstände** anzunehmende Eignung zur spürbaren Beeinträchtigung des Wettbewerbs und der Betätigungsfreiheit auf dem Inlandsmarkt zu verlangen ist, während ansonsten bereits eine Annahme einer Beeinträchtigung nach der **Lebenserfahrung** ausreichen soll (IMMENGA/MESTMÄCKER/ REHBINDER § 98 Abs 2 Rn 109).

Das Verbot des § 14 GWB erfaßt nur Verträge, die sich auf Märkte **innerhalb des Geltungsbereichs des GWB**, also auf den Inlandsmarkt beziehen (**Inlandsklausel**). Damit schützt § 14 GWB nur die auf den Inlandsmarkt bezogene Handlungsfreiheit der gebundenen Unternehmen. Inlandsauswirkungen infolge der Bindung eines Unternehmens mit Sitz im Inland, die sich auf einen Exportmarkt beziehen, führen nicht zu einer Anwendbarkeit des GWB. § 14 GWB wird insoweit als **Ausnahmeregelung zu § 130 Abs 2 GWB** verstanden (LANGEN/NIEDERLEITHINGER/RITTER/SCHMIDT § 15 Rn 22; KOENIGS, in: Gemeinschaftskommentar § 98 Abs 2 Rn 69; MünchKomm/IMMENGA Nach Art 37 Rn 53; IMMENGA/MESTMÄCKER/REHBINDER § 98 Abs 2 Rn 113; aA WESTRICK/LOEWENHEIM, in: WESTRICK/LOEWENHEIM § 15 Rn 19 [Bestätigung und Konkretisierung des § 98 Abs 2 aF GWB]). Die Inlandsklausel verdrängt § 130 Abs 2 GWB aber nur insoweit, als auf eine Bindung § 14 GWB auch bei Vorliegen einer Inlandsauswirkung keine Anwendung findet, wenn sich die Bindung nicht auf den Inlandsmarkt bezieht. Umgekehrt behält aber **§ 130 Abs 2 GWB** insoweit einen **eigenen Regelungsgehalt**, als auf die Feststellung einer Inlandsauswirkung iSd Kollisionsnorm nicht schon deshalb verzichtet werden kann, weil sich die Bindung auf den Inlandsmarkt bezieht (so zu Recht BRÜHL 128). Das führt zu einer **zweistufigen Prüfung**: Zunächst ist die **Inlandsauswirkung** iSd § 130 Abs 2 GWB zu prüfen, erst danach ist festzustellen, ob die vorliegende Inlandsauswirkung eine iSd Schutzzwecks der Norm relevante Auswirkung darstellt. Das ist nur dann anzunehmen, wenn ein **Inlandsbezug** der Preis- oder Konditionenbindung gegeben ist.

Die Ausnahme für **Preisbindungen für Verlagserzeugnisse** gemäß § 15 Abs 1 GWB findet ebenfalls nur auf solche Preisbindungen Anwendung, die sich auf den **Inlandsmarkt** beziehen. Im Hinblick darauf, daß § 15 Abs 1 GWB als **Ausnahmeregelung** zu § 14 GWB formuliert ist, gilt die **Inlandsklausel** auch insoweit (vgl SCHWARTZ 61). Anderes ergibt sich nicht daraus, daß § 15 GWB die Regelung des § 14 GWB allgemein für unanwendbar erklärt. Es ist nicht anzunehmen, daß damit auch eine auf verlagserzeugnisbezogene Preisbindungen begrenzte **Erweiterung des Normschutzzwecks auf auslandsbezogene Bindungen** erfolgen sollte. Auf solche Preisbindungen findet das GWB daher nach der **Schutzzwecklehre** unabhängig von einer Inlandsauswirkung keine Anwendung, mithin auch nicht das Formerfordernis gem § 15 Abs 2 GWB und die Mißbrauchsaufsicht nach § 15 Abs 3 GWB (SCHWARTZ 61). Bei Zugrundelegen der **herrschenden Auffassung** dürften Preisbindungen für Verlagserzeugnisse, die für **Auslandsmärkte** gelten, allerdings ohnehin keine **unmittelbare** Inlandsauswirkung iSd § 130 Abs 2 GWB haben (vgl aber IMMENGA/MESTMÄCKER/REHBINDER § 98 Abs 2 Rn 113, wonach im Hinblick auf den Schutzzweck des § 14 eine Inlandsauswirkung schon dann vorliegen kann, wenn ein inländisches Unternehmen in seiner exportmarktbezogenen Freiheit gebunden wird; vgl zur **Unmittelbarkeit** hier Rn 175 ff).

216 § 14 GWB ist bei **Vorliegen einer Inlandsauswirkung** nur dann **anwendbar**, wenn eine **inlandsbezogene Bindung** vorliegt. Das wird angenommen, wenn ein **ausländisches Unternehmen** ein inländisches Unternehmen bezüglich der **Preisgestaltung auf dem deutschen Markt** oder bezüglich der auf dem **deutschen Markt geltenden Konditionen** bindet (BGH WuW/E BGH 1259, 1261 [Bremsrollen]; OLG Frankfurt aM WuW/E OLG 1483, 1485 [Stromversorgungsbausteine]; MünchKomm/IMMENGA Nach Art 37 Rn 52; IMMENGA/MESTMÄCKER/REHBINDER § 98 Abs 2 Rn 110). Eine inlandsbezogene Bindung liegt auch vor, wenn ein ausländisches Unternehmen einen **ausländischen Exporteur** in bezug auf die Preisgestaltung im Inland bindet (SCHWARTZ 60 f; IMMENGA/MESTMÄCKER/REHBINDER § 98 Abs 2 Rn 111; MünchKomm/IMMENGA Nach Art 37 Rn 52). Das soll dann anders zu beurteilen sein, wenn sich die Bindung ausnahmsweise nicht im Inland auswirkt, weil der Vertrag eine globale Regelung darstellt und der gebundene Exporteur tatsächlich nicht an inländische Abnehmer liefert (KOENIGS, in: Gemeinschaftskommentar § 98 Abs 2 Rn 71). In diesem Fall wäre § 14 GWB **trotz formalen Inlandsbezugs** jedenfalls deshalb nicht anwendbar, weil es an **einer hinreichenden Inlandsauswirkung** fehlte (s Rn 214). Dies erscheint allerdings im Hinblick darauf zweifelhaft, daß eine tatsächlich festzustellende Beeinträchtigung auf dem Inlandsmarkt für die Inlandsauswirkung nicht zu verlangen ist (s Rn 130, 193 ff). Differenziert wird von der herrschenden Auffassung die Frage beantwortet, ob eine relevante **Inlandsauswirkung** vorliegt, wenn ein **ausländisches Unternehmen ein anderes ausländisches Unternehmen mit Bezug auf einen ausländischen Markt** bindet, jedoch ein **Weiterabsatz** der gebundenen Ware **im Inland** erfolgt. Regelmäßig wird in solchen Fällen eine Inlandsauswirkung mangels **Unmittelbarkeit** verneint; anders wird dies entsprechend den **Drittmarktkartellen** (s Rn 196) dann beurteilt, wenn eine Kontrolle des inländischen Absatzweges hinsichtlich der gebundenen Ware durch das bindende Unternehmens gegeben ist, etwa durch Vertriebssysteme (MünchKomm/IMMENGA Nach Art 37 Rn 52; **aA** KOENIGS, in: Gemeinschaftskommentar § 98 Abs 2 Rn 72; LANGEN/BUNTE/JUNGBLUTH § 98 Abs 2 Rn 141). Insoweit wird verlangt, daß der Vertrag **konkret geeignet** ist, den Wettbewerb und die Betätigungsfreiheit im Inland spürbar zu beeinträchtigen (IMMENGA/MESTMÄCKER/REHBINDER § 98 Abs 2 Rn 111). Um auf solche Bindungen § 14 GWB anwenden zu können, muß indes der Begriff des Inlandsbezugs **weit ausgelegt** werden und auch einen lediglich **mittelbaren Bezug auf einen inländischen Sekundärmarkt** umfassen. Bei **engem formalem Verständnis der Inlandsklausel** dürfte die Anwendung des § 14 GWB auf entsprechende Fallgestaltungen zwar nicht an der Inlandsauswirkung, wohl aber an der **Inlandsbezogenheit** der Bindung scheitern, weil sich diese unmittelbar auf einen ausländischen (Sekundär)Markt bezieht.

217 Ferner liegt eine **inlandsbezogene Bindung** bei einer Zusicherung der **Meistbegünstigung** durch einen **inländischen Lieferanten** gegenüber einem ausländischen Abnehmer wegen der damit verbundenen Beschränkung des inländischen Lieferanten hinsichtlich seiner Preise und Konditionen in Verträgen mit anderen inländischen Abnehmern vor (BKartA WuW/E BKartA 1583, 1585 [Metro]; KOENIGS, in: Gemeinschaftskommentar § 98 Abs 2 Rn 70; IMMENGA/MESTMÄCKER/REHBINDER § 98 Abs 2 Rn 110). Auch bei Auferlegung einer **Preisbindung für den Reimport**, die ein inländischer Hersteller

einem ausländischen Abnehmer auferlegt, wird § 15 GWB für anwendbar gehalten, weil sich die Wettbewerbsbeschränkung zu Lasten der inländischen Dritten auswirkt und somit der Sekundärmarkt ein Inlandsmarkt ist (STRAUB, in: Gemeinschaftskommentar § 15 Rn 434; IMMENGA/MESTMÄCKER/REHBINDER § 98 Abs 2 Rn 110, 116). Eine inlandsbezogene Bindung wurde weiter angenommen bei einer Verpflichtung eines inländischen Lieferanten gegenüber einem ausländischen Abnehmer, zum Schutz des Abnehmers vor Wettbewerb deutscher Exporteure inländischen Exporteuren keine geringeren Preise einzuräumen (BGH WuW/E BGH 1168, 1171 [Blitzgeräte]; KOENIGS, in: Gemeinschaftskommentar § 98 Abs 2 Rn 70; IMMENGA/MESTMÄCKER/REHBINDER § 98 Abs 2 Rn 116), weil sich eine solche Bindung auf den inländischen Wettbewerb der Exporteure bezieht. Die Inlandsmarktklausel greift auch dann nicht ein, wenn ein inländischer oder ausländischer Hersteller seinem inländischen Abnehmer vorschreibt, welche Preise er beim **Weiterverkauf an inländische Exporteure** einzuhalten hat (IMMENGA/MESTMÄCKER/REHBINDER § 98 Abs 2 Rn 116). Dabei spielt es keine Rolle, daß die Ware letztendlich für den Export auf Auslandsmärkten vorgesehen ist, weil **unmittelbarer Sekundärmarkt** der Inlandsmarkt ist.

Eine **auslandsmarktbezogene Bindung** liegt vor bei einem Vertrag eines inländischen Unternehmens mit seinem inländischen Abnehmer über die auf einem Auslandsmarkt einzuhaltenden Wiederverkaufspreise oder Konditionen. Hier führt die **Inlandsmarktklausel** nach herrschender Auffassung dazu, daß das GWB trotz einer möglichen **Inlandsauswirkung** nach § 130 Abs 2 GWB keine Anwendung findet (vgl BKartA WuW/E BKartA 2; KOENIGS, in: Gemeinschaftskommentar § 98 Abs 2 Rn 73; IMMENGA/ MESTMÄCKER/REHBINDER § 98 Abs 2 Rn 115). Anders ist dies bei einem Vertrag zu beurteilen, in dem ein inländischer Hersteller einem ausländischen Abnehmer eine **Preisbindung für den Reimport in das Inland** auferlegt, weil sich die Wettbewerbsbeschränkung zu Lasten inländischer Dritter auswirkt (STRAUB, in: Gemeinschaftskommentar § 15 Rn 434; IMMENGA/MESTMÄCKER/REHBINDER § 98 Abs 2 Rn 110, 116). Entsprechendes soll gelten, wenn der inländische Hersteller auch die Wiederverkaufspreise von Ersatzteilen auf dem Auslandsmarkt bindet, die der gebundene ausländischen Abnehmer von dritten inländischen Herstellern bezieht (IMMENGA/MESTMÄCKER/REHBINDER § 98 Abs 2 Rn 117). 218

3. Ausschließlichkeitsverträge

Eine Inlandsauswirkung von Ausschließlichkeitsbindungen liegt nach der herrschenden **Schutzzwecklehre** dann vor, wenn der Schutzzweck des GWB und insbesondere der Norm des § 16 GWB beeinträchtigt ist. Nach der teilweise vertretenen **tatbestandsbezogenen kollisionsrechtlichen Sichtweise** (s Rn 163) muß darüberhinaus der Tatbestand des § 16 GWB in bezug auf das Inland verwirklicht sein (IMMENGA/MESTMÄCKER/REHBINDER § 98 Abs 2 Rn 119; LANGEN/BUNTE/JUNGBLUTH § 98 Abs 2 Rn 143). Da § 16 GWB materiellrechtlich eine **wesentliche Beeinträchtigung** des Wettbewerbs voraussetzt, besteht nach der weitgehend **tatbestandsbezogenen Schutzzwecklehre** eine hohe Eingriffsschwelle für die Mißbrauchsaufsicht bei Auslandssachverhalten (IMMENGA/ MESTMÄCKER/REHBINDER § 98 Abs 2 Rn 121; MünchKomm/IMMENGA Nach Art 37 Rn 56; LANGEN/BUNTE/JUNGBLUTH § 98 Abs 2 Rn 143). Richtigerweise wird man indes für die Frage des internationalen Anwendungsbereichs im Rahmen der **Trennung zwischen kollisionsrechtlicher und sachrechtlicher Prüfung** die Wesentlichkeit der Wettbewerbsbeeinträchtigung nicht bereits kollisionsrechtlich, sondern erst auf der sachrechtlichen 219

Prüfungsebene zu beurteilen haben (so auch REHBINDER 198; SCHWARTZ 63). Aus diesem Grund dürfte auch eine **tatsächliche Beeinträchtigung** des Wettbewerbs, auch soweit der Wortlaut des § 16 GWB eine solche voraussetzt, kollisionsrechtlich nicht zu fordern sein (aA IMMENGA/MESTMÄCKER/REHBINDER § 98 Abs 2 Rn 121).

220 Die Mißbrauchsaufsicht über Ausschließlichkeitsverträge, Koppelungsverträge und Vertriebsbindungen nach § 16 GWB dient gleichrangig dem Schutz des **Wettbewerbs als Institution** sowie **dritter Marktteilnehmer auf dem Inlandsmarkt** im Hinblick auf den Marktzutritt (**Außenwirkung**; IMMENGA/MESTMÄCKER/REHBINDER § 98 Abs 2 Rn 119; LANGEN/BUNTE/JUNGBLUTH § 98 Abs 2 Rn 143). Dagegen spielt der Schutz der **Handlungsfreiheit der gebundenen Unternehmen (Innenwirkung)** nach herrschender Auffassung zu § 18 aF GWB nur insoweit eine Rolle, als dieser den Zwecken des Institutionenschutzes auf dem relevanten Markt dient (BELKE ZHR 138 [1974], 227, 248; IMMENGA/MESTMÄCKER/REHBINDER § 98 Abs 2 Rn 120). Die Handlungsfreiheit der gebundenen Unternehmen wird danach insbesondere nicht unabhängig von Auswirkungen auf den Inlandswettbewerb geschützt (FIKENTSCHER/STRAUB, in: Gemeinschaftskommentar § 18 Rn 405; aA WÜRDINGER WuW 1960, 313, 322 mit dem Hinweis auf das Fehlen einer Inlandsklausel). Sämtliche Schutzwecke des § 16 GWB stehen auch **kollisionsrechtlich gleichrangig** nebeneinander (IMMENGA/MESTMÄCKER/REHBINDER § 98 Abs 2 Rn 119; aA zT SCHNYDER 338 f). Maßgeblich ist unter Berücksichtigung des Schutzzwecks des § 16 GWB sowohl der **inländische Primärmarkt**, auf dem Nachfrage und Angebot der gebundenen Unternehmen und des bindenden Unternehmens zusammentreffen, als auch der **inländische Sekundärmarkt**, auf dem die gebundenen Unternehmen als Anbieter auf der nachgelagerten Marktstufe oder im Verhältnis zu dritten Unternehmen auftreten (IMMENGA/MESTMÄCKER/REHBINDER § 98 Abs 2 Rn 119; BASEDOW NJW 1989, 627, 629). An der Berücksichtigung des Primärmarktes im Rahmen des Schutzzweckes des § 16 GWB dürfte sich auch nach der Neufassung durch die 6. GWB-Novelle nichts geändert haben, im Zuge derer die Mißbrauchstatbestände des bisherigen § 18 lit a–c aF GWB in einer allgemeinen Eingriffsvoraussetzung der wesentlichen Beeinträchtigung des Wettbewerbs auf dem Markt zusammengefaßt wurden. Eine **relevante Inlandsauswirkung** liegt daher bei einer Beeinträchtigung der geschützten Rechtsgüter auf dem Primär- oder Sekundärmarkt vor. Da eine dem § 14 GWB entsprechende **Inlandsklausel** in § 16 GWB fehlt, die Vorschrift mithin auch **auslandsbezogene Beschränkungen** erfaßt (s Rn 225), liegt eine relevante Inlandsauswirkung auch dann vor, wenn ein inländischer Hersteller mit einem Händler einen auf einen ausländischen Markt bezogenen Ausschließlichkeitsvertrag abschließt, weil hierdurch die Handlungsfreiheit inländischer Außenseiter im Hinblick auf den Exportmarkt betroffen ist (IMMENGA/MESTMÄCKER/REHBINDER § 98 Abs 2 Rn 119 mwN).

221 Regelmäßig werden **inlandsbezogene Ausschließlichkeitsbindungen** eine relevante Inlandsauswirkung entfalten. Anders als § 14 GWB enthält § 16 GWB aber keine **Inlandsklausel**, so daß grundsätzlich auch **auslandsmarktbezogene Ausschließlichkeitsbindungen** unter § 16 GWB fallen können, soweit eine hinreichende Inlandsauswirkung vorliegt (s Rn 225).

222 Eine Inlandsauswirkung liegt bei einer **inlandsmarktbezogenen Ausschließlichkeitsklausel** vor, wenn ein ausländischer Hersteller mit einem **deutschen Importeur** eine vertragliche **Alleinimportvereinbarung** abschließt (LG Osnabrück WuW/E LG/AG 638), weil einerseits andere inländische Importeure von der Einfuhr ausgeschlossen werden, andererseits der Intrabrandwettbewerb für das Importprodukt unterdrückt wird (BASEDOW NJW 1989, 627, 629). Entsprechendes gilt beim Abschluß solcher Vereinbarungen mit **ausländischen Exporteuren**, die die kartellierte Ware in das Inland exportieren wollen (IMMENGA/MESTMÄCKER/REHBINDER § 98 Abs 2 Rn 122).

Ebenso liegt bei einem **ausschließlichen Bezugsvertrag**, durch den sich ein inländischer Abnehmer verpflichtet, Ware ausschließlich bei dem ausländischen Hersteller zu beziehen, eine relevante Inlandsauswirkung vor. Diese Bindung bewirkt, daß der Inlandsmarktzutritt für andere in- oder ausländische Hersteller erschwert und der gebundene Abnehmer in seiner wirtschaftlichen Bewegungsfreiheit im Inland beeinträchtigt wird (SCHWARTZ 67; KOENIGS, in: Gemeinschaftskommentar § 98 Abs 2 Rn 76; MünchKomm/IMMENGA Nach Art 37 Rn 54). Somit ist eine Beeinträchtigung des Wettbewerbs auf dem Inlandsmarkt gegeben. Bei einer entsprechenden **Alleinbezugsverpflichtung eines ausländischen Exporteurs** wird dagegen eine relevante Inlandsauswirkung der Beeinträchtigung des inländischen Wettbewerbs mangels **Unmittelbarkeit** bestritten (IMMENGA/MESTMÄCKER/REHBINDER § 98 Abs 2 Rn 123). Soweit man auf das Unmittelbarkeitskriterium verzichtet, erscheint allerdings auch in diesem Fall eine relevante Inlandsauswirkung möglich, weil der Inlandsmarktzutritt für andere Hersteller hier gleichermaßen wie bei einer Alleinbezugsverpflichtung eines inländischen Abnehmers erschwert sein kann. 223

Erlegt ein inländischer Hersteller seinen ausländischen Abnehmern ein **Reimportverbot** auf, so liegt auch insoweit eine relevante Inlandsauswirkung vor. Durch die Bindung scheiden die gebundenen ausländischen Abnehmer als Anbieter auf dem inländischen Markt aus, wodurch eine Beeinträchtigung des inländischen Wettbewerbs gegeben ist (SCHWARTZ 69; IMMENGA/MESTMÄCKER/REHBINDER § 98 Abs 2 Rn 124; KOENIGS, in: Gemeinschaftskommentar § 98 Abs 2 Rn 77). Ferner wirken sich Importverbote, die inländischen Abnehmern auferlegt werden wegen der Beschränkung des Zugangs für ausländische Kartellaußenseiter zum inländischen Markt im Inland aus (BKartAWuW/ E BKartA 1407, 1411 [Exportförderung Zellwolle]; WuW/E BKartA 1413, 1414 [Exportförderung Festzellwolle]; KOENIGS, in: Gemeinschaftskommentar § 98 Abs 2 Rn 77; IMMENGA/MESTMÄCKER/ REHBINDER § 98 Abs 2 Rn 124). 224

Die Beurteilung von **exportmarktbezogenen Ausschließlichkeitsverträgen** ist hingegen umstritten. Grundsätzlich erfaßt § 16 GWB auch auf das Ausland bezogene Beschränkungen, da eine Inlandsklausel wie in § 14 GWB fehlt (MünchKomm/IMMENGA Nach Art 37 Rn 55; vgl aber SCHWARTZ, 63 f, wonach eine unmittelbare Beschränkung des inländischen Wettbewerbs als Folge der irgendwo tatbestandlich verwirklichten Wettbewerbsbeschränkung nur möglich ist, wenn sich die Bindung nicht auf einen ausländischen Markt bezieht, eine Inlandsklausel mithin überflüssig sei). Nach zutreffender Auffassung kann deshalb eine Inlandsmarktauswirkung grundsätzlich vorliegen, wenn der Wettbewerb und die Handlungsfreiheit der gebundenen Unternehmen oder von Außenseitern auf einem dem Exportmarkt vorgelagerten inländischen **Primärmarkt** beeinträchtigt werden (OLG Düsseldorf WuW/E OLG 1061, 1064 [Kundenschutzvereinbarung]; WuW/E OLG 2765, 2766 [Lademagazine]; LANGEN/BUNTE/JUNGBLUTH § 98 Abs 2 Rn 147; BASEDOW NJW 1989, 627, 629; **aA** [ohne Begründung] OLG Koblenz IPRax 1982, 20, 21 [Beregnungsrohre]; BGH IPRax 1982, 21 [Finnisches Haarpräparat]; SCHWARTZ 64 f; offengelassen wird die Frage in BGH WuW/E BGH 2066, 2068 [Stangenlademagazine]). Teilweise wird in Anlehnung an den Tatbestand des § 16 vertreten, daß eine bloße Eignung zur Beeinträchtigung insoweit nicht ausreiche, son- 225 dern eine **tatsächliche Wirkung** erforderlich sei. Infolgedessen soll eine relevante Inlandsauswirkung nicht vorliegen, wenn ausschließlich der Absatz über ausländische Vertragshändler wirtschaftlich sinnvoll ist (KOENIGS, in: Gemeinschaftskommentar § 98 Abs 2 Rn 78; IMMENGA/MESTMÄCKER/REHBINDER § 98 Abs 2 Rn 125). Damit würde eine die Inlandsauswirkung begründende tatsächliche Beeinträchtigung von Exporteuren auf dem inländischen Primärmarkt ausscheiden. Aufgrund der Trennung zwischen der kollisionsrechtlichen und der sachrechtlichen Prüfungsebene kann es indes auf eine tatsächliche Wirkung nicht ankommen.

226 Eine **Inlandsauswirkung** wird nach diesen Grundsätzen bei einem von einem inländischen Hersteller einem in- oder ausländischen Händler eingeräumten **Alleinvertriebsrecht** für einen ausländischen Markt **bejaht**. Ein solches Alleinvertriebsrecht bewirkt ein Verbot der Abgabe der Ware an inländische Exporteure und betrifft insoweit den Inlandsmarkt (OLG Düsseldorf WuW/E OLG 1061, 1063 f [Kundenschutzvereinbarung]; WuW/E OLG 2765, 2766 [Lademagazine]; IMMENGA/MESTMÄCKER/REHBINDER § 98 Abs 2 Rn 126; MünchKomm/IMMENGA Nach Art 37 Rn 55; **aA** BGH IPRax 1982, 21 [Finnisches Haarpräparat]; OLG Koblenz IPRax 1982, 20, 21 [Beregnungsrohre]; SCHWARTZ 65 f; vgl einschränkend KOENIGS, in: Gemeinschaftskommentar § 98 Abs 2 Rn 78; IMMENGA/MESTMÄCKER/REHBINDER § 98 Abs 2 Rn 125). Eine relevante Inlandsauswirkung liegt ferner vor allem dann vor, wenn sich eine Vereinbarung im Ergebnis als **Mittel zur Marktaufteilung**, die auch den inländischen Markt erfaßt, darstellt. Das ist etwa dann der Fall, wenn ein inländischer und ein ausländischer Hersteller, die auf demselben sachlich relevanten Markt miteinander konkurrieren, **gegenseitige Alleinvertriebsabreden** treffen, aufgrund deren sich die Hersteller jeweils zu Alleinverkäufern für den jeweils anderen Markt einsetzen. Insoweit kann im Ergebnis eine Vereinbarung der wechselseitig gebundenen Hersteller vorliegen, nicht miteinander in Wettbewerb zu treten (SCHWARTZ 66). Eine solche Vereinbarung wirkt sich dann auch auf den inländischen Markt aus. Entsprechend kann der Wettbewerb zwischen einem inländischen und einem ausländischen Hersteller auf dem Inlandsmarkt ausgeschaltet sein, wenn die beiden Unternehmen einen gemeinsamen Alleinverkäufer für den inländischen Markt ernennen (SCHWARTZ 66).

227 **Keine Inlandsauswirkung** wird nach verbreiteter Auffassung bei **Bezugsbindungen** angenommen, durch die sich ein **ausländischer Abnehmer** zum ausschließlichen Bezug von einem inländischen Hersteller verpflichtet (OLG Koblenz IPRax 1982, 20, 21 [Beregnungsrohre]; SCHWARTZ 66; LANGEN/BUNTE/JUNGBLUTH § 98 Abs 2 Rn 147). Eine hiermit verbundene mögliche Beeinträchtigung der Absatzmöglichkeiten anderer inländischer Unternehmen wird insoweit als nicht ausreichend erachtet (KOENIGS, in: Gemeinschaftskommentar § 98 Abs 2 Rn 80). Nach zutreffender Auffassung ist insoweit jedenfalls der inländische Primärmarkt betroffen, weil andere inländische Unternehmen in ihrer auslandsmarktbezogenen Betätigungsfreiheit betroffen sind (IMMENGA/MESTMÄCKER/REHBINDER § 98 Abs 2 Rn 127). Betrifft die Bezugsbindung das Verhältnis zwischen einem **inländischen Exporteur** und einem inländischen Hersteller gilt entsprechendes (IMMENGA/MESTMÄCKER/REHBINDER § 98 Abs 2 Rn 127 mwN).

228 **Keine Inlandsauswirkung** wird auch bei inländische Unternehmen bindenden **Exportverboten** (Direktexportverboten) angenommen (OLG Düsseldorf WuW/E OLG 1061, 1064 [Kundenschutzvereinbarung]; SCHWARTZ 66 f; KOENIGS, in: Gemeinschaftskommentar § 98 Abs 2 Rn 79). Eine Regelung eines inländischen Marktes und eine Beeinträchtigung der

Betätigungsfreiheit inländischer Außenseiter fehlt insoweit (IMMENGA/MESTMÄCKER/ REHBINDER § 98 Abs 2 Rn 128). Anderes soll gelten, wenn inländische Hersteller ihren Abnehmern ein Exportverbot auferlegen, um Heimatschutzabkommen mit ausländischen Unternehmen zu sichern (BKartA WuW/E BKartA 1411 [Zellwolle]; KOENIGS, in: Gemeinschaftskommentar § 98 Abs 2 Rn 79). Ebenso wird eine relevante Inlandsauswirkung in Fällen einer Diskriminierung ausländischer Importeure verneint (OLG Karlsruhe WuW/E OLG 2340, 2342 [Ausgleichsanspruch]).

4. Lizenzverträge

§ 17 Abs 1 GWB verbietet Beschränkungen in Lizenzverträgen nur insoweit, als sie **229** über den Inhalt des Schutzrechts hinausgehen. Für Lizenzverträge, die nach § 17 Abs 1 GWB verboten sind, gelten die Ausnahmefälle des § 17 Abs 2 GWB. Bis zur 6. GWB-Novelle galt für die Regelung zu Lizenzverträgen die **Inlandsklausel** gem § 20 Abs 2 Nr 5 aF GWB, wonach Lizenzverträge nicht unwirksam waren, wenn sich die Verpflichtungen des Erwerbers oder Lizenznehmers auf die Regelung des Wettbewerbs auf ausländischen Märkten bezog. Die Inlandsklausel wurde teilweise im Schrifttum insoweit als Ausnahmeregelung zum Auswirkungsprinzip nach § 98 Abs 2 Satz 1 aF GWB angesehen, als sie die Anwendung des GWB auf solche Bindungen von inländischen Lizenznehmern verhinderte, die (ausschließlich) den Wettbewerb auf deutschen Exportmärkten regelten (vgl IMMENGA/MESTMÄCKER/REHBINDER § 98 Abs 2 Rn 140 mwN; aA KOENIGS, in: Gemeinschaftskommentar § 98 Abs 2 Rn 88; vgl auch BECHTOLD [1. Aufl] § 20 Rn 20; vgl auch BKartA WuW/E BKartA 317, 319 [Betriebsgeheimnis]). Mit der **Streichung der Inlandsklausel** im Zuge der 6. GWB-Novelle gilt uneingeschränkt das Auswirkungsprinzip gem § 130 Abs 2 GWB. Die Vorschrift des § 17 GWB hat aufgrund der Überlagerung des Gemeinschaftskartellrechts nur noch geringe praktische Bedeutung (vgl auch Begr RegE BT-Drucks 13/9720, 35). Schutzgegenstände des § 17 GWB sind der **Wettbewerb als Institution** sowie die **wirtschaftliche Handlungsfreiheit dritter Marktteilnehmer**. Daneben schützt § 17 GWB auch die **Wettbewerbsfreiheit der gebundenen Lizenznehmer**, wie sich aus § 17 Abs 3 GWB ergibt (BGH WuW/E BGH 838, 844 [Fischbearbeitungsmaschine]; BKartA WuW/E BKartA 331, 335 f). Nach der **Schutzzwecklehre** ist damit sowohl an die **Außenwirkungen** des Lizenzvertrages als auch an seine **Innenwirkungen** anzuknüpfen (KOENIGS, in: Gemeinschaftskommentar § 98 Abs 2 Rn 81; IMMENGA/MESTMÄCKER/REHBINDER § 98 Abs 2 Rn 129). Maßgeblich ist sowohl der **Primärmarkt**, auf dem die Nachfrage des Lizenznehmers auf die Marktmacht des Schutzrechts- oder Know-how-Inhabers trifft, als auch der **Sekundärmarkt**.

Die Feststellung einer relevanten **Inlandsauswirkung** setzt regelmäßig, soweit an die **230** **Innenwirkungen** des Lizenzvertrages angeknüpft wird, eine iSd kartellkollisionsrechtlichen **Bagatellgrenze spürbare** vertragliche Beschränkung eines inländischen oder ausländischen Lizenznehmers in seiner inlandsmarktbezogenen Freiheit voraus (BGH WuW/E BGH 838, 844 [Fischbearbeitungsmaschine]; IMMENGA/MESTMÄCKER/REHBINDER § 98 Abs 2 Rn 130; vgl zur Streichung der Inlandsklausel aber Rn 218). Die Spürbarkeitsschwelle gilt auch bei einer Anknüpfung an die **Außenwirkungen** des Lizenzvertrages. Der Umstand, daß der Lizenznehmer seinen Geschäftssitz im Ausland hat, führt nicht ohne weiteres dazu, daß eine Inlandsauswirkung ausscheidet. Vielmehr geht das BKartA davon aus, daß zumindest ein Unternehmenssitz des Lizenznehmers im angrenzenden deutschsprachigen Ausland die Vermutung rechtfertigt, die dem Lizenznehmer auferlegten Beschränkungen wirkten sich auch auf den Geltungsbereich des GWB aus (BKartA Tätigkeitsbericht 1974, 92 Nr 7).

231 Eine **tatsächliche** Auswirkung wird vom BKartA in ständiger Praxis verlangt, soweit an die **Außenwirkungen** des Lizenzvertrages angeknüpft wird (vgl BKartA WuW/E BKartA 584; WuW/E BKartA 741, 742 [Hauer]; Tätigkeitsbericht 1970, 95; 1978, 102 Nr 4; s auch Rn 190). Aus der Sicht der herrschenden **Schutzzwecklehre** ist dem nicht zuzustimmen, weil der materielle Schutzzweck des § 17 GWB bezüglich der Außenwirkungen des Lizenzvertrages gerade nicht auf tatsächliche Beeinträchtigungen begrenzt ist. Vielmehr handelt es sich bei § 17 GWB insoweit um einen **abstrakten Gefährdungstatbestand**, der auch den Präventivschutz bezweckt (KOENIGS, in: Gemeinschaftskommentar § 98 Abs 2 Rn 39; IMMENGA/MESTMÄCKER/REHBINDER § 98 Abs 2 Rn 132). Dies führt dazu, daß eine Einschränkung des Auswirkungsprinzips durch ein Begrenzungskriterium der Tatsächlichkeit nach herrschender Auffassung im Schrifttum ausscheidet. Aufgrund der bei abstrakten Gefährdungstatbeständen gegebenen Gefahr einer Erfassung allzu fernliegender Gefährdungen wird aus kollisionsrechtlichen und völkerrechtlichen Gründen allerdings eine **Einschränkung** dahingehend gemacht, daß der Lizenzvertrag nach der Lebenserfahrung geeignet sein muß, den Wettbewerb und die Betätigungsfreiheit im Inland bzw die Freiheit inländischer Unternehmen auf Exportmärkten einzuschränken (IMMENGA/MESTMÄCKER/REHBINDER § 98 Abs 2 Rn 133; ähnlich MünchKomm/IMMENGA Nach Art 37 Rn 37 [qualifizierte abstrakte Gefahr]; KOENIGS, in: Gemeinschaftskommentar § 98 Abs 2 Rn 29). Bei ausschließlicher Beteiligung ausländischer Unternehmen an der Wettbewerbsbeschränkung wird darüberhinaus eine konkrete Eignung zur unmittelbaren Beeinträchtigung des Wettbewerbs und der Betätigungsfreiheit im Inland verlangt (BARUCH WuW 1961, 530, 537; IMMENGA/MESTMÄCKER/REHBINDER § 98 Abs 2 Rn 133). Auch soweit die kollisionsrechtliche Prüfung losgelöst von materiellrechtlichen Schutzzweckerwägungen vorgenommen würde, ist ein derartiges Begrenzungskriterium nicht sachgerecht (vgl Rn 182).

232 Ein Lizenzvertrag über **inländische Schutzrechte** liegt nicht nur vor, wenn der Vertrag dem Lizenznehmer ausschließlich eine Lizenz an einem inländischen Schutzrecht einräumt, sondern auch dann, wenn er zugleich auch eine Lizenz an einem bestehenden ausländischen Schutzrecht einräumt (KOENIGS, in: Gemeinschaftskommentar § 98 Abs 2 Rn 92), oder wenn dem Lizenznehmer in einem Lizenzvertrag über ein inländisches Schutzrecht dritte Länder als Tätigkeitsgebiete überlassen werden, in denen dem Lizenzgeber keine Schutzrechte zustehen (KOENIGS, in: Gemeinschaftskommentar § 98 Abs 2 Rn 84). **Betriebsgeheimnisse** stellen dann ein inländisches Schutzrecht dar, wenn der Lizenzvertrag zwecks Herstellung im Inland geschlossen ist (KOENIGS, in: Gemeinschaftskommentar § 98 Abs 2 Rn 85; IMMENGA/MESTMÄCKER/REHBINDER § 98 Abs 2 Rn 134; vgl aber etwa BKartA WuW 317, 319 [Betriebsgeheimnis]).

233 Eine Inlandsauswirkung ist bei einer lizenzvertraglichen Beschränkungen durch den ausländischen Inhaber eines **inländischen Schutzrechts** gegenüber inländischen Unternehmen für ihr **Marktverhalten im Inland** gegeben (KOENIGS, in: Gemeinschaftskommentar § 98 Abs 2 Rn 86). Mit solchen Beschränkungen ist nicht nur eine unmittelbare Beeinflussung des Inlandsmarktes im Hinblick auf die **Außenwirkungen** des Vertrages auf den Wettbewerb und die Handlungsfreiheit dritter Marktteilnehmer im Inland verbunden, sondern auch eine Beeinträchtigung der Betätigungsfreiheit der gebundenen Unternehmen im Inland (**Innenwirkung**; vgl BGH WuW/E BGH 838, 844

B. Internationales Kartellprivatrecht

[Fischbearbeitungsmaschine]; IMMENGA/MESTMÄCKER/REHBINDER § 98 Abs 2 Rn 135). Dasselbe gilt für Beschränkungen durch inländische oder ausländische Inhaber inländischer Schutzrechte **gegenüber ausländischen Unternehmen** und zwar auch aufgrund der Innenwirkung entsprechender Verträge, da der Schutz der inlandsbezogenen Betätigungsfreiheit der gebundenen Unternehmen unabhängig von der Staatszugehörigkeit des Lizenznehmers gegeben ist (KOENIGS, in: Gemeinschaftskommentar § 98 Abs 2 Rn 87; IMMENGA/MESTMÄCKER/REHBINDER § 98 Abs 2 Rn 135).

Bei Lizenzverträgen über **inländische Schutzrechte** mit **inländischen Lizenznehmern** kann auch bei einem **Auslandsbezug** der Bindung eine relevante Inlandswirkung vorliegen, die zur Anwendbarkeit des § 17 GWB führt. Die Einschränkung hinsichtlich eines Bezugs auf die Regelung des Wettbewerbs auf dem inländischen Markt gem § 20 Abs 2 Nr 5 aF GWB (**Inlandsklausel**) ist im Zuge der 6. GWB-Novelle entfallen. Reine Beschränkungen der auslandsmarktbezogenen Handlungsfreiheit können danach grundsätzlich in den Anwendungsbereich des § 17 GWB fallen. Schon unter der Geltung des § 20 Abs 2 Nr 5 aF GWB wirkte die Vorschrift nicht einschränkend, soweit eine relevante Inlandsauswirkung iSd § 98 Abs 2 Satz 1 GWB gegeben war (vgl etwa KOENIGS, in: Gemeinschaftskommentar § 98 Abs 2 Rn 88 mwN). Bei auslandsbezogenen Beschränkungen ist allerdings nach herrschendem Verständnis nicht auf den Angebotsmarkt abzustellen, weil unmittelbar nicht der Inlandsmarkt geregelt wird, sondern ein Auslandsmarkt. Doch liegt insoweit eine Beschränkung auf dem inländischen Markt als Primärmarkt vor, auf dem die inländischen Lizenznehmer als Nachfrager von Lizenzen auftreten. Das ist etwa dann anzunehmen, wenn einem inländischen Unternehmen verboten wird, die betroffene Ware von einem ausländischen Staat in einen **anderen ausländischen Staat** zu **exportieren** (IMMENGA/MESTMÄCKER/REHBINDER § 98 Abs 2 Rn 138) sowie bei auf die **Auslandsproduktion** bezogenen **Beschränkungen** und **Vertriebsverboten** bzw **Bezugspflichten** (IMMENGA/MESTMÄCKER/REHBINDER § 98 Abs 2 Rn 150). Soweit die **Beschränkung der exportmarktbezogenen Betätigungsfreiheit inländischer Unternehmen** als geeignet angesehen wird, eine hinreichende Inlandsauswirkung zu begründen, wird verlangt, daß der Vertrag nach der Lebenserfahrung geeignet ist, eine spürbare Beeinträchtigung zu bewirken (IMMENGA/MESTMÄCKER/REHBINDER § 98 Abs 2 Rn 137). Man wird im Ergebnis auch die Beeinträchtigung der auf einen Auslandsmarkt bezogene Betätigungsfreiheit **ausländischer Lizenznehmer** in Verbindung mit **inländischen Schutzrechten** ausreichen lassen müssen, weil das ausländische Unternehmen insoweit auf dem inländischen Primärmarkt als Nachfrager auftritt (vgl aber in Bezug auf § 20 Abs 2 Nr 5 aF GWB IMMENGA/MESTMÄCKER/REHBINDER § 98 Abs 2 Rn 145, 155; dagegen BKartA WuW/E BKartA 251, 252; WuW/E BKartA 317, 319 [Betriebsgeheimnis]; WuW/E BKartA 584; KOENIGS, in: Gemeinschaftskommentar § 98 Abs 2 Rn 89).

Für Lizenzverträge über **ausländische Schutzrechte**, einschließlich Verträgen über Betriebsgeheimnisse zwecks Herstellung im Ausland ist § 17 GWB anwendbar, wenn eine relevante Inlandsauswirkung vorliegt. Da in diesen Fällen der Primärmarkt im Ausland liegt, kann es für die Inlandsauswirkung ausschließlich auf Beschränkungen des Lizenznehmers hinsichtlich seines **Marktverhaltens auf dem Inlandsmarkt** ankommen (KOENIGS, in: Gemeinschaftskommentar § 98 Abs 2 Rn 94, vgl auch dort Rn 83). Dabei spielt es grundsätzlich keine Rolle, ob der Lizenznehmer ein inländisches oder ausländisches Unternehmen ist.

236 Trotz der **territorialen Begrenztheit von Immaterialgüterrechten** ist § 17 GWB bei Feststellung einer relevanten Inlandsauswirkung bei Lizenzverträgen über **Auslandspatente** anwendbar (BGH WuW/E BGH 838, 844 [Fischbearbeitungsmaschine]; BKartA Tätigkeitsbericht 1972, 96 f; LANGEN/NIEDERLEITHINGER/RITTER/SCHMIDT § 20 Rn 28; KOENIGS, in: Gemeinschaftskommentar § 98 Abs 2 Rn 93; IMMENGA/MESTMÄCKER/REHBINDER § 98 Abs 2 Rn 134; aA GLEISS/HOOTZ BB 1962, 1060). Da eine Wirkung ausländischer Immaterialgüterrechte im Inland wegen des **Territorialitätsprinzips** entfällt, scheidet eine Freistellung nach § 17 Abs 1 GWB im Hinblick auf **inlandsmarktbezogene** Wettbewerbsbeschränkungen allerdings insoweit aus (IMMENGA/MESTMÄCKER/REHBINDER § 98 Abs 2 Rn 134; KOENIGS, in: Gemeinschaftskommentar § 98 Abs 2 Rn 95). Bei **auslandsmarktbezogenen** Wettbewerbsbeschränkungen findet § 17 Abs 1 GWB analoge Anwendung, der indes wegen der Territorialität des Auslandsschutzrechts nicht die aus der Auslandsbeschränkung folgenden Auswirkungen auf den Inlandsmarkt freizustellen vermag (STROHM 366; IMMENGA/MESTMÄCKER/REHBINDER § 98 Abs 2 Rn 134).

237 Eine **Inlandsauswirkung** ist dann denkbar, wenn durch den **auf das Ausland bezogenen** Lizenzvertrag hinsichtlich des ausländischen Schutzrechts die Betätigungsfreiheit eines inländischen Lizenznehmers auf einem deutschen **Exportmarkt** beeinträchtigt ist (IMMENGA/MESTMÄCKER/REHBINDER § 98 Abs 2 Rn 137). Bindungen eines ausländischen Lizenznehmers in Verbindung mit einem ausländischen Schutzrecht, die **auf das Inland bezogen** sind, wirken sich im Inland aus, weil der Sekundärmarkt insoweit der Inlandsmarkt ist (IMMENGA/MESTMÄCKER/REHBINDER § 98 Abs 2 Rn 136; KOENIGS, in: Gemeinschaftskommentar § 98 Abs 2 Rn 97; BKartA Tätigkeitsbericht 1981/1982, 93).

5. Mißbrauch einer marktbeherrschenden Stellung

238 Die Anwendbarkeit des § 19 GWB setzt nach der herrschenden **Schutzzwecklehre** voraus, daß der inländische freie Wettbewerb in einer für den Schutzzweck der Norm relevanten Weise beeinträchtigt ist. Nach der **tatbestandsbezogenen Schutzzwecklehre** muß darüberhinaus der Tatbestand der Norm in bezug auf das Inland erfüllt sein (IMMENGA/MESTMÄCKER/REHBINDER § 98 Abs 2 Rn 157). Ausgehend vom Schutzzweck der Norm wird eine **tatsächliche Beeinträchtigung** des Inlandswettbewerbs verlangt (IMMENGA/MESTMÄCKER/REHBINDER § 98 Abs 2 Rn 157). Durch das Verbot des Mißbrauchs einer marktbeherrschenden Stellung wird sowohl der Wettbewerb als Institution geschützt als auch die Handlungsfreiheit von Abnehmern und Konkurrenten auf der vorhergehenden und nachgelagerten Marktstufe sowie auf Drittmärkten (KOENIGS, in: Gemeinschaftskommentar § 98 Abs 2 Rn 98; MünchKomm/IMMENGA Nach Art 37 Rn 59). Die **Handlungsfreiheit der betroffenen Unternehmen** wird von § 19 GWB auch **auslandsbezogen** geschützt (KOENIGS, in: Gemeinschaftskommentar § 98 Abs 2 Rn 101).

239 Nach dem Auswirkungsprinzip bestimmt sich die Frage, ob ein Unternehmen **marktbeherrschend** ist (§ 19 Abs 2 GWB) und die **Vermutung für das Bestehen von Marktmacht** gemäß § 19 Abs 3 GWB. Dabei geht die herrschende Meinung und insbesondere die Praxis bei der Bestimmung des **Marktanteils** iSd § 19 Abs 2 Nr 2 GWB für die Rechtslage vor der 6. GWB-Novelle von einer **alleinigen Maßgeblichkeit des Inlandsmarktes** bei der Bestimmung der **Marktmacht** mit der Begründung aus, das GWB schütze allein den Wettbewerb im Inland, nicht aber im europäischen Binnenmarkt oder auf dem Weltmarkt (BGH NJW 1996, 595, 597 [Backofenmarkt]; BKartA WuW/E BKartA 2445, 2449 [ENASA]; MEESSEN, Zusammenschlußkontrolle 42 f; MünchKomm/IMMENGA

Nach Art 37 Rn 66; IMMENGA/MESTMÄCKER/REHBINDER § 98 Abs 2 Rn 163 mwN). Teilweise wird dies auch daraus geschlossen, daß sich die Vermutung des § 19 Abs 3 GWB auf den Inlandsmarkt beziehe, oder daß eine Ermittlung über die Höhe des Marktanteils im Ausland nicht stattfinden könne (BGH NJW 1996, 595, 597 [Backofenmarkt]). Nach dieser Auffassung soll Wettbewerb ausländischer Anbieter nur dann zu erfassen sein, wenn diese zumindest potentielle Wettbewerber auf dem Inlandsmarkt sind oder potentielle Bezüge inländischer Nachfrager im Ausland bestehen (für den Bereich der Zusammenschlußkontrolle KG WuW/E OLG 4537, 4541 [Linde-Lansing]; KG WuW/E OLG 4865, 4881 ff [Hotelgeschirr]; BKartA WuW/E BKartA 1837, 1837 [Bayer France-Firestone France]). Auch andere Faktoren, die sich auf Export- und Auslandsmärkte beziehen, werden teilweise als unbeachtlich angesehen (vgl BKartA WuW/E BKartA 1653, 1656 [Babcock-Artos], wo alleine Inlandsumsätze trotz eines 90%igen Export des relevanten Produktes geprüft wurden), obwohl sich solche Faktoren auf die Wettbewerbsposition des Unternehmens im Inland spürbar auswirken können (EBEL NJW 1973, 1665, 1665; vgl auch ROTH RabelsZ 45 [1981] 501, 530; IMMENGA/MESTMÄCKER/REHBINDER § 98 Abs 2 Rn 163). Nachdem entsprechende im Ausland vorliegende Faktoren jedenfalls die Wettbewerbsstellung des betroffenen Unternehmens auf den jeweiligen Auslandsmärkten beeinflussen und sich insoweit auf das Wettbewerbsverhältnis zwischen dem Unternehmen und seinen Konkurrenten auf diesen Märkten auswirken, wird eine Berücksichtigung auch aufgrund des neuen in § 19 Abs 2 Nr 2 GWB eingeführten Kriteriums des tatsächlichen oder potentiellen Wettbewerbs durch ausländische Unternehmen erfolgen müssen.

Das **Weltmarktprinzip** wurde in der Fusionskontrolle und auch im Rahmen der Feststellung einer marktbeherrschenden Stellung bei § 22 aF GWB bereits früh zu recht vertreten (AUTENRIETH 32 ff; KEVEKORDES 168; vgl auch ROTH RabelsZ 45 [1981] 501, 530). In der Folge einer verstärkten **Globalisierung der Märkte** entspricht die Fiktion eines stets abgegrenzten nationalen räumlich relevanten Marktes nicht den wirtschaftlichen Realitäten und dürfte im Hinblick auf eine gemeinschaftsrechtskonforme und vor allem weltmarktkompatible Auslegung des nationalen Kartellrechts nicht aufrechtzuerhalten sein (EBENROTH/LANGE BB 1991, 845, 853; dies WuW 1994, 601, 604 f; KOOS 186; vgl auch BUNTE DB 1998, 1748, 1752). Völker- oder kollisionsrechtliche Gründe sprechen nicht gegen eine solche Sichtweise (BECHTOLD § 19 Rn 14). Insbesondere steht das **Territorialitätsprinzip** einer Berücksichtigung grenzüberschreitender ökonomischer Märkte nicht entgegen (LANGE 73). Auch aus dem Umstand, daß sich § 19 Abs 3 GWB auf das Inland bezieht, kann nichts anderes hergeleitet werden (SCHÜTZ WuW 1996, 286, 289 f). Mit der Einführung des Kriteriums der Berücksichtigung tatsächlichen oder potentiellen Wettbewerbs durch innerhalb oder außerhalb des Geltungsbereichs des GWB ansässige Unternehmen in § 19 Abs 2 Nr 2 GWB im Zuge der 6. GWB-Novelle hat sich die Frage nicht erübrigt (BUNTE DB 1998, 1748, 1752; vgl auch BECHTOLD BB 1997, 1853, 1855).

Für die **Vermutung für das Bestehen von Marktmacht** gem § 19 Abs 3 GWB ist der **Inlandsmarkt** maßgeblich, soweit es auf den Marktanteil der Unternehmen ankommt (AUTENRIETH 99). Dabei sind auch die im Ausland erzielten Umsätze eines auf dem Inlandsmarkt tätigen Unternehmens mitzuzählen, ohne eine konkrete Prüfung der Inlandswirksamkeit vornehmen zu müssen (IMMENGA/MESTMÄCKER/REHBINDER § 98 Abs 2 Rn 164).

§ 19 GWB gilt gleichermaßen für **inländische** wie für **ausländische** Unternehmen.

Soweit marktbeherrschende ausländische Unternehmen ihre dominante Position auf dem Inlandsmarkt zu Lasten in- oder ausländischer Wettbewerber auf dem Inlandsmarkt oder inländischer Abnehmer ausnutzen, ist eine Inlandsauswirkung gegeben, die über § 130 Abs 2 GWB zur Anwendung des § 19 GWB führt (BKartA WuW/E BKartA 1361, 1367 [Fernost-Schiffahrtskonferenz]; MünchKomm/IMMENGA Nach Art 37 Rn 59; IMMENGA/MESTMÄCKER/REHBINDER § 98 Abs 2 Rn 158; KOENIGS, in: Gemeinschaftskommentar § 98 Abs 2 Rn 99). Dasselbe gilt, wenn ausländische Unternehmen, die auf einem Auslandsmarkt über eine marktbeherrschende Stellung verfügen, diese auf dem inländischen Markt mißbräuchlich ausnutzen, etwa wenn die deutsche Muttergesellschaft einer ausländischen Tochter durch den auf dem ausländischen Markt dominierenden Lieferanten der ausländischen Tochtergesellschaft zum ausschließlichen Bezug gezwungen wird (IMMENGA/MESTMÄCKER/REHBINDER § 98 Abs 2 Rn 159; KOENIGS, in: Gemeinschaftskommentar § 98 Abs 2 Rn 99; MünchKomm/IMMENGA Nach Art 37 Rn 59). Schließlich wird aufgrund des auch auslandsbezogenen Schutzes der Handlungsfreiheit der betroffenen Unternehmen eine Inlandsauswirkung auch dann angenommen, wenn inländische oder ausländische Unternehmen als Exporteure marktbeherrschend sind und diese Position dazu benutzen, auf bestimmten Auslandsmärkten inländische Konkurrenten zu behindern (KOENIGS, in: Gemeinschaftskommentar § 98 Abs 2 Rn 101; IMMENGA/MESTMÄCKER/REHBINDER § 98 Abs 2 Rn 165), oder wenn marktbeherrschende inländische Nachfrager durch Treuerabatte oder diskriminierende Lizenzvergaben ausländische Unternehmen an der Erbringung von Leistungen für inländische Abnehmer hindern (Schutz des **Importmarktes**; BKartA Tätigkeitsbericht 1971, 52 f; 1972, 63; KOENIGS, in: Gemeinschaftskommentar § 98 Abs 2 Rn 100; IMMENGA/MESTMÄCKER/REHBINDER § 98 Abs 2 Rn 162).

243 Soweit man mit der **herrschenden Auffassung** ein das Auswirkungsprinzip begrenzendes **Unmittelbarkeitskriterium** annimmt (vgl aber Rn 182), scheidet eine relevante Inlandsauswirkung mangels Unmittelbarkeit allgemein regelmäßig aus, wenn allenfalls die Marktchancen inländischer Unternehmen auf dem Inlandsmarkt durch den Mißbrauch einer marktbeherrschenden Stellung eines in- oder ausländischen Unternehmens auf einem Auslandsmarkt beeinträchtigt sind. Insoweit wird von der hM allerdings bereits angenommen, daß derartige Auswirkungen ohnehin nicht vom Schutzzweck des § 19 GWB gedeckt und daher stets unbeachtlich seien (REHBINDER 227; WÜRDINGER WuW 1960, 313, 315; MÜLLER-HENNEBERG WuW 1961, 307, 315), es sei denn, daß der Mißbrauch der marktbeherrschenden Stellung im Ausland die Inlandsauswirkung überwiegend verursache (KOENIGS, in: Gemeinschaftskommentar § 98 Abs 2 Rn 102). Demgegenüber nimmt die Auffassung, die mit dem kollisions- und völkerrechtlichen Begrenzungskriterium der Unmittelbarkeit argumentiert, an, daß es sich nach der **Vorhersehbarkeit** und **Zurechenbarkeit** entscheidet, ob ein auf dem Auslandsmarkt stattfindender Mißbrauch **ausnahmsweise** von § 19 GWB erfaßt wird, bzw. eine hinreichende unmittelbare Inlandsauswirkung entfaltet. Danach ist § 19 GWB anwendbar, wenn eine **unmittelbare Vermittlung des Auslandsmißbrauchs zum Inlandsmarkt** besteht. Dies wird vor allem dann angenommen, wenn in Fällen von **Ausbeutungsmißbrauch** eine Kontrolle des inländischen Absatzweges durch das marktbeherrschende Unternehmen, etwa durch eigene Vertriebssysteme oder durch eine eigene Tochtergesellschaft, erfolgt (IMMENGA/MESTMÄCKER/REHBINDER § 98 Abs 2 Rn 160; MünchKomm/IMMENGA Nach Art 37 Rn 59; s auch hier Rn 181). Entsprechendes gilt in Fällen von **Behinderungsmißbrauch** für eine gezielte Beeinträchtigung der inländischen Marktposition der Wettbewerber durch Handlungen des marktbeherrschenden

Unternehmens auf dem Auslandsmarkt (IMMENGA/MESTMÄCKER/REHBINDER § 98 Abs 2 Rn 160).

6. Diskriminierung, Boykott und unbillige Behinderung

a) Allgemeines

Nach der herrschenden Schutzzwecklehre ist für eine Anwendung der §§ 20, 21 GWB erforderlich, daß der Schutzzweck der jeweiligen Norm betroffen ist; nach der **tatbestandsbezogenen Schutzzwecklehre** muß darüberhinaus der Tatbestand der §§ 20 und 21 GWB in Bezug auf das Inland verwirklicht sein (IMMENGA/MESTMÄCKER/REHBINDER § 98 Abs 2 Rn 203). Für eine Anknüpfung kommen dabei zwei Märkte in Betracht. Einerseits kann die Beeinträchtigung des Inlandswettbewerbs und der Handlungsfreiheit der Unternehmen auf dem Markt vorliegen, auf dem die Diskriminierung, der Boykott oder die Behinderung vorgenommen wird (**Primärmarkt**). Zum anderen kann die Beeinträchtigung auf dem Markt gegeben sein, auf dem das geschädigte Unternehmen mit dem wettbewerbsbeschränkenden Unternehmen konkurriert oder sich das wettbewerbsbeschränkende Verhalten im Verhältnis zu dritten Unternehmen auswirkt (**Sekundärmarkt**; IMMENGA/MESTMÄCKER/REHBINDER § 98 Abs 2 Rn 203). **Streitig** ist, ob auf den Primärmarkt und/oder auf den Sekundärmarkt abzustellen ist.

b) Diskriminierungs- und Behinderungsverbot

Zweck des Diskriminierungs- und Behinderungsverbotes gem § 20 Abs 1 und 2 GWB ist gleichrangig der Schutz der **Handlungsfreiheit der Adressaten** einer entsprechenden Maßnahme und **dritter Marktteilnehmer** sowie der **Institution Wettbewerb** gegen eine entsprechende Beeinträchtigung (IMMENGA/MESTMÄCKER/REHBINDER § 98 Abs 2 Rn 204; vgl KOENIGS, in: Gemeinschaftskommentar § 98 Abs 2 Rn 125). Während der Wettbewerb als Institution stets auf dem Sekundärmarkt betroffen ist, kann die Handlungsfreiheit der Adressatenunternehmen sowie dritter Unternehmen sowohl auf dem Primärmarkt als auch auf dem Sekundärmarkt betroffen sein. Nach **zutreffender Auffassung** kann für eine Anknüpfung daher eine Auswirkung sowohl auf dem Primärmarkt als auch auf dem Sekundärmarkt maßgeblich sein (IMMENGA/MESTMÄCKER/REHBINDER § 98 Abs 2 Rn 204, 206, 211). Allerdings kann sich insoweit das Problem des Vorliegens einer unmittelbaren Inlandsauswirkung stellen (vgl IMMENGA/MESTMÄCKER/REHBINDER § 98 Abs 2 Rn 215; vgl hier Rn 175 ff). Nach **anderer Auffassung** soll für § 20 Abs 1 und 2 GWB ausschließlich auf den Sekundärmarkt, nicht aber auf den Primärmarkt abzustellen sein (KOENIGS, in: Gemeinschaftskommentar § 98 Abs 2 Rn 125). Teilweise wird vertreten, ein **inländisches Regelungsinteresse** liege im Fall der Diskriminierung nicht vor, wenn das ausgeschlossene Unternehmen seinen Sitz im Ausland hat (SCHNYDER Rn 435). Daraus folgt, daß nach dieser Auffassung nur der Markt für eine Anknüpfung maßgeblich ist, auf dem **das diskriminierte Unternehmen seinen Sitz** hat.

Eine Inlandsauswirkung liegt bei **inlandsmarktbezogenen Diskriminierungen** und Behinderungen vor, wenn ein **ausländisches Kartell** oder ein **ausländisches den Inlandsmarkt beherrschendes Unternehmen** seine Mitbewerber **auf dem Inlandsmarkt diskriminiert** oder **behindert** (IMMENGA/MESTMÄCKER/REHBINDER § 98 Abs 2 Rn 212; KOENIGS, in: Gemeinschaftskommentar § 98 Abs 2 Rn 126). § 20 Abs 1 bzw Abs 2 GWB schützt dabei gleichermaßen **inländische wie ausländische Wettbewerber** auf dem Inlandsmarkt

(BKartA Tätigkeitsbericht 1971, 52; 1972, 63). So darf ein ausländisches im Inland marktbeherrschendes Unternehmen Wettbewerber auf dem Inlandsmarkt nicht durch Vorenthaltung von Ersatzteilen oder Vormaterialien diskriminieren (IMMENGA/MESTMÄCKER/REHBINDER § 98 Abs 2 Rn 212). Ebensowenig ist die Behinderung eines in- oder ausländischen Wettbewerbers auf dem Inlandsmarkt durch **Bezugsbindungen** und **Sonderrabatte** zulässig (BKartA Tätigkeitsbericht 1971, 52). Eine Inlandsauswirkung ist wegen der Behinderung von Exporten ausländischer Unternehmen in den Inlandsmarkt gegeben, wenn ein inländisches den Auslandsmarkt beherrschendes Unternehmen ausländische Exporteure im Hinblick auf seine Marktmacht auf dem Auslandsmarkt diskriminiert oder behindert (IMMENGA/MESTMÄCKER/REHBINDER § 98 Abs 2 Rn 212). Dies wurde vom BKartA im Fall einer **diskriminierenden Vergabe von Auslandslizenzen** angenommen (BKartA Tätigkeitsbericht 1972, 63).

247 Betreffend **auslandsmarktbezogener Diskriminierungen** oder **Behinderungen** ist zu beachten, daß § 20 Abs 1 und 2 GWB auch die **auslandsmarktbezogene Betätigungsfreiheit** schützt (KOENIGS, in: Gemeinschaftskommentar § 98 Abs 2 Rn 126). Daher ist § 20 Abs 1 bzw Abs 2 GWB anwendbar, wenn ein **inländisches** Unternehmen auf einem **Auslandsmarkt** durch ein den Auslandsmarkt beherrschendes **inländisches** Unternehmen diskriminiert oder behindert wird (BKartA WuW/E BKartA 1376, 1383 [Linoleum]; IMMENGA/MESTMÄCKER/REHBINDER § 98 Abs 2 Rn 213). Diese Beschränkung auf diskriminierendes bzw behinderndes Verhalten inländischer Unternehmen gegenüber inländischen Konkurrenten ähnelt der Anwendung gemeinsamen deutschen Heimatrechts in Fällen gezielt gegen inländische Konkurrenten auf einem Auslandsmarkt gerichteter **unlauterer Wettbewerbshandlungen** nach den Grundsätzen der **Stahlexport-Entscheidung** des BGH (s dazu eingehend Rn 352 und zur Kritik Rn 398; vgl auch DEUTSCH 65). Bei reinen Exportkartellen werden inländische Kartellaußenseiter durch § 20 Abs 1 bzw Abs 2 GWB geschützt, wenn sie auf dem Exportmarkt behindert werden, ohne daß es noch auf eine Inlandsauswirkung ankommt (IMMENGA/MESTMÄCKER/REHBINDER § 98 Abs 2 Rn 213).

248 Bei **Diskriminierungen der Marktgegenseite** ist eine Inlandsauswirkung einerseits gegeben, wenn eine **Beeinträchtigung der Handlungsfreiheit inländischer Abnehmer oder ausländischer Importeure auf dem Inlandsmarkt** vorliegt (SCHWARTZ 231; KOENIGS, in: Gemeinschaftskommentar § 98 Abs 2 Rn 126; IMMENGA/MESTMÄCKER/REHBINDER § 98 Abs 2 Rn 214). Das ist etwa der Fall, wenn ein ausländischer Hersteller einen inländischen Abnehmer, der sich einer Eingliederung in ein Vertriebsunternehmen widersetzt, vom Bezug seiner Waren ausschließt und dadurch den Vertrieb der Waren auf dem inländischen Markt verhindert (OLG Karlsruhe WuW/E OLG 2215, 2216 [Nuklearpharmaka]), oder wenn ein ausländisches Kartell von Fluggesellschaften inländische Reisebüros im Zusammenhang mit der Zulassung als Flugticketvertriebsagent dazu zwingt, für den Fall der Nichtzulassung auf Provision für die Vermittlung von Flugpassagen während der der Nichtzulassungsentscheidung vorausgehenden Probezeit zu verzichten (BGH WuW/E BGH 1200, 1201 [Vermittlungsprovision für Flugpassagen]). Andererseits liegt eine Inlandsauswirkung vor, wenn **inländische Nachfrager** ihre Marktmacht mißbrauchen, um **ausländische Anbieter** auf dem Inlandsmarkt zu diskriminieren (IMMENGA/MESTMÄCKER/REHBINDER § 98 Abs 2 Rn 214; KOENIGS, in: Gemeinschaftskommentar § 98 Abs 2 Rn 126; vgl aber BÄR 387). Eine Inlandsauswirkung liegt auch vor, wenn sich eine an sich **exportmarktbezogene Diskriminierung** eines inländischen Exportkartells gegen Abnehmer richtet, die sich im Inland befinden, weil insoweit der Wettbewerb der inländischen Exporteure und die exportmarktbezogene Handlungsfreiheit betroffen ist (vgl auch IMMENGA/MESTMÄCKER/REHBINDER § 98 Abs 2 Rn 216). Werden dagegen ausschließlich auf dem Auslandsmarkt agierende Abnehmer diskriminiert, liegt nach herrschender Auffassung lediglich eine Auswirkung auf dem jeweiligen Auslandsmarkt vor (OLG Karlsruhe WuW/E OLG 2340, 2342 [Ausgleichsanspruch]).

Obwohl grundsätzlich auch bei Diskriminierung oder Behinderung der **Sekundärmarkt** maßgeblich sein kann (s Rn 245), wird das Eintreten der Inlandsauswirkung ausschließlich auf dem Sekundärmarkt aus völkerrechtlichen bzw kollisionsrechtlichen Gründen nicht für hinreichend gehalten, wenn eine Diskriminierung **ausländischer** in den Inlandsmarkt exportierender Abnehmer durch einen **ausländischen** Hersteller erfolgt. In diesem Fall liegt zwar eine Auswirkung auf dem inländischen Sekundärmarkt im Hinblick auf den behinderten Export in das Inland vor; diese wird aber aufgrund des im Verhältnis zu ausländischen Unternehmen für erforderlich gehaltenen **Unmittelbarkeitskriteriums** (dazu Rn 175 ff) nicht für ausreichend gehalten (IMMENGA/MESTMÄCKER/REHBINDER § 98 Abs 2 Rn 215). Das erscheint nicht sachgerecht, weil der **inländische Marktzutritt ausländischer Exporteure** behindert wird und damit eine unmittelbare Auswirkung auf den potentiellen Wettbewerb im Inland vorliegen kann.

Für das Verbot einer Diskriminierung von Unternehmen durch internationale Verbände nach § 20 Abs 6 GWB gilt, daß eine Inlandsauswirkung jedenfalls dann vorliegt, wenn der Verband seine **Tätigkeit auch im Inland entfaltet**. Insoweit muß kollisionsrechtlich eine **Spürbarkeit** gegeben sein, die dann ausscheidet, wenn es an einer gewissen Bedeutung der Verbandszugehörigkeit für die Wettbewerbsposition des diskriminierten in- oder ausländischen Unternehmens im Inland fehlt. Nach der Auffassung, die eine **Tatbestandserfüllung der Sachnorm** schon im kollisionsrechtlichen Rahmen verlangt, wird zu prüfen sein, ob eine ungleiche Behandlung sachlich gerechtfertigt ist (so offenbar IMMENGA/MESTMÄCKER/REHBINDER § 98 Abs 2 Rn 218), und ob die Benachteiligung im Inlandswettbewerb für das betreffende Unternehmen unbillig ist. § 20 Abs 6 GWB schützt auch ausländische Unternehmen gegen Diskriminierungen durch inländische Verbände auf dem Inlandsmarkt. Die Diskriminierung inländischer Unternehmen im Inland durch einen **inländischen Exportverband** beeinträchtigt das diskriminierte Unternehmen in seiner auf den Wettbewerb inländischer Exporteure bezogenen Handlungsfreiheit und hat daher Inlandsauswirkung. Eine Inlandsauswirkung wird dagegen abgelehnt im Fall der Diskriminierung inländischer Exporteure durch einen ausländischen Verband (IMMENGA/MESTMÄCKER/REHBINDER § 98 Abs 2 Rn 219).

c) Boykottverbot

Wie bei § 20 GWB stehen auch beim Boykottverbot nach § 21 Abs 1 GWB der Schutz der Betätigungsfreiheit des boykottierten Unternehmens und der Schutz des Wettbewerbs als Institution gleichrangig nebeneinander. Die Betätigungsfreiheit des boykottierten Unternehmens kann sowohl auf dem **Primärmarkt** als dem Markt, auf den sich der Boykott bezieht, als auch auf dem **Sekundärmarkt** als dem Markt, auf dem sich die Maßnahme für das betroffene Unternehmen auswirkt und auf dem sich dieses Unternehmen und der Schädiger regelmäßig als Wettbewerber gegenüberstehen, beeinträchtigt sein (IMMENGA/MESTMÄCKER/REHBINDER § 98 Abs 2 Rn 205; KOENIGS, in: Gemeinschaftskommentar § 98 Abs 2 Rn 122).

252 Eine **Inlandsauswirkung** wird angenommen, wenn bei einer **Liefersperre** der Verrufer und das geschädigte Unternehmen **auf dem Inlandsmarkt miteinander konkurrieren**. Eine Inlandsauswirkung liegt etwa dann vor, wenn ein inländisches oder ausländisches Unternehmen einen ausländischen Lieferanten auffordert, einen ausländischen Konkurrenten nicht zu beliefern; insoweit ist jedenfalls der inländische **Sekundärmarkt** betroffen, da der Konkurrent im Hinblick auf seine auf den Inlandswettbewerb mit dem Verrufer gerichtete Handlungsfreiheit behindert wird. Unbeachtlich ist dabei, ob die Liefersperre selbst auf dem Inlandsmarkt erfolgt (IMMENGA/MESTMÄCKER/REHBINDER § 98 Abs 2 Rn 207). Jedenfalls dann, wenn an der beeinträchtigenden Maßnahme **ausschließlich ausländische Unternehmen beteiligt** sind, könnte sich insoweit indes aus Sicht der hM die Frage der **Unmittelbarkeit** einer Inlandsauswirkung stellen. Jedenfalls soweit die Handlung unter der Kontrolle des Veranlassers gezielt die Wettbewerbsposition des geschädigten Unternehmens auf dem inländischen Sekundärmarkt beeinträchtigt, soll es jedoch einer kollisions- bzw völkerrechtlichen Korrektur des Auswirkungsprinzips über ein Unmittelbarkeitskriterium nicht bedürfen (IMMENGA/MESTMÄCKER/REHBINDER § 98 Abs 2 Rn 205). Dem ist – ungeachtet einer generellen Ablehnung des Unmittelbarkeitskriteriums (s Rn 182) – zuzustimmen. Findet der Boykott durch einen ausländischen Lieferanten zu lasten eines inländischen Abnehmers statt, so ist zusätzlich der inländische **Primärmarkt** betroffen (IMMENGA/MESTMÄCKER/REHBINDER § 98 Abs 2 Rn 207; vgl BGH WuW/E BGH 1643, 1645 [BMW-Importe]). Auch wenn verrufendes Unternehmen und boykottiertes Unternehmen **nicht** in einem **Konkurrenzverhältnis** stehen, liegt bei einem an ausländische Lieferanten des geschädigten Unternehmens erfolgenden Aufruf zur Liefersperre eine Inlandsauswirkung vor. Betroffen ist der Sekundärmarkt insoweit zwar nicht im Hinblick auf den inländischen Wettbewerb, an dem Verrufer und geschädigtes Unternehmen als Mitbewerber teilnehmen. Der inländische **Sekundärmarkt** ist aber deshalb betroffen, weil das geschädigte Unternehmen in seiner Handlungsfreiheit als **Anbieter auf dem Inlandsmarkt** beeinträchtigt ist (IMMENGA/MESTMÄCKER/REHBINDER § 98 Abs 2 Rn 208). Dadurch ist zugleich der Inlandswettbewerb als Institution beeinträchtigt. Allerdings soll der inländische **Sekundärmarkt** bei Fehlen eines Konkurrenzverhältnisses zwischen boykottierenden Unternehmen und geschädigtem Unternehmen dann **unbeachtlich** sein, wenn die boykottierenden Unternehmen ausländische Unternehmen sind (so IMMENGA/MESTMÄCKER/REHBINDER § 98 Abs 2 Rn 205 aE; vgl auch KOENIGS, in: Gemeinschaftskommentar § 98 Abs 2 Rn 123, wonach offenbar mangels **Spürbarkeit** eine Inlandsauswirkung ausscheiden soll, wenn Verrufer und geschädigtes Unternehmen beide ausländische Unternehmen sind). § 21 Abs 1 GWB ist schließlich dann anwendbar, wenn ein mit einem inländischen Unternehmen auf einem **Exportmarkt** im Wettbewerb stehendes in- oder ausländisches Unternehmen einen inländischen Lieferanten zu einer Liefersperre zu lasten des Konkurrenten auffordert (KOENIGS, in: Gemeinschaftskommentar § 98 Abs 2 Rn 123). Sekundärmarkt ist insoweit der Auslandsmarkt, jedoch liegt ein inländischer Primärmarkt vor. Dasselbe gilt, wenn in einer entsprechenden Fallgestaltung ein in- oder ausländisches Unternehmen einen ausländischen Lieferanten zur Liefersperre auffordert (IMMENGA/MESTMÄCKER/REHBINDER § 98 Abs 2 Rn 209). Dieses Ergebnis läßt sich auch damit begründen, daß § 21 Abs 1 GWB auch die **auslandsbezogene Handlungsfreiheit** des boykottierten Unternehmens schützt (KOENIGS, in: Gemeinschaftskommentar § 98 Abs 2 Rn 123).

Für **Bezugssperren** gelten diese Grundsätze entsprechend. Werden die **inländischen** 253
Abnehmer eines ausländischen Unternehmens durch einen **inländischen Verrufer** zu
Bezugsperren veranlaßt und stehen der Verrufer und das geschädigte Unternehmen
auf dem Inlandsmarkt in Konkurrenz, so ist die Handlungsfreiheit des geschädigten
Unternehmens und der Wettbewerb auf dem Inlandsmarkt beeinträchtigt. Entsprechendes gilt, wenn ein **ausländischer Verrufer** die inländischen Abnehmer seines
inländischen Konkurrenten auf dem Inlandsmarkt zu Bezugssperren veranlaßt (IMMENGA/MESTMÄCKER/REHBINDER § 98 Abs 2 Rn 210). Auch **Rückwirkungen** auf die Wettbewerbsfähigkeit auf dem Inlandsmarkt, die daraus entstehen, daß das betroffene Unternehmen auf einem Auslandsmarkt aufgrund eines **Boykottaufrufs eines
inländischen Unternehmens** mit Bezugssperren belegt wird, werden als ausreichend
angesehen (IMMENGA/MESTMÄCKER/REHBINDER § 98 Abs 2 Rn 210). Legt man mit der herrschenden Auffassung ein **Unmittelbarkeitskriterium** zugrunde, dürften derartige
Rückwirkungen auf den Inlandsmarkt indes dann nicht ausreichen, wenn der Verrufer ein ausländisches Unternehmen ist (vgl auch IMMENGA/MESTMÄCKER/REHBINDER § 98
Abs 2 Rn 210). Eine Anwendbarkeit des § 21 Abs 1 GWB wird ferner angenommen,
wenn sich der Boykott ausschließlich auf den **Exportmarkt** bezieht, vorausgesetzt
Verrufer und betroffenes Unternehmen sind inländische Unternehmen (s zu dieser
Einschränkung schon Rn 247) und konkurrieren auf dem Exportmarkt (IMMENGA/MESTMÄCKER/REHBINDER § 98 Abs 2 Rn 210).

d) Umgehungstatbestände

Für die Anwendbarkeit der §§ 21 Abs 2 GWB und 22 Abs 1 GWB ist grundsätzlich 254
der Inlandsauswirkungsbegriff der jeweils zu Grunde liegende Primärnorm heranzuziehen. Es kommt daher nach der **Schutzzwecklehre** auf den Schutzbereich der
Norm an, deren Umgehung durch Druck oder Empfehlung verhindert werden soll
(IMMENGA/MESTMÄCKER/REHBINDER § 98 Abs 2 Rn 196; KOENIGS, in: Gemeinschaftskommentar
§ 98 Abs 2 Rn 119; vgl auch BKartA WuW/E BKartA 845). Im Fall des **Druckverbotes** gem
§ 21 Abs 2 GWB liegt danach eine Inlandsauswirkung vor, wenn durch die Druckausübung ein Verhalten der Adressaten bewirkt werden soll, auf das gem § 130 Abs 2
GWB deutsches Kartellrecht anwendbar wäre. Darauf, ob das betreffende Verhalten
bereits herbeigeführt wurde und eine tatsächliche Inlandsauswirkung hat, kann es
nicht ankommen. Inländische und ausländische Unternehmen werden gleichermaßen geschützt (KOENIGS, in: Gemeinschaftskommentar § 98 Abs 2 Rn 121). Keine Besonderheiten gelten bei den **Druckverboten gem § 21 Abs 2 GWB**. Für **Empfehlungen** im
Sinne des **§ 22 Abs 1 Satz 1 GWB** ist maßgeblich, ob das bezweckte oder bewirkte
gleichförmige Verhalten der Empfehlungsadressaten eine (potentiell) spürbare Auswirkung auf dem Inlandsmarkt hat (KOENIGS, in: Gemeinschaftskommentar § 98 Abs 2
Rn 120). Da die Vorschrift schon die Bezweckung eines entsprechenden gleichförmigen Verhaltens erfaßt, kommt es nach der herrschenden Schutzzwecklehre auch hier
nicht darauf an, ob das gleichförmige Verhalten tatsächlich stattgefunden hat, und ob
eine tatsächliche und nicht nur potentielle Inlandsauswirkung vorliegt. Dasselbe gilt
für **vertikale Preisempfehlungen** nach § 22 Abs 1 Satz 2 GWB. Insoweit ist bedeutsam,
ob das empfohlene Verhalten falls es vertraglich vereinbart wäre, inlandsmarktwirksam nach den Grundsätzen über die Inlandsauswirkung von Preisbindungen iSd § 14
GWB wäre (IMMENGA/MESTMÄCKER/REHBINDER § 98 Abs 2 Rn 198). Die Ausnahmen vom
Empfehlungsverbot nach §§ 22 Abs 2 und Abs 3 GWB sowie § 23 GWB gelten auch
zugunsten ausländischer Unternehmen (KOENIGS, in: Gemeinschaftskommentar § 98 Abs 2
Rn 120; IMMENGA/MESTMÄCKER/REHBINDER § 98 Abs 2 Rn 201).

7. Zusammenschlußkontrolle

a) Allgemeines

255 Durch die Zunahme grenzüberschreitender Zusammenschlüsse, nicht zuletzt infolge einer wachsenden Tendenz zur Globalisierung und die häufig erhebliche gesamtwirtschaftliche Bedeutung von Unternehmenszusammenschlüssen ist das Kartellkollisionsrecht für den Bereich der Zusammenschlußkontrolle von besonderer Wichtigkeit. Nachdem die Befugnisse der Kartellbehörden in Zusammenschlußkontrollverfahren beträchtlich sind, bereits im Vorfeld der eigentlichen Wettbewerbsbeeinträchtigung ansetzen und der Ausgang entsprechender Verfahren von besonderer wirtschaftlicher Relevanz für die betroffenen Unternehmen ist, vermag sich in diesem Rahmen am deutlichsten das Problem einer extraterritorialen Geltung des nationalen Kartellrechts zu realisieren. Es kann deshalb nicht überraschen, daß die Frage der völkerrechtlichen Zulässigkeit einer Regelung von Auslandssachverhalten durch das nationale Recht von den Gerichten gerade in Zusammenschlußkontrollfällen erörtert wird. Mögliche Auswirkungen auf den Inlandsmarkt ergeben sich dabei nicht nur dann, wenn an dem Zusammenschluß ein inländisches Unternehmen beteiligt ist, sondern auch dann, wenn eine Präsenz eines der beteiligten ausländischen Unternehmen auf dem deutschen Markt vermittelt durch eine Tochter- oder Enkelgesellschaft vorliegt (vgl etwa BKartA Tätigkeitsbericht 1985/1986, 6). Die Bedeutung der Zusammenschlußkontrolle nach dem GWB wird aber zunehmend gerade in Fällen mit Auslandsberührung durch die gemeinschaftliche Fusionskontrolle verdrängt (vgl IMMENGA/MESTMÄCKER/REHBINDER § 98 Abs 2 Rn 166).

256 Nach der herrschenden **Schutzzwecklehre** kommt es für die Bestimmung des Begriffs der Inlandsauswirkung auf den **Schutzzweck der jeweiligen Norm** an. Die unterschiedlichen Schutzreichweiten der verschiedenen Normen im Rahmen der Zusammenschlußkontrolle begründen unterschiedliche Anforderungen an die Inlandsauswirkung (MünchKomm/IMMENGA Nach Art 37 Rn 60; vgl AUTENRIETH 74 ff). Zu unterscheiden ist insoweit die **Anmeldepflicht** im Rahmen der präventiven Zusammenschlußkontrolle und die **Untersagungsbefugnis** der Kartellbehörde. Gerade im Hinblick darauf, daß die Anwendung der Normen der Zusammenschlußkontrolle erhebliche Auswirkungen auf die betroffenen Unternehmen haben können, wird die Anpassung der kollisionsrechtlichen Anwendungsschwelle an das durch den Schutzzweck der Norm determinierte nationale Rechtsanwendungsinteresse als besonders bedeutsam angesehen.

257 Nach der im Zuge der 6. GWB-Novelle eingeführten **Inlandsumsatzschwelle** gem § 35 Abs 1 Nr 2 GWB muß mindestens ein am Zusammenschluß beteiligtes Unternehmen im Inland Umsatzerlöse von mehr als 50 Millionen DM erzielt haben. Hierdurch sollen Fälle aus dem Anwendungsbereich der deutschen Zusammenschlußkontrolle ausgeschieden werden, bei denen nur marginale wettbewerbliche Auswirkungen im Inland bestehen. Der Gesetzgeber hatte dabei insbesondere Fälle im Auge, in denen ein deutsches Unternehmen von einem ausländischen Unternehmen, welches in Deutschland nur geringfügig tätig ist, übernommen wird, oder in denen sich ausländische Unternehmen zusammenschließen, die in Deutschland nur geringfügig tätig sind (Begr Reg Entw BR-Drucks 852/97, 56). Eine Konkretisierung des § 130 Abs 2 GWB für den Bereich der Fusionskontrolle enthält die Vorschrift insoweit, als eine hinreichende Spürbarkeit der Inlandsauswirkung dann ausgeschlossen ist, wenn die

Inlandsumsatzschwelle nicht erreicht ist. § 35 Abs 1 Nr 2 GWB stellt eine **gesetzgeberische Konkretisierung der kollisionsrechtlichen Spürbarkeitsgrenze** dar (aA BECHTOLD § 130 Rn 16; § 35 Rn 26; im Ergebnis wie hier SCHULTE AG 1998, 297, 305).

b) Anmeldepflicht
aa) Anwendbarkeit
Seit der 6. GWB-Novelle besteht gem § 39 Abs 1 GWB eine **generelle Anmeldepflicht** 258 hinsichtlich sämtlicher Zusammenschlüsse, die in den Geltungsbereich der Zusammenschlußkontrolle nach § 35 GWB fallen. Eine nachträgliche Fusionskontrolle besteht nicht mehr. Bei § 39 GWB handelt es sich um eine **selbständige Sachnorm**, die auf Auslandszusammenschlüsse **grundsätzlich anwendbar** ist (KG WuW/E OLG 1951, 1951 [Computer]; WuW/E OLG 2106, 2107 [Straßenbaugeräte]; für § 23 aF GWB ebenso BGHZ 74, 322, 326 [Organische Pigmente]; aus dem Schrifttum: KEVEKORDES 160; IMMENGA/MESTMÄCKER/ REHBINDER § 98 Abs 2 Rn 167; aA MEESSEN, Zusammenschlußkontrolle 67; KERSTEN WuW 1979, 721, 731). Für die **schutznormbezogene Konkretisierung des Inlandsauswirkungsbegriffs** im Zusammenhang mit § 39 GWB ist folglich nicht an den sachlichen Anwendungsbereich des Untersagungstatbestandes des § 36 Abs 1 GWB, insbesondere nicht an die Begründung oder Verstärkung einer marktbeherrschenden Stellung anzuknüpfen (IMMENGA/MESTMÄCKER/REHBINDER § 98 Abs 2 Rn 167; ebenso für § 23 aF GWB BGHZ 74, 322, 326 f [Organische Pigmente]). Anderes ergibt sich auch nicht daraus, daß nach § 41 Abs 1 GWB vor einer Freigabe des Zusammenschlusses durch das BKartA bzw vor Ablauf der Fristen gem § 40 Abs 1 Satz 1 und Abs 2 Satz 2 GWB ein **Vollzugsverbot** besteht, das teilweise die Wirkungen einer möglichen Untersagung vorwegnimmt (vgl MEESSEN, Zusammenschlußkontrolle 66), weil die nachteiligen Wirkungen für einen letztlich nicht zu untersagenden Auslandszusammenschluß infolge der Anmeldepflicht durch § 41 Abs 1 GWB sowie durch die Möglichkeit einer Befreiung von dem Vollzugsverbot auf Antrag gem § 41 Abs 2 GWB gemildert werden (ähnlich für § 24 a aF GWB IMMENGA/MESTMÄCKER/REHBINDER § 98 Abs 2 Rn 167; vgl auch MünchKomm/IMMENGA Nach Art 37 Rn 64; BKartA Merkblatt zur deutschen Fusionskontrolle, Januar 1999, 10). Die Zusammenschlußvorgänge, die in den Anwendungsbereich der Zusammenschlußkontrolle fallen und nach § 39 GWB der Anmeldepflicht unterliegen, sind Wettbewerbsbeschränkungen iSd § 130 Abs 2 GWB; ihre Auswirkungen auf dem Inlandsmarkt sind selbständig zu bestimmen (vgl BGHZ 74, 322, 326 [Organische Pigmente]; KG WuW/E OLG 3051, 3062 [Morris-Rothmans]; KOENIGS, in: Gemeinschaftskommentar § 98 Abs 2 Rn 106; IMMENGA/MESTMÄCKER/REHBINDER § 98 Abs 2 Rn 167 mwN; vgl aber KERSTEN WuW 1979, 721, 723 f).

bb) Schutzzweckbezogene Anknüpfung
Nach der **Schutzzwecklehre** muß durch den anzumeldenden Zusammenschluß der 259 inländische freie Wettbewerb im Hinblick auf den präventiven Schutzzweck des § 39 GWB beeinträchtigt werden können. Die **tatbestandsbezogene Schutzzwecklehre** fordert darüberhinaus eine Inlandswettbewerbsbeeinträchtigung infolge einer inlandsbezogenen Verwirklichung des Tatbestandes des § 39 GWB (IMMENGA/MESTMÄCKER/ REHBINDER § 98 Abs 2 Rn 168). Maßgeblich ist, ob von dem anzumeldenden Auslandszusammenschluß spürbare Auswirkungen im Inland ausgehen (EMMERICH 26). Wie sich schon aus dem präventiven Schutzzweck der Anmeldepflicht ergibt, ist eine tatsächliche Beeinträchtigung des inländischen freien Wettbewerbs nicht erforderlich; vielmehr genügt bereits eine **potentielle Beeinträchtigung** (für § 23 aF GWB BGHZ 74, 322,

326 [Organische Pigmente]; AUTENRIETH RIW 1980, 820, 822; IMMENGA/MESTMÄCKER/REHBINDER § 98 Abs 2 Rn 168).

cc) Spürbarkeit

260 Eine **Inlandsauswirkung** liegt im Fall eines Zusammenschlusses vor, wenn sich hierdurch die **Marktstruktur spürbar verändert**. Das ist dann der Fall, wenn sich die in § 19 Abs 2 Nr 1 oder Nr 2 GWB genannten Machtfaktoren ändern und dadurch die Marktchancen der Marktgegenseite auf dem Inlandsmarkt oder das Verhalten aktueller oder potentieller inländischer Wettbewerber beeinflußt werden (KOENIGS, in: Gemeinschaftskommentar § 98 Abs 2 Rn 107; IMMENGA/MESTMÄCKER/REHBINDER § 98 Abs 2 Rn 168; vgl KG WuW/E OLG 2419, 2420 [Synthetischer Kautschuk II]; WuW/E OLG 3051, 3062 [Morris-Rothmans]; BKartA WuW/E BKartA 2445, 2447 [ENASA]; ähnlich KEVEKORDES 151). Eine **Entstehung oder Verstärkung einer marktbeherrschenden Stellung** im Inland iSd § 36 Abs 1 GWB ist wegen der selbständigen Bedeutung des § 39 GWB für die Bejahung der Spürbarkeit nicht erforderlich.

261 Von unmittelbarer Bedeutung ist im Zusammenhang mit der Spürbarkeit die Erreichung der **Größenkriterien** des § 35 Abs 1 GWB. Wird die kumulative **Inlandsumsatzschwelle** des § 35 Abs 1 Nr 2 GWB **nicht erreicht**, so liegt darin die Entscheidung, daß die gesetzgeberische Konkretisierung des Auswirkungsprinzips in bezug auf die Spürbarkeit jedenfalls nicht erfüllt ist (aA BECHTOLD § 130 Rn 16; s auch hier Rn 257). Das gilt nicht nur für die Untersagungsbefugnisse des BKartA, sondern auch für die Anmeldepflicht nach § 39 Abs 1 GWB. Umgekehrt besagt die **Erreichung** der Inlandsumsatzschwelle allein aber nicht immer, daß eine hinreichende Spürbarkeit der Wettbewerbsbeschränkung gegeben ist. Durch die Einführung der Inlandsumsatzschwelle hat sich der Streit über die Frage erledigt, ob die Größenkriterien für die Anwendung der deutschen Fusionskontrollnormen im Inland erfüllt sein müssen (vgl zum Streitstand vor der 6. GWB-Novelle IMMENGA/MESTMÄCKER/REHBINDER § 98 Abs 2 Rn 169; vgl für Österreich HERBST/THURNHER WuW 1997, 692, 695). Für das Größenkriterium des § 35 Abs 1 Nr 1 GWB ist nunmehr gesetzgeberisch klargestellt, daß die **Weltumsätze** zugrundezulegen sind. Die allgemeine kollisionsrechtliche Spürbarkeitsgrenze im Sinne einer Bagatellgrenze bleibt aber trotz der Einführung einer Inlandsumsatzschwelle insoweit von Bedeutung, als Fälle möglich sind, in denen zwar die Größenkriterien des § 35 Abs 1 GWB, insbesondere der Nr 2 erfüllt sind, aber gleichwohl nach **allgemeinen Grundsätzen keine spürbare Inlandsauswirkung** vorliegt, etwa beim gemeinsamen Kontrollerwerb eines ausschließlich im Ausland tätigen Gemeinschaftsunternehmens durch zwei deutsche Unternehmen (insoweit wie hier BECHTOLD § 130 Rn 16; § 35 Rn 26). In einem solchen Fall wäre wegen der Rückwirkungen auf die Wettbewerbsposition der beteiligten Unternehmen im Inland zwar regelmäßig allenfalls eine **mittelbare Inlandsauswirkung** gegeben (vgl auch BKartA Tätigkeitsbericht 1975, 45; IMMENGA/MESTMÄCKER/REHBINDER § 98 Abs 2 Rn 183), die aber nach herrschender Auffassung grundsätzlich für eine Anwendung deutschen Kartellrechts ausreicht, weil die Wettbewerbsbeschränkung von zwei deutschen Unternehmen ausgeht (vgl Rn 177). Das wird schon dann angenommen, wenn an der Wettbewerbsbeschränkung ein inländisches Unternehmen beteiligt ist (vgl etwa MünchKomm/IMMENGA Nach Art 37 Rn 38; vgl auch BKartA AG 1992, 363, 366 f [Gillette-Wilkinson]). **Allein** der Inlandsumsatz der beteiligten Unternehmen ist in diesem Fall uU aber nicht geeignet, eine Spürbarkeit der Wettbewerbsbeschränkung auf dem Inlandsmarkt zu begründen. Er stellt aber ein **Indiz** bei der **gesonderten Prüfung der Spürbarkeit** dahingehend dar, daß in

B. Internationales Kartellprivatrecht

entsprechenden Fällen eine mögliche mittelbare Inlandsauswirkung die Bagatellgrenze überschreitet (zur Spürbarkeit insoweit KOENIGS, in: Gemeinschaftskommentar § 98 Abs 2 Rn 114). Wendet man das **Unmittelbarkeitskriterium** schon dann an, wenn an der Wettbewerbsbeschränkung nicht ausschließlich inländische sondern **auch ausländische Unternehmen beteiligt** sind, so würde die Anwendbarkeit des deutschen Fusionskontrollrechts bereits am Fehlen einer unmittelbaren Inlandsauswirkung scheitern, ohne daß es noch auf die Spürbarkeit ankäme.

Eine **spürbare Inlandsauswirkung** wurde vom BGH in der Entscheidung **Organische** 262 **Pigmente** bereits bei einem Inlandsmarktanteil des aufgrund des Zusammenschlusses aus dem Wettbewerb ausscheidenden beteiligten ausländischen Unternehmens von 0,14% bzw 0,23% angenommen, wobei das erwerbende inländische Unternehmen bei einem inländischen Marktanteil von 4,4% bzw 3,5% seine Wettbewerbsposition im Inland durch den Zugang zu dem qualifizierten Know-how des übernommenen Unternehmens verbesserte (BGHZ 74, 322, 327 [Organische Pigmente]). Die Spürbarkeit ist danach im wesentlichen unter **zwei Grundaspekten** zu betrachten. Zum einen kommt es auf die **Verbesserung der Wettbewerbssituation eines Unternehmens auf dem Inlandsmarkt** an. Zum anderen ist auf eine Wettbewerbsbeeinträchtigung wegen des **unter Berücksichtigung der Marktpräsenz des übernehmenden Unternehmens verringerten Wettbewerbs** infolge des **Ausscheidens des übernommenen Unternehmens** als Mitbewerber abzustellen. Daraus ergibt sich, daß die Anforderungen an die Größe der inländischen Marktanteile des übernommenen Unternehmens je niedriger anzusetzen sind, desto stärker die Marktpräsenz des übernehmenden Unternehmens ist, weil das Bedürfnis nach einem Schutz des Restwettbewerbs mit dem Ausmaß der bereits verwirklichten Wettbewerbsbeschränkung wächst (vgl BGH WuW/E BGH 1854, 1860 [Zeitungsmarkt München]; BECHTOLD § 130 Rn 16).

dd) Inlandsauswirkung bei Zusammenschlüssen im Inland
Im Inland vollzogene Zusammenschlüsse unter Beteiligung ausländischer Unterneh- 263 men wirken sich im Inland jedenfalls dann aus, wenn die **Inlandsumsatzschwelle** des § 35 Abs 1 Nr 2 GWB erreicht ist. Insoweit handelt es sich um eine **gesetzgeberische quantitative Konkretisierung des Auswirkungsprinzips**, die kollisionsrechtlich wirkt (s näher Rn 261). Einer gesonderten Prüfung der Spürbarkeit bedarf es nicht mehr. Die Frage, ob auch die übrigen **Größenkriterien** erfüllt sind, stellt eine solche der materiellen Prüfung dar. Nach der **tatbestandsbezogenen Schutzzwecklehre** muß dagegen bereits auf kollisionsrechtlicher Ebene auch das Größenkriterium der Nr 1 erfüllt sein (vgl für die alte Rechtslage auch IMMENGA/MESTMÄCKER/REHBINDER § 98 Abs 2 Rn 169).

Eine Inlandsauswirkung ist gegeben, wenn ein ausländisches Unternehmen die An- 264 teile oder das Vermögen eines Unternehmens mit Sitz im Inland übernimmt (BKartA WuW/E BKartA 1716, 1717 [Kartoffelstärke]; LANGEN/NIEDERLEITHINGER/RITTER/SCHMIDT § 98 Rn 62), oder wenn ausländische Unternehmen ein Gemeinschaftsunternehmen im Inland gründen (BKartA Tätigkeitsbericht 1975, 45) oder sich an einem solchen beteiligen. In diesen Fällen besteht immer eine Anmeldepflicht. **Kein im Inland realisierter Zusammenschluß** liegt hinsichtlich der inländischen Töchter der an einem im Ausland realisierten Zusammenschluß beteiligten Unternehmen vor (vgl für die alte Rechtslage KG WuW/E OLG 3051, 3055 [Morris-Rothmans]; LANGEN/NIEDERLEITHINGER/RITTER/SCHMIDT § 98 Rn 62); die Zusammenschlußfiktion des § 23 Abs 3 Satz 4 aF GWB ist im Zuge der 6. GWB-Novelle entfallen. Dieser Fall ist nach den Grundsätzen für Zusammenschlüsse im Ausland zu behandeln.

ee) Inlandsauswirkung bei Zusammenschlüssen im Ausland

265 Anders als bei Zusammenschlüssen im Inland, bei denen stets eine Inlandsauswirkung ohne besondere Begründung derselben angenommen wird, wird bei unter den sachrechtlichen Schutzbereich des deutschen Fusionskontrollrechts fallenden Zusammenschlüssen, die sich im Ausland realisieren, eine **besondere Begründung der Inlandsauswirkung** verlangt. Ein im Ausland realisierter Zusammenschlußtatbestand liegt vor, wenn sich ein inländisches Unternehmen an einem ausländischen Unternehmen beteiligt (BKartA Tätigkeitsbericht 1973, 70 f [Zanussi]), oder wenn sich ausländische Unternehmen zusammenschließen. Erforderlich ist für eine Anwendbarkeit der Anmeldepflicht auf Fälle der **Beteiligung eines inländischen Unternehmens** die Möglichkeit, daß die Wettbewerbsbedingungen im Inland durch den beabsichtigten Zusammenschluß spürbar beeinflußt werden können (BGHZ 74, 322, 326 [Organische Pigmente]; IMMENGA/MESTMÄCKER/REHBINDER § 98 Abs 2 Rn 180). Durch die Beteiligung des inländischen Unternehmens ist der allgemein aus kollisionsrechtlichen und völkerrechtlichen Gründen verlangte nähere Inlandsbezug hergestellt (vgl KOENIGS, in: Gemeinschaftskommentar § 98 Abs 2 Rn 111). Eine mögliche Inlandsauswirkung wird dann einerseits über die aktuelle oder potentielle Teilnahme der beteiligten Unternehmen am Inlandswettbewerb vermittelt (BKartA Tätigkeitsbericht 1973, 70 [Zanussi]), andererseits kann insoweit eine bei Beteiligung eines inländischen Unternehmens grundsätzlich ausreichende (vgl Rn 177 f) **mittelbare Inlandsauswirkung** durch einen **Ressourcenzuwachs** oder eine **Produktionsverringerung im Inland** beim beteiligten inländischen Unternehmen vorliegen (IMMENGA/MESTMÄCKER/REHBINDER § 98 Abs 2 Rn 180, 182; EMMERICH 26). Für die Inlandsauswirkung kann es genügen, daß das sich an einem ausländischen Unternehmen beteiligende Unternehmen zwar kein inländisches Unternehmen ist, aber über eine **Niederlassung oder Tochtergesellschaft** im Inland tätig ist, deren Marktposition im Inland durch den Zusammenschluß beeinflußt wird (vgl BKartA AG 1992, 363, 367 [Gillette/Wilkinson]).

266 Eine Inlandsauswirkung wird namentlich angenommen, wenn **beide beteiligte Unternehmen** bereits unmittelbar oder vermittelt durch Tochtergesellschaften, Produktionsstätten oder Importeure am Inlandswettbewerb teilgenommen haben (BGHZ 74, 322, 327 [Organische Pigmente]; IMMENGA/MESTMÄCKER/REHBINDER § 98 Abs 2 Rn 181 mwN; vgl zur Vermittlung der inländischen Marktteilnahme durch selbständige Importeure auch KEVEKORDES 126; ähnlich BECHTOLD [im Inland vorhandenes unternehmerisch genutztes Vermögen oder inländisches „unternehmerisches Potential"]). Wenn **nur das inländische Unternehmen** am Inlandswettbewerb teilgenommen hat, wird eine Inlandsauswirkung angenommen, soweit infolge des Zusammenschlusses mit dem ausländischen Unternehmen ein **potentieller Wettbewerber** auf dem Inlandsmarkt wegfällt (KEVEKORDES 126; IMMENGA/MESTMÄCKER/REHBINDER § 98 Abs 2 Rn 182; aA AUTENRIETH RIW 820, 821). Hinreichende Inlandsauswirkungen werden auch insoweit angenommen, als infolge eines Zusammenschlusses Synergieeffekte entstehen können, die sich auf die Wettbewerbsposition des inländischen beteiligten Unternehmens auswirken können (vgl BGHZ 74, 322, 327 [Organische Pigmente]; BKartA WuW/E 2363, 2369 [Linde-Lansing]; WuW/E BKartA 2445, 2447 [ENASA]), ferner soweit durch den Zusammenschluß Lieferungen eines ausländischen Beteiligten an einen inländischen Beteiligten und damit auf den inländischen Markt wahrscheinlich sind (KOENIGS, in: Gemeinschaftskommentar § 98 Abs 2 Rn 113; IM-

MENGA/MESTMÄCKER/REHBINDER § 98 Abs 2 Rn 182). Entsprechendes gilt für die Gründung eines ausländischen **Gemeinschaftsunternehmens** durch ein ausländisches und ein inländisches Unternehmen.

In Fällen von **Zusammenschlüssen ausschließlich ausländischer Unternehmen**, die auch 267 nicht mittelbar am inländischen Wettbewerb teilnehmen, ist grundsätzlich ebenfalls eine hinreichende Inlandsauswirkung möglich (aA MARKERT, Schwerpunkte 1980/81, 43, 108 ff; KOENIGS, in: Gemeinschaftskommentar § 98 Abs 2 Rn 115). Aufgrund des in diesen Gestaltungen stärkeren internationalen Bezugs werden allerdings aus kollisions- und völkerrechtlichen Gründen Einschränkungen vorgenommen. Insoweit wird verlangt, daß konkrete Umstände vorliegen, die darauf schließen lassen, daß der Zusammenschluß geeignet ist, die Wettbewerbsbedingungen auf dem Inlandsmarkt spürbar zu beeinträchtigen. Hierin wird eine hinreichende Inlandsbeziehung des Vorgangs gesehen (IMMENGA/MESTMÄCKER/REHBINDER § 98 Abs 2 Rn 184). Ausreichen soll bereits der Umstand, daß die beteiligten ausländischen Unternehmen zwar noch nicht als Marktteilnehmer auf dem Inlandsmarkt aufgetreten sind, aber jedenfalls aufgrund konkreter Umstände als **potentielle Wettbewerber** auf dem Inlandsmarkt gelten müssen (KEVEKORDES 126; HARMS, in: Gemeinschaftskommentar Einl Zus-Kontrolle Rn 142; aA AUTENRIETH RIW 1980, 820, 821). Erst recht reicht es danach für eine Inlandsauswirkung aus, wenn wenigstens eines der beteiligten ausländischen Unternehmen bereits am Inlandswettbewerb teilgenommen hat.

ff) Begrenzung der Anmeldepflicht
Teilweise wird aus kollisionsrechtlichen bzw völkerrechtlichen Gründen bei Zusam- 268 menschlußvorhaben mit Auslandsbezug eine Begrenzung der **Anmeldepflicht** nach § 39 Abs 1 GWB trotz Vorliegens einer spürbaren Inlandsauswirkung und damit kollisionsrechtlich grundsätzlich gegebener Anwendbarkeit des § 39 GWB vertreten. Begründet wird dies damit, daß die Anmeldung unmittelbar mit einem Vollzugsverbot nach § 41 Abs 1 GWB zusammenhänge. Bei im Ausland vollzogenen Zusammenschlüssen, an denen ausschließlich ausländische von inländischen Unternehmen unabhängige Unternehmen beteiligt sind, soll danach trotz einer spürbaren Inlandsauswirkung keine Anmeldepflicht bestehen. Das soll selbst dann gelten, wenn die ausländischen Unternehmen Tochtergesellschaften im Inland haben (BECHTOLD § 130 Rn 19). Allerdings werden die Hemmnisse für Auslandszusammenschlüsse durch ein Vollzugsverbot durch die in § 41 Abs 1 GWB enthaltene Fristenregelung und insbesondere die Möglichkeit einer Befreiung vom Vollzugsverbot gem § 41 Abs 2 GWB deutlich gemildert (s Rn 258), so daß besondere Begrenzungen der Anmeldepflicht nicht erforderlich sind. Keiner Einschränkung unterliegt jedenfalls die **Anzeigepflicht** nach § 39 Abs 6 GWB (BECHTOLD § 130 Rn 19).

c) Untersagung
aa) Inlandsauswirkung
Nach der **tatbestandsbezogenen Schutzzwecklehre** ist eine zur Anwendbarkeit des § 36 269 Abs 1 GWB führende relevante Inlandsauswirkung dann gegeben, wenn von dem Zusammenschluß **zu erwarten ist, daß er eine marktbeherrschende Stellung im Inland begründet oder verstärkt** (MEESSEN 51; EBENROTH/AUTENRIETH BB 1981, 16, 22 ff; MARKERT RIW 1981, 403, 410). Die bloße Eignung hierfür soll nicht ausreichen (MünchKomm/ IMMENGA Nach Art 37 Rn 65). Darüber hinaus will diese Auffassung auch die im Inland durch den Zusammenschluß entstehende, die Wettbewerbsnachteile überwiegende

Verbesserung, welche von den beteiligten Unternehmen nachzuweisen ist, bereits im kollisionsrechtlichen Rahmen prüfen (IMMENGA/MESTMÄCKER/REHBINDER § 98 Abs 2 Rn 185; KEVEKORDES 165).

270 Zumindest gegen eine Berücksichtigung des **Nachweises** einer **überwiegenden Verbesserung der inländischen Wettbewerbsbedingungen** dürften aus Sicht der **kollisionsrechtlichen Beweislastverteilung** Bedenken bestehen. Die Ermittlung des anwendbaren Rechts ist von Amts wegen vorzunehmen (vgl für das **Lauterkeitsrecht** Rn 618 ff, 657 f), was sich nicht nur auf die Ermittlung des Inhaltes des kollisionsrechtlich anwendbaren Rechts, sondern auch auf die Frage bezieht, welches Recht auf den Sachverhalt anwendbar ist. Hiermit würde sich eine formelle und materielle Beweislast der beteiligten Unternehmen nicht vertragen. Andererseits ist nicht daran zu denken, es dem Gericht im **kollisionsrechtlichen Rahmen** aufzugeben, die kausale überwiegende Verbesserung der inländischen Wettbewerbsbedingungen von Amts wegen zu prüfen, da dies praktisch eine Vorwegnahme der nach dem Willen des Gesetzgebers unter Beweislast der Unternehmen stehenden materiellrechtlichen Frage darstellen würde. Nach der hier vertretenen Auffassung ist es in bestimmten Grenzen hingegen durchaus möglich, der Partei, die die Anwendbarkeit eines bestimmten Rechts ausdrücklich oder schlüssig behauptet, zumindest die **Darlegungslast** hinsichtlich der Tatsachen aufzuerlegen, die auf ein bestimmtes Statut hinweisen (vgl Rn 620, 657). Unter Zugrundelegung dieser Auffassung spricht die im Kollisionsrecht weithin herrschende Amtsermittlungspflicht prinzipiell nicht gegen eine Berücksichtigung des Entlastungsnachweises im kollisionsrechtlichen Rahmen. Gleichwohl wird der Nachweis einer überwiegenden Verbesserung der inländischen Wettbewerbsverhältnisse sinnvollerweise im Rahmen der materiellrechtlichen Prüfung vorzunehmen sein, schon weil die von der herrschenden Auffassung vertretene **Schutzzweckbezogenheit** der kollisionsrechtlichen Prüfung nicht bedeuten kann, daß die gesamte materiellrechtliche Prüfung in die kollisionsrechtliche Ebene gezogen wird (aA IMMENGA/MESTMÄCKER/REHBINDER § 98 Abs 2 Rn 185; s bereits hier Rn 161). Jedenfalls ausreichend ist danach die Möglichkeit der Begründung oder der Verstärkung einer marktbeherrschenden Stellung im Inland.

271 Im Hinblick auf die Rechtslage vor der 6. GWB-Novelle haben sowohl das **KG** als auch das **BKartA** die zur Anmeldepflicht entwickelten Grundsätze auch für die Untersagungsbefugnis herangezogen. Danach reicht für eine Anwendung des § 36 GWB bereits die **Eignung** einer Begründung oder Verstärkung einer marktbeherrschenden Stellung bzw das **Entstehen von Einflußmöglichkeiten** durch den Zusammenschluß aus (MünchKomm/IMMENGA Nach Art 37 Rn 33, vgl aber dort Rn 65). Die tatbestandliche Frage, ob eine marktbeherrschende Stellung im Inland begründet oder verstärkt wird, und ob im Inland eintretende Verbesserungen der Wettbewerbsbedingungen die Nachteile überwiegen, wird erst auf **sachrechtlicher Ebene** geprüft (KG WuW/E OLG 3051, 3061 f [Morris-Rothmans]; BKartA WuW/E BKartA 2445, 2446 f [ENASA]). Nach hier vertretener **rein kollisionsrechtlicher Anknüpfung** ist kollisionsrechtlich lediglich die Möglichkeit einer den allgemeinen Schutzzweck des Wettbewerbsrechts tangierenden Berührung des inländischen Wettbewerbs erforderlich.

272 Das Auswirkungsprinzip ist maßgeblich für die Definition der Marktbeherrschung gem § 19 Abs 1 GWB und für die im Rahmen des § 36 Abs 1 GWB geltenden Vermutungen gem § 19 Abs 3 GWB (s Rn 239). Die herrschende Meinung geht, soweit es das Kriterium des **Marktanteils** für die Marktmacht betrifft, von einer alleinigen Maßgeblichkeit des Inlandsmarktes aus. Allerdings können im Ausland vorliegende Faktoren, insbesondere die Finanzkraft berücksichtigt werden, jedenfalls wenn sie sich im Inland auswirken können (IMMENGA/MESTMÄCKER/REHBINDER § 98 Abs 2 Rn 186; KEVEKORDES 166; MünchKomm/IMMENGA Nach Art 37 Rn 67; vgl BGHZ 71, 102, 122 [KFZ-Kupplungen]; KG WuW/E OLG 3367, 3383 [Metro-Kaufhof]; **aA** für Zusammenschlüsse, an denen kein inländisches Unternehmen direkt beteiligt ist EBENROTH/AUTENRIETH BB 1981, 16, 23 f; s auch hier Rn 239). Für die Frage, ob durch den Zusammenschluß Verbesserungen der Wettbewerbsbedingungen eintreten, die die Nachteile der Marktbeherrschung überwiegen, wird ausschließlich auf den Inlandsmarkt abgestellt (MünchKomm/IMMENGA Nach Art 37 Rn 66). Bei konsequenter Zugrundelegung einer weltmarktorientierten Sichtweise ist allerdings zu überlegen, inwieweit es gerechtfertigt sein kann, einen internationalen Maßstab anzulegen, um bestimmte weltwettbewerbsfördernde Faktoren bei der Untersagungsentscheidung berücksichtigen zu können.

Eine unabhängig vom Sachrecht definierte **kollisionsrechtliche Spürbarkeitsgrenze** 273 wird im Hinblick auf die Untersagung von Zusammenschlüssen nach § 36 Abs 1 GWB verbreitet mit der Begründung abgelehnt, daß **materiellrechtlich** für die Begründung oder Verstärkung einer marktbeherrschenden Stellung keine Spürbarkeits- bzw Wesentlichkeitsschwelle anzunehmen ist (BGHZ 71, 102, 125 [GKN]; BKartA WuW/E BKartA 2363, 2369 [Linde-Lansing]; vgl auch BECHTOLD § 36 Rn 8). Daraus wird besonders auf der Basis einer konsequent **tatbestandsbezogenen Schutzzwecklehre** der Schluß gezogen, daß auch kollisionsrechtlich keine Spürbarkeitsgrenze gelte, da ansonsten der Schutzzweck der Norm bei Auslandssachverhalten nicht erreicht würde. Als hinreichendes Kriterium im Rahmen einer sinnvollen Anknüpfung wird bereits die Begründung bzw Verstärkung einer marktbeherrschenden Stellung als solche gesehen, weil die relevante Gefahr für den inländischen Wettbewerb bereits hierdurch begründet wird. Ein besonderes kollisionsrechtliches Spürbarkeitskriterium wird von den Vertretern dieser Auffassung auch deswegen abgelehnt, weil es zu einer Privilegierung von Zusammenschlüssen mit Auslandsbezug gegenüber Zusammenschlüssen ohne Auslandsbezug führen würde (IMMENGA/MESTMÄCKER/REHBINDER § 98 Abs 2 Rn 186; MARKERT RIW 1981, 403, 410 insbes Fn 23; KEVEKORDES 186 f; **aA** EBENROTH/AUTENRIETH, wonach eine Spürbarkeit regelmäßig nicht vorliegt, wenn der Marktanteilszuwachs unter 5% liegt; AUTENRIETH 101; BECHTOLD § 130 Rn 16). Legt man entsprechend der hier vertretenen Auffassung einen rein kollisionsrechtlichen Ansatz zugrunde, so ist hingegen eine Spürbarkeitsgrenze im Sinne einer kollisionsrechtlichen Bagatellgrenze auch insoweit heranzuziehen. Im Ergebnis werden sich dabei kaum Unterschiede zur abweichenden Auffassung ergeben, weil die Bagatellgrenze bei Verstärkung einer marktbeherrschenden Stellung kaum einmal unterschritten sein wird. Entsprechendes gilt aus der Sicht der Autoren, die eine sachrechtsunabhängige Spürbarkeitsgrenze auf Basis der Schutzzwecklehre für notwendig halten.

Eine **Inlandsauswirkung** wird bei Hinzuerwerb inländischer Marktanteile durch ein 274 beteiligtes inländisches Unternehmen infolge eines Zusammenschlusses mit Schwerpunkt im Ausland **angenommen** (BKartA WuW/E BKartA 1837, 1838 f [Bayer France-Firestone France]; KG WuW/E OLG 2419, 2420 f [Synthetischer Kautschuk II], wo allerdings aus **völkerrechtlichen Gründen** keine Untersagung erfolgte). Ausreichend dürfte aber bereits die Verstärkung bzw Erhaltung oder Sicherung der Fähigkeit des beteiligten inländischen Unternehmens zur Abwehr des nachstoßenden Wettbewerbs durch Minderung des von Wettbewerbern zu erwartenden Wettbewerbsdrucks sein (vgl BGH WuW/E BGH 1854, 1860 [Zeitungsmarkt München]; BKartA WuW/E BKartA 2363, 2369 [Linde-Lansing]). Eine hinreichende Inlandsauswirkung wird dagegen teilweise **abgelehnt**, wenn sich ein inländisches Unternehmen mit starker Inlandsmarktposition durch Erwerb von Beteiligungen an einem ausländischen Unternehmen auf einen ausländischen Markt begibt (IMMENGA/MESTMÄCKER/REHBINDER § 98 Abs 2 Rn 186), wobei eine andere Beurteilung geboten sein kann, wenn durch den Beteiligungserwerb nennenswerte potentielle Auswirkungen im Inland nach Vollzug entstehen. Solche liegen etwa in nicht vernachlässigbaren Marktanteilsadditionen, Produktionsergänzungen oder Rohstoffergänzungen sowie Patent- und Know-how-Transfer in das Inland (BKartA Tätigkeitsbericht 1978, 61). Fällt durch den Zusammenschluß ein ausländisches Unternehmen als bloßer **potentieller Wettbewerber** auf dem Inlandsmarkt aus, so ist ferner ebenfalls eine relevante Inlandsauswirkung gegeben. Das gilt sowohl dann, wenn das beteiligte ausländische Unternehmen bereits gegenwärtig den inländischen Wettbewerb beeinflußt, als auch dann, wenn ein Auftreten des beteiligten ausländischen Unternehmens auf dem Inlandsmarkt ohne den Zusammenschluß in naher Zukunft zu erwarten ist (IMMENGA/MESTMÄCKER/REHBINDER § 98 Abs 2 Rn 187; **aA** im Hinblick auf den lediglich zu erwartenden Marktzutritt wegen der Beschränkung auf tatsächliche Auswirkungen EBENROTH/AUTENRIETH BB 1981, 16, 23).

bb) Untersagungsbefugnisse

275 Probleme ergeben sich aus der Reichweite eines Untersagungsbeschlusses hinsichtlich von Zusammenschlüssen mit Auslandsbezug. Grundsätzlich erfaßt die Untersagung eines Zusammenschlußvorhabens nach § 36 Abs 1 GWB den Zusammenschluß als Ganzes. Sind an dem Zusammenschluß allerdings neben inländischen Unternehmen auch ausländische Unternehmen oder ausschließlich ausländische Unternehmen beteiligt, so ist streitig, ob und inwieweit aus kollisionsrechtlichen und vor allem völkerrechtlichen Gründen **eine Begrenzung der Untersagungsbefugnisse** des BKartA erfolgen muß. Insoweit wird eine **personale oder territoriale Begrenzung des Auswirkungsprinzips** vertreten, oder es wird vorgeschlagen, auf der Rechtsfolgenseite die **Untersagung des Zusammenschlusses auf Inlandsauswirkungen zu beschränken**, etwa über Teiluntersagungen bzw ein Unterbleiben der Untersagung bei mangelnder Teilbarkeit.

276 Teilweise wird eine **Einschränkung des Auswirkungsprinzips** dahingehend vertreten, daß eine Untersagung nur dann in Betracht kommt, wenn an dem Zusammenschluß wenigstens ein Unternehmen beteiligt ist, das eine nähere Inlandsbeziehung hat. Eine solche nähere Inlandsbeziehung kann etwa durch eine Tochtergesellschaft, Niederlassung oder Produktionsstätte im Inland vermittelt werden (REHBINDER 230 f; GOLDMANN WuW 1963, 379, 383; HUBER ZGR 1981, 511, 534; vgl auch AHRENS RIW 1974, 654, 656 [Tätigkeit auf dem inländischen Markt]). Eine derartige Einschränkung des Auswirkungsprinzips wird heute zu Recht überwiegend abgelehnt (IMMENGA/MESTMÄCKER/ REHBINDER § 98 Abs 2 Rn 190; MünchKomm/IMMENGA Nach Art 37 Rn 69; KEVEKORDES 161 f).

277 Nach hM reichen allerdings die Kompetenzen der Kartellbehörden nur soweit, als sich der Zusammenschluß im Inland auswirkt. Daher wird eine **Beschränkung** der Untersagungsbefugnis des BKartA auf die sich **im Inland auswirkenden Aspekte des Zusammenschlusses** angenommen (HARMS, in: Gemeinschaftskommentar Einl Zus-Kontrolle Rn 151; BECHTOLD § 130 Rn 19; HUBER, Schwerpunkte 1982/1983, 19, 33; vgl auch SCHNYDER

Rn 385; aA MARKERT RIW 1981, 403, 410 Fn 24; vgl zur Begrenzung der **Anmeldepflicht** schon Rn 268). Dies wird unter Berufung auf eine erforderliche Durchsetzung **immanenter Grenzen des Auswirkungsprinzips** aus völkerrechtlichen und kollisionsrechtlichen Gründen, teilweise auch aus den nach dem Territorialitätsprinzip gegebenen **faktischen Machtgrenzen** der nationalen Behörden (KERSTEN WuW 1979, 721, 728) im Wege einer **teleologischen Reduktion** der zusammenschlußkontrollrechtlichen Untersagungsnorm angenommen (s vor allem IMMENGA/MESTMÄCKER/REHBINDER § 98 Abs 2 Rn 191; MünchKomm/IMMENGA Nach Art 37 Rn 69; MEESSEN, Zusammenschlußkontrolle 17 ff; vgl auch KG WuW/E OLG 3051, 3055 [Morris-Rothmans]).

Eine Beschränkung soll danach bei **im Ausland vollzogenen** Zusammenschlüssen auf **278** diejenigen **Unternehmensteile** erfolgen, die das Inland betreffen (MEESSEN, Zusammenschlußkontrolle 57). Denkbar wäre auch eine Beschränkung auf die **wirtschaftlichen Aktivitäten** der beteiligten Unternehmen, die sich auf das Inland auswirken (vgl IMMENGA/MESTMÄCKER/REHBINDER § 98 Abs 2 Rn 189). In solchen Fällen soll ausnahmsweise eine **Teiluntersagung** in Betracht kommen (MünchKomm/IMMENGA Nach Art 37 Rn 69). Die Beschränkung der Untersagung auf die Inlandsauswirkung soll dadurch erfolgen, daß bereits in der **Tenorierung** eine entsprechende Beschränkung vorzunehmen ist. Dabei ist es zulässig, die auf den im Inland bewirkten Zusammenschluß begrenzte Untersagungsverfügung an ausländische Unternehmen zu richten, weil eine Entflechtungsanordnung iSd § 41 Abs 3 Satz 2 GWB auch an ausländische Unternehmen zu richten (MünchKomm/IMMENGA Nach Art 37 Rn 71) und zur Untersagungsverfügung akzessorisch ist (dazu Rn 284). Erfolgt eine Untersagung des gesamten Zusammenschlusses trotz nach der hM gebotener Beschränkung auf die Inlandsauswirkung, so wird davon ausgegangen, daß die Verfügung dadurch nicht unwirksam wird, vielmehr in ihrer Wirkung auf den dem territorialen Kompetenzbereich des BKartA entsprechenden Teil des Zusammenschlusses beschränkt bleibt (HARMS, in: Gemeinschaftskommentar Einl Zus-Kontrolle Rn 152; vgl auch KG WuW/E OLG 3051, 3082 [Morris-Rothmans]). Für **im Inland vollzogene** Zusammenschlüsse mit Auslandsberührung wird die Möglichkeit einer Teiluntersagung wegen einer damit verbundenen Benachteiligung reiner Inlandszusammenschlüsse abgelehnt (IMMENGA/MESTMÄCKER/REHBINDER § 98 Abs 2 Rn 191 mwN; **aA** KEVEKORDES 181).

Bei **mangelnder Trennbarkeit** des inlandsbezogenen vom auslandsbezogenen Bereich **279** des Zusammenschlußvorhabens wird teilweise vertreten, daß eine Untersagung insgesamt zu unterbleiben habe (KERSTEN WuW 1979, 721, 728 ff; vHAHN WuW 1983, 448, 458 f; Frankfurter Komm/RIEGER § 24 Rn 90; HUBER ZGR 1981, 511, 535). Demgegenüber geht die überwiegende Auffassung davon aus, daß es der Zweck der Zusammenschlußkontrolle erfordert, bei mangelnder Teilbarkeit den Zusammenschluß **insgesamt zu untersagen** (MEESSEN, Zusammenschlußkontrolle 19; IMMENGA/MESTMÄCKER/REHBINDER § 98 Abs 2 Rn 192; BECK 116; vgl auch HARMS, in: Gemeinschaftskommentar Einl Zus-Kontrolle Rn 151 [keine Unwirksamkeit einer überschießenden Untersagungsverfügung, lediglich wirkungsmäßige Beschränkung von Rechts wegen]), wobei die Auslandsberührung der festgestellten Inlandswirkung bei der Durchsetzung der Untersagungsverfügung im **Auflösungsverfahren** nach § 41 Abs 3 GWB berücksichtigt werden kann (MünchKomm/IMMENGA Nach Art 37 Rn 69; s hier Rn 284). Dies wird auch dann angenommen, wenn der Schwerpunkt der Wettbewerbsbeschränkung im Ausland liegt (AUTENRIETH 62; MEESSEN, Zusammenschlußkontrolle 19 f; vgl aber KG WuW/E OLG 2411, 2420 [Synthetischer Kautschuk I]).

280 Die **Rechtsprechung** ist im wesentlichen der Auffassung gefolgt, die bei Teilbarkeit eine Beschränkung der Untersagungsfolgen auf den sich im Inland auswirkenden Bereich eines Zusammenschlußvorhabens annimmt (hinsichtlich der Frage bei Unteilbarkeit offengelassen in KG WuW/E OLG 3051, 3063 [Morris-Rothmans]). Der **BGH** geht allerdings davon aus, daß eine **Teiluntersagung** eines einheitlichen Zusammenschlußvorhabens dann **nicht vorliegt**, wenn sich der von der Untersagungsverfügung erfaßte Bereich des grenzüberschreitenden Gesamtvorgangs als eigener, von dem im Ausland verwirklichten Zusammenschluß rechtlich klar getrennter Zusammenschlußvorgang darstellt. Das ist dann der Fall, wenn die Inlandstochter des ausländischen Beteiligten eines gemischten Zusammenschlusses aus dem Vorhaben dergestalt ausgegliedert wird, daß ein gesonderter Erwerb der Beteiligung an dem inländischen Tochterunternehmen durch den inländischen Beteiligten erfolgt (BGH WuW/E BGH 2731, 2734 [Inlandstochter]). Allgemein setzt nach Auffassung des **KG** die Erstreckung eines inländischen Hoheitsaktes auf einen Auslandssachverhalt voraus, daß sich der den Inlandsbezug ergebende Sachverhalt nicht sinnvoll ohne Einbeziehung des Auslandssachverhaltes regeln läßt (KG WuW/E OLG 3051, 3057 [Morris-Rothmans]). Daraus schließt das KG, daß sich die Untersagungsverfügung auf den die Inlandsauswirkung betreffenden Teil des Zusammenschlusses zu beschränken hat, anderenfalls rechtswidrig ist (KG WuW/E OLG 3051, 3063 [Morris-Rothmans]). Dieser Auffassung hatte sich in neuerer Zeit im Grundsatz auch das **BKartA** angeschlossen (BKartA WuW/E BKartA 2363, 2369 [Linde-Lansing]; BKartA Informationsblatt Jan 1999, Anh C8), nachdem es sich ursprünglich regelmäßig gegen Teiluntersagungen ausgesprochen hatte (BKartA WuW/E BKartA 1943, 1955 [Morris-Rothmans]; WuW/E BKartA 2204, 2210 [Morris-Rothmans II]). Neuerdings neigt das BKartA wieder dazu, Zusammenschlüsse mit Inlandsauswirkungen vollständig zu untersagen (vgl BKartA AG 1992, 363, 366 f [Gillette/Wilkinson]; WuW/E BKartA 2521, 2541 [Zahnradfabrik Friedrichshafen/Allison]; Tätigkeitsbericht 1991/1992, 24 f). Teilweise findet sich eine **Schwerpunktbetrachtungsweise**, wonach eine Volluntersagung eines Zusammenschlusses dann zu erfolgen hat, wenn der Schwerpunkt der Auswirkungen im Inland liegt (BKartA WuW/E BKartA 2405, 2412 f [MAN-Sulzer]).

281 Eine Teiluntersagung ist auch bei reinen Auslandszusammenschlüssen jedenfalls dann nicht geboten, wenn der einheitliche Zusammenschlußvorgang nicht sinnvoll in einen auslandsbezogenen und einen inlandsbezogenen Bereich aufgeteilt werden kann bzw allgemein, wenn der **Zweck der inländischen Zusammenschlußkontrolle** es auch unter Mitberücksichtigung globaler, somit in begrenztem Maße auch auslandsbezogener Interessen, erfordert, den Zusammenschluß insgesamt zu untersagen. Eine vollständige Erfassung entsprechender Sachverhalte durch die Untersagungsverfügung ist dann angemessen. Völkerrechtliche Bedenken stehen dieser Auffassung grundsätzlich nicht entgegen. Der im Kartellkollisionsrecht geltende **funktionale Ansatz** (s Rn 110) führt aber dazu, daß die Wirkung der Verfügung bei reinen Auslandszusammenschlüssen nur soweit geht, wie dies nach Schutzzweckgesichtspunkten erforderlich ist. Hieraus kann sich eine Teilwirkung der Verfügung ergeben, wenn der Sachverhalt entsprechend aufteilbar ist. Allerdings kann aus der **wirtschaftlichen Verflechtung von Mutter- und Tochterunternehmen** folgen, daß eine auf den die inländische Tochter eines ausländischen Beteiligten betreffenden Teil eines grenzüberschreitenden Zusammenschlußgesamtvorhabens beschränkte Untersagungsverfügung unter Umständen nicht sachgerecht ist, weil von einer solchen begrenzten Untersagungsverfügung ihrerseits **Nachteile für die Wettbewerbsstruktur** auf dem relevanten Markt ausgehen können (BGH WuW/E BGH 2731, 2737 [Inlandstochter]). In

einem solchen Fall muß eine bloße Teiluntersagung, die mit dem **Zweck der inländischen Zusammenschlußkontrolle** nicht zu vereinbaren wäre, ausscheiden (vgl auch LANGEN/BUNTE/JUNGBLUTH § 98 Abs 2 Rn 179). Im übrigen erscheint ein Gebot einer auf Inlandsauswirkungen begrenzten **Tenorierung** der Untersagungsverfügung unzweckmäßig. Soweit in einem konkreten Sachverhalt Kompetenzgrenzen der innerstaatlichen Behörden eine Rolle spielen, wirken sich diese tatsächlich dahingehend aus, daß die rechtliche Wirkung der Verfügung auf den Geltungsbereich des GWB beschränkt bleibt.

Eine **Teilbarkeit des Zusammenschlußvorhabens** wird dann angenommen, wenn die 282 Inlandsauswirkung von einem gegenständlich begrenzten, im Inland belegenen Unternehmensteil, etwa einer inländischen Tochtergesellschaft oder Betriebsstätte ausgeht (IMMENGA/MESTMÄCKER/REHBINDER § 98 Abs 2 Rn 192). Unerheblich soll die wirtschaftliche Teilbarkeit des Zusammenschlusses sein (KG WuW/E OLG 4537, 4539 [Linde-Lansing]; offengelassen von BGH WuW/E 2731, 2734 [Inlandstochter]). Richtigerweise kann indes die Frage der wirtschaftlichen Teilbarkeit eines Gesamtzusammenschlußvorhabens nicht völlig außer Betracht bleiben. So kann sich etwa aus der wirtschaftlichen Verflechtung der inländischen Tochter mit dem an dem Gesamtzusammenschlußvorhaben beteiligten ausländischen Mutterunternehmen ergeben, daß bei einer Beschränkung der Untersagungsverfügung auf den die Inlandstochter betreffenden Bereich des Zusammenschlußvorhabens dem Zweck der Zusammenschlußkontrolle entgegenstehende Behinderungen des freien Warenverkehrs auftreten (vgl BGH WuW/E BGH 2731, 2738 [Inlandstochter]; LANGEN/BUNTE/JUNGBLUTH § 98 Abs 2 Rn 179]). Dagegen wird von einer **Unteilbarkeit** ausgegangen, wenn die Inlandspräsenz der beteiligten Auslandsunternehmen nur über selbständige Importeure gegeben ist oder die beteiligten ausländischen Unternehmen nur potentielle Wettbewerber auf dem Inlandsmarkt sind, die infolge des Zusammenschlusses ausgeschaltet werden (IMMENGA/MESTMÄCKER/REHBINDER § 98 Abs 2 Rn 192).

Auch soweit eine **Teilbarkeit nicht gegeben** ist und kollisionsrechtlich daher an sich 283 nach der hM eine Gesamtuntersagung stattzufinden hätte, soll eine Untersagung im Einzelfall wegen eines möglichen Verstoßes gegen das völkerrechtliche **Mißbrauchs- oder Einmischungsverbot** unzulässig sein (IMMENGA/MESTMÄCKER/REHBINDER § 98 Abs 2 Rn 193; LANGEN/BUNTE/JUNGBLUTH § 98 Abs 2 Rn 180). Das wird im Hinblick auf das **Entflechtungsverfahren** zum Teil auch für bestimmte **trennbare Zusammenschlußvorhaben** angenommen (vgl EBENROTH DB 1984, 597, 600; vgl Rn 284). In diesem Zusammenhang wird eine **Abwägung** der konkreten Rechtsanwendungsinteressen der betroffenen Staaten vorgenommen, in deren Rahmen das Ausmaß der inländischen Wettbewerbsbeschränkung sowie die Inlandsverbindungen der beteiligten Unternehmen mit Art und Ausmaß der Beeinträchtigung legitimer Interessen des betroffenen ausländischen Staates gegeneinander abzuwägen sein sollen. Dabei wird allerdings verlangt, daß der betroffene ausländische Staat den Interessenwiderstreit ausdrücklich unter Berufung auf die für das Einmischungsverbot maßgeblichen Gesichtspunkte geltend macht. Insbesondere eine bloße Vereinbarkeit des Zusammenschlußvorhabens mit dem ausländischen Recht genügt nicht (MARKERT RIW 1981, 403, 410; **anders** KG WuW/E 2419, 2420 [Synthetischer Kautschuk II], wo ausreichend war, daß die ausländischen Behörden den Zusammenschluß unter wirtschafts- und sozialpolitischen Gesichtspunkten begrüßten; vgl auch Rn 118). Um einen Normenkonflikt soll es nach der hM dabei nicht gehen, sondern ausschließlich um die Ausübung der Untersagungsbefugnis im Einzelfall

(MARKERT RIW 1981, 403, 410; IMMENGA/MESTMÄCKER/REHBINDER § 98 Abs 2 Rn 193; **aA** KG WuW/E OLG 2419, 2420 [Synthetischer Kautschuk II]). Eine derartige völkerrechtliche Abwägungspflicht ist entgegen dieser Auffassung nicht sachgerecht (s dazu Rn 115 ff). Eine Untersagung soll trotz grundsätzlicher Anwendbarkeit der Untersagungsbefugnisnorm im Einzelfall ferner dann zu unterbleiben haben, wenn die Untersagung einen Verstoß gegen das **Übermaßverbot** begründen würde (IMMENGA/MESTMÄCKER/ REHBINDER § 98 Abs 2 Rn 193).

284 Der besondere **Auslandsbezug** eines Zusammenschlußvorhabens wird auch im **Entflechtungsverfahren** nach § 41 Abs 3 und 4 GWB berücksichtigt (BKartA WuW/E BKartA 1653, 1657 [Babcock-Artos]; MEESSEN, Kollisionsrecht 73 ff; IMMENGA/MESTMÄCKER/REHBINDER § 98 Abs 2 Rn 194). Das wird erst recht angenommen, wenn man von einer Gesamtuntersagungsbefugnis der Kartellbehörde etwa mangels Teilbarkeit des Zusammenschlußvorhabens ausgeht (MünchKomm/IMMENGA Nach Art 37 Rn 69). Da die Reichweite der Entflechtungsanordnung durch den Inhalt der Untersagungsverfügung begrenzt wird, kann eine grenzüberschreitende Entflechtungsmaßnahme nicht auf eine auf das Inland beschränkte Untersagungsverfügung gestützt werden (EBENROTH DB 1984, 597, 599; KEVEKORDES 191; vgl zu dem daraus folgenden Argument gegen die Zweckmäßigkeit von Teiluntersagungen BKartA WuW/E BKartA 2204, 2211 [Morris-Rothmans II]). Die Berücksichtigung der bestehenden Auslandsbezüge im Entflechtungsverfahren soll unabhängig von einer bereits mit Rücksicht auf diese Auslandsbezüge ergangenen Teiluntersagung zu erfolgen haben, weil auch eine auf die Inlandsauswirkung beschränkte Untersagungsanordnung aufgrund des Eingriffs in den internationalen Konzernverbund Rückwirkungen auf das Ausland haben kann (EBENROTH DB 1984, 597, 600; SCHMIDT-PREUSS 31 ff, der von einem „umgekehrten" Auswirkungsprinzip spricht). Schließlich kann die Berücksichtigung des Auslandsbezugs eines Zusammenschlußvorhabens auch im Rahmen der **Ministererlaubnis** nach § 42 Abs 1 GWB (AUTENRIETH 103; KEVEKORDES 187 ff) oder im Rahmen der **kartellbehördlichen Zusagenpraxis** (IMMENGA/MESTMÄCKER/REHBINDER § 98 Abs 2 Rn 195) erfolgen.

VII. Das Auswirkungsprinzip im EU-Kartellrecht

1. Allgemeines

285 Eine **ausdrückliche Wettbewerbskollisionsnorm** zur Abgrenzung des Anwendungsbereichs des Gemeinschaftsrechts von dem Anwendungsbereich dritter Staaten enthält der EGV nach herrschender Auffassung nicht. Die Zwischenstaatlichkeitsklausel des Art 81 Abs 1 EGV dient zunächst nur der Abgrenzung des Anwendungsbereichs des Gemeinschaftskartellrechts von dem Anwendungsbereich der nationalen Kartellrechte der Mitgliedstaaten und stellt insoweit eine ausdrückliche Kollisionsnorm dar (GROEBEN/THIESING/EHLERMANN/SCHRÖTER Art 85 Abs 1 Rn 163; GLEISS/HIRSCH Art 85 Rn 230; LANGEN/BUNTE/BUNTE Art 85 Rn 86). Ein Verständnis der Zwischenstaatlichkeitsklausel als Außenkollisionsnorm wird im Schrifttum abgelehnt (GROEBEN/THIESING/ EHLERMANN/SCHRÖTER Art 85 Abs 1 Rn 163). Die kollisionsrechtliche Anknüpfung des Gemeinschaftskartellrechts im Verhältnis zu Drittstaaten wird jedenfalls implizit den wettbewerbsrechtlichen Sachnormen des EGV entnommen. Art 81 EGV findet zum einen auf Unternehmen Anwendung, ohne daß eine Gemeinschaftszugehörigkeit verlangt wird. Zum anderen wird in der Norm ausschließlich auf Zweck oder Wirkung der Wettbewerbsbeschränkung innerhalb des gemeinsamen Marktes und auf die Eignung zu einer Beeinträchtigung des innergemeinschaftlichen Handels abgestellt. Ebenso ist es für eine Verletzung des Art 82 EGV unerheblich, wo der Mißbrauch einer marktbeherrschenden Stellung stattfindet und in welchem Staat die handelnden Unternehmen ihren Sitz haben. Entsprechendes gilt im Rahmen der auf Art 82 EGV gestützten Zusammenschlußkontrolle. Hierin liegt eine prinzipielle Entscheidung für ein **Wirkungsstatut** (GROEBEN/THIESING/EHLERMANN/MENG 5/1235 Rn 66; LANGEN/BUNTE/BUNTE Einf EG-KartR Rn 36), wodurch die Möglichkeit einer **extraterritorialen Anwendung der EU-Wettbewerbsregeln** eröffnet ist. Eine Anbindung an das Territorialitätsprinzip und das Personalitätsprinzip ist in Art 1 FKVO nicht aufgenommen worden. Der gegebenenfalls extraterritoriale Anwendungsbereich des Gemeinschaftswettbewerbsrechts wird nicht durch **Art 299 EGV**, der lediglich den **räumlichen Geltungsbereich** des EGV festlegt, begrenzt. Das **Territorialitätsprinzip** steht einer extraterritorialen Anwendung des Gemeinschaftswettbewerbsrechts nicht entgegen, weil es allenfalls die Gewalt zur Vornahme von Hoheitsakten betrifft, nicht aber die Bestimmung des **Anwendungsbereichs** der Wettbewerbsnormen (GROEBEN/ THIESING/EHLERMANN/MENG 5/1235 Rn 66; LANGEN/BUNTE/BUNTE Einf EG-KartR Rn 35; vgl auch hier Rn 69, 95 f). Insbesondere ist der **sachliche Anwendungsbereich** der wettbewerbsrechtlichen Sachnormen nicht identisch mit dem räumlichen Geltungsbereich der Normen.

Allgemein ist das **Personalitätsprinzip**, wonach auf die Nationalität der handelnden Unternehmen abgestellt wird, und das **Territorialitätsprinzip**, wonach maßgeblich ist, ob das wettbewerbsbeschränkende Verhalten im räumlichen Geltungsbereich der europäischen Wettbewerbsregeln vorgenommen wird, nicht geeignet, einen effektiven Wettbewerbsschutz zu gewährleisten (LANGEN/BUNTE/BUNTE Einf EG-KartR Rn 36). Insbesondere gebietet auch die Berücksichtigung **völkerrechtlicher Gebote** nicht die Heranziehung dieser Prinzipien. Ihre Heranziehung ist **ergänzend neben dem Auswirkungsprinzip** aber auch nicht ausgeschlossen, insbesondere wenn wettbewerbsbeschränkende Handlungen ausschließlich von Unternehmen mit Sitz innerhalb des Gemeinsamen Marktes im Ausland vorgenommen werden (GROEBEN/THIESING/EHLERMANN/MENG 5/1237 Rn 75), oder wenn ausländische Unternehmen innerhalb des Gemeinsamen Marktes wettbewerbsbeschränkende Handlungen vornehmen. Das **Auswirkungsprinzip** eröffnet die äußerste Grenze der Anwendbarkeit gemeinschaftsrechtlichen Wettbewerbsrechts auf extraterritoriale Sachverhalte; seine Bedeutung liegt in Fällen, in denen Unternehmen mit Sitz außerhalb des Geltungsbereichs des EU-Kartellrechts wettbewerbsbeschränkende Maßnahmen außerhalb des Geltungsbereichs des EU-Kartellrechts vornehmen (LANGEN/BUNTE/BUNTE Einf EG-KartR Rn 37; GROEBEN/THIESING/EHLERMANN/MENG 5/1237 Rn 75).

Soweit von der **herrschenden Meinung** eine extraterritoriale Anwendbarkeit der europäischen Wettbewerbsregeln aufgrund des Auswirkungsprinzips angenommen wird, wird wie im Rahmen des nationalen Kartellrechts davon ausgegangen, daß das Auswirkungsprinzip grundsätzlich ein **sinnvolles Anknüpfungsprinzip** im Bereich des Wettbewerbsrechts darstellt, das nicht per se völkerrechtswidrig ist (KNEBEL EuZW 1991, 265, 266 f; GROEBEN/THIESING/EHLERMANN/MENG 5/1238 Rn 79; LANGEN/BUNTE/BUNTE Einf EG-KartR Rn 38; IMMENGA/MESTMÄCKER/REHBINDER, EG-Wettbewerbsrecht Einl E Rn 63; GRABITZ/HILF-KOCH vor Art 85 Rn 14). Die Maßgeblichkeit des reinen Auswirkungsprinzips ist im **Schrifttum** überwiegend anerkannt (SCHÖDERMEIER WuW 1989, 21, 25; EMMERICH 399;

BELLAMY/CHILD Rn 2-131; GOLDMAN/LYON-CAEN/VOGEL Rn 929; ROTH ICLQ 41 [1992] 245, 266 ff).

288 Insoweit werden allerdings wie im nationalen Recht aus völkerrechtlichen wie auch aus kollisionsrechtlich-funktionalen Gründen zur Vermeidung einer ausufernden Anknüpfung der gemeinschaftlichen Wettbewerbsregeln **Beschränkungen** für erforderlich gehalten. Die EU ist wie die einzelnen Mitgliedstaaten prinzipiell an das **Völkerrecht** gebunden (vgl EuGHE 1972, 1219, 1227 Rn 7 ff [International Fruit Company]). Begrenzungen werden aus den Geboten der **Völkercourtoisie**, des völkerrechtlichen **Mißbrauchsverbotes** und des Gebotes der **Nichteinmischung** hergeleitet. Die entsprechenden **Begrenzungskriterien** des Auswirkungsprinzips entsprechen denen des deutschen Kartellkollisionsrechts; insoweit kann auf die dortigen Ausführungen verwiesen werden (Rn 115 ff, 163 ff; zur **Kommissionspraxis** Rn 291). Verbreitet wird auch ein allgemeines **Gebot zur Abwägung der ausländischen Interessen mit den Rechtsanwendungsinteressen der Union** gefordert. Danach soll das gemeinschaftliche Kartellrecht grundsätzlich nicht auf im Ausland **hoheitlich durchgeführte Wettbewerbsbeschränkungen** anwendbar sein (IMMENGA/MESTMÄCKER/REHBINDER, EG-Wettbewerbsrecht Einl E Rn 72; vgl auch IMMENGA RabelsZ 49 [1985] 303, 306 f). In diesem Zusammenhang ist insbesondere die Praxis der **Kommission** von Bedeutung, wonach auch bei nicht hoheitlichen, aber **von einer ausländischen Regierung veranlaßten Wettbewerbsbeschränkungen**, etwa Zwangskartellen oder Zwangsfusionen das EU-Kartellrecht generell keine Anwendung finden soll (Komm ABl 1974 L 343/19, 23 [Kugellager]; vgl auch ABl 1985 L 92/1, 48 f [Aluminiumeinfuhren]; vgl auch EuGH Slg 1988, 5193, 5244 Rn 20 [Zellstoff]). Eine allgemeine Abwägungspflicht ist insgesamt abzulehnen (s Rn 115). Insbesondere führt die Praxis der Kommission, das Auswirkungsprinzip dahingehend zu begrenzen, daß eine Anwendung des EU-Kartellrechts bei hoheitlich veranlaßten Wettbewerbsbeschränkungen **generell** ausscheidet, zu einer mit den legitimen Schutzzwecken des gemeinschaftlichen Wettbewerbsrechts nicht zu vereinbarenden, einseitigen Berücksichtigung ausländischer hoheitlicher Interessen (ebenso bei grundsätzlicher Anerkennung eines Interessenabwägungsgebotes IMMENGA/MESTMÄCKER/REHBINDER, EG-Wettbewerbsrecht Einl E Rn 72; vgl aber MENG ZaöRV 44, 675, 776 [grundsätzlicher Vorrang des Territorialstaates vor dem Auswirkungsstaat]).

2. Praxis des EuGH

289 Der EuGH hat sich in mehreren Entscheidungen im Hinblick auf die Frage einer Anwendbarkeit des EU-Kartellrechts auf Elemente des Auswirkungsprinzips gestützt. Teilweise hat er zu erkennen gegeben, daß er die Auswirkung als wesentlichen Faktor zur Begründung eines räumlichen Bezugs zum Gemeinschaftsgebiet ansieht (EuGHE 1974 1405, 1420 Rn 28/29 [Walrave]). Allerdings fordert er neben einer Gemeinschaftsauswirkung zusätzlich eine **Durchführung im Gemeinsamen Markt**. Ein ausdrückliches Bekenntnis zum **reinen Auswirkungsprinzip** ist bislang **nicht erfolgt**. Die Anwendbarkeit der gemeinschaftsrechtlichen Wettbewerbsregeln ist danach immer dann gegeben, wenn Unternehmen mit Sitz innerhalb der Europäischen Union mit Unternehmen aus Drittstaaten wettbewerbsbeschränkende Absprachen treffen (vgl EuGHE 1971, 949, 959 Rn 11 [Béguelin]; vgl dazu GROEBEN/THIESING/EHLERMANN/MENG 5/1239 Rn 83; vgl auch EuGHE 1978, 1391 Rn 46 f [Tepea]; 1976, 811, 850 Rn 25 ff [EMI/CBS]). Zunächst tendierte der EuGH im folgenden dazu, die Heranziehung des völkerrechtlich umstrittenen Auswirkungsprinzips dadurch zu vermeiden, daß er auf den **Grundsatz der**

B. Internationales Kartellprivatrecht

Unternehmenseinheit zwischen Mutter- und Tochterunternehmen zurückgriff und so eine Anknüpfung bereits über das **Territorialitätsprinzip** erreichte. So hat er in der *Farbstoffe*-Entscheidung darauf abgestellt, daß eine von der ausländischen Mutter eines inländischen Tochterunternehmens aufgrund ihrer Weisungsbefugnisse gegenüber der Tochter auf dem Gemeinsamen Markt durchgesetzte Wettbewerbsbeschränkung als Verhalten der Muttergesellschaft auf dem Gemeinsamen Markt zu werten ist. Das diesbezügliche Verhalten der inländischen Tochter sei der Muttergesellschaft unmittelbar zuzurechnen, weil die Tochtergesellschaft trotz eigener Rechtspersönlichkeit ihr Marktverhalten nicht autonom bestimme, sondern im wesentlichen Weisungen der Muttergesellschaft befolge (EuGHE 1972, 619, 665 Rn 132/135 [ICI]; ebenso 1972, 787, 838 Rn 44 [Geigy]; 1973, 215, 242 Rn 15 [Continental Can]; 1974, 223, 255 Rn 36 f [Commercial Solvents]; 1976, 811, 850 Rn 25 ff [EMI/CBS]; vgl aber GA MAYRAS Slg 1972, 667, 699 ff).

Auf die **Durchführung der Kartellabsprache im Gemeinsamen Markt** stellte der EuGH **290** in der *Zellstoff*-Entscheidung ab, in der es um ein Preiskartell zwischen in Drittstaaten ansässigen Herstellern im Hinblick auf den Gemeinsamen Markt ging (EuGHE 1988, 5193, 5242 f Rn 12 ff [Zellstoff]). Dabei hatten die beteiligten Herstellerunternehmen die kartellierten Produkte zum Teil unmittelbar an Abnehmer innerhalb der Gemeinschaft geliefert. In der vorangegangenen Kommissionsentscheidung war auf die Preisabsprachen das Auswirkungsprinzip angewendet worden (Komm ABl 1985 L 85/1, 14 Rn 79 [Zellstoff]), wobei die Kommission auch die **Begrenzungskriterien** der Unmittelbarkeit, Wesentlichkeit und Beabsichtigung der Auswirkung heranzog. Gleichwohl wendete der EuGH nicht ausdrücklich das Auswirkungsprinzip, sondern das **Territorialitätsprinzip** an, indem er betonte, daß die betreffenden Preisabsprachen zwar außerhalb des Gemeinsamen Marktes getroffen, dennoch aber auf dem Gebiet des Gemeinsamen Marktes durchgeführt wurden. Der Ort der Absprache sei nicht entscheidend für die Anwendbarkeit der gemeinschaftlichen Wettbewerbsregeln. Eine Durchführung des Kartells auf dem Gebiet des Gemeinsamen Marktes sei auch dann gegeben, wenn die Kartellbeteiligten nicht über inländische Niederlassungen oder Tochtergesellschaften verfügten. Hierin lag eine **Neuerung** gegenüber früheren Entscheidungen, in denen der EuGH auf einen **innergemeinschaftlichen Stützpunkt** der beteiligten Drittstaatenunternehmen abgestellt hatte. Damit näherte sich der EuGH **faktisch** dem **Auswirkungsprinzip** an (EBENROTH/PARCHE BB Beilage zu Heft 33/1988, 1, 18; KRAMP 91; LANGE/SANDAGE CMLRev 1989, 137, 157; IMMENGA/MESTMÄCKER/REHBINDER, EG-Wettbewerbsrecht Einl E Rn 58), zumal das Kriterium der Durchführung im Gemeinsamen Markt weit gefaßt werden dürfte (vgl EuG Urt v 25.3.1999 – T-102/96 Rn 87 [Gencor/Lonrho]), beruft sich aber auf das Territorialitätsprinzip. Zumindest für den Fall, daß die beteiligten Drittstaatenunternehmen nicht durch abhängige Niederlassungen, Vertreter oder Tochterunternehmen im Gebiet des Gemeinsamen Marktes die Wettbewerbsbeschränkung durchführen lassen, wird insoweit zurecht kritisiert, daß der EuGH damit das **Territorialitätsprinzip überdehnt** und letztlich nur über die **Heranziehung des Auswirkungsprinzips** zu einer Verurteilung hätte kommen können (GROEBEN/THIESING/EHLERMANN/MENG 5/1244 Rn 97; ähnlich LANGEN/BUNTE/BUNTE Einf EG-KartR Rn 42, der in der Entscheidung eine Anwendung des Auswirkungsprinzips sieht; vgl auch MARTINEK IPRax 1989, 347, 353; andererseits LANGE WuB V F. Art 85 EGV 1.98, 1053, 1054 [weite Anwendung des Territorialitätsprinzips]). Eine Anwendung des Territorialitätsprinzips über das Kriterium der Durchführung im Gemeinsamen Markt ist unbefriedigend, weil die gemeinschaftlichen Wettbewerbsregeln bei Marktaufteilungskartellen auf solche beteiligten Unternehmen nicht anwendbar sind, die dem Gemeinsamen Markt absprachegemäß fernbleiben (SCHÖDERMEYER WuW 1989, 21, 24; IMMENGA/MESTMÄCKER/ REHBINDER, EG-Wettbewerbsrecht Einl E Rn 57). Insgesamt ist damit die Frage der extraterritorialen Anwendung des Gemeinschaftskartellrechts über eine Heranziehung des Auswirkungsprinzips nicht höchstrichterlich geklärt (so auch GROEBEN/THIESING/ EHLERMANN/MENG 5/97; KNEBEL EuZW 1991, 265, 269). Entsprechend der Kommissionspraxis (Rn 291) hat dagegen der **Gerichtshof erster Instanz** in der Entscheidung *Gencor/Lonrho* aus völkerrechtlichen Gründen die Begrenzungskriterien der **Unmittelbarkeit, Vorhersehbarkeit** und **Wesentlichkeit** einer **Auswirkung** herangezogen, wobei er jedoch offenließ, ob ein völkerrechtlicher Grundsatz der Nichteinmischung anzuerkennen ist (EuG Urt v 25.3.1999 – T-102/96 Rn 103 [Gencor/Lonrho]).

3. Praxis der Kommission

291 Im Gegensatz zum EuGH geht die Kommission von der Anwendbarkeit des **reinen Auswirkungsprinzips** aus. Bereits früh sah die Kommission allein die Wirkung von Wettbewerbsbeschränkungen in der Gemeinschaft als entscheidend an, unabhängig vom **Sitzort** der handelnden Unternehmen (Komm ABl 1964 L 58/915 [Grosfillex]; ABl 1972 L 143/39 [Raymond/Nagoya]; ABl 1974 L 19/18 [Schiffsfarben II]; ABl 1975 L 29/11, 12 [Duro-Dyne/Europair]; ABl 1985 L 85/1, 14 Rn 79 [Zellstoff]; ABl 1989 L 74/1, 14 [PVC]). Wettbewerbsbeschränkungen in der Gemeinschaft, die ausschließlich auf **Drittlandsmärkten** wirkten, wurden nicht erfaßt (Komm ABl 1978 L 242/15, 29 [CSV II]; ABl 1988 L 74/21, 34 [LDPE]; ABl 1989 L 74/1, 14 [PVC]), so daß danach Art 81 EGV nicht auf reine **Exportkartelle** Anwendung findet (GROEBEN/THIESING/EHLERMANN/MENG 5/1239 Rn 82). Bei einem **weltweiten Kartell** wurden Maßnahmen nur gegen diejenigen beteiligten Unternehmen ergriffen, von denen unmittelbare Eingriffe auf die Wettbewerbssituation in der Gemeinschaft ausgingen (Komm ABl 1984 L 220/27, 41 [Zinc Producer Group]). Teilweise hat die Kommission geprüft, ob von Wettbewerbsbeschränkungen, die auf Drittlandsmärkten wirkten, **Rückwirkungen** auf die Gemeinschaft ausgingen (Komm ABl 1968 L 276/25, 28 [Rieckermann/AEG-Elotherm]; zu Auslandszusammenschlüssen Rn 292). In späteren Entscheidungen, in denen es um wettbewerbsbeschränkende Verträge ausschließlich zwischen Unternehmen aus Drittstaaten ging, stellte die Kommission einerseits auf das Auswirkungsprinzip ab, ergänzend allerdings auch auf die **Durchführung** der Absprache in der Gemeinschaft (Komm ABl 1984 L 220/27, 41 [Zinc Producer Group]; ABl 1985 L 85/1, 14 f Rn 79 [Zellstoff]; ABl 1989 L 226/25, 29 f [UIP]; ABl 1991 L 152/54, 58 f [ANSAC]; vgl auch ABl 1980 L 377/16, 23 f [Johnson & Johnson]). Das reine Auswirkungsprinzip wird von der Kommission auch in Fällen des Mißbrauchs einer marktbeherrschenden Stellung herangezogen (Komm ABl 1978 L 22/23, 31 ff [Hugin]). Im *Kugellager*-Fall lehnte die Kommission die Anwendung des gemeinschaftlichen Kartellrechts ab, soweit eine wettbewerbsbeschränkende Vereinbarung auf **Anordnung einer ausländischen Regierung** zustande kommt (Komm ABl 1974 L 343/19 [Kugellager]; vgl ABl 1985 L 92/1, 48 f [Aluminiumeinfuhren]; vgl auch EuGH Slg 1988, 5193, 5244 Rn 20 [Zellstoff]; EuG Urt v 25.3.1999 – T-102/96 Rn 103 [Gencor/Lonrho]). Hierin liegt die Anerkennung einer Pflicht zur **Abwägung** ausländischer mit gemeinschaftlichen Rechtsanwendungsinteressen (vgl GEORGIEFF 107). In mehreren Entscheidungen wendete die Kommission die auch im Rahmen des nationalen Kartellrechts herangezogenen **Begrenzungskriterien** der **Unmittelbarkeit** und **Beabsichtigung** der Auswirkungen an (Komm ABl 1985 L 92/1, 48 [Aluminiumeinfuhren]; ABl 1985 L 85/1, 14 Rn 79 [Zellstoff]; ABl 1989 L 74/21, 34 [LDPE]; vgl GA DARMON Slg 1988, 5193, 5226 [hinreichend vorhersehbar]; EuG Urt v 25.3.1999 –

T-102/96 Rn 92 [Gencor/Lonrho]; vgl auch Rn 290). Teilweise wurde daneben eine **wesentliche Auswirkung** verlangt. Quantitative Begrenzungskriterien des Auswirkungsprinzips können allerdings allenfalls als **Spürbarkeitsgrenze** im Rahmen einer Bagatellgrenze ausgestaltet sein (so zu Recht IMMENGA/MESTMÄCKER/REHBINDER, EG-Wettbewerbsrecht Einl E Rn 82; s schon hier Rn 185).

Auf reine **Auslandszusammenschlüsse** wendet die Kommission die FKVO unter der Voraussetzung an, daß von dem Zusammenschluß **Rückwirkungen auf den Wettbewerb in der EU** ausgehen (Komm ABl 1997 L 11/30, 32 [Gencor/Lonrho]; ABl 1998 L 149/21, 29 [Anglo American Corporation/Lonrho]; Komm ABl 1997 L 336/16 [Boeing/Mc Donnell Douglas]). Auswirkungen auf den **Europäischen Wirtschaftsraum** (EWR) werden insbesondere dann bejaht, wenn der EWR einen bedeutenden Teil des von dem Zusammenschluß betroffenen Produktweltmarktes darstellt, wodurch sich die Weltmarktbetroffenheit auf den EWR überträgt (Komm ABl 1997 L 336/16 [Boeing/Mc Donnell Douglas]; vgl auch ABl 1997 L 11/30, 32 Rn 18 [Gencor/Lonrho]) 292

4. Auswirkung im Rahmen der Einzelfallgruppen

a) Art 81, 82 EGV

Bei einer Regelung des Binnenmarktes durch einen Kartellvertrag von Drittstaatenunternehmen liegt nach Kommissionsauffassung regelmäßig eine relevante Binnenauswirkung vor, ohne daß es auf Durchführungsakte im Binnenmarkt ankäme. Die Kommission hat daher die Anwendbarkeit der gemeinschaftlichen Wettbewerbsregeln bejaht, und zwar im Fall eines **Exportkartells** für den Gemeinsamen Markt (Komm ABl 1991 L 152/54, 58 [ANSAC]), für ein **Preiskartell**, das mit **Reexportverboten** für in der Gemeinschaft ansässige Abnehmer verbunden war (Komm ABl 1985 L 85/1, 22, 24 [Zellstoffhersteller]), sowie für ein **Gemeinschaftsunternehmen** von Drittstaatenunternehmen, das den Gemeinsamen Markt betraf (Komm ABl 1989 L 226/25, 30 [UIP]). Der **EuGH** stellt dagegen nicht allein auf die Auswirkungen im Gemeinsamen Markt ab, sondern auch auf das Vorliegen von **Durchführungsakten im Gemeinsamen Markt**, etwa eines Verkaufs der kartellierten Ware im Gemeinsamen Markt zu im Sinne einer Preisabsprache tatsächlich koordinierten Preisen (EuGHE 1988, 5193, 5243 Rn 13 [Zellstoff]; vgl auch EuGHE 1972, 619, 664 Rn 126/130 [ICI]; EuG Urt v 25. 3. 1999 – T-102/96 Rn 87 [Gencor/Lonrho]). Teilweise neigte die Kommission zu einer **vorsichtigen Anwendung des Auswirkungsprinzips**, indem sie ausschließlich eindeutig innerhalb des Binnenmarktes beschränkende Wirkungen einer Wettbewerbsbeschränkung prüfte, hingegen diejenigen Wirkungen, die zunächst nur in Drittstaaten wirkten, nicht prüfte (Komm ABl 1978 L 242/15, 29 [CSV II]; ABl 1989 L 74/1, 14 [PVC]), oder indem sie bei einem weltweiten Kartell nur gegen diejenigen beteiligten Unternehmen vorging, von denen unmittelbare Eingriffe auf die Wettbewerbslage in der Gemeinschaft ausgingen (Komm ABl 1984 L 220/27, 41 [Zinc Producer Group]). Die **Spürbarkeit** der Auswirkung wurde bei einem internationalen Kartell verneint, weil die an einem Konsortium beteiligten Unternehmen aus Zeit- oder Kostengründen nicht in der Lage gewesen seien, alleine als Anbieter aufzutreten (Komm ABl 1990 L 228/31, 33 f [AEG/Alcatel/Nokia]). 293

Die Kommission hat Kartellverträge nicht nur dann nach Art 81 Abs 1 EGV **freigestellt**, wenn an der Absprache neben Drittstaatenunternehmen Unternehmen aus der Gemeinschaft beteiligt waren, sondern auch dann, wenn es sich um eine Absprache 294 ausschließlich zwischen Unternehmen aus Drittstaaten handelte (Komm ABl 1989 L 226/25 [UIP]; ABl 1994 L 341/66 [Fujitsu/AMD]). Es ist danach nicht erheblich, ob die Verbesserung der Warenerzeugung oder Warenverteilung oder die Förderung des technischen oder wirtschaftlichen Fortschrittes nur Drittstaatenunternehmen oder zumindest auch gemeinschaftsangehörigen Unternehmen zugute kommt. Maßgeblich ist, ob sich die Verbesserung der Warenerzeugung oder Warenverteilung oder die Förderung des technischen oder wirtschaftlichen Fortschrittes auf dem Gemeinsamen Markt auswirkt (Komm ABl 1975 L 29/11, 13 [Duro-Dyne/Europair]; für Lizenzverträge Komm ABl 1990 L 100/32, 36 [Moosehead/Whitbread]; vgl auch IMMENGA/MESTMÄCKER/REHBINDER, EG-Wettbewerbsrecht Einl E Rn 91 mwN).

295 **Alleinvertriebs- bzw Alleinbezugsvereinbarungen** und **selektive Vertriebsbindungssysteme** wirken sich in der Gemeinschaft aus, wenn sie zu einer spürbaren Beeinträchtigung des Zutritts dritter Unternehmen auf den Gemeinsamen Markt führen (Komm ABl 1985 L 376/29, 35 [Siemens/Fanuc]). Bei **Vertriebsvereinbarungen** zwischen Drittstaatenherstellern und EU-Händlern ist das der Fall, wenn dritte in der Union oder in Drittstaaten ansässige Wiederverkäufer daran gehindert werden, die betroffenen Produkte unmittelbar von dem Hersteller zum Vertrieb im Gemeinsamen Markt zu beziehen (Komm ABl 1975 L 29/11, 12 [Duro-Dyne/Europair]; ABl 1970 L 242/22, 24 [Omega]). Zudem muß die Vereinbarung den Handel im Verhältnis zwischen den Mitgliedstaaten spürbar beeinträchtigen können (EuGHE 1971, 949 Rn 10/12 [Béguelin]; 1978, 1391, 1415 Rn 47–51 [Tepea]). Bei einer Alleinvertriebsvereinbarung hängt dies insbesondere von der Stellung und der Bedeutung der Parteien auf dem Markt der entsprechenden Erzeugnisse ab (EuGHE 1998 I-1983, 2003 Rn 17 [Yves Saint Laurent/Javico]). Die Frage der spürbaren Beeinträchtigung des zwischenstaatlichen Handels ist jedoch keine eigentliche kollisionsrechtliche Voraussetzung, sondern ein sachrechtliches Tatbestandsmerkmal des Art 81 EGV (vgl aber die im deutschen innerstaatlichen Recht vertretene **tatbestandsbezogene Schutzwecklehre**; vgl dazu Rn 161), das namentlich dann erfüllt ist, wenn durch die Vereinbarung die Wettbewerbsstruktur im Gemeinsamen Markt beeinträchtigt wird (EuGHE 1974, 223, 254 Rn 33 [Commercial Solvents]; 1979, 1869, 1899 Rn 17 [Hugin]), wenn der innergemeinschaftliche Handel ausdrücklich Gegenstand der Vereinbarung ist (Komm ABl 1975 L 29/26, 28 [Pilzkonserven]), oder wenn der Gemeinsame Markt durch die Vereinbarung insgesamt von Drittstaatenimporten abgeschottet wird (EuGHE 1976, 871, 908 [EMI/CBS]). Bei **Exportverboten** von Herstellern aus Drittstaaten gegenüber in der Europäischen Union ansässigen Abnehmern liegt eine Gemeinschaftsauswirkung wegen der Hinderung dieser Abnehmer vor, in anderen Staaten der Europäischen Union Wettbewerb mit den von dem Exportverbot betroffenen Erzeugnissen zu betreiben (Komm ABl 1980 L 377/16, 23 [Johnson & Johnson]). Eine ähnliche Wirkung erzeugen Wiederverkaufsverbote von Verkäufern aus Drittstaaten gegenüber ihren in der Europäischen Union ansässigen Abnehmern, so daß Art 81 EGV anwendbar ist (Komm ABl 1982 L 360/31 34 f [Cafetéras de Colombia]). Bei **Lizenzabsprachen** zwischen Lizenzgebern aus Drittstaaten und Lizenznehmern aus der Europäischen Union liegt eine Gemeinschaftsauswirkung vor, wenn die Absprache Beschränkungen des Lizenznehmers für den Gemeinsamen Markt enthält.

296 Die zu Art 81 EGV entwickelten Grundsätze gelten entsprechend für den **Mißbrauch einer marktbeherrschenden Stellung** iSd Art 82 EGV. Ausgehend von einer tatbestandsbezogenen Betrachtungsweise wird schon auf kollisionsrechtlicher Ebene zu prüfen sein, ob eine marktbeherrschende Stellung auf dem Gemeinsamen Markt oder einem wesentlichen Teil desselben vorliegt, so daß dann keine relevante Gemeinschaftsauswirkung gegeben ist, wenn eine beherrschende Stellung auf einem Drittstaatenmarkt zu einem Mißbrauch im Gemeinsamen Markt ausgenutzt wird (IMMENGA/MESTMÄCKER/REHBINDER, EG-Wettbewerbsrecht Einl E Rn 98). Nach Auffassung des EuGH muß eine **Durchführung** der Mißbrauchshandlung im Gemeinsamen Markt vorliegen (EuGHE 1973, 215, 242 Rn 15/16 [Continental Can]; 1974, 223, 254 Rn 33 [Commercial Solvents]; 1979, 3275, Rn 12 f [SACEM]); unter Zugrundelegung des **Auswirkungsprinzips** ist dies jedoch nicht erforderlich, so daß die Mißbrauchshandlung auch außerhalb des Gemeinsamen Marktes vorgenommen werden kann (IMMENGA/MESTMÄCKER/REHBINDER, EG-Wettbewerbsrecht Einl E Rn 98). Eine Gemeinschaftsauswirkung wurde bejaht im Falle der Weigerung eines auf dem Gemeinsamen Markt marktbeherrschenden Drittstaatenunternehmens hinsichtlich der Lieferung von Ersatzteilen an ein Wartungs- und Reparaturunternehmen, kombiniert mit einem an seine Tochterunternehmen und Vertriebshändler gerichteten Exportverbot für andere Mitgliedstaaten, das die Wirkung der Lieferverweigerung verstärkte (Komm ABl 1978 L 22/23, 31 [Hugin]). Eine Gemeinschaftsauswirkung liegt auch vor, wenn ein Drittstaatenunternehmen den Wettbewerb im Gemeinsamen Markt dadurch behindert, daß es einem in der Europäischen Union ansässigen Unternehmen eine ausschließliche Lizenz für ein Verpackungsverfahren gewährt, welche einen Marktzutritt erst ermöglicht (Komm ABl 1988 L 272/27, 40 [Tetra Pak]; vgl auch Komm ABl 1988 L 65/19, 36 [Eurofix-Bauco/Hilti]), oder wenn durch den Mißbrauch ein anderes Drittlandunternehmen behindert wird, welches auf dem Gemeinsamen Markt im Wettbewerb steht (Komm ABl 1991 L 152/40, 52 [Soda-ICI]). Eine Gemeinschaftsmarktauswirkung wird regelmäßig **verneint**, wenn der Mißbrauch einer auf dem Gemeinsamen Markt bestehenden marktbeherrschenden Stellung auf einem Drittlandmarkt vorgenommen wird (IMMENGA/MESTMÄCKER/REHBINDER, EG-Wettbewerbsrecht Einl E Rn 99), es sei denn, daß durch den Mißbrauch in der Europäischen Union ansässige Abnehmer beim Abschluß von Verträgen behindert werden, welche sich auf Drittmärkte beziehen (EuGHE 1979, 3275 Rn 12 f [SACEM]), weil insoweit Primärmarkt der Gemeinsame Markt ist.

b) Zusammenschlußkontrolle

Die FKVO ist gem Art 1 Abs 1 FKVO nur auf Zusammenschlüsse von gemeinschaftsweiter Bedeutung anwendbar, die gem Art 1 Abs 2 und 3 FKVO anhand von Umsatzschwellenwerten definiert wird. Die Umsatzschwellenwerte müssen von mindestens zwei der an dem Zusammenschluß beteiligten Unternehmen erreicht werden (kritisch aus rechtspolitischen Erwägungen vgl IMMENGA/MESTMÄCKER/REHBINDER, EG-Wettbewerbsrecht Einl E Rn 102 mwN). Ausnahmsweise kann die Kommission auf Antrag eines Mitgliedstaates auch gegen Zusammenschlüsse ohne gemeinschaftsweite Bedeutung, insbesondere internationale Zusammenschlüsse vorgehen (vgl Art 22 Abs 3 FKVO; Komm ABl 1996 L 134/32, 34 [RTL/Veronica/Endemol]). Entsprechend der Zwischenstaatlichkeitsklausel in Art 81 EGV dient das Kriterium der gemeinschaftsweiten Bedeutung vorrangig der Abgrenzung der Anwendungsbereiche von FKVO und nationalem Recht. Daneben hat es allerdings auch **kollisionsrechtliche Bedeutung** im Hinblick auf den internationalen Anwendungsbereich der FKVO (vgl EuG Urt v 25. 3. 1999 – T-102/96 Rn 78 ff [Gencor/Lonrho]; IMMENGA/MESTMÄCKER/REHBINDER, EG-Wettbewerbsrecht Einl E Rn 100). Nach Auffassung des **Gerichtshofs erster Instanz** setzt eine Anwendbarkeit der FKVO nicht voraus, daß die beteiligten Unternehmen in der EU ansässig sind, oder daß die von dem Zusammenschluß betroffenen Produktionsaktivitäten innerhalb des Unionsterritoriums ausgeführt werden (EuG Urt v 25. 3. 1999 – T-

102/96 Rn 79 [Gencor/Lonrho]). Die **Kommission** wendet die FKVO nicht nur auf Zusammenschlüsse an, an denen zum Teil Unternehmen mit Sitz in der EU beteiligt sind (vgl Komm ABl 1991 L 334/42, 43 [Aerospatiale-Alenia/de Havilland]; ABl 1997 L 11/30, 32 [Gencor/Lonrho]) und in Fällen, in denen Unternehmen mit Sitz in der EU an Zusammenschlüssen in Drittstaaten beteiligt sind (vgl Komm WuW/E EV 1568, 1569 [Dresdner Bank/ Banque Nationale de Paris]), sondern auch auf Zusammenschlüsse, an denen ausschließlich Drittstaatenunternehmen beteiligt sind. Dies ist damit begründbar, daß auch Zusammenschlüsse, an denen ausschließlich Unternehmen aus Drittstaaten beteiligt sind, die **strukturellen Wettbewerbsbedingungen im Gemeinsamen Markt** und damit die Zielsetzung der FKVO berühren können (IMMENGA/MESTMÄCKER/REHBINDER, EG-Wettbewerbsrecht Einl E Rn 100; vgl EuG Urt v 25.3.1999 – T-102/96 Rn 89 [Gencor/Lonrho]). Die Kommission hat eine Anwendbarkeit der FKVO zumeist in Fällen angenommen, in denen die betroffenen Drittstaatenunternehmen über **Tochtergesellschaften** oder **Produktionsstätten** in der Union verfügten (Komm WuW/E EV 1791, 1792 [Ingerson-Rand/ Dressler]; WuW/E EV 1824 [Schweizer Rück/Elvia]; WuW/E EV 2006, 2007 [PepsiCo/General Mills]; ABl 1996 L 183/1, 2 [Kimberly Clark/Scott]; vgl für das GWB auch BKartA AG 1992, 363, 366 f [Gillette/Wilkinson]). Als **Kriterium für eine hinreichende Gemeinschaftsbeziehung** des Drittstaatenzusammenschlusses wird neben der Innehabung von Zweigniederlassungen, Tochtergesellschaften oder Produktionsstätten vorrangig die Existenz beachtlicher **innergemeinschaftlicher Umsätze** herangezogen (EuG Urt v 25.3.1999 – T-102/96 Rn 85 [Gencor/Lonrho]; Komm ABl 1997 L 201/1, 2 [Ciba-Geigy/Sandoz]).

298 Allgemein ist in Fällen von Zusammenschlüssen unter ausschließlicher Beteiligung von Drittstaatenunternehmen ausreichend, daß der Zusammenschluß im Sinne des Auswirkungsprinzips spürbare Auswirkungen im Gemeinsamen Markt hat oder haben kann (vgl Komm ABl 1997 L 336/16 ff [Boeing/Mc Donell Douglas]). Solche hinreichenden Auswirkungen liegen stets bei Entstehung oder Verstärkung einer beherrschenden Stellung auf dem Gemeinsamen Markt mit einer **Berührung der strukturellen Wettbewerbsbedingungen** im Gemeinsamen Markt iSd Art 2 Abs 2 und 3 FKVO vor (IMMENGA/MESTMÄCKER/REHBINDER, EG-Wettbewerbsrecht Einl E Rn 100), insbesondere dann, wenn durch den Zusammenschluß die Wettbewerbsbedingungen geschaffen werden, in denen Mißbräuche nicht nur entfernt möglich, sondern wirtschaftlich naheliegend erscheinen (EuG Urt v 25.3.1999 – T-102/96 Rn 94 [Gencor/Lonrho]). Besonders unter Zugrundelegung einer schutzzweckorientierten kollisionsrechtlichen Betrachtungsweise dürfte im Hinblick auf die Erfordernisse einer präventiven Wettbewerbsstrukturkontrolle eine **Eignung zur Gemeinschaftsauswirkung** jedenfalls für die Anmeldepflicht gem Art 4 FKVO und das Vollzugsverbot gem Art 7 FKVO ausreichen (IMMENGA/MESTMÄCKER/REHBINDER, EG-Wettbewerbsrecht Einl E Rn 100).

299 Der Gerichtshof erster Instanz sieht darüber hinaus unter **völkerrechtlichen Aspekten** nur **unmittelbare, wesentliche** und **vorhersehbare Auswirkungen** als hinreichend an (EuG Urt v 25.3.1999 – T-102/96 Rn 92 [Gencor/Lonrho]), die in der entsprechenden Änderung der Wettbewerbsstruktur liegen. Eine generelle Unzulässigkeit der Anwendung der FKVO auf Zusammenschlüsse mit Drittstaatenbeteiligung aufgrund der Beeinträchtigung auch anderer Teile des Weltmarktes wird ausdrücklich abgelehnt (EuG Urt v 25.3.1999 – T-102/96 Rn 98 [Gencor/Lonrho]).

300 Im Schrifttum wird aus völkerrechtlichen Gründen ferner eine **Beschränkung** der Untersagungsbefugnis auf die **spezifisch im Gemeinsamen Markt eintretenden Aus-**

wirkungen des Zusammenschlusses mit der Konsequenz für notwendig gehalten, daß grundsätzlich Teiluntersagungen bzw Teilvollzugsverbote in Betracht kommen, die sich etwa auf Tochtergesellschaften mit Sitz im Gemeinsamen Markt beziehen (IMMENGA/MESTMÄCKER/REHBINDER, EG-Wettbewerbsrecht Einl E Rn 107 mwN; vgl zum innerstaatlichen Recht hier Rn 275 ff). Jedenfalls dann, wenn der einheitliche Zusammenschlußvorgang nicht sinnvoll in einen drittstaatenbezogenen und einen EU-bezogenen Bereich aufteilbar ist, ist der Zusammenschluß insgesamt zu untersagen (so auch IMMENGA/MESTMÄCKER/REHBINDER, EG-Wettbewerbsrecht Einl E Rn 107 für den Fall, daß die Drittlandunternehmen im Gemeinsamen Markt nur über EU-Importeure oder durch Direktverkäufe aktiv sind). Dasselbe gilt, wenn der Zweck der europäischen Fusionskontrolle auch unter Mitberücksichtigung globaler, mithin in begrenztem Maße auch drittstaatenbezogener Interessen eine **Gesamtuntersagung** erfordert (s Rn 281). Bei **unteilbaren Zusammenschlüssen** soll im Einzelfall das Mißbrauchs- bzw das Nichteinmischungsgebot zu einer Pflicht zur **Abwägung** zwischen den gemeinschaftsrechtlichen Rechtsanwendungsinteressen und legitimen wirtschaftspolitischen Interessen des Drittstaates führen, wenn der Schwerpunkt des Zusammenschlusses in dem Drittstaat zu lokalisieren ist und die Interessen des Drittstaates eindeutig überwiegen (IMMENGA/MESTMÄCKER/REHBINDER, EG-Wettbewerbsrecht Einl E Rn 108; vgl zum Abwägungsgebot hier Rn 115 ff). Eine Interessenkollision, bei der das Gemeinschaftsinteresse zurückzutreten hätte, scheidet jedenfalls aus, wenn das Zusammenschlußvorhaben lediglich mit dem Recht des Drittstaates vereinbar ist (EuG Urt v 25. 3. 1999 – T-102/96 Rn 103 [Gencor/Lonrho]) oder ohne Förderungszweck von überwiegendem Gewicht genehmigt wurde (IMMENGA/MESTMÄCKER/REHBINDER, EG-Wettbewerbsrecht Einl E Rn 108). Nach Auffassung des EuGH gilt etwas anderes, wenn der Drittstaat die Vereinbarung ausdrücklich anordnet (EuGHE 1988, 5193, 5243 Rn 20 [Zellstoff]; vgl auch hier Rn 118).

VIII. Internationales Kartellprozeßrecht

1. Gerichtsbarkeit

Gerichtliche Entscheidungsgewalt, bzw behördliche Entscheidungs- und Befehlsgewalt ist nach dem Grundsatz der Souveränität und Unabhängigkeit der Staaten gegeben, ohne daß dem betreffenden Staat hierfür eine besondere Befugnis verliehen werden muß (s BGH JZ 1958, 241, 242; KG WuW/E OLG 3051, 3053 [Morris-Rothmans] mwN). Das gilt grundsätzlich auch im Hinblick auf auslandsbezogene Sachverhalte. Einschränkungen für die deutsche Jurisdiktion können sich aus der **Staatenimmunität** ergeben, soweit ausländische Staaten unmittelbar oder mittelbar an Wettbewerbsbeschränkungen beteiligt sind. Nach dem Prinzip der beschränkten Immunität (vgl Art 4–10 Europäisches Übereinkommen über die Staatenimmunität BGBl 1990 II 34 ff) genießen ausländische Staaten nur bei hoheitlichen, nicht aber bei privatrechtlichen Betätigungen Immunität (BVerfGE 16, 27, 33 f; OLG Karlsruhe WuW/E OLG 2215, 2216 [Nuklearpharmaka]). Juristische Personen des Privatrechts genießen auch dann keine Immunität, wenn sie staatlich beherrscht sind (BGHZ 18, 1, 9).

2. Internationale Zuständigkeit

Die internationale Zuständigkeit der nationalen Gerichte betrifft die Frage, ob ein Sachverhalt mit Auslandsbezug von einem deutschen Gericht zu entscheiden ist. Dabei handelt es sich um eine selbständige Prozeßvoraussetzung. In Kartellsachen wird zwischen **kartellzivilprozeßrechtlichen** Angelegenheiten und **Verwaltungs- und Bußgeldverfahren** unterschieden. Eine spezielle Bestimmung zur internationalen Zuständigkeit in Kartellsachen existiert im deutschen Recht nicht. Nach hM ist die internationale Zuständigkeit im **Kartellzivilprozeß** grundsätzlich an die **örtliche Zuständigkeit** gekoppelt (MünchKomm/IMMENGA Nach Art 37 Rn 84; IMMENGA/MESTMÄCKER/ REHBINDER § 98 Abs 2 Rn 260; KOENIGS, in: Gemeinschaftskommentar § 98 Abs 2 Rn 130), so daß das Gericht, bei dem die örtliche Zuständigkeit iSd Vorschriften der ZPO, vorbehaltlich eines **Vorrangs der Zuständigkeitsregeln des EuGVÜ** bzw des **Lugano-Übereinkommens** (s Rn 40) begründet ist, gleichzeitig international zuständig ist. Die Vorschriften der ZPO über die **Vereinbarung der Zuständigkeit eines Gerichts** gem §§ 38 ff ZPO sollen entsprechend für die Begründung der internationalen Zuständigkeit anwendbar sein (BGH WuW/E BGH 1643, 1643 [BMW-Importe]; OLG Karlsruhe WuW/E OLG 2215, 2215 f [Nuklearpharmaka]). Dies betrifft aber allenfalls die Vereinbarung der internationalen Zuständigkeit eines deutschen Gerichts (näher Rn 311).

303 **§ 130 Abs 2 GWB** kommt nach hM **keine originäre zuständigkeitsbegründende Funktion** zu (offengelassen in BGH WuW/E BGH 1643, 1646 [BMW-Importe]; OLG Karlsruhe WuW/E OLG 2215, 2216 [Nuklearpharmaka]). Auch wenn eine Koppelung der internationalen Zuständigkeit deutscher Gerichte an die kollisionsrechtliche Anwendbarkeit des eigenen nationalen Rechts grundsätzlich wünschenswert ist (vgl dazu OLG Stuttgart WuW/E OLG 2018, 2019), wird dieses Ergebnis im Hinblick auf die anderenfalls fehlende örtliche Zuständigkeit hinzunehmen sein (KOENIGS, in: Gemeinschaftskommentar § 98 Abs 2 Rn 130). Begründbar ist das Auseinanderfallen von kollisionsrechtlicher Anknüpfung und internationaler Zuständigkeit auch mit den unterschiedlichen Funktionen von kollisionsrechtlicher Anknüpfung und kompetenzrechtlicher Zuständigkeitsverteilung (NEUHAUS RabelsZ 20 [1955] 201, 256; IMMENGA/MESTMÄCKER/REHBINDER § 98 Abs 2 Rn 254). Bei letzterer spielen vor allem Zweckmäßigkeits- und Zumutbarkeitserwägungen eine Rolle (s zum Lauterkeitsrecht Rn 654). Allerdings sind wettbewerbskollisionsrechtliche Gesichtspunkte über die Auslegung der Zuständigkeitsvorschriften der ZPO, insbesondere der **Deliktsgerichtsstandsvorschrift** des § 32 ZPO zu berücksichtigen (vgl KROPHOLLER § 58 II 2). So ist der **Begehungsort** auch prozessual im Interesse der Schutzzwecke des Wettbewerbsrechts ähnlich wie im Bereich des Lauterkeitsrechts (s dazu Rn 653 ff) regelmäßig wettbewerbsspezifisch zu bestimmen (vgl OLG Stuttgart WuW/E OLG 2018, 2019; SCHWARTZ 141 f; IMMENGA/MESTMÄCKER/REHBINDER § 98 Abs 2 Rn 254, vgl auch Rn 284).

304 Für **Klagen aus wettbewerbsbeschränkenden Verträgen**, die gegen ausländische Unternehmen erhoben werden, bestimmt sich die örtliche und damit zugleich die internationale Zuständigkeit nach § 21 ZPO. Sie ist danach gegeben, wenn das Unternehmen eine inländische Niederlassung besitzt und die Klage auf den Geschäftsbetrieb der Niederlassung Bezug hat, insbesondere, wenn der Vertrag tatsächlich durch die inländische Niederlassung erfüllt werden soll (REHBINDER 310 f; KOENIGS, in: Gemeinschaftskommentar § 98 Abs 2 Rn 131). Ferner ist die deutsche internationale Zuständigkeit gegeben, wenn der Vertrag im Gerichtsbezirk eines deutschen Gerichts zu erfüllen ist. Dabei bestimmt sich der **Begriff des Erfüllungsortes** grundsätzlich nach der *lex causae* (KROPHOLLER § 58 II 2 a; IMMENGA/MESTMÄCKER/REHBINDER § 98 Abs 2 Rn 256; vgl zu Art 5 Nr 1 EuGVÜ auch EuGH NJW 1977, 491 [Tessili/Dunlop]; kritisch LÜDERITZ, in: FS Zweigert 233, 233). Allerdings ist in Korrektur der *lex causae* die **Vereinbarung** eines bestimmten Erfüllungsortes, der den tatsächlichen Gegebenheiten

zuwiderläuft, unbeachtlich (REHBINDER 313). Dies folgt aus der **Einschränkung der privatautonomen Gestaltungsfreiheit** der Parteien im Bereich des Marktordnungsrechts und muß jedenfalls dann gelten, wenn dadurch, wie im Falle einer entsprechenden Gerichtsstandsvereinbarung (zur Unzulässigkeit s Rn 311), das wegen des **tatsächlichen Erfüllungsortes** im Inland an sich international zuständige deutsche Gericht unzuständig würde.

Bei **Kartelldelikten** kommt es grundsätzlich auf den inländischen Begehungsort, dh **305 Handlungs- oder Erfolgsort** gem § 32 ZPO, an. Der Gerichtsstand des § 32 ZPO gilt auch für Schadensersatzklagen nach § 33 Satz 1 GWB (KOENIGS, in: Gemeinschaftskommentar § 98 Abs 2 Rn 132). Der Begehungsort nach § 32 ZPO ist **wettbewerbsspezifisch** auszulegen. Eine inländische internationale Zuständigkeit ist danach jedenfalls gegeben, wenn die wettbewerbsbeschränkende Handlung auf dem deutschen Markt ausgeführt wird oder auszuführen ist, sowie dann, wenn sie sich **unmittelbar** auf den deutschen Markt bezieht (IMMENGA/MESTMÄCKER/REHBINDER § 98 Abs 2 Rn 258; KOENIGS, in: Gemeinschaftskommentar § 98 Abs 2 Rn 132). Das wurde angenommen im Falle der Aufforderung durch die ausländische Tochterfirma eines inländischen KFZ-Herstellers an einen inländischen Reimporteur, künftig Reimporte in das Inland zu unterlassen, und zwar auch im Hinblick darauf, daß das ausländische Tochterunternehmen die ausländischen Vertragshändler dazu aufgefordert hatte, den inländischen Reimporteur nicht zu beliefern, weil es damit darauf abzielte, unmittelbar **Einfluß auf die Wettbewerbssituation im Inland** zu nehmen (BGH WuW/E BGH 1643, 1645 f [BMW-Importe]). Danach ist eine inländische internationale Zuständigkeit immer dann anzunehmen, wenn ein Unternehmen mit Sitz und Mittelpunkt der geschäftlichen Betätigung im Inland durch ein ausländisches Unternehmen diskriminiert wird, weil hierdurch die wettbewerbliche Stellung des diskriminierten Unternehmens auf dem Inlandsmarkt beeinträchtigt wird (OLG Stuttgart WuW/E OLG 2018, 2019).

Das Vorliegen eines Begehungsorts im Inland und damit eine inländische internationale Zuständigkeit ist dagegen **streitig**, wenn sich die wettbewerbsbeschränkende Handlung auf den Inlandsmarkt als **Sekundärmarkt** auswirkt, **ohne** daß ein **unmittelbarer Bezug** der Handlung auf den Inlandsmarkt besteht. Teilweise wird im Schrifttum als Erfolgsort iSd § 32 ZPO der Markt angesehen, auf dem sich das verletzende Unternehmen und das geschädigte Unternehmen als Wettbewerber gegenüberstehen (SCHWARTZ 140 f; LOEWENHEIM/BELKE, in: WESTRICK/LOEWENHEIM § 98 Abs 2 Rn 110; aA SCHLOSSER NJW 1980, 1226). Dies wird aus dem Zweck der Schutzgesetze der §§ 20 und 21 GWB gefolgert, der auch auf dem Markt tangiert ist, auf dem sich Verletzer und Geschädigter als Wettbewerber gegenüberstehen (IMMENGA/MESTMÄCKER/REHBINDER § 98 Abs 2 Rn 259). Richtigerweise führt § 130 Abs 2 GWB zu einer **erweiternden wettbewerbsspezifischen Auslegung des Begehungsortbegriffs** in § 32 ZPO (ähnlich vGAMM NJW 1977, 1553, 1556; RÜTER 104), entsprechend der Übertragung der Marktordnungsanknüpfungsgesichtspunkte auf die internationale Zuständigkeit im Rahmen des Lauterkeitsrechts (s Rn 653). Ein inländischer Begehungsort und damit eine inländische internationale Zuständigkeit ist deshalb allgemein dann gegeben, wenn die Wettbewerbsbeschränkung eine **hinreichende Inlandsauswirkung** hat. Dies entspricht weitgehend der Bestimmung des zuständigkeitsbegründenden Begehungsortes in **lauterkeitsrechtlichen** Sachverhalten durch die Rechtsprechung, die den Ort der **wettbewerblichen Interessenkollision** als lauterkeitsrechtlichen Begehungsort ansieht.

307 Die wettbewerbsspezifische Auslegung des Begehungsortbegriffes in § 32 ZPO im Sinne einer konsequenten Koppelung der kompetenzrechtlichen Zuständigkeitsprüfung an die kollisionsrechtlichen Maßstäbe schließt ein **Wahlrecht zwischen einer Klage am Handlungs- und am Erfolgsort** an sich aus. Allerdings kommt eine Wahl zwischen Klagen an **verschiedenen Auswirkungsorten** in Betracht. Ein Wahlrecht zwischen Handlungs- und Erfolgsort wäre darüber hinaus allerdings mit dem Interesse am Einklang mit der **Zuständigkeitsordnung nach dem EuGVÜ**, wonach bislang eine wettbewerbsspezifische Reduktion der Deliktszuständigkeitsnorm abgelehnt wird (s Rn 310), begründbar (dazu auch Rn 655). Allerdings ist auch dort eine wettbewerbsspezifische Auslegung der Zuständigkeitsnorm anzustreben.

308 Bei Fehlen einer internationalen Zuständigkeit nach §§ 21, 29 und 32 ZPO ist der **Gerichtsstand des Vermögens** nach § 23 ZPO gegeben, falls das Unternehmen im Inland nicht völlig unerhebliche Vermögenswerte besitzt. Aufgrund des **Vorrangs des EuGVÜ** bzw des **Lugano-Übereinkommens** (s Rn 40) ist der Vermögensgerichtsstand, der in den Übereinkommen fehlt, häufig ausgeschlossen (vgl KROPHOLLER Einl Rn 57). Soweit angenommen wird, daß § 23 ZPO eine umfassende internationale Zuständigkeit ohne Ansehung einer weiteren Inlandsbeziehung des Rechtsstreits begründet, ist dies völkerrechtlich unbedenklich (vgl BGHZ 115, 90, 92 mwN). Ein Eingriff in die **Souveränität** eines ausländischen Staates ist nicht zu befürchten (IMMENGA/MESTMÄCKER/REHBINDER § 98 Abs 2 Rn 260 mwN), weil die Wirkung des Urteils des deutschen Gerichts als solche auf das Inland beschränkt ist. Souveränitätseingriffe sind allenfalls infolge der extraterritorialen Anwendung des inländischen Kartellrechts denkbar, die aber von der Zuständigkeitsfrage zu trennen ist. Für die Annahme eines inländischen Vermögens dürfte es ausreichen, daß ein ausländisches Unternehmen Gesellschaftsanteile an einer inländischen Tochtergesellschaft hält (so wohl BGH NJW 1987, 3081, 3082; vgl auch IMMENGA/MESTMÄCKER/REHBINDER § 98 Abs 2 Rn 260). Der BGH fordert im Hinblick auf Sinn und Zweck des § 23 ZPO sowie im Hinblick auf die völkerrechtliche Vertragspraxis über die bloße Vermögensbelegenheit hinaus einen **hinreichenden Inlandsbezug des Rechtsstreits** (BGHZ 115, 90, 94).

309 Die **Zuständigkeitsregeln des EuGVÜ** entsprechen denen der ZPO weitgehend, allerdings fehlt der Gerichtsstand des Vermögens (Rn 308). Das EuGVÜ gilt auch für **Kartellzivilrechtsstreitigkeiten** (GEIMER/SCHÜTZE Art 1 Rn 25). Von Bedeutung ist insoweit der Gerichtsstand der **Zweigniederlassung, Agentur oder sonstigen Niederlassung** nach Art 5 Nr 5 EuGVÜ (vgl dazu EuGHE 1976, 1497, 1509 Rn 18 ff [Bloos]; 1978, 2183 [Somafer]) und der Gerichtsstand des **Erfüllungsortes** gem Art 5 Nr 1 EuGVÜ, wobei der Erfüllungsort konventionsimmanent als der Ort bestimmt ist, an dem die Verpflichtung erfüllt worden oder zu erfüllen ist; der **Leistungsort** bestimmt sich nach der *lex causae*, die durch das Kollisionsrecht des Gerichtsstaates bestimmt wird (EuGH NJW 1977, 491 [Tessili/Dunlop]; BGH NJW 1981, 1905; GEIMER/SCHÜTZE Art 5 Rn 85; KROPHOLLER, Europäisches Zivilprozeßrecht Art 5 Rn 12).

310 Der Gerichtsstand der **unerlaubten Handlung** nach Art 5 Nr 3 EuGVÜ begründet die Zuständigkeit an dem Ort, an dem das schädigende Ereignis eingetreten ist und ist auch auf **Kartelldelikte** anwendbar. Nach der Auslegung des EuGH ist Ort des Eintritts des schädigenden Ereignisses grundsätzlich sowohl der **Ort des ursächlichen Geschehens** (Handlungsort), als auch der Ort der **Verwirklichung des Schadenserfolgs** (EuGH NJW 1977, 493 [Mines de Potasse]; vgl auch BGHZ 98, 263, 275). Eine Zuständigkeit der

Gerichte am Ort der Verwirklichung des Schadenserfolges besteht im Falle der Verbreitung ehrverletzender Presseartikel in mehreren Staaten nur für die Entscheidung über den Ersatz der Schäden, die in dem Staat des angerufenen Gerichts verursacht werden (vgl EuGH NJW 1995, 1881, 1882 Rn 33 [Shevill]). Dies wird allgemein für die internationale Zuständigkeit bei Streudelikten zu gelten haben. Dem Kläger steht nach allgemeiner Auffassung ein **Wahlrecht** zwischen einer Klage am Handlungsort und einer Klage am Erfolgsort zu. Unter Berücksichtigung einer wettbewerbsspezifischen Auslegung der Zuständigkeitsnorm erscheint dies fraglich, weil es insoweit ausschließlich auf eine Marktauswirkung ankommt (Rn 306). Allerdings wird im Schrifttum überwiegend davon ausgegangen, daß im Rahmen des Gerichtsstands des Art 5 Nr 3 EuGVÜ eine wettbewerbsrechtsspezifische Einschränkung der internationalen Zuständigkeit nicht in Betracht kommt, so daß die Zuständigkeit des Art 5 Nr 3 EuGVÜ weiter ist als nach deutschem autonomen Recht (SCHÜTZE, in: Hdb des Wettbewerbsrechts § 97 Rn 21; BACHMANN IPRax 1998, 179, 182; vgl auch Rn 650). Nach hM wird am Ort der Folgeschäden bzw mittelbaren Schäden aus der Rechtsgutverletzung kein Gerichtsstand nach Art 5 Nr 3 EuGVÜ begründet (EuGHE 1995 I, 2719, 2739 Rn 14 f [Marinari/Lloyds's Bank]; KROPHOLLER, Europäisches Zivilprozeßrecht Art 5 Rn 47; IMMENGA/MESTMÄCKER/REHBINDER § 98 Abs 2 Rn 264; GEIMER/SCHÜTZE Art 5 Rn 191; WIECZOREK/SCHÜTZE/HAUSMANN Rn 61). Ebenso wird eine Zuständigkeitsbegründung am Ort des Schadenseintritts bei einem mittelbar Geschädigten abgelehnt (GEIMER/SCHÜTZE Art 5 Rn 194). Daher kann im Fall einer kartellrechtlich relevanten Schädigung der inländischen Tochtergesellschaft eines ausländischen Unternehmens durch ein inländisches Unternehmen die uU mittelbar geschädigte ausländische Muttergesellschaft nicht gem Art 5 Nr 3 EuGVÜ am Ort des Eintritts ihres mittelbaren Schadens Klage erheben (vgl EuGH NJW 1991, 631, 632 [Dumez France/Hessische Landesbank]).

Während die Vereinbarung der internationalen Zuständigkeit eines deutschen Gerichts für möglich gehalten wird (BGH WuW/E BGH 1643, 1643 [BMW-Importe]; OLG Karlsruhe WuW/E OLG 2215, 2215 f [Nuklearpharmaka]), ist eine **Derogation** des deutschen Gerichtsstands durch eine Vereinbarung der ausschließlichen Zuständigkeit eines ausländischen Gerichts nach hM unzulässig (SCHWARTZ 146; RÜTER 107 f; vGAMM NJW 1977, 1553, 1556; MünchKomm/IMMENGA Nach Art 37 Rn 84; KOENIGS, in: Gemeinschaftskommentar § 98 Abs 2 Rn 135). Für die prozeßrechtliche Frage der Zulässigkeit einer derogierenden Gerichtsstandsvereinbarung ist die *lex fori* maßgeblich (BGHZ 59, 23, 26; NJW 1976, 1581). Die Zulässigkeit einer Derogation würde letztlich die Möglichkeit für die Parteien eröffnen, international zwingende Vorschriften zu umgehen. Ein ausländisches Gericht würde seine eigenen Kollisionsnormen anwenden, so daß die zwingende Norm des § 130 Abs 2 GWB nicht angewendet würde. Wenn das ausländische Gericht deutsches Kartellrecht grundsätzlich nicht anwendet, kann mithin die Anwendung nationalen Marktordnungsrechts über die Gerichtsstandsvereinbarung umgangen werden. Die Unzulässigkeit einer Derogation folgt daher aus denselben Gründen wie die Unzulässigkeit einer privatautonomen Rechtswahl im Bereich des Marktordnungsrechts (BGH NJW 1984, 2037; IMMENGA/MESTMÄCKER/REHBINDER § 98 Abs 2 Rn 265 mwN; REITHMANN/MARTINY/HAUSMANN Rn 2256; vgl auch SCHWARTZ 145 f).

Streitig ist, inwieweit im Verhältnis zu den Vertragsstaaten des EuGVÜ **Art 17 EuGVÜ** die Vereinbarung der Zuständigkeit des Gerichts eines anderen Vertragsstaates ermöglicht. Grundsätzlich verdrängt Art 17 EuGVÜ nationale Prorogationsbeschränkungen. Verbreitet wird daher insoweit auch in Kartellsachen eine Derogation für möglich gehalten (KROPHOLLER, Europäisches Zivilprozeßrecht Art 17 Rn 19; KOENIGS, in: Gemeinschaftskommentar § 98 Abs 2 Rn 135; vgl auch GEIMER/SCHÜTZE Art 17 Rn 70). Allerdings beruht die Vorschrift des Art 17 EuGVÜ auf einer Vertretbarkeit der Rechtsordnungen, die dann fehlen wird, wenn das betreffende ausländische Gericht deutsches Kartellrecht grundsätzlich nicht anwendet (KOHLER IPRax 1983, 265, 271 f; REITHMANN/MARTINY/HAUSMANN [4. Aufl] Rn 1213; IMMENGA/MESTMÄCKER/REHBINDER § 98 Abs 2 Rn 266; aA REITHMANN/MARTINY/HAUSMANN [5. Aufl] Rn 2101 mwN).

313 Ein entsprechendes Problem wie bei der Frage der derogierenden Gerichtsstandsvereinbarungen ergibt sich im Zusammenhang mit Vereinbarungen der ausschließlichen Zuständigkeit eines ausländischen **Schiedsgerichts**, die zu einem Ausschluß der internationalen Zuständigkeit der deutschen Gerichte führen würde. Nach verbreiteter Auffassung sind derartige Schiedsvereinbarungen grundsätzlich zulässig (STEINDORFF WuW 1984, 190, 193; IMMENGA/MESTMÄCKER/REHBINDER § 98 Abs 2 Rn 267; vgl zur grundsätzlichen Schiedsfähigkeit von Kartellsachen KOENIGS, in: Gemeinschaftskommentar § 98 Abs 2 Rn 136; BGH WuW/E BGH 523, 526 f [Schotter]; WuW/E BGH 597, 602 [Mikrophos]; NJW 1984, 1355), wobei die *lex fori* des von der Zuständigkeit ausgeschlossenen Gerichts für die Zulässigkeit der Vereinbarung maßgeblich ist (IMMENGA/MESTMÄCKER/REHBINDER § 98 Abs 2 Rn 267). Das ausländische Schiedsgericht soll aber im Rahmen des § 130 Abs 2 GWB deutsches Kartellrecht zu beachten haben (VOLLMER GRUR IntT 1986, 589, 598 f; STEINDORFF WuW 1984, 190, 197; LANGE/WIESSNER RIW 1985, 764; WEITBRECHT IPRax 1986, 313, 316; IMMENGA/MESTMÄCKER/REHBINDER § 98 Abs 2 Rn 268). Richtigerweise hat insoweit dagegen eine Parallelbewertung mit der Unzulässigkeit derogierender Gerichtsstandsvereinbarungen zu erfolgen, so daß aufgrund der ansonsten bestehenden Möglichkeit für die Parteien, die zwingende Norm des § 130 Abs 2 GWB zu umgehen, der Ausschluß der Zuständigkeit deutscher Gerichte durch die Vereinbarung eines ausschließlichen Schiedsgerichts **nicht zulässig** ist (MOK/JOHANNES RIW 1966, 125, 128; ALTENMÜLLER RIW 1975, 471, 478; vgl auch BGH NJW 1987, 3193, 3194).

314 Im **Verwaltungs- und Bußgeldverfahren** geht die hM anders als im Kartellzivilprozeß von einem **Gleichlauf** zwischen Anwendbarkeit des Sachrechts und internationaler Zuständigkeit aus (IMMENGA/MESTMÄCKER/REHBINDER § 98 Abs 2 Rn 275; MünchKomm/IMMENGA Nach Art 37 Rn 85; KOENIGS, in: Gemeinschaftskommentar § 98 Abs 2 Rn 137; LOEWENHEIM/BELKE, in: WESTRICK/LOEWENHEIM § 98 Abs 2 Rn 104 f). Danach besteht grundsätzlich eine internationale Zuständigkeit der deutschen Gerichte und Kartellbehörden, wenn deutsches Kartellsachrecht Anwendung findet. Maßgeblich ist insoweit mithin das Auswirkungsprinzip nach § 130 Abs 2 GWB, der damit mittelbar verfahrensrechtliche Bedeutung hat (vgl BKartA WuW/E BKartA 704, 707 [Verwertungsgesellschaften]). Die Kartellbehörde ist zur Einleitung und Durchführung eines Verfahrens zuständig, wenn **tatsächliche Anhaltspunkte** dafür vorliegen, daß die verwaltungs- und ordnungsrechtlichen Normen des GWB Anwendung finden, wobei ein **begründeter Anfangsverdacht** für eine Inlandsauswirkung ausreicht (KG WuW/E OLG 1189, 1193 [Import-Schallplatten]; WuW/E OLG 1467, 1469 [BP]; KOENIGS, in: Gemeinschaftskommentar § 98 Abs 2 Rn 140). Teilweise werden Einschränkungen im Rahmen der Ausübung des durch das **Opportunitätsprinzip** beherrschten Entscheidungsermessens in Fällen gefordert, in denen die Betroffenen keine persönliche, örtliche Beziehung zum Inland haben (MünchKomm/IMMENGA Nach Art 37 Rn 85; KOENIGS, in: Gemeinschaftskommentar § 98 Abs 2 Rn 137). Weitergehende **Einschränkungen** (vgl SCHWARTZ 158 ff; HAYMANN 225 ff; STEIN-

DORFF NJW 1954, 374, 375) sind nicht sinnvoll und völkerrechtlich auch nicht geboten (IMMENGA/MESTMÄCKER/REHBINDER § 98 Abs 2 Rn 277). Die für die internationale Zuständigkeit der deutschen Kartellbehörde geltenden Grundsätze sind auch für die internationale Zuständigkeit der **Europäischen Kommission** heranzuziehen. Die Kommission geht insoweit in ständiger Praxis vom **Gleichlaufprinzip** aus (vgl Komm ABl 1984 L 92/1, 47 ff [Aluminiumeinfuhren aus Osteuropa]; ABl 1985 L 85/1, 14 f [Zellstoff]).

3. Verfahrensdurchführung

Das **Territorialitätsprinzip** hindert die Kartellbehörde grundsätzlich an **hoheitlichen Ermittlungen im Ausland** (IMMENGA/MESTMÄCKER/REHBINDER § 98 Abs 2 Rn 312). Dazu zählen auch Ermittlungen, die unter dem Namen der Kartellbehörde erfolgen, **ohne Zwangscharakter** zu besitzen, etwa das an einen ausländischen Beteiligten im Ausland gerichtete offizielle Ersuchen um freiwillige Akteneinsicht oder die Vernehmung aussagewilliger Zeugen (im Ergebnis ebenso MünchKomm/IMMENGA Nach Art 37 Rn 86; aA für Ermittlungen ohne Zwangscharakter zur Vorbereitung eines Hoheitsaktes im Inland SCHWARTZ 249; STOCKMANN WuW 1975, 243, 246 ff). Ermittlungsmaßnahmen, die Angehörige der Kartellbehörde im Ausland vornehmen, ohne dabei hoheitliche Autorität in Anspruch zu nehmen, beeinträchtigen die Souveränität des fremden Staates hingegen nicht und sind daher zulässig (LOEWENHEIM/BELKE, in: WESTRICK/LOEWENHEIM § 98 Abs 2 Rn 126; aA IMMENGA/MESTMÄCKER/REHBINDER § 98 Abs 2 Rn 314). Unproblematisch ist folglich auch die Information aus **allgemein zugänglichen ausländischen Quellen** (MünchKomm/IMMENGA Nach Art 37 Rn 86; zweifelnd IMMENGA/MESTMÄCKER/REHBINDER § 98 Abs 2 Rn 314). Im übrigen können im Rahmen der internationalen Zuständigkeit der Kartellbehörde im Kartellverfahren grundsätzlich **Verfügungen** auch gegenüber ausländischen Verfahrensbeteiligten erlassen und **Bußgelder** im Bußgeldverfahren gegen ausländische Unternehmen verhängt werden (KOENIGS, in: Gemeinschaftskommentar § 98 Abs 2 Rn 138; IMMENGA/MESTMÄCKER/REHBINDER § 98 Abs 2 Rn 289).

Grundsätzlich steht der Kartellbehörde im Rahmen ihrer internationalen Zuständigkeit auch die **Auskunfts- und Prüfungsbefugnis** gem § 59 GWB gegenüber ausländischen **Verfahrensbeteiligten** zu (KG WuW/E OLG 1467, 1469 [BP]). Unerheblich ist dabei, ob das Unternehmen eine nähere **Inlandsbeziehung** hat (vgl für Auskunfts- und Vorlageersuchen der Kommission IMMENGA/MESTMÄCKER/REHBINDER, EG-Wettbewerbsrecht Einl E Rn 124). Dies ist **völkerrechtlich** unbedenklich, weil ein entsprechendes Auskunftsersuchen lediglich eine Ausübung der Jurisdiktion auf eigenem Hoheitsgebiet unter Anknüpfung an Auslandstatbestände darstellt (KOENIGS, in: Gemeinschaftskommentar § 98 Abs 2 Rn 143; LOEWENHEIM/BELKE, in: WESTRICK/LOEWENHEIM § 98 Abs 2 Rn 124; IMMENGA/MESTMÄCKER/REHBINDER § 98 Abs 2 Rn 304 mwN; vgl auch BFHE 118, 553, 558; BGH NJW 1986, 2371, 2372). Daran ändert auch die Existenz der von verschiedenen Staaten erlassenen **Abwehrgesetze** grundsätzlich nichts (IMMENGA/MESTMÄCKER/REHBINDER § 98 Abs 2 Rn 305; vgl aber BASEDOW NJW 1989, 627, 631). Entgegen der von der hM vertretenen Auffassung (vgl etwa KOENIGS, in: Gemeinschaftskommentar § 98 Abs 2 Rn 143; IMMENGA/MESTMÄCKER/REHBINDER § 98 Abs 2 Rn 305) ist auch eine **allgemeine Abwägungspflicht** völkerrechtlich nicht zwingend (s Rn 115). Allerdings kann die **Vorlage** von Unterlagen nur **im Inland** verlangt werden (SCHWARTZ 271; LOEWENHEIM/BELKE, in: WESTRICK/LOEWENHEIM § 98 Abs 2 Rn 121). Eine Begrenzung auf eine Vorlage in den eigenen inländischen Geschäftsräumen des beteiligten Unternehmens und damit auf Unternehmen mit inländischem Stützpunkt aus Gründen des Territorialitätsprinzips erscheint allerdings nicht erforderlich (aA IMMENGA/MESTMÄCKER/REHBINDER § 98 Abs 2 Rn 299). Auf die Belegenheit der betroffenen Unterlagen kommt es ebensowenig an wie auf die Auslandsbezogenheit der geschäftlichen Verhältnisse, auf die sich ein Auskunfts- oder Vorlageersuchen bezieht (IMMENGA/MESTMÄCKER/REHBINDER § 98 Abs 2 Rn 299 aE; vgl auch KG WuW/E OLG 1189, 1193 [Import-Schallplatten]). Das **Territorialitätsprinzip** begrenzt aber jedenfalls die faktische **Durchsetzung** entsprechender Ersuchen im Ausland seitens der Kartellbehörde (KOENIGS, in: Gemeinschaftskommentar § 98 Abs 2 Rn 144; vgl auch SCHWARTZ 271 Fn 111). Für Auskunfts- oder Vorlageersuchen an am Verfahren **nicht beteiligte Ausländer** wird hingegen eine nähere Inlandsbeziehung verlangt (IMMENGA/MESTMÄCKER/REHBINDER § 98 Abs 2 Rn 310; LOEWENHEIM/BELKE, in: WESTRICK/LOEWENHEIM § 98 Abs 2 Rn 125).

317 Die Kartellbehörde darf von ihrer Auskunfts- und Prüfungsbefugnis ausschließlich hinsichtlich der **eigenen geschäftlichen Verhältnisse** des betroffenen Unternehmens Gebrauch machen (KG WuW/E OLG 2607, 2609 [Raffinerie-Abnahmepreise]; KOENIGS, in: Gemeinschaftskommentar § 98 Abs 2 Rn 141; IMMENGA/MESTMÄCKER/REHBINDER § 98 Abs 2 Rn 300; LOEWENHEIM/BELKE, in: WESTRICK/LOEWENHEIM § 98 Abs 2 Rn 121). Dazu zählen die eigenen Auslandsumsätze und Auslandspreise des Unternehmens sowie der Inhalt seiner Verträge mit dritten ausländischen Unternehmen (KG WuW/E OLG 1189, 1193 [Import-Schallplatten]) und die Konzernbeziehungen des Unternehmens mit ausländischen Unternehmen (KG WuW/E OLG 2433, 2438 [Metro-Kaufhof]; KG WuW/E OLG 2607, 2609 f [Raffinerie-Abnahmepreise]).

318 Im übrigen ist der Umfang der Rechte nach § 59 GWB im Hinblick auf **transnationale Konzerne** umstritten. Verbreitet werden Konzernunternehmen grundsätzlich als dritte Unternehmen angesehen, mit der Folge, daß ein an eine inländische Tochtergesellschaft gerichtetes Auskunftsverlangen über die wirtschaftlichen Verhältnisse der ausländischen Muttergesellschaft für unzulässig gehalten wird (IMMENGA/MESTMÄCKER/REHBINDER § 98 Abs 2 Rn 303; KOENIGS, in: Gemeinschaftskommentar § 98 Abs 2 Rn 142). Dies wird damit begründet, daß Auskunft allgemein nur von demjenigen verlangt werden dürfe, der die Verantwortung für die gesetzmäßige Erfüllung der Auskunftsverpflichtung übernehmen kann (KG WuW/E OLG 2607, 2610 [Raffinerie-Abnahmepreise]). Umgekehrt werden die wirtschaftlichen Verhältnisse eines ausländischen Tochterunternehmens als eigene wirtschaftliche Verhältnisse des inländischen herrschenden Unternehmens angesehen, über die die Muttergesellschaft Auskunft zu erteilen hat (KOENIGS, in: Gemeinschaftskommentar § 98 Abs 2 Rn 142). Ferner wird im Einzelfall ein Vorlageverlangen an das inländische Tochterunternehmen im Hinblick auf Unterlagen für zulässig gehalten, die der Tochtergesellschaft zustehen und die sich auf die wirtschaftlichen Verhältnisse der Tochtergesellschaft beziehen, sich aber bei der Muttergesellschaft befinden (IMMENGA/MESTMÄCKER/REHBINDER § 98 Abs 2 Rn 301). Schließlich wird ausnahmsweise ein Auskunftsverlangen an die inländische Tochter hinsichtlich wirtschaftlicher Verhältnisse der ausländischen Muttergesellschaft im Wege des **Durchgriffs** für den Fall für möglich gehalten, daß sich die inländische Tochtergesellschaft auf **Weisung der ausländischen Muttergesellschaft** an dem Wettbewerbsverstoß beteiligt (AUTENRIETH RIW 1983, 15, 18) oder soweit das materielle Recht durch **Konzernklauseln** eine Einheitsbetrachtung zugrundelegt (IMMENGA/MESTMÄCKER/REHBINDER § 98 Abs 2 Rn 303).

319 Die **Gegenauffassung** stützt sich auf eine Parallelbetrachtung der prozessualen Be-

fugnisse mit dem materiellen Recht und hält entsprechende Auskunftsersuchen an die Inlandstochter auch hinsichtlich wirtschaftlicher Verhältnisse der Muttergesellschaft für zulässig (LOEWENHEIM/BELKE, in: WESTRICK/LOEWENHEIM § 98 Abs 2 Rn 123; vgl auch das obiter dictum des KG WuW/E OLG 1467, 1469 [BP]; KG WuW/E OLG 3734, 3735 [Französische Muttergesellschaft]). Dem ist vor allem im Hinblick darauf zuzustimmen, daß die Zwecke des Wettbewerbsschutzes eine flexible Handhabbarkeit auch des Verfahrensrechts erfordern. Dies gilt umso mehr in Anbetracht der wachsenden Tendenz zu globalen Konzernen. Danach ist verstärkt, entsprechend dem materiellen Kartellrecht die wirtschaftliche Einheit internationaler Konzerne zu betonen und eine formale Trennung der einzelnen Bereiche staatenübergreifender Konzernstrukturen zu vermeiden (ähnlich BASEDOW NJW 1989, 627, 631). Damit wäre zugleich eine Kompatibilisierung mit der Rechtslage im Bereich der **gemeinschaftlichen Wettbewerbsregeln,** insbesondere mit dem vom EuGH im Kartellkollisionsrecht herangezogenen **Prinzip der Unternehmenseinheit** (s dazu Rn 289) erreicht. In diese Richtung geht teilweise auch die Gegenauffassung, soweit sie ausnahmsweise einen Durchgriff erwägt, wenn das materielle Recht durch Konzernklauseln eine Einheitsbetrachtung zugrundelegt (in diesem Sinne IMMENGA/MESTMÄCKER/REHBINDER § 98 Abs 2 Rn 303 aE).

Während eine **Abmahnung** oder die **Gewährung rechtlichen Gehörs** ohne weiteres 320 durch einfache Schreiben an einen ausländischen Beteiligten ins Ausland stattfinden kann, bereitet die Zustellung von Verfügungen Schwierigkeiten, weil eine **Zustellung im Ausland** einen **Hoheitsakt** auf fremdem Staatsgebiet darstellt (KOENIGS, in: Gemeinschaftskommentar § 98 Abs 2 Rn 146; IMMENGA/MESTMÄCKER/REHBINDER § 98 Abs 2 Rn 292; vgl für das Verfahren vor der **Europäischen Kommission** auch IMMENGA/MESTMÄCKER/REHBINDER, EG-Wettbewerbsrecht Einl E Rn 119 ff). **Nichtrechtsfähige Kartelle** haben nach § 13 GWB einen inländischen Vertreter zu bestellen, der nach § 13 Abs 2 Satz 1 GWB auch zwangsweise bestellt werden kann. Diesem können Verfügungen förmlich zugestellt werden. Im Verfahren der **Zusammenschlußkontrolle** ist von ausländischen Unternehmen gem § 61 Abs 1 Satz 2 GWB ein Zustellungsbevollmächtigter zu benennen. Geschieht dies nicht, so kann die Zustellung gem § 61 Abs 1 Satz 3 GWB mittels Bekanntmachung im Bundesanzeiger erfolgen (vgl KG WuW/E OLG 2411, 2416 f [Synthetischer Kautschuk I]).

Für die Zustellung an ein **rechtsfähiges Kartell** oder ein **ausländisches Unternehmen** 321 im Ausland ist vor allem problematisch, ob die Zustellung dadurch erfolgen kann, daß sie mit Wirkung für die ausländische Muttergesellschaft an die inländische Tochtergesellschaft oder umgekehrt vorgenommen wird. Dies wird von der überwiegenden Auffassung zumindest in den meisten Fällen abgelehnt (KOENIGS, in: Gemeinschaftskommentar § 98 Abs 2 Rn 150; IMMENGA/MESTMÄCKER/REHBINDER § 98 Abs 2 Rn 293; KERSTEN WuW 1979, 721, 730; BLENK RIW 1980, 233, 234 f). Im Bereich des **Gemeinschaftsrechts** wird dagegen eine Zustellung an eine an der Wettbewerbsbeschränkung beteiligte inländische Tochter für ausreichend gehalten, wenn die betroffene Muttergesellschaft tatsächlich von der Entscheidung Kenntnis erlangt (vgl EuGHE 1972, 619, 656 [Imperial Chemical]; 1972, 787, 828 [Geigy]). Diese Praxis steht im Zusammenhang mit dem vom EuGH im Kartellkollisionsrecht herangezogenen **Prinzip der Unternehmenseinheit** (s Rn 289). Für das **innerstaatliche Recht** wird eine Übertragung dieser Grundsätze unter Verweis auf den formalen Charakter der Zustellungsvorschriften, für die das Gemeinschaftsrecht keine Entsprechung kennt, abgelehnt (IMMENGA/MESTMÄCKER/REHBINDER § 98 Abs 2 Rn 293; KOENIGS, in: Gemeinschaftskommentar § 98 Abs 2 Rn 150). In diesem Bereich gilt ähnliches, wie für die Frage des Durchgriffs auf die ausländische Muttergesellschaft im Rahmen von Auskunfts- und Vorlageverlangen. Danach zwingt die wachsende internationale Verflechtung der Unternehmen mit der Tendenz zu multinationalen Konzernen zu einer Betonung der wirtschaftlichen Einheit staatenübergreifender Konzerne (dazu schon Rn 318). Dies erscheint auch im Sinne einer Kompatibilisierung mit der gemeinschaftsrechtlichen Praxis zweckmäßig. Teilweise wird auch ohne Übertragung der gemeinschaftsrechtlichen Praxis im Einzelfall eine Zustellung im Wege des **Durchgriffes** für möglich gehalten, wenn sich eine inländische Tochtergesellschaft auf Weisung der ausländischen Muttergesellschaft an dem Wettbewerbsverstoß beteiligt (IMMENGA/MESTMÄCKER/REHBINDER § 98 Abs 2 Rn 293). Allerdings wird das Bedürfnis für eine solche Zustellung wegen der Möglichkeit einer **öffentlichen Zustellung** nach §§ 14, 15 VwZG für gering gehalten (BLENK RIW 1980, 233, 234). Entsprechendes gilt für die Gewährung rechtlichen Gehörs (IMMENGA/MESTMÄCKER/REHBINDER § 98 Abs 2 Rn 293). Jedenfalls soweit sich eine inländische Konzerngesellschaft dazu bereit erklärt, eine andere ausländische Konzerngesellschaft entsprechend zu unterrichten, ist die Gewährung rechtlichen Gehörs über die Inlandsgesellschaft ohne weiteres möglich (vgl KG WuW/E OLG 2411, 2414 [Synthetischer Kautschuk I]).

322 Im übrigen ist die Kartellbehörde für die Zustellung an ausländische Unternehmen oder rechtsfähige Kartelle im Ausland auf die Inanspruchnahme von **Rechtshilfe** (vgl etwa deutsch-amerikanisches Abkommen über die Zusammenarbeit in bezug auf restriktive Geschäftspraktiken v 23. 6. 1976, BGBl II 1711; deutsch-französisches Abkommen über die Zusammenarbeit in bezug auf wettbewerbsbeschränkende Praktiken v 28. 5. 1984, BGBl II 758; Europäisches Übereinkommen über die Zustellung von Schriftstücken v 24. 11. 1977 BGBl 1981 II 533, BGBl 1982 II 1057) oder auf die **öffentliche Zustellung** angewiesen. Eine direkte Zustellung auf ausländischem Territorium wird als grundsätzlich völkerrechtswidriger Hoheitsakt angesehen (BVerfGE 63, 343, 372; BGHZ 58, 177, 179 f).

323 Entsprechendes wie für die Zustellung im Verwaltungsverfahren gilt auch für die Zustellung im **Kartellzivilprozeß**. Für die Zustellung im Wege der Rechtshilfe sind ergänzend das **Haager Übereinkommen über die Zustellung gerichtlicher und außergerichtlicher Schriftstücke in Zivil- und Handelssachen** vom 15. 11. 1965 (BGBl 1977 II 1453; BGBl II 780) sowie die ergänzenden bilateralen Zusatzvereinbarungen (Denkschrift BTDrucks 7/4892, 41) zu beachten. Daneben sind die bestehenden bilateralen Rechtshilfeabkommen von Bedeutung. Art 13 HZÜ berechtigt zur **Ablehnung eines Zustellungsersuchens**, wenn der ersuchte Staat die Zustellung für geeignet hält, seine Hoheitsrechte oder seine Sicherheit zu gefährden. Hierin liegt ein Vorbehalt des *ordre public*, der auf besonders schwerwiegende Fälle begrenzt ist (OLG München NJW 1989, 3102, 3102). Es erscheint nicht ausgeschlossen, daß bestimmte schwerwiegende Fälle einer auch unter **internationalisierten Maßstäben** nicht mehr hinzunehmenden **extraterritorialen Wirkung** des nationalen Kartellrechts des ersuchenden Staates nach dieser Regelung zur Ablehnung eines entsprechenden Zustellungsersuchens berechtigen (vgl in re Westinghouse Elec. Corp. Uranium Contract Litigation [1978] A.C. 547 [H.L.]; STIEFEL RIW 1979, 509, 516 ff; IMMENGA/MESTMÄCKER/REHBINDER § 98 Abs 2 Rn 281; vgl zur Akzeptanz fremder wirtschaftspolitischer Maßstäbe hier Rn 119). Die Inanspruchnahme einer weitreichenden internationalen Zuständigkeit begründet dagegen grundsätzlich keine Souveränitätsgefährdung iSd Art 13 HZÜ (s Rn 308).

4. Anerkennung und Vollstreckung

Deutsche kartellrechtliche Entscheidungen können im Ausland nur bei Anerkennung durch den betreffenden ausländischen Staat anerkannt werden (eingehend IMMENGA/MESTMÄCKER/REHBINDER § 98 Abs 2 Rn 321 ff). Eine Vollstreckung im Ausland ist wegen des Territorialitätsprinzips nur bei Zustimmung des betreffenden ausländischen Staates oder bei Vorliegen entsprechender völkerrechtlicher Übereinkommen möglich. Für kartellzivilrechtliche Entscheidungen ist neben verschiedenen bilateralen Übereinkommen das **EG-Übereinkommen über die gerichtliche Zuständigkeit und die Vollstreckung von gerichtlichen Entscheidungen in Zivil- und Handelssachen** vom 27.9.1968 (BGBl 1972 II 774; BGBl 1973 I 26, II 60) von Bedeutung, nach dessen Art 26 kartellzivilrechtliche Entscheidungen ohne besonderes Verfahren anerkannt werden. Ähnlich wie im Zusammenhang mit Art 13 HZÜ (dazu Rn 323) könnte die Ablehnung einer Anerkennung unter Berufung auf eine Gefährdung von Hoheitsrechten infolge einer vom Anerkennungsstaat nicht akzeptierten extraterritorialen Anwendung fremden Kartellrechts unter dem Gesichtspunkt eines *ordre-public*-Verstoßes (vgl Art 27 EGVÜbk) für möglich gehalten werden. Nachdem indes eine kollisionsrechtliche Überprüfung nach dem Abkommen nicht in Betracht kommt, dürfte eine solche Auffassung abzulehnen sein (MARTINY, Hdb des int Prozeßrechts Bd III/2 Kap II Rn 94; IMMENGA/MESTMÄCKER/REHBINDER § 98 Abs 2 Rn 322, der aber eine Versagung der Anerkennung einer ausländischen Entscheidung im Inland für möglich hält, wenn das ausländische Gericht deutsches Kartellrecht zu Unrecht im Hinblick auf dessen extraterritorialen Anwendungsbereich nicht angewendet hat, Rn 326). Hinsichtlich der mit diversen Staaten bestehenden bilateralen Übereinkommen ergeben sich besondere Schwierigkeiten, weil danach die Anerkennung nicht nur abgelehnt werden kann, soweit ein Verstoß gegen den ordre public des Anerkennungsstaates festgestellt wird, sondern schon dann, wenn nach den Rechtsanschauungen des Anerkennungsstaates keine internationale Zuständigkeit der deutschen Gerichte gegeben ist (IMMENGA/MESTMÄCKER/REHBINDER § 98 Abs 2 Rn 323 mwN).

C. Internationales Wettbewerbsprivatrecht

Schrifttum

AHRENS, Fusionskontrolle internationaler Unternehmenszusammenschlüsse, RIW 1974, 645
ders, Anm. zu BGH Urt v 9. Oktober 1986 – I ZR 16/85, JZ 1987, 471
BÄR, Kartellrecht und internationales Privatrecht (1965)
ders, Internationales Kartellrecht und unlauterer Wettbewerb, in: FS Moser (1988) 142
BACHMANN, Der Gerichtsstand der unerlaubten Handlung im Internet, IPRax 1998, 179

BASEDOW, Entwicklungslinien des internationalen Kartellrechts, NJW 1989, 627
ders, Der kollisionsrechtliche Gehalt der Produktfreiheiten im europäischen Binnenmarkt: favor offerentis, RabelsZ 59 (1995) 1
BAUDENBACHER, Die wettbewerbsrechtliche Beurteilung grenzüberschreitender Werbe- und Absatztätigkeit nach schweizerischem Recht, GRUR IntT 1988, 310
BAUMBACH/HEFERMEHL, Wettbewerbsrecht (20. Aufl 1998)

BAUMBACH/LAUTERBACH/ALBERS/HARTMANN, ZPO (57. Aufl 1999)
BECKMANN, Werbung mit Auslandsberührungen, WRP 1993, 651
BEHR, Internationale Tatortszuständigkeit für vorbeugende Unterlassungsklagen bei Wettbewerbsverstößen, GRUR IntT 1992, 604
BEITZKE, Auslandswettbewerb unter Inländern – BGHZ 40, 391, JuS 1966, 139
BERNHARD, Cassis de Dijon und Kollisionsrecht – am Beispiel des unlauteren Wettbewerbs, EuZW 1992, 437
ders, Insel-Recht auf Gran Canaria, GRUR IntT 1992, 366
ders, RabelsZ 63 (1999) 175
BETTINGER/THUM, Territoriales Markenrecht im Global Village, GRUR IntT 1999, 659
BEYERLE, Grenzüberschreitende Werbung, in: Anwalts-Handbuch Wettbewerbspraxis (1998) 411
BINDER, Zur Auflockerung des Deliktsstatuts, RabelsZ 20 (1955) 401
BRANNEKÄMPER, Wettbewerbsstreitigkeiten mit Auslandsbeziehung im Verfahren der einstweiligen Verfügung, WRP 1994, 661
BRENN, Der elektronische Geschäftsverkehr, ÖJZ 1999, 481
BRIEM, Internationales und Europäisches Wettbewerbsrecht und Kennzeichenrecht (1995)
BRÖDERMANN/IVERSEN, Europäisches Gemeinschaftsrecht und Internationales Privatrecht (1994)
vBÜREN/DAVID (Hrsg), Schweizerisches Immaterialgüter- und Wettbewerbsrecht (1995)
BUSSMANN, Wettbewerbsverstöße und Warenzeichenverletzungen mit Auslandsbeziehung in der deutschen Rechtsprechung, in: Eranion in honorem Maridakis, Bd 2 (1963) 157
CHROCZIEL, Die eingeschränkte Geltung des Gesetzes gegen Unlauteren Wettbewerb für EG-Ausländer, EWS 1991, 173
DETHLOFF, Marketing im Internet und Internationales Wettbewerbsrecht, NJW 1998, 1596
dies, Europäisches Kollisionsrecht des unlauteren Wettbewerbs, JZ 2000, 179
DEUTSCH, Wettbewerbstatbestände mit Auslandsbeziehung (1962)
ders, Anm zu BGH Urt v 23. Oktober 1970 – I ZR 86/ 69, JZ 1971, 732

DIESELHORST, Anwendbares Recht bei Internationalen Online-Diensten, ZUM 1998, 293
DRASCH, Das Herkunftslandprinzip im Internationalen Privatrecht (1996)
EBENROTH, Neue Ansätze zur Warenverkehrsfreiheit im Binnenmarkt der Europäischen Union, in: FS Piper (1996) 133
EINSELE, Rechtswahlfreiheit im Internationalen Privatrecht, RabelsZ 60 (1996) 417
ERNST, Anm zu OLG Frankfurt aM – 6 W 122/ 98, NJW-CoR 1999, 302
FASTRICH, Revisibilität der Ermittlung ausländischen Rechts, ZZP 97 (1984) 423
FEZER, Vertriebsbindungssysteme als Unternehmensleistung, GRUR 1990, 551
ders, Der wettbewerbsrechtliche Schutz der unternehmerischen Leistung, in: Gewerblicher Rechtsschutz und Urheberrecht in Deutschland, Festschrift zum hundertjährigen Bestehen der Deutschen Vereinigung für gewerblichen Rechtsschutz und Urheberrecht, Bd II (1991) 939
ders, Europäisierung des Wettbewerbsrechts, JZ 1994, 317
FIKENTSCHER, Wettbewerbsrecht im TRIPS-Agreement der Welthandelsorganisation, GRUR IntT 1995, 529
FLESSNER, Fakultatives Kollisionsrecht, RabelsZ 34 (1970) 547
FRORIEP, Der unlautere Wettbewerb im internationalen Privatrecht (1958)
vGAMM, Anwendung deutschen Wettbewerbsrechts auf auslandsbezogene Sachverhalte, EWS 1991, 166
GEBAUER, Internationales Privatrecht und Warenverkehrsfreiheit in Europa, IPRax 1995, 152
GEIMER, Internationales Zivilprozeßrecht (3. Aufl 1997)
ders, Eine neue internationale Zuständigkeitsordnung in Europa, NJW 1976, 441
ders/SCHÜTZE, Europäisches Zivilverfahrensrecht (1997)
GLÖCKNER, „Cold Calling" und europäische Richtlinien zum Fernabsatz – ein trojanisches Pferd im deutschen Lauterkeitsrecht, GRUR IntT 2000, 29 ff
GLOEDE, Der deutsche Außenhandel und seine wettbewerbsrechtliche Beurteilung nach deut-

C. Internationales Wettbewerbsprivatrecht

schem und internationalem Privatrecht, GRUR 1960, 464
GLOY, Handbuch des Wettbewerbsrechts (2. Aufl 1997)
GRABITZ/HILF, Kommentar zur Europäischen Union (13. Lfg 1999)
GROEBEN/THIESING/EHLERMANN, Kommentar zum EU-/EG-Vertrag (5. Aufl 1997)
Großkommentar UWG (9. Lfg 1994)
HEINEMANN, Das Kartellrecht des geistigen Eigentums im TRIPS-Übereinkommen der Welthandelsorganisation, GRUR IntT 1995, 535
HERZIG, Rechtliche Probleme grenzüberschreitender Werbung, WBl 1988, 251
vHINDEN, Persönlichkeitsverletzungen im Internet (1999)
HOEREN, Werberecht im Internet am Beispiel der ICC Guidelines on Interactive Marketing Communications, in: LEHMANN (Hrsg), Internet- und Multimediarecht (Cyberlaw) (1997) 111
ders, Cybermanners und Wettbewerbsrecht – Einige Überlegungen zum Lauterkeitsrecht im Internet, WRP 1997, 993
ders, Internet und Recht – Neue Paradigmen des Informationsrechts, NJW 1998, 2849
ders, Vorschlag für eine EU-Richtlinie über E-Commerce, Eine erste kritische Analyse, MMR 1999, 192
HONSELL/VOGT/SCHNYDER (Hrsg), Kommentar zum schweizerischen Privatrecht, Internationales Privatrecht (1996)
HOTH, Ausländische Werbung mit Inlandswirkung, GRUR IntT 1972, 449
HOYER, Das Internationale Sachen- und Obligationenrecht Österreichs in der Rechtsprechung seit 1979, ZfVR 1988, 98
JAYME, IPRax 1994, 67
ders, Bemerkungen zum Entwurf eines EU-Übereinkommens über das auf außervertragliche Schuldverhältnisse anwendbare Recht, IPRax 1999, 298
ders/KOHLER, Das Internationale Privat- und Verfahrensrecht der EG 1991 – Harmonisierungsmodell oder Mehrspurigkeit des Kollisionsrechts, IPRax 1991, 361
dies, Das Internationale Privat- und Verfahrensrecht der EG 1993 – Spannungen zwischen Staatsverträgen und Richtlinien, IPRax 1993, 357

JOERGES, Die klassische Konzeption des internationalen Privatrechts und das Recht des unlauteren Wettbewerbs, RabelsZ 36 (1972) 421
KATZENBERGER, Inländischer Wettbewerb, ordre public und ausländisches Arbeitsschutzrecht, IPRax 1981, 7
KOCH, Internationale Gerichtszuständigkeit und Internet, CR 1999, 121
KOHLER, Der unlautere Wettbewerb (1914)
KÖHLER/PIPER, UWG (1995)
KOOS, Europäischer Lauterkeitsmaßstab und globale Integration (1996)
KOPPENSTEINER, Österreichisches und europäisches Wettbewerbsrecht (3. Aufl. 1997)
KORT, Zur „multistate"-Problematik grenzüberschreitender Fernsehwerbung, GRUR IntT 1994, 594
KÖSTER, Urheberkollisionsrecht im Internet – Aufweichung des „Territorialitätsprinzips" durch das europäische „Ursprungslandprinzip"?, in: GÖTTING (Hrsg), Multimedia, Internet und Urheberrecht (1998) 153
KOTTHOFF, Die Anwendbarkeit des deutschen Wettbewerbsrechts auf Werbemaßnahmen im Internet, CR 1997, 676
KRAUSE, Ausländisches Recht und deutscher Zivilprozeß (1990)
LEIBLE, Kollisionsrechtlicher Verbraucherschutz im EVÜ und in EG-Richtlinien, in: SCHULTE-NÖLKE/SCHULZE (Hrsg), Europäische Rechtsangleichung und nationale Privatrechte (1999)
LINDACHER, Internationale Zuständigkeit in Wettbewerbssachen, in: FS Nakamura (1996) 321
ders, Zum Internationalen Privatrecht des unlauteren Wettbewerbs, WRP 1996, 645
LORENZ, Zivilprozessuale Konsequenzen der Neuregelung des Internationalen Deliktsrechts: Erste Hinweise für die anwaltliche Praxis, NJW 1999, 2215
MAENNEL, Elektronischer Geschäftsverkehr ohne Grenzen – der Richtlinienvorschlag der Europäischen Kommission, MMR 1999, 187
MANKOWSKI, Internet und Internationales Wettbewerbsrecht, GRUR IntT 1999, 909
ders, Anm zu OLG Frankfurt aM Beschl v 3.12.1998 – 6 W 122/98, EWiR § 1 UWG 7/99, 471
ders/KERFACK, Arrest, Einstweilige Verfügung

und die Anwendung ausländischen Rechts, IPRax 1990, 372
MARTINEK, Das internationale Kartellprivatrecht (1987)
MARTINY, Die Anknüpfung an den Markt, in: FS Drobnig (1999) 390
MEESSEN, Völkerrechtliche Grundsätze des internationalen Kartellrechts (1975)
MÖLLERING, Das Recht des unlauteren Wettbewerbs in Europa: Eine neue Dimension, WRP 1990, 1
MOOK, Internationale Rechtsunterschiede und nationaler Wettbewerb (1986)
MÜLLER-GRAFF, Fakultatives Kollisionsrecht im internationalen Wettbewerbsrecht?, RabelsZ 48 (1984) 289
Münchener Kommentar, BGB (3. Aufl 1998)
Münchener Kommentar, ZPO (1992)
MUSIELAK, ZPO (1999)
NUSSBAUM, Deutsches Internationales Privatrecht (1932)
OESTERHAUS, Die Ausnutzung des internationalen Rechtsgefälles und § 1 UWG (1990)
vOVERBECK, Die Ermittlung, Anwendung und Überprüfung der richtigen Anwendung des anwendbaren Rechts, in: HANGARTNER (Hrsg), Die Allgemeinen Bestimmungen des Bundesgesetzes über das internationale Privatrecht (1988) 91
PAEFGEN, Unlauterer Wettbewerb im Ausland, GRUR IntT 1994, 99
PALANDT, BGB (59. Aufl 2000)
PICHLER, Vorschlag für eine Richtlinie über den elektronischen Geschäftsverkehr, ELR 1999, 74
REESE, Grenzüberschreitende Werbung in der Europäischen Gemeinschaft (1994)
REGELMANN, Die internationalprivatrechtliche Anknüpfung des Gesetzes gegen unlauteren Wettbewerb (1987)
REICH, Rechtsprobleme grenzüberschreitender irreführender Werbung im Binnenmarkt, RabelsZ 56 (1992) 445
ders, Anm zu EuGH Urt v 10. Mai 1995 – C-384/93 – Alpine Investments, EuZW 1995, 407
REICHERT-FACILIDES, Parteiautonomie im Internationalen Privatrecht des unlauteren Wettbewerbs?, in: FS Hartmann (1976) 205
REITHMANN/MARTINY, Internationales Vertragsrecht (5. Aufl 1996)
REMIEN, Grenzen der gerichtlichen Privatrechtsangleichung mittels der Grundfreiheiten des EG-Vertrages, JZ 1994, 349
REUTER, Der Ausländer im deutschen Wettbewerbs- und Kennzeichnungsrecht, BB 1989, 2265
RIEGL, Streudelikte im internationalen Privatrecht (Diss Augsburg 1986)
ROHE, Zu den Geltungsgründen des Deliktsstatuts (1994)
ROSENTHAL, Das auf unerlaubte Handlungen im Internet anwendbare Recht am Beispiel des Schweizer IPR, AJP/PJA 1997, 1340
ROTH, Der Einfluß des Europäischen Gemeinschaftsrechts auf das Internationale Privatrecht, RabelsZ 55 (1991) 623
ders, Angleichung des IPR durch sekundäres Gemeinschaftsrecht, IPRax 1994, 165
RÜFFLER, Der Einfluß des Europarechts auf das österreichische UWG, in: KOPPENSTEINER (Hrsg), Österreichisches und europäisches Wirtschaftsprivatrecht Teil 6/2 (1998)
RUMMEL, Kommentar zum ABGB (2. Aufl 1992)
RUMPHORST, Erwerb des Satellitensenderechts für ein bestimmtes Territorium?, GRUR IntT 1993, 934
RÜSSMANN, Wettbewerbshandlungen im Internet – Internationale Zuständigkeit und anwendbares Recht, K&R 1998, 422
SACK, Die kollisions- und wettbewerbsrechtliche Beurteilung grenzüberschreitender Werbe- und Absatztätigkeit nach deutschem Recht, GRUR IntT 1988, 320
ders, Probleme des Inlandswettbewerbs mit Auslandsbezug nach deutschem und österreichischem Kollisions- und Wettbewerbsrecht, ÖBl 1988, 113
ders, Grenzüberschreitende Zugabe- und Rabattwerbung, IPRax 1991, 386
ders, Marktortprinzip und allgemeine Ausweichklausel im internationalen Wettbewerbsrecht, am Beispiel der sog. Gran-Canaria-Fälle, IPRax 1992, 24
ders, Zur Vereinbarkeit des RabattG mit Art 30 EGVertrag, EWS 1994, 181
ders, Art 30, 36 EGVertrag und das internationale Wettbewerbsrecht, WRP 1994, 281
SANDROCK, Das Kollisionsrecht des unlauteren Wettbewerbs zwischen dem internationalen Im-

C. Internationales Wettbewerbsprivatrecht

materialgüterrecht und dem internationalen Kartellrecht, GRUR IntT 1985, 507
SCHIKORA, Der Begehungsort im gewerblichen Rechtsschutz und Urheberrecht (1968)
SCHMID, Neuordnung des Wettbewerbsrechts – Recht des unlauteren Wettbewerbs und Verbraucherschutz im Wandel, Bericht über das 11. Ringberg-Symposium des Max-Planck-Instituts für ausländisches und internationales Patent-, Urheber- und Wettbewerbsrecht, GRUR IntT 1998, 475
SCHNYDER, Die Anwendung des zuständigen fremden Sachrechts im Internationalen Privatrecht (1981)
ders, Wirtschaftskollisionsrecht (1990)
SCHRICKER, Territoriale Probleme und Klagerecht bei unlauterem Wettbewerb, GRUR IntT 1973, 453
ders, Deutsches Rabattrecht – weltweit?, GRUR 1977, 646
ders, Die Durchsetzbarkeit deutscher Werberegelungen bei grenzüberschreitender Rundfunkwerbung, GRUR IntT 1982, 720
ders, Etikettierung beim Weinexport und internationales Wettbewerbsrecht, IPRax 1983, 103
SCHÜTZ, Der räumlich relevante Markt in der Fusionskontrolle, WuW 1996, 286
SCHWIND, Internationales Privatrecht (1990)
SOERGEL, BGB (12. Aufl 1996)
SPÄTGENS, Zur Frage der Anwendbarkeit deutschen Wettbewerbsrechts oder des Ortsrechts bei Wettbewerb zwischen Inländern auf Auslandsmärkten, GRUR 1980, 473
SCHWANDER, Das UWG im grenzüberschreitenden Verkehr, in: Baudenbacher (Hrsg), Das UWG auf neuer Grundlage (1989) 161
SPICKHOFF, Die Restkodifikation des Internationalen Privatrechts: Außervertragliches Schuld- und Sachenrecht, NJW 1999, 2209
SPINDLER, Verantwortlichkeit von Diensteanbietern nach dem Vorschlag einer E-Commerce-Richtlinie, MMR 1999, 199
STEIN/JONAS, ZPO (21. Aufl 1997)
STEINDORFF, Sachnormen im internationalen Privatrecht (1958)

TETTENBORN, E-Commerce-Richtlinie: Politische Einigung in Brüssel erzielt, K & R 2000, 59
THOMAS/PUTZO, ZPO (22. Aufl 1999)
TILMANN, Irreführende Werbung in Europa – Möglichkeiten und Grenzen der Rechtsentwicklung, GRUR 1990, 87
K TROLLER, Das internationale Privatrecht des unlauteren Wettbewerbs (1962)
UBBER, Rechtsschutz bei Mißbrauch von Internet-Domains, WRP 1997, 497
ULMER, Wandlungen und Aufgaben im Wettbewerbsrecht, GRUR 1937, 669
ders, Der Begriff „Leistungswettbewerb" und seine Bedeutung für die Anwendung von GWB und UWG-Tatbeständen, GRUR 1977, 565
WAGNER, Fakultatives Kollisionsrecht und prozessuale Parteiautonomie, ZEuP 1999, 6
WALDENBERGER, Electronic Commerce: der Richtlinienvorschlag der EG-Kommission, EuZW 1999, 296
WALTL, Online-Netzwerke und Multimedia, in: LEHMANN (Hrsg), Internet- und Multimediarecht (Cyberlaw) (1997) 185
WEBER, Zum Anwendungsbereich des deutschen UWG beim Auslandswettbewerb zwischen Inländern, GRUR IntT 1983, 26
WEGNER, Rechtlicher Schutz von Internetdomains, CR 1998, 676
WENGLER, Die Gesetze über unlauteren Wettbewerb und das internationale Privatrecht, RabelsZ 19 (1954) 401
WIDMER/BÄHLER, Rechtsfragen beim Electronic Commerce (1997)
WILTSCHEK, Die Beurteilung grenzüberschreitender Werbe- und Absatztätigkeit nach österreichischem Wettbewerbsrecht, GRUR IntT 1988, 299
WIRNER, Wettbewerbsrecht und internationales Privatrecht (1960)
ders, Anm zu BGH – I ZR 39/60, GRUR IntT 1962, 93
ZÖLLER, ZPO (21. Aufl 1999).

Systematische Übersicht

I. Abgrenzungsfragen und Funktion
1. Verhältnis zum allgemeinem Deliktskollisionsrecht 325
2. Verhältnis zum Kartellkollisionsrecht 332
3. Verhältnis zum Immaterialgüterkollisionsrecht 333
4. Verhältnis zum Vertragskollisionsrecht 335

II. Rechtsquellen 338

III. Entwicklung der Rechtsprechung und Literatur
1. Rechtsprechung 344
2. Schrifttum 361

IV. Bestimmung des Wettbewerbsstatutes
1. Ansätze außerhalb der klassischen Anknüpfungsprinzipien 362
2. Anknüpfung nach dem Sachnormzweck 364
3. Territorialitätsprinzip (Schutzlandprinzip) 365
4. Wettbewerbsspezifische Anknüpfung 366
5. Auswirkungsprinzip 380
6. Stellungnahme 394

V. Gemeinschaftsrecht
1. Allgemeines 433
2. Herkunftslandprinzip 437
3. Sekundäres Gemeinschaftsrecht .. 446
4. Diskriminierungsverbot 453

VI. Die Bestimmung des Wettbewerbsstatuts im einzelnen
1. Allgemeines 454
   a) Grundzüge der Statutbestimmung durch die Rechtsprechung 454
   b) Berücksichtigung ausländischer Rechtswertungen bei der Anwendung inländischen Sachrechts 460
   c) Auf den Inlandswettbewerb beschränkter Anwendungsbereich von Wettbewerbsnormen 462
   d) Rück- und Weiterverweisungen (Renvoi) 469
   e) Rechtswahlvereinbarungen 470
   f) Akzessorische Anknüpfung 476
   g) Gemeinsames Personalstatut 477
2. Fallgruppen 482
   a) Einteilung der Fallgruppen 482
   b) Absatzhandlungen 484
   c) Werbung 487
      aa) Allgemeines 487
      bb) Werbung im Ausland 491
      cc) Multistate-Werbung 499
      dd) Werbung mit individuellem Adressatenkreis 514
      ee) Werbung mit materiellen Anreizen .. 517
      ff) Irreführende Werbung 526
      gg) Bezugnehmende Werbung .. 529
      hh) Verbraucheranreize 532
         (1) Allgemeines 532
         (2) Rabatte und Zugaben 533
         (3) Sonderveranstaltungen und Räumungsverkäufe 539
         (4) Lockvogelangebote 543
      ii) Ausnutzung von Unerfahrenheit .. 547
      kk) Behinderung 548
         (1) Allgemeines 548
         (2) Behinderung durch Werbemaßnahmen 553
         (3) Preiskampf 556
      ll) Marktstörung 558
         (1) Allgemeines 558
         (2) Massenverteilung von Originalware und Gratisabgabe von Produkten .. 561
         (3) Preiskampf 566
      mm) Rechtsbruch 568
         (1) Allgemeines 568
         (2) Zweistufigkeit der kollisionsrechtlichen Anknüpfung 572
         (3) Bruch vertraglicher Bindungen 576
      nn) Vertriebsbindungssysteme .. 577
         (1) Allgemeines 577
         (2) Anknüpfungsgrundsätze .. 579
            (a) Zulässigkeit des Vertriebsbindungssystems 579
            (b) Verletzung von Vertriebsbindungssystemen 581

C. Internationales Wettbewerbsprivatrecht

oo)	Betriebsbezogene Wettbewerbsverletzungen	602

VII. **Anwendung ausländischen Wettbewerbsrechts durch die deutschen Gerichte**
1. Aktiv- und Passivlegitimation ____ 611
2. Fakultativität ____ 612
a) Anwendung des Kollisionsrechts und Ermittlung des ausländischen Rechts 612
b) Statutenkumulation ____ 622
3. Günstigkeitsprinzip ____ 630
4. Ausweichklausel ____ 636

5. Ersatzrecht ____ 637
6. Ordre Public ____ 638
7. Vorbehaltsklausel gem Art 40 Abs 3 EGBGB ____ 644

VIII. **Internationales Wettbewerbsprozeßrecht**
1. Internationale Zuständigkeit ____ 649
2. Beweislastfragen ____ 657
a) Kollisionsnormen ____ 657
b) Ermittlung und Anwendung fremder Rechtsnormen ____ 658

I. Abgrenzungsfragen und Funktion

1. Verhältnis zum allgemeinem Deliktskollisionsrecht

Der Begriff des internationalen Wettbewerbsrechts umfaßt das Kollisionsrecht des 325 Rechts gegen den **unlauteren Wettbewerb**. Sein Gegenstand ist die Frage nach der **internationalprivatrechtlichen Anknüpfung wettbewerbsrechtlicher Sachverhalte mit internationalem Bezug**. Die Bezeichnung dieses Rechtsgebiets als internationales Wettbewerbs(privat)recht in Abgrenzung zum internationalen Kartell(privat)recht und internationalen Immaterialgüter(privat)recht ist traditionell; sie darf nicht darüber hinwegtäuschen, daß sich die **konzeptionelle Einheit des materiellen Wettbewerbsrechts** im weiteren Sinne, bestehend aus Kartellrecht, Fusionskontrollrecht, Lauterkeitsrecht und Immaterialgüterrecht zum Schutze des Leistungswettbewerbs auch im jeweiligen Kollisionsrecht widerspiegelt (FEZER GRUR 1990, 551, 563). Das hat zugleich Auswirkungen auf die hergebrachte Einordnung des Lauterkeitskollisionsrechts in das **internationale Deliktsrecht** (dazu etwa DEUTSCH 24; SCHIKORA 83; vgl aber Stellungnahme des Max-Planck-Instituts für ausländisches und internationales Patent-, Urheber- und Wettbewerbsrecht zum Entwurf eines Gesetzes zur Ergänzung des internationalen Privatrechts GRUR IntT 1985, 104, 107, wo die Entwicklung auf deliktsrechtlichen Gedanken beruhender lauterkeitsrechtlicher Kollisionsregeln als Anachronismus bezeichnet wird; ebenso GK-SCHRICKER Einl UWG Rn F 168). Das Lauterkeitsrecht sollte **konzeptionell vom Deliktsrecht getrennt** werden (vgl auch GK-SCHÜNEMANN Einl UWG Rn E 64 f; dagegen LINDACHER WRP 1996, 645, 646 unter Hinweis auf die „Achtung der Tradition"). Schon die gegenüber den allgemeinen deliktsrechtlichen Sachnormen gleichsam überschießende materielle Zielsetzung des Lauterkeitsrechts, das nicht wie das allgemeine Deliktsrecht nur dem Schutz individueller Interessen des Konkurrenten dient, sondern darüber hinaus auch dem Schutz von Allgemeininteressen, etwa dem Verbraucherschutz sowie dem Schutz des Leistungswettbewerbs (vgl zur verstärkten Bedeutung des Begriffs des Leistungswettbewerbs in der Rechtsprechung des BGH zum Lauterkeitsrecht ULMER GRUR 1977, 565 ff; FEZER, in: Gewerblicher Rechtsschutz und Urheberrecht in Deutschland, 939, 959 f), führt zu Unterschieden in der kollisionsrechtlichen Beurteilung von Sachverhalten des allgemeinen Deliktsrechts einerseits und des Lauterkeitsrechts andererseits (DEUTSCH 27; vgl BRIEM 40 f, der das Recht des unlauteren Wettbewerbs nicht als Teil des Deliktsrechts verstanden wissen will). Die dogmatische Einordnung des Rechts des unlauteren Wettbewerbs in das Deliktsrecht ist kollisionsrechtlich grundsätzlich nicht von Bedeutung (SACK GRUR IntT 1988, 320, 330). So spielt bei der Bestimmung des Wettbewerbsstatuts zwar – bedingt durch die deliktsrechtlichen Wurzeln des Lauterkeitsrechts – wie im allgemeinen Deliktsrecht der Tatort eine wesentliche Rolle für die Anknüpfung. Die Anknüpfung wird aber aufgrund der wettbewerbsschützenden Zielrichtung des Lauterkeitsrechts durch **marktbezogene Gesichtspunkte** jedenfalls mitbestimmt. Eine unterschiedliche kollisionsrechtliche Behandlung von internationalen wettbewerbsrechtlichen Sachverhalten einerseits und allgemeinen internationalen deliktsrechtlichen Sachverhalten andererseits begründet sich auch damit, daß im Lauterkeitsrecht im Vergleich zum allgemeinen Deliktsrecht nicht der Schadensersatz, sondern der **Unterlassungsanspruch**, mithin die Beseitigung der unmittelbaren Gefahr künftiger Verletzungen, im Vordergrund steht (GLOEDE GRUR 1960, 464, 471; STAUDINGER/vHOFFMANN [1998] Art 38 Rn 509). Damit ist im internationalen Wettbewerbsrecht die Frage betroffen, ob eine bestimmte wettbewerbsrelevante Verhaltensweise auf dem konkreten Markt, auf den sie sich auswirkt, unter Abwägung der Interessen aller Marktbeteiligten und des Interesses der Allgemeinheit am Schutz der Wettbewerbsordnung zu untersagen ist (Stellungnahme des Max-Planck-Instituts für ausländisches und internationales Patent-, Urheber- und Wettbewerbsrecht zum Entwurf eines Gesetzes zur Ergänzung des internationalen Privatrechts, GRUR IntT 1985, 104, 107).

326 Das eigentliche internationale Wettbewerbsrecht erfaßt nur solche unlauteren oder lediglich unerlaubten (vgl MünchKomm/KREUZER Art 38 Rn 235 mwN) Wettbewerbshandlungen, die sich gegen den zu schützenden Leistungswettbewerb richten. Dabei ist genau zu prüfen, ob eine konkrete Verletzung im Wettbewerb ausschließlich Individualinteressen eines bestimmten Mitbewerbers verletzt, oder ob zumindest daneben auch die Allgemeininteressen an einem effektiven Leistungswettbewerb betroffen sind. Unter diesem Gesichtspunkt werden die nicht unmittelbar durch das Vorliegen einer Marktstörung gekennzeichneten Fallgruppen sogenannter **betriebsbezogener Wettbewerbsrechtsverletzungen** (Betriebsspionage, Abwerbung von Mitarbeitern, Geschäftsehrverletzung) kollisionsrechtlich zumeist nicht dem internationalen Wettbewerbsrecht mit seinen besonderen Anknüpfungsregelungen unterstellt, sondern zum allgemeinen Deliktskollisionsrecht gezählt (SCHIKORA 251; REUTER BB 1989, 2265, 2267; MünchKomm/KREUZER Art 38 Rn 236; für das österreichische Recht RUMMEL/SCHWIMANN § 48 Rn 9; aA WILTSCHEK GRUR IntT 1988, 299, 306).

327 Daran ist richtig, daß gewisse wettbewerbskollisionsrechtliche Anknüpfungskriterien, wie etwa solche, die auf Auswirkungen in bestimmten Marktbereichen abstellen, in Fällen, in denen die Verletzungshandlung den Markt bzw den im konkreten Marktbereich geschützten Leistungswettbewerb nicht unmittelbar betrifft, nicht passen. Insoweit muß es daher bei den allgemeinen deliktskollisionsrechtlichen Anknüpfungsregeln bleiben. Eine andere Frage ist jedoch, inwieweit Verhaltensweisen, die nach der oben dargestellten Auffassung als sogenannte betriebsbezogene Wettbewerbsrechtsverletzungen aus dem internationalen Wettbewerbsrecht herausgenommen werden, nicht doch auch Allgemeininteressen beeinträchtigen und daher der wettbewerbskollisionsrechtlichen Anknüpfung zu unterstellen sind. Das ist vor allem bei der Fallgruppe der **Geschäftsehrverletzung** anzunehmen, bei der nicht ausgeschlossen werden kann, daß durch eine hiermit verbundene Rufschädigung neben dem individuellen Interesse des geschädigten Unternehmens zugleich das Interesse der Allgemeinheit am Schutz des Leistungswettbewerbs tangiert ist (vgl WILDE, in: Hdb

des Wettbewerbsrechts § 6 Rn 46; vgl auch ULMER GRUR 1937, 669, 772; KOPPENSTEINER 481; LINDACHER WRP 1996, 645, 650). An dieser Beurteilung ändert sich auch nichts durch den Umstand, daß die Klagebefugnis für derartige Fälle individualrechtlich ausgestaltet ist (GK-SCHRICKER Einl UWG Rn F 195). Schon durch die **funktionswidrige Verschlechterung der Wettbewerbsposition** des betroffenen Unternehmens wird der Wettbewerbsprozeß verfälscht, was dazu führt, daß das betroffene Unternehmen aufgrund nicht funktionsgerechter Faktoren an der Realisierung von Vorteilen im Wettbewerb behindert wird, mithin der Leistungswettbewerb gestört wird. Dasselbe gilt etwa dann, wenn die an sich betriebsbezogene Handlungsweise lediglich unselbständige **Teilhandlung** eines insgesamt marktbezogenen Verhaltens ist, wobei allerdings zu prüfen ist, ob der Schwerpunkt der Gesamthandlung auf dem marktbezogenen Handeln liegt (vgl dazu auch BRIEM 39). Zudem ist der Leistungswettbewerb und damit das Allgemeininteresse in den meisten Fällen schon durch die **Gefahr der Nachahmung** einer Verletzung betroffen, so daß reine Individualverletzungen kaum denkbar sind (Stellungnahme des Max-Planck-Instituts für ausländisches und internationales Patent-, Urheber- und Wettbewerbsrecht zum Entwurf eines Gesetzes zur Ergänzung des internationalen Privatrechts GRUR IntT 1985, 104, 107; EINSELE RabelsZ 60 [1996] 417, 430).

328 Die Fallgruppen betriebsbezogener Wettbewerbsrechtsverletzungen sollten daher nicht formal der Behandlung im Rahmen einer Darstellung des internationalen Wettbewerbsprivatrechts entzogen werden (vgl auch Rn 422). In verschiedenen Gestaltungen, die von der herrschenden Auffassung zu den betriebsbezogenen Eingriffen gezählt werden, ergeben sich indes **praktische Probleme** bei der Anwendung des Wettbewerbskollisionsrechts, weil die Auswirkungen entsprechender Eingriffe schwer auf bestimmte Marktbereiche zu beziehen sein werden. Insoweit wird auch von den Vertretern der Auffassung, welche den ausschließlich individualverletzenden Charakter solcher Eingriffe bestreitet, abweichend von der allgemeinen wettbewerbskollisionsrechtlichen Anknüpfung nach besonderen Anknüpfungskriterien gesucht (dazu näher Rn 605).

329 In Fällen, in denen eine Verhaltensweise sowohl gegen lauterkeitsrechtliche Normen, als auch zugleich gegen Normen des allgemeinen Deliktsrechts verstößt, gilt insgesamt, also auch im Hinblick auf die allgemeindeliktsrechtliche Relevanz der Handlung die besondere wettbewerbskollisionsrechtliche Anknüpfung (SACK GRUR IntT 1988, 320, 330). Dies folgt schon aus Zweckmäßigkeitserwägungen. In einer gespaltenen Anknüpfung, je nachdem, ob eine lauterkeitsrechtliche oder eine allgemein deliktsrechtliche Norm geprüft wird, liegt ein beträchtliches Verzerrungspotential, das im Interesse einer effektiven Marktordnung nicht hinnehmbar erscheint. Es ist deshalb die marktordnungsspezifische Anknüpfung auch auf die allgemein deliktsrechtlichen Ansprüche zu erstrecken. Im Ergebnis kommt es für die Frage der **Reichweite des Lauterkeitsstatuts** daher auf die lauterkeitsrechtliche Relevanz des Gesamtsachverhaltes an.

330 Eine Bestimmung des allgemeinen Deliktsstatuts erübrigt sich, soweit auf **sachrechtlicher** Ebene Ansprüche des allgemeinen Deliktsrechts durch das Wettbewerbsrecht verdrängt werden (MünchKomm/KREUZER Art 38 Rn 237). Grundsätzlich sind wettbewerbliche Tatbestände nach den Regeln des UWG und nicht nach den allgemeinen Deliktsregeln des BGB zu beurteilen (str, wie hier BAUMBACH/HEFERMEHL Einl UWG Rn 61 mwN). Es besteht insoweit **Gesetzeskonkurrenz** im Sinne eines Subsidiaritätsverhältnisses (BAUMBACH/ HEFERMEHL Allg Rn 130; vgl aber BGHZ 36, 232, 255 ff [Gründerbildnis]). Dieses Verhältnis ist in die kollisionsrechtliche Beurteilung zu übertragen (Münch-Komm/KREUZER Art 38 Rn 237). Wenn eine wettbewerbsrelevante Verhaltensweise vorliegt, dann kommt es auf eine Abgrenzung zwischen Lauterkeits- und allgemeinem Deliktsstatut nicht an.

331 Für die Bestimmung der Reichweite des Lauterkeitsstatuts wird man allgemein die *lex fori* für zuständig halten müssen.

2. Verhältnis zum Kartellkollisionsrecht

332 Die Abgrenzung des internationalen Wettbewerbsprivatrechts vom internationalen Kartellprivatrecht ist dagegen von geringerer Bedeutung als die Abgrenzung vom allgemeinen Deliktsrecht. Denn die Schutzrichtungen von Lauterkeitsrecht und Kartellrecht verlaufen hinsichtlich des zu schützenden Leistungswettbewerbs weithin parallel (vgl aber MünchKomm/KREUZER Art 38 Rn 238). In beiden Fällen erfolgt die kollisionsrechtliche Anknüpfung nach marktbezogenen Gesichtspunkten. Die vom BGH vorgenommene Anknüpfung an den Ort der wettbewerblichen Interessenkollision (dazu Rn 349 ff) ist – abgesehen von den Unterschieden im dogmatischen Ansatz – nahe verwandt mit dem in § 130 Abs 2 GWB normierten **Auswirkungsprinzip** (Stellungnahme des Max-Planck-Instituts für ausländisches und internationales Patent-, Urheber- und Wettbewerbsrecht zum Entwurf eines Gesetzes zur Ergänzung des internationalen Privatrechts GRUR IntT 1985, 104, 107). Prinzipiell sind auch Lauterkeitsvorschriften mit kartellrechtlicher Relevanz nach den Grundsätzen des internationalen Wettbewerbsrechts und nicht des internationalen Kartellrechts zu behandeln (**aA** SACK GRUR IntT 1988, 320, 330). Verstößt eine Verhaltensweise zugleich gegen Lauterkeitsrecht und gegen Kartellrecht, so wird regelmäßig eine Sonderanknüpfung hinsichtlich des Verstoßes gegen das Kartellrecht nicht zu einem anderen Statut führen.

3. Verhältnis zum Immaterialgüterkollisionsrecht

333 Wird im Rahmen der Anspruchskonkurrenz eine Rechtsposition gegen eine Verletzungshandlung sowohl durch allgemeines Lauterkeitsrecht als auch nach Tatbeständen des **Immaterialgüterrechts** geschützt, etwa im Falle geographischer Herkunftsangaben nach § 3 UWG und § 1 Nr 3 iVm § 126 MarkenG (zur Anspruchskonkurrenz zwischen dem markengesetzlichen Schutz geographischer Herkunftsangaben nach den §§ 126 ff MarkenG und deren Wettbewerbsschutz nach den §§ 1, 3 UWG vgl FEZER § 126 Rn 2 f; **aA** BGH GRUR 1999, 252 [Warsteiner II]), so fragt sich, ob die Anknüpfung nach den Regeln des internationalen Wettbewerbsrechts dazu führen kann, daß die im internationalen Immaterialgüterprivatrecht herrschende territoriale Begrenzung des Schutzes mit ihrer kollisionsrechtlichen Ausprägung im Schutzlandprinzip, soweit die Anwendung des § 3 UWG betroffen ist, nicht gilt. Dies ist nur dann von Bedeutung, wenn man mit der herrschenden Auffassung das Territorialitätsprinzip streng dahingehend auslegt, daß die Verletzung eines im Inland geschützten Immaterialgüterrechts durch eine Handlung im Ausland nicht möglich ist und auch eine entsprechend weite Verletzungslokalisierung unter Heranziehung eines Marktauswirkungsgesichtspunktes nicht anerkennt (dazu Rn 722). Nachdem eine Trennung der kollisionsrechtlichen Behandlung lauterkeitsrechtlicher Tatbestände mit immaterialgüterrechtlicher Relevanz von der kollisionsrechtlichen Behandlung rein immaterialgüterrechtlicher Tatbestände je-

denfalls in Fällen einer Betroffenheit beider Bereiche durch ein und dieselbe Verletzungshandlung zu vermeiden ist (vgl SANDROCK GRUR IntT 1985, 507, 522), kommt nur eine **einheitliche Bewertung** in Betracht (vgl aber auch Rn 712). Die Notwendigkeit, das Territorialitätsprinzip im Hinblick auf bestimmte immaterialgüterrechtliche Auslandsverletzungen mit Inlandsbezug großzügiger auszulegen, führt auch im internationalen Immaterialgüterrechtsschutz zu einer Anknüpfung unter Heranziehung des kollisionsrechtlichen Marktauswirkungsgedankens (dazu Rn 730). Eine Diskrepanz zwischen der kollisionsrechtlichen Bewertung des lauterkeitsrechtlichen und des immaterialgüterrechtlichen Tatbestandes tritt nach dieser Auffassung nicht auf, da der Marktauswirkungsgedanke auch die lauterkeitskollisionsrechtliche Anknüpfung bestimmt.

Im Bereich unlauteren Wettbewerbsverhaltens, das ausschließlich eine Verletzung von **Marken- oder Kennzeichenrechten** darstellt, gelten die allgemeinen Regeln des internationalen Wettbewerbsprivatrechts nicht. Insoweit ist das **Territorialitätsprinzip** maßgeblich, aus dem nach herrschender Auffassung die kollisionsrechtliche Anknüpfung an das **Recht des Schutzlandes** folgt.

4. Verhältnis zum Vertragskollisionsrecht

Für das in Art 27 ff EGBGB geregelte Vertragsstatut gelten aufgrund der dort herrschenden Privatautonomie grundsätzlich andere Prinzipien als für das Wettbewerbsstatut. Wie allgemein im Wettbewerbskollisionsrecht, in dessen Bereich die Privatautonomie von vornherein eingeschränkt ist (vgl zur fehlenden Rechtswahlmöglichkeit Rn 470 ff), ist jedoch im Vertragskollisionsrecht die privatautonome Rechtswahlmöglichkeit dort zurückgedrängt, wo überwiegende Allgemeininteressen des Verbraucherschutzes dies erfordern. Das kann bei Verbraucherverträgen im Rahmen des Art 29 EGBGB hinsichtlich des Vertragsstatuts zu ähnlichen Ergebnissen führen, wie hinsichtlich des Wettbewerbsstatuts. Daher werden insbesondere für die Frage der Absatzförderung gegenüber Inländern im Ausland Parallelwertungen zwischen der Anknüpfung an das Heimatrecht der Verbraucher nach Art 29 Abs 1 bzw Abs 2 EGBGB und der wettbewerbskollisionsrechtlichen Anknüpfung für möglich gehalten. Dabei wird eine mögliche wettbewerbskollisionsrechtliche Anknüpfung an das Wettbewerbsrecht des Herkunftsortes der Verbraucher einerseits mit der vertragskollisionsrechtlichen Anknüpfung in entsprechenden Fällen unterstützend begründet (SACK IPRax 1992, 24, 27), andererseits aus wettbewerbskollisionsrechtlichen Anknüpfungsergebnissen auf das Vertragsstatut geschlossen (BERNHARD GRUR IntT 1992, 366, 373).

Bei derartigen Wertungsübertragungen ist indes zu berücksichtigen, daß die Zielrichtungen des Wettbewerbsrechts und des vertragsrechtlichen Verbraucherschutzrechts nicht vollends deckungsgleich sind. Abweichende Wertungen treten sowohl dort auf, wo das Wettbewerbsrecht auch den Wettbewerb als Institution schützt, als auch dort, wo es dem Konkurrentenschutz dient. Demgegenüber hat das vertragsrechtliche Verbraucherschutzrecht ausschließlich den Verbraucherschutz zum Ziel, der im Wettbewerbsrecht nur einen – nach neuerer Auffassung gegenüber dem Marktordnungsschutzzweck untergeordneten Teil der möglichen Schutzziele – darstellt. Nur wenn im Falle von Wettbewerbshandlungen gegenüber Inländern in ausländischen Marktbereichen Wettbewerbsinteressen am Ort der Einwirkung auf die

Verbraucher nicht mit Interessen des Verletzers kollidieren, kommt es zu einer parallelen Anknüpfung im den Bereichen des Vertrags- und des Wettbewerbsstatuts. Diese Parallele ist indes eher zufällig, namentlich dann, wenn, wie meist, die Interessenkollision auf dem Herkunftsmarktbereich der Verbraucher zwischen Wettbewerbsinteressen dort ansässiger Anbieter und den Interessen des Verletzers auftritt.

337 Ein Zusammenhang zwischen dem Vertragsstatut und dem Wettbewerbsstatut besteht in den genannten Gestaltungen der Absatzförderung gegenüber Inländern im Ausland auch insoweit, als die Mißachtung von vertragsrechtlichen Verbraucherschutzregeln sachrechtlich als Wettbewerbsverstoß iSd § 1 UWG unter dem Aspekt des Kundenfangs bzw der Erlangung eines Wettbewerbsvorteils durch Rechtsbruch anzusehen sein kann (BAUMBACH/HEFERMEHL § 1 UWG Rn 21a ff, 82). Voraussetzung hierfür ist allerdings regelmäßig die Anwendbarkeit deutschen Verbraucherschutzrechts auf den betreffenden Sachverhalt, weil der territoriale Geltungsbereich des inländischen Rechts nicht über eine lauterkeitsrechtliche Wertung erweitert werden kann. Ist damit im konkreten Fall inländisches Wettbewerbsrecht anwendbar, so hängt die sachrechtliche Beurteilung weiterhin von dem Vertragsstatut ab. Nur im Falle eines Zusammenfallens von Vertrags- und Wettbewerbsstatut im Inland kann dann in den entsprechenden Auslandsgestaltungen ein Wettbewerbsverstoß etwa wegen unterlassener Widerrufsbelehrung in Betracht kommen. Dies ist zu unterscheiden von einem möglichen Wettbewerbsverstoß durch Ausnutzung eines bestehenden Rechtsgefälles in Fällen, in denen inländisches Verbraucherschutzrecht kollisionsrechtlich nicht zur Anwendung kommt (vgl dazu Rn 374 ff).

II. Rechtsquellen

338 Die Ermittlung kollisionsrechtlicher Regeln im Bereich des Wettbewerbsrechts ist traditionell der Rechtsprechung überlassen geblieben, nachdem auch das allgemeine internationale Deliktsrecht in Art 38 aF EGBGB nur unvollständig kodifiziert war. Daraus ergeben sich erhebliche Schwierigkeiten für die Entwicklung praktikabler Anknüpfungspunkte. Die lückenhafte Kodifizierung des internationalen Deliktsrechts hat dazu beigetragen, daß die Rechtsprechung vom allgemeinen Deliktsrecht gesonderte Anknüpfungskriterium im internationalen Wettbewerbsrecht gefunden hat, die den Besonderheiten dieses Rechtsgebiets eher gerecht wurden.

339 Durch das Gesetz zum Internationalen Privatrecht für außervertragliche Schuldverhältnisse und für Sachen vom 21.5.1999 (BGBl I 1026) wurde das Internationale Deliktsrecht nunmehr gesetzlich geregelt. Die Neuregelungen haben auch Bedeutung für das Lauterkeitskollisionsrecht; der Gesetzgeber hat auf eine spezielle Regelung insoweit bewußt verzichtet, das Lauterkeitskollisionsrecht andererseits nicht aus dem Anwendungsbereich der Neukodifizierung ausgenommen (vgl Begr RegE BT-Drucks 14/343, 10; vgl auch Rn 343). Dabei ist davon ausgegangen worden, daß die von der Rechtsprechung entwickelten Grundsätze im wesentlichen Gültigkeit behalten (s auch Rn 344; 419). Gleichwohl ergeben sich in einzelnen Fragen Unterschiede zur bisherigen Rechtslage. Soweit solche bestehen, wie etwa infolge der Ersetzung der weitgehenden Anspruchsbegrenzung zum Schutz deutscher Staatsangehöriger im Hinblick auf im Ausland begangene unerlaubte Handlungen (Art 38 aF EGBGB) durch Art 40 Abs 3 nF EGBGB (Rn 644 ff), ist davon auszugehen, daß das bis zum Inkrafttreten der Gesetzesänderung am 1.6.1999 geltende Internationale Privatrecht anwendbar bleibt, soweit davor abgeschlossene Vorgänge betroffen sind. Dies entspricht den Grundsätzen, die sich auch aus Art 220 Abs 1 EGBGB und Art 236 § 1 EGBGB ergeben (SPICKHOFF NJW 1999, 2209, 2210).

Als Rechtsquellen des Wettbewerbskollisionsrechts kommen die multilateralen und bilateralen Staatenverträge sowie das Gemeinschaftsrecht einerseits, innerstaatlich gesetzlich normierte Kollisionsnormen sowie innerstaatlich richterrechtliche Kollisionsnormen andererseits in Betracht. Die einschlägigen **multilateralen internationalen Übereinkommen** enthalten keine wettbewerbsrechtlichen Kollisionsnormen (allgM, vgl etwa MünchKomm/KREUZER Art 38 Rn 227; STAUDINGER/vHOFFMANN [1998] Art 38 Rn 505). Das gilt auch für die den unlauteren Wettbewerb betreffende Generalklausel des **Art 10bis PVÜ** (dazu FIKENTSCHER GRUR IntT 1995, 529, 533), wonach eine Verpflichtung der Mitgliedstaaten besteht, unter Beachtung von Mindestschutzstandards innerstaatliche Regeln gegen den unlauteren Wettbewerb zu schaffen, sowie Inländergleichbehandlung im Hinblick auf den gewerblichen Rechtsschutz zu gewähren (Art 2 PVÜ). International einheitliche Rechtssätze, die die kollisionsrechtliche Problematik beseitigen würden (vgl WENGLER RabelsZ 19 [1954] 401, 404), werden hierdurch indes nicht geschaffen. Art 10bis PVÜ stellt keine zwischen Privatrechtssubjekten unmittelbare anwendbare Sachnorm dar (MünchKomm/KREUZER Art 38 Rn 227; vgl auch WENGLER RabelsZ 19 [1954] 401, 405). Die Gleichbehandlung von Verbandsausländern und in Mitgliedstaaten ansässigen Drittstaatenangehörigen mit Inländern ist hinsichtlich des Rechts des unlauteren Wettbewerbs rein fremdenrechtlicher Natur (anders aber im Bereich des Immaterialgüterrechtsschutzes, in dem dem Grundsatz der Inländerbehandlung ein Verweis auf das kollisionsrechtliche Schutzlandprinzip entnommen wird, s Rn 675 f). Entsprechend sind im Hinblick auf einen kollisionsrechtlichen Inhalt die Normierung des Inländergleichbehandlungsgrundsatzes in **Art 3 TRIPS** sowie im TRIPS-Abkommen enthaltene lauterkeitsrechtliche Regeln (vgl Art 17, 22, 39 Satz 1 TRIPS, dazu HEINEMANN GRUR IntT 1995, 535 ff) zu beurteilen. Ebenfalls lediglich fremdenrechtlichen Charakters sind die meisten **zweiseitigen Staatsverträge** betreffend Fragen des gewerblichen Rechtsschutzes. Einige mit europäischen Staaten geschlossene Verträge enthalten allerdings Kollisionsnormen, die den innerstaatlichen Regeln zur Anknüpfung bei Wettbewerbsverstößen vorgehen (STAUDINGER/vHOFFMANN [1998] Art 38 Rn 505; MünchKomm/KREUZER Art 38 Rn 227). So verweisen die Verträge über den Schutz geographischer Herkunftsangaben mit Frankreich (Abkommen vom 8.3.1960 BGBl II 1961, 23), Italien (Abkommen vom 23.7.1963 BGBl II 1965, 157), Griechenland (Abkommen vom 16.4.1964 BGBl II 1965, 177), Spanien (Vertrag vom 11.9.1970 BGBl II 1972, 109) und der Schweiz (Vertrag vom 7.3.1967 BGBl II 1969, 139) hinsichtlich der Voraussetzungen für die Benutzung entsprechender Bezeichnungen insgesamt auf das **Ursprungslandrecht** (vgl MünchKomm/KREUZER nach Art 38 Anh II Rn 67), was im Falle des Vorliegens einer in der Anlage der Verträge aufgeführten Herkunftsbezeichnung die Anwendbarkeit des Art 3 UWG ausschließt (so auch MünchKomm/KREUZER nach Art 38 Anh II Rn 67; zur Anwendung des § 3 UWG neben dem MarkenG FEZER § 126 Rn 3).

Im gemeinschaftsrechtlichen Rahmen ist die **Ratsrichtlinie zur Koordinierung bestimmter Rechts- und Verwaltungsvorschriften der Mitgliedstaaten über die Ausübung der Fernsehtätigkeit vom 3. Oktober 1989** von Bedeutung. Dieser enthält im Bereich des Rundfunksrechts eine scheinbar kollisionsrechtliche Anknüpfung an das Recht des **Ausstrahlungsortes** und damit des Ursprungsortes von Rundfunksendungen (vgl für die Internetwerbung die 1996 von der Internationalen Handelskammer verabschiedeten ICC

Guidelines on Interactive Marketing Communications, die das Recht des Landes der Einspeisung ins Netz als maßgeblich erklären; dazu HOEREN, in: LEHMANN [Hrsg], Internet- und Multimediarecht [Cyberlaw] 1997, 111, 113; vgl aber Rn 446). Die Richtlinie spielt auch im Werberecht und damit im Recht des unlauteren Wettbewerbs eine Rolle, allerdings nur insoweit, als es sich um Bereiche handelt, die durch die Richtlinie selbst behandelt werden (GK-SCHRICKER Einl UWG Rn F373). Auch Art 3 des von der Kommission am 23. 12. 1998 vorgelegten Vorschlages für eine **Richtlinie über bestimmte rechtliche Aspekte des elektronischen Geschäftsverkehrs** im Binnenmarkt (ABlEG 1999 C 30/4, 8, geänderter Vorschlag v 1. 9. 1999, Dok KOM [1999] 427 endg) enthält eine Hinwendung zum **Herkunftslandprinzip** (näher zur Frage des kollisionsrechtlichen Gehaltes der sekundärrechtlichen Regelungen zum Herkunftslandprinzip Rn 446). Daneben enthalten verschiedene weitere Richtlinien Regeln, welche für das Wettbewerbskollisionsrecht zumindest mittelbar von Bedeutung sind, etwa die **Dienstleistungsrichtlinie für Rechtsanwälte** vom 22. März 1977 (Richtlinie 77/249/EWG ABlEG 1977 L 78, 17), nach deren Art 4 Abs 4 das **Werberecht im Aufnahmestaat** für beachtlich erklärt wird. Entsprechendes gilt für **Art 21 Abs 11 der zweiten Bankenrichtlinie** vom 15. Dezember 1989 (Richtlinie 89/646/EWG ABlEG 1989 L 386, 1), der für die Werbetätigkeit auf den Ort der Markttransaktion bzw den Ort der Dienstleistung abstellt und für Art 41 der **Dritten Richtlinie Schadensversicherung** (Richtlinie 92/49/EWG ABlEG 1992 L 228/1) und der **Dritten Richtlinie Lebensversicherung** (Richtlinie 92/96/EWG ABlEG 1992 L 360/1), wonach es für Form und Inhalt einer Werbung auf die aus Gründen des Allgemeinwohls gerechtfertigten Bestimmungen des Mitgliedstaates der Zweigniederlassung bzw Dienstleistung ankommt. Es handelt sich insoweit nicht um zwingende kollisionsrechtliche Anknüpfungen, sondern um die **Option** des jeweiligen Mitgliedstaates, sein Sachrecht zur Anwendung zu bringen. Die genannten sekundärrechtlichen Normen bestätigen zum Teil die **Konformität des kollisionsrechtlichen Marktortprinzips mit dem Gemeinschaftsrecht** (ROTH IPRax 1994, 165, 171, vgl auch Art 3 Abs 6 des Entwurfs einer RatsVO über das auf außervertragliche Schuldverhältnisse anwendbare Recht vom 21. 6. 1999 [„Rom II"], dazu DETHLOFF JZ 2000, 179, 180; s aber Rn 446 ff zum Verhältnis des Herkunftslandprinzips zur Marktortanknüpfung; vgl allgemein zur Konformität des Marktortprinzips mit dem Gemeinschaftsrecht Rn 433), unterstellen die danach anwendbaren mitgliedstaatlichen Normen aber, bedingt durch die mit der Anwendung von Verbotsnormen auf dem Zielmarkt verbundene Marktzutrittsproblematik, teilweise den Rechtfertigungserfordernissen der Grundfreiheitsdogmatik. Keinen kollisionsrechtlichen Gehalt hat die **Richtlinie 84/450/EWG über irreführende Werbung** vom 10. September 1984 (ABlEG 1984 L 250/20). Das gilt ebenso für die Richtlinie 97/55/EG vom 5. Oktober 1997 zur Änderung der Richtlinie 84/450/EWG (ABlEG 1997 L 290/18). Auch ein EU-einheitliches Sachrecht wird hierdurch nicht geschaffen. Allein die wegen ihrer Beschränkung auf Kohle und Stahl praktisch bedeutungslose Norm des Art 60 EGKSV schafft in ihrem Bereich Einheitsrecht, so daß sich die internationalprivatrechtliche Frage in diesem engen Rahmen erübrigt (STAUDINGER/vHOFFMANN [1998] Art 38 Rn 505).

342 Im übrigen kann von der **Herausbildung eines europäischen Kollisionsrechts** bislang nicht gesprochen werden (vgl den Regelungsvorschlag der Groupe europeén de droit international privé für ein EU-Übereinkommen über das IPR der außervertraglichen Schuldverhältnisse [„Rom II"] IPRax 1999, 286 ff; dazu JAYME IPRax 1999, 298, vgl zu dem auf dem Regelungsvorschlag basierenden Entwurf einer RatsVO über das auf außervertragliche Schuldverhältnisse anwendbare Recht vom 21. 6. 1999 DETHLOFF JZ 2000, 179, 180). Auch das der Rechtsprechung des EuGH zu Art 28 EGV zugrundeliegende **Herkunftslandprinzip** stellt keine echte

C. Internationales Wettbewerbsprivatrecht

Kollisionsregel im Sinne einer Anküpfungsvorschrift dar, erst recht hat Art 28 EGV keinen eigenen kollisionsrechtlichen Inhalt (aA BRÖDERMANN/IVERSEN Rn 409 „negative einseitige Kollisionsnorm"; vgl dazu hier Rn 433).

Das innerstaatliche deutsche Recht kennt keine allgemein gesetzlich normierte Kollisionsregel für lauterkeitsrechtswidrige Verhaltensweisen nach dem Vorbild des § 48 Abs 2 östIPRG und Art 136 schweizerisches IPRG (s dazu Rn 391 sowie Art 4 der spanischen Ley de Competencia Desleal). Durch Gesetz zum Internationalen Privatrecht für außervertragliche Schuldverhältnisse und Sachen vom 21. 5. 1999 (BGBl I 1026) ist nunmehr das **internationale Deliktsrecht** kodifiziert worden; die Regelungen in den Art 40–42 EGBGB, insbesondere die Anknüpfungsnorm des Art 40 Abs 1 EGBGB stellen wegen des traditionellen deliktsrechtlichen Verständnisses des Lauterkeitsrechts grundsätzlich anwendbare Normen dar. Allerdings erfordern die Besonderheiten des Wettbewerbsrechts insoweit **Anpassungen**. Der Gesetzgeber hat bewußt von einer **Sonderanknüpfungsregelung** im Bereich des unlauteren Wettbewerbs abgesehen, weil er von der fortbestehenden Gültigkeit der von der Rechtsprechung entwickelten **Marktortanknüpfung** ausgegangen ist (Begr RegE BT-Drucks 14/343, 10; vgl auch Rn 350). Zweifelhaft erscheint die Bedeutung der **gemeinsamen Heimatanknüpfung** gem Art 40 Abs 2 EGBGB. Vor der endgültigen Verankerung der Auflockerung des Deliktsstatuts zugunsten des gemeinsamen Aufenthalts- bzw Niederlassungsrechts durch die Neuregelung des Internationalen Deliktsrechts war streitig, ob § 1 Abs 1 der nunmehr aufgehobenen **RechtsanwendungsVO** vom 7. Dezember 1942 (RGBl I 706), wonach deutsches Recht für außervertragliche Schadensersatzansprüche wegen Handlungen oder Unterlassungen deutscher Staatsangehöriger außerhalb des Gebiets des deutschen Reichs galt, soweit der Geschädigte deutscher Staatsangehöriger ist, als allseitige Kollisionsnorm dahingehend ausgelegt werden konnte, daß das Recht des Staates Anwendung finden soll, in dem sowohl Schädiger als auch Geschädigter ihren gewöhnlichen Aufenthalt haben und dessen Staatsangehörige beide sind. Die Anwendbarkeit dieser Regelung im Bereich des Wettbewerbsrechts war vom BGH in der **Stahlexport-Entscheidung** nicht ausdrücklich abgelehnt worden; gleichwohl hatte das Gericht in dieser Entscheidung erhebliche Bedenken gegen eine uneingeschränkte Anwendung der Verordnung im Wettbewerbsrecht geäußert (BGH NJW 1964, 969, 972; vgl auch BGH GRUR 1982, 495, 498 [Domgarten-Brand]). Soweit der BGH gemeinsames deutsches Heimatrecht in entsprechenden Fällen angewendet hat, hat er dies allerdings auch nicht auf die Verordnung gestützt (ebenso entgegen dem Leitsatz OLG München GRUR 1992, 634, 635 [PC Professionell]). Es ist daher davon auszugehen, daß der BGH die Regelung im Bereich des Wettbewerbsrechts nicht anwenden wollte (vorsichtiger WEBER GRUR IntT 1985, 26, 28). Entsprechend dürfte im Bereich des Wettbewerbsrechts eine Anwendbarkeit auch des **Art 40 Abs 2 EGBGB** ausscheiden, weil das Interesse des Marktstaates an der Anwendung seines eigenen Rechts vorgehen muß (vgl aber PALANDT/HELDRICH Art 40 EGBGB Rn 11; vgl zur alten Rechtslage: DEUTSCH 34; MünchKomm/KREUZER Art 38 Rn 251; auch BAUMBACH/HEFERMEHL Einl UWG Rn 184 aE mwN; aA SCHIKORA 89 f). Dieses Ergebnis läßt sich über die **wesentlich engere Verbindung** mit dem Recht des Marktortes gem Art 41 Abs 1 EGBGB erzielen. Unanwendbar ist auch die **Rechtswahlklausel** des Art 42 EGBGB (s Rn 470). Ebenso scheidet wohl die Zulässigkeit einer **akzessorischen Anknüpfung** iSd Art 41 Abs 2 Nr 1 EGBGB aus (dazu Rn 476).

III. Entwicklung der Rechtsprechung und Literatur

1. Rechtsprechung

344 Die kollisionsrechtliche Behandlung lauterkeitsrechtlicher Sachverhalte durch die Rechtsprechung ist von jeher durch die Zuordnung des Wettbewerbsrechts zum Deliktsrecht geprägt. Als für die Anknüpfung maßgeblich galt bis zum Inkrafttreten des Gesetzes zum Internationalen Privatrecht für außervertragliche Schuldverhältnisse und für Sachen vom 21.5.1999 (BGBl I 1026) der **Begehungsort** (Tatort) der Wettbewerbshandlung (*lex loci delicti commissi*, vgl BAUMBACH/HEFERMEHL Einl UWG Rn 176). Dies kann grundsätzlich sowohl der **Erfolgsort**, an dem der tatbestandsmäßige Verletzungserfolg eingetreten ist (vgl RGZ 55, 199, 200; der Erfolgsort ist vom Ort des Schadenseintritts zu unterscheiden), als auch der **Handlungsort** (vgl RGZ 108, 8, 9 [Saccharin]; vgl auch BGH GRUR 1987, 172, 174 [Unternehmensberatungsgesellschaft I] mwN und OLG Düsseldorf WRP 1970, 149, 150) sein, an dem der Täter die haftungsrechtlich relevanten Handlungen vornimmt. In der Rechtsprechung des BGH setzte eine Tendenz zur Berücksichtigung der wettbewerbsrechtlichen Besonderheiten bei der nach wie vor deliktsrechtlichen Kollisionsanknüpfung ein. Damit verbunden war die Zurückdrängung der kollisionsrechtlichen Bedeutung des Erfolgsortes zugunsten des Handlungsortes. Daran dürfte sich mit der Einführung des Art 40 Abs 1 EGBGB nichts ändern (vgl MANKOWSKI GRUR IntT 1999, 909, 909 f; PALANDT/HELDRICH Art 40 EGBGB Rn 11; s auch hier Rn 350; 419). Art 40 Abs 1 Satz 1 EGBGB erklärt nunmehr zunächst allein das Recht des Handlungsortes für maßgeblich; dem Verletzten wird in Art 40 Abs 1 Satz 2, 3 EGBGB ein prozessual eingeschränktes Bestimmungsrecht hinsichtlich des Ortes des Erfolgseintrittes eingeräumt. Eine vollständige Loslösung des Wettbewerbskollisionsrechts von der traditionellen deliktsrechtlichen Betrachtungsweise ist in der Rechtsprechung des BGH bisher nicht abzusehen.

345 Das RG vertrat zunächst im Markenrecht die Konzeption einer prinzipiell unbeschränkten weltweiten Geltung deutschen Rechts (**Universalitätsprinzip;** RGZ 18, 28, 31 f [Hoff]). Diese Auffassung wurde vom RG in der *Gratisschnittmuster*-Entscheidung auf das Recht des unlauteren Wettbewerbs übertragen (RG JW 1901, 851). Der Universalitätsgedanke beruhte auf der Qualifizierung von Wettbewerbsverstößen als Verletzungen absoluter Rechte aus den besonderen wirtschaftlichen Tätigkeitsbereichen als Ausfluß des Persönlichkeitsrechts (vgl etwa KOHLER, 22 ff). Der Persönlichkeitsschutz wurde als räumlich unbegrenzt angesehen (vgl RGZ 18, 28, 32 [Hoff]), so daß deutsche Gerichte auch für im Ausland vorgenommene Verletzungen der am deutschen Sitz des Rechtsinhabers belegenen Persönlichkeitsrechte deutsches Recht anwendeten, sofern die internationale Zuständigkeit vorlag. Der **inländische Sitzort** des geschädigten Unternehmens war **Erfolgsort** der später als unerlaubte Handlungen qualifizierten wettbewerbswidrigen Handlungen (RGZ 55, 199, 200). Sowohl in der Entscheidung *Hoff*, als auch in der *Gratisschnittmuster*-Entscheidung ging es um Fälle von im Ausland vorgenommenen Wettbewerbsverstößen inländischer Unternehmen, die inländische Wettbewerber schädigten. Das RG ließ in der *Hoff*-Entscheidung allerdings offen, ob deutsches Recht auch dann anzuwenden sei, wenn das verletzende Unternehmen seinen Sitz im Ausland habe (RGZ 18, 28, 31). Sachlicher Grund für die Anwendung deutschen Rechts war nach Auffassung des RG letztendlich die einem reinen Inlandsverstoß gleichende Wirkung des Wettbewerbsverstoßes auf die geschäftlichen Beziehungen des Wettbewerbers, welche ihren Mittelpunkt in dessen geschäftlicher Hauptniederlassung im Inland haben (RGZ 55, 199, 200). Das RG argumentierte insoweit mit dem Schutzzweck der anzuwendenden Verbotsnorm gegen Anschwärzung. In der *Hohner*-Entscheidung rückte das RG schließlich von der Anknüpfung an den inländischen Ort des Sitzes mit der Begründung ab, daß die mögliche Schadensfolge im Inland nicht zum Tatbestand der Wettbewerbsverletzung gehöre (RGZ 140, 25, 29). Bereits zuvor war eine Annäherung an das Prinzip der Anwendbarkeit des **Rechts am Handlungsort** erfolgt (RGZ 108, 8, 9 [Saccharin]; vgl dazu WILDE, in: Hdb des Wettbewerbsrechts § 6 Rn 4). Deutsches Recht sollte anwendbar sein, wenn mindestens ein Teil der einen deutschen Konkurrenten schädigenden Wettbewerbshandlung eines deutschen Gewerbetreibenden im Inland begangen wurde (RGZ 150, 265, 268, 271 [Stecknadeln]; vgl auch RG GRUR 1936, 670, 674). Die Voraussetzung der Verwirklichung eines Teils der Wettbewerbshandlung im Inland legte das RG weit aus. So genügte bereits die im Inland in irreführender Weise erfolgte Kennzeichnung zwecks Irreführung ausländischer Verbraucher nach erfolgtem Export (RGZ 140, 25, 29 f [Hohner]). Die wegen ihrer Weite kritisierte Anwendung deutschen Rechts in entsprechenden Fällen wurde mit der Pflicht deutscher Gewerbetreibender begründet, auch ihr ausländisches Wettbewerbsverhalten untereinander nach deutschen Regeln auszurichten (RGZ 140, 25, 29 [Hohner], [sog **Nußbaumsche Regel** nach NUSSBAUM, Deutsches internationales Privatrecht (1932) 339 f]). Damit erfolgte im Gegensatz zur vorherigen Rechtsprechung des RG nunmehr eine Anknüpfung an das Wettbewerbsverhalten des Verletzers und nicht mehr an den Sitz des Verletzten (MünchKomm/KREUZER Art 38 Rn 231).

346 Der vom RG in der *Hohner*-Entscheidung aufgestellte Grundsatz der Maßgeblichkeit deutschen Wettbewerbsrechts für den Auslandswettbewerb deutscher Unternehmen untereinander wurde vom BGH zunächst aufrechterhalten. Allerdings erfolgte insoweit eine Modifikation in der Begründung der weiten Anwendung deutschen Rechts, als der BGH den Grundsatz der Anknüpfung an den **Begehungsort** in den Vordergrund stellte und diesen weit interpretierte. Für die Anwendung deutschen Rechts genügte es, daß auch nur ein unwesentlicher Teil der Wettbewerbshandlung, etwa Herstellung, Vertrieb oder Durchfuhr im Inland begangen wurde. So wendete der BGH deutsches Recht unter Verweis auf die Herstellung in Deutschland auch insoweit an, als von einem deutschen Unternehmen identisch nachgeahmte Uhrenrohwerke eines schweizerischen Unternehmens für den Export bestimmt waren (BGHZ 21, 266, 270 [Uhrenrohwerke]). Ebenso wurde die bloße Durchfuhr einer Exportlieferung (BGH GRUR 1957, 231, 235 f [Taeschner/Pertussin]) oder die Beauftragung eines ausländischen Rechtsanwaltes vom Inland aus zwecks Vorgehens gegen einen Wettbewerber im Ausland vom Inland aus (BGH GRUR 1955, 150, 151 [Farina]) als inländischer Teil einer im Ausland vollendeten Wettbewerbshandlung angesehen und deshalb deutsches Recht angewendet (vgl auch OLG Düsseldorf DB 1956, 1178 [Aufgabe von Werbeannoncen in einer niederländischen Zeitung von Deutschland aus]).

347 In der *Zeiss*-Entscheidung des BGH erfolgte auf die an der bisherigen Rechtsprechung im Schrifttum geäußerte Kritik hin (vgl etwa WENGLER RabelsZ 19 [1954] 401, 413 f; BINDER RabelsZ 20 [1955] 401, 414; vgl auch WIRNER 61 f) eine Abmilderung der bisher geltenden Regel einer uneingeschränkten Verpflichtung inländischer Wettbewerber, ihren Wettbewerb auch im Ausland an deutschem Wettbewerbsrecht auszurichten. Bei der Prüfung, ob deutsches Wettbewerbsrecht für ein im Ausland vorliegendes Wettbewerbsverhalten anzuwenden ist, sollte nunmehr auch auf die im Ausland herrschenden Anschauungen Rücksicht zu nehmen sein (krit dazu BEITZKE JuS 1966, 139, 147). Danach war zu fragen, ob die nach deutschem Wettbewerbsrecht verbotene Handlungsweise möglicherweise deshalb mit dem Anstandsgefühl eines ehrbaren deutschen Kaufmannes zu vereinbaren ist, weil das Verhalten nach der ausländischen Verkehrsauffassung bzw den ausländischen Wettbewerbsvorschriften gebilligt wird (BGH GRUR 1958, 189, 197 [Zeiss]; vgl auch BGH GRUR 1960, 372, 377 [Kodak]; GRUR 1968, 587, 588 [Bierexport]). Das hat auch Bedeutung für die Fallgruppe des Rechtsbruchs bzw des Ausnutzens eines internationalen Rechtsgefälles (vgl die Gestaltung in BGH GRUR 1980, 858 ff [Asbestimporte]; KATZENBERGER IPRax 1981, 7, 9; vgl dazu Rn 374 ff).

348 In der *Kindersaugflaschen*-Entscheidung (BGH GRUR 1962, 243 ff) wich der BGH schließlich von dem Prinzip der weltweiten Geltung deutschen Wettbewerbsrechts und dem dem **Ubiquitätsprinzip** im Wettbewerbsrecht zugrundeliegenden Gedanken einer rein deliktsrechtlichen Behandlung von Wettbewerbsverstößen mit der Wahlmöglichkeit zwischen Handlungsort und Erfolgsort gänzlich ab. Der BGH rückte zwar nicht von der Einordnung des Lauterkeitsrechts in das Deliktsrecht mit der grundsätzlichen Maßgeblichkeit des Rechts des **Begehungsortes** ab, betonte jedoch, daß bezüglich des Rechts des unlauteren Wettbewerbs Besonderheiten gelten, die zu einer gegenüber dem Recht der unerlaubten Handlungen abweichenden Sichtweise zwingen. Das Lauterkeitsrecht gewähre kein Ausschließlichkeitsrecht an einem bestimmten Schutzobjekt, sondern diene der Verhinderung von Mißbräuchen im Konkurrenzkampf durch das Verbot des Einsatzes unlauterer Mittel. Weil diesem Schutzziel der Gedanke zu entnehmen sei, daß durch entsprechende Handlungen schutzwürdige Interessen der Konkurrenten beeinträchtigt würden, was das Wettbewerbsrecht vermeiden wolle, sei die Begehung unlauterer Wettbewerbshandlungen in der Regel nur dort möglich, wo wettbewerbliche Interessen der Mitbewerber aufeinanderstoßen (BGH GRUR 1962, 243, 245).

349 Damit war ein grundlegender Wandel der Rechtsprechung eingeleitet, der in der *Stahlexport*-Entscheidung fortentwickelt wurde. Für die Frage der Anwendbarkeit deutschen Rechts wurde in dieser Entscheidung als Konsequenz der Ausführungen in der *Kindersaugflaschen*-Entscheidung ausdrücklich der Grundsatz aufgegeben, daß sich deutsche Wettbewerber auch im Auslandswettbewerb untereinander nach deutschem Wettbewerbsrecht zu richten haben (NJW 1964, 969, 971 [Stahlexport]), insoweit also weltweit deutsches Wettbewerbsrecht Anwendung findet. Maßgeblich ist prinzipiell der **Ort der wettbewerblichen Interessenkollision**. Dies ist regelmäßig der Markt, auf dem die Produkte oder Dienstleistungen miteinander konkurrieren (BGH GRUR 1982, 495, 497 [Domgarten-Brand]). Nur an diesem Ort kann das Anliegen der Verhinderung unlauteren Wettbewerbsverhaltens berührt sein (so schon BGH GRUR 1962, 243, 245 [Kindersaugflaschen]). Damit ist keine Abkehr von der Maßgeblichkeit des Begehungsortes verbunden; vielmehr lokalisiert der BGH den Begehungsort in wertender Betrachtung am Interessenkollisionsort, ohne ihn deskriptiv als Handlungs- oder Erfolgsort zu verstehen (GK-SCHRICKER Einl UWG Rn F184; vgl OLG Düsseldorf WRP 1970, 149, 150, das den Ort der Interessenbeeinträchtigung als den Erfolgsort bezeichnet). Bloße im Inland liegende Initiativ- oder Vorbereitungshandlungen genügen für die kollisionsrechtliche Anknüpfung regelmäßig nicht mehr (vgl auch OLG Hamburg GRUR IntT 1987, 105, 107).

350 Die **Interessenkollisionslösung** behält auch nach dem Inkrafttreten des Gesetzes zum

C. Internationales Wettbewerbsprivatrecht

Internationalen Privatrecht für außervertragliche Schuldverhältnisse und für Sachen vom 21. 5. 1999 (BGBl I 1026) ihre **Gültigkeit** (s schon Rn 343 f). Die wettbewerbliche Interessenkollision dürfte im Zweifel eine „**wesentlich engere Verbindung**" iSd Art 41 Abs 1 EGBGB begründen (vgl auch Begr RegE BT-Drucks 14/343, 10; kritisch aus methodischen Gründen MANKOWSKI GRUR IntT 1999, 909, 910). Die Neukodifizierung des internationalen Deliktsrechts zeigt aber in aller Deutlichkeit, daß die allgemeinen deliktskollisionsrechtlichen Regeln im Wettbewerbsrecht nicht passen. Das gilt nicht nur für die wegen der besonderen Marktordnungsinteressen im Wettbewerbsrecht wohl unanwendbare gemeinsame Heimatanknüpfung gem Art 40 Abs 2 EGBGB (s dazu Rn 343, 477), sondern vor allem für die Anknüpfungsnorm des **Art 40 Abs 1 EGBGB**, wonach keine Anknüpfung an das Recht am Tatort als Handlungs- oder Erfolgsort mehr erfolgt, sondern stets primär an den **Handlungsort** mit einer Optionsmöglichkeit des Geschädigten für den Erfolgsort. Um unter Anwendung des Art 40 Abs 1 EGBGB dogmatisch die in der Rechtsprechung als Ausprägung des Begehungsortsprinzips entwickelte Marktortanknüpfung aufrechterhalten zu können, muß entweder der Interessenkollisionsort ausdrücklich als Handlungsort iSd Art 40 Abs 1 Satz 1 EGBGB qualifiziert und ein Bestimmungsrecht des Verletzten nach Art 40 Abs 1 Satz 2 EGBGB ausgeschlossen werden (ähnlich MANKOWSKI GRUR IntT 1999, 909, 910), oder es muß eine vom allgemeinen Deliktskollisionsrecht **gesonderte Anknüpfung im Wettbewerbsrecht** anerkannt werden. Letzterer Weg würde den systematischen und praktischen Besonderheiten des Lauterkeitsrechts am ehesten gerecht.

Der von der Rechtsprechung geprägte Interessenkollisionsbegriff ist vorrangig **konkurrentenbezogen** und orientiert sich am Begriff des **Wettbewerbsverhältnisses** im engeren Sinne als dem Verhältnis zwischen mehreren Wettbewerbern, die sich auf einem Markt um Geschäftsabschlüsse bemühen (vgl dazu BAUMBACH/HEFERMEHL Allg Rn 9). Eine mögliche Kollision der Interessen von Anbietern auf der einen und **Verbrauchern** auf der anderen Seite wird vom BGH bislang nicht als statutbegründend angesehen, auch dann nicht, wenn im Einzelfall Konkurrenten- bzw Marktordnungsinteressen am ausländischen Einwirkungsort fehlen (vgl BGH GRUR 1991, 463, 465 [Kauf im Ausland], wo ohne dies zu problematisieren auf das Recht am Einwirkungsort abgestellt wird; vgl dazu Rn 398). Das ist darauf zurückzuführen, daß die wettbewerbsrechtlichen Kollisionsregeln von der Rechtsprechung anhand von Fällen entwickelt wurden, bei denen es ausschließlich um Konkurrentenbeeinträchtigungen ging und Verbraucherschutzinteressen keine Rolle spielten (krit BERNHARD GRUR IntT 1992, 366, 371; vgl dazu auch Rn 401). Erst in jüngerer Zeit hat sich der Verbraucherschutz als ein Ziel des Wettbewerbsrechts verstärkt herausgebildet.

Deutsches Recht findet nach der *Stahlexport*-Entscheidung im Falle von **Auslandswettbewerb** deutscher Wettbewerbsteilnehmer nur dann ausnahmsweise Anwendung, wenn auf dem betreffenden Auslandsmarkt **ausschließlich inländische Wettbewerber** tätig sind, oder wenn sich eine Wettbewerbshandlung **gezielt gegen einen inländischen Mitbewerber richtet**, der dadurch im Wettbewerb ungehörig behindert wird (vgl auch BGH GRUR 1988, 916, 917 [PKW-Schleichbezug]). In der *Kauf im Ausland*-Entscheidung hat der BGH ausdrücklich offengelassen, ob darüber hinaus deutsches Wettbewerbsrecht auch dann anzuwenden ist, wenn sich etwa eine Werbemaßnahme zwar nicht gezielt gegen einen Mitbewerber, sondern **an inländische Abnehmer richtet** (BGH GRUR 1991, 463, 465; vgl dazu auch Rn 480). Damit war die Praxis des BGH, den

Begehungsort einer Wettbewerbshandlung grundsätzlich weit auszulegen, überwunden. Zum einen kommt es *regelmäßig* darauf an, wo die unmittelbare Wettbewerbshandlung stattgefunden hat, bzw an welchem Ort die Interessen der Wettbewerber kollidieren. Nur in den beiden vom BGH definierten **Ausnahmegestaltungen** wird abweichend davon auf den überwiegenden Inlandsbezug der Wettbewerbshandlung im Ausland abgestellt (vgl auch SPÄTGENS GRUR 1980, 473, 476, für den sich die den Ausnahmegestaltungen zugrundeliegenden Verhaltensweisen als personenbezogen und erfolgsausgerichtet und daher in unmittelbarer Nähe zum gewöhnlichen Deliktstatbestand darstellen). Im übrigen geht der BGH in der *Stahlexport*-Entscheidung zwar weiterhin von der Grundvoraussetzung des Vorliegens mindestens eines Teils der Wettbewerbshandlung im Inland aus. Die bloße Anlage einer Wettbewerbshandlung im Inland, wie die Versendung von Werbeschreiben (BGH NJW 1964, 969, 971 [Stahlexport]) oder die Kennzeichnung im Inland von ausschließlich für den Export vorgesehenen Waren (BGH GRUR 1982, 495, 497 [Domgarten-Brand]), genügt jedoch ohne die Feststellung der in der *Stahlexport*-Entscheidung genannten Voraussetzungen nicht für die Anwendung deutschen Rechts auf entsprechende Wettbewerbshandlungen. In den genannten Konstellationen, in denen der BGH gemeinsames deutsches Heimatrecht anwenden will, scheint er dies deswegen zu vertreten, weil er insoweit gleichsam einen deutschen Wettbewerb als in den ausländischen Marktraum verlegt ansieht (vgl ausdrücklich BGH GRUR 1991, 463, 465 [Kauf im Ausland], allerdings für die dortige Gestaltung offengelassen).

353 Eine Anwendung deutschen Wettbewerbsrechts scheidet aus, soweit eine Wettbewerbsmaßnahme in erster Linie das Interesse der Allgemeinheit auf dem ausländischen Markt berührt (BGH GRUR 1968, 587, 589 [Bierexport]; GRUR 1982, 495, 498 [Domgarten-Brand]). Der Auslandsbezug eines nach den oben dargestellten Rechtsprechungsgrundsätzen nach gemeinsamem deutschem Heimatrecht zu beurteilenden Wettbewerbsverhaltens kann darüber hinaus Auswirkungen auf die **materiellrechtliche** Beurteilung nach deutschem Wettbewerbsrecht haben. Dies gilt zunächst dann, wenn die im Einzelfall als verletzt in Betracht kommende inländische Vorschrift nach ihrem Zweck nur für den inländischen Wettbewerb Geltung beansprucht (NJW 1964, 969, 971 [Stahlexport]). Zum anderen führt die vom BGH bereits vor der *Stahlexport*-Entscheidung herausgestellte Notwendigkeit, bei der Prüfung des inländischen Wettbewerbsrechts die auf dem konkreten Auslandsmarkt herrschende Rechtsordnung und die anerkannten Gebräuche und Auffassungen zu berücksichtigen, dazu, daß vor allem leichtere Wettbewerbsverstöße auf dem Auslandsmarkt im konkreten Fall auch nach deutschem Wettbewerbsrecht nicht zu beanstanden sind (NJW 1964, 969, 971 [Stahlexport]; vgl schon BGH GRUR 1958, 189, 197 [Zeiss]). Dies gilt insbesondere im Rahmen des Sittenwidrigkeitsbegriffes nach § 1 UWG, aber auch für den Begriff der Verkehrsauffassung im Rahmen des § 3 UWG, für dessen Auslegung auf die Auffassungen auf dem Markt der angesprochenen Verkehrskreise abzustellen ist (vgl BGH GRUR 1982, 495, 497 [Domgarten-Brand]; vgl auch Rn 526).

354 Der BGH lehnt eine Übertragung der Grundsätze aus der *Stahlexport*-Entscheidung zur Anwendbarkeit deutschen Wettbewerbsrechts in Fällen eines Auslandswettbewerbs deutscher Konkurrenten auf Fälle des **Inlandswettbewerbs ausländischer Konkurrenten** ab. Anders als die allgemeine Kollisionsanknüpfung an den Ort der wettbewerblichen Interessenkollision faßt er diese Grundsätze somit nicht als **allseitige Kollisionsnorm** auf. In der Entscheidung *Ein Champagner unter den Mineralwässern*

führte der BGH aus, daß eine entsprechende Anwendung der in der *Stahlexport*-Entscheidung für die Anwendung deutschen Rechts aufgestellten Grundsätze auf wettbewerbliche Konflikte ausländischer Unternehmen auf dem deutschen Markt auszuscheiden habe (BGH GRUR 1988, 453, 454; vgl SANDROCK GRUR IntT 1985, 507, 518 f; SACK GRUR IntT 1988, 320, 325). Auch in Fällen, in denen auf dem **deutschen Markt ausschließlich ausländische Konkurrenten tätig** sind, kommt damit nicht das gemeinsame ausländische Heimatrecht zur Anwendung.

Der BGH nimmt bisweilen eine Eingrenzung der für einen konkreten Fall in Betracht kommenden Interessenkollisionsorte vor. In der *Tampax*-Entscheidung findet sich eine **subjektivierte Konkretisierung** des Interessenkollisionsortes. Hier ging es um die Frage der grenzüberschreitenden Wirkung einer Zeitschriftenwerbung, mithin einer typischen *multistate*-Problematik. Das beklagte in Großbritannien ansässige Unternehmen, das ausschließlich in der Schweiz Produkte vertrieb, für welche die Vertriebsrechte für das Gebiet der Bundesrepublik bei einem anderen Unternehmen lagen, warb in einer deutschsprachigen schweizerischen Zeitschrift für diese Produkte. Diese Zeitschrift erschien auch in der Bundesrepublik Deutschland. Die Beklagte berief sich darauf, daß Ort der wettbewerblichen Interessenkollision die Schweiz sei, da die betreffenden Werbeinserate ausschließlich auf den schweizerischen Markt gerichtet seien. Daher finde nur dort eine wettbewerbliche Interessenüberschneidung statt. Der BGH ging demgegenüber davon aus, daß Begehungsort der Wettbewerbshandlung auch das Gebiet der Bundesrepublik Deutschland sei, weil die das Inserat enthaltenden Zeitschriften mit einer im regelmäßigen Geschäftsbetrieb vor sich gehenden Versendung durch den Zeitschriftenverlag nach Deutschland gelangten (vgl auch OLG Köln GRUR 1953, 396, 396; OLG Stuttgart GRUR 1954, 131, 132) und die Werbung zumindest den Absatz des die Vertriebsrechte für das Gebiet der Bundesrepublik innehabenden Unternehmens fördere. Die grenzüberschreitende Wirkung der Werbung erachtete der BGH im konkreten Fall als „jedenfalls für den Bereich des deutschen Sprachgebietes" voraussehbar, woraus die Pflicht folge, sie „bei der Gestaltung der Werbung zu berücksichtigen" (BGH GRUR 1971, 153, 154 = JZ 1971, 731, 732 m Anm DEUTSCH [Tampax]). Daraus folgt, daß eine Interessenkollision zumindest dann nicht berücksichtigt wird, wenn der Wettbewerber eine entsprechende Einwirkung mit der Folge einer Interessenkollision nicht voraussehen kann (vorsichtiger SACK GRUR IntT 1988, 320, 328, wonach es hierauf nicht ankommen soll, soweit die Marktbeeinflussung spürbar ist; aA MOOK 67). Dies fügt sich schlüssig in die Dogmatik der Rechtsprechung ein, die nach wie vor davon ausgeht, daß das Recht des unlauteren Wettbewerbs im wesentlichen dem Deliktsrecht angehört. Denn bei einer vorrangig deliktsrechtlichen Betrachtungsweise, stellt sich die Frage, ob man eine Anknüpfung ablehnen muß, wenn und soweit der Verletzer die Anwendbarkeit des betreffenden Rechts nicht einkalkulieren konnte (so – allerdings auf dem Boden des Auswirkungsprinzips – BAUDENBACHER GRUR IntT 1988, 310, 319). Dies ist allerdings nur dann anzunehmen, wenn man es für erforderlich hält, Verschuldensfragen bereits bei der kollisionsrechtlichen Anknüpfung und nicht erst bei der sachrechtlichen Prüfung zu berücksichtigen. Hiergegen spricht, daß die Anwendbarkeit eines Wettbewerbsrechts noch nichts darüber aussagt, ob der Verletzer verantwortlich gemacht wird oder nicht (vgl zu objektiv aufgefaßten Zurechenbarkeitskriterien im Kartellkollisionsrecht Rn 120 ff).

Der *Tampax*-Entscheidung läßt sich darüber hinaus eine **Spürbarkeitsgrenze** entnehmen (dazu SCHRICKER GRUR IntT 1982, 720, 724; GK-SCHRICKER Einl UWG Rn F190; SACK

GRUR IntT 1988, 320, 328; REUTER BB 1989, 2265, 2267; MÖLLERING WRP 1990, 1, 7; aA JACOBS/ SCHULTE-BECKHAUSEN, in: Hdb des Wettbewerbsrechts § 28 Rn 14 Fn 46 und Rn 17), wenn der BGH unter Bezugnahme auf das RG (RG JW 1936, 1291, 1292) ein Handeln im Inland für den Fall ausschließt, daß nur gelegentlich einzelne Exemplare der die wettbewerbswidrigen Inserate enthaltenden Zeitschriften über die Grenzen gelangen. Diese Grenze ist jedoch nicht mit der kartellrechtlichen *de-minimis*-Regel verwandt, da es dem BGH dogmatisch nicht um die Feststellung vernachlässigbarer Wirkungen auf das Schutzgut Wettbewerb geht, sondern um die **Konkretisierung des deliktsrechtlichen Handlungsbegriffes** (vgl die entsprechende Erwägung im Rahmen der Verletzung des Persönlichkeitsrechts bei BGH GRUR 1978, 194, 195 [Profil]). Daher nimmt der BGH auch keine Betrachtung der Auswirkungen der Werbeverbreitung in Relation zu den konkreten Marktverhältnissen vor, etwa indem er die im Inland verbreitete Auflage mit der Auflage inländischer Werbeträger ins Verhältnis setzt (vgl WILDE, in: Hdb des Wettbewerbsrechts § 6 Rn 32) oder eine Umsatzbetrachtung anstellt (vgl KG WRP 1991, 111, 113 [LTU-Eurocard], allerdings nicht auf kollisionsrechtlicher, sondern auf **sachrechtlicher** Ebene). Es ist allerdings nicht auszuschließen, daß der BGH im Ergebnis eine den Besonderheiten des Wettbewerbsrechts gerecht werdende, schutzzweckorientierte Eingrenzung des Begriffes des Begehungsortes beabsichtigte (vgl auch BAUMBACH/HEFERMEHL Einl UWG Rn 187 aE). Dies würde die Weiterentwicklung des entsprechenden Minimalerfordernisses zu einer echten, auf die konkreten Wettbewerbswirkungen abgestimmten Spürbarkeitsklausel ermöglichen. Eine Spürbarkeit ist im übrigen nicht immer schon dann ausgeschlossen, wenn lediglich einzelne Exemplare eines Werbeprospektes in das Inland verbracht werden. So kann es im Falle einer Werbung für hochspezialisierte, teure Produkte mit einem begrenzten potentiellen Abnehmerkreis genügen, wenn nur einzelne die Werbung enthaltende Zeitschriftenexemplare regelmäßig in das Inland gelangen (OLG Hamburg GRUR IntT 1987, 105, 107). In solchen Fällen zahlenmäßig geringer Verbreitung kommt es aber darauf an, ob die Exemplare jedenfalls regelmäßig und im Rahmen des Vertriebs des Verlegers oder Herstellers in das Inland gelangen (BGH GRUR 1978, 194, 195 [Profil]).

357 Desweiteren nimmt der BGH eine Eingrenzung des Kreises kumulativ auftretender möglicher Begehungsorte über eine **Schwerpunktbetrachtungsweise** vor (vgl aber für Multistatedelikte auch Rn 360). In der Entscheidung *Ein Champagner unter den Mineralwässern* stellte der BGH darauf ab, daß durch Werbebehauptungen das zu schützende Interesse der Klägerin „in erster Linie deren wettbewerbliche Stellung auf dem Inlandsmarkt" betreffe (BGH GRUR IntT 1988, 357, 358). Auf dem Inlandsmarkt lag damit der Ort der wettbewerblichen Interessenkollision und nicht etwa auf dem gemeinsamen Heimatmarkt der beteiligten Unternehmen. Dies ist nicht mit der nach Auffassung des BGH kollisionsrechtlich unerheblichen Frage zu verwechseln, auf welchen Markt eine Wettbewerbshandlung in erster Linie gerichtet ist (vgl dazu BGH GRUR 1971, 153, 154 [Tampax]; Rn 474). Grundsätzlich findet sich eine Schwerpunktbetrachtung in der BGH-Rechtsprechung bereits seit der *Kindersaugflaschen*-Entscheidung, soweit auf den Interessenkollisionsort als Ort des Wettbewerbsschwerpunktes abgestellt wird (BGH GRUR 1962, 243, 245 [Kindersaugflaschen]; dazu WIRNER GRUR IntT 1962, 93, 94; SCHRICKER GRUR IntT 1982, 720, 722 f).

358 Schließlich will die Rechtsprechung allgemein **bloße mittelbare Auswirkungen** eines Wettbewerbsverhaltens auf Marktbereiche nicht für die kollisionsrechtliche Anknüpfung heranziehen (BGH GRUR 1991, 463, 465 [Kauf im Ausland]; GRUR IntT 1998, 617, 619

C. Internationales Wettbewerbsprivatrecht

[Gewinnspiel im Ausland]; vgl auch OLG Celle GRUR IntT 1977, 238, 240; s zur Unmittelbarkeit im Kartellkollisionsrecht Rn 120 ff, 175 ff). Wo dabei allerdings die Grenzen für eine nur mittelbare Förderung wettbewerblicher Interessen anzunehmen sind, ist offen. So hat der BGH eine statutbestimmende Interessenkollision in der Bundesrepublik Deutschland im Falle der Werbung eines britischen Vertreibers in der Schweiz angenommen, der in einer schweizerischen Zeitschrift für die von ihm vertriebenen Produkte warb, weil die Zeitschrift auch in die Bundesrepublik importiert wurde und die Inserate eine gewisse den Absatz fördernde Werbewirkung zugunsten des die entsprechenden Produkte in Deutschland vertreibenden Unternehmens entfalteten (BGH GRUR 1971, 153, 154 [Tampax]). Das beklagte Unternehmen hatte die Werbung in erster Linie und mit Schwerpunkt auf den schweizerischen Markt gerichtet, allerdings ohne in der Werbung deutlich zu machen, daß es ausschließlich für seinen eigenen Absatz und nicht für den Absatz des Produktes schlechthin, mithin auch in der Bundesrepublik Deutschland, werben wollte. Die zufällige Förderung des Absatzes der mit der Beklagten rechtlich und wirtschaftlich nicht verbundenen Vertriebsgesellschaft in der Bundesrepublik Deutschland stellt eine eher mittelbare Auswirkung der auf einen anderen Markt gezielten Werbung dar. Durch die ausdrückliche Nichtberücksichtigung der schwerpunktmäßig auf einen anderen Markt bezogenen **Finalität** der Wettbewerbshandlung in der Entscheidung *Tampax* (vgl auch OLG Frankfurt aM IPRspr 1990, Nr 155, 307, 309, wonach es ausschließlich auf eine tatsächliche Interessenkollision ankommt, aber auch KG WRP 1991, 111, 112 [LTU-Eurocard] wonach es darauf ankam, daß eine Werbeaktion die Förderung des Inlandswettbewerbs bezweckte) verwischen sich die Grenzen zwischen der Interessenkollisionslösung auf dem Boden der deliktsrechtlichen Betrachtungsweise und dem Auswirkungsprinzip.

Ob nach der Rechtsprechung eine **Statutenkumulation** als Folge der Bestimmung einer Mehrzahl in Betracht kommender Begehungsorte ausgeschlossen ist (so wohl GK-SCHRICKER Einl UWG Rn F185), kann anhand der bislang vorliegenden Entscheidungen nicht abschließend beurteilt werden, obwohl insoweit die Tendenz besteht, einen **einzigen Interessenkollisionsort** zu bestimmen. Für die Möglichkeit einer Bestimmung mehrerer Wettbewerbsschwerpunkte spricht die Entscheidung *Unternehmensberatungsgesellschaft I*, in der es um eine von einer schweizerischen Unternehmensberatungsgesellschaft in Zusammenarbeit mit einem deutschen Steuerbevollmächtigten organisierte wettbewerbswidrige Steuerberatungstätigkeit in Deutschland ging. Der BGH hielt es in dieser Entscheidung für möglich, daß sowohl in der Schweiz – etwa bei Absendung der brieflichen Beauftragung des Steuerbevollmächtigten von der Schweiz aus – als auch in Deutschland ein maßgeblicher Handlungsort liegen könne (BGH GRUR 1987, 172, 174; vgl hierzu GK-SCHRICKER Einl UWG Rn F192, der in der Entscheidung einen „isolierten Ausreißer" sieht; zustimmend dagegen BRANNEKÄMPER WRP 1994, 661, 664). Dies geht in dem konkreten vom BGH zu beurteilenden Fall allerdings sehr weit und würde zu einem nicht sachgerechten, überwiegend deliktischen Verständnis des Begriffs des Begehungsortes im Sinne des Handlungsortes führen. Letztendlich konnte der BGH die Frage, ob auch in der Schweiz ein maßgeblicher Begehungsort lag, offenlassen, weil sich der Kläger auf deutsches Recht berufen hatte und jedenfalls in Deutschland ein Ort der wettbewerblichen Interessenkollision lag. Prinzipiell erscheint es aber nicht ausgeschlossen, daß mehrere Interessenkollisionsorte, mithin mehrere Wettbewerbsschwerpunkte festgestellt werden können. Eine Anknüpfung ist dann im Einzelfall etwa sowohl an den Werbemarktort als auch an den Absatzmarktort möglich, soweit an beiden Orten die wettbewerblichen Interessen in beachtlicher Weise kollidieren. Es bleibt jedoch zu berücksichtigen, daß der BGH lediglich **mittelbare Auswirkungen** eines Wettbewerbsverhaltens auf Marktbereiche, insbesondere auf einen vom Einwirkungsmarkt abweichenden Absatz- oder Leistungsort nicht für die kollisionsrechtliche Anknüpfung heranziehen will (BGH GRUR 1991, 463, 465 [Kauf im Ausland]; GRUR IntT 1998, 617, 619 [Gewinnspiel im Ausland]; vgl auch OLG Celle GRUR IntT 1977, 238, 240; zum Begriff des **Absatzmarktes** Rn 371, 411) und schon dadurch die Annahme mehrerer Interessenkollisionsorte allenfalls ausnahmsweise in Betracht kommen wird.

360 Allerdings ist das Problem des Vorliegens mehrerer möglicher Orte, an denen wettbewerbliche Interessenkollisionen vorliegen, von der besonderen Problematik bei sogenannten **Streudelikten** (**Multistate-Delikte**) zu unterscheiden, bei denen die Wettbewerbshandlung zugleich mehrere Märkte erreicht. Dies betrifft vor allem die bedeutsamen Fälle der **Multistate-Werbung**. Jedenfalls bei letzterer geht die Rechtsprechung davon aus, daß nicht etwa nur derjenige erreichte Markt für die Anknüpfung maßgeblich ist, auf dem der **Schwerpunkt der Werbung** liegt (so ausdrücklich BGH GRUR 1971, 153, 154 [Tampax]; vgl GK-SCHRICKER Einl UWG Rn F189; LINDACHER WRP 1996, 645, 648). Vielmehr sind danach die Rechte sämtlicher erreichter Märkte heranzuziehen (OLG Hamburg GRUR IntT 1987, 105, 107; vgl auch OLG Frankfurt aM IPRspr 1990, Nr 155, 307, 309; vgl auch östOGH ÖBl 1998, 225, 227 [Haftgel]). Allerdings ist auch hier auf der Basis der Rechtsprechung zum einen an eine Eingrenzung der in Betracht kommenden Interessenkollisionsorte durch die Anwendung einer – durch die Rechtsprechung allerdings eng gehandhabten – **de-minimis-Regel**, andererseits an eine Eingrenzung im Rahmen der oben (Rn 355) beschriebenen subjektivierten Konkretisierung des Interessenkollisionsortes zu denken.

2. Schrifttum

361 Das Nachkriegsschrifttum ist weithin geprägt von einer kritischen Einschätzung des zunächst vom BGH im Anschluß an die Rechtsprechung des RG angenommenen Grundsatzes der weltweiten Geltung deutschen Wettbewerbsrechts im Auslandswettbewerb deutscher Konkurrenten untereinander (vgl etwa DEUTSCH 42, der in der Anwendung des Universalitätsprinzips Ausdruck eines nicht länger berechtigten Mißtrauens gegen fremde Wettbewerbsrechte sieht). Überwiegend wurde die vom BGH später angenommene Anknüpfung an den Ort der wettbewerblichen Interessenkollision vertreten, wobei allerdings erhebliche Unterschiede bei den Auffassungen hinsichtlich der Frage bestehen, inwieweit in bestimmten Fällen Ausnahmen von der Anknüpfung an den Ort der Interessenkollision zu machen sind. Andere Lösungsansätze kennzeichnet eine Anknüpfung an den Zielort der Wettbewerbshandlung, eine Fruchtbarmachung des Territorialitätsprinzips, des kartellrechtlichen Auswirkungsprinzips sowie eine Anknüpfung gemäß den spezifischen Sachnormzwecken oder staatlichen Rechtsanwendungsinteressen (dazu näher Rn 362 ff).

IV. Bestimmung des Wettbewerbsstatutes

1. Ansätze außerhalb der klassischen Anknüpfungsprinzipien

362 STEINDORFF schlägt **eigene Sachnormen** vor, die der besonderen Situation **international gelagerter Sachverhalte** gerecht werden, weil sich eine Unterwerfung entsprechen-

der Sachverhalte unter eine einzige nationale Rechtsordnung verbiete (STEINDORFF 128 ff; vgl die vom BGH in der *Zeiss*-Entscheidung geforderte Rücksichtnahme auf im Ausland herrschende Vorstellungen). Zur nach STEINDORFFS Auffassung gebotenen angemessenen Berücksichtigung der Internationalität werden die in Betracht kommenden Regelungen der von dem konkreten Sachverhalt berührten Rechtsordnungen ermittelt. Hier komme es auf das zahlenmäßige **Übergewicht einer bestimmten Regelung** innerhalb der Gruppe der berührten Rechtsordnungen an (STEINDORFF 186). Werden etwa durch eine Werbemaßnahme vier nationale Rechtsordnungen betroffen, von denen nur eine die Werbemaßnahme verbietet, so kommt diese letztere Rechtsordnung nach STEINDORFFS Lösung nicht zur Anwendung. Desweiteren werden **generalklauselartige Sachnormen** gefordert, die an die Stelle präziser nationaler Sachnormen treten sollen, um eine Beurteilung internationaler Sachverhalte unter Berücksichtigung einander widersprechender, nationaler Regelungen zu ermöglichen (STEINDORFF 187).

Der Ansatz von STEINDORFF steht damit außerhalb der Tradition des IPR. Ähnliches gilt für den Ansatz von JOERGES, der den internationalen Geltungsbereich von Rechtsnormen aus deren sozialpolitischen und ökonomischen Zwecken und Funktionen heraus bestimmen will (dazu WILDE, in: Hdb des Wettbewerbsrechts § 6 Rn 18). Internationalrechtliche Sachverhalte werden als „Kollisionen regulativer Zielvorstellungen und Störungen der Funktionen von Rechtsnormen" aufgefaßt, die staatlichen **Rechtsanwendungsinteressen** zuwiderlaufen (JOERGES RabelsZ 36 [1972] 421, 468). Bei der Bestimmung des internationalen Geltungsbereichs der Wettbewerbsnorm ist nach diesem Ansatz Rücksicht auf wirtschaftliche und politische Belange im Zusammenhang mit der Anwendung der inländischen Norm zu nehmen (JOERGES RabelsZ 36 [1972] 421, 469) und sind diese mit entsprechenden ökonomischen, staatlichen und politischen Zielen des anderen Staates abzuwägen. Das Ergebnis dieser Abwägung führt zur Entscheidung darüber, ob die konkrete Norm in dem jeweiligen auslandsbezogenen Sachverhalt angewendet werden muß. Die Lösung ähnelt dem aus völkerrechtlichen Gründen teilweise für notwendig gehaltenen allgemeinen Abwägungsgebot im Kartellkollisionsrecht (s Rn 115 ff). Eine Anwendung deutschen Wettbewerbsrechts auf Sachverhalte mit Auslandsbezug wird in den vom BGH in der *Stahlexport*-Entscheidung herausgearbeiteten Fällen eines Auslandswettbewerbs deutscher Unternehmen bei Fehlen ausländischer Konkurrenten auf dem betreffenden Auslandsmarkt und eines gezielten Eingriffs gegen einen inländischen Konkurrenten auch nach diesem Ansatz wegen eines überwiegenden deutschen Rechtsanwendungsinteresses in Betracht kommen.

2. Anknüpfung nach dem Sachnormzweck

Der kollisionsrechtliche Ansatz von DEUTSCH, eine Anknüpfung nach dem spezifischen Sachnormzweck der verletzten Norm vorzunehmen, zielt auf die kollisionsrechtliche Berücksichtigung der spezifisch durch das Lauterkeitsrecht geschützten Interessen. Er wird insoweit der Erkenntnis gerecht, daß sich die Besonderheiten des Rechts des unlauteren Wettbewerbs auch im Wettbewerbskollisionsrecht niederschlagen müssen, eine dem allgemeinen Deliktsprivatrecht entsprechende Behandlung sich mithin verbietet. Die sachnormzweckbezogene Anknüpfung führt jedenfalls in Fällen marktbezogener Wettbewerbsverletzungen (vgl aber Rn 326 ff), etwa bei Verstößen gegen abnehmerschützende (DEUTSCH 47) oder die Mitbewerbergesamtheit

(DEUTSCH 48) schützende Normen, zu einer Anwendbarkeit des **Rechts des jeweiligen Marktortes** (vgl STAUDINGER/vHOFFMANN [1998] Art 38 Rn 511), während in Fällen von direkten Eingriffen in individuelle Konkurrenteninteressen, die bei rein betriebsbezogenen Eingriffen zumeist vorliegen werden, gemeinsames Heimatrecht zur Anwendung kommt. Dieser Ansatz gleicht damit im Ergebnis, wenn auch bei unterschiedlicher theoretischer Herleitung, der Rechtsprechung des BGH zur wettbewerblichen Interessenkollision (WILDE, in: Hdb des Wettbewerbsrechts § 6 Rn 14). Unterschiede ergeben sich allerdings insoweit, als auch im Falle eines Wettbewerbs inländischer Konkurrenten auf einem Auslandsmarkt, auf dem ausschließlich inländische Mitbewerber tätig sind, das Recht des Marktortes und nicht das gemeinsame Heimatrecht zur Anwendung kommt (vgl DEUTSCH 48).

3. Territorialitätsprinzip (Schutzlandprinzip)

365 Teilweise wird aus der engen Verknüpfung von Lauterkeitsrecht und gewerblichen Schutzrechten gefolgert, daß die für den Bereich der gewerblichen Schutzrechte anerkannte Geltung des aus dem Territorialitätsgrundsatz folgenden kollisionsrechtlichen Schutzlandprinzips auf das Lauterkeitskollisionsrecht übertragen werden müsse (A TROLLER, IntEncCompL III Ch 34 [1980] Nr 14, 16; PEHLE LM Nr 10 zu Art 12 EGBGB [Anm]; REIMER/vGAMM, Wettbewerbs- und Warenzeichenrecht (5. Aufl 1987) Kap 6 Rn 3; BUSSMANN, Wettbewerbsverstöße und Warenzeichenverletzungen mit Auslandsbeziehung in der deutschen Rechtsprechung, in: Eranion Maridakis II 1963, 157). Insbesondere SANDROCK versteht internationales Lauterkeitsrecht, internationales Kartellrecht und internationales Immaterialgüterrecht als Teile eines einheitlichen Normenkomplexes, was dazu führt, daß diese Teilbereiche einer einheitlichen einseitigen Kollisionsnorm unterstellt werden (SANDROCK GRUR IntT 1985, 507, 522). Da etwa die kollisionsrechtliche Anknüpfung nach dem Schutzlandprinzip im Immaterialgüterrechtsschutz in entsprechenden Sachverhalten zu einem anderen Ergebnis führen kann (vgl aber auch STAUDINGER/vHOFFMANN [1998] Art 38 Rn 512, wonach die Anknüpfung an den Ort der wettbewerblichen Interessenkollision regelmäßig zu dem gleichen Ergebnis führt, wie die Anknüpfung an das Schutzland im Bereich der Kennzeichenbenutzung) als eine lauterkeitskollisionsrechtliche Anknüpfung, kommt es in Fällen, die sowohl nach Immaterialgüterrecht als auch zugleich nach Lauterkeitsrecht beurteilt werden können, zu Widersprüchen, die vermieden werden sollen (vgl schon Rn 333).

4. Wettbewerbsspezifische Anknüpfung

366 Notwendige Voraussetzung für eine wettbewerbsspezifische Anknüpfung ist die Erkenntnis, daß sich das Wettbewerbsrecht von seinen allgemeinen deliktsrechtlichen Wurzeln weithin entfernt hat und neben dem Individualschutz auch andere wesentliche Zielsetzungen verfolgt. Mindestens gleichrangiges, wenn nicht gar vorrangiges Ziel des Wettbewerbsrechts ist der Schutz des Leistungswettbewerbs. Das Wettbewerbsrecht ist Instrument zur Erzielung und Erhaltung eines Wettbewerbszustandes, welcher es ermöglicht, unternehmerische Leistung zu realisieren und zu fördern. Durch den Schutz des einzelnen Mitbewerbers erfolgt zugleich der Schutz des verzerrungsfreien Wettbewerbsgefüges mittels Verhinderung der Realisierung von Wettbewerbsvorteilen einzelner Konkurrenten, die auf einer mißbilligten wettbewerblichen Verhaltensweise beruhen. Das Lauterkeitsrecht dient mithin neben dem Individualschutz der einzelnen Konkurrenten dem Interesse der Allgemeinheit

C. Internationales Wettbewerbsprivatrecht

am verzerrungsfreien Wettbewerb und verläuft in dieser Zielrichtung parallel mit dem Kartellrecht und dem gewerblichen Rechtsschutz. Lauterkeitsrecht ist damit auch Marktordnungsrecht (so bereits WENGLER RabelsZ 19 [1954] 401, 415; vgl aber auch BAUMBACH/HEFERMEHL Einl UWG Rn 183). Daneben hat sich zunehmend der Verbraucherschutz als Ziel des Rechts des unlauteren Wettbewerbs etabliert. Der dem Wettbewerbsrecht im Gegensatz zum allgemeinen Deliktsrecht zugrundeliegende Aspekt des im Allgemeininteresse liegenden Schutzes des Leistungswettbewerbs und des Schutzes der Marktgegenseite hat zur Folge, daß die Wirkung von Wettbewerbsverstößen nicht erschöpfend punktuell bei einem konkreten Geschädigten festgestellt werden kann, sondern zugleich die Einwirkungen auf die Marktfunktionen und damit die Allgemeininteressen rechtserheblich sind. Ein geschütztes Rechtsgut im allgemeinen deliktsrechtlichen Sinne besteht bei unlauterem Wettbewerb im übrigen nicht. Vielmehr ist bereits das bloße Zuwiderhandeln gegen eine Verhaltensregel ohne einen bestimmten Schadenseintritt rechtswidrig (BAUMBACH/HEFERMEHL Einl UWG Rn 176). Der Begriff des **Schadensortes** ist damit im Wettbewerbsrecht nach traditioneller, aus dem Deliktsrecht folgender Auffassung bedeutungslos. Desweiteren steht im Wettbewerbsrecht, auch bedingt durch seine nicht rein individualschützende Funktion und den Umstand, daß es nach hergebrachter Auffassung auf einen Schadenseintritt nicht maßgeblich ankommt, nicht die Restitution, sondern der Gesichtspunkt der **Prävention** im Vordergrund (dazu bereits Rn 325).

Diese Besonderheiten des Lauterkeitsrechts gegenüber dem allgemeinen Deliktsrecht liegen den verschiedenen wettbewerbsspezifischen Anknüpfungsansätzen als Prämissen zugrunde. Eine Anknüpfung wird aus mehreren Blickwinkeln vertreten: Zum einen wird auf den Markt abgestellt werden, auf dem die Interessen der Konkurrenten aufeinandertreffen, oder betroffen sind. Daneben könnte aber auch der Marktort maßgeblich sein, auf dem auf die Marktgegenseite eingewirkt wird. Schließlich könnte es auf die Zielrichtung der Wettbewerbshandlung oder den Ort der Wettbewerbshandlung bzw den Schwerpunkt des Wettbewerbsverstoßes ankommen. **367**

Auf den **Ort der wettbewerblichen Interessenkollision** stellt KAMEN TROLLER ab, der damit die Rechtsprechung des BGH grundlegend beeinflußt hat. Der Ansatz lehnt die Übernahme der kollisionsrechtlichen Anknüpfungsbegriffe und -kriterien des allgemeinen Deliktsrechts ab (K TROLLER 127) und unterscheidet bei der Bestimmung des Ortes der wettbewerblichen Interessenkollision zwischen Fallgruppen, die sich im Absatzbereich eines Wettbewerbers abspielen und sich gegen den Absatz richten (K TROLLER 131 [„Angriffe gegen die Kapazität eines Unternehmens in seinem Absatzgebiet"]), und solchen, die sich betriebsbezogen auswirken, weil sie sich im Produktionsbereich des Wettbewerbers abspielen („Angriffe gegen die Fabrikationstätigkeit und Organisation eines Unternehmens"). Dies entspricht im Ergebnis weitgehend der verbreiteten Unterscheidung zwischen (unmittelbar) marktbezogenen und betriebsbezogenen Wettbewerbshandlungen (vgl dazu bereits Rn 324 ff). **368**

Zur Bestimmung des Ortes der wettbewerblichen Interessenkollision im einzelnen werden verschiedene Ansätze vertreten, die sich indes im Ergebnis kaum unterscheiden. Zum Teil wird auf den Ort abgestellt, an dem der **Schwerpunkt des Wettbewerbsverstoßes** liegt (WIRNER 106). Dieser Gedanke bestimmt auch die Rechtsprechung des BGH (vgl Rn 357 mwN). Einen anderen Ansatz stellt die Bezugnahme auf den Ort der **369**

Einwirkung auf die Marktgegenseite dar (SACK GRUR IntT 1988, 320, 330). Dieser Ansatz wird teilweise auch im Rahmen des Auswirkungsprinzips bei der Konkretisierung des Marktauswirkungsbegriffes herangezogen (vgl Rn 407). Dasselbe gilt für die Auffassungen, die entweder auf eine **Finalität** der Wettbewerbshandlung (HOEREN WRP 1997, 993, 998; RÜSSMANN K&R 1998, 422, 426) oder auf **Vorsatz** abstellen (zu subjektiven Gesichtspunkten im Rahmen des Auswirkungsprinzips vgl Rn 415 f). So wird von DEUTSCH, ausgehend von den Besonderheiten des Wettbewerbsrechts gegenüber dem allgemeinen Deliktsrecht, für die kollisionsrechtliche Anknüpfung bei **Streudelikten** (dazu Rn 360, 417) nur das **Recht des Hauptmarktes** für entscheidend gehalten, soweit Nebenmärkte weder absichtlich angesprochen noch beliefert werden. Aus dem Umstand, daß Mitbewerber treffende Handlungen regelmäßig erst bei Überschreitung der Lauterkeitsgrenze verboten sind und daß Wettbewerbsverstöße regelmäßig vorsätzlich geschehen, folge die Maßgeblichkeit der **vorsätzlichen Ausrichtung der Schadenszufügung** für die kollisionsrechtliche Anknüpfung (DEUTSCH JZ 1971, 732, 733). Eng verwandt mit diesem Ansatz ist die Auffassung, die insbesondere bei Streudelikten auf die **Vorhersehbarkeit** der Einwirkung auf einen anderen als den schwerpunktmäßig intendierten Markt abstellt. Dabei werden **Zumutbarkeitserwägungen** in die kollisionsrechtliche Anknüpfung einbezogen, indem das strengere Wettbewerbsrecht eines so ermittelten Begehungsortes ausnahmsweise dann nicht zur Anwendung kommen soll, wenn der Werbende durch das an diesem Ort geltende Werbeverbot einen in Abwägung mit den Interessen der Konkurrenten unverhältnismäßigen Wettbewerbsnachteil erleiden würde, soweit nicht eine räumlich getrennte Werbung zumutbar ist (MOOK 67).

370 Zumeist wird im Ergebnis als Ort der wettbewerblichen Interessenkollision bei den absatzbezogenen Wettbewerbshandlungen der jeweilige **Absatzmarkt** (SACK GRUR IntT 1988, 320, 330; zu Schwierigkeiten bei der Lokalisierung des Absatzmarktes im **Internet** DETHLOFF NJW 1998, 1596, 1601; krit zur Unterscheidung STAUDINGER/VHOFFMANN [1998] Art 38 Rn 533; vgl OLG Celle GRUR IntT 1977, 238, 240; s zum **Begriff des Absatzmarktes** auch Rn 371, 411), bei den produktionsbezogenen Handlungen dagegen der **Produktionsort** des angegriffenen Mitbewerbers gesehen. Im Falle von Werbemaßnahmen soll es ausschließlich auf den Ort ankommen, an dem sich die beworbenen Abnehmer befinden (**Werbemarkt**, STAUDINGER/VHOFFMANN [1998] Art 38 Rn 519; vgl BGH GRUR IntT 1988, 357, 358 [Ein Champagner unter den Mineralwässern]; GRUR 1991, 463, 464 [Kauf im Ausland]; GRUR IntT 1998, 617, 618 f [Gewinnspiel im Ausland]). Auch bei einem **Auseinanderfallen von Werbe- und Absatzmarkt** soll nach verbreiteter Auffassung letztendlich nur der Werbemarkt entscheidend sein (GK-SCHRICKER Einl UWG Rn F 204; vgl auch SACK ÖBl 1988, 113, 116; ders IPRax 1991, 386, 388; HERZIG WBl 1988, 251, 253; KOPPENSTEINER § 21 Rn 17 Fn 31; aA RUMMEL-SCHWIMANN § 48 Rn 11). Diese Vorrangstellung des Werbemarktes beruht auf einer Sichtweise, wonach der Schwerpunkt der Interessenkollision bei unlauteren Werbehandlungen bei der Einwirkung auf die Werbeadressaten liegt (GK-SCHRICKER Einl UWG Rn F203).

371 Nicht einheitlich aufgefaßt, allerdings auch nur vereinzelt problematisiert wird dabei der Begriff des **Absatzmarktes** (vgl etwa BERNHARD GRUR IntT 1992, 366, 370). Hierunter kann sowohl der Ort des Vertragsabschlusses (in diesem Sinne wohl BEYERLE, in: AnwHB Wettbewerbspraxis, Grenzüberschreitende Werbung Rn 22) oder der Ort der vertragsgemäßen Leistungserbringung (so offenbar BGH GRUR 1991, 463, 465 [Kauf im Ausland] mit der Unterscheidung zwischen dem Ort, an dem „der spätere Absatz" stattfinden soll und dem Ort, an dem die Kaufverträge abgeschlossen werden) bzw im Falle von neben die Hauptleistung tretenden

Vorteilen der Ort der Vorteilsgewährung zu verstehen sein (vgl WILDE, in: Hdb des Wettbewerbsrechts § 6 Rn 35), als auch der Ort des Marktes, von dem Kunden zugunsten des eigenen Absatzes akquiriert werden sollen (vgl STAUDINGER/VHOFFMANN [1998] Art 38 Rn 533, 536, der auf den Ort abstellt, an dem Marktanteile erobert werden sollen). Letzterer Auslegung des Begriffs des Absatzmarktes entspricht weitgehend die im Bereich des **Verbraucherschutzrechts** vertretene Marktortbestimmung, wonach als Marktort derjenige Ort anzusehen ist, an dem Angebot und Nachfrage zum Leistungsaustausch aufeinander treffen, wobei der Anbieter an dem betreffenden Ort vertriebsbezogen tätig geworden sein und damit ein entsprechendes Nachfrageverhalten ausgelöst haben muß (vgl LEIBLE, in: SCHULTE-NÖLKE/SCHULZE [Hrsg] 353, 386). Bedeutsam wird die Bestimmung des Begriffs des Absatzmarktes etwa in Fällen von an die Grenzbevölkerung benachbarter Staaten gerichteter Werbung mit **Rabatten oder Zugaben** für den Handel im Inland (vgl näher Rn 456 f). Stellt man insoweit auf den **Ort des Vertragsabschlusses** ab, so ist zwar im Hinblick auf die **Werbung** mit Rabatten oder Zugaben der Werbeort im Ausland für die kollisionsrechtliche Anknüpfung maßgeblich, für die Frage der **Zulässigkeit der Zugabe** bzw des Rabattes jedoch das Recht des Inlandes, weil hier der Absatz iSd angestrebten Vertragsabschlüsse stattfindet und die Rabatt- bzw Zugabegewährung eine Absatzmaßnahme darstellt. Geht man hingegen davon aus, daß der Absatzmarkt dort liegt, wo Kunden zugunsten des eigenen Inlandsabsatzes abgezogen werden sollen, so ist auf das Recht des Auslandes abzustellen.

Regelmäßig ist der Absatzmarkt als der Markt zu verstehen, auf dem die **Nachfrage** nach der Leistung erfolgt (vgl auch Rn 411). Im oben genannten Beispiel einer an ausländische Verbraucher gerichteten Rabattwerbung für einen inländischen Verkauf ist Absatzmarkt danach der **inländische Verkaufsort**. Stellt man dagegen darauf ab, daß der Anbieter seinen Absatz auf Kosten der auf dem Heimatmarkt der potentiellen Abnehmer befindlichen Anbieter steigern will (vgl STAUDINGER/VHOFFMANN [1998] Art 38 Rn 533), so wäre maßgeblich der **ausländische Markt**. Die Frage, wo letztlich Marktanteile erobert werden sollen, ist allerdings nur selten eindeutig zu beantworten. So dürfte in Fällen, in denen ausländische Anbieter inländische Verbraucher ausschließlich zu Werbeverkaufsveranstaltungen ins Ausland holen, ausgeschlossen sein, daß hierdurch potentielle auf den betreffenden Auslandsmarkt gerichtete Nachfrage von dem Anbieter angezogen werden soll; der Anbieter tritt nennenswert in unmittelbare Konkurrenz nur mit den Anbietern auf dem Heimatmarkt der potentiellen Abnehmer, die die angebotene Leistung auf dem Auslandsmarkt ohne die Werbeverkaufsfahrt nicht nachgefragt hätten (vgl zu diesem Aspekt auch Rn 493 f). Nicht eindeutig zu beurteilen ist hingegen der Fall der an ausländische potentielle Abnehmer gerichteten Rabattwerbung für einen inländischen Verkauf im Grenzgebiet, weil hiermit sowohl Nachfrage auf dem Auslandsmarkt als auch auf dem Inlandsmarkt beeinflußt wird. Das Abstellen auf den **inländischen Verkaufsort** in diesem Beispiel führt dazu, daß nach der Interessenkollisionslösung gegebenenfalls bei derselben Gestaltung zwei Anknüpfungsorte gegeben sein können, je nachdem, worauf man das Verbot des Verhaltens stützt. In dem genannten Beispiel kann danach etwa ein Verstoß gegen ein Zugabe- bzw Rabattverbot durch **Gewährung von Rabatten oder Zugaben** nur nach dem Recht des Verkaufsortes, an dem die Zugabe tatsächlich erfolgt, beurteilt werden (BECKMANN WRP 1993, 651, 654; zweifelnd mit beachtlichen Argumenten JOERGES RabelsZ 36 [1972] 421, 485; vgl – allerdings im Rahmen des dem Auswirkungsprinzip folgenden § 48 Abs 2 östIPRG – östOGH GRUR IntT 1992, 230, 231 [Digitaluhren]; dazu

SACK IPRax 1991, 386, 387). Geht es hingegen um die Frage eines Wettbewerbsverstoßes durch eine **Werbung mit dem Ankündigen von Rabatten oder Zugaben**, so soll es kollisionsrechtlich auf den Werbeort am Sitz der angesprochenen Verbraucher ankommen (so OLG Düsseldorf WRP 1970, 149, 150; **anders** östOGH GRUR IntT 1992, 230, 231 [Digitaluhren], wonach auch das **Ankündigen** von Zugaben nach dem Recht am Ort der Zugabegewährung zu beurteilen ist). Das führt dazu, daß eine an inländische Verbraucher gerichtete Werbung mit im Ausland zu gewährenden Rabatten, deren Gewährung am Werbeort unzulässig wäre, nach inländischem Wettbewerbsrecht zu beurteilen ist. Das gilt jedenfalls dann, wenn ein Verstoß gegen Normen des UWG, etwa § 3 UWG in Betracht kommt. Davon ist die Frage der Anwendbarkeit des RabattG für die im Inland erfolgende Ankündigung eines im Ausland zulässigen Rabattes zu unterscheiden (vgl Rn 462).

373 Diese Sichtweise ist bei **deliktsrechtlicher Betrachtung** damit begründbar, daß bei einer **Werbemaßnahme** der durch die unlautere Werbung beeinflußte Absatz lediglich den **Schadenseintritt** aus dem unlauteren Wettbewerbsverhalten darstellt, der kollisionsrechtlich allgemein als irrelevant gilt (vgl Rn 358; **anders** bei Zugrundelegung des **Auswirkungsprinzips**, vgl Rn 414). Dagegen stellt der Ort der Einflußnahme auf die Verbraucher den **Erfolgsort** der Handlung dar. Geht es demgegenüber um die Frage der Rabattgewährung selbst, so handelt es sich um eine **Absatzmaßnahme**, bei der der Ort, an dem sie erfolgt, gleichzeitig Erfolgs- und Schadenseintrittsort ist (BERNHARD GRUR IntT 1992, 366, 370).

374 Es ist weiterhin zu berücksichtigen, daß nach der Rechtsprechung gerade der Umstand, daß die Rabattgewährung am Verkaufsort, nicht aber am Werbeort zulässig ist, einen Gesichtspunkt für die Begründung der Sittenwidrigkeit einer Werbung mit derartigen Rabatten nach § 1 UWG wegen der darin liegenden **Ausnutzung eines internationalen Rechtsgefälles** begründen kann (vgl MÖLLERING WRP 1990, 1, 7). So ließ der BGH im Falle einer in Deutschland verbreiteten Zigarettenwerbung mit dem Versprechen, im Ausland bestimmte Rabatte zu gewähren, die Frage der Anwendbarkeit des deutschen Rabattgesetzes offen und berief sich auf eine Unvereinbarkeit der entsprechenden Werbung mit § 1 UWG (BGH GRUR 1977, 672, 674 [Weltweit-Club]; vgl dazu auch WILDE, in: Hdb des Wettbewerbsrechts § 6 Rn 50; krit SCHRICKER GRUR 1977, 646, 648; vGAMM EWS 1991, 166, 168, der hierin eine unzulässige Umgehung der kollisionsrechtlichen Vorgaben sieht; dem folgend KG WRP 1991, 111, 113 [LTU-Eurocard])

375 Eingeschränkt wird diese Rechtsprechung allerdings durch die sachrechtliche Berücksichtigung der **im Ausland bestehenden Rechtssituation** im Rahmen des § 1 UWG (vgl BGH GRUR 1980, 858, 860 [Asbestimporte]), wonach keine unlautere Ausnutzung eines internationalen Rechtsgefälles vorliegen soll, wenn eine im Ausland nach der dortigen Rechtsordnung hergestellte Ware ordnungsgemäß in das Inland eingeführt wird (dazu KATZENBERGER IPRax 1981, 7, 9). Der BGH, der den Gesichtspunkt einer unlauteren Ausnutzung des internationalen Rechtsgefälles heranzuziehen ablehnte, verneinte in der weiteren Begründung der *Asbestimporte*-Entscheidung die Sittenwidrigkeit, weil die anwendbaren ausländischen Rechtsnormen im Einklang mit „sittlichen Grundanforderungen, die an jede menschliche und staatliche Ordnung zu richten sind", standen. Die Fallgruppe des Ausnutzens eines internationalen Rechtsgefälles dürfte unter Berücksichtigung dieser Ausführungen allenfalls noch dann Bedeutung erlangen, wenn das nach kollisionsrechtlichen Maßstäben anwend-

bare Recht in besonders **grobem sittlichem Widerspruch zu den Wertungen des innerstaatlichen Rechts** steht. Insoweit würden sich diese Grundsätze jedoch zumindest teilweise mit *ordre-public*-Grundsätzen überschneiden, deren Anwendung die Heranziehung des jeweiligen ausländischen Recht hindern würde. Nach Auffassung des OLG München ist außerdem die Berücksichtigung der Ausnutzung eines internationalen Rechtsgefälles bei der Ankündigung von im Ausland zulässigen dort erfolgenden Rabatten auf Fälle begrenzt, in denen das ankündigende Unternehmen seine eigene Wettbewerbsfähigkeit fördern will (OLG München NJW-RR 1996, 107, 107 [Hotelgutscheine]).

Die Frage hängt eng mit dem Problem der **sachrechtlichen** Anwendbarkeit des RabattG auf die Ankündigung von im Ausland erfolgenden dort zulässigen Rabatten zusammen (vgl dazu Rn 462 ff). Wenn in dem dortigen Zusammenhang vertreten wird, auf sachrechtlicher Ebene habe eine Anwendung des RabattG auf die im Inland stattfindende Ankündigung von im Ausland zu gewährenden, dort zulässigen Rabatten wegen der Schutzzweckbegrenzung auf den inländischen Wirtschaftsbereich zu unterbleiben, so könnte daraus gefolgert werden, daß entsprechendes für die Frage gelten muß, ob die Ausnutzung eines nicht existenten Rabattverbotes im Ausland einen Verstoß gegen § 1 UWG hinsichtlich der Werbung mit dem Auslandsrabatt begründen kann. Problematisch könnte die Entscheidung *Weltweit-Club* auch vor dem Hintergrund der *Zeiss*-Entscheidung erscheinen, wonach die Wettbewerbswidrigkeit einer Handlung nach deutschem Wettbewerbsrecht entfallen kann, wenn das Verhalten nach ausländischem Wettbewerbsrecht nicht zu beanstanden ist (vgl auch Rn 461).

Der Grundsatz aus der *Zeiss*-Entscheidung kann allerdings nur begrenzt als Argument gegen eine Berücksichtigung der Ausnutzung eines fehlenden Rabattverbotes im Ausland herangezogen werden, weil es in dieser Entscheidung um kollisionsrechtlich nach deutschem Recht zu beurteilende Auslandshandlungen ging, während bei der Ankündigung des im Ausland zu gewährenden Rabattes eine reine Inlandshandlung vorlag. Gleichwohl ist auch im Rahmen eines zunehmend die Staatsgrenzen überwindenden Wirtschaftssystems an eine Ausdehnung dieser Grundsätze zu denken. Dabei ist auch zu berücksichtigen, daß allgemein mit einer Fallgruppe des Ausnutzens eines internationalen Rechtsgefälles marktsegmentierende Folgen verbunden sind, die jedenfalls im europäischen Binnenmarkt fragwürdig erscheinen. Zudem läge in einer derartigen Auslegung des § 1 UWG eine stark protektionistische Wirkung, die auch unter WTO-Gesichtspunkten problematisch ist (vgl auch SACK IPRax 1991, 386, 391 mwN).

Der Weg einer kollisionsrechtlichen Anknüpfung an den Ort der wettbewerblichen Interessenkollision wird heute im Schrifttum überwiegend vertreten (vgl BINDER RabelsZ 20 [1955] 401, 494; FRORIEP 59; SACK GRUR IntT 1988, 320, 322). Auch der BGH hat das Kriterium der wettbewerblichen Interessenkollision in der *Kindersaugflaschen*-Entscheidung und der *Stahlexport*-Entscheidung aufgegriffen, die **Unterscheidung zwischen absatzbezogenen und produktionsbezogenen Wettbewerbshandlungen** allerdings nicht explizit vorgenommen, sondern allgemein zwei Gestaltungen formuliert, in denen trotz Vorliegens von Auslandswettbewerb nicht das Recht des jeweiligen Auslandsmarktes, sondern das gemeinsame deutsche Heimatrecht der Konkurrenten maßgeblich sein soll. Einen ähnlichen Ansatz verfolgt BEITZKE, der grundsätzlich auf den **Ort der Interessenbeeinträchtigung** abstellt (BEITZKE JuS 1966, 139, 142). Dabei wird eine Anwendung gemeinsamen deutschen Heimatrechts auch bei einer gezielt gegen einen deutschen Konkurrenten gerichteten Wettbewerbshandlung abgelehnt, weil es aus der Sicht des Konkurrenten nicht bedeutsam sei, ob das jeweilige Wettbewerbsverhalten durch einen inländischen oder einen ausländischen Wettbewerber vorgenommen wird (in diesem Sinne auch WILDE, in: Hdb des Wettbewerbsrechts § 6 Rn 21). Maßgeblicher Gesichtspunkt für die Anwendung des Rechts des jeweiligen Marktortes ist dabei die Frage, ob dasselbe Wettbewerbsverhalten auf demselben Markt auch durch einen ausländischen Wettbewerber möglich und für diesen Fall das Recht des Marktortes einschlägig ist (BEITZKE JuS 1966, 139, 144). In der zweiten vom BGH in der *Stahlexport*-Entscheidung als Fall der Anwendbarkeit gemeinsamen Heimatrechts anerkannten Gestaltung einer ausschließlichen Präsenz deutscher Konkurrenten auf dem jeweiligen Auslandsmarkt wird die Anwendung des **Rechts der gemeinsamen Niederlassung** folgerichtig daher für möglich gehalten.

379 Die Regel der Anknüpfung an den Ort der wettbewerblichen Interessenkollision wird als **allseitige Kollisionsnorm** verstanden (SACK GRUR IntT 1988, 320, 323; BECKMANN WRP 1993, 651, 655), die neben der Anwendbarkeit deutschen Rechts auch eine Anwendbarkeit ausländischen Rechts feststellt (**anders** anscheinend OLG Frankfurt aM IPRspr 1990, Nr 155, 307, 309, wonach die Wettbewerbsordnungen mehrerer Absatzländer nebeneinander anwendbar sein können, sofern die Voraussetzungen nach dem **jeweiligen nationalen** Kollisionsrecht vorliegen). Hingegen stellen die vom BGH entwickelten Grundsätze für die Anwendbarkeit gemeinsamen Heimatrechts auf den Auslandswettbewerb deutscher Wettbewerber untereinander eine **einseitige Kollisionsnorm** dar (vgl Rn 354). Dies hat zur Folge, daß selbst im Falle eines Inlandswettbewerbs ausschließlich ausländischer Wettbewerber untereinander nicht entsprechend diesen Grundsätzen die Anwendung gemeinsamen ausländischen Heimatrechts in Betracht kommt, sondern jedenfalls deutsches Wettbewerbsrecht Anwendung findet (BGH GRUR IntT 1988, 357, 358 [Ein Champagner unter den Mineralwässern]; vgl auch allerdings ohne nähere Begründung OLG Hamburg WRP 1962, 264, 265).

5. Auswirkungsprinzip

380 Auch bei dem Ansatz, der eine Anknüpfung an das Recht des Marktes vornimmt, auf dem sich der Wettbewerbsverstoß auswirkt, handelt es sich grundsätzlich um einen wettbewerbsspezifischen Anknüpfungsansatz. Dieser unterscheidet sich von dem Ansatz, der auf die wettbewerbliche Interessenkollision abstellt, dadurch, daß er die Anwendung deutschen Wettbewerbsrechts an die **Auswirkungen** auf einen nationalen Marktbereich knüpft, ohne der Frage der **Einwirkung** primäre Bedeutung beizumessen. Einwirkung und Auswirkung in einem Marktbereich sind grundsätzlich unterschiedliche Begriffe; insbesondere kann der Ort der Einwirkung bei ein und derselben Wettbewerbshandlung von dem Ort der Auswirkung verschieden sein. Dies gilt etwa für Werbehandlungen, die dort einwirken, wo sich die Adressaten der Werbung befinden, sich aber nicht zwangsläufig nur dort – etwa beim veränderten Absatzvolumen in anderen Marktbereichen – auswirken. Die so verstandene Auswirkung einer Wettbewerbshandlung spielt nach traditionell deliktsrechtlichem Verständnis, das auch der Interessenkollisionslösung zugrunde liegt, keine statutbestimmende Rolle, weil sie lediglich mit dem **Schadenseintritt** einer verbotenen Handlung korrespondiert. Demgegenüber kommt es im Rahmen eines konsequent verstandenen kollisionsrechtlichen Auswirkungsprinzips gerade auf den Schadenseintrittsort in

C. Internationales Wettbewerbsprivatrecht

Hinblick auf den zu schützenden Wettbewerb an, weil das Wettbewerbsrecht in erster Linie als Marktordnungsrecht verstanden wird, das der Verhinderung der wettbewerbsverzerrenden Einflüsse des Verhaltens von Marktteilnehmern dient.

Diese Betrachtungsweise wird aus der Loslösung des UWG vom allgemeinen Deliktsrecht und seiner Entwicklung zum Marktordnungsrecht gefolgert (vgl WILDE, in: Hdb des Wettbewerbsrechts § 6 Rn 20), die zu einer konzeptionellen Annäherung an die Schutzziele des Kartellrechts geführt hat (vgl SCHRICKER GRUR IntT 1982, 720, 723). Hierdurch wird die traditionelle deliktsrechtliche Anknüpfung an den Begehungsort, die auch dem Interessenkollisionsansatz zugrundeliegt, als überholt angesehen (SCHRICKER GRUR IntT 1982, 720, 723; aA JACOBS/SCHULTE-BECKHAUSEN, in: Hdb des Wettbewerbsrechts § 28 Rn 10). Entscheidend ist nach diesem Ansatz, ob in dem fraglichen Sachverhalt der vom Gesetz verfolgte Interessen- und Institutionenschutz tangiert wird (SCHRICKER GRUR IntT 1982, 720, 723). Insoweit bestehen Parallelen zu dem kollisionsrechtlichen Ansatz, der eine Anknüpfung nach dem spezifischen Sachnormzweck vornimmt. Da als Schutzziel des UWG wie des GWB der Wettbewerb auf dem deutschen Markt angesehen wird, kommt es für die kollisionsrechtliche Anknüpfung ebenso wie bei der in § 130 Abs. 2 GWB normierten kartellrechtlichen Kollisionsregel auf die Auswirkungen auf dem deutschen Markt an (SCHRICKER GRUR IntT 1982, 720, 724; IPRax 1983, 103, 105). Probleme ergeben sich bei der Frage einer näheren Konkretisierung des Begriffes der Auswirkung. Ein zu weites Verständnis des Auswirkungsbegriffes läuft Gefahr, im Ergebnis einer universellen Anwendbarkeit deutschen Wettbewerbsrechts auf Sachverhalte mit internationalem Bezug nahe zu kommen, die es zu vermeiden gilt (insoweit zu Recht KREUZER, in: vCAEMMERER [Hrsg], Vorschläge und Gutachten zur Reform des deutschen internationalen Privatrechts der außervertraglichen Schuldverhältnisse [1983] 232, 251 f; STAUDINGER/vHOFFMANN [1998] Art 38 Rn 513; PAEFGEN GRUR IntT 1994, 99, 104). Deshalb werden innerhalb der Gruppe der Befürworter einer Übertragung des Auswirkungsprinzips auf das Recht des unlauteren Wettbewerbs verschiedene Konkretisierungsansätze vorgeschlagen. Zum Teil wird in Parallele zum Kartellkollisionsrecht auf die **tatsächlichen oder potentiellen Auswirkungen auf den Absatzmarkt** abgestellt (WENGLER RabelsZ 19 [1954] 401, 417). Dabei führen Auswirkungen auf mehreren Absatzmärkten zur faktischen Bindung des Wettbewerbers an das jeweils strengste Recht (vgl WENGLER RabelsZ 19 [1954] 401, 417; krit PAEFGEN GRUR IntT 1994, 99, 104). Denkbar ist auch das Abstellen auf die **Unmittelbarkeit** im Sinne einer **rule of remoteness** (REGELMANN 129 f). Dieser Ansatz wird in der überwiegenden Zahl der Fälle zu denselben Ergebnissen führen, wie die von der Rechtsprechung vorgenommene, kollisionsrechtliche Anknüpfung an den Ort der wettbewerblichen Interessenkollision, die über den Interessenskollisionsbegriff eine Bestimmung des Schwerpunktes (s Rn 357 mwN) eines wettbewerbsrelevanten Eingriffes vornimmt (so auch STAUDINGER/vHOFFMANN [1998] Art 38 Rn 513; vgl auch SCHWANDER, in: BAUDENBACHER [Hrsg], Das UWG auf neuer Grundlage [1989] 161, 177). Probleme ergeben sich dabei allerdings insoweit, als eine zu enge Handhabung des **Begriffs der Unmittelbarkeit** zu Widersprüchen mit den wettbewerbsrechtlichen Zielsetzungen in den potentiell betroffenen Marktbereichen führen kann. Unter diesem Aspekt erscheint es etwa nicht sachgerecht, Auswirkungen auf die Wettbewerbsposition von Unternehmen in ihrem Heimatmarkt bei der kollisionsrechtlichen Beurteilung von auf einem Auslandsmarkt stattfindenden Wettbewerbsaktivitäten mit der Begründung außer Betracht zu lassen, daß es sich insoweit nur um mittelbare Auswirkungen handle (vgl auch Rn 414 und zum Kartellrecht Rn 120 ff, 175 ff). Schließlich wird

381

eine Konkretisierung des Auswirkungsbegriffes mittels der Anwendung einer **de-minimis-Regel** bzw eine „kollisionsrechtliche **Spürbarkeitsgrenze**" vorgeschlagen (SCHRICKER GRUR IntT 1982, 720, 724; SACK GRUR IntT 1988, 320, 328; OESTERHAUS 61; KORT GRUR IntT 1994, 594, 599; ROHE 252; krit PAEFGEN GRUR IntT 1994, 99, 104 f).

382 Sowohl die wettbewerbsrechtliche Kollisionsnorm des **§ 48 Abs 2 östIPRG** als auch die wettbewerbsrechtliche Kollisionsnorm des **Art 136 Abs. 1 schwIPRG** gehen im Grundsatz von der Geltung des Auswirkungsprinzips aus. Die schweizerische Norm stellt auf das Recht desjenigen Staates ab, auf dessen Markt die unlautere Handlung ihre Wirkungen entfaltet. Das stellt eine gesetzliche Anerkennung des Auswirkungsprinzips dar, auch wenn insoweit auf die Verwendung des Begriffs der Auswirkung verzichtet wird (BAUDENBACHER GRUR IntT 1988, 310, 317; vgl aber auch STAUDINGER/vHOFFMANN [1998] Art 38 Rn 514 [Einwirkungsmarktrecht]). Im Ergebnis wird die Norm allerdings **handlungsbezogen** aufgefaßt, während die für Wettbewerbsbehinderungen geltende Kollisionsnorm des Art 137 Abs 1 schwIPRG das Auswirkungsprinzip aus der Sicht der betroffenen Marktteilnehmer umsetzt (DASSER/DROLSHAMMER, in: Kommentar zum schwIPRG Art 136 Rn 11). Die handlungs- bzw täterbezogene Ausprägung des Auswirkungsprinzips in Art 136 Abs 1 schwIPRG führt zu weitgehend identischen kollisionsrechtlichen Ergebnissen wie die vom BGH vorgenommene Anknüpfung nach dem Ort der wettbewerblichen Interessenkollision.

383 Schweizerische Gerichte vertreten in ständiger Rechtsprechung einen überwiegend deliktsrechtlichen Anknüpfungsansatz, der zur Anwendbarkeit des **Tatortrechts** führt (vgl BAUDENBACHER GRUR IntT 1988, 310, 315 mit Hinweisen auf die Rechtsprechung des BG). Dabei wird jedoch der besonderen Situation eines internationalen Sachverhaltes zum Teil dadurch Rechnung getragen, daß im Rahmen der **sachrechtlichen** Bewertung des Sachverhaltes mit Auslandsbezug Wertungen des jeweils kollisionsrechtlich verdrängten Wettbewerbsrechts ermittelt werden, um Wertungsdivergenzen zum nach der kollisionsrechtlichen Beurteilung anwendbaren eigenen Recht festzustellen. Sodann wird eine Gesamtbetrachtung der konkreten Umstände des Einzelfalles vorgenommen, wie etwa eines Interesses an der Durchführbarkeit bestimmter Werbemethoden, der Vermeidbarkeit einer Wettbewerbsauswirkung im Inland, der Absicht des Wettbewerbers, auf dem Inlandsmarkt aktiv zu werden (vgl Handelsgericht Zürich SJZ 1967, 145), sowie von Zumutbarkeitsgesichtspunkten (vgl BG GRUR IntT 1966, 455, 458). Von Ansätzen, die auf die Mittelbarkeit oder Erheblichkeit eines Wettbewerbsverstoßes bezogen auf einen nationalen Marktraum abstellen, unterscheidet sich diese **Zweistufenlösung** maßgeblich dadurch, daß die entsprechenden Kriterien nicht schon bei der kollisionsrechtlichen Beurteilung eine Rolle spielen (zur Übertragung einer sog „ergebnisbestimmten Interessenabwägung" auf kollisionsrechtliche Ebene BAUDENBACHER GRUR IntT 1988, 310, 319; vgl auch MOOK 67). Einer ähnlichen Methode bedient sich auch der BGH, der die Internationalität eines Sachverhaltes nach erfolgter kollisionsrechtlicher Anknüpfung an das deutsche Wettbewerbsrecht dadurch berücksichtigt, daß er sachrechtlich auf die auf dem jeweiligen Auslandsmarkt herrschenden Rechtsüberzeugungen abstellt (s Rn 460). Die **Anwendung gemeinsamen Heimatrechts** wird vom schwBG auch dann abgelehnt, wenn sich die Verletzungshandlung eines schweizerischen Unternehmens auf einem Auslandsmarkt gegen ein anderes schweizerisches Unternehmen richtet. Es bleibt in diesem Fall bei der Maßgeblichkeit des Auswirkungsprinzips (vgl BGE 117 II, 204, 206 f). Dies entspricht der herrschenden Auffassung im schweizerischen Schrifttum, das die Anwendbarkeit der

Ausnahmeklausel des Art 15 schwIPRG ablehnt (DASSER/DROLSHAMMER, in: Kommentar zum schwIPRG Art 136 Rn 17 mwN).

Auch § 48 Abs 2 östIPRG folgt dem Wortlaut nach dem Auswirkungsprinzip. Der österreichische Gesetzgeber hat die Sonderstellung des Wettbewerbsrechts gegenüber dem allgemeinen Deliktsrecht auch in der systematischen Stellung umgesetzt, indem er – in unmittelbarer Nachbarschaft zur allgemeinen deliktsrechtlichen Kollisionsnorm des § 48 Abs 1 östIPRG mit einer Anknüpfung an die *lex loci delicti comissi* (krit zu dieser systematischen Stellung im Zusammenhang mit dem allgemeinen Deliktsrecht SCHWIND 234) – den wettbewerbsrechtlichen Abs 2 mit einer eigenständigen Anknüpfung geschaffen hat. Die Vorschrift ist durch die Ausdehnung auf sämtliche Ansprüche, die sich aufgrund unlauteren Wettbewerbs ergeben können, der besonderen Interessenlage im Wettbewerbsrecht angepaßt und ein Vorbehalt, der entsprechend der Rechtsprechung des BGH in der *Stahlexport*-Entscheidung ausnahmsweise zur Anwendbarkeit des gemeinsamen Heimatrechts führen könnte, ist vom österreichischen Gesetzgeber bewußt nicht aufgenommen worden (EB zur RV, 784 Bgl NR XIV. GP 64). Das österreichische Schrifttum faßt Art 48 Abs 2 östIPRG als Ausdruck des kartellrechtlichen Auswirkungsprinzips auf (WILTSCHEK GRUR IntT 1988, 299, 300 f) und sieht darin ein Argument für die Bedeutung des Kartellrechts wie des Lauterkeitsrechts als Gesamtsystem „zur Funktionssicherung ein und desselben Ordnungsprinzips" (KOPPENSTEINER § 21 Rn 16). Teilweise wird das Auswirkungsprinzip des § 48 Abs 2 östIPRG einschränkend dahingehend ausgelegt, daß für die Bejahung einer Auswirkung auf einen bestimmten Markt maßgeblich sein soll, auf welchen Markt die unlautere Wettbewerbshandlung **abzielt**, wodurch bloße mittelbare Auswirkungen für die kollisionsrechtliche Anknüpfung ausscheiden (BRIEM 49). Diese Auffassung trägt mithin einen **finalen Aspekt** in die Auslegung des § 48 Abs 2 östIPRG. Dabei soll es stets auf die **Einwirkung auf die Marktgegenseite** ankommen.

Eine Anknüpfung an das **gemeinsame inländische Heimatrecht** bei Auslandswettbewerb österreichischer Unternehmen scheidet im Hinblick darauf aus, daß eine dem § 48 Abs 1 Satz 2 östIPRG entsprechende Norm für die Berücksichtigung gemeinsamen Heimatrechts im Rahmen des § 48 Abs 2 östIPRG nicht besteht (östOGH GRUR IntT 1986, 735, 737 [Hotel Sacher]). Dies entspricht einer konsequent marktordnungsbezogenen Sichtweise (vgl auch KOPPENSTEINER § 21 Rn 16).

Die Auslegung des Begriffes der Auswirkung auf den Inlandsmarkt iSd § 48 Abs 2 östIPRG durch den **östOGH** ist nicht eindeutig. Vor Inkrafttreten des IPRG hatte der OGH unter Berufung auf die deutsche Lehre die internationalprivatrechtliche Anknüpfung an den Ort der wettbewerblichen Interessenkollision anerkannt (östOGH ÖBl 1971, 147, 149 [Wiener Montag]). Dabei wurde gemeinsames österreichisches Heimatrecht in weitgehender Entsprechung zur *Stahlexport*-Entscheidung des BGH für anwendbar gehalten, wenn sich eine Wettbewerbshandlung **ausschließlich** zwischen Inländern abspielt und nur dazu bestimmt ist, den Konkurrenten bei einem ausländischen Lieferanten anzuschwärzen (östOGH ÖBl 1973, 17, 19; ÖBl 1975, 38, 39 [Prawda]; vgl aber Rn 385). In seiner *Fremdenverkehrsverband*-Entscheidung (ÖBl 1981, 71, 72) hatte der OGH nach der Rechtslage vor Inkrafttreten des § 48 Abs 2 östIPRG zu entscheiden und wiederholte die Maßgeblichkeit des Ortes der wettbewerblichen Interessenkollision (dazu WILTSCHEK GRUR IntT 1988, 299, 300). Hierzu führte er aus, daß er seine diesbezügliche ständige Rechtsprechung als mit dem § 48 Abs 2 östIPRG vereinbar erachte. Später berief sich der OGH für die Anwendung österreichischen Rechts jedoch nurmehr auf eine **Auswirkung** auf den österreichischen Markt, ohne eine nähere Begriffskonkretisierung vorzunehmen. Dabei wurde auf die Auswirkungen auf den Markt abgestellt, **auf dem auf die Marktgegenseite eingewirkt werden sollte**, bei Werbemaßnahmen auf den Ort, an dem die Abnehmer geworben werden sollen (**Werbemarkt**, vgl östOGH ÖBl 1982, 81, 82 [Küchenblock]; OGH ÖBl 1982, 122, 122 [Wärmepumpen]; GRUR IntT 1986, 270, 272 [Haushaltsgeräte-Werbefahrten]; ÖBl 1987, 44, 44 [Media-Markt Rosenheim]; GRUR IntT 1990, 239 [Kopfsalat]), bei Absatzmaßnahmen auf den **Absatzmarkt** (vgl östOGH Medien und Recht 1991, 150, 151 [Picadilly]; ÖBl 1998, 225, 227 [Haftgel]). Das vom OGH in diesen Entscheidungen erzielte kollisionsrechtliche Ergebnis entspricht letztlich der Anknüpfung an das Recht des Ortes der wettbewerblichen Interessenkollision, zumal der OGH bei Werbemaßnahmen **Rückwirkungen auf den Absatzmarkt** teilweise nicht für statuterheblich hielt (vgl östOGH ÖBl 1987, 44, 44 [Media-Markt Rosenheim] [„ausschließlich auf den österreichischen Markt auswirkt"]).

387 In einer neueren Entscheidung, die sich mit der Vereinbarkeit von Zugaben eines österreichischen Unternehmens durch eine in Ungarn stattfindende Verteilung von in Österreich einzulösenden Gutscheinen mit § 1 östZugG beschäftigte, hielt der OGH dagegen nicht den Werbe- bzw Ankündigungsmarkt für statutbestimmend, sondern den Absatzmarkt, weil sich die beanstandete Maßnahme „jedenfalls" auf den österreichischen Markt ausgewirkt habe (östOGH GRUR IntT 1992, 230, 231 [Digitaluhren]). In der Entscheidung ging es ausdrücklich auch um die wettbewerbsrechtliche Beurteilung der **Werbung** mit Zugabeversprechungen bzw der **Zugabeankündigung**. Auch das Gericht zweiter Instanz hatte für die an ungarische Abnehmer in Ungarn gerichtete Ankündigung der in Österreich einzulösenden Zugaben österreichisches Wettbewerbsrecht für anwendbar erachtet und damit nicht auf den Einwirkungsmarkt abgestellt. Die Aufhebung des Urteils des Gerichts zweiter Instanz durch den OGH hinsichtlich des zuvor ausgesprochenen Verbotes der Zugaben**ankündigung** beruhte auf prozessualen Gründen. Die Auswirkung der Zugabewerbung in Ungarn auf den österreichischen Absatzmarkt folgte aus dem Umstand, daß ungarische Verbraucher durch die Zugabewerbung nach Österreich gelockt wurden, die Werbung mithin den Absatz im österreichischen Marktbereich zu beeinflussen vermochte. Damit erscheint allgemein die kollisionsrechtliche Berücksichtigung der Rückwirkung von Werbemaßnahmen auf den Absatzmarkt möglich.

388 In einer Entscheidung des OLG Innsbruck wurde ebenfalls nicht der Ort der Einwirkung auf die beworbenen Verbraucher, sondern der Ort der **Auswirkung** auf einen – an sich branchenfremden – Absatzmarkt für die kollisionsrechtliche Anknüpfung herangezogen. Eine deutsche Fluggesellschaft hatte vorwiegend in den USA damit geworben, daß Kunden bei Buchung einer Flugreise nach Österreich kostenlose Leihskier samt Bindung erhalten würden. Das OLG Innsbruck wendete wegen der nachteiligen Auswirkungen der Werbung für die in Österreich ansässigen Skiverleiher und Skibedarfshändler das österreichische ZugabeG an (OLG Innsbruck bei WILTSCHEK GRUR IntT 1988, 299, 306 f). Diese Entscheidung kann nicht mehr als Auslegung des Auswirkungsprinzips iSd ausschließlichen Maßgeblichkeit einer **Einwirkung** auf die Marktgegenseite – jedenfalls in einem finalen Verständnis – angesehen werden. Sowohl Werbe- als auch Absatzmarkt der Reiseangebote waren für den Verletzer die Vereinigten Staaten. Dort sollte auf die Marktgegenseite eingewirkt werden. Allerdings führte das Einwirken auf die Marktgegenseite in den USA zu einer (mittel-

baren) Auswirkung auf dem österreichischen Absatzmarkt für Skibedarf (vgl auch Rn 410). Diese Auswirkung genügte für die kollisionsrechtliche Anknüpfung an das österreichische Wettbewerbsrecht (vgl aber BRIEM 49).

Die beiden letzteren Entscheidungen machen einen wesentlichen Unterschied des Auswirkungsprinzips gegenüber dem kollisionsrechtlichen Ansatz des BGH deutlich. Während der BGH bei der Statutbestimmung einen bestimmten Ort zu lokalisieren sucht, an dem die Interessen der Wettbewerber schwerpunktmäßig kollidieren, scheint der OGH bei der Anwendung des Auswirkungsprinzips des § 48 Abs. 2 östIPRG danach zu fragen, ob **jedenfalls auch** eine nennenswerte Auswirkung der Wettbewerbshandlung auf den inländischen Markt festzustellen ist (östOGH GRUR IntT 1992, 230, 231 [Digitaluhren]; vgl auch östOGH Medien und Recht 1988, 122, 124 [Apotheke Gottes III]; vgl dazu aber auch KOPPENSTEINER 480 Fn 32). Dem kollisionsrechtlichen Weg des OGH liegt wohl anders als dem Ansatz des BGH eine tendenziell unilaterale Betrachtungsweise zugrunde. Es geht nämlich nicht allein um die Feststellung eines gegebenenfalls berufenen, ausländischen Wettbewerbsrechts, sondern um die Feststellung der möglichen Anwendbarkeit österreichischen Wettbewerbsrechts. Gleichwohl wird § 48 Abs 2 östIPRG im Schrifttum als **allseitige Kollisionsnorm** aufgefaßt (KOPPENSTEINER 479; BRIEM 45; **aA** aus der Erwägung heraus, daß § 48 Abs 2 östIPRG den Schutz österreichischer Wettbewerber vor einer Benachteiligung auf Auslandsmärkten wegen der Anwendung strengeren österreichischen Rechts bezwecke HOYER ZfRvgl 1988, 98, 103; SCHWIND 235 Fn 19). 389

Soweit in Parallele zu § 130 Abs. 2 GWB bei der Frage der Anwendbarkeit deutschen Rechts auf das Schutzbedürfnis des Wettbewerbs auf dem deutschen Markt abgestellt wird, handelt es sich auch nach deutscher Lehre im Gegensatz zum Ansatz der wettbewerblichen Interessenkollision grundsätzlich um eine **einseitige Kollisionsnorm** (in diesem Sinne wohl SCHRICKER GRUR IntT 1982, 720, 724; vgl auch SANDROCK GRUR IntT 1985, 507, 518, 522, der allerdings das Auswirkungsprinzip mit dem Territorialitätsprinzip gleichsetzt; dazu krit SACK GRUR IntT 1988, 320, 327). Kommt es nämlich auf die Berührung des vom Gesetz im Hinblick auf den **deutschen Wettbewerb** verfolgten Interessen- und Institutionenschutz an, so ist aus diesem Gesichtspunkt lediglich die Frage nach der Anwendung deutschen Wettbewerbsrecht gestellt, nicht dagegen nach der Anwendbarkeit ausländischen Rechts. Das Verständnis des Auswirkungsprinzips als einseitige Kollisionsnorm entspräche damit der herrschenden Auslegung der kartellrechtlichen Kollisionsnorm des § 130 Abs 2 GWB (MünchKomm/IMMENGA nach Art 37 Rn 17; KORT GRUR IntT 1994, 594, 599 mwN; s Rn 71), die auf der Erwägung beruht, daß es nicht Aufgabe der deutschen Behörden und Gerichte sei, den Wettbewerb in anderen Staaten sicherzustellen (so MünchKomm/IMMENGA nach Art 37 Rn 19). 390

Im **Kartellrecht** wird für den Bereich der Privatrechtsverhältnisse der Ausbau des Auswirkungsprinzips zur allseitigen Kollisionsnorm für möglich gehalten (MARTINEK 94 f; vgl auch BÄR, in: FS Moser [1988], 143, 171 f; s näher Rn 78 ff). **§ 48 Abs 2 östIPRG**, der zumindest seinem Wortlaut nach dem Auswirkungsprinzip folgt, ist als allseitige Kollisionsnorm ausgestaltet (vgl auch Rn 389). Dasselbe gilt für die auf Wettbewerbsbehinderungen anzuwendende und wie § 130 Abs 2 GWB dem Auswirkungsprinzip folgende Kollisionsnorm des Art 137 Abs 1 schwIPRG (DASSER/DROLSHAMMER, in: Kommentar zum schwIPRG Art 137 Rn 1), sowie für die lauterkeitsrechtliche Kollisionsnorm des **Art 136 Abs. 1 schwIPRG**. 391

392 Gegen ein Verständnis des **kartellrechtlichen** Auswirkungsprinzips als allseitige Kollisionsnorm wird eingewendet, daß diese den Charakter des § 130 Abs 2 GWB als Norm des öffentlichen **Wirtschaftskollisionsrechts**, welche die Ordnung des deutschen Marktes bezweckt, verkennen würde (BASEDOW NJW 1989, 627, 633). Soweit man demnach der herrschenden Auffassung zur Zielrichtung des Lauterkeitsrechts folgt, die trotz eines auch dort bestehenden Marktordnungscharakters das individualrechtliche Interesse der geschädigten Konkurrenten im Sinne eines **deliktsrechtlichen** Verständnisses in den Vordergrund stellt, ergibt sich aus dieser Argumentation jedenfalls für eine **lauterkeitsrechtliche** Auswirkungskollisionsnorm kein Argument gegen eine allseitige Auslegung. Denn ein lauterkeitsrechtliches Auswirkungsprinzip wäre danach Bestandteil des internationalen **Privatrechts**. Aber auch soweit man das Lauterkeitsrecht in konsequenter Parallele zum Kartellrecht vorrangig als **Marktordnungsrecht** auffasst, ist bei Heranziehung eines globalen Verständnisses des Marktordnungsgedankens ein Vorrang der inländischen vor der ausländischen Marktordnung nicht gegeben (vgl aber BASEDOW NJW 1989, 627, 633 für § 98 Abs 2 Satz 1 aF GWB). Gegen eine entsprechende Auslegung des lauterkeitsrechtlichen Auswirkungsprinzips spricht auch nicht der Umstand, daß insoweit eine Mehrfachanküpfung möglich ist (vgl für das Kartellrecht MARTINEK 85 f; aA BASEDOW NJW 1989, 627, 633). Das **Auswirkungsprinzip** ist daher jedenfalls im Bereich des Lauterkeitsrechts als **allseitige Kollisionsnorm** zu verstehen (so für die Fallgruppe der Marktstörung auch GK-SCHRICKER Einl UWG Rn F 210; vgl auch LINDACHER WRP 1996, 645, 646). Von der Frage, ob man im Auswirkungsprinzip jedenfalls für den Bereich des Rechts gegen den unlauteren Wettbewerb eine allseitige Kollisionsnorm erblickt, hängt auch ab, welcher Ansatz zur Konkretisierung des Begriffes der Auswirkung vorzugswürdig ist (vgl dazu näher Rn 424 ff).

393 Gegen die Heranziehung des im Kartellrecht herrschenden Auswirkungsprinzips wird von den Vertretern der herrschenden Interessenkollisionslehre eingewandt, sie betone einseitig einen in diesem Ausmaß nicht vorhandenen Marktordnungscharakter des UWG und vernachlässige einen (primär) individualschützenden Charakter des Lauterkeitsrechts (DEUTSCH 46 f; K TROLLER 126 f; WIRNER 101 f; MünchKomm/KREUZER Art 38 Rn 238; STAUDINGER/vHOFFMANN [1998] Art 38 Rn 513). Dadurch verwische sie die Grenzen zum Kartellrecht (MünchKomm/KREUZER Art 38 Rn 234). Zwischen den Stimmen gegen ein lauterkeitsrechtliches Auswirkungsprinzip bestehen Unterschiede im Hinblick auf die Frage, ob ein individualschützender Charakter des UWG vorrangig vor einem marktschützenden Element besteht, oder ob beide Elemente als gleichbedeutend anzusehen sind. Weiterhin wird kritisiert, daß das Kriterium der Auswirkung auf einen Markt zu weit gefaßt sei und zu einem mit der überwundenen reichsgerichtlichen Rechtsprechung identischen Ergebnis führe, wonach mittels einer weiten Auslegung des Handlungs- und Erfolgsortes jederzeit die Anwendbarkeit deutschen Rechts auf Sachverhalte mit internationalem Bezug hergeleitet werden konnte (STAUDINGER/vHOFFMANN [1998] Art 38 Rn 513). Zudem führe die unsichere Auslegung des Begriffes der Auswirkung zu Rechtsunsicherheiten (WIRNER 103).

6. Stellungnahme

394 Für die Frage der praktischen Bestimmbarkeit des in Sachverhalten mit Auslandsbezug anwendbaren Wettbewerbsrechts scheidet die Forderung von STEINDORFF nach eigenen Sachnormen aus, da sie sich in einer freilich berechtigten Kritik an einem Fehlen internationaler Wettbewerbsmaßstäbe erschöpft, vorbehaltlich eines

derzeit noch nicht gegebenen, breiten, internationalen Konsenses im Bereich des Wettbewerbsrechts jedoch keinen praktikablen Lösungsweg bietet (vgl auch WIRNER 105; DEUTSCH 41; MünchKomm/KREUZER Art 38 Rn 234). In der Methodik des Ansatzes von JOERGES liegt zugleich die Schwäche seines Konzeptes im Hinblick auf eine praktikable kollisionsrechtliche Lösung: Die Notwendigkeit, eine komplexe Bestimmung von wirtschafts- und sozialpolitischen Zielsetzungen der in Frage stehenden Norm sowie des jeweiligen anderen Staates vorzunehmen, verhindert eine hinreichende Anknüpfungssicherheit (ähnlich STAUDINGER/vHOFFMANN [1998] Art 38 Rn 510).

Die **normzweckbezogene Anknüpfung** bietet ebenfalls keinen hinreichend geeigneten Ansatz, weil die meisten lauterkeitsrechtlichen Schutznormen nicht lediglich einen bestimmten Adressaten, bzw eine bestimmte Adressatengruppe schützen (so auch STAUDINGER/vHOFFMANN [1998] Art 38 Rn 511). Es fehlt mithin an einem eindeutigen Anknüpfungsmoment. Der Vorschlag, bei einem Schutzziel sowohl in Richtung der Konkurrentengesamtheit oder der Abnehmer als auch in Richtung der Individualinteressen einzelner Konkurrenten auf ein Rangverhältnis der Gerichtetheiten des Wettbewerbsverhaltens abzustellen (DEUTSCH 47: 1. Abnehmer – 2. Mitbewerbergesamtheit – 3. Interessen der einzelnen Konkurrenten; für eine hierarchische Wertung der im Wettbewerbsrecht beteiligten Interessen im Anschluß an DEUTSCH auch BRIEM 36), erscheint nicht ausreichend, weil er seinerseits auf einer Wertung beruht, die die Anknüpfung schon deshalb erschwert, weil die Bedeutung einzelner Schutzzwecke Wandelungen unterliegt, wie das Beispiel des Verbraucherschutzes zeigt. Das Abstellen auf die Richtung der Wettbewerbshandlung bringt zudem die Schwierigkeit mit sich, daß Wettbewerbshandlungen zumeist nach mehren Richtungen hin wirken (BAUMBACH/HEFERMEHL Einl UWG Rn 183). Probleme ergeben sich auch bei der Frage, ob in Fällen der Verletzung von Individualinteressen an den gemeinsamen Niederlassungsort von Verletzer und Geschädigten oder auch hier an den Marktort angeknüpft werden soll. Auch bei von der herrschenden Meinung als rein betriebsbezogene Eingriffe qualifizierten Verletzungen, wie etwa der Geschäftsehrverletzung, sind neben den individuellen Interessen des geschädigten Konkurrenten zumeist auch Interessen der Allgemeinheit am Schutz des Leistungswettbewerbs betroffen (dazu Rn 327; DEUTSCH 49 spricht im Anschluß an ULMER insoweit von mittelbaren Eingriffen in Interessen der Mitbewerbergesamtheit). Insoweit wäre auch eine Anknüpfung an das Marktortrecht denkbar, ohne daß man sagen kann, der gemeinsame Niederlassungsort habe für die Rechtswahl in jedem Fall Vorrang vor dem Marktort (so DEUTSCH 49). Der Gedanke einer Berücksichtigung des Schutzzwecks des Lauterkeitsrechts kann allerdings im Rahmen einer Anknüpfung nach wettbewerbsrechtlichen Marktauswirkungsgesichtspunkten herangezogen werden (dazu Rn 409).

Der Ansatz, der die kollisionsrechtliche Anknüpfung nach dem **Schutzlandprinzip** vornimmt, hat für sich, daß er der Konzeption eines ganzheitlichen in sich wertungsstimmigen Wettbewerbsschutzes durch Lauterkeitsrecht, Kartellrecht und Immaterialgüterrecht gerecht wird und diese Konzeption auf ein korrespondierendes **kollisionsrechtliches System eines internationalen Wirtschaftsrechts** überträgt. Die kollisionsrechtliche Systembildung nationalen Sachrechts ist entsprechend wertungskompatibel auszugestalten. Wertungswidersprüche infolge unterschiedlicher Anknüpfungskriterien werden so vermieden. Er ist indes gleichwohl abzulehnen, weil der dem kollisionsrechtlichen Schutzlandprinzip zugrundeliegende Territorialitätsgrundsatz auf der Vorstellung beruht, daß Immaterialgüterrechte aufgrund ihrer hoheitlichen Prägung territorial zu begrenzen sind (zu Lockerungen eines streng verstandenen Territorialitätsgrundsatzes insbesondere im Zusammenhang mit der wachsenden Globalisierung der Märkte vgl Rn 723). Aufgrund dessen, daß Immaterialgüterrechte als hoheitlich verliehene Ausschließlichkeitsrechte aufgefaßt werden, kann sich deren Schutz nach herkömmlicher Auffassung nur auf das jeweilige Hoheitsgebiet des verleihenden Staates erstrecken; das materielle Recht, welches die sachliche Schutzreichweite umschreibt, ist dadurch territorial begrenzt. Derartige Ausschließlichkeitsrechte werden durch das materielle Wettbewerbsrecht nach überwiegender Auffassung nicht gewährt, im übrigen allenfalls dann, wenn man den Schutz der unternehmerischen Innovationsleistung als originäres Ziel des Wettbewerbsrecht anerkennt und auf diesem Wege zu einem dem Schutz der immaterialgüterrechtlichen Rechtsposition vergleichbaren, lauterkeitsrechtlichen Schutz gelangt. Das Schutzlandprinzip eignet sich daher nicht als Anknüpfungsprinzip für das Wettbewerbsrecht (so auch SCHRICKER GRUR IntT 1973, 453, 459; MünchKomm/KREUZER Art 38 Rn 234; STAUDINGER/vHOFFMANN [1998] Art 38 Rn 512).

397 Die **Interessenkollisionslösung** stellt einen Ansatz dar, der geeignet ist, bei entsprechender Ausprägung weitgehend interessengerechte Ergebnisse zu erzielen. Er wird jedoch, jedenfalls in der Ausprägung, die er durch die Rechtsprechung des BGH erfahren hat, nicht dem gewandelten Verständnis eines Lauterkeitsrechts als Teil eines umfassenden Systems zum Schutz des unverfälschten Leistungswettbewerbs gerecht, weil das der Interessenkollisionslösung zugrunde liegende deliktsrechtliche Verständnis einseitig auf die verbotene Wettbewerbshandlung abstellt und den konkreten Schadenseintritt in Bezug auf den zu schützenden Wettbewerb nicht hinreichend berücksichtigt.

398 Nicht sachgerecht erscheinen vor allem die vom BGH für die Anwendbarkeit deutschen Wettbewerbsrechts auf Auslandswettbewerb deutscher Mitbewerber aufgestellten Grundsätze. Das gilt sowohl für die Fallgruppe eines **zielgerichteten Angriffs auf inländische Mitbewerber**, als auch für die Fallgruppe eines **Auslandswettbewerbs, der sich ausschließlich zwischen inländischen Mitbewerbern abspielt** (abl zu diesem Kriterium auch östOGH GRUR IntT 1986, 735, 737 [Hotel Sacher]; LINDACHER WRP 1996, 645, 648 f). Der BGH ist schon aufgrund dessen, daß er insoweit ausschließlich den Schutz des Wettbewerbs auf dem deutschen Markt im Auge hat, zur Vernachlässigung des Umstandes gezwungen, daß es aus Sicht des betreffenden Wettbewerbers keinen Unterschied ausmacht, ob der Angriff von einem inländischen oder einem ausländischen Wettbewerber ausgeht. Dies hat letztendlich zur Folge, daß jedenfalls bei der Fallgruppe eines gezielten Angriffes auf inländische Mitbewerber inländische Wettbewerber auf dem betreffenden Auslandsmarkt **Wettbewerbsverzerrungen** ausgeliefert sein können, die darauf beruhen, daß sie anderen Wettbewerbsnormen unterworfen sind, als die ausländischen Wettbewerber. Die Gefahr solcher Wettbewerbsverzerrungen ist allenfalls dann hinnehmbar, wenn man diese Fallgruppe lediglich bei Tatbeständen als gegeben ansieht, durch die ausschließlich Individualinteressen geschützt werden sollen (vgl MünchKomm/KREUZER Art 38 Rn 251; SACK IPRax 1991, 386, 389 mwN). Derartige Tatbestände sind im Bereich des Lauterkeitsrechts indes kaum noch denkbar (vgl Rn 327). Was die Fallgruppe eines Auslandswettbewerbs betrifft, der sich ausschließlich zwischen inländischen Konkurrenten abspielt, so ist es für den auf dem Auslandsmarkt agierenden Inländer regelmäßig kaum feststellbar, ob er tatsächlich ausschließlich mit inländischen Konkurrenten im Wettbewerb steht, so daß auch

C. Internationales Wettbewerbsprivatrecht

dieses Kriterium problematisch erscheint. Zudem kann im Einzelfall, jedenfalls ohne nähere Abwägung, zweifelhaft sein, ob der Umstand, daß in dem betreffenden Marktbereich nur inländische Konkurrenten vorhanden sind, ausreicht, um ein mögliches in diesem Marktbereich vorliegendes **Verbraucherschutzinteresse** zugunsten der alleinigen Anknüpfung an das Heimatmarktrecht der Konkurrenten generell außer Betracht zu lassen (dazu auch Rn 401). Allgemein erscheint schließlich fraglich, ob der Umstand, daß auf dem Auslandsmarkt ausschließlich inländische Wettbewerber agieren, ein **Marktordnungsinteresse** auf dem Auslandsmarkt generell entfallen lassen kann.

Zuzustimmen ist der Rechtsprechung des BGH im Ergebnis insofern, als bestimmte **399** Wettbewerbsverletzungen mit Auslandsbezug unter bestimmten Umständen (auch) deutschem Wettbewerbsrecht unterworfen sein müssen, weil sich die Inlandsbeeinträchtigung gegenüber der Auslandsbezogenheit zumindest als gleichrangig darstellt. Die Bildung von Fallgruppen für die Anwendbarkeit gemeinsamen deutschen Heimatrechts kann aber insgesamt allenfalls konsequent vorgenommen werden, soweit man sie als allseitige Kollisionsnorm versteht. Die Anknüpfung an das Recht der wettbewerblichen Interessenkollision bringt in Fällen, in denen die Interessenkollision im Ausland angenommen wird, das Regelungsinteresse ausländischen Wettbewerbsrechts im Hinblick auf die dortigen Marktverhältnisse zur Geltung. Die im Ausland stattfindenden Wettbewerbshandlungen betreffen unmittelbar die Wettbewerbsposition der in- oder ausländischen Konkurrenten auf dem ausländischen Markt (vgl BUSSMANN, in: Eranion in honorem Maridakis [1963] 157, 171). Dann ist es aber inkonsequent, bei Vorliegen bestimmter Fallgruppen von Auslandswettbewerb inländischer Unternehmen ausschließlich auf die Bezogenheit zum deutschen Inlandsmarkt abzustellen und nicht allgemein Fallgruppen zu bilden, bei denen man den überwiegenden Bezug zu einem bestimmten Marktbereich – sei er inländisch oder ausländisch – anerkennt, auch wenn sich der Wettbewerb nicht unmittelbar in diesem Marktbereich abspielt. Eine weitere Schwäche der Heimatanknüpfung unter Zugrundelegung der Lehre von der wettbewerblichen Interessenkollision liegt darin, daß sie als **Ausnahme von der grundsätzlichen marktorientierten Anknüpfung im Wettbewerbsrecht** formuliert werden muß (vgl auch MÖLLERING WRP 1990, 1, 3 f). Die Schwierigkeit der Rechtsprechung, in bestimmten Fällen gemeinsames Heimatrecht zur Anwendung zu bringen, liegt dogmatisch in der Prämisse der Interessenkollisionslösung begründet, daß das Lauterkeitsrecht Deliktsrecht darstellt und es für die kollisionsrechtliche Anknüpfung mithin auch insoweit grundsätzlich auf das Recht des Begehungsortes ankommt (vgl BGH GRUR 1962, 243, 245 [Kindersaugflaschen]; zuletzt GRUR IntT 1998, 617, 618 [Gewinnspiel im Ausland]). Jedenfalls in den Gestaltungen eines Auslandswettbewerbs inländischer Konkurrenten, in denen der BGH gemeinsames Heimatrecht zur Anwendung bringen will, kommt man mit dieser deliktsrechtlichen Sichtweise nicht zur im Ergebnis vielfach sachgerechteren Anknüpfung an das gemeinsame Heimatrecht, ohne Ausnahmen von der im Regelfall anzuwendenden Kollisionsregel mit entsprechend eng formulierten Voraussetzungen zu bilden. Denn der Begehungsort der Interessenkollisionslösung liegt hier regelmäßig auf dem Auslandsmarkt (vgl auch SPÄTGENS GRUR 1980, 473, 476, der insoweit gerade die Anwendung der klassischen Lehre vom Begehungsort iSd Möglichkeit einer Anknüpfung an den Erfolgsort im Inland versteht; vgl hier Rn 423). Das zeigt sich schon daran, daß der BGH für den Fall, daß auf dem betreffenden Auslandsmarkt auch ausländische Konkurrenten agieren, jedenfalls das betreffende ausländische Wettbewerbsrecht für einschlägig hält. Die

Aussage, daß in diesem Fall der Begehungsort im Ausland liegt, während er im Inland liegen soll, wenn auf dem Auslandsmarkt nur inländische Konkurrenten tätig sind, ist kaum plausibel, wenn man für die Feststellung der Interessenkollision nicht auf die Staatsangehörigkeit der konkurrierenden Wettbewerber abstellen will.

400 Ohnehin läßt sich auch unter Zugrundelegung der Interessenkollisionslehre ein für alle wettbewerbsrechtlich relevanten Tatbestände gleichermaßen geeigneter Anknüpfungspunkt, etwa im Sinne einer Einwirkung auf die Marktgegenseite, kaum ermitteln (vgl auch Rn 407). Eine Anknüpfung an das Recht des Werbemarktes ist etwa dann nicht angebracht, wenn nur ein einziger inländischer Konkurrent in einem ausländischen Marktbereich um Kunden wirbt, die die Leistung auf dem Inlandsmarkt nachfragen sollen, aber auf dem jeweiligen Auslandsmarkt nicht nachfragen würden. Hier wird man auch nach der Interessenkollisionslehre in der Regel davon auszugehen haben, daß der Ort der wettbewerblichen Interessenkollision auf dem Inlandsmarkt zu lokalisieren ist, weil auf dem Inlandsmarkt der Kampf um Marktanteile stattfindet. Warum jedoch in dieser Gestaltung die wettbewerblichen Interessen auf dem Inlandsabsatzmarkt liegen sollten, während sie auf dem Auslandswerbemarkt liegen würden, wenn dort mehrere inländische Konkurrenten auf potentielle Abnehmer durch Werbemaßnahmen einwirken, erscheint fragwürdig. Eine weitere Fallkonstellation bilden die Fälle **mittelbarer Wettbewerbsverhältnisse**, in denen beispielsweise eine bestimmte Werbung im Ausland für ein Produkt, das im Ausland abgesetzt wird, mittelbar einen Gewerbezweig im Inland zu beeinträchtigen vermag, der mit dem werbenden Unternehmen in diesem Marktsegment nicht unmittelbar konkurriert (vgl etwa den Fall OLG Innsbruck bei WILTSCHEK GRUR IntT 1988, 299, 306 f; s dazu näher Rn 388). Der Absatzmarkt für die eigentliche Leistung, – im Fall des OLG Innsbruck die Reiseleistung – und der Werbemarkt des Verletzers liegen hier im Ausland. Dort treffen die wettbewerblichen Interessen des Werbenden und der inländischen Anbieter jedoch nicht aufeinander, sondern in dem Marktbereich, in dem der mittelbar betroffene Gewerbezweig seinen Absatz erzielt bzw seine Leistung anbietet. Hier erscheint fraglich, ob es auf eine Einwirkung auf die Marktgegenseite des durch die Wettbewerbshandlung verletzten Unternehmens ankommen kann. Im Fall des OLG Innsbruck hatten die geschädigten inländischen Skiverleiher ihre Leistung auf dem jeweiligen Auslandsmarkt nicht unmittelbar angeboten, sondern waren deshalb betroffen, weil das werbende Unternehmen die potentiellen Nachfrager als Reisende in den Inlandsmarkt verbrachte und mit einer Zusatzleistung eine potentielle Nachfrage auf dem Inlandsmarkt verhinderte. Die Lokalisierung der Interessenkollision erfolgt naheliegend daher auf dem Inlandsmarkt, soweit man auf die Interessen der heimischen Anbieter der betreffenden Leistungen abstellt. Insgesamt erscheint eine ausschließlich auf einen Marktordnungscharakter des gesamten Systems zum Schutze des unverfälschten Wettbewerbs abstellende Auswirkungsanknüpfung sachgerechter, mag diese auch vielfach zu identischen Ergebnissen führen wie die Interessenkollisionslösung.

401 Ein weiterer Kritikpunkt liegt in der einseitig auf kollidierende Marktinteressen der betroffenen **Konkurrenten** abgestimmten Sichtweise der herkömmlichen Interessenkollisionslösung (vgl schon Rn 351). Bei Werbemaßnahmen stellt der BGH insoweit starr darauf ab, in welchem Marktbereich auf die Verbraucher eingewirkt wird, ohne dabei die Frage zu berücksichtigen, ob der Verbraucherschutzgesichtspunkt, der letztendlich Begründung für die Anknüpfung an das Recht des Einwirkungsmarktes ist (vgl DEUTSCH 60; MünchKomm/KREUZER Art 38 Rn 244), hierdurch nicht gerade unterlaufen wird (vgl BGH GRUR 1991, 463, 465 [Kauf im Ausland]). Das kann im Einzelfall zu einer nicht sachgerechten Verkürzung des **Verbraucherschutzes** aufgrund formeller Anknüpfungskriterien führen, obwohl ein Marktordnungsinteresse oder ein Konkurrenteninteresse in dem Marktbereich, dessen Wettbewerbsrecht danach zur Anwendung kommt, nicht gegeben ist.

Nachdem sich in neuerer Zeit der Verbraucherschutz als ein originäres Ziel des Wettbewerbsrechts herausgebildet hat, muß auch das Kollisionsrecht dies berücksichtigen. Dabei steht das Kriterium des Verbraucherschutzes allerdings nicht gleichbedeutend neben dem Konkurrentenschutz, der in einem marktordnungspolitisch verstandenen Wettbewerbsrecht nach wie vor vorrangig ist, zumal die Verbraucher durch einen effektiven, an den Erfordernissen des Leistungswettbewerbs ausgerichteten Konkurrentenschutz reflexartig mit geschützt werden. Es muß im Einzelfall eine Analyse der betroffenen Interessen erfolgen. Jedenfalls wenn danach ein Marktordnungsinteresse in dem konkreten Marktbereich, in dem auf die Verbraucher eingewirkt wird, nicht besteht, etwa weil der dortige Wettbewerb nur unbedeutend beeinflußt wird, ist es nicht angebracht, auf einen anderen Marktbereich bezogene Verbraucherschutzinteressen kollisionsrechtlich außer Betracht zu lassen (s näher Rn 495 ff, 505; zur möglichen kumulativen Berücksichtigung nach dem Auswirkungsprinzip vgl Rn 497). **402**

Diesen Vorgaben wird ein wettbewerbsrechtliches Auswirkungsprinzip im Ergebnis eher gerecht als die Interessenkollisionslösung des BGH. Allerdings wird in den einschlägigen Gestaltungen nach dem Auswirkungsprinzip eine Anknüpfung an das Heimatrecht der Verbraucher regelmäßig schon deshalb vorzunehmen sein, weil eine Marktauswirkung aufgrund einer beeinträchtigten Bedarfsdeckung am Heimatmarkt vorliegt, mithin zugleich Konkurrenteninteressen in diesem Marktbereich betroffen sind. **403**

Der Kritik seitens der Vertreter einer Anknüpfung an das Recht des Ortes einer wettbewerblichen Interessenkollision an der Heranziehung des **Auswirkungsprinzips** im Bereich des Wettbewerbskollisionsrecht ist entgegenzuhalten, daß sie auf einem traditionellen Verständnis der Zielrichtungen und Funktionen des Wettbewerbsschutzes beruht, welches angesichts der bestehenden und in weiterer Entwicklung begriffenen Globalisierung der Märkte nicht aufrechtzuerhalten ist. Auch die Vertreter eines Standpunktes gegen das internationalprivatrechtliche Auswirkungsprinzip außerhalb des Kartellrechts räumen ein, daß seit Inkrafttreten des UWG ein bedeutender Funktionswandel des Lauterkeitsrechts stattgefunden hat und sehen das Lauterkeitsrecht als Element eines umfassenden Wettbewerbsschutzes an. Die Heranziehung des Auswirkungsprinzips in diesem Rahmen ist angesichts eines solchen Funktionswandels, der das Lauterkeitsrecht in den unmittelbaren Funktionszusammenhang mit dem Kartellrecht stellt, folgerichtig und sachgerecht. Dadurch wird der Schritt hin zur Anerkennung des Umstandes getan, daß das Lauterkeitsrecht zwar deliktsrechtliche Wurzeln hat, sich vom Deliktsrecht funktionell aber weitestgehend losgelöst hat. Es liegt hierin zugleich die Überwindung der in Deutschland aus historischen Gründen bestehenden, traditionellen Trennung zwischen kartellrechtlichen und lauterkeitsrechtlichen Normenkomplexen. Dabei wird nicht bestritten, daß dem UWG auch ein individualschützendes Element innewohnt, welches aus **404** dem traditionellen Verständnis des Wettbewerbsschutzes bei der Entstehung des UWG folgt. Dieses tritt aber nach richtiger Auffassung hinter den Marktordnungsgedanken, der sich in dem durch das Lauterkeitsrecht bezweckten Schutz des Leistungswettbewerbs vor Wettbewerbsverzerrungen infolge nicht leistungsgerechten Wettbewerbsverhaltens von Marktteilnehmern manifestiert, zurück. Die gewandelten Anforderungen an einen effektiven Wettbewerbsschutz haben auch die Funktion des Lauterkeitsrechts maßgeblich verändert. Deshalb lassen sich Argumente (vgl WIRNER 102 Fn 16) gegen die Heranziehung des Auswirkungsprinzips im Recht des unlauteren Wettbewerbs aus den historischen Wurzeln des UWG kaum herleiten.

405 Konsequenterweise muß sich die Zielparallelität zwischen Lauterkeitsrecht und Kartellrecht nicht nur im Sachrecht, sondern auch in der kollisionsrechtlichen Bewertung in einer wertungskompatiblen Sichtweise ausdrücken. Schließlich nähern sich der kollisionsrechtliche Ansatz, der auf eine Marktauswirkung abstellt und der Ansatz einer wettbewerblichen Interessenkollision einander an. So zieht der BGH in der *Tampax*-Entscheidung etwa ein quantitatives Kriterium zur Bestimmung des im konkreten Falle anwendbaren Rechts heran, soweit er auf die Erheblichkeit der Einwirkung durch eine Werbung in einer schweizerischen Zeitschrift abstellt, die auch in der Bundesrepublik Deutschland vertrieben wurde (GRUR 1971, 153, 154 m Anm DROSTE). Dieses Abstellen auf die Erheblichkeit einer Absatzförderungsmaßnahme für einen bestimmten nationalen Markt ähnelt einer kartellrechtlichen Spürbarkeitsgrenze, auch wenn es dieser dogmatisch nicht entspricht (vgl Rn 356). Es macht aber die Annäherung an bestimmte Lösungsvorschläge aus der Gruppe der Vertreter eines lauterkeitsrechtlichen Auswirkungsprinzips anschaulich. So hat vor allem SCHRICKER die Heranziehung einer kollisionsrechtlichen Spürbarkeitsgrenze vorgeschlagen. Es wird deutlich, daß es, ohne die Heranziehung des Auswirkungsprinzips nach dem Vorbild des § 130 Abs 2 GWB ablehnen zu müssen, letztendlich um die **sachgerechte Inhaltsausfüllung des Begriffes der Marktauswirkung** geht. Im Rahmen einer solchen Inhaltsbestimmung des Auswirkungsprinzips lassen sich die Funktionsbesonderheiten des UWG gegenüber dem Kartellrecht erfassen (vgl KORT GRUR IntT 1994, 594, 598). Dies erscheint sachgerechter, als die überkommene funktionswidrige Einordnung des Lauterkeitsrechts in das Deliktsrecht zu verfestigen und den Marktordnungscharakter des UWG bei der konzeptionellen Bewertung dieses Rechtsgebietes zu vernachlässigen.

406 Dem Auswirkungsprinzip wird von seinen Kritikern eine Tendenz zur **ausufernden Anwendbarkeit deutschen Wettbewerbsrechts auf internationale Sachverhalte** vorgeworfen (vgl etwa STAUDINGER/vHOFFMANN [1998] Art 38 Rn 513). Dies folgt nicht zuletzt aus dem Umstand, daß bei einer vorrangig auf Beeinträchtigungen institutionell geschützter wirtschaftspolitischer Interessen abstellenden Anknüpfung eine Verdrängung der gesetzgeberischen Regelungsziele durch abweichende ausländische Rechtsvorstellungen tendenziell in geringerem Maße hingenommen wird, als bei einer vorwiegend privatrechtlich-deliktsrechtlichen Betrachtung (vgl WEBER GRUR IntT 1983, 26, 30; vgl zu diesem Gesichtspunkt auch Rn 44). Einer nicht sachgerechten Ausuferung der Anwendbarkeit inländischer Rechtsnormen kann aber zum einen bereits durch die Ausgestaltung des Marktauswirkungsprinzips im Sinne einer **allseitigen Kollisionsnorm** begegnet werden (dazu Rn 424). Denn es geht dann bei seiner Anwendung nicht darum, die Anwendbarkeit des deutschen Wettbewerbsrechts festzustellen, sondern um die Ermittlung einer gegebenenfalls auch ausländischen Rechtsordnung

zur sachgerechten Erfassung entsprechender Sachverhalte. Im übrigen zeigt sich, daß auch die Interessenkollisionslösung nicht einer weit dehnbaren Anwendbarkeit deutschen Wettbewerbsrechts vorzubeugen vermag, denn die Entscheidung, an welchem Ort etwa bei **Multistate-Werbung** oder bei **Wettbewerbsverstößen** im **Internet** die wettbewerblichen Interessen letztendlich aufeinanderstoßen, unterliegt einem breiten Beurteilungsspektrum.

Zum anderen können die befürchteten Folgen des lauterkeitsrechtlichen Auswirkungsprinzips durch eine an den Erfordernissen eines effektiven Wettbewerbsschutzes ausgerichtete Konkretisierung der Begriffe der **Auswirkung** und des **Auswirkungsmarktes** vermieden werden. Für die Eingrenzung des Begriffes der Auswirkung auf den Markt muß insoweit zunächst bestimmt werden, ob ausschließlich auf den Absatzmarkt abgestellt werden soll, wie WENGLER vorschlägt, oder ob maßgeblich der Markt sein soll, auf dem auf die Marktgegenseite **eingewirkt** werden soll (so offenbar KORT GRUR IntT 1994, 594, 599; BÄR 371, 375; vgl Rn 380 zur Rspr des östOGH). Kommt es auf letzteren Markt an, so würde sich das Auswirkungsprinzip von der Interessenkollisionslösung mit der Betonung der Einwirkung im wesentlichen kaum unterscheiden. Die Maßgeblichkeit der Einwirkung auf die Marktgegenseite wird gleichermaßen von Vertretern des Auswirkungsprinzips wie der Interessenkollisionslehre angenommen. Zumindest eine starre Zugrundelegung des Marktes der Marktgegenseite begegnet der gleichen grundsätzlichen Kritik, wie sie diesem Gesichtspunkt gegenüber im Rahmen der Interessenkollisionslösung begründet ist (dazu Rn 400). **407**

Ein grundsätzliches Problem der Bestimmung des für die Frage der Auswirkung maßgeblichen Marktes liegt dabei zunächst darin, daß die **räumlichen Marktbereiche** nicht zuletzt infolge der wachsenden Globalisierung oft nicht national abgrenzbar sind. Der Umstand, daß das Kollisionsrecht eine Zuordnung eines Sachverhaltes zum Regelungsbereich eines prinzipiell territorial begrenzten nationalen Sachrechts vornimmt, führt zu einer **Inkompatibilität der herangezogenen Begrifflichkeiten** mit den wirtschaftlichen Gegebenheiten. So können sich Werbemarkt und Absatzmarkt teilweise überschneiden und gleichzeitig auch territorial kaum trennbar sein, etwa in Fällen der grenzüberschreitenden Werbung in Grenzgebieten. Bezogen auf den Begriff des **Absatzmarktes** stellt sich hier etwa die Schwierigkeit, daß die nationalen Marktbereiche nach **wettbewerbsrechtlichen Maßstäben** nicht trennbar sind, weil der jeweilige räumlich relevante Markt regelmäßig nicht deckungsgleich mit dem nationalen Marktraum ist. Mithin ist ein etwa rein deutscher Absatzmarkt strenggenommen nicht feststellbar. Ähnliche Probleme sind verstärkt im Rahmen der **Internetwerbung** und des **Internethandels** bei Herausbildung des sogenannten „internationalen Marktplatzes" zu erwarten (DETHLOFF NJW 1998, 1596, 1601; vgl auch HOEREN NJW 1998, 2849, 2850, der auf eine „Deterritorialisierung des Rechts" durch das Internet hinweist). Gerade hieran zeigt sich, daß die überkommenen juristischen Mittel mit der bereits bestehenden Internationalisierung der Wirtschaft nicht Schritt halten konnten. Um so wichtiger erscheint es, auf die Schutzfunktionen des Wettbewerbsrechts gerade auch gegebenenfalls im Hinblick auf den **Schutz des internationalen Leistungswettbewerbs** abzustellen und, dies berücksichtigend, eine flexible allseitige Auswirkungsanknüpfung zu entwickeln. **408**

Für die Maßgeblichkeit der **Einwirkung auf die Marktgegenseite** nach der **Interessenkollisionslösung** läßt sich anführen, daß dieses Konzept am besten einer Sichtweise **409** angepaßt ist, wonach das Lauterkeitsrecht anders als das Kartellrecht bestimmte Verhaltensweisen verbietet und nicht in erster Linie auf einen wettbewerbsrelevanten Verzerrungserfolg abstellt. Danach kommt es für die Bestimmung des Wettbewerbsstatuts auf den Ort an, an dem sich die verbotene Handlung unmittelbar manifestiert, mithin auf den Ort, an dem auf die Marktgegenseite eingewirkt wird. Auch wenn dieser Gesichtspunkt auch im Rahmen der Bestimmung des Begriffes der Marktauswirkung bei Zugrundelegen des Auswirkungsprinzips eine Rolle spielen kann, ist es aber nicht sachgerecht und mit der gewandelten Funktion des UWG als Marktordnungsrecht in Parallele zum Kartellrecht nicht vereinbar, einseitig auf ein Handlungsverbot abzustellen. Andererseits ist nicht zu verkennen, daß die Regelungsstruktur des UWG Unterschiede gegenüber dem Kartellrecht dergestalt aufweist, als die Unterbindung unlauteren Wettbewerbsverhaltens **Verhaltenskontrolle** zum Schutze des unverfälschten Leistungswettbewerbs darstellt. Dieser Aspekt steht jedoch mit der Zurückdrängung sittlich-moralischer Maßstäbe bei der Bestimmung der Sittenwidrigkeit im Sinne des § 1 UWG zugunsten eines **wettbewerbsfunktionsbezogenen Verständnisses der Sittenwidrigkeit** nicht mehr im Vordergrund. Dies rechtfertigt es, bei der Konkretisierung des Begriffes der Marktauswirkung eine Abwägung zwischen einem Handlungselement und einem (funktionalen) Erfolgselement des Lauterkeitsschutzes vorzunehmen. Eine kollisionsrechtlich relevante Marktauswirkung kann danach sowohl im Falle einer Auswirkung auf den **Werbemarkt** vorliegen, als auch im Falle einer Auswirkung auf den **Absatzmarkt** bzw dem Markt, an dem die **vertragsgemäße Leistung** erfolgt, oder dem **Niederlassungsmarkt**, je nachdem, wo die **Schutzfunktion** des Lauterkeitsrechts betroffen ist (vgl zu einem ähnlichen Aspekt im Rahmen der normzweckbezogenen Anknüpfung Rn 395).

410 In der Regel wird allerdings der Ort, an dem die vertragsgemäße Leistung tatsächlich erbracht wird, wettbewerbskollisionsrechtlich gegenüber dem **Absatzort** von untergeordneter Bedeutung sein. Daran ändert sich auch dann nichts, wenn man in der Erfüllung und der Geltendmachung von Ansprüchen aus dem Vertrag Wettbewerbshandlungen im Sinne des UWG sieht (vgl OLG Stuttgart NJW-RR 1990, 1081, 1083; ablehnend SACK IPRax 1992, 24, 26), weil es ausschließlich auf die im Einzelfall festzustellende, konkrete Berührung der wettbewerblichen Schutzinteressen ankommt. Der Ort einer wettbewerbsrelevanten Auswirkung hängt regelmäßig nicht mit der **Leistungserbringung** als solcher zusammen, sondern es kommt bei **Absatzhandlungen** darauf an, wo die Abnehmer die möglicherweise an einem anderen Ort zu erbringende Leistung normalerweise nachfragen (vgl insoweit OLG Stuttgart NJW-RR 1990, 1081, 1083 sowie hier Rn 411). Ein Beispiel für eine Gestaltung, in der der **Leistungserbringungsort** gegenüber dem Werbeort und vor allem auch dem Absatzort nach dem Auswirkungsprinzip von Bedeutung ist, ist dagegen etwa der Fall, in dem ein Reiseunternehmen im Inland für den Abschluß von Reisen ins Ausland mit Zugaben wirbt, die bei Ankunft am ausländischen Zielort gewährt werden sollen (vgl die Gestaltung in OLG Innsbruck bei WILTSCHEK GRUR IntT 1988, 299, 306 f; vgl dazu auch Rn 388). Werbeort und Absatzort für die entsprechenden Reisen, zu deren Buchung die Verbraucher durch die Zugabe bewegt werden sollen, liegen im Inland. Dort sollen Marktanteile erobert werden. Nach dem Auswirkungsprinzip ist hier wegen der Auswirkungen auf den sachlich relevanten Markt bezüglich von Urlaubsreisen eine Anknüpfungsmöglichkeit an das Recht des Inlands gegeben. Zugleich aber wirkt sich die Zugabe unter Umständen kollisionsrelevant auf den ausländischen Markt am Zielort aus, soweit die Wettbewerbsverhältnisse im Bereich des sachlich relevanten Marktes, in den die

Zugabe fällt, betroffen sind. Die Leistung der Zugaben führt zu einer wettbewerbsrelevanten Bedarfsdeckung am Zielort.

Unter dem Begriff des **Absatzmarktes** ist der Ort zu verstehen, an dem die **Nachfrage** 411
nach der Leistung befriedigt wird (s auch Rn 372). Dieser Ort ist nicht identisch mit
dem Ort der vertragsgemäßen Leistungserbringung; vielmehr wird der Absatzort
regelmäßig am **Ort des Vertragsabschlusses** liegen. Das ist jedoch nicht zwingend,
weil die Frage, wo letztendlich der Vertrag zustande kommt, von Umständen abhängt, die wettbewerbskollisionsrechtlich nicht von Bedeutung sein können (vgl auch
STAUDINGER/VHOFFMANN [1998] Art 38 Rn 533, der allerdings den Absatzmarkt als den Markt definiert, von dem zugunsten des eigenen Absatzes Kunden abgezogen werden sollen).

Schwierigkeiten bereitet die Lokalisierung des Absatzmarktes im Falle von **Absatz-** 412
handlungen im Internet. Verstärkt wird im Internet nicht nur Werbung für außerhalb
des Netzes zu erbringende Leistungen getätigt, sondern die Leistungen werden in
Form von Dienstleistungen oder Lieferung digitalisierter Produkte im Netz selbst
erbracht. Für **grenzüberschreitende Leistungserbringung auf Bestellung** sieht SACK
generell am Sitz des leistungserbringenden Unternehmens den entscheidenden
Marktort (GRUR IntT 1988, 320, 324). Richtigerweise ist in solchen Fällen der Ort, an
dem die Nachfrage nach der betreffenden Leistung erfolgt, nicht generell der Sitzort
des Anbieters, sondern der Sitz des Nachfragers. Am Sitz des Nachfragers muß der
Anbieter sein Angebot an den Nachfrager richten und hier wird die **Nachfrageaktivität** entfaltet. Das gilt vor allem für das **Internet**, bei dem das **virtuelle Handelsforum**
gleichsam auf dem Terminal des potentiellen Nachfragers lokalisierbar ist, das mit
dem jeweiligen Internetserver verbunden ist. Eine andere Beurteilung ergibt sich
hierzu auch nicht aus der **Parallelsicht zu den Fällen, in denen Verbraucher sich ins
Ausland begeben, um dort Waren ausländischer Anbieter zu erwerben** (vgl aber SACK
GRUR IntT 1988, 320, 324). Der Absatzort ist in diesem Fall im Ausland zu lokalisieren,
weil die unmittelbare Nachfrage in Konkurrenz zu den dortigen anderen Anbietern
im dortigen Marktbereich erfolgt. Zu beachten ist dabei allerdings, daß die **kollisionsrechtliche Bewertung** – unabhängig von der Lokalisierung des Absatzortes – eine
Anknüpfung auch an das Wettbewerbsrecht anderer Orte als der eigentliche Absatzort ergeben kann (s Rn 418).

Eine einseitige Berücksichtigung des Absatzmarktes in diesem Sinne wird ebenso wie 413
eine einseitige Betonung des Werbemarktes bzw Einwirkungsmarktes der marktordnungsorientierten Schutzrichtung des Lauterkeitsrechts nicht gerecht. Es kommt
stets auf die Schutzfunktion des Lauterkeitsrechts im konkreten Fall an. Eine starre
Anknüpfung an das Recht des Absatzmarktes ist insbesondere bei unlauteren Verhaltensweisen im Zusammenhang mit Werbung häufig aufgrund der Schutzbedürftigkeit des Werbemarktes, auf dem die Anbieter auf die potentiellen Abnehmer
einwirken, nicht interessennah. Allerdings wäre eine **unbedingte Anknüpfung an
das Recht des Werbemarktes** zu stark einer vorwiegend handlungsorientierten Sichtweise ohne Berücksichtigung der Funktionsinteressen des Wettbewerbsprozesses
verhaftet. Im Einzelfall kann sich daher gegebenenfalls auch bei Werbemaßnahmen
ergeben, daß nicht der Werbemarkt, sondern – zumindest kumulativ – auch der
Absatzmarkt anknüpfungserheblich ist, wenn sich die Werbung hierauf auswirken
kann.

414 Oft wird eine nicht unbedeutende Einwirkung auf die Marktgegenseite am Ort der Werbezielgruppe zu erheblichen Auswirkungen auf einem **Absatzmarkt** oder unter bestimmten Umständen auch auf dem **Niederlassungsmarkt** des Konkurrenten führen. So sind Fälle denkbar, in denen durch gezielte Marketingmaßnahmen in ausländischen Marktbereichen eine beträchtliche Wirkung im Hinblick auf die Stellung des Wettbewerbers auf dem Absatzmarkt, an dem letztendlich die Nachfrage erfolgt, oder dem Inlandsmarkt, der dem Niederlassungsmarkt entspricht, erzeugt wird. Derartige Wirkungen werden allerdings von der herrschenden Rechtsprechung regelmäßig wegen der ihr innewohnenden **Mittelbarkeit** als kollisionsrechtlich irrelevant angesehen (vgl OLG Celle GRUR IntT 1977, 238, 240; zur in solchen Fällen erforderlichen Heranziehung des Auswirkungsprinzips im Bereich des **Markenrechts** FEZER Einl MarkenG Rn 189, § 14 Rn 19 u hier Rn 730 ff). Dann ist dem Marktordnungscharakter des Lauterkeitsrechts insoweit Rechnung zu tragen, als für die kollisionsrechtliche Anknüpfung grundsätzlich jedenfalls **auch** diese Auswirkung auf den Absatzmarkt oder gegebenenfalls den Niederlassungsmarkt maßgeblich sein kann und nicht ausschließlich der Ort der Einwirkung, etwa im Bereich des Werbemarktes. Das Auswirkungsprinzip in dem so verstandenen Sinne berücksichtigt für die kollisionsrechtliche Anknüpfung mithin nicht nur zielgerichtete Einwirkungen auf die Marktgegenseite im Sinne einer **Finalität** (vgl aber BRIEM 49), sondern auch **nicht zielgerichtete Einwirkungen** auf die Marktgegenseite, sowie andere bis zu einem bestimmten Grad **mittelbare Folgen einer Wettbewerbshandlung** in einem bestimmten Marktbereich (zu subjektiven Aspekten bei der Konkretisierung des Marktauswirkungsbegriffes vgl auch Rn 429), soweit sie eine beachtliche Gefährdung der wettbewerbsrechtlichen Zielsetzungen auf dem jeweiligen Marktbereich darstellen. Dies betrifft etwa auch Fälle von Vermarktungsmaßnahmen, die nicht nur den angestrebten Abnehmerkreis in einem anderen Marktraum, als dem Absatzmarkt erreichen, sondern als Nebeneffekt zugleich einem nicht unbedeutenden anderen potentiellen Abnehmerkreis zugänglich sind. Kann zudem nicht ausgeschlossen werden, daß sich dieser Nebeneffekt in nicht unerheblichem Ausmaß auf die Marktstellung des Wettbewerbers auf dem Absatzmarkt auswirkt, so kann für die Marktauswirkung auch auf letzteren Markt abzustellen sein. Ein weiteres Beispiel sind Fälle von **gezielten Einwirkungen auf potentielle Kunden im Ausland**, die zu einem späteren Absatz auf einem anderen Markt führen sollen. Hier verdrängt nicht die zielgerichtete Einwirkung in dem einen Markt (Werbe- oder Einwirkungsmarkt) die gegebenenfalls **kumulativ** in Betracht kommende Anknüpfung an das Recht des Absatzmarktes (anders aber BGH GRUR 1991, 463, 465 [Kauf im Ausland]; GRUR IntT 1998, 617, 619 [Gewinnspiel im Ausland]; vgl auch Rn 458).

415 Auf einen **finalen Aspekt** kann es bei der wettbewerbskollisionsrechtlichen Anknüpfung **nicht ankommen**, weil in paralleler Sichtweise zum Kartellrecht (s dazu Rn 123, 183) vorrangig die marktstörenden Effekte nicht funktionsgerechten Wettbewerbsverhaltens zu verhindern sind, welche sich in der konkreten Wettbewerbsposition der Konkurrenten realisieren (vgl dagegen STAUDINGER/VHOFFMANN [1998] Art 38 Rn 513 aE; RÜSSMANN K&R 1998, 422, 426). Ein finaler Aspekt korrespondiert demgegenüber mit einer traditionellen deliktsrechtlichen und damit handlungs- bzw verhaltensbezogenen Betrachtungsweise. Zudem ist die subjektiv-finale Ausrichtung einer Wettbewerbshandlung kaum sicher feststellbar. Insoweit kann man zwar daran denken, **objektivierende Elemente** in die Finalitätsbestimmung einfließen zu lassen. Dies könnte dadurch geschehen, daß man bei der Bestimmung der Zielrichtung etwa einer Multistate-Werbung auf den **objektiven Empfängerhorizont** abstellt (so HOEREN WRP

1997, 993, 998; WEGNER CR 1998, 676, 681), oder von objektiven Umständen, wie etwa der Sprache oder der Art der angebotenen Leistung, auf eine finale Ausrichtung auf einen bestimmten Marktraum schließt (DETHLOFF NJW 1998, 1596, 1600). Doch bleibt eine finale Sichtweise bei der kollisionsrechtlichen Anknüpfung ein Fremdkörper in einem konsequent marktordnungsrechtlich verstandenen, internationalen Wettbewerbsrecht. Im Ergebnis wird endlich in Fällen, in denen nach dem objektiven Empfängerhorizont eine finale Einwirkung festgestellt werden könnte, auch eine wenigstens potentielle Marktauswirkung vorliegen, die zur Anknüpfung an das Recht des betreffenden Marktortes führt.

Entsprechend können auch andere **subjektive Elemente** keine statutbestimmende **416** Rolle spielen. Das gilt insbesondere für die vom BGH in der *Tampax*-Entscheidung in die kollisionsrechtliche Prüfung hereingetragenen Elemente der **Vorhersehbarkeit** und **Zumutbarkeit** einer Berücksichtigung der grenzüberschreitenden Wirkung von Wettbewerbshandlungen (dazu Rn 356; vgl auch SCHRICKER GRUR IntT 1982, 720, 724; RÜSSMANN K&R 1998, 422, 426; vgl aber auch Art II Abs 1 Resolution des Institut de Droit international vom 30. 8. 1983, Annuaire de l'Institut de Droit international 60-II [1984] 292 ff), auch soweit sie in einem **objektivierten Sinne** ausgelegt werden. Die Marktauswirkung ist ausschließlich nach objektiven Kriterien zu bestimmen. Damit verbundene, im Zusammenhang mit dem kartellrechtlichen Auswirkungsprinzip diskutierte Bedenken, dies könne zu einer völkerrechtswidrigen Ausdehnung des räumlichen Anwendungsbereichs des inländischen Wettbewerbsrechts führen (vgl MEESSEN 163), mögen aus hergebrachter Sicht beachtlich sein. Derartige völkerrechtliche Vorbehalte müssen im Bereich des Wirtschaftsrechts aber im Lichte einer gewandelten Weltwirtschaftsordnung, deren institutioneller Rahmen die WTO bildet, betrachtet werden. Ein durch die im Rahmen der WTO bestehenden Verpflichtungen zur Weltmarktliberalisierung geprägter gemeinsamer Konsens in Bezug auf eine freie Weltmarktordnung und die zunehmende Verflechtung der nationalen Marktbereiche beseitigen die durch ein überkommenes Abgrenzungsdenken gekennzeichneten völkerrechtlichen Bedenken gegen die gegenseitige Anwendung nationalen Marktordnungsrechts weitgehend (vgl dazu auch Rn 69).

Ein allseitig verstandenes Auswirkungsprinzip (s zur Allseitigkeit Rn 390 ff) kann, gerade **417** wenn es auch auf die Auswirkungen auf dem Absatzmarkt ankommt, zu **Statutenhäufungen** führen (KOPPENSTEINER § 21 Rn 17). Die Möglichkeit der Statutenhäufung ist dem Auswirkungsprinzip immanent, weil bei seiner Anwendung darauf verzichtet wird, gegebenenfalls unter Feststellung eines Schwerpunktes der Interessenkollision, einen einzigen statutbestimmenden Interessenkollisionsort zu lokalisieren. Vielmehr ist stets die Auswirkung auf mehrere nationale Märkte möglich (FEZER GRUR 1990, 551, 564; vgl auch SCHWANDER, in: BAUDENBACHER [Hrsg], Das UWG auf neuer Grundlage [1989] 161, 177). Auch auf die Zielrichtung der Wettbewerbshandlung kommt es für die Feststellung der anknüpfungserheblichen Marktauswirkung nicht an (vgl Rn 414), so daß auch aus diesem Gesichtspunkt eine Eingrenzung der wettbewerbsstatutbestimmenden Marktauswirkungen nicht in Betracht kommt. Die Folge hieraus ist, daß de facto eine Orientierung an dem jeweils **strengsten Recht** erfolgt (WENGLER RabelsZ 19 [1954] 417 f, 421 f; BAUDENBACHER GRUR IntT 1988, 310, 318; KOPPENSTEINER 480). Dies führt angesichts der wachsenden Internationalisierung der Märkte, die durch die zunehmende Bedeutung moderner, globaler Informationsnetze gefördert wird und das Auftreten sogenannter **Streudelikte** begünstigt, zu einer nicht zu verkennenden **Anknüpfungs-**

unsicherheit, die ein Hemmnis für den globalen Handel darstellen kann. Derartige Anknüpfungsunsicherheiten sind, schon aufgrund der im Wettbewerbsrecht typischerweise vorkommenden *Multistate*-Problematik, bis zu einem gewissen Grad allerdings auch den anderen aktuell vertretenen Lösungswegen eigen (so auch BAUDENBACHER GRUR IntT 1988, 310, 318), insbesondere auch der Interessenkollisionslösung (vgl BAUMBACH/HEFERMEHL Einl UWG Rn 187; MünchKomm/KREUZER Art 38 Rn 248; GK-SCHRICKER Einl UWG Rn F 185, F 189, F 205). Die Rechtsprechung hilft sich insoweit teilweise mit der Feststellung eines Interessenkollisionsortes, der dort liegt, wo die wettbewerbliche Stellung der Konkurrenten „in erster Linie" betroffen ist (BGH GRUR IntT 1988, 357, 358 [Ein Champagner unter den Mineralwässern], vgl auch Rn 357), oder mit der Heranziehung einer Art **Spürbarkeitsgrenze** und vermeidet hierdurch letztendlich eine ausufernde Statutenhäufung. Auch **sachnormbezogen** kommen Korrekturen der Folgen einer Statutenkumulation in Betracht, indem etwa bei der Anwendung der Generalklauseln eine Berücksichtigung von am Werbeort großzügigeren Rechts- und Verkehrsauffassungen stattfindet (dazu bereits Rn 353). Ähnliche Eingrenzungskriterien können auch im Rahmen einer Anknüpfung nach dem Auswirkungsprinzip herangezogen werden, um unkalkulierbare Ergebnisse zu verhindern (dazu näher Rn 426). Dabei sind allerdings kollisionsrechtliche Eingrenzungskriterien den sachnormorientierten Kriterien vorzuziehen (insoweit zu Recht SACK IPRax 1991, 386, 388). Schließlich ist an **verfahrensrechtliche Korrektive** im Sinne bestimmter Anforderungen an den Parteienvortrag zu denken (vgl dazu Rn 612 ff; RÜSSMANN K&R 1998, 422, 427).

418 Es ist mithin denkbar, daß durch ein und dieselbe Wettbewerbshandlung **Absatzmärkte, Werbemärkte und Niederlassungsmärkte kumulativ** in statutbestimmender Weise betroffen sind, so daß auf alle diese Märkte abzustellen sein kann, wenn in diesen Marktbereichen die Schutzfunktion des Wettbewerbsrechts nennenswert berührt ist. Eine Vorrangstellung des Rechts des Werbemarktes gegenüber dem Recht des Absatzmarktes bei **Auseinanderfallen von Werbe- und Absatzmärkten** erscheint dabei nicht grundsätzlich angebracht (RUMMEL-SCHWIMANN § 48 Rn 11; aA HERZIG WBl 1988, 251, 253; KOPPENSTEINER § 21 Rn 17 Fn 31; GK-SCHRICKER Einl UWG Rn F204; vgl auch SACK ÖBl 1988, 113, 116; ders IPRax 1991, 386, 388; ders IPRax 1992, 24, 26; vgl auch BGH GRUR 1991, 463, 465 [Kauf im Ausland]). Innerhalb des Kreises der danach in Betracht kommenden Anknüpfungsorte ist nach dem **Günstigkeitsprinzip** vorzugehen (aA SACK IPRax 1991, 386, 388). Anzuwenden ist das für den Kläger günstigere Recht bzw dasjenige Recht, auf welches sich der Geschädigte beruft (vgl BGH GRUR 1991, 463, 465 vorletzter Abs [Kauf im Ausland]; GRUR IntT 1998, 617, 619 [Gewinnspiel im Ausland]; dazu krit BERNHARD GRUR IntT 1992, 366, 367; vgl auch allerdings im Sinne des im Wettbewerbsrecht an sich aufgegebenen Ubiquitätsprinzips BGH GRUR 1987, 172, 174 [Unternehmensberatungsgesellschaft I]; dazu krit AHRENS JZ 1987, 471, 473; vgl hier Rn 631 f). Im Rechtsstreit ist allerdings der **Nachweis der Marktauswirkung auf dem konkreten Marktbereich** (FEZER GRUR 1990, 551, 565), bzw bei territorial aufteilbaren Wettbewerbshandlungen hinsichtlich von Schadensersatzansprüchen der Nachweis eines Schadenseintritts gerade auf dem jeweiligen nationalen Markt (MünchKomm/KREUZER Art 38 Rn 248; LINDACHER WRP 1996, 645, 648), zu fordern (vgl auch Rn 624). Dagegen besteht kein Raum für die Anwendung des freizügigsten und für den Schädiger daher günstigsten Rechts (vgl für § 48 Abs 2 östIPRG OGH ÖBl 1998, 225, 227 [Haftgel]).

419 An der Heranziehbarkeit des Günstigkeitprinzips in diesem Sinne ändert sich nichts nach der Einschränkung des allgemein deliktskollisionsrechtlichen **Günstigkeitsprin-**

zips durch Art 40 Abs 1 Satz 3 nF EGBGB. Die durch die Rechtsprechung des BGH seit der *Kindersaugflaschen*-Entscheidung für den Bereich des Wettbewerbsrechts zugunsten einer **wettbewerbsspezifischen Bestimmung des Begehungsortes** aufgegebene Maßgeblichkeit sowohl des Handlungsortes als auch des Erfolgsorts (dazu Rn 348), wird duch die Neuregelung nach dem Willen des Gesetzgebers nicht berührt (vgl schon Rn 343). Unklar ist indes die dogmatische Einordnung in die durch die Neuregelung geschaffene Gesetzeslage. Vertretbar erscheint es insoweit, wenn man eine vom allgemeinen Deliktskollisionsrecht gesonderte Anknüpfung im Wettbewerbsrecht nicht anerkennt, die Interessenkollisionsorte bzw die Orte einer relevanten Marktauswirkung als Handlungsorte iSd Art 40 Abs 1 Satz 1 EGBGB anzusehen und ein Bestimmungsrecht des Verletzten nach Art 40 Abs 1 Satz 2 EGBGB auszuschließen (vgl auch Rn 350, 630). Eine Wahl zwischen mehreren marktordnungsrechtlich relevanten Handlungsorten bleibt möglich.

Die Frage, an welchem Ort die **Schutzfunktion** des Wettbewerbsrechts in einem die Anwendung eines nationalen Rechts hinreichend rechtfertigenden Ausmaß betroffen ist, ist nach einem **allgemeinen und vorrangig marktordnungsorientierten Schutzbegriff** des Lauterkeitsrechts zu beantworten, der dem **Schutz des Leistungswettbewerbs in einer liberalisierten Weltmarktordnung** verpflichtet ist (vgl FEZER GRUR 1990, 551, 563). Es handelt sich mithin nicht um die Übertragung rein inländischer wettbewerbsrechtlicher Regelungsvorstellungen in die allseitige Statutbestimmung (zur Allseitigkeit des Auswirkungsprinzips Rn 424). Ebensowenig kommt es darauf an, in welchem konkreten Umfang das Wettbewerbsrecht des betreffenden ausländischen Marktstaates den Schutz von Allgemeininteressen im Hinblick auf die Institution Wettbewerb bezweckt (vgl aber WEBER GRUR IntT 1983, 26, 28). Vielmehr geht es um einen aus den Erfordernissen eines internationalen Wettbewerbsschutzes hergeleiteten Begriff, der sich auch aus den internationalen Konventionen ergibt. Dem liegt die Prämisse zugrunde, daß bislang zwar kein **internationaler Lauterkeitsmaßstab** existiert, gleichwohl ein internationaler Konsens im Hinblick auf einen unverfälschten Wettbewerb in einem zunehmend globalisierten Marktraum besteht. Dieser **internationale Konsens bezüglich der Ausprägung eines Wettbewerbsschutzes** muß auch bei der kollisionsrechtlichen Bewertung Berücksichtigung finden. Er ergibt sich insbesondere aus Art 10bis Abs 2 PVÜ (dazu FEZER Art 10bis PVÜ Rn 2; vgl auch BAUDENBACHER GRUR IntT 1988, 310, 319), der den Begriff des Lauterkeitsrechts ersichtlich nicht primär als deliktsrechtlichen Komplex zum Schutz von Individualinteressen der Wettbewerbsteilnehmer bestimmt, sondern Allgemeininteressen am Schutz eines fairen Wettbewerbs herausstellt (vgl insbesondere Art 10bis Abs 3 Nr 3 PVÜ zur Irreführung des Verkehrs). Der Umstand einer internationalen Berücksichtigung der Bedürfnisse des lauteren Wettbewerbs gibt diesem bereits für sich eine vorrangige Bedeutung im Hinblick auf die internationalen Konkurrenzverhältnisse und damit für den Schutz des internationalen Leistungswettbewerbs. Entsprechendes gilt für die in Art 39 S 1 TRIPS enthaltene Bezugnahme auf den Schutz gegen unlauteren Wettbewerb im Sinne des Art 10bis PVÜ (dazu Koos 80). Die allgemeine Verpflichtung zur WTO-kompatiblen Ausgestaltung der nationalen Wettbewerbsschutzsysteme (vgl Art XVI Abs 4 WTO-Ü) hat zugleich zur Folge, daß auch die kollisionsrechtliche Anknüpfung entsprechende Schutzziele eines weltmarktgerechten Lauterkeitsrechts berücksichtigen muß.

Für den **Begriff der Marktauswirkung** kommt es im Lauterkeitsrecht nicht auf das

Vorliegen konkreter Auswirkungen auf dem Markt an, sondern es müssen lediglich **potentielle** Auswirkungen bestimmbar (KORT GRUR IntT 1994, 594, 599) bzw eine **objektive Eignung** zur Auswirkung auf dem konkreten Markt feststellbar sein (DASSER/ DROLSHAMMER, in: Kommentar zum schwIPRG Art 136 Rn 15). Ein Verlust von Nachfragern muß bei Abstellen auf die Marktgegenseite nicht aktuell eingetreten sein, vielmehr genügt es, wenn ein nicht unerheblicher Kreis von Nachfragern auf einem Markt durch ein unlauteres Verhalten erreicht wird und das Verhalten grundsätzlich geeignet erscheint, zu einer leistungsfremden Nachfrageverlagerung zu führen. Dies ist vor allem bei der Prüfung von Maßnahmen der Verkaufsförderung bedeutsam.

422 Das Auswirkungsprinzip in der hier vorgeschlagenen Ausgestaltung macht die oben kritisierte formelle Unterscheidung zwischen **marktbezogenen** und **betriebsbezogenen Wettbewerbsverstößen** praktisch obsolet (vgl dazu schon Rn 328). Denn wenn für die Frage der kollisionsrechtlichen Anknüpfung von Sachverhalten mit internationalem Bezug auf die marktordnungsrechtliche Schutzfunktion des Lauterkeitsrechts abgestellt wird, ist lediglich zu fragen, ob und in welchem Marktbereich die Funktion des Leistungswettbewerbs betroffen ist. Kann dabei im Einzelfall festgestellt werden, daß ausschließlich ein individuelles Schutzinteresse des geschädigten Unternehmens berührt ist, so ist die Anknüpfung im Ergebnis nach allgemeinem Deliktskollisionsrecht vorzunehmen, weil eine angesichts der Schutzfunktionen des Wettbewerbsrechts hinreichende (potentielle) Marktauswirkung entfallen wird. In den (überwiegenden) übrigen Fällen sogenannter betriebsbezogener Wettbewerbsverstöße kommt man dagegen schon aufgrund der Anwendung des Marktauswirkungsprinzips häufig zur Anwendbarkeit des Wettbewerbsrechts des Betriebssitzes des (potentiell) Geschädigten. Dieser wird in der vom BGH behandelten Fallgruppe des gezielten Angriffs auf einen inländischen Mitbewerber auf einem Auslandsmarkt – etwa bei Anschwärzung inländischer Konkurrenten gegenüber einem ausländischen Lieferanten oder Kunden (vgl BGH NJW 1964, 969 [Stahlexport]; östOLG ÖBl 1973, 17, 19 [Broschenfassungen] zu einem Fall der Anschwärzung gegenüber Lieferanten) – oft der gemeinsame Inlandssitz der Konkurrenten sein, mithin der Markt, auf den die Wettbewerbsverletzung zurückwirkt (WILTSCHEK GRUR IntT 1988, 299, 306; vgl auch WILDE, in: Hdb des Wettbewerbsrechts § 6 Rn 21). Auf eine außerhalb der wettbewerbsrechtlichen Anknüpfungsregel zu begründenden „besondere Inlandsbeziehung" kommt es dabei nicht mehr an, ebensowenig auf die Frage, ob es sich um deutsche Wettbewerber im Ausland oder um ausländische Konkurrenten auf dem Inlandsmarkt handelt (vgl Rn 425).

423 Aus den vorausgegangenen Überlegungen wird deutlich, daß ein tiefgreifender Gegensatz zwischen dem Ansatz der wettbewerblichen Interessenkollision, jedenfalls in der durch die Rechtsprechung entwickelten Ausprägung einer Anknüpfung an den Marktort (vgl MÖLLERING WRP 1990, 1, 3), und dem Auswirkungsprinzip im Lauterkeitsrecht nicht besteht, zumindest weitgehend überwindbar erscheint. Zu einem erheblichen Teil erschöpfen sich die Gegensätze der beiden Lehren im Begrifflichen. Letztendlich geht es um die Frage, wo man eine wettbewerbliche Interessenkollision ansiedeln will. So liegt die wettbewerbliche Interessenkollision bei Zugrundelegung des Auswirkungsprinzips am jeweiligen Ort der maßgeblichen Marktauswirkung. Unterschiede ergeben sich insoweit allenfalls im Detail. Allerdings wird auch innerhalb der beiden Grundansätze über die Frage der näheren Konkretisierung des Marktauswirkungsbegriffs bzw der hinreichenden Interessenkollision diskutiert. Bedeutsamer ist der Unterschied in der dogmatischen Begründung der Interessenkolli-

sionslösung einerseits und des lauterkeitsrechtlichen Auswirkungsprinzips andererseits. Es ist für die weitere Entwicklung eines auch international kompatiblen Wettbewerbsrechts von erheblicher Bedeutung, ob man, in Rechtstraditionen verhaftet, auf eine deliktsrechtliche Betrachtungsweise abstellt, oder ob man den Marktordnungscharakter des Wettbewerbsrechts in den Vordergrund stellt (vgl aber SACK IPRax 1992, 24, 26, der dies angesichts übereinstimmender Ergebnisse für unerheblich hält). Auch insoweit jedoch zerfließen die Grenzen zwischen beiden Ansätzen (vgl etwa WILDE, in: Hdb des Wettbewerbsrechts § 6 Rn 20, der, obwohl der Interessenkollisionslösung folgend, das Wettbewerbsrecht seiner Natur nach als Marktordnungsrecht ansieht). Festzuhalten bleibt, daß die Herleitung einer kollisionsrechtlichen Anknüpfung über eine Heranziehung des Auswirkungsprinzip erfolgen sollte (vgl Stellungnahme des Max-Planck-Instituts für ausländisches und internationales Patent-, Urheber- und Wettbewerbsrecht zum Entwurf eines Gesetzes zur Ergänzung des internationalen Privatrechts, GRUR IntT 1985, 104, 107). Dieser Lösungsweg ist unabhängig von der Frage, ob die Ergebnisse den durch die Heranziehung des Interessenkollisionsansatzes gewonnenen Ergebnissen weitgehend gleichen, deshalb zu bevorzugen, weil er den für das Wettbewerbskollisionsrecht notwendigen Schritt zur dogmatischen Loslösung des Lauterkeitsrechts vom Deliktsrecht mit der Maßgeblichkeit des Begehungsortes für die Anknüpfung bedeutet (vgl auch BAUDENBACHER GRUR IntT 1988, 310, 318). Die kollisionsrechtliche Anknüpfung über die Heranziehung des dem Kartellrecht entlehnten Auswirkungsprinzips bietet zudem eine schlüssigere Begründung für die Anwendung gemeinsamen Heimatrechts, als die Lösung der Rechtsprechung seit der *Stahlexport*-Entscheidung (vgl auch Rn 425). Anstelle auf die praktisch kaum durchführbare Feststellung des ausschließlichen Vorhandenseins inländischer Wettbewerber auf dem Auslandsmarkt abzustellen, kann bei Heranziehung des Auswirkungsprinzip in der oben dargestellten Ausprägung eine Einzelfallbetrachtung vorgenommen werden, deren Ergebnis allerdings auch in solchen Fällen zur Anwendung gemeinsamen Heimatrechts führen kann, in denen der BGH dies derzeit ablehnt, weil auch ausländische Mitbewerber auf dem betreffenden Auslandsmarkt vorhanden sind. In Fällen gezielter Angriffe auf inländische Mitbewerber wird auch nach dem Auswirkungsprinzip häufig die Anwendung gemeinsamen Heimatrechts in Betracht kommen. Eine Ausnahme von der üblichen wettbewerblichen Kollisionsanknüpfung liegt hierin allerdings nicht. (vgl WILTSCHEK GRUR IntT 1988, 299, 306 in Bezug auf § 48 Abs 2 östIPRG). Denn die kollisionsrechtliche Anknüpfung richtet sich ausschließlich nach der Marktauswirkung, ohne wie die Interessenkollisionslösung des BGH im Einklang mit einem deliktsrechtlichen Verständnis des Lauterkeitsrechts auf den Begehungsort abzustellen. Sie ist deshalb nicht wie die Interessenkollisionslehre darauf angewiesen, die in bestimmten internationalen Sachverhalten sachgerechtere Anknüpfung an gemeinsames (deutsches) Heimatrecht über eine Ausnahme von der Anknüpfung an das Recht des Begehungsortes zu erreichen (vgl dazu auch Rn 399). Dies ist ein wesentlicher Begründungsvorteil gegenüber der Anknüpfung nach der Interessenkollisionslösung. Die Konzeption des Auswirkungsprinzips macht desweiteren die starre Unterscheidung zwischen marktbezogenen und betriebsbezogenen Wettbewerbsverletzungen obsolet.

Die Bestimmung eines den Marktauswirkungsbegriff konkretisierenden Tatbestandselementes steht in unmittelbarem Zusammenhang mit der Frage, ob das lauterkeitsrechtliche Auswirkungsprinzip eine **einseitige oder eine allseitige Kollisionsnorm** darstellt. In einem zunehmend globalisierten Weltwettbewerb mit verschmelzenden nationalen Marktgrenzen kann sich die Aufgabe eines umfassenden nationalen Systems zum Schutze des unverfälschten Wettbewerbs nicht darauf beschränken, isoliert einen inländischen Marktraum zu berücksichtigen. Auch wenn nicht schon jede mittelbare Rückwirkung einer wettbewerbsrelevanten Verhaltensweise auf die Wettbewerbsposition eines Konkurrenten auf dem deutschen Markt zur Anknüpfung deutschen Wettbewerbsrechts führen kann, liegt es im unmittelbaren Interesse des nationalen Rechts, im Falle entsprechender Verzerrungen zumindest den Schutz der unmittelbar berufenen ausländischen Rechtsordnung zur Wirkung zu bringen. Die wachsende Marktglobalisierung bringt es mit sich, daß Wettbewerbsverzerrungen in ausländischen Marktbereichen immer häufiger Rückwirkungen auf den Wettbewerb im nationalen Marktraum haben. Diesem Umstand ist mit einem Verständnis des Auswirkungsprinzips als **allseitige Kollisionsnorm** Rechnung zu tragen. Die Erfordernisse eines globalen Welthandels lassen ebenso die im Zusammenhang mit Art 130 Abs 2 GWB allgemein angenommene Prämisse überholt erscheinen, das nationale Wettbewerbsschutzsystem müsse nicht entscheiden, welches ausländische Wettbewerbsrecht zu Anwendung komme, um diesem zur Wirkung zu verhelfen. Aufgrund der vielfältigen zumindest mittelbaren Rückwirkungen von Wettbewerbsaktivitäten auf die Weltmarktstellung und damit auch auf die Binnenmarktstellung deutscher Unternehmen und der wachsenden mangelnden Trennbarkeit der räumlichen Marktbereiche bei zunehmender Liberalisierung des Welthandels, ist die Aussage, der Wettbewerb auf anderen Märkten sei für deutsche Gerichte und Behörden von vornherein nicht bedeutsam (MünchKomm/IMMENGA nach Art 37 Rn 19), jedenfalls in dieser Grundsätzlichkeit nicht sachgerecht. Die Verklammerung der nationalen Märkte zu einem globalen Weltmarkt führt zugleich zu einer Gesamtverantwortung der Wettbewerbsschutzsysteme für den globalen Wettbewerb, die sich auch auf die internationalprivatrechtliche Beurteilung des Wettbewerbsrecht auswirkt. Auch aus diesem Grund ist das internationalprivatrechtliche Auswirkungsprinzip jedenfalls im Wettbewerbsrecht als allseitige Kollisionsnorm heranzuziehen.

425 Wie oben dargestellt (Rn 423), kann bei Heranziehung des Auswirkungsprinzips die hinter der Bildung bestimmter Fallgruppen für die Anwendung gemeinsamen Heimatrechts durch den BGH stehende Intention, gewisse internationale Sachverhalte deutschem Wettbewerbsrecht zu unterstellen, besser erreicht werden. Ist das Auswirkungsprinzip als allseitige Kollisionsregel zu verstehen, so wird weiterhin das wenig schlüssige Ergebnis des BGH vermieden, daß eine Anknüpfung an gemeinsames Heimatrecht nur für deutsche Wettbewerber im Ausland in Betracht kommt, nicht aber im umgekehrten Fall für ausländische Wettbewerber im deutschen Marktbereich (vgl Rn 354), obwohl der BGH seine Interessenkollisionslösung als allseitige Kollisionsregel ansieht (dazu Rn 354). Denn ebenso wie die Prüfung der Marktauswirkungen eines wettbewerbsrechtlich relevanten Sachverhaltes ergeben kann, daß ein Auslandswettbewerb zumindest potentielle Auswirkungen auf den deutschen Markt hat, können entsprechende Auswirkungen auf einen Auslandsmarkt von einem Wettbewerb ausländischer Konkurrenten auf dem deutschen Markt ausgehen.

426 Mit dem Verständnis des Auswirkungsprinzips als allseitiger Kollisionsnorm ist das oben vertretene Konzept zur Konkretisierung des Marktauswirkungsbegriffes vereinbar, weil es nach der Schutzbedürftigkeit des jeweiligen ausländischen oder inländischen Marktbereiches fragt und nicht einseitig auf den Schutzbedarf des Wettbewerbs im deutschen Marktraum abstellt. Aus letztem Grunde scheidet eine Begriffskonkretisierung mittels Heranziehung eines **Unmittelbarkeitskriteriums**

oder eines **Schwerpunktes** der Auswirkung **im Hinblick gerade auf den nationalen Markt** aus (vgl zu letzterem auch KORT GRUR IntT 1994, 594, 597). Eine **Spürbarkeitsgrenze** als Konkretisierungsmoment wäre grundsätzlich mit der hier vertretenen Konzeption des Auswirkungsprinzips als allseitige Kollisionsnorm mit der Maßgabe vereinbar, daß nicht ausschließlich nach der Spürbarkeit im innerstaatlichen Marktraum gefragt wird, sondern die Spürbarkeit auch in den anderen in Betracht kommenden Markträumen geprüft wird. Im Zusammenhang mit dem Eingreifen des Kartellverbotes des Art 81 Abs 1 EGV gilt die Spürbarkeit nach wie vor als Kriterium zur Bestimmung des Anwendungsbereichs des Gemeinschaftskartellrechts und verdrängt insoweit die Zwischenstaatlichkeitsklausel in ihrer Bedeutung als Abgrenzungskriterium (GLEISS/ HIRSCH Art 85 [1] Rn 238). Den Spürbarkeitsaspekt als Element einer kollisionsrechtlichen Prüfung im Sinne einer horizontalen Anwendungsabgrenzung verschiedener nationaler Rechtsordnungen fruchtbar zu machen, liegt nahe (gegen eine Übertragbarkeit auf das Lauterkeitsrecht etwa KOTTHOFF CR 1997, 676, 680; RÜSSMANN K&R 1998, 422, 426).

Allerdings handelt es sich bei dem Spürbarkeitskriterium um ein typisches Instrument zur Feststellung des Anwendungsbereiches des eigenen nationalen Rechts, welches die Bewertung der Verhältnisse auf dem eigenen Binnenmarkt voraussetzt. Eine Spürbarkeitsfeststellung auf fremden Märkten dürfte den zur Entscheidung berufenen nationalen Gerichten und Behörden praktisch schwerfallen. Zudem stellt sich insoweit allgemein das Problem, zuverlässige **Meßkriterien** zu finden. Aus diesem Grund wird bisweilen die Heranziehung des Spürbarkeitskriteriums als praktisch nicht umsetzbar abgelehnt (so RÜSSMANN K&R 1998, 422, 426). Dies ist jedoch nicht zwingend. Ausgehend von einer konsequent marktordnungsrechtlichen Sichtweise des Lauterkeitskollisionsrechts lassen sich durchaus etwa **Umsatzzahlen** als Bezugsgrößen heranziehen. Diese können jedoch nicht die einzigen Kriterien für eine Spürbarkeitsfestellung sein, weil auch **potentielle Auswirkungen** auf einen Markt im Wettbewerbskollisionsrecht zu berücksichtigen sind. Im zeitlichen Rahmen des Markteintritts eines Wettbewerbers werden oft nur geringe Umsätze zu verzeichnen sein. Allein deshalb darf eine die Anwendung des betreffenden Wettbewerbsrechts auslösende Auswirkung nicht ausgeschlossen werden. Ergänzend müssen daher weitere Aspekte berücksichtigt werden, wie etwa **Auflagengrößen** verteilter Werbedrucksachen, **räumlich erreichbarer Adressatenkreis** oder im Rahmen von Wettbewerbshandlungen im **Internet** Abrufstatistiken (sog **Logfiles**), die die Staaten, von denen aus eine Webseite abgerufen wurde, darstellen (vgl MANKOWSKI GRUR IntT 1999, 909, 917; zweifelnd zur praktischen Eignung dieser Kriterien RÜSSMANN K&R 1998, 422, 426). Dagegen kann das Vorhandensein einer Erklärung auf der Internetseite, wonach das betreffende Angebot nur an Abnehmer in bestimmten Staaten gerichtet ist (sog **Disclaimer**) ebenso wie eine betriebsinterne Weisung, keine Bestellungen in das Inland auszuliefern (zu letzterem OLG Frankfurt aM NJW-CoR 1999, 302) nicht genügen, um eine Marktauswirkung **allgemein** als vernachlässigbar anzusehen (ROSENTHAL AJP/ PJA 1997, 1340, 1348; s auch Rn 503 mwN). Solche Erklärungen geben allenfalls eine Aussage über die Zielgerichtetheit der Information, die an sich kollisionsrechtlich nicht bedeutsam ist, wenngleich sie **im Einzelfall** durchaus ein **Indiz** für eine quantitativ vernachlässigbare Marktauswirkung darstellen mag, vor allem wenn der Anbieter dokumentieren kann, daß der Disclaimer tatsächlich eingehalten wird (vgl ERNST NJW-CoR 1999, 302, 303; MANKOWSKI GRUR IntT 1999, 909, 919 [Erschütterung der Indizwirkung durch erfolgreiche Testkäufe]). Allgemein erscheint die Spürbarkeitsgrenze als konkretisierendes Moment bei der Prüfung der Marktauswirkung jedenfalls dann als geeignet, wenn man insoweit bestimmte **Darlegungs- und Beweiserfordernisse** der Partei annimmt, die sich auf die Anwendbarkeit eines bestimmten nationalen Wettbewerbsrechts beruft (näher Rn 620 ff).

428 Die Spürbarkeit stellt im Rahmen des oben vertretenen Konzeptes, welches für die Herleitung eines den Marktauswirkungsbegriff konkretisierenden Korrektivs auf die Schutzbedürftigkeit des jeweiligen Marktes abstellt, eines von mehreren in Betracht kommenden Kriterien zur Bemessung der marktspezifischen Schutzbedürftigkeit dar. Ein weiteres mögliches Kriterium ist, vorausgesetzt man faßt es nicht ausschließlich bezogen auf den nationalen Markt auf (vgl Rn 426), die Feststellung deutlicher **Schwerpunkte der Marktbeeinträchtigung**.

429 Dabei verbietet es sich jedoch, maßgeblich auf **Intentionen des Wettbewerbers** abzustellen. Dies folgt aus dem Charakter des Lauterkeitsrechts als Marktordnungsrecht in Parallele zum Kartellrecht. Ist demnach eine nicht unerhebliche Auswirkung im Sinne einer Bagatellgrenze auf einen bestimmten nationalen Markt feststellbar, so kommt es für die kollisionsrechtliche Bewertung nicht darauf an, ob der Wettbewerber in den Wettbewerb auf dem betreffenden Marktraum eingreifen wollte (**aA** wohl BAUDENBACHER GRUR IntT 1988, 310, 319) bzw Absichten auf dem jeweiligen Markt verfolgt (MANKOWSKI GRUR IntT 1999, 909, 917; **aA** RÜSSMANN K&R 1998, 422, 426), weil sich ein solches subjektives Kriterium für die objektivierte Anknüpfung nach der Marktauswirkung nicht eignet (vgl BÄR, in: FS Moser [1988] 143, 149 f; DASSER/DROLSHAMMER, in: Kommentar zum schwIPRG Art 136 Rn 15). Auch die Frage, ob der Wettbewerber **subjektiv** die Auswirkung seines Wettbewerbsverhaltens auf dem jeweiligen Markt vorhersehen konnte, ist aus diesem Grunde für die kollisionsrechtliche Anknüpfung irrelevant (**aA** BAUDENBACHER GRUR IntT 1988, 310, 319; vgl im Rahmen der Interessenkollisionslösung BGH GRUR 1971, 153, 154, wo auf die Voraussehbarkeit der grenzüberschreitenden Wirkung einer Werbung abgestellt wurde, dazu Rn 355). Dies spielt erst dann eine Rolle, wenn das nach den Wertungen des Auswirkungsprinzips zur Anwendung gelangende Wettbewerbssachrecht eine mangelnde Vorhersehbarkeit für den Verletzer berücksichtigt (vgl auch TILMANN GRUR 1990, 87, 89, wonach eine ergebnisbestimmte Interessenabwägung die traditionellen Grenzen zwischen IPR und materiellem Recht auflöst; vgl zur schutzzweckbezogenen Anknüpfung im **Kartellrecht** Rn 148). Vertreten wird weiterhin, daß zur Vermeidung eines Verstoßes gegen das **völkerrechtliche Rücksichtnahmegebot** (vgl dazu Rn 104 ff, 430) in Parallele zum Kartellkollisionsrecht eine entsubjektivierte **typische** Vorhersehbarkeit der Folgen eines Wettbewerbsverstoßes zu fordern sei (TILMANN GRUR 1990, 87, 89; für das Kartellrecht IMMENGA/MESTMÄCKER/REHBINDER § 98 Abs 2 GWB Rn 44 f; vgl aber auch hier Rn 123). Im Bereich der Werbung im **Internet** wird verbreitet auf die **bestimmungsgemäße Abrufbarkeit** der Onlinewerbung im Inland abgestellt, wobei das Kriterium zumeist in einem objektivierten Sinne verstanden wird (s dazu näher Rn 506). Absichten eines Wettbewerbers im Hinblick auf den Wettbewerbsverstoß können unabhängig davon bedeutsame **Indizien** für die Beurteilung der Marktbeeinträchtigung darstellen, weil in Fällen, in denen eine Finalität im Hinblick auf einen bestimmten Marktbereich fehlt, die aus der Wettbewerbshandlung folgende Einwirkung auf den Markt häufig die Spürbarkeitsgrenze unterschreiten wird (vgl auch DETHLOFF NJW 1998, 1569, 1600; zu weiteren Indizien für die Annahme einer rechtlich relevanten Auswirkung im Bereich der **Internetwerbung** vgl WIDMER/BÄHLER 233 ff; s auch hier Rn 502 ff).

Dagegen verbietet es sich auch im Rahmen der Marktauswirkungsprüfung bei Sach- **430** verhalten, die sich in ausländischen Marktbereichen abspielen, eine **Vorrangstellung des Wettbewerbsrechts des betreffenden ausländischen Marktstaates** gegenüber der inländischen Rechtsordnung oder eine **Indizwirkung zugunsten der Anwendung des Auslandsrechts** dahingehend anzunehmen, die Anknüpfung an das Inlandsrecht als Ausnahme von einer grundsätzlichen Berufenheit des ausländischen Rechts vorzunehmen (so WEBER GRUR IntT 1983, 26, 29). Eine solche Sichtweise stößt wegen des Charakters der Auswirkungsanknüpfung als allseitiger Kollisionsnorm, die ausschließlich auf die Bedürfnisse eines effektiven Wettbewerbsschutzes abzustellen hat, auf dieselben Bedenken wie der Weg einer vorrangigen Berufenheit des inländischen Wettbewerbsrechts bei Vorliegen einzelner Teilhandlungen im Inland.

Wie im Rahmen der Anwendung des kartellrechtlichen Auswirkungsprinzips (dazu **431** Rn 115 ff) kann bei der lauterkeitsrechtlichen Anknüpfung nach dem Auswirkungsprinzip das dem Kollisionsrecht immanente **völkerrechtliche Rücksichtnahmegebot** eine Rolle spielen (vgl dazu TILMANN GRUR 1990, 87, 89). Danach wäre eine Auslegung so zu wählen, daß die Ziele des Gesetzes unter den geringstmöglichen Konflikten mit anderen Staaten erreicht werden (IMMENGA/MESTMÄCKER/REHBINDER § 98 Abs 2 GWB Rn 18). Allerdings stellt sich die Frage im lauterkeitsrechtlichen Kontext nach traditionellem Normzweckverständnis in geringerem Ausmaß als im Rahmen des **Kartellrechts**, bei dem danach ein stärkerer wirtschaftsordnungsrechtlicher Bezug besteht als beim vorwiegend deliktsrechtlich verstandenen Lauterkeitsrecht, in dessen Bereich eine höhere Austauschbarkeit der Rechtsordnungen und damit eine stärkere Akzeptanz fremder auf private Interessen gerichteter Rechtsanwendungsinteressen angenommen werden dürfte. Nach neuerem Verständnis gleichen sich Kartellrecht und Lauterkeitsrecht indes im Hinblick auf die auf den verzerrungsfreien Leistungswettbewerb ausgerichteten Ziele an (vgl Rn 43 ff, 325). Es ist gleichwohl nicht zu verkennen, daß insbesondere die für das Recht des unlauteren Wettbewerbs typische Möglichkeit der kollisionsrechtlichen Relevanz bloßer potentieller Auswirkungen entsprechende Grenzen überschreiten kann, insbesondere wenn danach deutsches Recht zur Anwendung kommt. Eine **allgemeine Abwägungspflicht** ist jedoch nicht praktikabel (vgl Rn 115) und völkerrechtlich nicht geboten (vgl Rn 116). Um so mehr erscheint es erforderlich, die oben dargestellten Gesichtspunkte zur Konkretisierung des Marktauswirkungsbegriffes streng im Hinblick auf die Schutzbedürftigkeit des Wettbewerbs auszulegen. Das gilt insbesondere für ein kollisionsrechtliches quantitatives Kriterium der **Spürbarkeit**. Desweiteren entbindet eine mögliche kollisionsrechtliche Entscheidung für das deutsche Wettbewerbsrecht nicht davon, bei der Anwendung des inländischen **Sachrechts** Wertungen des kollidierenden ausländischen Rechts zu beachten (TILMANN GRUR 1990, 87, 90 [Verbot der Unverhältnismäßigkeit des IPR]; vgl dazu auch Rn 460). Bei alledem ist jedoch zu berücksichtigen, daß die Schwelle einer Überschreitung der sich aus dem Rücksichtnahmegebot ergebenden Grenzen in einem globalisierten Weltwettbewerb zunehmend höher anzusetzen sein wird, zumal die Schutzbedürftigkeit des Wettbewerbs im Rahmen der kollisionsrechtlichen Anknüpfung nach hier vertretener Auffassung durch eine internationalisierte Betrachtungsweise geprägt ist. Faßt man zudem das Auswirkungsprinzip als allseitige Kollisionsnorm auf, so entschärft sich das Problem eines möglichen Verstoßes gegen das Rücksichtnahmegebot zusätzlich.

Keinesfalls bedeutet das Rücksichtnahmegebot zwingend eine Eingrenzung des **432**

Marktauswirkungs- bzw Interessenkollisionsbegriffes nach dem von der Rechtsprechung herangezogenen Prinzip der kollisionsrechtlichen Irrelevanz sogenannter **mittelbarer Auswirkungen**. Auch eine **Schwerpunktsichtweise**, wie sie in der Rechtsprechung zur Interessenkollisionslösung anklingt, ist durch das Rücksichtnahmegebot nicht vorgegeben. Ebensowenig kann maßgeblich sein, ob der Staat, in dessen Bereich sich eine Wettbewerbshandlung auswirkt, nur zufällig betroffen ist (vgl aber Botschaft des schweizerischen Bundesrates Bbl 1983 I, 263, N.284.34). Es müssen lediglich **aus Sicht des Leistungswettbewerbs weitgehend unbedeutende Sachverhalte** für die kollisionsrechtliche Anknüpfung außer Betracht bleiben. Dabei kommt es aber nach richtiger Ansicht ausschließlich auf objektive Kriterien an (s Rn 429).

V. Gemeinschaftsrecht

1. Allgemeines

433 Die kollisionsrechtlichen Regeln können im innergemeinschaftlichen Rahmen im Bereich des Lauterkeitsrechts sowohl durch **Kollisionsregeln im gemeinschaftlichen Sekundärrecht**, als auch durch das **primäre Gemeinschaftsrecht** überlagert sein. Namentlich die **Grundfreiheiten** betreffen auch lauterkeitsrechtliche Regeln der Mitgliedstaaten und können dazu führen, daß im Bereich des innergemeinschaftlichen Handels nationales Wettbewerbsrecht trotz gegebener kollisionsrechtlicher Anknüpfung an das Recht des betreffenden Mitgliedstaates nicht zur Anwendung kommt (vgl etwa EuGHE 1990, I-667, 687 Rn 8 [GB-INNO-BM]; GRUR IntT 1993, 763 Rn 23 [Yves Rocher]; vgl zu letzteren aber hier Rn 441; vgl auch EuGHE 1994, I-317, 337 Rn 19 [Clinique]; 1995, I-1923, 1941 Rn 13 [Mars] zum Irreführungsverbot des § 3 UWG). Dabei handelt es sich allerdings nicht um eine echte Konsequenz des Kollisionsrechts iSv Rechtsnormen des nationalen IPR, sondern um die durch höherrangiges Recht erfolgende Anordnung der auf die innergemeinschaftliche Verbringung beschränkten Unwirksamkeit einer konkreten nationalen Norm des nach allgemeinen IPR-Grundsätzen zur Anwendung kommenden nationalen Wettbewerbsrechts (vgl auch KATZENBERGER referiert von SCHMID GRUR IntT 1998, 475, 489; aA BRÖDERMANN/IVERSEN Rn 409, die in der rechtsfortbildenden Auslegung des Art 28 EGV durch den EuGH eine negative einseitige Kollisionsnorm erblicken, und DRASCH 315, wonach letztlich die kollisionsrechtliche Verweisung auf das Recht des Bestimmungslandes am Maßstab überwiegender Gründe des Allgemeinwohls überprüft wird und ggf der Anwendungsbefehl des nationalen IPR durch einen gemeinschaftsrechtlichen Anwendungsbefehl ersetzt wird; vgl zum **sekundärgemeinschaftsrechtlichen Herkunftslandprinzip** Rn 446 ff; vgl zur Frage im Rahmen des **Kartellrechts** Rn 49). Die kollisionsrechtliche Fragestellung ist von der gemeinschaftsrechtlichen Fragestellung zu unterscheiden; gemeinsam haben beide lediglich die Ursache des von ihnen erfaßten Rechtskonfliktes, die in der Berührung des Geltungsanspruchs verschiedener nationaler Rechtsordnungen liegt (FEZER JZ 1994, 317, 324). Die Grundfreiheiten enthalten keine **positiven Kollisionsnormen** (MünchKomm/SONNENBERGER Einl IPR Rn 137). Sie stellen vielmehr gleichsam das **gemeinschaftsrechtliche Korrektiv binnenmarktstörender Ergebnisse der Anknüpfung nach dem Marktortprinzip** dar (vgl schon Rn 341). Allenfalls eine konkrete nationale Vorschrift, nicht aber die kollisionsrechtliche Anknüpfung an das nationale Wettbewerbsrecht verstößt gegen Gemeinschaftsrecht. Daher besteht keine eigentliche Inkonformität des internationalprivatrechtlichen Grundsatzes der Anknüpfung an das Recht am Interessenkollisionsort bzw am Ort der Marktauswirkung mit dem Gemeinschaftsrecht, namentlich der *Cassis*-Rechtsprechung des EuGH (STAUDINGER/

C. Internationales Wettbewerbsprivatrecht

vHoffmann [1998] Art 38 Rn 505a; GK-Schricker Einl UWG Rn F 160; MünchKomm/Sonnenberger Einl IPR Rn 159; MünchKomm/Kreuzer Art 38 Rn 227a; Köhler/Piper Einl Rn 84; Gebauer IPRax 1995, 152, 155; aA Chrocziel EWS 1991, 173, 178; Jayme/Kohler IPRax 1991, 361, 369; dies IPRax 1993, 357, 371; zurückhaltender Jayme IPRax 1994, 67; Basedow RabelsZ 59 [1995] 1, 49 f; wie diese ähnlich zum Ubiquitätsprinzip des allgemeinen internationalen Deliktsrechts Roth RabelsZ 55 [1991] 623, 646; vgl zur Marktortanknüpfung im Werberecht aber auch Roth IPRax 1994, 165, 171).

Letztlich kann eine kollisionsrechtliche Anknüpfung an das Recht des Marktortes im **434** Sinne einer wettbewerblichen Interessenkollision bzw nach dem Marktauswirkungsprinzip schon deshalb nicht gegen gemeinschaftsrechtliche Vorgaben verstoßen, weil sie allein als wettbewerbsspezifische Anknüpfung den gemeinschaftlichen Zielvorgaben insbesondere dem Schutz des wirksamen Wettbewerbs mit weitestgehend unverfälschten Wettbewerbsverhältnissen (Art 3 lit g EGV) entspricht. Das umfaßt insbesondere die grundsätzliche Zweckmäßigkeit einer Anknüpfung an das Recht am Ort des Wettbewerbsprozesses, an dem das wettbewerbsbezogene Regelungsbedürfnis vorrangig zutage tritt. Dies gilt jedenfalls für den Bereich des Wettbewerbsrechts; insoweit ist die Ausgangslage eine andere als im Rahmen des internationalen Vertragsrechts, dem ein primärer Marktordnungscharakter fehlt (vgl zu letzterem im Zusammenhang mit den Grundfreiheiten Roth RabelsZ 55 [1991] 623, 651 ff). Dabei sind lediglich auf **sachrechtlicher** Ebene binnenmarktstörende Elemente des wettbewerbsspezifisch-kollisionsrechtlich berufenen Rechts über eine Nichtanwendbarkeit der konkreten Norm bzw über eine Rechtsangleichung zu beseitigen.

Erst recht kommt es nicht zu einer vollständigen Verdrängung des Marktstatuts **435** durch ein kollisionsrechtliches Herkunftslandprinzip (Bernhard EuZW 1992, 437, 440, 442: „‚friedliche‘ Koexistenz von nationalem Kollisionsrecht und *Cassis*"; vgl auch Bernhard RabelsZ 63 [1999] 175, 177 aber auch Dethloff JZ 2000, 179, 183, wonach bei Multistate-Wettbewerb generell vom Herkunftslandprinzip auszugehen sein soll). Abgesehen davon, daß eine derartige Ersetzung der marktordnungsrechtlich bestimmten, wettbewerbskollisionsrechtlichen Anknüpfungsgrundsätze durch ein Herkunftslandprinzip aus praktischen und systematischen Gründen abzulehnen ist (so zu Recht Mankowski GRUR IntT 1999, 909, 913), folgt dies auch daraus, daß ein aus Art 28 EGV hergeleitetes **generelles Herkunftslandprinzip** zu einem Leerlaufen der den Mitgliedstaaten in Art 30 EGV verbliebenen nationalen Gestaltungsfreiräume sowie der zwingenden Erfordernisse des Allgemeinwohls führt, da diese nicht ohne weiteres unter den ordre public iSv Art 6 EGBGB fallen (Sack WRP 1994, 281, 289). Auch eine **gemeinschaftsrechtlich** veranlaßte Anknüpfung an das Recht des Herkunfts- bzw Bestimmungslandes nach dem **Günstigkeitsprinzip** mit der Folge, daß stets das weniger beschränkende Wettbewerbsrecht zur Anwendung kommt (Basedow RabelsZ 59 [1995] 1, 50; Chrocziel EWS 1991, 173, 179; Jayme/Kohler IPRax 1991, 361, 369; dies IPRax 1993, 357, 371; zurückhaltender Jayme IPRax 1994, 67; vgl Bernhard EuZW 1992, 437, 439; Remien JZ 1994, 349, 350; für das **sekundärgemeinschaftsrechtliche** Herkunftslandprinzip Mankowski GRUR IntT 1999, 909, 913), scheidet aus (so auch Reese 218 f). Ein solches Günstigkeitsprinzip entspricht nicht der Struktur der Warenverkehrsfreiheit, weil es auf eine Kontrolle auch gesetzgeberischer Beschränkungen im *Herkunftsland* hinausliefe (vgl auch Gebauer IPRax 1995, 152, 156; s auch hier im folgenden). Dies gilt jedenfalls, soweit das Gemeinschaftsrecht anordnet, daß das mildere Bestimmungslandrecht im Interesse der Warenverkehrsfreiheit zur Anwendung kommen soll. Problematisch erscheint auch ein allgemeiner Grundsatz, daß statt des nach einer Gemeinschaftskollisionsnorm anwendbaren Herkunftslandrechts das Marktortrecht kraft autonomen IPR anwendbar sein soll, soweit dieses im Einzelfall günstiger ist als ersteres (vgl DRASCH 331, 332), weil er eine gespaltene Anwendung von Kollisionsnormen abhängig von der Art des konkreten Rechtsgefälles bewirkt. Ein als Kollisionsnorm verstandener Art 28 EGV hätte im übrigen allgemein Konsequenzen, die nicht im Rahmen seiner gesetzgeberischen Zwecke liegen. Das erschließt sich auch im Zusammenhang mit Art 30 EGV und den zwingenden Erfordernissen des Allgemeinwohls. Im Rahmen der Prüfung des Art 28 EGV kommt es für die Frage eines Verstoßes grundsätzlich darauf an, ob die nationale Regelung durch die Gründe des Art 30 EGV gerechtfertigt ist oder zwingenden Erfordernissen des Allgemeinwohls entspricht. Ist dies nicht der Fall, ist die nationale Norm auf den konkreten Sachverhalt unanwendbar. Wenn man Art 28 EGV als **Kollisionsnorm** auffasst, so ist gegebenenfalls von vornherein **gemeinschaftskollisionsrechtlich** eine entsprechende Regelung im Herkunftsland **ausdrücklich** berufen, ohne daß dadurch geklärt ist, ob diese Regelung ihrerseits mit Art 28 EGV vereinbar ist. Eine Prüfung der entsprechenden Gesetzeslage im Herkunftsstaat anhand des Art 28 EGV kommt aber nicht in Betracht, weil dieser ausschließlich auf **Einfuhrbehinderungen** zugeschnitten ist (vgl SACK WRP 1994, 281, 289; vgl diesbezüglich allerdings auch die Entscheidung *Alpine Investment*, in der der EuGH den Anwendungsbereich des Art 49 EGV im Fall einer vom Herkunftsstaat ausgehenden Beschränkung als eröffnet angesehen hat, weil sie unmittelbar den Zugang der inländischen Dienstleistungsanbieter zu den Dienstleistungsmärkten anderer Mitgliedstaaten beeinträchtige; dazu Rn 444).

436 Die entsprechende Kontrolle eines gemeinschaftskollisionsrechtlich berufenen Rechts des Herkunftsstaates ist in der vorgenannten Gestaltung auch nicht unter dem Gesichtspunkt des **Art 29 EGV** denkbar. Soweit etwa eine bestimmte Aufmachung im Herkunftsland der Ware lauterkeitsrechtlich verboten ist, nicht aber im Zielland, besteht gegebenenfalls bei einer Anknüpfung an das strengere Recht des Herkunftsstaates allerdings eine **Exportbehinderung**. Zum einen jedoch ist bereits fraglich, ob Art 29 EGV auf derartige Fälle überhaupt Anwendung findet. Denn nach der Rechtsprechung des EuGH erfordert die Anwendung des Art 29 EGV eine nationale Maßnahme, die eine spezifische Beschränkung der Ausfuhrströme bezweckt oder bewirkt und im Ergebnis zu einem besonderen Vorteil der inländischen Produktion oder des inländischen Handels führt (vgl etwa EuGHE 1984, 483, 504 Rn 22 [Jongeneel Kaas BV]). Daran fehlt es in den entsprechenden Fällen jedenfalls. Für die Frage der Vereinbarkeit einer Herkunftslandanknüpfung mit Art 29 EGV (vgl REESE 7 Fn 26) gilt im übrigen dasselbe wie für die Frage eines Verstoßes gegen Art 28 EGV (s Rn 433). Allenfalls die nach nationalem IPR anzuwendende innerstaatliche Verbotsnorm kann einen Verstoß gegen das Verbot von Ausfuhrbeschränkungen darstellen, nicht dagegen die kollisionsrechtliche Anknüpfungsnorm als solche.

2. Herkunftslandprinzip

437 Nach dem aus der Rechtsprechung des EuGH zur Warenverkehrsfreiheit hergeleiteten Herkunftslandprinzip hat eine in einem Mitgliedstaat in den Verkehr gebrachte Ware grundsätzlich nur den Vorschriften im Herkunftsland zu genügen. Eine Anpassung an die entsprechenden Vorschriften im Verbringungsland ist regelmäßig nicht erforderlich, da sich eine entsprechende aus der Anwendung der innerstaatlichen Norm ergebende Pflicht als Hemmnis des innergemeinschaftlichen Warenverkehrs auswirken würde. Daher kann in der Regel etwa eine bestimmte Werbung, die einem aus einem anderen Mitgliedstaat importierten Produkt anhaftet und die in dem Herkunftsstaat erlaubt ist, nicht durch nationales Lauterkeitsrecht untersagt werden, soweit das entsprechende Verbot nicht nach Art 30 EGV gerechtfertigt ist oder zwingenden Erfordernissen entspricht (vgl etwa EuGHE 1990, I-4714, 4723 Rn 29 [Sarpp]; vgl auch EuGHE 1982, 4575, 4588 Rn 16 [Oosthoek] zu Zugabeverboten). Nachdem der Verstoß einer mitgliedstaatlichen Vorschrift gegen Art 28 EGV prinzipiell nur eine auf das in das Inland verbrachte Produkt beschränkte Nichtanwendbarkeit begründet, wirkt sich das gemeinschaftsrechtliche Herkunftslandprinzip in Fällen eines ungünstigeren Rechts im Verbringungsland im Ergebnis wie eine kollisionsrechtliche Anknüpfung von innergemeinschaftlichen Verbringungssachverhalten an das Wettbewerbsrecht im Herkunftsstaat aus (vgl BERNHARD EuZW 1992, 437, 438). Es verdrängt insoweit die *Wirkungen* der zugunsten der Anwendbarkeit des Inlandsrechts getroffenen kollisionsrechtlichen Entscheidung.

Aus dem Umstand, daß das Herkunftslandprinzip im Ergebnis zu einer Abweichung **438** von dem durch eine marktspezifisch hergeleitete, kollisionsrechtliche Anknüpfung verwirklichten Gebot der *par conditio concurrentium* führt, weil auf demselben räumlich relevanten Markt agierende Wettbewerber unterschiedlichen Regelungen unterworfen sind (vgl BERNHARD EuZW 1992, 437, 441), folgt nicht, daß die **Rechtsprechung des EuGH zur Warenverkehrsfreiheit** insoweit abzulehnen ist. Das Ergebnis einer Anwendung des Art 28 EGV auf nationale Verbote bestimmter Wettbewerbshandlungen ist allerdings die ausschließlich auf in das Inland verbrachte Waren beschränkte Nichtanwendbarkeit der nationalen Verbotsnorm mit der Folge einer Benachteiligung der weiterhin an die strengere nationale Norm gebundenen inländischen Produkte (**Inländerdiskriminierung**). Es stellt sich insoweit bereits die Frage, inwieweit eine Inländerdiskriminierung ihrerseits gegen gemeinschaftsrechtliche und verfassungsrechtliche Grundsätze verstößt (s auch Rn 453), was zu einem Zwang des nationalen Gesetzgebers führen könnte, die entsprechende Norm auch für inländische Produkte aufzuheben, bzw eine Nichtanwendbarkeit auch im Hinblick auf Inländer bewirken könnte (vgl aber Rn 173, 453). Aber auch soweit man nicht von einer solchen Verpflichtung zur Beseitigung inländerdiskriminierender Effekte ausgeht, bleibt zu berücksichtigen, daß die Verwirklichung der Warenverkehrsfreiheit und die Erleichterung der Handelsströme im Binnenmarkt Vorrang vor einer uneingeschränkten Geltung des durch die marktortbezogene Anknüpfung verwirklichten Grundsatzes der Gleichbehandlung aller auf demselben räumlich relevanten Markt agierenden Wettbewerber hat. Letztlich sind derartige Widersprüche, unabhängig von der gemeinschaftsrechtlichen und verfassungsrechtlichen Beurteilung des Problems der Inländerdiskriminierung, eine konsequente Folge einer erst in der Entwicklung begriffenen Angleichung der rechtlichen Wettbewerbsbedingungen im Binnenmarkt und nicht geeignet, das Prinzip der Grundfreiheiten an sich in Frage zu stellen. Für die Folgen einer kollisionsrechtlich verstandenen Verdrängung der Marktortanknüpfung durch ein gemeinschaftsrechtliches Herkunftslandprinzip (s Rn 435) gilt im Hinblick auf eine Akzeptanz der Inländerdiskriminierung im gemeinschaftsrechtlichen und verfassungsrechtlichen Rahmen im übrigen Entsprechendes wie für die Folgen einer auf sachrechtlicher Ebene erfolgenden Korrektur des Abwägungsergebnisses einer Marktortanknüpfung durch Art 28 EGV.

Nach der *Dassonville*-Formel des EuGH können nationale Wettbewerbsregelungen, **439** insbesondere auch solche, die Werbung betreffen, Maßnahmen gleicher Wirkung wie mengenmäßige Beschränkungen darstellen, weil es sich insoweit um mitgliedstaatliche Regelungen handelt, die im Grundsatz geeignet sind, den innergemeinschaftlichen Handel zu behindern (vgl EuGHE 1974, 837, 852 Rn 5 [Dassonville]). Allerdings sind bei unterschiedlos anwendbaren Regelungen der Mitgliedstaaten, zu denen lauterkeitsrechtliche Normen regelmäßig zählen, Hemmnisse für den Binnenhandel hinzunehmen, die sich aus den Unterschieden der nationalen Regelungen über die Vermarktung von Erzeugnissen ergeben, soweit die konkrete Regelung notwendig ist, um zwingenden Erfordernissen gerecht zu werden (EuGHE 1979, 649, 662 Rn 8 [Cassis de Dijon]). Der EuGH versteht hierunter ausdrücklich auch die **Lauterkeit des Handelsverkehrs** (EuGHE 1984, 1299, 1328 Rn 27 [Prantl]) und den **Verbraucherschutz** (EuGHE 1994, I-317, 336 Rn 15 [Clinique]). Insoweit erfolgt eine Abwägung zwischen der Bedeutung der tangierten zwingenden Erfordernisse und dem Schutzgut des innergemeinschaftlichen freien Warenverkehrs.

440 Seit der Entscheidung *Keck und Mithouard* geht der EuGH allerdings in ständiger Rechtsprechung davon aus, daß unterschiedlos anwendbare nationale Regelungen, die den Absatz der inländischen Erzeugnisse und der Erzeugnisse aus anderen Mitgliedstaaten rechtlich wie tatsächlich in gleicher Weise berühren, nicht geeignet sind, zu einer Beeinträchtigung des innergemeinschaftlichen Handels zu führen, soweit sie sogenannte **Verkaufsmodalitäten** betreffen (dazu FEZER JZ 1994, 317, 320 f). Ein Verstoß gegen Art 28 EGV liegt bei Verkaufsmodalitätenregelungen danach nicht vor, wenn sie diskriminierungsfrei sind. Der Gruppe der Verkaufsmodalitätenregelungen stellt der EuGH **produktbezogene Regelungen** gegenüber, worunter er nationale Vorschriften hinsichtlich Bezeichnung, Form, Abmessungen, Gewicht, Zusammensetzung, Aufmachung, Etikettierung oder Verpackung versteht. Auf derartige Regelungen wendet der EuGH nach wie vor Art 28 EGV regelmäßig an, ohne daß er ausdrücklich nach der konkreten Diskriminierungsfreiheit fragt (krit zu dieser Unterscheidung EBENROTH, in: FS Piper [1996] 133, 167 f mwN).

441 Als Konsequenz dieser Rechtsprechung wird man davon auszugehen haben, daß die das Ergebnis der kollisionsrechtlichen Anknüpfung überlagernde Wirkung des Art 28 EGV im Bereich des Lauterkeitsrechts stark eingeschränkt ist, nachdem ein Großteil der lauterkeitsrechtlichen Tatbestände, insbesondere Werbebeschränkungen, zum Bereich der Verkaufsmodalitätenregelungen gehören dürfte (vgl KORT GRUR IntT 1994, 594, 601). Damit könnten insbesondere die für das Lauterkeitsrecht bedeutsamen Entscheidungen *GB-INNO* (EuGHE 1990, I-667) und *Yves Rocher* (GRUR IntT 1993, 763) durch die neue Rechtsprechung überholt sein. Die *Keck*-Rechtsprechung des EuGH ändert allerdings nichts an dem in diesen Entscheidungen deutlich werdenden Zusammenhang zwischen nationalem Kollisionsrecht und supranationalem Wettbewerbsrecht. Jedenfalls wenn eine **körperliche Verbundenheit etwa einer Werbung mit dem Produkt** besteht (vgl EuGH EWS 1997, 272, 273 Rn 11 [Vereinigte Familiapress]), bleibt es deshalb auch nach der neuen Rechtsprechung dabei, daß insoweit das Herkunftslandprinzip das Ergebnis der kollisionsrechtlichen Anknüpfung an das Recht des Werbemarktes überlagert. Dies zeigt sich auch anhand der Entscheidung *Mars* hinsichtlich von Werbeaufdrucken auf der Verpackung von Schokoladenriegeln. Der EuGH nahm insoweit eine Produktbezogenheit an und erklärte das deutsche Verbot des § 3 UWG hinsichtlich der Werbeaufdrucke für unanwendbar (EuGHE 1995, I-1923, 1941 Rn 13 [Mars]). Entsprechendes ergibt sich aus der Entscheidung *Clinique*, in der es um einen möglichen Verstoß einer Vermarktungsbezeichnung gegen § 3 UWG ging. Dasselbe gilt möglicherweise für Fälle des **Euromarketing** und des **Marketing-Mix**, jedenfalls soweit man Ware, Werbung und Vertriebsmethoden als Produkteinheit auffaßt, was zur Produktbezogenheit entsprechender Verkaufsmodalitätenregelungen führen würde (FEZER JZ 1994, 317, 323; zustimmend EBENROTH, in: FS PIPER [1996] 133, 162). Den Entscheidungen *Clinique* und *Mars* lassen sich in diesem Zusammenhang Anhaltspunkte dafür entnehmen, daß der EuGH im Falle der Verteuerung von Werbe- und Vertriebsmaßnahmen auch weiterhin eine Behinderung des innergemeinschaftlichen Handels anerkennen könnte, auch soweit eine körperliche Verbundenheit der in Frage stehenden Werbung mit dem Produkt nicht gegeben ist. Allerdings ging es in beiden Entscheidungen um die Etikettierung bzw die Verpackung und Aufmachung von Produkten, deren Verbot nach der neuen EuGH-Doktrin als produktbezogene Regelung aufzufassen ist (vgl auch SACK EWS 1994, 181, 183). Sowohl in der *Clinique*-Entscheidung als auch in der *Mars*-Entscheidung stellte der EuGH aber auch auf die erhöhten Werbekosten ab. Dabei erscheint es kaum einleuchtend, auf die warenverkehrsbehindernde Wirkung erhöhter Werbekosten für den Importeur nur dann abzustellen, wenn die Werbung sich auf der Verpackung befindet, nicht aber wenn dieselbe danach verbotene Werbung an anderer Stelle erscheint, etwa in Zeitschriften (so auch SACK EWS 1994, 181, 184). Besonders die *Clinique*-Entscheidung läßt eine solche Abgrenzung fragwürdig erscheinen, weil sich die Markenbezeichnung, deren Verbot der EuGH nach § 3 UWG als Verstoß gegen Art 28 EGV anerkannt hat, nicht auf die Verpackung bzw die Aufmachung beschränkt, sondern den gesamten Vertrieb der Ware betrifft und damit auch eine Verkaufsmodalität darstellt. Es kann, jedenfalls soweit es nicht um den Aufdruck der Marke auf dem Produkt geht, auch nicht von einer körperlichen Verbundenheit der Bezeichnung mit dem Produkt gesprochen werden.

Für die Charakterisierung von zur Änderung von einheitlichen Marketingkonzepten zwingenden nationalen Verboten als Maßnahmen gleicher Wirkung läßt sich auch die Funktion des Art 28 EGV als Instrument gegen spezifische Einfuhrbehinderungen anführen. Soweit der EuGH produktbezogene Regelungen im Gegensatz zu Verkaufsmodalitätenregelungen stets als Maßnahmen gleicher Wirkung ansieht, dürfte dies darauf beruhen, daß produktbezogene Regelungen zu einer Änderung des Erzeugnisses gerade im Hinblick auf den Marktzutritt zwingen (EBENROTH, in: FS Piper [1996] 133, 149 f; ausdrücklich jetzt auch EuGH EWS 1997, 272, 273 Rn 12 [Vereinigte Familiapress]). Unterläßt der Importeur diese Anpassung seines Produktes, ist ihm der Marktzutritt verwehrt. Das führt zu einer **Doppelbelastung aufgrund des Marktzutritts**, nachdem der Importeur mehrere Versionen seines Produktes bereithalten muß. Sieht man in dieser **Marktzutrittsbehinderung** jedoch das charakteristische Element einer Maßnahme gleicher Wirkung iSd Art 28 EGV, so kann nichts anderes gelten, wenn ein Importeur gerade wegen des beabsichtigten Marktzutrittes zu einer auf den entsprechenden Teilmarkt abgestimmten Änderung seiner Marketingkonzeption gezwungen wird (KOOS 174; ebenso RÜFFLER, in: KOPPENSTEINER [Hrsg], Österreichisches und europäisches Wirtschaftsprivatrecht Teil 6/2 [1998] 48).

Weiterhin muß berücksichtigt werden, daß einschneidende Werbebeschränkungen jedenfalls den Marktzutritt von auf dem jeweiligen Markt noch nicht eingeführten Waren gegenüber nationalen Produkten mit höherem nationalen Bekanntheitsgrad und Prestigewert erheblich zu behindern vermögen und insoweit zumindest nicht mehr als diskriminierungsfreie Verkaufsmodalitätenregelungen gelten können (vgl LÜDER EuZW 1995, 87, 88; GA JACOBS, in: EuGHE 1995, I-179, 187 [Leclerc-Siplec]; aA RÜFFLER, in: KOPPENSTEINER [Hrsg], Österreichisches und europäisches Wirtschaftsprivatrecht Teil 6/2 [1998] 51). Für diese Sichtweise spricht auch die Entscheidung *De Agostini*, in der es um ein schwedisches Verbot einer speziell an Kinder gerichteten und irreführenden Fernsehwerbung ging. Ausdrücklich stellte der EuGH fest, daß ein vollständiges Verbot einer Absatzförderungsform Produkte aus anderen Mitgliedstaaten gegenüber einheimischen Produkten zu benachteiligen vermag (EuGH EWS 1997, 346, 349 Rn 42 [De Agostini]), wenngleich er die Beurteilung einer im konkreten Fall vorliegenden unterschiedlichen Berührung dem vorlegenden Gericht überließ. Als Begründung für eine mögliche ungleiche Berührung in- und ausländischer Produkte verwies der EuGH auf den Vortrag des betroffenen Importeurs, der sich auf die Vereitelung einer wirksamen Markteindringung infolge der Werbebeschränkung berief (EuGH EWS 1997, 346, 349 Rn 43 [De Agostini]). Das gilt erst recht für **umfassende oder besonders weitgehende Werbeverbote**, die jedenfalls nicht mehr lediglich Einschränkungen *„bestimmter"* Verkaufsmodalitäten iSd Erwägungsgrundes 16 der *Keck*-Entscheidung darstellen dürften (vgl dazu EBENROTH, in: FS Piper [1996] 133, 153 unter Verweis auf EuGHE 1995, I-179, 216 f Rn 19 u 20 [Leclerc-Siplec]).

444 Auch soweit unlautere Verhaltensweisen im Rahmen einer Dienstleistungserbringung zu prüfen sind, spielt die das Ergebnis der kollisionsrechtlichen Anknüpfung überlagernde Wirkung der Anwendung der Grundfreiheiten weiterhin eine Rolle. Allerdings ist die *Keck*-Formel des EuGH grundsätzlich auch im Bereich des **Art 49 EGV** anwendbar; dies zeigt sich an der Entscheidung *Alpine Investments* des EuGH (dazu GLÖCKNER GRUR IntT 2000, 29 ff; vgl REICH EuZW 1995, 407 ff). Hier hatte der Gerichtshof in einem Fall eines sogenannten *cold calling* über die Wirksamkeit eines niederländischen Verbotes des telefonischen Anbietens und Bewerbens von Finanzdienstleistungen zu entscheiden. Das Verbot unterfalle dem Anwendungsbereich des Art 49 EGV, weil es unmittelbar den Zugang niederländischer Dienstleistungserbringer zu Dienstleistungsmärkten anderer Mitgliedstaaten beeinträchtige (EuGHE 1995, I-1141, 1178 Rn 38 [Alpine Investments]). Dabei prüfte der Gerichtshof die mögliche Anwendung der Grundsätze aus der *Keck*-Entscheidung, sah diese aber als nicht erfüllt an, weil die Werbebeschränkung nicht vom Zielstaat der Dienstleistungserbringung ausging, sondern von dem Sitzstaat des Anbieters. Am ehesten wird man davon auszugehen haben, daß der EuGH die besondere **marktsegmentierende Wirkung** eines Verbotes des *cold calling* berücksichtigen wollte (vgl EBERHARTINGER EWS 1997, 43, 50), die, wenn das Verbot vom Sitzstaat des Dienstleistungserbringers ausgeht, ausschließlich die im Herkunftsstaat ansässigen Dienstleistungserbringer erfaßt und gerade deren Zugang zu anderen Dienstleistungsmärkten gegenüber Dienstleistungserbringern aus anderen Mitgliedstaaten erschwert (vgl Koos 177).

445 Indes dürfte die formale Unterscheidung des EuGH zwischen produktbezogenen Regelungen und Verkaufsmodalitätenregelungen im Bereich der Dienstleistungserbringung schon begrifflich kaum eine Rolle spielen (vgl auch EBERHARTINGER EWS 1997, 43, 50). Jedenfalls im Rahmen der Dienstleistungsfreiheit wird daher jede Werbebeschränkung des Zielstaates der Werbung prinzipiell in den Anwendungsbereich der Grundfreiheiten fallen, weil sie marktsegmentierend wirkt. Das gilt sowohl dann, wenn Dienstleistungserbringer und Dienstleistungsempfänger ihren Sitz in verschiedenen Mitgliedstaaten haben, als auch dann, wenn beide ihren Sitz in demselben

C. Internationales Wettbewerbsprivatrecht

Mitgliedstaat haben, lediglich die eigentliche Leistung in einem anderen Mitgliedstaat erbracht wird (vgl etwa EuGHE 1991, I-659, I-709, I-727), oder wenn die Werbung für die Dienstleistung im Sitzstaat des Empfängers stattfindet, jedoch die eigentliche Leistung an den Empfänger im Sitzstaat des Erbringers erfolgt. Entsprechendes ist nach der Entscheidung *Alpine Investments* für Beschränkungen im Sitzstaat des Dienstleistungserbringers anzunehmen.

3. Sekundäres Gemeinschaftsrecht

Das sekundäre Gemeinschaftsrecht enthält teilweise mittelbar kollisionsrechtlich relevante Aussagen, die sich vorwiegend auf das Werberecht und damit auch auf das Recht gegen den unlauteren Wettbewerb beziehen (vgl dazu auch Rn 341). Die meisten Richtlinien enthalten jedoch keine echten Kollisionsnormen, sondern lediglich Anwendungsoptionen für die Mitgliedstaaten. Bei den Richtlinien mit kollisionsrechtsrelevantem Inhalt, die sich auf die technische Verbreitung von Information beziehen, besteht eine **Tendenz zur Anknüpfung an das Recht am Ausstrahlungs- bzw Ursprungsort** der Information (Ursprungs- oder **Herkunftslandprinzip**). Dies gilt für die **Fernsehrichtlinie** vom 3. Oktober 1989 (Art 2 Abs 1) hinsichtlich von Werbung als auch für die **Richtlinie 93/83/EWG zur Koordinierung bestimmter urheber- und leistungsschutzrechtlicher Vorschriften betreffend Satellitenrundfunk und Kabelweiterverbreitung** vom 27. September 1993 (Art 1 Abs 2 [b]; AB1EG 1993 L 248, 16; vgl Rumphorst GRUR IntT 1993, 934, 934; OLF Frankfurt aM GRUR IntT 1996, 247, 251 [Satellit erweitert Lizenzgebiet]). **446**

Auch Art 3 Abs 1 des von der Kommission am 23. 12. 1998 vorgelegten Vorschlags für eine **Richtlinie über bestimmte rechtliche Aspekte des elektronischen Geschäftsverkehrs** im Binnenmarkt enthält eine Aussage für das Herkunftslandprinzip (AB1EG 1999 C 30/4, 8, geänderter Vorschlag v 1. 9. 1999, Dok KOM [1999] 427 endg; vgl dazu Waldenberger EuZW 1999, 296, 298), die sich im Grundsatz auch auf das Lauterkeitsrecht bezieht (Tettenborn K & R 2000, 59, 61). Würde hierdurch das Herkunftslandprinzip als allgemeiner **kollisionsrechtlicher Grundsatz** etabliert, so wäre damit eine grundsätzliche Abkehr von der Marktortanknüpfung verbunden, die mehr noch als im Bereich des Rundfunkrechts problematisch wäre, weil im Bereich des **Internet** ein Verlegen des Einspeisungsortes in einen Staat mit niedrigem wettbewerbsrechtlichen Standard ungleich einfacher ist als etwa die Verlegung eines Rundfunksenders. Allerdings hat die **Kommission** stets betont, das in den Mitgliedstaaten geltende IPR nicht antasten zu wollen. Im Grünbuch „Urheberrecht und verwandte Schutzrechte in der Informationsgesellschaft" stellt sie etwa fest, daß die Richtlinie 93/83/EWG nicht auf die in den Zuständigkeitsbereich des IPR der Mitgliedstaaten fallende Frage des anwendbaren Rechts eingehen wolle. Vielmehr definiere Art 1 Abs 2 lit b) lediglich den Sendeakt, gegenüber dem Rechtsschutz beansprucht werden könne (Komm Grünbuch Urheberrecht und verwandte Schutzrechte in der Informationsgesellschaft, Kom [95], 382, 40). Die Regelung setzt damit in einem der **kollisionsrechtlichen Entscheidung vorgelagerten Stadium** an. In der Begründungserwägung 7 zum Vorschlag für eine *e-commerce*-Richtlinie wird darauf hingewiesen, daß die Richtlinie nicht darauf abzielen solle, spezifische Regeln des IPR betreffend das anwendbare Recht oder Regeln über die Zuständigkeit der Gerichte einzuführen (vgl auch den durch den zukünftigen gemeinsamen Standpunkt zum E-commerce-Richtlinienvorschlag in den Richtlinienvorschlag einzufügenden neuen Art 1 Abs 3 a), dazu Tettenborn K & R 2000, 59, 60; vgl weiter Begr zum RL-Vorschlag **447** zu Art 3 hinsichtlich des Verhältnisses zum EuGVÜ). Sie trete daher nicht an die Stelle der einschlägigen internationalen Übereinkommen (ebenso PICHLER ELR 1999, 74, 79). Demgegenüber wird im **Schrifttum** eingewendet, die Zielsetzung der Richtlinie könne ausschließlich über ein kollisionsrechtlich verstandenes Herkunftslandprinzip erreicht werden (MANKOWSKI GRUR IntT 1999, 909, 912, freilich kritisch im Hinblick auf eine Verdrängung der Marktortanknüpfung durch das Herkunftslandprinzip; vgl auch Stellungnahme des Wirtschafts- und Sozialausschusses zum Richtlinienvorschlag, ABlEG C 169/36, 38 Anm 3. 6.; BRENN ÖJZ 1999, 481, 482).

448 Will man nicht von einer eindeutigen Diskrepanz zwischen den erklärten Zielen des Richtlinienentwurfs und seinen Regelungen ausgehen, so stellt sich die Frage, wie der aufgezeigte Widerspruch aufzulösen ist. Eine Erklärungsoption liegt darin, in dem Herkunftslandprinzip nach dem Richtlinienvorschlag einen Verweis ausschließlich bzw auch auf das Kollisionsrecht des Herkunftslandes zu sehen. Das Herkunftsrecht ist dann frei, wie schon bisher eine Marktortanknüpfung vorzunehmen und gegebenenfalls den Sachverhalt nach einem abweichenden Statut zu beurteilen. Hierdurch würde allerdings die Zielsetzung des Richtlinienentwurfes, im Interesse der Förderung des einheitlichen Euromarketings Mehrfachanknüpfungen mit jeweils unterschiedlichen Schutzstandards zu vermeiden, nicht erreicht; die Situation bliebe im Ergebnis dieselbe wie ohne eine Regelung durch Art 3 des Richtlinienvorschlags (MANKOWSKI GRUR IntT 1999, 909, 913; HOEREN MMR 1999, 192, 195), es sei denn, die Richtlinie würde Weiterverweisungen unterbinden (vgl HOEREN MMR 1999, 192, 195).

449 Aufklärung bringt insoweit ein Blick auf das **Herkunftslandprinzip** im Bereich des **primären Gemeinschaftsrechts**. Das im Rahmen der Warenverkehrsfreiheit entwickelte Herkunftslandprinzip ist richtigerweise nicht positiv kollisionsrechtlich aufzufassen, sondern korrigiert lediglich im Ergebnis binnenmarktstörende Effekte einer Marktortanknüpfung durch die Anordnung der Nichtanwendung einzelner gegen die Grundfreiheiten verstoßender mitgliedstaatlicher Normen des nach kollisionsrechtlichen Grundsätzen anwendbaren Rechts. Es setzt damit gerade nicht auf kollisionsrechtlicher Ebene an und verdrängt insbesondere nicht die Marktortanknüpfung (s näher Rn 433 ff). Das Herkunftslandprinzip im Rahmen der einschlägigen Richtlinien bezweckt nichts anderes als das primärgemeinschaftsrechtliche Herkunftslandprinzip in der Ausprägung, die es durch die *Cassis*-Rechtsprechung des EuGH erfahren hat. Es dürfte daher davon auszugehen sein, daß das **sekundärgemeinschaftsrechtliche Herkunftslandprinzip** ebensowenig die eigentliche kollisionsrechtliche Entscheidung berührt, wie es die Grundfreiheiten vermögen. Das in Art 3 Abs 1 des Richtlinienvorschlages enthaltene Herkunftslandprinzip ist folglich dahingehend zu verstehen, daß das nach Internationalem Zivilprozeßrecht zuständige mitgliedstaatliche Gericht diejenigen Sachnormen des nach allgemeinen kollisionsrechtlichen Grundsätzen anwendbaren Sachrechts unangewendet lassen muß, die gemeinschaftsrechtswidrig sind (ähnlich SPINDLER MMR 1999, 199, 206, vgl auch den im zukünftigen gemeinsamen Standpunkt des Rates zum E-commerce-Richtlinienvorschlag enthaltenen neuen Erwägungsrund zu Art 3 Abs 2 des Richtlinienvorschlages, dazu TETTENBORN K & R 2000, 59, 60). Für diese Auslegung würde bereits die Regelung des Art 3 Abs 2 des Richtlinienvorschlages sprechen, soweit diese die Möglichkeit einer kollisionsrechtlichen Heranziehbarkeit eines anderen Statuts als des Herkunftslandes voraussetzt. Kommt es nämlich bereits kollisionsrechtlich nur auf das Recht des Herkunftsstaates an, so wäre die Regel, daß ein Mitgliedstaat nicht die Dienste eines in einem anderen Mitgliedstaat niedergelassenen Diensteanbieters einschränken darf, nicht erforderlich.

Auch soweit allerdings das sekundärgemeinschaftsrechtliche Herkunftslandprinzip 450
keine Kollisionsnorm darstellt (zum Verhältnis zwischen Ursprungslandprinzip und urheberkollisionsrechtlichem **Schutzlandprinzip** KÖSTER, in: GÖTTING [Hrsg], Multimedia, Internet und Urheberrecht [1998] 153, 165 f), stehen die Richtlinien *im Ergebnis* im **Widerspruch zur Marktortanknüpfung**, weil sie die Anwendung der konkreten Einzelnorm des Zielstaates im innergemeinschaftlichen Rahmen hindern, was letztlich im konkreten Fall zur Maßgeblichkeit des Regelungsstandards nach dem Herkunftsrecht führt. **Sie überlagern damit das Ergebnis der nach dem Interessenkollisionsansatz bzw dem Auswirkungsprinzip vorgenommenen Kollisionsanknüpfung.**

Der Bereich, in dem die das Herkunftslandsprinzip enthaltenden Regeln des sekun- 451
dären Gemeinschaftsrecht das Ergebnis der Marktortanknüpfung verdrängen, ist derzeit indes wegen der stark begrenzten Regelungsbereiche der Richtlinien eng. Die von der *Fernsehrichtlinie* erfaßten lauterkeitsrechtlich relevanten Bereiche beschränken sich auf den Problemkreis der getarnten Werbung einschließlich des Sponsoring (Art 10, 17) sowie auf bestimmte inhaltliche Anforderungen der Fernsehwerbung (Art 12). Die *Satellitenrichtlinie* enthält dagegen ausschließlich urheber- und leistungsschutzrechtliche Regelungen, die den Bereich des Lauterkeitsrechts nicht unmittelbar betreffen (KORT GRUR IntT 1994, 594, 602).

Beträchtliche Auswirkungen würde demgegenüber das Inkrafttreten einer *e-com-* 452
merce-Richtlinie mit dem Inhalt des Richtlinienvorschlages haben (vgl auch SPINDLER MMR 1999, 199, 206). Art 3 des Richtlinienvorschlages würde insoweit das binnenmarktrechtliche Herkunftslandprinzip im Bereich der Internetwerbung gegenüber dem durch die Rechtsprechung des EuGH erreichten Stand beträchtlich erweitern. So dürfte der Vorschlag bewirken, daß eine Überprüfung der einschlägigen belastenden Rechtsnormen im Bestimmungsland nicht mehr anhand von Rechtfertigungskriterien bzw der zwingenden Erfordernisse des Allgemeinwohls möglich ist. Insbesondere beschränken sich die Einzelfallausnahmen von Art 3 Abs 2 des Richtlinienvorschlages in Art 22 Abs 3 auf individuelle Vollzugsmaßnahmen und nicht auf Rechtsvorschriften (BRENN ÖJZ 1999, 481, 484) und enthalten insoweit keine wirkliche Übertragung der Schranken der Leistungsverkehrsfreiheiten und des Verhältnismäßigkeitsprinzips in den Richtlinienbereich. Gegenüber der bisherigen primärrechtlich bestimmten Rechtslage würde sich infolge einer entsprechenden Richtlinie der Anwendungsbereich des Herkunftslandprinzips in übrigen auf Bereiche erstrecken, die als Vermarktungsmodalitätenregelungen nach der Rechtsprechung des EuGH weithin einer Überprüfung anhand der Grundfreiheiten entzogen waren. Es erscheint allerdings nicht angebracht, insoweit eine unterschiedliche Behandlung von Onlinewerbung einerseits und von Werbung in Printmedien andererseits vorzunehmen. Ob als Begründung für eine unterschiedliche Rechtswertung der Werbung online und offline die gezielte Förderung des elektronischen Geschäftsverkehrs auszureichen vermag, ist äußerst fragwürdig. Der Richtlinienvorschlag führt, sollte er verwirklicht werden, zu der kaum hinnehmbaren Konsequenz einer grundsätzlichen Privilegierung der Onlinewerbung. Die damit verbundene „Harmonisierung" auf dem niedrigsten Niveau im Bereich der Onlinewerbung ist bedenklich. Gerade hier ist es einem Anbieter ohne weiteres möglich, ohne besonderen Aufwand den Internetserver in einen Mitgliedstaat zu verlegen, in dem ein besonders niedriges lauterkeits-

rechtliches Schutzniveau herrscht, anders vor allem als etwa im Bereich des Rundfunkrechtes, in dem die Senderverlegung mit erheblichem wirtschaftlichem Aufwand verbunden ist.

4. Diskriminierungsverbot

453 Aus dem Diskriminierungsverbot des Art 12 EGV läßt sich möglicherweise eine Wertung dahingehend entnehmen, daß ausländische und inländische Wirtschaftsteilnehmer auf einem Mitgliedsmarkt gleichen Regeln unterworfen sein müssen (vgl BERNHARD EuZW 1992, 437, 441). Hierin läge zugleich ein Argument gegen ein **kollisionsrechtliches Herkunftslandprinzip**, weil eine kollisionsrechtliche Anknüpfung an das Recht des Herkunftsmarktes nicht einfach einen Auslandssachverhalt anderen Regelungen unterwirft als innerstaatliche Vorgänge, sondern typischerweise bestimmte innerstaatliche Vorgänge aufgrund ihrer Gemeinschaftsrelevanz anderen Regeln unterwirft als vergleichbare andere innerstaatliche Vorgänge. Insoweit unterscheidet sich eine solche Kollisionsnorm von anderen Kollisionsnormen. Im Zusammenhang mit dem Problem der **Inländerdiskriminierung** hat der EuGH allerdings die Anwendung von Art 12 EGV abgelehnt, weil Anknüpfungspunkt für die aufgrund des Art 28 EGV eintretende innerstaatliche Schlechtbehandlung der weiterhin an die nationale Verbotsnorm gebundenen Anbieter nicht die Staatsangehörigkeit der Anbieter, sondern die Herkunft der Ware sei (vgl auch Rn 173). Allgemein verbiete das Gemeinschaftsrecht nicht die Schlechterstellung von inländischen Erzeugnissen gegenüber Erzeugnissen aus anderen Mitgliedstaaten außerhalb des Anwendungsbereichs des Gemeinschaftsrechts (EuGHE 1986, 3231, 3241 Rn 9 [Cognet]). Im Hinblick auf die Erforderlichkeit eines umfassenden Schutzes des Binnenmarktes auch vor Wettbewerbsverfälschungen infolge einer Schlechterbehandlung inländischer Wettbewerber gegenüber Wettbewerbern aus anderen Mitgliedstaaten der EU sowie der Einheit der Wettbewerbsordnung des Binnenmarktes erscheint diese Rechtsprechung allerdings fragwürdig (FEZER JZ 1994, 317, 326; KOOS 149). Jedenfalls wenn man ein kollisionsrechtliches Herkunftslandprinzip aus der Auslegung des Art 28 EGV durch den EuGH ableitet, würde mithin insoweit nichts anderes gelten.

VI. Die Bestimmung des Wettbewerbsstatuts im einzelnen

1. Allgemeines

a) Grundzüge der Statutbestimmung durch die Rechtsprechung

454 Die Rechtsprechung folgt seit der *Kindersaugflaschen*-Entscheidung des BGH (GRUR 1962, 243) dem Ansatz der **wettbewerblichen Interessenkollision**. Dieser Ansatz ist durch die Kodifizierung des Deliktskollisionsrechts im Rahmen des Gesetzes zum Internationalen Privatrecht für außervertragliche Schuldverhältnisse und für Sachen vom 21. 5. 1999 (BGBl I 1026) nicht überholt (vgl Begr RegE BT-Drucks 14/343, 10). Dabei sind folgende **Merkmale dieser Rechtsprechung** festzuhalten: Begehungsort einer Wettbewerbshandlung kann prinzipiell nur der Ort sein, an dem wettbewerbliche Interessen der Mitbewerber zusammentreffen. Anzuwenden ist damit das Wettbewerbsrecht des so konkretisierten Begehungsortes. Der BGH ordnet damit dogmatisch das Recht des unlauteren Wettbewerbs nach wie vor dem Deliktsrecht zu, was er in einschlägigen Entscheidungen regelmäßig unterstreicht (vgl zuletzt BGH GRUR IntT 1998, 617, 618 [Gewinnspiel im Ausland]). Läßt sich feststellen, daß die Interessenkollision

auf einem ausländischen Markt stattfindet, so ist das Recht dieses Marktes anzuwenden. Bloße Initiativ- oder Vorbereitungshandlungen bleiben dabei kollisionsrechtlich außer Betracht (BGH GRUR 1991, 463, 465 [Kauf im Ausland]; OLG Hamburg GRUR IntT 1987, 105, 107).

455 Insoweit liegt eine **allseitige Kollisionsnorm** vor. Im Falle eines Wettbewerbs inländischer Konkurrenten auf einem ausländischen Markt wendet der BGH **gemeinsames deutsches Heimatrecht** nur in bestimmten Konstellationen an, in denen der Bezug zum Inland gegenüber dem internationalen Aspekt in den Vordergrund tritt. Dies nimmt er zum einen bei gezielten Angriffen auf deutsche Mitbewerber an, zum anderen wenn sich der Wettbewerb im ausländischen Marktraum ausschließlich zwischen deutschen Unternehmen abspielt (ebenso OLG München GRUR 1992, 634, 635 [PC Professionell]). Diese Grundsätze werden als **einseitige Kollisionsnorm** aufgefaßt.

456 Als maßgeblichen Ort für die kollisionsrechtliche Beurteilung sieht die Rechtsprechung auf dem Boden der Interessenkollisionslösung bei **Werbemaßnahmen** den Werbemarkt, bei **Absatzmaßnahmen** den Absatzmarkt an. Bei einem **Auseinanderfallen von Werbe- und Absatzmarkt** wird regelmäßig der Werbemarkt als Ort der wettbewerblichen Interessenkollision angenommen. Eine solche Gestaltung liegt etwa vor, wenn ein Unternehmen im Ausland mit Rabatten wirbt, die den Beworbenen für den Fall eines Einkaufs im Inland in Aussicht gestellt werden. Hier wird die Zulässigkeit der Werbemaßnahme einschließlich des Ankündigens von Rabatten nach dem Recht gemessen, welches an dem Sitz der angesprochenen Verbraucher gilt. Bei der Rabattgewährung selbst handelt es sich dagegen um eine reine Absatzhandlung, die nicht nach dem Recht des Werbemarktes zu überprüfen ist, sondern nach dem Recht am Ort der Rabattgewährung, mithin regelmäßig dem Absatzmarkt (so im Ergebnis auch OLG München NJW-RR 1996, 107, 107; vgl für Österreich östOGH GRUR IntT 1992, 230, 231 [Digitaluhren]; vgl Rn 372).

457 Nicht der Absatzmarkt, sondern der **Werbemarkt** ist im Einzelfall jedoch auch bei der Beurteilung eigentlicher Absatzmaßnahmen maßgeblich, wenn der Absatz im Ausland von der Beziehung zum deutschen Markt geprägt ist. Dies kann im Fall einer vom Inland ausgehenden, grenzüberschreitenden Kaffeefahrt zu einem Verkaufsort im Ausland, für die im Inland geworben wird, anzunehmen sein. Der BGH hat in einem derartigen Fall das im Inland geltende Wettbewerbsrecht angewendet, und zwar nicht nur für die Werbung für die Kaffeefahrt, sondern auch für die im Ausland stattfindende Werbeverkaufsveranstaltung, einschließlich der im Ausland stattfindenden Absatzhandlungen (BGH GRUR 1988, 130, 131 [Verkaufsreisen], allerdings ohne ausdrückliches Eingehen auf die kollisionsrechtliche Problematik). Die Maßgeblichkeit des deutschen Wettbewerbsrechts auch für die im Ausland stattfindende eigentliche Absatzhandlung beruht in diesen Fällen nach Auffassung des BGH darauf, daß insoweit eine deutsche Wettbewerbshandlung lediglich als in das Ausland verlegt erscheint (vgl BGH GRUR 1991, 463, 465 [Kauf im Ausland]; krit dazu PAEFGEN GRUR IntT 1988, 99, 113).

458 Eine gegebenenfalls neben die Anwendbarkeit ausländischen Wettbewerbsrechts tretende Anwendbarkeit deutschen Wettbewerbsrechts aufgrund feststellbarer erheblicher Beeinträchtigungen der Wettbewerbsposition der Wettbewerber auf dem Inlandsmarkt als Folge des sich im Ausland abspielenden Wettbewerbsverhaltens wird von der Rechtsprechung als nur **mittelbare Folge** einer im Ausland aufgetretenen Interessenkollision abgelehnt (vgl OLG Celle GRUR IntT 1977, 238, 240; OLG Hamburg GRUR InT 1987, 105, 107). Aus diesem Grunde hat der BGH beispielsweise die Heranziehung des Rechts an einem potentiellen Heimatabsatzmarkt der Verbraucher, an dem durch die auf einem anderen Markt stattfindende wettbewerbswidrige Einwirkung auf die Kunden die Absatzinteressen anderer Wettbewerber betroffen sind, abgelehnt. Insoweit handle es sich nur um „Auswirkungen" des zu beurteilenden Wettbewerbsverhaltens, das nicht zur Anwendbarkeit des Rechts des Heimatmarktes der Verbraucher führe (BGH GRUR 1991, 463, 465 [Kauf im Ausland]; GRUR IntT 1998, 617, 619 [Gewinnspiel im Ausland]; vgl aber Rn 414).

459 Der von der Rechtsprechung zugrundegelegte, an den Ort der wettbewerblichen Interessenkollision geknüpfte **Tatortbegriff** ist nicht deckungsgleich mit dem prozeßrechtlichen Tatortbegriff des Art 5 Nr 3 EuGVÜ und des § 24 Abs 2 UWG. Letzterer ist weiter als der wettbewerbskollisionsrechtliche Tatortbegriff. Die Feststellung einer wettbewerblichen Interessenkollision begründet eine **wesentlich engere Verbindung** iSd **Art 41 Abs 1 EGBGB** (Begr RegE BT-Drucks 14/343, 10).

b) Berücksichtigung ausländischer Rechtswertungen bei der Anwendung inländischen Sachrechts

460 Bereits in der *Zeiss*-Entscheidung hatte der BGH in dem Bestreben, die Folgen der im Schrifttum kritisierten, uneingeschränkten Bindung deutscher Wettbewerber an deutsches Wettbewerbsrecht auch bei Auslandswettbewerb abzumildern, verlangt, daß bei der materiellrechtlichen Beurteilung von Sachverhalten mit Auslandsbezug auf **im Ausland herrschende Anschauungen** Rücksicht zu nehmen sei (BGH GRUR 1958, 189, 197). Trotz der inzwischen gegenüber der *Zeiss*-Entscheidung verstärkten Berücksichtigung der wettbewerbsrechtlichen Besonderheiten bei der kollisionsrechtlichen Bewertung entsprechender Sachverhalte durch den BGH geht dieser nach wie vor von dem Grundsatz der Pflicht zur Rücksichtnahme auf ausländisches Recht bei der Anwendung des inländischen Wettbewerbsrechts aus. So hat der BGH in der Entscheidung *Ein Champagner unter den Mineralwässern* bei der Frage der Verwendung der geographischen Herkunftsangabe „Champagner" ausgeführt, daß es nicht als sittenwidrig angesehen werden könne, wenn ein inländisches Vertriebsunternehmen desjenigen, der im Herkunftsland so werben darf, im Inland in gleicher Weise verfährt. Die Rechtslage im Herkunftsland Frankreich, wonach eine entsprechende Werbung nicht verboten war, sei auch für die Frage der Sittenwidrigkeit im Sinne des § 1 UWG rechtlich bedeutsam (BGH GRUR IntT 1988, 357, 360). Entsprechend hat auch das OLG Frankfurt aM einen Verstoß einer Zeitschriftenveröffentlichung in einer auch in Deutschland vertriebenen amerikanischen Zeitschrift gegen § 1 UWG mit der Begründung abgelehnt, daß die Veröffentlichung unter Berücksichtigung der auf dem US-amerikanischen Markt herrschenden Rechtsauffassung nicht als wettbewerbswidrig empfunden werden könne (OLG Frankfurt aM IPRspr 1990, Nr 155, 307, 310).

461 Zur Werbung mit im Inland verbotenen, im Ausland zu erbringenden Rabatten, namentlich der Ankündigung solcher Rabatte im Inland ist das OLG Düsseldorf davon ausgegangen, daß diese nach deutschem Recht zu beurteilen ist (vgl dazu bereits Rn 372 sowie eingehend Rn 517 ff) Zwar wurde auf die Frage der Rabattgewährung selbst nicht deutsches Recht angewendet, weil der Begehungsort insoweit nicht im

C. Internationales Wettbewerbsprivatrecht

Inland gesehen wurde, sondern in dem Land, in dem die Rabatte tatsächlich gewährt wurden (OLG Düsseldorf WRP 1970, 149, 150; vgl auch OLG München NJW-RR 1996, 107, 107 [Hotelgutscheine]). Doch hätte sich nach den Grundsätzen aus der *Zeiss*-Entscheidung die Prüfung angeboten, ob nicht der Umstand, daß die angekündigte Rabattgewährung im Ausland zulässig ist, die Wettbewerbswidrigkeit dieser Ankündigung bzw der Werbung mit der Rabattgewährung nach kollisionsrechtlich anwendbarem deutschen Wettbewerbssachrecht entfallen läßt (vgl schon Rn 376; nur im Ergebnis ähnlich KG WRP 1991, 111, 113 [keine schützenswerte Auswirkung einer Rabattankündigung auf das von den Sachnormen des RabattG geschützte Rechtsgut]; zustimmend vGamm EWS 1991, 166, 169; ähnlich in diesem Sinne OLG München NJW-RR 1996, 107, 107 [Hotelgutscheine]; vgl Rn 462). Allerdings besteht dabei die Problematik, daß für eine Berücksichtigung ausländischer Rechtswertungen im Tatbestand des § 1 RabattG anders als im Fall der Sittenwidrigkeit im Rahmen des § 1 UWG kaum Ansatzpunkte zu finden sind.

c) Auf den Inlandswettbewerb beschränkter Anwendungsbereich von Wettbewerbsnormen

Überwiegend wird eine Begrenzung der Anwendbarkeit von inländischen Wettbewerbsnormen auf Auslandssachverhalte angenommen, wenn die konkrete Norm nach ihrem Zweck nur den **inländischen Geschäftsverkehr** erfassen soll. Das soll vor allem für **Rabatt- und Zugabeverbote** gelten, die nur dann anwendbar sein sollen, wenn sich die im Inland verwirklichten Tatbestandsmerkmale in einer vom RabattG bzw der ZugabeVO mißbilligten Weise auf den inländischen Geschäftsverkehr auswirken (vGamm EWS 1991, 166, 169; KG WRP 1991, 111, 113 [LTU-Eurocard] mit der zusätzlichen Forderung nach einer erheblichen Auswirkung; dazu Sack IPRax 1991, 386, 391; OLG München NJW-RR 1996, 107, 107 [Hotelgutscheine]; aA insoweit OLG Düsseldorf WRP 1970, 149, 150). Eine solche Begrenzung wird auch für die im Inland stattfindende Ankündigung von im Ausland erfolgenden Rabatten vertreten (OLG München NJW-RR 1996, 107, 107 [Hotelgutscheine]; GK-Schricker Einl UWG Rn F 219 für das RabattG; ders GRUR 1977, 646, 647; Baumbach/Hefermehl Einl UWG Rn 186 aE; aA Staudinger/vHoffmann [1998] Art 38 Rn 541 unter Heranziehung eines Schwerpunktargumentes).

Entsprechend wird auch den Regelungen zu Sonderveranstaltungen (§ 7 UWG) und Räumungsverkäufen (§ 8 UWG) ein auf den inländischen Handel beschränkter Anwendungsbereich zugeschrieben. Auch insoweit soll die Ankündigung derartiger im Ausland stattfindender Veranstaltungen nicht in den Anwendungsbereich der §§ 7 und 8 UWG fallen (GK-Schricker Einl UWG Rn F 220). Anderes soll für an das deutsche Publikum gerichtete Sonderveranstaltungen ausländischer Versandhäuser gelten. Dagegen scheidet eine derartige Anwendungsbegrenzung im Rahmen des § 1 UWG jedenfalls aus, weil eine Beschränkung des Schutzzwecks auf den inländischen Geschäftsverkehr von vornherein nicht in Betracht kommt. So ist die Bejahung eines Verstoßes gegen § 1 UWG wegen Erlangung eines Wettbewerbsvorsprungs durch Rechtsbruch grundsätzlich auch dann möglich, wenn der Vorsprung auf einem ausländischen Markt erlangt wird (offengelassen in BGH GRUR 1982, 495, 497 [Domgarten-Brand]), soweit kollisionsrechtlich deutsches Wettbewerbsrecht zur Anwendung kommt (zur kollisionsrechtlichen Beurteilung der Fallgruppe des Rechtsbruchs Rn 568 ff).

Es handelt sich dabei nicht um eine kollisionsrechtliche Frage, sondern um die Bestimmung der **sachrechtlichen Reichweite** von nach allgemeinen kollisionsrechtlichen Grundsätzen anwendbaren inländischen Normen (MünchKomm/Kreuzer Art 38 Rn 246;

anders wohl SCHRICKER GRUR 1977, 646, 647, der sowohl auf die im Ausland erfolgende Rabattgewährung als auch auf die Ankündigung eines solchen Rabattes im Inland ausländisches Rabattrecht für anwendbar hält. Das entspricht einer kollisionsrechtlichen Bestimmung des Normanwendungsbereichs; vgl auch GK-SCHRICKER Einl UWG Rn F 219 ff; im Ergebnis ähnlich östOGH GRUR IntT 1992, 230, 231 [Digitaluhren] für den umgekehrten Fall einer Ankündigung von Zugaben im Ausland, die im Inland gewährt werden sollen).

465 Der Auffassung, die eine Anwendbarkeit des RabattG oder der ZugabeVO bei Wettbewerbsverstößen mit Auslandsbezug trotz kollisionsrechtlicher Inlandsanknüpfung auf sachrechtlicher Ebene ablehnt, ist im übrigen nicht zu folgen. Ergibt die kollisionsrechtliche Prüfung die Anwendbarkeit des deutschen Wettbewerbsrechts, so stellt die Einschränkung der Anwendbarkeit von RabattG und ZugabeVO auf der Sachnormebene einen Widerspruch gegenüber der kollisionsrechtlichen Entscheidung dar (SACK IPRax 1991, 386, 392). Der Zweck des RabattG und der ZugabeVO zielt über den Schutz des inländischen Gewerbes hinaus auch auf den Leistungswettbewerb im Inland ab (BAUMBACH/HEFERMEHL ZugabeVO Allg Rn 5; RabattG Allg Rn 8, vgl auch dort Rn 13). Darüber hinaus soll die ZugabeVO auch dem Verbraucherschutz dienen. Diesbezüglich ist schon deswegen die werbemäßige Ankündigung nicht anders zu beurteilen als andere Werbesachverhalte (SACK IPRax 1991, 386, 390 auch für das RabattG; GK-SCHRICKER Einl UWG Rn F 221). Ist kollisionsrechtlich in Fällen von grenzüberschreitender Rabatt- oder Zugabewerbung nach allgemeinen Anknüpfungsgesichtspunkten die Anwendbarkeit des inländischen Wettbewerbsrechts festgestellt, so verbietet sich deshalb eine Nichtanwendung aufgrund der Reduktion des Normzweckes auf den Schutz des inländischen Gewerbes (SACK IPRax 1991, 386, 391; insoweit wohl zustimmend BAUMBACH/HEFERMEHL RabattG Allg Rn 13; ZugabeVO Allg Rn 20).

466 Kein Argument gegen die prinzipielle Anwendbarkeit des inländischen Rabatt- und Zugaberechts erschließt sich aus dem Umstand, daß das RabattG und die ZugabeVO in ihrer Zweckrichtung und hinsichtlich ihrer Auswirkungen auf den Handel durchaus kritisch zu betrachten sind (in diese Richtung für das RabattG GK-SCHRICKER Einl UWG Rn F 219). Es ist grundsätzlich Sache des Gesetzgebers, insoweit Abhilfe zu schaffen. Bis dahin sind auch rechtspolitisch fragwürdige Wettbewerbsnormen grundsätzlich zur Anwendung zu bringen. Zudem zeigt sich am Beispiel einer im Inland erfolgenden Ankündigung von Rabatten für Verkäufe im ausländischen Grenzland, daß hierdurch auch ein auf den inländischen Handel begrenzter Schutzzweck durchaus berührt sein kann, ungeachtet der rechtspolitischen Fragwürdigkeit derartiger Schutzbestimmungen. Denn aus der Sicht des inländischen Handels macht es keinen Unterschied, ob der Preiswettbewerb durch inländische Konkurrenten beeinflußt wird oder durch für die Verbraucher ebenso leicht erreichbare ausländische Wettbewerber.

467 Allenfalls über eine Ausdehnung der Grundsätze aus der *Zeiss*-Entscheidung könnte man zu dem Ergebnis kommen, daß die Ankündigung eines Auslandsrabattes in keinem Fall gegen das RabattG verstößt, soweit der Rabatt im Ausland erlaubt ist. Dasselbe würde für die Ankündigung von Zugaben und Sonderveranstaltungen sowie Räumungsverkäufen iSd §§ 7 und 8 UWG gelten. Der Unterschied zu der Auffassung, die grundsätzlich den Anwendungsbereich der entsprechenden Normen zu beschränken versucht, liegt darin, daß es danach nicht darauf ankommt, ob die jeweils angekündigte Wettbewerbshandlung im Ausland erlaubt ist. Doch ist dabei ungeachtet der nicht ganz vergleichbaren Gestaltung zu berücksichtigen, daß der

BGH in der *Zeiss*-Entscheidung einen Wettbewerbsverstoß nach inländischem Wettbewerbsrecht mangels Vorliegen eines sittenwidrigen Verhaltens iSd § 1 UWG abgelehnt hat. Ein entsprechendes Einfallstor für die Berücksichtigung ausländischer Rechtsvorstellungen hinsichtlich der Rabattgewährung bei der Beurteilung der Rabattankündigung ist im RabattG nicht ersichtlich.

Im Ergebnis bedeutet das bei Zugrundelegung der herrschenden Interessenkollisionslösung, daß ein Ankündigen von Rabatten oder Zugaben, die im Ausland erfolgen sollen, nach inländischem Wettbewerbsrecht, insbesondere Rabatt- bzw Zugaberecht zu beurteilen sind und einen Verstoß hiergegen darstellen kann. Daneben kommt auch ein Verstoß gegen das UWG in Betracht, wobei insoweit allerdings der Umstand, daß die Rabattgewährung im Ausland zulässig ist, die Sittenwidrigkeit des Wettbewerbsverhaltens entfallen lassen kann (vgl dazu Rn 461). **468**

d) Rück- und Weiterverweisungen (Renvoi)

Die wettbewerbsrechtliche Kollisionsanknüpfung erfolgt im Rahmen einer **Sachnormverweisung** auf das jeweils anwendbare Wettbewerbsrecht. Der vom Prinzip der Gesamtverweisung ausgehende § 4 Abs. 1 Satz 1 EGBGB ist mithin nicht anwendbar, so daß Rück- und Weiterverweisungen durch das Kollisionsrecht am Anknüpfungsort ausscheiden (MünchKomm/KREUZER Art 38 Rn 239; SACK GRUR IntT 1988, 320, 329; für das österreichische Recht RUMMEL-SCHWIMANN § 48 Rn 11). Soweit ein Renvoi im internationalen Wettbewerbsprivatrecht für möglich gehalten wird, wird dies mit dem deliktsrechtlichen Charakter des Rechts des unlauteren Wettbewerbs (RIEGL 241 f) oder im gemeinschaftsrechtlichen Rahmen mit dem Bemühen um gemeinschaftsweiten Entscheidungseinklang (REESE 13) begründet. Dies berücksichtigt indes vor allem aus der Sicht des hier vertretenen Auswirkungsprinzips nicht hinreichend die Besonderheiten des Lauterkeitsrechts als Marktordnungsrecht. Den daraus folgenden Zielen des Wettbewerbsrechts würde die Möglichkeit von Rück- und Weiterverweisungen widersprechen, weil danach die Verweisung auf das Wettbewerbsrecht eines bestimmten Staates bereits aufgrund einer an einem internationalisierten Wettbewerbsbegriff orientierten Schutzbedarfsentscheidung erfolgt (vgl Rn 420). **469**

e) Rechtswahlvereinbarungen

Art 42 EGBGB sieht eine **nachträgliche Rechtswahl** im Bereich der außervertraglichen Schuldverhältnisse vor. Eine ausdrückliche Einschränkung der Rechtswahlmöglichkeit für lauterkeitsrechtliche Sachverhalte ist im Gesetz nicht enthalten. Für die Möglichkeit von Rechtswahlvereinbarungen ist im gesamten internationalen Wettbewerbsrecht einschließlich des Lauterkeitsrechts gleichwohl kein Raum (vgl für das Urheberrecht BGHZ 118, 394, 397 f; differenzierend STAUDINGER/VHOFFMANN [1998] Art 38 Rn 549). Art 42 EGBGB ist insoweit **teleologisch zu reduzieren**. Die Geltung der nachträglichen Rechtswahlmöglichkeit auch für das Lauterkeitsrecht ließe sich zwar damit begründen, daß im Gegensatz zum aufsichtsrechtlich ausgestalteten Kartellrecht die marktordnungsrechtlichen Ziele des Lauterkeitsrechts über privatrechtlich ausgestaltete Normen verwirklicht werden. Der Gesetzgeber delegiert gleichsam den lauterkeitsrechtlichen Marktordnungsschutz an die Wettbewerber, die zivilrechtlich gegen Lauterkeitsverstöße vorgehen. Damit hätte er sich möglicherweise des von der Privatautonomie unabhängigen Wettbewerbsschutzes entledigt. Der gesetzgeberische Wille im Hinblick auf eine Rechtswahlmöglichkeit im Bereich des Lauterkeitsrechts ist indes nicht eindeutig feststellbar; insbesondere kann nicht ausgeschlossen **470** werden, daß der Gesetzgeber bei der Kodifizierung des Internationalen Deliktsrechts trotz Anerkennung der grundsätzlichen strukturellen Unterschiede zwischen dem Recht des unlauteren Wettbewerbs und dem allgemeinen Deliktsrecht (vgl Begr RegE BT-Drucks 14/343, 10) die prinzipiell bestehende **Inkompatibilität der privatautonomen Rechtswahl mit dem Marktordnungscharakter** des Lauterkeitsrechts übersehen hat und nicht bewußt eine Rechtswahlmöglichkeit auch in diesem Bereich einführen wollte. Für den Bereich des **Immaterialgüterrechts** geht er wegen der allgemeinen Geltung des **Schutzlandprinzips** ohne weiteres von einer Unzulässigkeit der Rechtswahl aus (Begr RegE BT-Drucks 14/343, 10). Bereits in den achtziger Jahren sah allerdings Art 42 des **Referentenentwurfs zur Ergänzung des internationalen Privatrechts** die Möglichkeit einer nachträglichen Rechtswahl vor (ablehnend Stellungnahme des Max-Planck-Instituts für ausländisches und internationales Patent-, Urheber- und Wettbewerbsrecht zum Entwurf eines Gesetzes zur Ergänzung des internationalen Privatrechts GRUR IntT 1985, 104, 108). Art 132 schwIPRG sieht ebenfalls eine Rechtswahlmöglichkeit vor (dazu DASSER/DROLSHAMMER, in: Kommentar zum schwIPRG Art 136 Rn 22). Auch der Wortlaut des § 35 Abs 1 östIPRG scheint eine Rechtswahl insoweit zuzulassen, als diese danach für alle „Schuldverhältnisse" möglich ist und die Anknüpfungen nach Art 48 östIPRG verdrängt (offengelassen von OGH GRUR IntT 1986, 735, 736 f [Hotel Sacher]). Der überwiegende Teil des österreichischen Schrifttums lehnt jedoch die Zulässigkeit nachträglicher Rechtswahlvereinbarungen für das Lauterkeitsrecht ab (KOPPENSTEINER 480; REICHERT-FACILIDES, in: FS Hartmann [1976] 205, 211 f; SCHWIND 235 mit dem Hinweis auf den Charakter des § 42 Abs 2 östIPRG als wirtschaftliche Eingriffsnorm; aA WILTSCHEK GRUR IntT 1988, 299, 307; BRIEM 75 f für rein betriebsbezogene Wettbewerbsverletzungen).

471 Allgemein kollidiert der Grundsatz der Privatautonomie einerseits mit den **Interessen der Allgemeinheit am Schutz des unverfälschten Leistungswettbewerbs** sowie am **Verbraucherschutz**, andererseits mit den **Interessen des Normgebers** des Staates, in dessen Marktraum die wettbewerblichen Interessen aufeinanderstoßen (MünchKomm/ KREUZER Art 38 Rn 249). Die Betroffenheit der Normgeberinteressen ist nicht schon dadurch beseitigt, daß die Verfolgung lauterkeitsrechtlicher Verletzungen durch den Gesetzgeber in die Hände der Privatrechtssubjekte gelegt wird. Die privatrechtliche Ausgestaltung des Lauterkeitsschutzes ist international nicht zwingend. Eine Rechtswahl könnte dazu führen, daß die Beteiligten den Sachverhalt der Regelung durch ein kollisionsrechtlich an sich anwendbares, aufsichtsrechtlich ausgestaltetes ausländisches Marktordnungsrecht entziehen, so daß staatliche nicht ausschließlich auf die Verfolgung durch die Privatrechtssubjekte begrenzte Marktordnungsinteressen jedenfalls potentiell betroffen sind. Diese Gründe entfallen theoretisch nur dort, wo **typischerweise** (vgl hierzu EINSELE RabelsZ 60 [1996] 417, 429) ausschließlich Individualinteressen der Konkurrenten betroffen sind. Das wird teilweise im Falle sogenannter **betriebsbezogener Wettbewerbshandlungen** angenommen, so daß hier nachträgliche Rechtswahlvereinbarungen für zulässig gehalten werden (STAUDINGER/vHOFFMANN [1998] Art 38 Rn 530). Allerdings sind auch betriebsbezogene Wettbewerbshandlungen kaum denkbar, die nicht zumindest auch das Interesse der Allgemeinheit an einem unverfälschten Leistungswettbewerb betreffen (dazu näher Rn 327 und Rn 602 ff). Da bereits ein auch nur gegenüber dem Individualschutz zurücktretendes, wettbewerbsbezogenes Allgemeininteresse den Schutzzweck des Wettbewerbsrechts berührt, muß die Möglichkeit einer privatautonomen Rechtswahl auch dann entfallen, wenn der Individualschutz lediglich im Vordergrund steht, das Allgemeininteresse am unverfälschten Wettbewerb aber nicht völlig verdrängt.

C. Internationales Wettbewerbsprivatrecht

Jedenfalls aufgrund der im Bereich des Wettbewerbsschutzes vorliegenden, staatlichen Rechtsanwendungsinteressen ist die Auffassung abzulehnen, daß nachträgliche Rechtswahlvereinbarungen zumindest dann möglich sein sollen, wenn die Parteien über den Streitgegenstand **Vergleiche** abschließen können (so WILDE, in: Hdb des Wettbewerbsrechts § 6 Rn 55; ähnlich WILTSCHEK GRUR IntT 1988, 299, 307). Aus der Besonderheit des Wettbewerbsrechts als Marktordnungsrecht folgt zudem das Gebot, die Rechtsgleichheit aller Konkurrenten auf dem Markt zu wahren. Dem würde eine individuelle Rechtswahlmöglichkeit nicht gerecht (MünchKomm/KREUZER Art 38 Rn 249). Im übrigen würde die Möglichkeit von Rechtswahlvereinbarungen im Wettbewerbsrecht dazu führen, daß gegebenenfalls parallele Prozesse verschiedener Klagebefugter vor demselben Gericht nach unterschiedlichem Recht geführt werden müßten (MünchKomm/KREUZER Art 38 Rn 249; Stellungnahme des Max-Planck-Instituts für ausländisches und internationales Patent-, Urheber- und Wettbewerbsrecht zum Entwurf eines Gesetzes zur Ergänzung des internationalen Privatrechts GRUR IntT 1985, 104, 108; SACK GRUR IntT 1988, 320, 329). Allerdings kann letzterer Fall bei Zugrundelegung der Anknüpfung nach dem Auswirkungsprinzip auch aufgrund der Möglichkeit einer Statutenhäufung eintreten, falls sich das Wettbewerbsverhalten auf mehrere Märkte auswirkt.

Auch wenn man allgemein Rechtswahlvereinbarungen im internationalen Wettbewerbsrecht zuläßt, käme dem Problem kaum praktische Relevanz zu, da sich der Kläger in einem Wettbewerbsprozeß regelmäßig nicht auf die Vereinbarung eines milderen Wettbewerbsrechts einlassen wird, während der Beklagte eine Vereinbarung über die Wahl eines strengeren Rechts nur ausnahmsweise treffen wird (WILDE, in: Hdb des Wettbewerbsrechts § 6 Rn 55; vgl auch SACK GRUR IntT 1988, 320, 329 mit dem Hinweis auf mögliche Widersprüche zu kartellrechtlichen Wertungen bei Vereinbarung eines strengeren Rechts als das an sich berufene; zu diesem Aspekt auch BRIEM 75).

Aufgrund der mangelnden privatautonomen Disponibilität im Bereich des Wettbewerbsrechts scheidet die Möglichkeit von Anbietern aus, hinsichtlich der Multistate-Werbung das Recht des Einwirkungs- bzw Auswirkungsmarktes dadurch auszuschließen, daß nur das Recht bestimmter Staaten, etwa des Sendestaates oder des Staates, in dem sich der Standort des Internetservers befindet, für anwendbar erklärt wird (WALTL, in: LEHMANN [Hrsg], Internet- und Multimediarecht [Cyberlaw] 185, 191; vgl auch MANKOWSKI GRUR IntT 1999, 909, 911, der aus dem Umstand, daß ein Anbieter seinen Sitz in einem Staat mit einem im Hinblick auf die beworbenen Produkte unbedeutenden Markt hat auf die internationale Ausrichtung des Internetangebots schließt; vgl zur Multistate-Werbung Rn 499 ff). Eine damit eng verwandte, weitere Folgerung ist die **Bedeutungslosigkeit finaler Aspekte** bei der Ermittlung des anwendbaren Wettbewerbsrechts. Es kann nicht von der subjektiven Intention des Anbieters abhängen, ob das Wettbewerbsrecht eines objektiv betroffenen Marktbereichs gemäß seinem der privatautonomen Disponibilität entzogenen Schutzzweck Anwendung findet oder nicht. Aus demselben Grund sind sog **Disclaimer**, mit denen der Urheber eines Onlineangebotes auf der Internetseite darauf hinweist, daß das Angebot nur auf bestimmte Märkte gerichtet ist oder betriebsinterne Anweisungen, keine Bestellungen in das Inland auszuliefern (zu letzterem OLG Frankfurt aM NJW-CoR 1999, 302), kollisionsrechtlich nur insoweit von Bedeutung, als hierin im Einzelfall ein Indiz für die Betroffenheit bestimmter Märkte liegen kann (s Rn 427, 503).

475 Die im **internationalen Schuldrecht** und im **internationalen Sachenrecht** bestehende Praxis des BGH, die ausschließlich auf der Basis des deutschen Rechts erfolgende Argumentation der Parteien in einem Rechtsstreit mit Auslandsbeziehung als **stillschweigende Verständigung der Parteien auf die Maßgeblichkeit deutschen Rechts** zu beurteilen (vgl etwa BGH IPRspr 1958–59, Nr 36; IPRspr 1960–61, Nr 30; NJW 1962, 1005; IPRspr 1964–65, Nr 44; NJW 1970, 1733, 1734; NJW 1988, 1592; vgl aber auch BGH IPRspr 1958–59 Nr 3), kann aus den genannten Gründen auf Wettbewerbsstreitigkeiten nicht übertragen werden (für das internationale Schuldrecht vgl FLESSNER RabelsZ 34 [1970] 547, 548).

f) Akzessorische Anknüpfung

476 Eine akzessorische Anknüpfung (Sonderverbindungsstatut) wird im deutschen Kollisionsrecht sowohl nach der Interessenkollisionslösung als auch bei Zugrundelegen des Auswirkungsprinzips für **marktbezogene** Wettbewerbshandlungen zumeist abgelehnt (vgl AHRENS JZ 1987, 471, 473 f; MünchKomm/KREUZER Art 38 Rn 252; aA unter Hervorhebung des Individualschutzes STAUDINGER/vHOFFMANN [1998] Art 38 Rn 553). Art 41 Abs 2 Nr 1 nF EGBGB läßt sie im Bereich des allgemeinen Deliktsrechts zu. Im **schweizerischen Recht** sieht Art 136 Abs 3 iVm 133 Abs 3 schwIPRG ebenfalls eine akzessorische Anknüpfung ausdrücklich vor, die wohl nicht auf betriebsbezogene Verletzungen iSd Art 136 Abs 2 schwIPRG beschränkt ist (DASSER/DROLSHAMMER, in: Kommentar zum schwIPRG Art 136 Rn 20). Entsprechende Konstellationen sind denkbar, wenn bestehende Rechtsverhältnisse zwischen den Konkurrenten durch das fragliche Verhalten verletzt werden. Auch soweit durch die Verletzung des vorbestehenden Rechtsverhältnisses zugleich eine Unlauterkeit begründet ist, etwa in Fällen des Bruchs von Vertragspflichten im Rahmen eines Vertriebssystems, ist jedoch richtigerweise keine Anknüpfung an das Vertragsstatut gegeben. Das ergibt sich aus den Besonderheiten des Wettbewerbskollisionsrechts gegenüber dem allgemeinen Deliktskollisionsrecht, die zu entsprechenden Modifikationen bei der Anwendung der im Grundsatz heranziehbaren Regelungen des Deliktskollisionsrechts führen (vgl schon Rn 343). Eine andere Lösung würde die regelmäßig bestehenden Allgemeininteressen und Drittinteressen im Bereich des Wettbewerbsrechts mißachten, die nach den allgemeinen Kollisionsregeln zur Anknüpfung an das Recht des Staates führen, in dem die auf den Wettbewerbsprozeß bezogenen Schutzinteressen in hinreichendem Ausmaß betroffen sind (vgl auch DASSER/DROLSHAMMER, in: Kommentar zum schwIPRG Art 136 Rn 21). Sie begegnet daher ähnlichen Bedenken wie eine Rechtswahlmöglichkeit in diesem Bereich. Sind durch eine Wettbewerbshandlung ausnahmsweise nur Individualinteressen betroffen oder wirkt sich nach dem Auswirkungsprinzip eine Wettbewerbshandlung ausnahmsweise nicht in marktrelevanter Weise aus, so bestehen die dargestellten Bedenken gegen eine akzessorische Anknüpfung nicht, da die kollisionsrechtliche Anknüpfung in derartigen Fällen nach den allgemeinen deliktskollisionsrechtlichen Regeln folgt (im Ergebnis ebenso MünchKomm/KREUZER Art 38 Rn 252).

g) Gemeinsames Personalstatut

477 Prinzipiell ist der gemeinsame Inlandssitz der Wettbewerber bei Auslandswettbewerb nach der herrschenden Interessenkollisionslösung nicht von Bedeutung, weil es ausschließlich auf das **Recht am Marktort** ankommt. Anderes ergibt sich insbesondere nicht aus Art 40 Abs 2 EGBGB, weil die wettbewerbliche Interessenkollision eine **wesentlich engere Verbindung** mit dem Marktortstaat iSd Art 41 Abs 1 EGBGB begründet (vgl Begr RegE BT-Drucks 14/343, 10). Der BGH macht hiervon

C. Internationales Wettbewerbsprivatrecht

seit der *Stahlexport*-Entscheidung **Ausnahmen**, wenn sich die Wettbewerbshandlung auf dem Auslandsmarkt ausschließlich gegen einen inländischen Konkurrenten richtet, oder wenn auf dem betreffenden Auslandsmarkt ausschließlich inländische Wettbewerber miteinander konkurrieren (s Rn 352). Diese Ausnahmen werden nur selten einmal eingreifen, weil es kaum mehr vorkommen dürfte, daß in einem Marktbereich ausschließlich inländische Wettbewerber agieren. Allenfalls der Ausnahme einer gezielt gegen einen inländischen Konkurrenten gerichteten Wettbewerbshandlung wird im Einzelfall eine gewisse Bedeutung zukommen, etwa bei Anschwärzung von Konkurrenten gegenüber Abnehmern.

Die Heranziehung gemeinsamen deutschen Wettbewerbsrechts in den vom BGH anerkannten Fallgruppen begegnet **dogmatischen Bedenken**, weil sie vom BGH als **Ausnahme von dem marktbezogenen Interessenkollisionsprinzip** formuliert wird. Zudem sind die vom BGH herangezogenen Kriterien nicht praktikabel, weil eine ausschließliche Beteiligung inländischer Konkurrenten festzustellen, nur unter Schwierigkeiten möglich sein wird. Zu berücksichtigen ist auch, daß die Heranziehung des gemeinsamen Heimatrechts im Falle einer solchen ausschließlichen Konkurrenz inländischer Anbieter den dem Lauterkeitsrecht ebenfalls innewohnenden Schutzzweck des Verbraucherschutzes völlig außer Betracht läßt (vgl zur Kritik auch Rn 398). Zwar könnte sich auch nach einer Interessenkollisionslösung, die eine alleinige Anknüpfung an den Ort des Schwerpunktes des wettbewerblichen Interessenkonfliktes annimmt, im Einzelfall ergeben, daß ein Verbraucherschutzinteresse auf dem Auslandsmarkt einem Konkurrentenschutzinteresse auf dem Heimatmarkt weichen muß, mithin der Interessenkollisionsort auf dem Heimatmarkt liegt (zur Lösung nach dem Auswirkungsprinzip vgl Rn 522). Doch nimmt der BGH eine derartige Abwägung nicht vor, weil er die gemeinsame Heimatanknüpfung als Ausnahme von seinen allgemeinen wettbewerbsrechtlichen Kollisionsgrundsätzen formuliert. **478**

Die vom BGH angenommene, gemeinsame Heimatanknüpfung im Falle einer **gezielt gegen einen Mitbewerber gerichteten Wettbewerbshandlung** erscheint ebenfalls problematisch, weil sie in dieser Allgemeinheit nur dann zu rechtfertigen ist, wenn ausschließlich Individualinteressen des angegriffenen Konkurrenten von der Wettbewerbshandlung betroffen sind. Derartige Fälle sind indes kaum denkbar, weil regelmäßig auch ein Marktordnungsinteresse an der Vermeidung und Unterbindung entsprechender Wettbewerbshandlungen vorhanden ist (vgl allgemein schon Rn 327). Ist im Einzelfall ein allgemeines Interesse am Schutz des Wettbewerbs in dem konkreten Marktbereich nicht auszuschließen, so ist eine generelle Heimatanknüpfung auch unter Zugrundelegung der Interessenkollisionslösung nicht sachgerecht. Schließlich bestehen Bedenken gegen die Auslegung der Grundsätze aus der *Stahlexport*-Entscheidung als einseitige Kollisionsnorm (vgl Rn 354). **479**

Die Übertragung der Grundsätze zur **gemeinsamen Heimatanknüpfung** aus der *Stahlexport*-Entscheidung auf das **Verhältnis zwischen Anbietern und Abnehmern** hat der BGH in der Entscheidung *Kauf im Ausland* ausdrücklich angesprochen, jedoch im Ergebnis offengelassen. Bedeutsam kann diese Frage vor allem bei der Beurteilung von an inländische Verbraucher gerichteter Werbung im Ausland werden (sog Gran-Canaria-Fälle; Kaffeefahrten ins Ausland, dazu auch im Rahmen des Auswirkungsprinzips näher Rn 492 ff). Der BGH scheint allerdings jedenfalls nicht von einer entsprechenden Anwendung der Fallgruppen eines gezielten Angriffs auf inländische Konkurrenten **480** und eines ausschließlichen Vorhandenseins ausländischer Konkurrenten in dem Auslandsmarktbereich auf Fälle eines gezielten Wettbewerbsverstoßes gegen schutzwürdige Interessen von im Ausland befindlichen, inländischen Verbrauchern und eines ausschließlichen wirtschaftlichen Verhältnisses zwischen inländischen Anbietern und inländischen Verbrauchern auszugehen (dafür BERNHARD GRUR IntT 1992, 366, 371 f). In der Entscheidung *Kauf im Ausland* hat der BGH diese Frage offengelassen, weil sie nach seiner Auffassung aufgrund des Umstandes, daß sich die von der verletzenden Werbung angesprochenen Verbraucher bereits im Ausland befanden und nicht erst – wie bei Werbeverkaufsfahrten ins Ausland – eigens zum Zweck der Wettbewerbsaktivität in das Ausland verbracht wurden, unbedeutend war (krit BERNHARD GRUR IntT 1992, 366, 371; vgl auch WEBER 181). Dies spricht dafür, daß es im Verhältnis zwischen Anbietern und Verbrauchern nicht auf die entsprechenden Kriterien aus der *Stahlexport*-Entscheidung ankommen soll.

481 Gegen eine derartige Übertragung der Grundsätze aus der *Stahlexport*-Entscheidung sprechen ähnliche Gründe wie im Rahmen des Verhältnisses zwischen mehreren Konkurrenten in einem ausländischen Marktbereich. Bei der wettbewerbskollisionsrechtlichen Anknüpfung kann es nur auf die einzelfallbezogen vorzunehmende Abwägung von wettbewerbsrechtlichen Schutzzwecken ankommen. Eine starre Heimatanknüpfung aufgrund einer formalen Betrachtung der Herkunft von Marktbeteiligten ist nicht sachgerecht. Zudem bestehen hier dieselben Praktikabilitätsbedenken. Letztendlich wird bei der Fallgruppe einer auf einem Auslandsmarkt gezielt gegen die Interessen inländischer Verbraucher gerichteten Wettbewerbshandlung ein auf diesem Auslandsmarkt bestehendes Konkurrentenschutzinteresse vernachlässigt, weil insoweit nicht gefragt wird, inwieweit in dem betreffenden Marktbereich befindliche, ausländische Anbieter durch Beeinflussung der Nachfrage von inländischen Verbrauchern betroffen sind und insoweit eine Interessenkollision mit diesen Anbietern besteht. Auch hier gilt daher, daß es bei einer rein marktbezogenen Betrachtung der vom Lauterkeitsrecht erfaßten Schutzinteressen bleiben muß, ohne daß hiervon Ausnahmen aufgrund einer gemeinsamen Herkunft der betroffenen Marktteilnehmer vorzunehmen sind. Eine solche marktbezogene Prüfung nach der Interessenkollisionslösung führt allerdings im Ergebnis dazu, daß im Einzelfall das gemeinsame Heimatrecht von Verbrauchern und Anbietern zur Anwendung kommt, wenn eine wettbewerbliche Interessenkollision im Heimatmarktbereich anzunehmen ist, insbesondere wenn wettbewerbliche Interessen auf dem Auslandsmarkt wegen der ausschließlichen Inlandsbeziehung des Sachverhaltes ausscheiden.

2. Fallgruppen

a) Einteilung der Fallgruppen

482 Für die Darstellung der verschiedenen lauterkeitsrechtlichen Verhaltensweisen im Hinblick auf deren kollisionsrechtliche Behandlung bestehen mehrere Ansätze. Zunächst läßt sich grundsätzlich an eine Einteilung in **marktbezogene und betriebsbezogene Wettbewerbsverstöße** denken. Hierbei besteht jedoch die Schwierigkeit, daß eine klare Abgrenzung zwischen marktbezogenen und betriebsbezogenen Wettbewerbsverstößen kaum möglich erscheint, weil regelmäßig ein Wettbewerbsverstoß mehr oder weniger marktbezogene oder betriebsbezogene Elemente in sich vereint. Zudem sind kaum wettbewerbliche Verhaltensweisen vorstellbar, die rein betriebsbezogen im Sinne einer Verletzung ausschließlich individueller Konkurrenteninteressen sind (vgl schon Rn 327). Ähnliche Gründe sprechen gegen eine Einteilung in **konkurrentenbeeinträchtigende, abnehmerbeeinträchtigende und die Allgemeinheit beeinträchtigende Wettbewerbshandlungen** (vgl MünchKomm/Kreuzer Art 38 Rn 243 ff). Die Zuordnung einer Wettbewerbshandlung zu einer dieser drei Fallgruppen erscheint kaum möglich, wenn eine lauterkeitsrechtliche Regel etwa dem Konkurrentenschutz und dem Abnehmerschutz dient. Allgemein gilt auch hier, daß die Zielrichtungen lauterkeitsrechtlicher Regelungen kaum zu trennen sind und auch bei vordergründig konkurrentenbezogenen oder verbraucherbezogenen Lauterkeitsregeln regelmäßig auch das Interesse der Allgemeinheit am Leistungswettbewerb betroffen ist.

Allerdings kann der Umstand, daß eine verletzte Wettbewerbsregel schwerpunktmäßig Konkurrenteninteressen oder Verbraucherinteressen schützt, die Entscheidung für einen von mehreren möglichen Anknüpfungsorten beeinflussen. Ein in einer wettbewerbsrechtlichen Norm enthaltener Verbraucherschutzgesichtspunkt kann nach der **Interessenkollisionslösung** jedenfalls dann eine Rolle spielen, wenn keine vorrangigen Konkurrentenschutzbedürfnisse tangiert sind (vgl aber zur Rechtsprechung Rn 351). Im Rahmen des **Auswirkungsprinzips** kommt es allerdings vorrangig auf die Auswirkungen eines Wettbewerbsverhaltens auf das Funktionieren des Wettbewerbs in einem bestimmten Marktbereich an; der verbraucherschützende Effekt einer Norm ergibt sich damit regelmäßig aus dem durch ihre Anwendung erzielten Wettbewerbsschutz.

b) Absatzhandlungen
Nach der **Interessenkollisionslösung** richtet sich die wettbewerbsrechtliche Beurteilung von Absatzhandlungen nach dem Recht am Ort des Absatzmarktes (zum Begriff s Rn 341, 411), weil die maßgebliche Interessenkollision aufgrund der dortigen **Einwirkung** auf die Abnehmer regelmäßig dort lokalisiert wird (vgl etwa Sack GRUR IntT 1988, 320, 322; Dethloff NJW 1998, 1596, 1601). Bei **Auseinanderfallen von Werbemarkt und Absatzmarkt** wird der Anknüpfung an den Werbemarkt Vorrang eingeräumt (vgl BGH GRUR 1991, 463, 464 f; vgl auch Rn 418 mwN).

Dies gilt ebenso für **grenzüberschreitende Leistungen auf Bestellung**. Soweit vertreten wird, maßgeblicher Marktort sei in diesen Fällen stets das Recht am Sitz des Anbieters (so Sack GRUR IntT 1988, 320, 324), ist dem nicht zu folgen. Definiert man den Begriff des Absatzmarktes dahingehend, daß darunter der Ort zu verstehen ist, an dem die Verbrauchernachfrage erfolgt (s schon Rn 372), so liegt der maßgebliche Absatzort nicht stets am Sitz des Anbieters, sondern dort, wo die Nachfrager ihre Nachfrageaktivität entfalten, mithin am Ort der Bestellung. Regelmäßig wird man eine **Interessenkollision** daher an diesem Ort lokalisieren müssen. Auf den Ort des Vertragsschlusses kommt es in diesen Fällen nicht an. Auch aus einer Parallelwertung zu den Fällen, in denen ein Inländer im Ausland Waren erwirbt oder sich aussucht und ins Inland senden läßt, ergibt sich nichts Gegenteiliges (so aber Sack GRUR IntT 1988, 320, 324). Die Unterschiede dieser Fälle zu den Fällen einer vom Inland ausgehenden Bestellung werden deutlich, wenn man berücksichtigt, daß in den letzteren Gestaltungen der ausländische Anbieter im Zeitpunkt des konkreten Nachfrageverhaltens unmittelbar mit den im Inland ansässigen Anbietern, deren Waren mit den von ihm angebotenen Waren substituierbar sind, konkurriert. Anders stellt sich die Situation dar, wenn sich die Nachfrager ins Ausland begeben und die dort ansässigen Anbieter unmittelbar um die Nachfrager konkurrieren.

486 Ähnlich sind **Absatzhandlungen im Internet** zu beurteilen, bei denen Dienstleistungen über das Internet erbracht oder digitalisierte Produkte geliefert werden. Insoweit generell auf den Sitz des Anbieters abzustellen, würde die tatsächlichen Konkurrenzverhältnisse außer Betracht lassen. Zudem wird die Nachfrageaktivität auch hier am Standort des Terminals entfaltet, von dem aus der Nachfrager die Leistung abfragt und über welches er die Leistung empfängt (vgl aber DETHLOFF NJW 1998, 1596, 1601, die darauf abstellt, ob der Anbieter seine Absatzbemühungen auch auf ausländische Märkte erstreckt). Die Netzverbindung zwischen Abrufterminal und Internetserver bewirkt in diesen Fällen zugleich, daß sich auch faktisch der maßgebliche „Marktplatz", gleichsam in digitalisierter Form, auf das Terminal des Nachfragers erstreckt.

c) Werbung
aa) Allgemeines

487 Die Werbung stellt einen zentralen Bereich im Rahmen des unlauteren Wettbewerbs dar und ist internationalprivatrechtlich deshalb von besonderer Relevanz, weil durch sie oft eine Einflußnahme nicht lediglich auf Verbraucher innerhalb des Absatzstaates oder des Sitzstaates des werbenden Unternehmens ausgeübt wird, sondern auch auf Verbraucher im Ausland. Internationale Bezüge erlangt Werbung entweder durch gezielte Adressierung auch an Zielgruppen im Ausland oder durch mehr oder weniger unbeabsichtigte Streueffekte im Hinblick auf ausländische Märkte, wie im Fall einer Grenzüberschreitung terrestrischer Sendungen in Nachbarstaaten. Dieses sogenannte *Spillover* stellt das IPR, bedingt durch die fortgeschrittene Kommunikationstechnologie, vor immer größere Probleme, weil nicht selten nationale Werbeprogramme etwa über Satellitenübertragung weltweit empfangen werden können. Ein weiteres kollisionsrechtliches Kernproblem im Zusammenhang mit Werbung stellt die Globalisierung der Märkte durch das **Internet-Marketing** dar. Die maßgeblichen Anknüpfungsgrundsätze gelten, vorbehaltlich spezieller Regelungen durch europäisches Richtlinienrecht, für sämtliche Erscheinungsformen der Werbung gleichermaßen (GK-SCHRICKER Einl UWG Rn F203).

488 Die überwiegende Auffassung im Schrifttum sowie die Rechtsprechung des BGH und der Oberlandesgerichte gehen davon aus, daß der Ort der wettbewerblichen Interessenkollision und damit der maßgebliche Ort für die kollisionsrechtliche Anknüpfung dort liegt, wo auf die Marktgegenseite, mithin die Verbraucher eingewirkt wird (**Einwirkungsmarkt**). Dies ist regelmäßig der Ort, an dem die Werbung erscheint. In den meisten Fällen einer nicht kumulativ inländisch und zugleich grenzüberschreitend wirkenden bzw einer international konzipierten Werbung werden sich weder ausgehend von der Interessenkollisionslösung des BGH noch ausgehend von dem hier vertretenen kollisionsrechtlichen Auswirkungsprinzip Probleme bei der Bestimmung des Wettbewerbsstatuts ergeben. Nach der **Interessenkollisionslösung** ist Anknüpfungsort in jedem Fall **allein der Erscheinungsort** der Werbung, weil die Einwirkung auf die Marktgegenseite ausschließlich hier erfolgt, mithin auch nur hier der unmittelbare Eingriff in den Wettbewerb gegeben ist. Wirbt daher etwa ein deutsches Unternehmen mit französischsprachigen Flugblättern für seine in Frankreich abzusetzenden Produkte, so kommt es danach nicht auf deutsches Wettbewerbsrecht an, auch soweit die Konzeption der Werbekampagne und die Organisation von Deutschland aus erfolgt ist. Im Fall von **Internetwerbung** kommt es nicht auf den Standort des *Servers* an, von dem aus die Internetinformation angeboten wird, sondern vorbehaltlich bestimmter Einschränkungen (s Rn 501 ff) grundsätzlich auf den Ort, an dem die

Adressaten die Information abrufen (DIESELHORST ZUM 1998, 293, 294; MANKOWSKI GRUR IntT 1999, 909, 910 f; vgl zum Markenrecht Rn 692). Etwaige Auswirkungen auf die Wettbewerbsposition des handelnden Unternehmens auf dem deutschen Heimatmarkt, die gegebenenfalls zu Wettbewerbsvorteilen gegenüber anderen auf dem deutschen Markt befindlichen Konkurrenten führen, sind nach dieser Auffassung unerheblich, weil insoweit lediglich **mittelbare Auswirkungen** (Rückwirkungen) auf den deutschen Markt gegeben sind. Allenfalls soweit eine besondere Beziehung zum deutschen Markt gegeben ist, die den Auslandsbezug des konkreten Sachverhaltes relativ bedeutungslos erscheinen läßt, kommt es nach der Rechtsprechung unter bestimmten Umständen zur Anknüpfung an das gemeinsame deutsche Heimatrecht. Die Voraussetzungen hierfür sind indes äußerst eng und nicht wettbewerbsbezogen definiert, sondern werden an den Begriff des Auslandswettbewerbs deutscher Konkurrenten geknüpft.

Die grundsätzliche kollisionsrechtliche Maßgeblichkeit des Werbemarktes gilt nach der herrschenden Lehre und der Rechtsprechung auch bei einem **Auseinanderfallen von Werbemarkt und Absatzmarkt** (vgl ausdrücklich BGH GRUR 1991, 463, 464 f; vgl auch Rn 418 mwN). **489**

Auch im Rahmen eines lauterkeitsrechtlichen **Auswirkungsprinzip** kommt es in solchen Fällen **regelmäßig** zu einer Anknüpfung an das Recht des Marktes, auf dem die Werbung erscheint. Insoweit wird allerdings nicht ein Begehungsort der unerlaubten Handlung bestimmt. Vielmehr beruht die Anknüpfung an das Recht des Erscheinungsortes darauf, daß der zu schützende Wettbewerb sich in den entsprechenden Fällen am Ort der zu beeinflussenden Verbraucher abspielt. Da nach dem Auswirkungsprinzip ausschließlich nach den Auswirkungen auf den zu schützenden Wettbewerb gefragt wird, ist hier ein genereller Ausschluß der Berücksichtigung sogenannter **mittelbarer Auswirkungen** nicht angebracht. Denn ein genereller Ausschluß mittelbarer Auswirkungen wird dem dem Auswirkungsgrundsatz zugrundeliegenden Marktordnungscharakter nicht gerecht. Insbesondere läßt sich nicht generell ausschließen, daß auch mittelbare Rückwirkungen auf andere Märkte als dem Markt der Marktgegenseite zu nicht unbedeutenden Wettbewerbsverzerrungen führen können, die den durch eine sachgerechte kollisionsrechtliche Anknüpfung zu verwirklichenden Schutzgedanken tangieren. Maßstab für eine Eingrenzung der in Betracht kommenden kollisionsrechtlichen Anknüpfungsorte können mithin nur schutzzweckbezogene Kriterien sein, wie etwa eine **Spürbarkeitsgrenze,** aber auch eine Betrachtung der **Schutzbedürftigkeit des jeweiligen Marktraumes** im Hinblick auf die behauptete Verletzung. Danach kann sich im Einzelfall ergeben, daß eine Rückwirkung etwa auf den Heimatmarkt des handelnden Konkurrenten durchaus wettbewerbsrelevant ist, so daß auch hier ein maßgeblicher Interessenkollisionsort bezogen auf die Konkurrenten auf dem Heimatmarkt gegeben ist. Die Anknüpfung an das Recht des Heimatmarktes des Verletzers beruht in diesem Fall jedoch nicht auf der Staatszugehörigkeit des Wettbewerbers und stellt auch keine Ausnahme von dem allgemeinen wettbewerblichen Anknüpfungsprinzip dar. Es kommt in solchen Fällen eine **kumulative Anknüpfung** sowohl an das Recht des Erscheinungsortes der Werbung in Betracht als auch an das Recht der wettbewerbsrelevanten Rückwirkung. **490**

bb) Werbung im Ausland
Grundsätzlich ist für Werbung auf einem ausländischen Markt das betreffende **aus-** **491**

ländische Recht anzuwenden. Das wird bei Werbung, die sich im Ausland an Ausländer richtet, regelmäßig der Fall sein. Allerdings kann eine Werbeaussage eine sich gezielt gegen einen inländischen Mitbewerber richtende Wettbewerbsmaßnahme darstellen, die nach den Grundsätzen der *Stahlexport*-Entscheidung als Ausnahme der Interessenkollisionsanknüpfung nach deutschem Wettbewerbsrecht zu beurteilen ist (vgl allgemein Rn 352). Dies wurde vom OLG Düsseldorf in einem Fall angenommen, in dem sich ein deutsches Unternehmen im Ausland eines Patentes in der Bundesrepublik berühmt hatte. Hierin wurde nicht nur eine werbewirksame Aussage gesehen, sondern zugleich ein Warnhinweis an die Nachfrager hinsichtlich möglicher Schwierigkeiten bei einem Vertragsabschluß mit anderen deutschen Herstellern. Damit sei eine konkrete Gefahr einer ungerechtfertigten Absatzbehinderung gerade deutscher oder in Deutschland herstellender Konkurrenten verbunden, die über eine bloße Auswirkung einer nur den ausländischen Markt erfassenden Werbung hinausgehe (OLG Düsseldorf NJW-RR 1992, 171, 171 [Patentberühmung im Ausland]).

492 Problematisch sind Fälle, in denen Unternehmen gezielt im Ausland Verbraucher ansprechen, deren Sitz im Heimatstaat dieser Unternehmen liegt. Es handelt sich hierbei etwa um die Gestaltungen der **Kaffeefahrten ins Ausland** oder einer **Werbung, die sich in ausländischen Urlaubsorten an inländische Touristen richtet**. Vor allem in der Rechtsprechung zu der letzteren Gestaltung tritt bei der Frage der kollisionsrechtlichen Anknüpfung ein Konflikt zwischen dem Interesse an einer wettbewerbsgerechten Anknüpfung unter Verhinderung von Wettbewerbsnachteilen für die inländischen Anbieter auf dem Auslandsmarkt einerseits und dem Interesse des Schutzes der inländischen Verbraucher auf diesem Markt andererseits zu Tage. Der BGH hat insoweit nach dem **Prinzip der wettbewerblichen Interessenkollision** das maßgebliche Anknüpfungsrecht im Ausland angenommen, weil dort die inländischen Verbraucher angesprochen werden und Rückwirkungen auf den Absatz im Inland lediglich kollisionsrechtlich unerhebliche, mittelbare Auswirkungen darstellten (BGH GRUR 1991, 463, 465 [Kauf im Ausland]; GRUR IntT 1998, 617, 619 [Gewinnspiel im Ausland]). Der Umstand, daß es für die Anknüpfung an das ausländische Wettbewerbsrecht unerheblich ist, ob die Verbraucher auf dem betreffenden Auslandsmarkt nur kurze Zeit präsent sind, eine dauerhafte Marktverbundenheit also nicht notwendig ist (vgl auch MünchKomm/KREUZER Art 38 Rn 244), bedeutet im Ergebnis die vorrangige Berücksichtigung des Interesses an einem unverfälschten Wettbewerb auf dem Auslandsmarkt aus der Sicht der Anbieter und Produzenten gegenüber den Interessen der inländischen Verbraucher (krit deshalb REICH RabelsZ 56 [1992], 445, 507 f). Demgegenüber nimmt der BGH auch für lauterkeitsrechtlich relevante Aktivitäten im Ausland die Anwendbarkeit deutschen Rechts an, wenn sich der **Wettbewerb als lediglich in das Ausland verlegt** darstellt. Das ist bei **Verkaufsfahrten** der Fall, bei denen die potentiellen Abnehmer zwecks Durchführung von Werbeveranstaltungen durch das inländische Unternehmen eigens in das Ausland verbracht werden (vgl BGH GRUR 1988, 130, 132 [Verkaufsreisen]) und sich nicht bereits ohnehin dort befinden (vgl ausdrücklich BGH GRUR 1991, 463, 465 [Kauf im Ausland]). Dieses Ergebnis kann auch auf eine Parallelwertung zur vertragskollisionsrechtlichen Norm des **§ 29 Abs 1 Nr 3 EGBGB** gestützt werden (SACK IPRax 1992, 24, 27; vgl auch BERNHARD GRUR IntT 1992, 366, 373 u zu dem Aspekt der Parallelwertung zwischen Internationalem Verbrauchervertragsrecht und Internationalem Wettbewerbsrecht MANKOWSKI GRUR IntT 1999, 909, 912).

493 Bei Zugrundelegen des kollisionsrechtlichen Ansatzes des **Auswirkungsprinzips** ergibt sich in den beiden oben dargestellten Fallkonstellationen regelmäßig kein anderes Ergebnis als nach der vom BGH herangezogenen Interessenkollisionslösung. Insbesondere die Fälle der **Kaffeefahrten ins Ausland** sind danach schon deshalb nach dem Recht des Herkunftsstaates der Verkaufsreise zu beurteilen, weil sich eine nennenswerte Auswirkung auf den Markt im Zielstaat nicht ergibt. Hierbei spielt auch der Umstand eine Rolle, daß die bereits im Inland für die Teilnahme an der Verkaufsreise geworbenen Kunden regelmäßig keine potentiellen Abnehmer für die betreffenden Produktgruppen auf dem betreffenden Auslandsmarkt sind. Es besteht deshalb auch kein Schutzbedürfnis des Wettbewerbs auf diesem Markt, das eine Anknüpfung an das dort geltende Recht rechtfertigen könnte.

Differenzierter ist die Fallgestaltung der **Werbung am ausländischen Urlaubsort in- 494 ländischer Touristen** durch inländische Unternehmen zu beurteilen (sog **Gran Canaria-Fälle**). Hier kann nicht ohne weiteres davon ausgegangen werden, daß ein Schutzbedürfnis im Hinblick auf den Auslandsmarkt, das eine wenigstens kumulative Anknüpfung an das dortige Wettbewerbsrecht zu rechtfertigen vermag, entfällt. Bei einer deutschsprachigen Werbung auf einem fremdsprachigen Markt wird man allerdings davon ausgehen können, daß auf dem ausländischen Markt befindliche ausländische Verbraucher nur in unbedeutendem Ausmaß durch die fraglichen Werbemaßnahmen erreicht werden. Unter dieser Voraussetzung wäre eine Anknüpfung an das Recht des Marktes, auf dem sich die beworbenen inländischen, potentiellen Verbraucher befinden, kaum sachgerecht, wenn nicht zumindest eine mögliche **Bedarfsdeckung** dieser Verbraucher **auf dem Auslandsmarkt** beeinflußt wird. In der der BGH-Entscheidung *Kauf im Ausland* zugrundeliegenden Gestaltung hätte dies indes ausgeschlossen werden können, weil es nach der Natur der Sache fernliegt, daß deutsche Touristen in Spanien Oberbetten oder ähnliche Waren im dortigen Handel erstehen (vgl auch OLG Stuttgart NJW-RR 1990, 1081, 1083 [Vertrieb von Waren, die der Verbraucher normalerweise nicht im Urlaub erwirbt]). In einem solchen Fall wird auch der Wettbewerb auf dem ausländischen **Absatzmarkt** durch die fragliche Maßnahme nicht nennenswert beeinträchtigt sein. Dagegen wirkt sich die Maßnahme auf den Absatzmarkt in Deutschland aus, weil der im Ausland gegebenenfalls über die Einschaltung einer ausländischen Werbeagentur agierende Anbieter in direktem Absatzwettbewerb mit den in Deutschland befindlichen Anbietern desselben sachlich relevanten Marktes steht (diesen Aspekt sieht auch ROHE 251, der im Ergebnis jedoch dem BGH folgt). Maßgeblich ist in derartigen Fällen nach dem kollisionsrechtlichen Auswirkungsprinzip somit das deutsche Wettbewerbsrecht (so im Ergebnis auch SACK IPRax 1992, 24, 27 mit dem Hinweis auf eine in diesem Fall bestehende stärkere Beziehung zum deutschen als zum spanischen Recht; MünchKomm/KREUZER Art 38 Rn 253; BERNHARD GRUR IntT 1992, 366, 373; MARTINY, in: FS Drobnig 389, 399; weitergehender als hier HOTH GRUR IntT 1972, 449, 452; vgl auch u Rn 636). Das ist im übrigen davon unabhängig, ob die Werbemaßnahme vom Inland ausgeht oder von dem jeweiligen Aufenthaltsort der beworbenen Inländer, etwa durch eine dort ansässige Vertriebsfirma (vgl auch Rn 498).

Diese Lösung ist im konkreten Fall auch deshalb interessengerecht, weil sie zugleich 495 den Bedürfnissen des **Verbraucherschutzes** eher nachkommt, als die vom BGH gefundene, formal auf den Ort des zeitweisen Aufenthaltes der potentiellen Verbraucher abstellende Lösung. Zwar ist grundsätzlich eine **einseitige Bevorzugung des Verbraucherschutzaspektes** bei der kollisionsrechtlichen Bewertung wettbewerbsrechtlicher Sachverhalte zu vermeiden (vgl Rn 402). Doch spiegelt sich im Wettbewerbskollisionsrecht die Schutzzweckverteilung des Wettbewerbssachrechts wider, was dazu führt, daß Verbraucherschutzaspekte nicht völlig außer Betracht bleiben können. Wenn im Einzelfall eine Beurteilung der Schutzbedürftigkeit des Auslandsmarktes, auf dem die Einwirkung auf die inländischen Verbraucher stattgefunden hat, ergibt, daß eine relevante konkurrentenbezogene Auswirkung dort nicht vorliegt, wohl aber eine Verbraucherbeeinträchtigung auf dem Heimatmarkt der potentiellen Abnehmer, ist inländisches Wettbewerbsrecht heranzuziehen. Bei Fehlen einer nennenswerten Auswirkung auf den ausländischen Marktbereich ist eine Außerachtlassung der Schutzbedürftigkeit des Inlandsmarktes im Hinblick auf Verbraucherschutzgesichtspunkte angesichts des Schutzzwecks des Lauterkeitsrechts nicht gerechtfertigt (aA GK-SCHRICKER Einl UWG Rn F 206 unter Verweis auf eine mögliche Störung des internationalen Entscheidungseinklanges). Darin liegt im Ergebnis allerdings eine dem Kollisionsrecht an sich fremde Differenzierung nach der Herkunft der Verbraucher, die aber letztendlich darauf beruht, daß ein inländischer Wettbewerb ohne spürbare Beeinflussung des Auslandsmarktes in das Ausland übertragen wurde, mithin nach wie vor maßgeblichen Inlandsbezug aufweist. Die Situation ähnelt insoweit der Situation bei den Fällen von vom Inland ausgehenden Werbeverkaufsveranstaltungen ins Ausland.

496 Jedenfalls in diesen Fällen dürfte auch nach der **Interessenkollisionslösung**, die mittelbare Auswirkungen von Werbemaßnahmen im Ausland auf den Absatz im Heimatmarktbereich der Verbraucher für kollisionsrechtlich unbedeutend hält, davon auszugehen sein, daß eine Anknüpfung an das inländische Wettbewerbsrecht vorzunehmen ist (vgl aber BGH GRUR 1991, 463, 465 [Kauf im Ausland]; vgl Rn 351). Zwar fehlt nach dieser Auffassung eine **konkurrentenbezogene** wettbewerbliche Interessenkollision im Inland; doch besteht zumindest ein Regelungsbedürfnis des inländischen Wettbewerbsrechts bezogen auf den **Verbraucherschutz im Inland**, das aufgrund des Fehlens eines Marktordnungsinteresses auf dem Auslandsmarkt eine überwiegende Inlandsbeziehung des Sachverhaltes begründet (vgl auch Rn 505).

497 Eine andere Beurteilung ergibt sich, wenn der Absatzwettbewerb auf dem Auslandsmarkt infolge der Werbemaßnahme in nicht zu vernachlässigendem Ausmaß beeinflußt wird. Dann verbietet sich jedenfalls nach der herkömmlichen **Interessenkollisionslösung** eine einseitige Berücksichtigung der auf den Inlandsmarkt bezogenen Verbraucherschutzinteressen (vgl aber BERNHARD GRUR IntT 1992, 366, 373 für den Fall, daß die verletzte wettbewerbsrechtliche Norm vorwiegend Konsumenteninteressen schützen will), weil die überwiegende Inlandsbeziehung entfällt. Anzuknüpfen ist dann regelmäßig an das Recht des betroffenen ausländischen Marktbereichs, weil insoweit der **institutionelle Wettbewerbsschutz dem Verbraucherschutz vorgeht**. Nach dem **Auswirkungsprinzip** können insoweit allerdings bestimmte Auswirkungen auf den heimischen Wettbewerb kollisionsrechtlich kumulativ zu berücksichtigen sein. Insoweit ist zu erwägen, den Markt der betroffenen Verbraucherschutzinteressen **kumulativ** neben anderen möglicherweise konkurrentenbezogen betroffenen Märkten kollisionsrechtlich zu berücksichtigen (zur möglichen kumulativen Anknüpfung vgl Rn 418).

498 Die oben dargestellten Grundsätze geben auch Anhaltspunkte für die Fälle, in denen durch Werbemaßnahmen **ausschließlich im Inland befindliche Ausländer**, etwa Angehörige von Stationierungsstreitkräften, angesprochen werden. Eine alleinige Anwendung des jeweiligen ausländischen Wettbewerbsrechts scheidet hier von vornherein aus, soweit die Werbemaßnahme zwar primär die spezielle Ausländerzielgruppe erfassen will, tatsächlich aber geeignet ist, **in spürbarem Ausmaß auch auf andere inländische Verbraucher einzuwirken**. Das gilt auch bei Zugrundelegung des Auswirkungsprinzips, wenn auch insoweit die Spürbarkeitsschwelle bedeutend höher anzusetzen ist, als im Rahmen des deliktsrechtlichen Ansatzes des BGH (s Rn 501 f, 508). Sind die beworbenen Produkte mithin auch für inländische Verbraucher beziehbar, so ist eine statuterhebliche Auswirkung auf die inländische Bedarfsdeckung gegeben (insoweit ähnlich WILDE, in: Hdb des Wettbewerbsrechts § 6 Rn 28). Entfällt eine nennenswerte Einwirkung auf nicht der speziellen Zielgruppe der Werbung angehörige, inländische Verbraucher, so ist hinsichtlich der **angestrebten Zielgruppe** danach zu unterscheiden, ob deren **Bedarfsdeckung im Inland beeinflußt** ist, oder ob es sich um Werbeangebote handelt, die sich auf Produkte beziehen, welche im Inland nicht erhältlich sind und auch nicht durch im Inland erhältliche Produkte substituierbar sind. Eine Auswirkung auf den inländischen Absatzmarkt wird dabei in der Regel anzunehmen sein, soweit es sich um Verbraucher handelt, die sich dauernd im Inland aufhalten und ihren Bedarf regelmäßig auf dem inländischen Markt decken. Insofern unterscheiden sich die betreffenden Gestaltungen maßgeblich von den Fällen einer auf inländische Touristen in ausländischen Urlaubsorten konzipierten Werbung (s Rn 494). Dagegen ist in den seltenen Fällen einer fehlenden Berührung des inländischen Wettbewerbs nach dem **Auswirkungsprinzip** der weit überwiegenden Auslandsbeziehung des lediglich in das Inland versetzten Auslandswettbewerbs durch eine Anknüpfung an das jeweilige ausländische Wettbewerbsrecht Rechnung zu tragen (aA WILDE, in: Hdb des Wettbewerbsrechts § 6 Rn 38 unter Hinweis auf mit dieser Lösung verbundene Abgrenzungsschwierigkeiten). Wie bei den sogenannten Gran Canaria-Fällen bedeutet dies lediglich im Ergebnis eine Differenzierung der Kollisionsanknüpfung nach der Staatsangehörigkeit bzw Herkunft der Werbezielgruppe. Auch hier kann es letztendlich nicht darauf ankommen, ob die Werbung vom Inland aus erfolgt oder ausgehend von dem Heimatstaat der Zielgruppe (vgl Rn 494).

cc) Multistate-Werbung
Zu dem Problemkreis der **Multistate-Werbung** gehört einerseits das unbeabsichtigte oder nicht primär beabsichtigte Gelangen von für einen anderen Markt bestimmter Werbeinformation in einen nationalen Marktbereich, etwa durch ein Mitbestrahlen anderer Staaten als dem Zielstaat bei Rundfunk- oder Satellitenwerbung (**Overspill**). Andererseits fällt hierunter die gezielte für das Inland bzw für mehrere Staaten bestimmte Werbetätigkeit vom Ausland aus, etwa durch Ausstrahlung von für das Inland oder international konzipierten **Werbesendungen, Kabeleinspeisungen** oder über das **Internet**.

Die Fälle einer sogenannten **überbordenden Werbung**, bei der eine im Inland publizierte Werbung zugleich über die Grenze hinaus empfangen werden kann, stellen für das Kollisionsrecht eine besondere Schwierigkeit dar. Das gilt umso mehr, als im Zuge neuer Technologien häufig der Adressatenkreis einer Werbung kaum mehr bestimmbar ist. Die wachsende Globalisierung der Märkte führt dazu, daß die Staatsgrenzen wirtschaftlich ihre Bedeutung immer mehr verlieren, was die Anwendungsschwierigkeiten des auf der Territorialität beruhenden Kollisionsrechts verstärkt. Der BGH hatte sich mit einem entsprechenden Fall in der *Tampax*-Entscheidung zu beschäftigen. Dabei beurteilte er ein Werbeinserat in einer schweizerischen Zeitschrift, die in nicht unerheblichem Umfang auch in der Bundesrepublik vertrieben wurde, nach deutschem Wettbewerbsrecht. Unerheblich war, daß der **Schwerpunkt** der Werbung aus Sicht des Verletzers in der Schweiz lag (BGH GRUR 1971, 153, 154 = JZ 1971, 731, 732 m Anm DEUTSCH; s auch Rn 359 f). Aus dieser Entscheidung lassen sich einige Eckpunkte zur Übertragung auf ähnliche Fälle von **Multistate-Werbung** gewinnen.

501 Ein kollisionsrechtlich relevanter Begehungsort scheidet allgemein in Fällen aus, in denen auf dem betreffenden Markt nur eine **unwesentliche Einwirkung auf die Marktgegenseite** vorliegt. Dieses Kriterium gewinnt der BGH aus dem **deliktsrechtlichen Handlungsbegriff**, indem er Minimalgrenzen festlegt, bei deren Unterschreitung keine wettbewerbliche Handlung mehr vorliegt. Es handelt sich insoweit daher nicht um eine echte marktbezogene *de minimis*-Grenze (vgl Rn 356). Insbesondere findet keine Betrachtung der **konkreten Marktverhältnisse** statt. Die Schwelle, ab deren Überschreitung eine den Begehungsort begründende Handlung angenommen wird, liegt dabei, bedingt durch ihren deliktsrechtlichen Ursprung, niedrig. So kommt es für **Druckwerbung** nach der Rechtsprechung darauf an, daß eine regelmäßige Inlandsverbreitung im Rahmen des Vertriebs des Verlegers oder Herstellers erfolgt (BGH GRUR 1978, 194, 195 [Profil]). Liegt eine solche regelmäßige Verbreitung vor, so ist im konkreten Fall unter Umständen bereits ausreichend, daß lediglich einzelne Exemplare einer Werbung ins Inland gelangen. Dies wurde vom OLG Hamburg etwa in einer Gestaltung angenommen, in der für Druckereimaschinen mit eng begrenztem Abnehmerkreis geworben wurde (OLG Hamburg GRUR IntT 1987, 105, 107). In keinem Fall reicht es demgegenüber aus, wenn außerhalb eines regelmäßigen Vertriebs einzelne Exemplare der die Werbung enthaltenden Schriften in das Inland verbracht werden.

502 Das vom BGH entwickelte, marktanteilsunabhängige Erfordernis einer Minimaleinwirkung auf die Marktgegenseite wirft im Falle von **Rundfunk-, Satelliten-** und **Internetwerbung** besondere Probleme auf, weil anders als bei Druckwerken der Empfängerkreis der Werbung ungleich schwieriger zu bestimmen ist. Es ist zu erwarten, daß der BGH das Minimalerfordernis bei Druckwerbung auf die technische Verbreitung von Werbung nicht ausdrücklich anwenden wird, weil hier die von ihm aufgestellte, extrem niedrige Handlungsschwelle regelmäßig erreicht sein dürfte und es auf eine bedeutende Auswirkung auf den Wettbewerb im Sinne einer echten *de-minimis*-Klausel aus der Sicht der Rechtsprechung nicht ankommt. Im Schrifttum wird dagegen teilweise vertreten, daß eine Spürbarkeitsgrenze dann nicht überschritten ist, wenn eine **terrestrisch** ausgestrahlte Werbung aufgrund technischer Gegebenheiten nur in geringem Umfang in dem betreffenden Staat, insbesondere nur in Randgebieten, empfangen werden kann (GK-SCHRICKER Einl UWG Rn F 206; vgl auch JACOBS/ SCHULTE-BECKHAUSEN, in: Hdb des Wettbewerbsrechts § 28 Rn 14). Bei über **Satellit** oder **Kabel** bzw im **Internet** verbreiteter Werbung ist ein Empfang dagegen regelmäßig in größerem Ausmaß in dem betreffenden Staat möglich.

503 Aus den Erwägungen in der *Tampax*-Entscheidung folgt, daß eine Grenzüberschreitung der Werbung gegebenenfalls dann kollisionsrechtlich irrelevant sein kann, wenn objektive Umstände eine nennenswerte Wirkung unwahrscheinlich machen. Das gilt vor allem für die **Sprache der Werbung**. Vor allem für die **Internetwerbung** bedeutet dies indes kaum eine Eingrenzung der in Betracht kommenden Kollisionsanknüpfungen, da hier ein Großteil der Werbung in englischer Sprache stattfindet. Man wird heute davon ausgehen müssen, daß jedenfalls eine **englischsprachige Werbung** grund-

sätzlich geeignet ist, in jedem Staat eine kollisionsrechtlich erhebliche Wirkung zu entfalten (vgl etwa OLG Frankfurt aM NJW-RR 1990, 1067 [beauty without cruelty]; CoR 1999, 302). Zudem werden zunehmend Online-Übersetzungsprogramme Rohübersetzungen auch aus weniger verbreitet verstandenen Sprachen liefern. Dagegen wird bei terrestrisch oder über Satellit empfangener Werbung bzw bei Internetwerbung in wenig geläufigen Sprachen eine nennenswerte Beeinflussung der Verbraucher im Inland kaum in Betracht kommen, so daß hier eine Anwendung des Inlandsrechts regelmäßig ausscheidet (Schricker GRUR IntT 1982, 720, 724; vgl aber auch Hoth GRUR IntT 1972, 449, 453 f). Anderes gilt im Falle von Werbung in exotischen Sprachen bei **Markenwerbung**, bei der die bloße Präsenz der Marke einen Werbeeffekt erzeugt. Darüber hinaus ist der Einfluß einer fremdsprachigen Werbung auf zahlenmäßig nicht ganz unbedeutende **nationale Minderheiten** im Inland zu berücksichtigen, da es auf die Staatsangehörigkeit der angesprochenen Nachfragerkreise nicht ankommen kann (BGH GRUR 1991, 463, 465 [Kauf im Ausland]; GRUR IntT 1998, 617, 619 [Gewinnspiel im Ausland]; ähnlich Mankowski 1999, 909, 918). Das Anbringen sog **Disclaimer** in einer Internethomepage, in denen der Urheber eines Onlineangebotes darauf hinweist, daß das Angebot nicht auf den Inlandsmarkt gerichtet ist, genügt alleine nicht, um eine spürbare Inlandsauswirkung der Onlinewerbung auszuschließen (Wegner CR 1998, 676, 681; vgl auch Dieselhorst ZUM 1998, 293, 295; **aA** Ubber WRP 1997, 497, 503; s auch Rn 427).

Ein weiteres einschränkendes Kriterium zur Eingrenzung der kollisionsrechtlich in **504** Betracht kommenden Anknüpfungsorte kann im Einklang mit der Rechtsprechung und der herrschenden Lehre in der **Angebotsstruktur** in den verschiedenen von der Werbung erreichten Staaten gefunden werden. Eine nennenswerte Wirkung einer Werbung in Staaten, in denen die Werbung neben dem eigentlichen Zielstaat empfangen oder bezogen werden kann, scheidet jedenfalls dann aus, wenn das Produkt oder die Dienstleistung, für die geworben wird, in dem Empfangs- bzw Bezugsstaat nicht angeboten wird und auch nicht etwa auf dem Versandwege erhältlich ist (vgl zu diesem Aspekt auch Rüssmann K&R 1998, 422, 424). In diesem Fall fehlt es an einer möglichen, nicht unwesentlichen Beeinflussung des Nachfrageverhaltens der Marktgegenseite (Mankowski GRUR IntT 1999, 909, 911). Allerdings muß insoweit die Möglichkeit der **Bedarfsdeckung** der Verbraucher aus dem Empfangsstaat **im Herkunftsstaat der Werbung** berücksichtigt werden. Erreicht damit eine Werbung Verbraucher in einem **unmittelbaren Nachbarstaat**, so liegt die Möglichkeit der Bedarfsdeckung im Herkunftsstaat der Werbung jedenfalls durch im **Grenzbereich** befindliche Verbraucher nicht fern (vgl RG GRUR 1936, 670, 677 [Primeros]), so daß, abgeleitet aus den Grundsätzen der *Tampax*-Entscheidung des BGH, immer eine kollisionsrechtlich erhebliche Interessenkollision mit Anbietern vergleichbarer Produkte im Empfangsstaat in Betracht zu ziehen ist (Hoth GRUR IntT 1972, 449, 453; vgl OLG Düsseldorf WRP 1970, 149, 150 u hier Rn 371). Entsprechendes kann anzunehmen sein, wenn die Werbung im Inland im Hinblick auf eine mögliche Bedarfsdeckung etwa an **Urlaubsorten** erfolgt (vgl BGH GRUR 1972, 367, 368; GK-Schricker Einl UWG Rn F 204).

Das gilt in Fällen einer nicht fernliegenden Bedarfsdeckung durch inländische Ver- **505** braucher im Ausland auch dann, wenn ein entsprechender **sachlich relevanter Markt** im Empfangsstaat nicht besteht (**anders** offenbar Schricker GRUR IntT 1982, 720, 724, der diesen Fall aber für praktisch kaum vorstellbar hält; vgl auch Baumbach/Hefermehl Einl UWG Rn 187). Zwar entfällt insoweit mangels eines wettbewerbsrelevanten Substitutionsdrucks eine Kollision mit den Interessen anderer Anbieter in diesem Marktbereich. Doch bleibt es bei der möglichen Betroffenheit des Allgemeininteresses am **Schutz der Verbraucher vor unlauterer Werbebeeinflussung** (vgl GK-SCHRICKER Einl UWG Rn F 204; s zum Verbraucherschutzaspekt hier Rn 492; vgl auch Rn 401, 495 ff). Es kommt im übrigen grundsätzlich nicht darauf an, ob das werbende Unternehmen selbst Anbieter des beworbenen Produktes in dem jeweiligen Empfangsstaat ist, weil eine kollisionsrechtlich relevante Inlandsinteressenkollision auch bei einer Förderung des Wettbewerbs Dritter, etwa einer im Empfangsstaat ansässigen, von dem werbenden Unternehmen unabhängigen Vertriebsgesellschaft vorliegen kann (BGH GRUR 1971, 153, 155 [Tampax]).

506 Jedenfalls bei deutschsprachiger Werbung im Bereich des **deutschen Sprachraumes** wird man im Zweifelsfall regelmäßig eine kollisionsrechtlich erhebliche Grenzüberschreitung anzunehmen haben, wenn Werbung über die Grenzen des Ausstrahlungsstaates hinaus empfangen werden kann, da regelmäßig von einer ähnlichen Angebotsstruktur in Österreich, Italien, der Schweiz, Belgien, Luxemburg und Deutschland auszugehen sein wird (ähnlich WILDE, in: Hdb des Wettbewerbsrechts § 6 Rn 33). Dasselbe gilt bei Werbung in Sprachen, die verbreitet verstanden werden, etwa Englisch und Französisch, sowie im Fall von Sprachen, die von der Grenzbevölkerung des jeweiligen Nachbarstaates verstanden werden. Ein wenig wirkungsvolles Einschränkungskriterium bietet das Vorgesagte allerdings für den Bereich der **Internetwerbung**. Insoweit liegt häufig eine **international konzipierte Werbung** in englischer Sprache vor, die den Absatz auf dem Versandwege fördern soll. Hier treten daher unter Umständen auch solche Produkte in unmittelbaren Wettbewerb mit inländischen Produkten, die auf dem eigentlichen Inlandsmarkt nicht erhältlich sind. Im Falle solcher Werbung liegen die maßgeblichen Interessenkollisionsorte mithin regelmäßig in jedem Staat, in dem die betreffende Internetseite abgerufen werden kann. Verbreitet wird insoweit eine Einschränkung dahingehend vorgenommen, daß es darauf ankommen soll, ob die Werbung im Inland **bestimmungsgemäß** abgerufen werden kann (KG NJW 1997, 3321 [concert-concept]; OLG Frankfurt aM NJW-CoR 1999, 302; zustimmend MANKOWSKI EWiR § 1 UWG 7/99, 471, 471; ebenso WEGNER CR 1998, 676, 681; KOCH CR 1999, 121, 124 f; vgl zum **Markenrecht** auch Rn 692 ff, 783 ff). Regelmäßig wird dieses Kriterium nicht im Sinne einer subjektiven Ausrichtung des Anbieters aufgefaßt, sondern in einem **objektivierten Sinn**, so daß darauf abgestellt wird, ob der Informationsverbreiter objektiven Anforderungen an die Gestaltung des Internetauftritts zur Vermeidung einer Anwendung des deutschen Wettbewerbsrechts nachgekommen ist (WEGNER CR 1998, 676, 681). Dem Sitz bzw der Niederlassung des Anbieters wird dabei eine Vermutung dahingehend entnommen, daß die Internetwerbung primär auf einen im Sitzstaat oder Niederlassungsstaat des Anbieters ansässigen Kundenkreis ausgerichtet ist (MANKOWSKI GRUR IntT 1999, 909, 911). Bei Feststellung der genannten **Indizien** für das Vorliegen einer spürbaren Inlandsauswirkung einer Onlinewerbung wird die entsprechende objektive Bestimmung im Ergebnis regelmäßig ebenfalls festgestellt werden können. Allgemein sind finale Kriterien allenfalls als eines von mehreren möglichen Indizien zur Feststellung einer spürbaren Inlandsauswirkung geeignet. Im übrigen ist zu vermeiden, daß **subjektive Kriterien**, wie etwa die Absicht, inländische Verbraucher mit der Werbung zu erreichen, Eingang in die kollisionsrechtliche Prüfung finden (vgl Rn 429, 507 f).

507 Von besonderer Bedeutung für das Problem der gesendeten Werbung und der Werbung im Internet ist die aus der deliktsrechtlichen Betrachtungsweise folgende **subjektivierte Konkretisierung** des Interessenkollisionsortes durch den BGH (vgl dazu auch Rn 355). Prinzipiell soll es zwar auf den Ort der Marktgegenseite ankommen; dies entspricht den Orten, an denen die Werbung empfangen werden kann. Das führt jedoch nicht selten zu einer Statutenhäufung mit dem Ergebnis, daß sich die Werbung am jeweils strengsten Recht orientieren muß. Allerdings stellte der BGH in der *Tampax*-Entscheidung auf die **Voraussehbarkeit** der grenzüberschreitenden Wirkung der Werbung ab, woraus die Pflicht des Verletzers folge, diese Wirkung bei der Gestaltung der Werbung zu berücksichtigen. Dies scheint die Aufnahme eines Verschuldenselementes in die Kollisionsanknüpfung durch den BGH zu bedeuten.

Dagegen spielt die **Absicht**, nur oder in erster Linie einen bestimmten Marktbereich **508** mit der Werbung zu erreichen, für den BGH keine *statutausschließende* Rolle (BGH GRUR 1971, 153, 154 [Tampax]). Ist daher eine für die Begründung eines Begehungsortes im Inland ausreichende Einwirkung auf die dortigen Verbraucher anzunehmen, so ist es unerheblich, ob die im Inland aufgrund technischer Gegebenheiten empfangbare Werbung nicht für den deutschen Markt bestimmt ist (aA JACOBS/SCHULTE-BECKHAUSEN, in: Hdb des Wettbewerbsrechts § 28 Rn 15). Das kann insbesondere in Grenzbereichen zwischen zwei Staaten deswegen zu Problemen führen, weil die Rechtsprechung die Schwelle einer beachtlichen Einwirkung auf die Verbraucher im Inland nicht gesamtmarktbezogen bestimmt, sondern bereits sehr geringe Einwirkungsmöglichkeiten zur Bejahung eines Begehungsortes im Inland genügen läßt. Selbst wenn ein Anbieter im Nachbarland seine Werbung in einer Sprache verbreitet, die im Inland regelmäßig nicht gesprochen wird, kann nach dieser Rechtsprechung aufgrund der Möglichkeit, daß die Grenzbevölkerung die entsprechenden Werbebotschaften zumindest verstehen kann, von einer hinreichenden Inlandseinwirkung auszugehen sein. Im Ergebnis würden ausländische Anbieter im Grenzbereich stets dem zumeist strengeren deutschen Wettbewerbsrecht ausgesetzt sein, obwohl der deutsche Markt in vielen Fällen letztendlich kaum betroffen ist. Dieser Nachteil läßt sich mit einer **wettbewerbsschutzbezogen hergeleiteten Spürbarkeitsgrenze** auf dem Boden des kollisionsrechtlichen **Auswirkungsprinzips** vermeiden, die zum einen die konkreten Marktverhältnisse auf dem betroffenen, nationalen Markt berücksichtigt, zum anderen aber auch die Erfordernisse des **Verbraucherschutzes** unter besonderer Berücksichtigung der mit der Werbung erreichbaren, inländischen Verbraucherkreise in eine kollisionsrechtliche Prüfung einbezieht.

In dem dargestellten Fall einer **fremdsprachigen Werbung im Grenzbereich** umfaßt **509** dies zwei **Prüfungsstufen**. Erstens muß die Auswirkung der grenzüberschreitenden Werbung bezogen auf den Wettbewerb im **gesamten nationalen Marktraum** betrachtet werden. Ist danach eine nicht unbedeutende (potentielle) Auswirkung gegeben, so kommt inländisches Wettbewerbsrecht zur Anwendung. Eine Prüfung bezogen auf den **lokalen nationalen Teilmarkt im Grenzbereich** zu dem Herkunftsstaat der Werbung verbietet sich in dieser Prüfungsstufe dagegen. Mögliche **lokale Verzerrungswirkungen** infolge des Umstands, daß sich Anbieter jenseits der Grenze anderer Möglichkeiten der Verkaufsförderung bedienen können, sind auf das bestehende Rechtsgefälle zurückzuführen und stellen keine Frage des IPR dar. Hinzu kommt, daß eine zu starke Tendenz, bei grenzüberschreitender Werbung inländisches Wettbewerbsrecht anzuwenden, zwar gewisse inländische Wettbewerbsverzerrungseffekte im Grenzgebiet zu verhindern vermag; doch stehen dem entsprechende Verzerrungen jenseits der Grenze gegenüber, weil dortige Anbieter sich aufgrund ihres Sitzes im unmittelbaren Grenzgebiet nicht der in dem jeweiligen Staat zulässigen Marketingmethoden bedienen können, ohne der Gefahr einer Sanktion im Nachbarstaat ausgesetzt zu sein. Eine notwendige globale Betrachtungsweise des Kollisionsrechts zwingt dazu, auch solche Verzerrungswirkungen nicht zu ignorieren, was dazu führt, daß das Kollisionsrecht nicht einseitig den Schutz der inländischen Anbieter im Grenzbereich berücksichtigen darf.

510 Andererseits kommt es nach hergebrachtem Verständnis auch nicht auf einen sich gegebenenfalls nicht auf den nationalen Markt begrenzenden **räumlich relevanten Markt** an, da das IPR nur die Frage nach der Berufenheit der nationalen Rechte auf einen Sachverhalt beantwortet. Das ist zu unterscheiden von der **sachrechtlichen** Fragestellung der Sanktionswürdigkeit eines Wettbewerbsverhaltens nach nationalem Recht. Danach kann etwa kartellrechtlich die marktbeherrschende Stellung eines Wettbewerbers unter Berücksichtigung eines den nationalen Marktbereich mitumfassenden, größeren, räumlich relevanten Marktes zu verneinen sein (anders aber BGH NJW 1996, 595, 597 [Backofenmarkt], Deutschland als größter räumlich relevanter Markt; ablehnend dazu Schütz WuW 1996, 286 ff; vgl auch Rn 240).

511 In einer **zweiten Stufe** ist in den Fällen, in denen eine nennenswerte potentielle Auswirkung bezogen auf den **gesamten nationalen Marktbereich** nicht feststellbar ist, die spezielle **verbraucherschutzbezogene Auswirkung** der grenzüberschreitenden Werbeaktivität zu betrachten. Dabei kann sich auch bei einer auf den nationalen Gesamtmarkt geringen Auswirkung im Falle einer beachtlichen unlauteren Beeinflussung der inländischen Empfänger im Grenzland das Bedürfnis nach einer Anwendung des inländischen Lauterkeitsrechts ergeben. Dieses ist allerdings dann nicht gegeben, wenn die Werbung von einem Großteil der erreichbaren Verbraucher nur lückenhaft verstanden wird. Oft wird danach eine Anwendbarkeit deutschen Rechts entfallen, wenn die Werbung nicht auch im Hinblick auf inländische Verbraucher konzipiert ist.

512 Ob die **Absicht, auf einen bestimmten Markt einzuwirken,** trotz nur geringer möglicher Auswirkungen zu einer Anknüpfung an das Recht des Zielstaates führt, ist der Rechtsprechung nicht zu entnehmen, erscheint aber angesichts der deliktischen Sichtweise im Rahmen der **Interessenkollisionslösung** des BGH nicht ausgeschlossen. Soweit danach im Lauterkeitsrecht die wettbewerbswidrige Handlung als solche betont wird, kann die bloße Absicht, auf den inländischen Wettbewerb Einfluß zu nehmen, als ausreichend angesehen werden, um die Anwendbarkeit inländischen Wettbewerbsrechts zu rechtfertigen (Jacobs/Schulte-Beckhausen, in: Hdb des Wettbewerbsrechts § 28 Rn 14 u 18).

513 Anderes gilt aber bei einer konsequent wettbewerbsschutzbezogenen Sichtweise. Insoweit kommt es für die kollisionsrechtliche Anknüpfung ausschließlich auf die Schutzbedürftigkeit des Wettbewerbs auf dem betreffenden Markt an. Von Bedeutung sind damit nur die (potentiellen) **Auswirkungen einer Wettbewerbshandlung** auf den Wettbewerb in diesem Marktbereich. Die bloße Absicht, auf den inländischen Marktbereich einzuwirken, genügt insoweit nicht für die Anwendbarkeit des inländischen Wettbewerbsrechts, wenn eine spürbare Auswirkung auf den Wettbewerb in diesem Marktraum ausscheidet.

dd) Werbung mit individuellem Adressatenkreis

Einer besonderen Beurteilung bedürfen Werbemaßnahmen, die sich nicht an einen unbestimmten Adressatenkreis richten, sondern entweder unaufgefordert oder nach Anforderung durch mögliche Abnehmer gezielt an diese gerichtet sind. Derartige Werbemethoden können **schriftlich**, **telefonisch** oder über Kommunikationsformen im **Internet**, insbesondere **e-mail** durchgeführt werden. Sowohl nach der Interessenkollisionslösung als auch nach dem Auswirkungsprinzip scheidet die Anwendbarkeit eines Wettbewerbsrechts regelmäßig aus, wenn die angebotene Leistung für die Adressaten nicht erreichbar ist (vgl zu diesem Aspekt Rn 504). Eine **Interessenkollision** wird dann mangels eines nennenswerten Wettbewerbs nicht im Staat des Adressaten liegen. Nach dem **Auswirkungsprinzip** fehlt es insoweit an der erforderlichen Spürbarkeit des Wettbewerbsverhaltens.

Im übrigen ist eine isolierte Betrachtung der einzelnen Werbemaßnahme zu vermeiden. Ist die individuelle Kontaktaufnahme zu Werbezwecken Teil eines **Gesamtwerbekonzeptes**, so verbietet sich zumeist eine Verneinung einer relevanten Interessenkollision in dem betreffenden Marktbereich mit dem Hinweis auf eine im Hinblick auf die einzelne Werbekontaktierung quantitativ nicht nennenswerte Einwirkung entsprechend der *Tampax*-Entscheidung (BGH GRUR 1971, 153, 154 [Tampax]). Eine Vergleichbarkeit zur Situation bei vereinzelt in das Inland verbrachten, ausländischen **Druckwerken** ist aber häufig dann gegeben, wenn der Anbieter der jeweiligen Leistung den Adressaten aufgrund einer individuellen und konkreten Anforderung kontaktiert. Das ist bei Werbung via **e-mail** oft dann der Fall, wenn der Adressat Werbematerial per e-mail etwa über ein *Hyperlink* auf der Webpage des Anbieters angefordert oder sich auf eine sogenannte *Mailing-List* hat setzen lassen, ohne daß das Angebot des Anbieters auf den Marktbereich des Adressaten gerichtet ist. Die auf den betreffenden Marktraum gerichtete **Finalität** hinsichtlich der Aufforderung, Werbematerial anzufordern, kann dabei aber lediglich ein **Indiz** für eine nicht zu vernachlässigende Einwirkung und damit Interessenkollision iSd *Tampax*-Rechtsprechung des BGH sein (s dazu Rn 429; **anders** im Sinne eines notwendigen Eingrenzungskriteriums für eine kollisionsrechtlich relevante Interessenkollision DETHLOFF NJW 1998, 1596, 1601). Eine Anknüpfung an das Recht am **Sitz des Adressaten** scheidet hier regelmäßig aus; es ist an eine Heranziehung des Rechts am **Sitz des Werbenden** zu denken, soweit dort eine Interessenkollision feststellbar ist.

Zu einem entsprechenden Ergebnis kommt man unter Zugrundelegung des **Auswirkungsprinzips**. Fehlt es bei konkret auf Anforderung des Empfängers versendeter Werbung an einer auf den Marktraum des Werbeempfängers gerichteten **Finalität**, so kann dies als **Indiz** für eine fehlende **Spürbarkeit** gewertet werden; eine Heranziehung des Wettbewerbsrechts am **Sitz des Empfängers** scheidet dann aus. Andererseits schließt die fehlende Finalität eine Anknüpfung nach dem Auswirkungsprinzip nicht aus. Wird etwa Werbung via **e-mail** an eine nicht unerhebliche Anzahl inländischer Interessenten versandt und ist das Angebot (potentiell) geeignet, die **Nachfragesituation** in dem betreffenden Marktraum zu beeinflussen, so kann es für die Anknüpfung an das Wettbewerbsrecht des betreffenden Staates nicht darauf ankommen, ob der Anbieter eine Einwirkung auf die Verbraucher in diesem Marktraum beabsichtigt hat.

ee) Werbung mit materiellen Anreizen

517 Für den Problemkreis der Werbung mit **Rabatten** und **Zugaben** gilt grundsätzlich, daß die Zulässigkeit entsprechender Werbung nach dem UWG, das Ankündigen von Zugaben und Rabatten nach der ZugabeVO und dem RabattG, sowie die Gewährung von Zugaben und Rabatten prinzipiell zu trennen sind. Während für die Gewährung der Zugaben oder Rabatte an das Recht am Ort der Gewährung anzuknüpfen ist (vgl dazu Rn 533), gilt nach der herrschenden **Interessenkollisionslösung** für die Werbung und die Ankündigung im Sinne des RabattG bzw der ZugabeVO das Recht am Ort der Einwirkung auf die Verbraucher (näher Rn 372; zur sachrechtlichen Anwendungsreichweite Rn 462 ff).

518 Nach dem **Auswirkungsprinzip** ist entsprechend den oben dargestellten Grundsätzen im Einzelfall zu prüfen, in welchen Marktbereichen die Werbung mit einer Rabatt- oder Zugabegewährung hinreichende Auswirkungen zu entfalten vermag. Demzufolge hat der östOGH ausgehend von **§ 48 Abs 2 östIPRG** eine **Zugabewerbung** in Ungarn nach österreichischem Recht beurteilt, weil die angekündigten Zugaben in Österreich einzulösen waren. Nachdem dadurch ungarische Kunden in den österreichischen Marktraum gelockt wurden, lag eine Auswirkung auf den österreichischen Absatzmarkt vor (östOGH GRUR IntT 1992, 230, 231 [Digitaluhr]; näher dazu Rn 387). Aufgrund regelmäßig fehlender Verletzung primärer Verbraucherinteressen durch eine Zugabewerbung verbietet es sich, ohne nähere Prüfung der Auswirkungen schon der Werbung mit Zugaben auf den Absatz in dem betreffenden Marktraum starr auf das Recht am Ort der Einwirkung auf die Verbraucher abzustellen. Demgegenüber kommt eine Anknüpfung (auch) an das Recht im Einwirkungsmarktraum in Betracht, wenn die Zugabewerbung etwa potentiell bewirkt, daß die angesprochenen Verbraucher von einer Bedarfsdeckung in diesem Marktraum absehen.

519 Dabei bestehen dieselben Probleme hinsichtlich der Eingrenzung des Kreises der in Betracht kommenden Statute wie allgemein bei grenzüberschreitender sowie streuender Werbung. Zumeist wird indes der Fall auftreten, daß eine Vorteilsankündigung gezielt oder unbeabsichtigt auf einen anderen Marktbereich als den Herkunftsmarktbereich einwirkt. Da es nach dem Auswirkungsprinzip nicht auf die Zielgerichtetheit einer Werbung auf einen bestimmten Marktraum ankommt, ist auf die möglichen, auch unbeabsichtigten Auswirkungen auf den Wettbewerb in den betroffenen Markträumen abzustellen. Betrifft die Beeinflussung des Nachfrageverhaltens, insbesondere in Grenzgebieten, sowohl die mögliche Bedarfsdeckung auf dem Herkunftsmarkt der Verbraucher als auch auf dem Markt, auf dem die versprochenen Vorteile tatsächlich gewährt werden sollen, so kann an das Recht beider Märkte anzuknüpfen sein.

520 Davon ist die Frage zu unterscheiden, ob der **Regelungsrahmen** des Rabattrechts oder des Zugaberechts auch die Werbung mit im Ausland einzulösenden Rabatten oder Zugaben umfaßt. Für das deutsche RabattG und die ZugabeVO wird dies unter Verweis auf die auf den inländischen Geschäftsverkehr begrenzte Zweckbestimmung des RabattG und der ZugabeVO vertreten, wobei dies sowohl für die eigentliche Gewährung als auch für das Tatbestandsmerkmal der **Ankündigung** von Rabatten und Zugaben gelten soll. Hierin liegt jedoch keine **kollisionsrechtliche** Fragestellung, sondern die Bestimmung der Regelungsreichweite von nationalen Verbotsnormen auf **sachrechtlicher** Ebene. Eine auf den inländischen Geschäftsverkehr begrenzte

Zweckbestimmung der Rabatt- oder Zugabeverbote führt daher nicht per se zur Berufenheit des ausländischen Wettbewerbsrechts (vgl aber SCHRICKER GRUR 1977, 646, 647 [Anwendbarkeit ausländischen Rabattrechts]; vgl Rn 462 ff), es sei denn, es kommt im konkreten Fall eine kumulative Kollisionsanknüpfung in Betracht.

Keine Auswirkung hat die Frage der begrenzten Zweckbestimmung des Rabatt- und Zugaberechts zudem auf die Zulässigkeit entsprechender Werbung nach dem **UWG**, insbesondere nach § 3 UWG. **521**

Ebenfalls eine Frage der sachrechtlichen Bewertung entsprechender Sachverhalte stellt die mögliche Berücksichtigung der **Konformität einer Zugabe- oder Rabattgewährung mit dem Wettbewerbsrecht des Staates, in dem die Gewährung letztendlich erfolgt**, dar (dazu eingehend Rn 461). **522**

Keine Besonderheiten gegenüber den allgemeinen kollisionsrechtlichen Grundsätzen bei der Rabatt- und Zugabewerbung gelten für die Veranstaltung von **Gewinnspielen und Preisausschreiben**. Nach der **Interessenkollisionslehre** werden derartige Gewinnspiele zu Werbezwecken entsprechend den Grundsätzen zur Werbung mit Zugaben zu lösen sein. Jedenfalls für die **Werbung** mit derartigen Gewinnspielen wird danach regelmäßig der Sitz der Verbraucher, auf die mit der Werbung eingewirkt wird, als Interessenkollisionsort angesehen werden (WILDE, in: Hdb des Wettbewerbsrechts § 6 Rn 34). Entsprechend wird bei vom Inland aus veranstalteten grenzüberschreitenden Preisausschreiben das Recht des Staates als anwendbar angesehen, in dem sich die von der Werbung erreichten Verbraucher befinden, wobei es auch insoweit nicht auf die Absicht des Veranstalters betreffend der Erreichung eines bestimmten Marktbereichs ankommt. Bei an inländische Verbraucher gerichteten Gewinnspielen in ausländischen Urlaubsorten wird entsprechend den Grundsätzen aus der Entscheidung *Kauf im Ausland* (BGH GRUR 1991, 463, 464) davon auszugehen sein, daß insoweit das Wettbewerbsrecht am ausländischen Aufenthaltsort der inländischen Verbraucher anzuwenden ist. **523**

Soweit das Preisausschreiben selbst als **Zugabe** iSd ZugabeVO anzusehen ist (vgl dazu BAUMBACH/HEFERMEHL § 1 ZugabeVO Rn 43), ist neben dem allgemeinen Wettbewerbsrecht auch das **Zugaberecht** des Aufenthaltsortes der Verbraucher anwendbar. Davon ist die mögliche Anknüpfung an das Recht des Ortes, an dem der in Aussicht gestellte Preis an die Gewinner verausgabt wird, zu unterscheiden. Soweit sich die Gewinnausgabe als Zugabe oder versteckter Rabatt darstellt, gilt nach der Interessenkollisionslösung kollisionsrechtlich nichts anderes als allgemein bei der Werbung mit Zugaben oder Rabatten, die in einem anderen Staat als dem Ankündigungsstaat gewährt werden; maßgeblich ist dann für die **Ausgabe des Gewinnes** das Recht am Ort der Gewinnausgabe. **524**

Zur Beurteilung nach dem **Auswirkungsprinzip** gelten die Ausführungen zur kollisionsrechtlichen Beurteilung von Rabatt- und Zugabewerbung sowie allgemein zur grenzüberschreitenden Werbung (s Rn 518 ff). **525**

ff) Irreführende Werbung
Bei der irreführenden Werbung spielt der **Verbraucherschutzgedanke** eine besonders wichtige Rolle. Grundsätzlich wird bei einer irreführenden Werbung im Ausland ein **526**

Normanwendungsinteresse des ausländischen Gesetzgebers nahe liegen, da die zu schützenden Verbrauchererwartungen auf dem dortigen Markt lokalisiert sind. Daher kommt hier richtigerweise eine **gemeinsame Heimatanknüpfung** nach den Grundsätzen der *Stahlexport*-Entscheidung regelmäßig nicht in Betracht, nachdem eine überwiegende Betroffenheit von Individualinteressen inländischer Konkurrenten insoweit ausscheidet (vgl zur bezugnehmenden Werbung Rn 531). In der Entscheidung *Domgarten-Brand* hat der BGH dies wegen der vorrangig berührten Allgemeininteressen an der Vermeidung einer Irreführung der auf dem betreffenden Markt ansässigen Verbraucher angenommen (BGH GRUR 1982, 495, 498). Daneben betroffene Interessen von inländischen Exporteuren spielten demgegenüber keine Rolle, weil sich die Werbung jedenfalls nicht gezielt gegen die inländischen Konkurrenten richtete.

527 Nach dem **Auswirkungsprinzip** kann allerdings auch insoweit die Anwendung des inländischen Wettbewerbsrechts bei entsprechenden Auslandssachverhalten in Betracht kommen, wenn ein Schutzbedürfnis des Wettbewerbs im ausländischen Marktbereich entfällt und sich die irreführende Werbung auf den inländischen Absatzmarkt auszuwirken vermag. Das ist vor allem in den Gestaltungen von **an Inländer gerichteter Werbung im Ausland** anzunehmen (eingehend Rn 492 ff). Insbesondere entfällt in diesen Gestaltungen regelmäßig ein Verbraucherschutzinteresse des ausländischen Normgebers sowie ein Konkurrentenschutzinteresse in dem betreffenden ausländischen Marktbereich.

528 Einen Grenzfall stellt § 13a UWG dar, wonach bei unwahren und irreführenden Werbeangaben ein **Recht zum Vertragsrücktritt** besteht. Die Vorschrift wirkt auf Verträge ein und gerät damit in die Nähe des Vertragskollisionsrechtes. Gleichwohl handelt es sich um eine wettbewerbsrechtlich motivierte Schutzvorschrift gegen irreführende Werbung, die ebenso wie § 4 UWG nach Wettbewerbskollisionsrecht zu behandeln ist (REITHMANN/MARTINY/LIMMER Rn 415).

gg) Bezugnehmende Werbung

529 Im Bereich der bezugnehmenden Werbung gilt grundsätzlich nichts anderes als allgemein bei der kollisionsrechtlichen Beurteilung von Werbemaßnahmen. Bezugnehmende Werbung stellt jedenfalls keine rein betriebsbezogene Wettbewerbshandlung dar, so daß eine Anknüpfung nach allgemeinem Deliktskollisionsrecht ausscheidet. Eine Anknüpfung an den **Werbemarktort** erscheint jedenfalls hier fragwürdig, da anders als etwa im Rahmen der irreführenden Werbung eine **Verbraucherbeeinträchtigung** von geringerer Bedeutung ist und der Konkurrentenschutz im Vordergrund steht. Fallen Werbemarkt und Absatzmarkt auseinander, dürfte daher auch nach der herrschenden **Interessenkollisionslösung** davon auszugehen sein, daß jedenfalls bei nicht unmittelbare Verbraucherinteressen beeinträchtigender, bezugnehmender Werbung der **Absatzmarkt** und nicht der Werbemarkt für die kollisionsrechtliche Anknüpfung maßgeblich ist.

530 Für die Behandlung nach dem **Auswirkungsprinzip** ergeben sich insoweit keine Besonderheiten.

531 Allerdings stellt sich bei der bezugnehmenden Werbung in besonderem Maße das Problem der **gemeinsamen Heimatanknüpfung**, wenn an einem Bezugnahmevorgang oder einem Produktvergleich in einem ausländischen Marktbereich zwei inländische

Wettbewerber beteiligt sind. Unter Zugrundelegung der Grundsätze aus der *Stahlexport*-Entscheidung ist insoweit sowohl an die Fallgruppe eines Auslandswettbewerbs ausschließlich deutscher Wettbewerber zu denken als auch an die Gestaltung eines **gezielten Angriffs auf inländische Konkurrenten** auf einem Auslandsmarkt (zur Kritik an dieser Rechtsprechung vgl Rn 398). Dabei dürfte die erstere Gestaltung kaum noch praktische Bedeutung haben. Relevanter könnte die Fallgruppe eines gezielten Angriffs gegen einen inländischen Mitbewerber sein. Dabei ist jedoch fraglich, ob der BGH im Fall von an einen **unbestimmten Verbraucherkreis** in einem bestimmten Marktbereich **gerichteter Werbung** seine Grundsätze zur gemeinsamen Heimatanknüpfung angewendet wissen will. In der *Stahlexport*-Entscheidung ging es vielmehr um gezielt an ausgesuchte Empfänger gerichtete Schreiben, die sich als Angriff gegen einen Konkurrenten darstellten. Hier nahm der BGH eine zumindest überwiegend die Interessen des angegriffenen Konkurrenten verletzende Wettbewerbshandlung an. Dies entspricht einem sogenannten betriebsbezogenen Eingriff (vgl aber Rn 327), bei dem nach verbreiteter Auffassung Individualinteressen des Konkurrenten im Vordergrund stehen. Auch wenn sich vergleichende Werbung anders als andere, wie etwa irreführende Werbung, gezielt gegen Konkurrenten richtet (zu diesem Aspekt vgl BGH GRUR 1982, 495, 497 f [Domgarten-Brand]), wird man jedenfalls bei einer an ein **unbestimmtes Publikum gerichteten Werbung** nicht annehmen können, daß Individualinteressen der angegriffenen Konkurrenten im Vordergrund stehen, weil hier in stärkerem Maße als bei einer gezielten Anschwärzung gegenüber einzelnen Geschäftspartnern des angegriffenen Wettbewerbers Allgemeininteressen eine Rolle spielen (vgl für irreführende Werbung BGH GRUR 1982, 495, 498 [Domgarten-Brand]; s Rn 526). Vergleichende oder bezugnehmende Werbung stellt daher keinen Anwendungsfall der vom BGH entwickelten **Ausnahmen** einer Interessenkollisionsanknüpfung dar (aA wohl WILDE, in: Hdb des Wettbewerbsrechts § 6 Rn 26).

hh) Verbraucheranreize
(1) Allgemeines
Die Fallgruppe der Verbraucheranreize hängt eng mit der Werbeproblematik zusammen. Regelmäßig findet durch das Setzen von Verbraucheranreizen ein Werbeeffekt statt. Zu unterscheiden ist dementsprechend zwischen der Werbung mit bzw der Ankündigung von Anreizmomenten und deren nachfolgender Gewährung. Unter der Fallgruppe werden im folgenden die Gewährung von Rabatten und Zugaben sowie die allgemeinhin in der Fallgruppe der Preiskampfmethoden diskutierten Lockvogelangebote mit Markenwaren behandelt. **532**

(2) Rabatte und Zugaben
Während die **Werbung mit Rabatten oder Zugaben** bzw die Ankündigung von Rabatten und Zugaben in der deutschen Rechtsprechung und nach herrschender Meinung im Schrifttum kollisionsrechtlich nach dem Recht am Ort der Einwirkung auf die Marktgegenseite beurteilt wird (vgl Rn 517), wird von der Rechtsprechung für die **Gewährung der Zugaben oder Rabatte** das Recht am Ort der Gewährung herangezogen (s Rn 372). Von der kollisionsrechtlichen Frage nach dem anwendbaren Recht ist die sachrechtliche Frage der Anwendungsreichweite des Rabatt- und Zugaberechts zu trennen (dazu Rn 462 ff). **533**

Bei einer **Rabattgewährung** an Bord von **Flugzeugen** über hoheitsfreiem Gebiet sowie bei allen internationalen Flügen soll für die Gewährung das Wettbewerbsrecht des **534**

Hoheitszeichens des Flugzeuges anzuwenden sein (SACK IPRax 1991, 386, 392). Entsprechendes gilt an Bord von **Schiffen**. Dies entspricht der allgemeinen Auffassung zur kollisionsrechtlichen Anknüpfung sogenannter **Borddelikte** (vgl dazu MünchKomm/ KREUZER Art 38 Rn 170 u Rn 184 mwN). Entsprechend werden **Zugaben** an Bord von Schiffen oder Flugzeugen kollisionsrechtlich beurteilt (SACK IPRax 1991, 386, 391). Angesichts der herrschenden wettbewerbskollisionsrechtlichen Anknüpfung an das Recht des am Ort der wettbewerblichen Interessenkollision angenommenen Begehungsortes, stellt sich die Anknüpfung an das Recht des Hoheitszeichens als **Ausnahmeregel** dar (aA wohl SACK IPRax 1991, 386, 391 f; vgl für das allgemeine Deliktsrecht auch BINDER RabelsZ 20 [1955] 401, 484).

535 Im Fall einer Ankündigung und Gewährung von Rabatten im Zusammenhang mit dem Besitz einer **Kreditkarte** auf einem von Deutschland ausgehenden internationalen Flug kam das KG zur Anwendung deutschen Wettbewerbsrechts (KG WRP 1991, 111, 112 [LTU-Eurocard]). Die wettbewerbliche **Interessenkollision** wurde im Inland lokalisiert, weil die Rabattaktion zum einen bezwecke, den Wettbewerb zugunsten des inländischen Kreditkartenunternehmens, an dessen Kreditkarte der Rabatt geknüpft war, zu fördern. Dieser Aspekt betraf in erster Linie die **Werbung** mit der Inaussichtstellung von Rabatten. Andererseits würden auch die wettbewerblichen Interessen inländischer Händler berührt, die die von dem Rabatt betroffenen Waren führten, was mit der Frage der **Rabattgewährung** selbst verbunden war. Damit hat das KG letztlich auf die Rabattgewährung auf internationalen Flügen die allgemeine Interessenkollisionslösung herangezogen, ohne unmittelbar auf das Hoheitszeichen des Flugzeuges abzustellen (mißverständlich insoweit der Leitsatz der Entscheidung).

536 Eine starre Anknüpfung an das Recht des jeweiligen Hoheitszeichens erscheint aus der Sicht der **Interessenkollisionslehre** nicht konsequent. Bei internationalen Flügen oder Schiffsreisen ist bei Zugrundelegung der deliktsrechtlichen Interessenkollisionslösung der Begehungsort danach zu bestimmen, wo die Interessen der Wettbewerber im Einzelfall aufeinanderstoßen. Der so ermittelte Interessenkollisionsort kann aber grundsätzlich zu der Anwendbarkeit des Wettbewerbsrechts eines Staates führen, der nicht mit dem Staat des jeweils geführten Hoheitszeichens identisch ist. So wäre im Rahmen einer konsequent verstandenen Interessenkollisionslösung der Fall in der dem KG vorgelegenen Gestaltung unter Umständen auch dann nach deutschem Wettbewerbsrecht zu beurteilen gewesen, wenn die Rabattgewährung an Bord eines von Deutschland aus startenden Flugzeuges unter ausländischem Hoheitszeichen stattgefunden hätte. Dies wäre jedenfalls dann anzunehmen, wenn die Rabattgewährung der Förderung des Inlandswettbewerbs der ausländischen Fluggesellschaft oder des beteiligten Kreditkartenanbieters sowie der Produzenten der verbilligten Waren dienen, bzw die Bedarfsdeckung der begünstigten inländischen Verbraucher bezüglich der entsprechenden Waren auf dem Inlandsmarkt beeinflussen würde. Insoweit kann es nicht auf das Hoheitszeichen des Flugzeugs, in dem die Absatzförderung infolge der Rabattgewährung stattfindet, ankommen. Insbesondere wäre nicht einsichtig, warum etwa bei Flügen zwischen zwei verschiedenen Staaten gegebenenfalls das Wettbewerbsrecht eines dritten Staates, dessen Hoheitszeichen das Flugzeug trägt, anwendbar sein sollte. Die allgemeinen Anknüpfungsregeln für Borddelikte passen jedenfalls nicht im Wettbewerbskollisionsrecht mit seinem vom BGH wettbewerbsspezifisch modifizierten Begehungsortbegriff, mag man sie auch im Rahmen

des allgemeinen Deliktsrechts aus Rechtssicherheitsgesichtspunkten noch hinnehmen (vgl BINDER RabelsZ 20 [1955] 401, 484).

Das gilt ebenso nach dem **Auswirkungsprinzip**, nach dem zu fragen ist, auf welchen **537** Markt sich die auf einem internationalen Flug stattfindende Rabatt- oder Zugabegewährung auswirkt. Eine entsprechende Auswirkung kann sowohl auf dem Markt des Abfluges als auch auf dem Markt der Ankunft vorliegen. Insoweit sind dieselben Kriterien anzulegen, wie allgemein bei Wettbewerbsverstößen mit internationalem Bezug. Dabei wird es vorrangig auf die Auswirkungen der Rabatt- oder Zugabegewährung auf den Absatz von mit den geförderten Produkten im Wettbewerb stehenden Produkten ankommen. Bei internationalen Flügen besteht insoweit die Besonderheit, daß regelmäßig eine relevante Absatzbeeinflussung sowohl auf dem **Abflugmarkt** als auch auf dem **Ankunftsmarkt** vorliegen wird, da die Passagiere im Zeitpunkt der Wettbewerbsmaßnahme potentielle Abnehmer beider Märkte sind. Dasselbe gilt für internationale Schiffsreisen. Dann ist nach dem **Günstigkeitsprinzip** von der grundsätzlichen Möglichkeit der Anwendbarkeit beider in Betracht kommenden Rechtsordnungen auszugehen (dazu Rn 418), je nach dem, auf welches Recht sich der Kläger beruft (vgl dazu Rn 630 ff).

Die Frage, ob der Vertrieb von Waren an Bord eines Flugzeuges mit inländischem **538** Hoheitszeichen zum inländischen Geschäftsverkehr gehört, bzw allgemein den Schutzbereich des Rabatt- oder Zugaberechts berührt, stellt ein sachrechtliches Problem dar, dem die kollisionsrechtliche Statutbestimmung vorausgeht (vgl KG WRP 1991, 111, 113 [LTU-Eurocard]). Eine auf sachrechtlicher Ebene stattfindende Herausnahme bestimmter Sachverhalte mit Auslandsbezug aus dem Anwendungsbereich der ZugabeVO oder des RabattG trotz kollisionsrechtlich gegebener Anknüpfung an inländisches Wettbewerbsrecht ist angesichts der den Schutz des Leistungswettbewerbs mitumfassenden Ziele dieser Vorschriften nicht sachgerecht (SACK IPRax 1991, 386, 392; **aA** KG WRP 1991, 111, 113 [LTU-Eurocard]; vgl auch Rn 465 ff).

(3) Sonderveranstaltungen und Räumungsverkäufe
Sonderveranstaltungen iSd **§ 7 Abs 1 UWG** sind Verkaufsveranstaltungen, denen ein **539** besonderer Anlockeffekt eigentümlich ist. Sie vereinigen, wie Zugaben und Rabatte, Werbeelemente, stellen aber vorrangig **Absatzhandlungen** dar. Nach der **Interessenkollisionslösung** ist daher kollisionsrechtlich grundsätzlich davon auszugehen, daß die Kollision der wettbewerblichen Interessen auf dem Markt liegt, in dessen räumlichem Bereich die Veranstaltung stattfindet. Soweit man die **Ankündigung** entsprechender Veranstaltungen als selbständigen Tatbestand ansieht und nicht als unselbständige Vorbereitungshandlung zur angekündigten Verkaufsveranstaltung, gilt die Anknüpfung an das Recht am Absatzort auch hierfür. Dagegen stellt die Ankündigung von Sonderveranstaltungen, soweit sie als selbständige Wettbewerbshandlung zu beurteilen ist, eine Werbemaßnahme dar, für die grundsätzlich die Anknüpfung an das Recht am Ort der Einwirkung auf die Marktgegenseite gilt.

Auch nach dem **Auswirkungsprinzip** sind Sonderveranstaltungen im Ergebnis regel- **540** mäßig nach dem Recht am Ort der Veranstaltung zu beurteilen, da sie sich auf den Absatz und die Wettbewerbsposition der betroffenen Unternehmen auf diesem Markt auswirken. Möglich ist allerdings auch eine Auswirkung etwa auf benachbarte ausländische Marktbereiche, wenn die Bedarfsdeckung der potentiellen Verbraucher auch im Hinblick auf diese Marktbereiche tangiert wird. Nennenswerte **Rückwirkungen** auf andere Märkte, die nach dem Auswirkungsprinzip im Einzelfall kollisionsrechtlich erheblich werden können, werden selten vorkommen.

541 Entsprechendes gilt im Fall der **Räumungsverkäufe** gem § 8 UWG. Auch hier ist sowohl nach der **Interessenkollisionslösung** als auch nach dem **Auswirkungsprinzip** regelmäßig von einer Anknüpfung an das Recht am Ort des Räumungsverkaufs auszugehen.

542 Zur auf **sachrechtlicher** Ebene vertretenen Beschränkung des Anwendungsbereichs der §§ 7 und 8 UWG wird auf die obigen Ausführungen verwiesen (vgl Rn 462 ff).

(4) Lockvogelangebote

543 Lockvogelangebote vereinen wie Verbraucheranreize allgemein **Werbeaspekte** mit **Absatzaspekten**. Einerseits liegt hinsichtlich des Angebotsgegenstands eine reine Absatzmaßnahme vor. Andererseits dienen Lockvogelangebote darüber hinaus zur Werbung von Verbrauchern im Interesse des Gesamtabsatzes des Anbieters. Zudem nähert sich die Fallgruppe der Lockvogelangebote den Fallgruppen an, die die Verletzung von Interessen konkreter einzelner Mitbewerber umfassen, wie etwa die sklavische Nachahmung und die rufschädigenden Handlungen, weil mit entsprechenden Angeboten insbesondere von Markenwaren eine Rufschädigung verbunden sein kann (BAUMBACH/HEFERMEHL § 1 UWG Rn 271).

544 Zu unterscheiden ist zwischen dem Lockvogelangebot selbst und der Werbung mit entsprechenden Angeboten. Für die **Werbung** gilt ähnliches wie für die Werbung mit Rabatten und Zugaben; grundsätzlich kommt es hierfür nach der **Interessenkollisionslösung** auf das Recht am Einwirkungsmarkt (Werbemarkt) an, während nach dem **Auswirkungsprinzip** nicht nur das Wettbewerbsrecht am Ort der Einwirkung maßgeblich sein kann, sondern gegebenenfalls auch das Recht des Absatzmarktes, in den die Verbraucher durch die Lockvogelwerbung gelockt werden sollen.

545 Was das unmittelbare **Angebot** der Ware betrifft, so ist hierfür nach der Interessenkollisionslösung das Recht am **Absatzmarkt** maßgeblich, weil hier der Verkauf der Ware erfolgt. An diesem Ort sind letztlich die Interessen der geschädigten Wettbewerber betroffen. Soweit dem Verkauf von Markenware zu Tiefpreisen der Effekt der Rufgefährdung innewohnt, kollidieren die Interessen der Wettbewerber auf diesem Markt miteinander.

546 Nach dem **Auswirkungsprinzip** ist zu berücksichtigen, daß Absatzmaßnahmen beträchtliche Ausstrahlungswirkungen auf andere Märkte haben können. Das gilt um so mehr für Handlungen, die zu **Rufschädigungen** führen können, weil sich diese oft nicht auf den eigentlichen Absatzmarkt beschränken, vor allem dann, wenn der Ruf international bekannter Marken betroffen ist. Insoweit gilt ähnliches wie für die Frage der eigentlichen Markenverletzung international bekannter Marken, in deren Rahmen nach dem Auswirkungsprinzip unter engen Voraussetzungen Modifikationen des aus dem Territorialitätsprinzips hergeleiteten Schutzlandprinzips in Betracht kommen (vgl FEZER Einl Rn 186). Danach kann es aus einer schutzzweckorientierten Sichtweise des Auswirkungsprinzips erforderlich sein, Rückwirkungen von Absatzmaßnahmen auf andere Märkte als den Absatzmarkt im engeren Sinne kollisions-

C. Internationales Wettbewerbsprivatrecht

rechtlich zu berücksichtigen. Allerdings werden einzelne Lockvogelangebote praktisch nur selten ein hinreichendes Ausmaß zur Bejahung einer berücksichtigungsfähigen Auswirkung auf andere Märkte entfalten.

ii) **Ausnutzung von Unerfahrenheit**
Für die Fallgruppe des Ausnutzens von Unerfahrenheit der Verbraucher gelten dieselben Anknüpfungsgrundsätze wie für die **irreführende Werbung** (Rn 526 ff). Soweit etwa ein Wettbewerber eine nach dem HaustürwiderrufG ordnungsgemäße **Widerrufsbelehrung unterläßt**, wird es bei Anwendung der herkömmlichen **Interessenkollisionslösung** auf das Recht auf dem Einwirkungsmarkt ankommen (BGH GRUR 1991, 463, 464 [Kauf im Ausland]). Dies ist auch im Hinblick auf Verbraucherschutzaspekte interessengerecht. Nach dem **Auswirkungsprinzip** kann daneben zumindest kumulativ das Recht des Staates zur Anwendung kommen, in dem sich das Unterlassen der Belehrung auf den Absatz oder auf die Konkurrenzverhältnisse zwischen den dortigen Anbietern und dem Verletzer auswirkt.

kk) **Behinderung**
(1) **Allgemeines**
Unter dem Begriff des Behinderungswettbewerbs lassen sich verschiedene Wettbewerbsaktivitäten zusammenfassen, die sich dadurch kennzeichnen, daß sie sich auf einen oder mehrere konkrete Konkurrenten beziehen. Es liegt damit eine speziell die Wettbewerbsaktivität konkreter Mitbewerber störende Handlungsweise vor. Hierdurch unterscheiden sich Aktivitäten des Behinderungswettbewerbs von anderen wettbewerblichen Handlungsweisen, die letztlich ebenfalls dazu führen, daß mit dem Leistungswettbewerb konforme Wettbewerbsvorteile nicht in funktionsgerechter Weise auf einem Markt zur Geltung gebracht werden können, denen indes der konkrete Bezug zu einem bestimmten Konkurrenten fehlt.

Kollisionsrechtlich gilt für Behinderungswettbewerb im **Grundsatz**, daß entsprechende Aktivitäten, die im Ausland vorgenommen werden, nach dem jeweiligen **ausländischen Wettbewerbsrecht** zu beurteilen sind. Dies gilt im Ergebnis sowohl nach der **Interessenkollisionslösung** des BGH als auch nach dem **Auswirkungsprinzip**, wobei im Einzelfall allerdings Unterschiede in der kollisionsrechtlichen Behandlung entsprechender Sachverhalte mit Auslandsbezug auftreten können, die sich aus den verschiedenen dogmatischen Ausgangspositionen ergeben. Vor allem der Umstand, daß die Interessenkollisionslösung einen deliktsrechtlichen Ansatz verfolgt, führt dazu, daß sich bestimmte wettbewerbliche Zusammenhänge kollisionsrechtlich nicht auswirken, wie etwa Rückwirkungen auf den Inlandsabsatz.

Im Bereich des Behinderungswettbewerbs spielen aufgrund des besonderen Bezugs entsprechender Fallkonstellationen zu einem konkreten Konkurrenten des Verletzers die vom BGH in der *Stahlexport*-Entscheidung herausgearbeiteten Fallgruppen für eine **Anwendung gemeinsamen Inlandrechts** bei Auslandswettbewerb deutscher Konkurrenten eine Rolle. Insoweit ist nicht abschließend geklärt, ob die Fallgruppe des **gezielten Angriffs auf einen inländischen Mitbewerber** im Sinne eines **betriebsbezogenen Angriffs** zu verstehen ist. Anhaltspunkte für ein derartiges Verständnis dieser Fallgruppe ergeben sich aus der Entscheidung *Domgarten-Brand*, in der die Anwendung deutschen Rechts nach den *Stahlexport*-Grundsätzen abgelehnt wurde, weil ein Allgemeininteresse auf dem Auslandsmarkt das Individualinteresse betroffener Konkurrenten verdrängte (BGH GRUR 1982, 495, 497 [Domgarten-Brand]). Dies dürfte für die Mehrzahl solcher konkrete Konkurrenten behindernden Wettbewerbshandlungen anzunehmen sein, weil insoweit regelmäßig Allgemeininteressen an einem funktionierenden Leistungswettbewerb oder am Verbraucherschutz ein Individualinteresse des betroffenen Konkurrenten verdrängen werden.

551 Teilweise wird in diesem Zusammenhang allerdings vertreten, daß die Anwendung deutschen Rechts ausnahmsweise dann in Betracht kommen kann, wenn ein inländisches Unternehmen einen inländischen Konkurrenten mit der Motivation von dem Auslandsmarkt zu verdrängen sucht, dadurch zugleich die **Wettbewerbsfähigkeit des inländischen Konkurrenten auf dem Heimatmarkt** zu beeinträchtigen. Dies wird etwa dann angenommen, wenn sich der infolge einer Marktverdrängung eintretende Absatzrückgang maßgeblich auf die Wettbewerbsfähigkeit des geschädigten Unternehmens im Inland auswirkt (WILDE, in: Hdb des Wettbewerbsrechts § 6 Rn 39). Soweit hierin eine besondere Inlandsbeziehung des Sachverhalts auf dem Boden der herrschenden deliktskollisionsrechtlichen **Interessenkollisionslösung** angenommen wird, ist diese Auffassung schwer vertretbar, weil sie nicht zu erklären vermag, wodurch sich entsprechende Rückwirkungen eines im Ausland stattfindenden Verdrängungs- oder Behinderungswettbewerbs auf den gemeinsamen Heimatmarkt von anderen **Rückwirkungen** auf die Wettbewerbsposition der beteiligten Unternehmen auf dem Inlandsmarkt unterscheiden. Letztere werden von der Rechtsprechung jedoch regelmäßig als kollisionsrechtlich unbedeutend angesehen (vgl Rn 358, 458). Auf die konkrete **Zielsetzung** eines Wettbewerbsverhaltens in Richtung einer Beeinträchtigung der Wettbewerbsfähigkeit des angegriffenen Konkurrenten im Inland dürfte es dabei richtigerweise nicht ankommen.

552 Ausgehend von einem lauterkeitsrechtlichen **Auswirkungsprinzip,** welches ausschließlich auf die Schutzbedürftigkeit des Wettbewerbs in einem bestimmten Marktbereich abstellt, ohne sich am deliktsrechtlichen Handlungsbegriff zu orientieren, kann hingegen grundsätzlich eine kollisionsrechtliche Berücksichtigung von **Rückwirkungen** eines im Ausland stattfindenden Wettbewerbsverhaltens auf die Wettbewerbsposition der Konkurrenten in anderen Marktbereichen erfolgen. Stellen sich die Rückwirkungen eines Behinderungswettbewerbs auf die Wettbewerbsposition des angegriffenen Konkurrenten im Inland unter Berücksichtigung der Schutzbedürftigkeit des Inlandswettbewerbs als beachtlich dar, ist mithin eine kollisionsrechtliche Anknüpfung an das inländische Wettbewerbsrecht im Einzelfall möglich.

(2) Behinderung durch Werbemaßnahmen

553 Formen des Behinderungswettbewerbs können in Werbeaktivitäten liegen, soweit Geschäftsaktivitäten durch Werbung von Mitbewerbern gestört werden oder Werbeaktivitäten von Wettbewerbern durch Gegenwerbung neutralisiert werden. In solchen Fällen wird ein wettbewerbskonformer Leistungsvergleich ausgeschlossen oder behindert, was zur Unlauterkeit entsprechender Aktivitäten führt (BAUMBACH/ HEFERMEHL § 1 UWG Rn 215). Nach der **Interessenkollisionslösung** dürfte auch hierfür wie allgemein für Werbung die Anknüpfung an das Recht am Einwirkungsort gelten, mithin dem Ort, an dem die Verbraucher, auf die eingewirkt wird, ansässig sind. Etwaige Rückwirkungen auf den Absatz oder die Wettbewerbsposition des verletzten Unternehmens im Inland sind nach diesen Grundsätzen regelmäßig als

lediglich mittelbare Auswirkungen für die kollisionsrechtliche Beurteilung unerheblich.

Die Besonderheit der behindernden Werbung gegenüber der übrigen Werbung liegt in der **engeren Beziehung zu einem oder mehreren konkreten Konkurrenten** des Handelnden. Darin ähnelt sie der bezugnehmenden oder vergleichenden Werbung (dazu Rn 529 ff). Wie bei der vergleichenden Werbung erscheint es denkbar, daß auf derartige Fälle im Ausland die vom BGH gebildete Fallgruppe eines gezielten Angriffs auf inländische Konkurrenten angewendet wird und eine **gemeinsame Heimatanknüpfung** in Betracht gezogen wird (vgl allgemein zum Behinderungswettbewerb Rn 550). Doch ist auch hier letztlich davon auszugehen, daß eine solche Anwendung inländischen Wettbewerbsrechts als Ausnahme von den allgemeinen Anknüpfungsgrundsätzen an dem Fehlen eines überwiegenden Individualinteresses an der Vermeidung entsprechender Wettbewerbshandlungen scheitern wird (vgl Rn 531). 554

Der enge Bezug der behindernden Werbung zu einem oder mehreren bestimmten Konkurrenten kann nach dem **Auswirkungsprinzip** kollisionsrechtliche Bedeutung haben, weil danach bestimmte Rückwirkungen einer Werbemaßnahme auf einen vom Einwirkungsmarkt abweichenden Absatzmarkt zur Anknüpfung an das Recht dieses Marktes führen können (vgl Rn 414). Derartige Fälle werden insbesondere bei behindernder Werbung gegenüber sich im Ausland befindenden Verbrauchern gegeben sein, die die entsprechenden Konkurrenzprodukte auf einem anderen Markt nachfragen. Besonderheiten gegenüber den Grundsätzen zur allgemeinen Auslandswerbung ergeben sich insoweit nicht. Im übrigen werden Fälle einer hinreichenden Rückwirkung auf die Wettbewerbsposition der betroffenen Unternehmen auf dem Inlandsmarkt in diesem Rahmen selten sein. Anderes kann bei abgestimmten internationalen Behinderungswerbekampagnen zur Schädigung der Wettbewerbsposition international aktiver Unternehmen anzunehmen sein (vgl zum Markenrecht auch FEZER Einl Rn 186). 555

(3) Preiskampf
Praktiken der Marktverdrängung über die Preisgestaltung fallen dann unter die Fallgruppe des Behinderungswettbewerbs, wenn sich die Preisunterbietung gezielt gegen **bestimmte Mitbewerber** richtet (BAUMBACH/HEFERMEHL Einl UWG Rn 870). Wie bei den anderen Verhaltensweisen der Fallgruppe des Behinderungswettbewerbs ist daher auch hier die Bezogenheit auf einen konkreten Mitbewerber kennzeichnend. Ein rein betriebsbezogener Eingriff, der nach verbreiteter Auffassung zur Anwendung des allgemeinen Deliktskollisionsrechts führt, scheidet in den einschlägigen Fallkonstellationen aus, weil jedenfalls das Allgemeininteresse an einem funktionierenden Leistungswettbewerb und nicht lediglich ein ausschließlich individuales Interesse des betroffenen Wettbewerbers berührt ist. 556

Zur möglichen Anwendung **gemeinsamen Heimatrechts** nach den Grundsätzen der *Stahlexport*-Entscheidung des BGH bei gezielter Preisunterbietung zur Verdrängung inländischer Mitbewerber auf einem Auslandsmarkt ergeben sich keine Besonderheiten (vgl dazu Rn 550). 557

ll) Marktstörung
(1) Allgemeines

558 Unter den Begriff der Marktstörung oder allgemeinen Behinderung lassen sich solche nicht leistungsgerechten Verhaltensweisen fassen, die geeignet sind, den Bestand des Wettbewerbs oder die Funktion des Wettbewerbs durch die Beseitigung der Freiheit von Angebot und Nachfrage zu gefährden (BAUMBACH/HEFERMEHL § 1 UWG Rn 832). Man versteht hierunter Wettbewerbsaktivitäten, die im Gegensatz zum Behinderungswettbewerb im engeren Sinne nicht gegen einen einzelnen Konkurrenten gerichtet sind, sondern die Gesamtheit der Konkurrenten in einem bestimmten Marktbereich zu behindern vermögen (BAUMBACH/HEFERMEHL § 1 UWG Rn 832). Der Marktstörungsbegriff umfaßt bestimmte den Leistungsvergleich störende Angebote an Abnehmer sowie Machtmißbrauch. Hierunter fallen insbesondere die Fallgruppen der **Massenverteilung von Originalware**, der **Gratisabgabe von Presseerzeugnissen**, **Preiskampfpraktiken** sowie **Ausbeutungsmißbrauch**.

559 Charakteristisch für die Fallgruppen im Rahmen der Marktstörung ist die starke Berührung des **Allgemeininteresses an der Institution Wettbewerb**. Dieses Interesse besteht zwar nach richtiger Auffassung auch im Rahmen der anderen Fallgruppen des unlauteren Wettbewerbs; doch spielt es im Bereich der Marktstörung eine vorrangige Rolle. Damit nähert sich das Lauterkeitsrecht gerade in diesem Bereich in besonderem Maße dem **Kartellrecht** an. Eine wichtige Rolle spielt im Rahmen der Marktstörung das Bestehen von **Marktmacht**, insbesondere beim Ausbeutungsmißbrauch, aber auch bei der Marktstörung durch Massenverteilung von Originalware, Gratisabgabe von Produkten und beim Preiskampf, da einem Konkurrenten entsprechende Praktiken durch Marktmacht ermöglicht oder zumindest erleichtert werden.

560 Die Nähe zum Kartellrecht läßt die Heranziehung des **Auswirkungsprinzips** als naheliegend erscheinen. Zum Teil wird insoweit deshalb die analoge Anwendung des **§ 130 Abs 2 GWB** für möglich gehalten, so daß deutsches Wettbewerbsrecht zur Anwendung kommen soll, wenn sich ein marktstörendes Verhalten auf den deutschen Markt auswirkt (so GK-SCHRICKER Einl UWG Rn F 209). Dabei wird das Auswirkungsprinzip in diesem Rahmen als **allseitige Kollisionsnorm** aufgefaßt (GK-SCHRICKER Einl UWG Rn F 210). Die herrschende Auffassung folgt indes auch im Hinblick auf die Fälle der Marktstörung der **Interessenkollisionslösung**, kommt dabei allerdings zu ähnlichen Ergebnissen wie die Vertreter einer entsprechenden Heranziehung des kartellrechtlichen Auswirkungsprinzips auf das Lauterkeitsrecht (vgl etwa MünchKomm/KREUZER Art 38 Rn 245).

(2) Massenverteilung von Originalware und Gratisabgabe von Produkten

561 Bei der Fallgruppe der Massenverteilung von Originalware und der Gratisabgabe von Produkten steht neben dem Schutz der beeinträchtigten Anbieter entsprechender Produkte der **Institutionsschutz** des Wettbewerbs im Vordergrund. Durch die Warenverteilung und die damit verbundene Marktverstopfung wird ein funktionsgerechter Leistungsvergleich der Anbieter vereitelt oder beeinträchtigt. Auch von Vertretern der **Interessenkollisionslösung** wird wegen der gegebenen Konkurrentenbeeinträchtigung eine Anknüpfung an das Recht am **Absatzort** der betroffenen Ware angenommen (MünchKomm/KREUZER Art 38 Rn 245).

562 Unter Zugrundelegung des **Auswirkungsprinzips** ist zu fragen, auf welchem Markt die

Störung des Wettbewerbsprozesses infolge der marktverstopfenden Aktivität eintritt. Das wird regelmäßig dort der Fall sein, wo die verbreitete Gratisware in den Verkehr gebracht wird, weil auf diesem Markt eine Nachfrage nach entsprechenden Produkten verändert wird (**Absatzmarkt**). Insoweit ähneln die einschlägigen Fallkonstellationen der Gewährung einer verbotenen Zugabe, in denen regelmäßig ebenfalls eine Anknüpfung an das Recht am Verteilungsmarkt angenommen wird, weil hier der Absatz entsprechender Waren beeinträchtigt werden kann (vgl Rn 533).

563 Wie in den Fällen verbotener Zugaben kann auch bei der Gratisverteilung von Waren der Werbemarkt und der Absatzmarkt auseinanderfallen, wenn etwa die Gratisverteilung im Rahmen einer Kampagne stattfindet, mit der potentielle Kunden in den näheren Bereich eines Anbieters gelockt werden sollen. In den Fällen, in denen die Werbemaßnahme in der Warenverteilung selbst liegt, ist eine kollisionsrechtlich relevante Auswirkung am **Verteilungsort (Werbemarkt)** gegeben, weil hier die Marktverstopfung eintritt. Andererseits können Auswirkungen auf einen ausländischen **Absatzmarkt** der Produkte, welchen die Werbemaßnahme gilt, vorliegen, wenn diesbezüglich eine nicht unbedeutende potentielle Absatzbeeinflussung festzustellen ist.

564 Wird eine im Ausland zu veranstaltende Gratisverteilung im Inland **werbemäßig angekündigt**, so ist nach der **Interessenkollisionslösung** auf den inländischen Einwirkungsmarkt (Werbemarkt) abzustellen (vgl allgemein zum Auseinanderfallen von Werbe- und Absatzmarkt Rn 489). Nach dem hier vertretenen **Auswirkungsprinzip** können im Einzelfall daneben auch Auswirkungen auf andere Märkte als dem Einwirkungsmarkt kollisionsrechtlich von Bedeutung sein (vgl Rn 490).

565 Die **Rechtsprechung** nimmt einen Verstoß gegen § 1 UWG nur dann an, wenn durch das Wettbewerbsverhalten eine Gefahr für den Bestand des Wettbewerbs gegeben ist (vgl BGHZ 28, 54, 59 [Direktverkäufe]). Das ist dann der Fall, wenn der Leistungswettbewerb für eine bestimmte Warenart ausgeschaltet wird (BAUMBACH/HEFERMEHL Einl UWG Rn 856). Das führt im Ergebnis dazu, daß die entsprechenden Verhaltensweisen ein erhebliches Gewicht im Hinblick auf die Auswirkung auf den betreffenden Marktbereich haben. Daher wird der Feststellung einer **Spürbarkeit** bei der Anwendung des kollisionsrechtlichen Auswirkungsprinzips in diesem Bereich keine praktische Bedeutung zukommen (GK-SCHRICKER Einl UWG Rn F 209).

(3) Preiskampf

566 Soweit Preiskampfmethoden eine **Gefährdung des Wettbewerbsbestandes** darstellen und damit nicht nur die Interessen einzelner Mitbewerber, sondern die Interessen der Gesamtheit der Konkurrenten und der Allgemeinheit berühren, fallen sie in den Bereich der Fallgruppe der Marktstörung. Jedenfalls wenn sich Preiskampfpraktiken als Mißbrauch von Marktmacht darstellen, rückt der Preiskampf in die Nähe des Kartellrechts (vgl § 20 Abs 4 S 2 GWB). Praktisch besonders bedeutsam ist insoweit der Verkauf unter Selbstkosten. Regelmäßig wird bei wettbewerbswidrigen Preiskampfpraktiken inländischer Unternehmen auf Auslandsmärkten eine **wettbewerbliche Interessenkollision** auf diesem Markt vorliegen, weil die Wettbewerber durch ihr Angebot den Absatz auf dem Auslandsmarkt beeinflussen. Dort ist damit zugleich das Interesse an einem funktionsfähigen Leistungswettbewerb berührt.

567 Wie bei der allgemeinen Gestaltung eines gezielt gegen bestimmte Konkurrenten auf einem Auslandsmarkt gerichteten Verdrängungswettbewerbs (dazu Rn 551) stellt sich auch bei einem marktstörenden Preiswettbewerb die Frage nach der Berücksichtigung einer **Verschlechterung der Wettbewerbsfähigkeit des inländischen Konkurrenten auf dem Heimatmarkt.** Nach der herrschenden **Interessenkollisionslösung** dürften solche Rückwirkungen eines wettbewerbswidrigen Preiswettbewerbs als nur mittelbare Auswirkungen einer auf dem ausländischen Absatzmarkt stattfindenden Wettbewerbsverletzung kollisionsrechtlich belanglos sein. Soweit die kollisionsrechtliche Berücksichtigungsfähigkeit der Inlandsauswirkung einer auf dem Auslandsmarkt stattfindenden Wettbewerbsbehinderung bejaht wird (vgl WILDE, in: Hdb des Wettbewerbsrechts § 6 Rn 39), wird im übrigen auf die **Zielsetzung** im Hinblick auf die Beeinträchtigung der Wettbewerbsfähigkeit des angegriffenen Konkurrenten auf dem Inlandsmarkt abgestellt. Jedenfalls diese dürfte, unabhängig von der Frage, inwieweit es nach der Interessenkollisionslösung auf die konkrete Zielsetzung eines Wettbewerbsverhaltens ankommen kann, bei einem **allgemein marktstörenden** Wettbewerbsverhalten fehlen. Nach der **Auswirkungslehre** sind dagegen Rückwirkungen von Verdrängungswettbewerb auf die Wettbewerbsposition des betroffenen Wettbewerbers auf anderen Märkten als dem Markt, auf dem die Wettbewerbsaktivität stattfindet, kollisionsrechtlich berücksichtigungsfähig, wenn die (potentielle) Auswirkung auf diesen Märkten eine hinreichende Stärke erreicht und in Bezug auf den dortigen Wettbewerb ein Schutzbedürfnis gegeben ist.

mm) Rechtsbruch
(1) Allgemeines

568 Bei der Fallgruppe des Rechtsbruchs wird allgemein zwischen zwei verschiedenen Grundgestaltungen unterschieden: Einerseits kann das wettbewerbliche Handeln einen Verstoß gegen wertbezogene Normen, bzw Normen, die den Zweck des Schutzes wichtiger Allgemeingüter haben, darstellen (vgl BAUMBACH/HEFERMEHL UWG § 1 Rn 613 ff). Derartige Verstöße gegen **sittlich fundierte Gebote** oder gegen Gebote im Interesse **besonders wichtiger Allgemeingüter** begründen nach herkömmlichem Verständnis des lauterkeitsrechtlichen Sittenwidrigkeitsbegriffs regelmäßig ohne weiteres einen Sittenverstoß nach § 1 UWG (einschränkend die jüngste Rechtsprechung s BGH, Urt v 6.10.1999 – I ZR 46/97 [Giftnotruf-Box]).

569 Die zweite Gruppe betrifft **wertneutrale Vorschriften**. Hierunter werden Normen verstanden, die vorrangig den Charakter reiner **Ordnungsnormen** haben. Ein Verstoß gegen § 1 UWG wird in Fällen einer Verletzung solcher Normen durch ein wettbewerbliches Handeln nur bei Hinzutreten besonders wettbewerbsrelevanter Umstände angenommen (BAUMBACH/HEFERMEHL UWG § 1 Rn 630). Solche liegen im Anstreben oder Erlangen eines **ungerechtfertigten Wettbewerbsvorsprungs** des Verletzers gegenüber seinen gesetzestreuen Konkurrenten.

570 Eine besondere Rolle spielt in diesem Zusammenhang der Verstoß gegen Normen, denen eine **wettbewerbsbezogene Zielsetzung** innewohnt. Einerseits kann diese Zielsetzung dazu führen, daß insoweit eine wertbezogene Vorschrift vorliegt (BAUMBACH/HEFERMEHL UWG § 1 Rn 646), die die Prüfung weiterer unlauterkeitsbegründender Momente überflüssig macht. Andererseits kann davon unabhängig gegebenenfalls ohne die Notwendigkeit eines ungerechtfertigten Wettbewerbsvorsprungs des Verletzers ein Verstoß gegen § 1 UWG vorliegen, soweit sich die Wettbewerbswidrigkeit der Handlung aus dem **Schutzzweck der Norm** ergibt. Das wird dann angenommen,

C. Internationales Wettbewerbsprivatrecht

wenn die wettbewerbsregelnde Norm dem „Schutz bestimmter Personengruppen gegen den Wettbewerb Unberufener im Allgemeininteresse" dient (BAUMBACH/HEFERMEHL UWG § 1 Rn 665). Diese Einteilung wird von SCHRICKER systematisch modifiziert, indem eine Unterscheidung zwischen per se-Verstößen und solchen Verstößen vorgenommen wird, für die keine oder lediglich eine marginale Schutzzweckübereinstimmung mit dem UWG festzustellen ist (GK-SCHRICKER Einl UWG Rn F 214 mwN).

Die Unterscheidung der möglichen Gestaltungen innerhalb der Fallgruppe des Gesetzesverstoßes kann im Rahmen der kollisionsrechtlichen Prüfung Bedeutung erlangen, weil jedenfalls nach dem Konzept einer schutzzweckorientierten Auswirkungsanknüpfung der Schutzzweck der verletzten Norm kollisionsrechtlich von Bedeutung ist. Besteht eine Parallelität der Schutzzwecke der verletzten Norm mit den Schutzzwecken des Wettbewerbsrechts (zu einer solchen Gestaltung östOGH GRUR IntT 1986, 270 ff [Haushaltsgeräte-Werbefahrten]), so liegt es nahe, diese auch kollisionsrechtlich zur Geltung zu bringen (vgl auch GK-SCHRICKER Einl UWG Rn F 216). 571

(2) Zweistufigkeit der kollisionsrechtlichen Anknüpfung
Die kollisionsrechtliche Anknüpfung im Bereich der Fallgruppe des Rechtsbruchs wird im Schrifttum teilweise zweistufig aufgebaut (vgl KATZENBERGER IPRax 1981, 7, 8; GK-SCHRICKER Einl UWG Rn F 214). Auf der **ersten Stufe** ist die kollisionsrechtliche Anwendbarkeit der verletzten Norm auf den konkreten Sachverhalt festzustellen. Auf der **zweiten Stufe** ist sodann das maßgebliche Wettbewerbsstatut zu bestimmen. Nach dieser Auffassung zieht das Wettbewerbsstatut nicht andere Statute, etwa das Vertragsstatut nach sich. Die Anknüpfung des Wettbewerbsstatuts entscheidet nicht über den Geltungsbereich von Normen außerhalb des Wettbewerbsrechts. Ist etwa die Frage des **Rechtsbruchs durch Verstoß gegen das Haustürwiderrufsgesetz** zu prüfen, so ist danach zunächst das entsprechende **Vertragsstatut** festzustellen. Ein Verstoß gegen die Belehrungspflicht iSv § 2 Abs 1 Satz 2 HaustürwiderrufsG, der beim Abschluß eines entsprechenden Geschäfts im Ausland stattfindet, vermag danach keinen unlauterkeitsbegründenden Rechtsbruch darzustellen, unabhängig davon, ob eine wettbewerbliche Interessenkollision im Inland festzustellen ist, weil insoweit Vertragsstatut und Wettbewerbsstatut auseinanderfallen. 572

Dies entspricht einer Behandlung der Frage der Normverletzung als **selbständig anzuknüpfende Vorfrage** im Rahmen einer **kollisionsrechtlichen Lösung**. Ein weiterer möglicher Lösungsweg wird in der Behandlung der Rechtsverletzung als **unselbständige Vorfrage** gesehen. 573

Die deutsche **Rechtsprechung** problematisiert die Frage kaum und prüft zum Teil ausschließlich die kollisionsrechtliche Anwendung des deutschen Wettbewerbsrechts, um auf dieser Grundlage eine Verletzung der außerwettbewerbsrechtlichen Norm zu untersuchen. Ob hiermit die Annahme verbunden ist, daß das Statut hinsichtlich der entsprechenden außerwettbewerbsrechtlichen Norm dem Wettbewerbsstatut folgt, ist nicht eindeutig bestimmbar. So hat der BGH in der Entscheidung *Unternehmensberatung I* lediglich die Anwendbarkeit des deutschen Wettbewerbsrechts geprüft und danach ohne weitere kollisionsrechtliche Prüfung im Hinblick auf die Anwendbarkeit des deutschen Steuerberatungsgesetzes einen Verstoß gegen § 4 Nr 5 StBerG angenommen (BGH GRUR 1987, 172, 174; krit BERNHARD GRUR IntT 1992, 366, 368). In der Entscheidung *Domgarten-Brand* prüfte der BGH sachrechtlich einen 574

Verstoß gegen das deutsche WeinG bzw die BezeichnungsVO, ohne die kollisionsrechtliche Anwendbarkeit der Vorschriften zu hinterfragen. Lediglich die Anwendbarkeit des deutschen Wettbewerbsrechts wurde sodann abgelehnt (BGH GRUR 1982, 495, 497). In der Entscheidung *Kauf im Ausland* (BGH GRUR 1991, 463, 464 f) konnte der BGH die Frage offenlassen, weil er bereits die Anwendbarkeit des deutschen Wettbewerbsrechts verneinte (krit BERNHARD GRUR IntT 1992, 366, 367). Nicht ausdrücklich angesprochen wurde die kollisionsrechtliche Frage nach dem für die Rechtsverletzung maßgeblichen Recht auch in der *Asbestimporte*-Entscheidung des BGH. Hier ging es um die wettbewerbsrechtliche Beurteilung des Umstandes, daß in der Bundesrepublik in Südkorea hergestellte Asbestprodukte vertrieben wurden, die aufgrund von im Herstellungsland nicht vorhandenen Arbeitsschutzbestimmungen erheblich günstiger produziert werden konnten als im Inland. Allerdings verneinte der BGH insoweit einen Rechtsverstoß, weil in dem Herstellungsstaat der importierten Asbestware keine entsprechenden Verbotsnormen, deren Verletzung erheblich werden konnte, bestanden (BGH GRUR 1980, 858, 860). Damit war, vorbehaltlich einer anderen Beurteilung aus dem Gesichtspunkt des *ordre public*, eine kollisionsrechtliche Entscheidung für die Nichtanwendbarkeit deutschen Rechts im Hinblick auf die außerwettbewerbliche Verbotsnorm getroffen, während sich die Anwendbarkeit des deutschen Wettbewerbsrechts aus den allgemeinen Grundsätzen ergab (vgl KATZENBERGER IPRax 1981, 7, 8). Diese Entscheidung spricht daher dafür, daß der BGH von der **Zweistufigkeit** in der Kollisionsprüfung der Fallgruppe des Rechtsbruchs ausgeht. Ein weiteres Indiz hierfür ist, daß der BGH das Ausnutzen eines internationalen Rechtsgefälles als Verstoß gegen § 1 UWG grundsätzlich für möglich hält (vgl BGH GRUR 1977, 672, 674 [Weltweit-Club]; dazu Rn 374). Voraussetzung hierfür ist die Anwendbarkeit der jeweiligen gegenüber dem inländischen Recht mildern, ausländischen außerwettbewerblichen Normen. Im Fall einer Wettbewerbsverletzung durch Verleiten zum Vertragsbruch, in dem es auf die Wirksamkeit des nach ausländischem Recht geschlossenen Vertrages ankommt, neigt die Rechtsprechung zu einer Beurteilung der Wirksamkeit nach dem jeweiligen ausländischen Recht (OLG Köln GRUR 1994, 646, 647). Die Prüfung dürfte bei Fällen des Bruchs außervertraglicher Pflichten nicht anders vorgenommen werden.

575 Der **österreichische OGH** hat in einem Fall, in dem ein deutsches Unternehmen von Österreich ausgehende Werbereisen nach Deutschland unternahm, eine zweistufige Prüfung vorgenommen. In einer ersten Stufe prüfte er die Anwendbarkeit des § 208 Abs 1 östGewO, deren Verletzung gerügt worden war. In einem zweiten Schritt bejahte der OGH die Frage, ob sich aus dem Verstoß gegen das österreichische Gewerberecht ein Anspruch aus § 1 östUWG ergeben könne, nachdem er eine zur Anwendbarkeit des österreichischen Wettbewerbsrechts führende Auswirkung auf den österreichischen Markt angenommen hatte (östOGH GRUR IntT 1986, 270, 272 f [Haushaltsgeräte-Werbefahrten]).

(3) Bruch vertraglicher Bindungen
576 In Fällen des Bruchs vertraglicher Bindungen und der Beteiligung an Vertragsverletzungen oder ihres Ausnutzens ist von einem **zweistufigen Aufbau** auszugehen. Daher beurteilt sich die Vorfrage der Wirksamkeit eines nach ausländischem Recht geschlossenen Vertrages ausschließlich nach den maßgeblichen ausländischen Sachnormen (OLG Köln GRUR 1994, 646, 647), und zwar unabhängig von der lauterkeitskollisionsrechtlichen Anknüpfung.

nn) Vertriebsbindungssysteme
(1) Allgemeines

Die Verletzung bestehender Vertriebsbindungssysteme ist lauterkeitsrechtlich unter dem Gesichtspunkt des **Rechtsbruchs**, aus der Sicht eines Außenseiters des **Verleitens zum Vertragsbruch** und des **Ausnutzens fremden Vertragsbruchs** sowie des **Schleichbezugs** bedeutsam. Die wettbewerbsbehindernden Auswirkungen selektiver Vertriebsbindungssysteme stellen demgegenüber eine kartellrechtliche Frage dar, sind aber in diesem Teil mitzubehandeln, weil sich hieraus Konsequenzen für die lauterkeitskollisionsrechtliche Bewertung von Außenseiterwettbewerb ergeben können.

Internationalprivatrechtlich stellt sich danach zum einen die Frage, nach welchem nationalen Recht sich die Zulässigkeit von Vertriebsbindungssystemen beurteilt. Dies kann zugleich Auswirkungen auf die Wettbewerbswidrigkeit des Inlandvertriebs von im Ausland gebundener Ware durch Außenseiter haben. Zum anderen ist die kollisionsrechtliche Beurteilung des Außenseitervertriebs auf einem Auslandsmarkt zu klären, der sich auf ein selektives Vertriebsbindungssystem auf einem anderen Markt auswirkt.

(2) Anknüpfungsgrundsätze
(a) Zulässigkeit des Vertriebsbindungssystems

Die Zulässigkeit eines selektiven Vertriebsbindungssystems beurteilt sich unabhängig vom Vertragsstatut nach dem Recht des Staates, in dessen Bereich sich das Vertriebsbindungssystem auswirkt bzw im Bereich der Europäischen Union nach Art 81 und 82 EGV. Einschlägige innerstaatliche Anknüpfungsnorm ist § 130 Abs 2 GWB, wo auf die Inlandsauswirkung der Vertriebsbindung abgestellt wird. Die Regelung wird von der herrschenden Meinung als einseitige Kollisionsnorm verstanden (vgl aber 68 ff).

Regelmäßig wird danach das Recht des Staates anzuwenden sein, in dem der gebundene Händler seinen Sitz hat (WILDE, in: Hdb des Wettbewerbsrechts § 6 Rn 47). Dies ist jedoch nicht zwingend. Vielmehr kommt es immer auf die **konkrete Inlandsauswirkung** an, die etwa auch dann vorliegen kann, wenn die Vertriebsbindung von einem inländischen Hersteller ausgeht und ausländische Vertragshändler bindet (vgl MünchKomm/IMMENGA Nach Art 37 Rn 55). Die mögliche Beteiligung mehrerer in verschiedenen Staaten ansässiger Händler eines grenzüberschreitenden selektiven Vertriebsbindungssystems kann dabei zu einer kollisionsrechtlichen Staatenkumulation führen, weil sich das System insoweit jedenfalls in sämtlichen vom Vertriebsbindungssystem umfaßten Staaten auswirkt.

(b) Verletzung von Vertriebsbindungssystemen

Die kollisionsrechtliche Bewertung von lauterkeitsrechtlich relevanten Sachverhalten im Zusammenhang mit der Verletzung selektiver Vertragssysteme richtet sich nach den allgemeinen Grundsätzen des **Wettbewerbskollisionsrechts**. Anderes wird zum Teil für die in diesem Rahmen relevante Fallgruppe der Verleitung zum Vertragsbruch vertreten, soweit sie zur Gruppe der **betriebsbezogenen Wettbewerbshandlungen** gezählt wird (vgl KOPPENSTEINER § 21 Rn 19). Danach sind Fälle der Verleitung zum Vertragsbruch nach **allgemeinem Deliktskollisionsrecht** zu beurteilen. Jedenfalls für die Verleitung zum Bruch von Abreden im Zusammenhang mit selektiven Vertriebsbindungssystemen ist diese Auffassung jedoch abzulehnen, weil insoweit das

Allgemeininteresse am Leistungswettbewerb das reine Individualinteresse überwiegt (vgl näher Rn 604). Denn funktionsfähige Vertriebsbindungssysteme stellen nicht nur einen Teil der individuellen Betriebsplanung des Unternehmens dar, sondern sind zugleich **unternehmerische Leistung**, die im Rahmen des Schutzes des Leistungswettbewerbs wettbewerbsrechtlich schutzwürdig ist (s Rn 593).

582 Verschafft sich ein in einem selektiven Vertriebssystem gebundener Händler durch Bruch von Vertragsvereinbarungen einen ungerechtfertigten Wettbewerbsvorsprung, so liegt der **wettbewerbliche Interessenkollisionsort** regelmäßig dort, wo sich der durch den Vertragsbruch erzeugte Wettbewerbsvorsprung realisiert. Die vorrangige Begründung für die Unlauterkeit des Bruchs eines kartellrechtlich zulässigen Vertriebsbindungssystems liegt in der Erlangung von Wettbewerbsvorteilen gegenüber den vertragstreuen Mitbewerbern (BAUMBACH/HEFERMEHL § 1 UWG Rn 708), nicht dagegen ausschließlich in dem Unterlaufen des Vertriebsbindungssystems des Herstellers. Es handelt sich insoweit mithin auch nicht um einen bloß betriebsbezogenen Eingriff unter dem Gesichtspunkt der Störung von Vertriebsbemühungen des Vertriebsbinders. Daher ist nicht an das Recht am Sitz des Vertriebsbinders anzuknüpfen; maßgeblich ist unter Zugrundelegung der **Interessenkollisionslehre** vielmehr das Recht an dem Ort, an welchem der vertragswidrige **Absatz der vertriebsgebundenen Ware** durch den vertragsbrüchigen Händler in Konkurrenz zu den übrigen gebundenen Händlern erfolgt, bzw am **Ort des Vertragsbruchs**. Das gilt auch im Falle eines grenzüberschreitenden etwa EU-weiten Vertriebsbindungssystems.

583 Nach dem **Auswirkungsprinzip** kommt es zudem darauf an, in welchen Marktbereichen sich das Verhalten des vertriebsgebundenen Händlers auf die Funktionsfähigkeit eines Vertriebsbindungssystems auswirkt. Es genügt für die kollisionsrechtliche Anknüpfung nicht, ausschließlich auf die wettbewerblichen Interessen der konkurrierenden Händler abzustellen, wenn dies gleichwohl ein Faktor für eine Anknüpfung auch nach dem Auswirkungsprinzip sein kann.

584 Da funktionierende Vertriebsbindungssysteme, die kartellrechtlich unbedenklich sind, eine **schützenswerte unternehmerische Leistung** des Herstellers darstellen, die zur Effektivierung von dessen Wettbewerbsaktivitäten führen, besteht eine Notwendigkeit, solche Vertriebssysteme lauterkeitsrechtlich zu schützen. Das gilt im Hinblick auf das Erfordernis einer Wertungskompatibilität zwischen dem Gemeinschaftsrecht und dem nationalen Lauterkeitsrecht, insbesondere für nach Art 81 Abs 3 EGV freigestellte Vertriebsbindungssysteme soweit man anerkennt, daß gemeinschaftsrechtlich Freistellungsentscheidungen positive Wertungsentscheidungen zugunsten der freigestellten Vertriebssysteme enthalten (FEZER GRUR 1990, 551; 1999, 99; s nunmehr auch BGH GRUR 1999, 1109 [Entfernen der Herstellungsnummer]; Koos 204 f). Dies führt zu einer parallelen Wertung im Kollisionsrecht, das an den Schutzzwecken des Wettbewerbsrechts auszurichten ist.

585 Danach kommt es allgemein auch darauf an, an welchem Ort der vertragsbrüchige Vertragshändler das **Vertriebsbindungssystem des Herstellers gefährdet**. Das wird allerdings zumeist der Ort sein, an dem der vertragsbrüchige Händler in Konkurrenz zu den gebundenen Händlern steht, etwa soweit er selektierte Ware außerhalb seines Vertriebsbereiches vertreibt. Dort wird das bestehende Vertriebsbindungssystem gestört.

Ein anderer Fall ist die Lieferung selektierter Ware an einen Grauimporteur zwecks **586** Vertriebs dieser Ware auf einem Auslandsmarkt durch den Erwerber der Ware. Die Ermöglichung des Bezugs selektierter Ware für den Grauimporteur durch den vertriebsgebundenen Händler kann Auswirkungen auf das auf dem späteren Absatzmarkt bestehende Vertriebsbindungssystem des Herstellers haben und ist dann zumindest auch, ebenso wie der Außenseiterimport, nach dem Wettbewerbsrecht des Staates zu beurteilen, in dem der Absatz der selektierten Ware erfolgt. Dabei ist es unerheblich, ob der Erwerb der selektierten Ware durch den Außenseiter in der Absicht erfolgte, die Ware zu exportieren (vgl FEZER GRUR 1990, 551, 565).

Die kollisionsrechtliche Beurteilung von **Außenseiterwettbewerb** folgt ähnlichen **587** Grundsätzen wie die Beurteilung wettbewerbswidrigen Verhaltens des vertriebsgebundenen Händlers. Betroffen sind insoweit die Fälle eines Bezugs selektierter Ware auf einem nationalen Markt, die sodann in einen anderen Markt gelangt. Nach deutschem Recht ist ein entsprechendes Verhalten unter dem Gesichtspunkt des Verleitens zum Vertragsbruch und des Ausnutzens eines Vertragsbruchs des vertriebsgebundenen Händlers und des Schleichbezugs zu beurteilen (zum Außenseiteranspruch nach § 1 UWG, wenn der Außenseiter lediglich unter Ausnutzung des Vertragsbruchs eines gebundenen Händlers in Besitz der Ware gelangt ist, s neuerdings BGH GRUR 1999, 1113 [Außenseiteranspruch]).

Da der lauterkeitsrechtliche Schutz von selektiven Vertriebssystemen in Deutschland **588** im Vergleich zu anderen Staaten gut ausgeprägt ist, führen Grauimporte aus Nachbarstaaten mit einem weniger strengen Lauterkeitsschutz entsprechender Systeme, wie etwa der Schweiz, zu beachtlichen **Schutzlücken** nationaler Vertriebsbindungssysteme (vgl etwa die Gestaltung in BGH GRUR 1989, 832, 833 [Schweizer Außenseiter]). Nach der V.A.G.-Entscheidung des EuGH (GRUR IntT 1997, 907, 908 Rn 13 f [V.A.G. Händlerbeirat/SYD-Consult]) wird nicht davon auszugehen sein, daß das Tatbestandsmerkmal der Lückenlosigkeit bei der Anwendung des § 1 UWG auf selektive Vertriebsbindungssysteme vom EuGH als gemeinschaftswidrig angesehen wird. Hieraus ergaben sich auch für die lauterkeitsrechtliche Prüfung rein innerstaatlicher Sachverhalte insoweit schutzzweckrelevante Probleme, als die alleinige Anwendbarkeit des schweizerischen Lauterkeitsrechts auf grenzüberschreitenden Außenseiterwettbewerb in der Schweiz nach der deutschen Rechtsprechung zur Lückenhaftigkeit des nationalen Vertriebsbindungssystems führte (anders vGAMM EWS 1991, 166, 168 mit dem Hinweis darauf, daß das vertriebsbindende Unternehmen seine vertraglich gebundenen Abnehmer in der Schweiz sorgfältiger auswählen und überwachen müsse und dadurch Lückenlosigkeit herstellen könne). Die höchstrichterliche Rechtsprechung gab jüngst das Lückenlosigkeitsdogma auf (BGH GRUR 1999, 1109 [Entfernung von Herstellungsnummern]; zu dieser Forderung s schon FEZER GRUR 1990, 551; 1999, 99). Namentlich an der Rechtslage unter Geltung des Erfordernisses der Lückenlosigkeit eines Vertriebsbindungssystems zeigte sich, wie die innerstaatlichen wettbewerbsrechtlichen Schutzzwecke tangiert werden und dies bei der wettbewerbskollisionsrechtlichen Beurteilung eine Rolle spielt.

Die herrschende Lehre sieht regelmäßig bei einem **Erwerb** vertriebsgebundener **589** Ware im Ausland durch einen Außenseiter die Anwendbarkeit des deutschen Wettbewerbsrechts nicht als gegeben an, weil insoweit der maßgebliche **Interessenkollisionsort** auf dem Markt lokalisiert wird, auf dem das Vertriebsbindungssystem unmittelbar umgangen wird. Verleitet demnach ein Außenseiter einen Vertragshändler eines mehrere Staaten umfassenden Vertriebsbindungssystems in einem dieser Staaten zur vertragswidrigen Abgabe selektierter Ware, so ist danach dieser Sachverhalt nach dem Wettbewerbsrecht am **Ort des Vertragsbruchs** zu beurteilen. Eine auch nur kumulative Anknüpfung an das Recht des Staates, in den die unter Ausnutzung des Vertragsbruchs erworbene Ware importiert wird, wird von den Vertretern dieser Auffassung verneint (vgl vGAMM EWS 1991, 166, 168). Ein **Interessenkollisionsort im Inland** wird nur dann anerkannt, wenn der Außenseiter die unter Ausnutzung des fremden Vertragsbruchs im Ausland erworbene Ware im Inland weiterverkauft (WILDE, in: Hdb des Wettbewerbsrechts § 6 Rn 47), weil er damit zumindest mit den inländischen Händlern auf dem Inlandsmarkt konkurriert (vgl BAUMBACH/HEFERMEHL § 1 UWG Rn 821 aE).

590 Die Grundsätze der wettbewerbsrechtlichen Kollisionsanknüpfung gelten prinzipiell auch für die Fälle, in denen Kontrollnummern oder Kontrollzeichen des Herstellers entfernt oder verändert werden, mit denen dieser die Ware zur Kontrolle des von ihm etablierten Vertriebsbindungssystems versehen hat (s zum Bestandsschutz funktionsfähiger Vertriebsbindungssysteme durch Codierungssysteme nach Wettbewerbsrecht und Markenrecht FEZER § 24 Rn 57b ff; zustimmend BGH GRUR 1999, 1109 [Entfernung von Herstellungsnummern]). Regelmäßig liegen insoweit keine ausschließlich die individuellen Herstellerinteressen berührenden rein betriebsbezogenen Eingriffe vor, weil der Schutz des funktionsfähigen Vertriebsbindungssystems im Interesse des Leistungswettbewerbs liegt. In diesen Fällen soll eine Anknüpfung an das Recht des Staates erfolgen, in dem die Kontrollkennzeichung entfernt wurde (OLG Stuttgart IPR-Rspr 1977 Nr 107; WILDE, in: Hdb des Wettbewerbsrechts § 6 Rn 49).

591 Dies überzeugt auch unter Zugrundelegung der **Interessenkollisionslehre** nicht, denn die wettbewerblichen Interessen stoßen nicht notwendigerweise dort aufeinander, wo die Kontrollkennzeichnung entfernt wird, sondern dort, wo die **Interessen des Herstellers an einer effektiven Durchsetzung seines Vertriebsbindungssystems** berührt sind. Das wird nach herkömmlichem Verständnis von der Interessenkollisionslehre regelmäßig dort sein, wo die Kontrolle der Einhaltung einer Vertriebsbindung bezweckt wird, mithin in dem Staat, für dessen Vertrieb die Ware mit der Kontrollkennzeichnung versehen wurde.

592 Die Heranziehung des **Auswirkungsprinzips** im Hinblick auf die Auswirkungen des Außenseitervertriebs oder Außenseiterimports in das Inland auf das im Inland bestehende selektive Vertriebsbindungssystem wird von der herrschenden Meinung mit dem Hinweis auf ein Fehlen von in den Schutzbereich der betroffenen Sachnorm eingreifender tatbestandsmäßiger Auswirkungen nicht für möglich gehalten (vGAMM EWS 1991, 166, 168). Beeinträchtigungen des inländischen Vertriebsbindungssystems werden nach dieser Auffassung lediglich als für eine kollisionsrechtliche Anknüpfung an das inländische Wettbewerbsrecht irrelevante **wertneutrale Auswirkung** gesehen. Dies entspricht der Nichtbeachtung lediglich **mittelbarer Auswirkungen** auf den Inlandswettbewerb durch den BGH in dessen Entscheidung *Kauf im Ausland* (BGH GRUR 1991, 463, 465; vgl dazu Rn 358).

593 Diese Auffassung berücksichtigt indes nicht hinreichend die Notwendigkeit, wettbewerbsspezifische Schutzerfordernisse verstärkt auch in die kollisionsrechtliche Prüfung einzubeziehen. Vielmehr sind funktionsfähige selektive Vertriebsbindungssy-

steme als **schutzwürdige unternehmerische Leistung** aufzufassen (FEZER GRUR 1990, 551, 567; 1999, 99; aA BAUMBACH/HEFERMEHL § 1 UWG Rn 805 mwN) und fallen insoweit in den Bereich des Schutzes des unverfälschten Leistungswettbewerbs (so wohl neuerdings auch BGH GRUR 1999, 1109 [Entfernung von Herstellungsnummern]). Soweit entsprechende Vertriebssysteme durch Außenseiterverhalten auf einem Auslandsmarkt oder durch Außenseiterimporte in ihrem Bestand gefährdet werden, wird gleichzeitig der Leistungswettbewerb verfälscht. Dem muß die kollisionsrechtliche Beurteilung entsprechender Sachverhalte dahingehend Rechnung tragen, daß die Feststellung einer Inlandsmarktwirkung durch die Funktionsgefährdung des im Inland bestehenden Vertriebsbindungssystems zur Anwendbarkeit inländischen Wettbewerbsrechts, gegebenenfalls neben der Anwendbarkeit des Wettbewerbsrechts auf dem Auslandsmarkt, führt (FEZER GRUR 1990, 551, 565).

594 Eine Funktionsgefährdung eines im Inland bestehenden Vertriebsbindungssystems ist nicht nur dann denkbar, wenn auf dem Auslandsmarkt unter Umgehung der Vertriebsbindung erworbene Ware **auf den Inlandsmarkt verbracht** oder dort vertrieben wird. Vielmehr kann auch der Vertrieb vertriebsgebundener Waren durch einen **Außenseiter im selektiven Vertrieb auf dem jeweiligen Auslandsmarkt** eine nach dem Auswirkungsprinzip dem inländischen Wettbewerbsrecht zu unterstellende Wettbewerbshandlung darstellen. Denn es kommt für die Auswirkung auf den Inlandsmarkt nicht darauf an, ob das dort bestehende selektive Vertriebsbindungssystem durch Importe unterlaufen wird, oder ob die Funktionsstörung durch die infolge des Außenseiterwettbewerbs auf dem Auslandsmarkt eintretende Gefahr der Lückenhaftigkeit eintritt. Dabei spielt es wegen des dem Auswirkungsprinzip innewohnenden Anliegens des **Präventivschutzes** keine Rolle, ob der Außenseiterwettbewerb auf dem Auslandsmarkt in der Absicht des Exportes in das Inland erfolgt, oder ob ein solcher Export vertriebsgebundener Waren nachweisbar ist (FEZER GRUR 1990, 551, 565).

595 Dabei ist zu beachten, daß das kartellrechtliche Auswirkungsprinzip nach herrschender Auffassung als **einseitige Kollisionsnorm** angesehen wird; mithin könnte danach über die Anwendung einer dem Rechtsgedanken des § 130 Abs 2 GWB entnommenen Auswirkungskollisionsnorm nur die Festlegung der Anwendbarkeit deutschen Wettbewerbsrechts erfolgen. Dagegen stellt nach hier vertretener Ansicht das Auswirkungsprinzip ebenso wie das Interessenkollisionsprinzip eine **allseitige Kollisionsnorm** dar, die auch zur Anwendbarkeit ausländischer Wettbewerbssachnormen führen kann (zu Art 136 Abs 1 schwIPRG vgl FEZER GRUR 1990, 551, 565).

596 Gegen die bei Heranziehung des Auswirkungsprinzips mögliche Anwendbarkeit inländischen Wettbewerbsrechts sowohl auf Aktivitäten von Außenseitern auf dem ausländischen Markt mit Inlandsauswirkungen als auch auf den Import bzw Inlandsvertrieb vertriebsgebundener Ware durch einen Außenseiter, der sich die Ware auf einem Auslandsmarkt verschafft, spricht nicht, daß dadurch gegebenenfalls ein auf dem Auslandsmarkt erlaubtes Wettbewerbsverhalten einem inländischen Verbot eben dieses Verhaltens unterstellt würde (so aber vGAMM EWS 1991, 166, 168). Dabei geht es richtigerweise nämlich nicht um eine kollisionsrechtliche Fragestellung, sondern um die **sachrechtliche** Frage, inwieweit ausländische Rechtswertungen bei der materiellrechtlichen Beurteilung von dem deutschen Recht unterstellten Sachverhalten mit Auslandsbezug zu berücksichtigen sind. Es besteht insoweit kein Grund, den Umstand, daß ein Wettbewerbsverhalten in einer anderen Rechtsordnung legal ist, bereits in der kollisionsrechtlichen Prüfung zu berücksichtigen. Vielmehr muß zunächst festgestellt werden, welche Rechtsordnung Anwendung findet, um sodann zu prüfen, ob nach dieser Rechtsordnung das jeweilige Wettbewerbsverhalten mit Auslandsbezug sanktionswürdig erscheint.

597 Ist demnach eine erhebliche Funktionsstörung eines im Inland bestehenden funktionsfähigen selektiven Vertriebssytems ausgemacht, stellt sich auf der sachrechtlichen Ebene die Frage, inwieweit der Umstand zu berücksichtigen ist, daß der Erwerb und Vertrieb selektierter Ware auf dem betreffenden Auslandsmarkt nicht als wettbewerbswidrig gilt. Von Bedeutung ist insoweit die Auffassung der Rechtsprechung seit der *Zeiss*-Entscheidung des BGH, wonach bei der materiellrechtlichen Beurteilung von Sachverhalten mit Auslandsbezug auf **im Ausland herrschende Anschauungen** Rücksicht zu nehmen ist (BGH GRUR 1958, 189, 197; vgl auch BGH GRUR IntT 1988, 357, 360 [Ein Champagner unter den Mineralwässern]; dazu Rn 460). Mithin können im Rahmen der Prüfung des § 1 UWG entsprechende Wertungen Eingang finden, was zu dem Ergebnis führen kann, daß ein Außenseiterverhalten nicht als sittenwidrig zu qualifizieren ist. Dementsprechend hat das OLG Stuttgart die im Ausland nach dortigem Recht erlaubterweise erfolgte Entfernung von Kontrollnummern zur Überwachung eines selektiven Vertriebssystems auch nach einem Import in die Bundesrepublik Deutschland als nicht wettbewerbswidrig angesehen (OLG Stuttgart IPR-Rspr 1977, Nr 107).

598 Zu berücksichtigen ist in diesem Zusammenhang weiterhin die Diskussion um die Fallgruppe des **Ausnutzens eines internationalen Rechtsgefälles** (vgl BGH GRUR 1977, 672, 674 [Weltweit-Club]; dazu Rn 374 ff), soweit sich der Außenseiter vertriebsgebundene Ware in einem Staat beschafft, in dem das Ausnutzen oder Verleiten zum Vertragsbruch nicht als wettbewerbswidrig angesehen wird. Danach könnte zumindest der Import bzw der inländische Vertrieb selektierter Ware aus dem Ausland als sittenwidrig angesehen werden (aA vGAMM EWS 1991, 166, 168). Allerdings ist dabei zu beachten, daß der BGH seine Rechtsprechung zur Ausnutzung eines internationalen Rechtsgefälles später selbst eingeschränkt hat, indem er die im Ausland bestehende Rechtssituation bei der Prüfung des § 1 UWG berücksichtigt hat (BGH GRUR 1980, 858, 860 [Asbestimporte]). Insoweit wird davon auszugehen sein, daß der BGH gerade in Fällen, in denen selektierte Ware auf einem Auslandsmarkt unter Beachtung der dort geltenden gesetzlichen, insbesondere lauterkeitsrechtlichen Regeln erworben wurde, keinen Verstoß gegen § 1 UWG unter dem Gesichtspunkt eines Ausnutzens des internationalen Rechtsgefälles sehen wird.

599 Gleichwohl erscheint fraglich, ob unter diesen Gesichtspunkten der im Inland unter Umgehung eines bestehenden Vertriebsbindungssystems erfolgende Vertrieb vertriebsgebundener Ware, welche im Ausland legal erworben wurde, ohne weiteres als nicht sittenwidrig beurteilt werden kann. Eine starre Berücksichtigung ausländischer Rechtswertungen bei der Prüfung der Sittenwidrigkeit im Sinne des § 1 UWG läuft Gefahr, der Funktion des Wettbewerbsschutzes zuwiderzulaufen. Dabei ist zu berücksichtigen, daß der Funktionswandel des Lauterkeitsrechts hin zu einem Funktionsschutz des Wettbewerbs auch Auswirkungen auf die Auslegung der lauterkeitsrechtlichen Generalklausel haben muß. Der Sittenwidrigkeitsbegriff des § 1 UWG ist verstärkt funktional zu verstehen, was zu einer Zurückdrängung traditionell geschäftsmoralischer Elemente im Lauterkeitsrecht führt (vgl BAUDENBACHER ZHR 144

[1980] 144, 145). Die Auslegung des Lauterkeitsrechts dient daher auch der Durchsetzung des Prinzips, daß die Wettbewerber innovatorische Leistungen optimal im Wettbewerb umsetzen können und dient damit dem Leistungswettbewerb. Effektive Vertriebsbindungssysteme sind aber gerade Teil des Leistungswettbewerbs und stellen unternehmerische Leistungen dar, welche eines wettbewerbsrechtlichen Bestandsschutzes bedürfen (FEZER GRUR 1990, 551, 567; aA BAUMBACH/HEFERMEHL § 1 UWG Rn 805 mwN).

600 Eine ausländische Rechtswertung kann nach diesen Grundsätzen nur dann die Qualifizierung eines Wettbewerbsverhaltens als wettbewerbswidrig hindern, wenn diese Rechtswertung nicht im Ergebnis dazu führt, ein den Leistungswettbewerb gefährdendes und damit wettbewerbsfunktionswidriges Verhalten mangels Sittenwidrigkeit im Sinne des § 1 UWG als funktionsgerecht erscheinen zu lassen. Soweit ein Außenseiter demnach vertriebsgebundene Ware, die er sich auf einem Auslandsmarkt legal nach dem dort geltenden Wettbewerbsrecht verschafft hat, im Inland vertreibt und damit die Effektivität eines schutzwürdigen funktionsfähigen Vertriebsbindungssystems gefährdet, ist auch **sachrechtlich** von einer Verletzung des **kollisionsrechtlich** anwendbaren § 1 UWG auszugehen. Insoweit mag man von einer korrigierten Anwendung der Grundsätze aus der *Zeiss*-Entscheidung des BGH im Sinne einer gleichsam **wettbewerbsrechtlichen** *ordre-public*-Sichtweise sprechen, wonach ausländische Rechtswertungen die Sittenwidrigkeit in wettbewerbsfunktionalem Sinne dann nicht beseitigen können, wenn hierdurch wesentliche Schutzzwecke des Lauterkeitsrechts und damit des Wettbewerbsschutzsystems unterlaufen werden.

601 Dies gilt bereits für den Bezug vertriebsgebundener Ware auf dem Auslandsmarkt, soweit sich schon hierin eine die Anwendung des inländischen Wettbewerbsrechts auslösende Inlandsauswirkung ausmachen läßt (vgl Rn 594).

oo) Betriebsbezogene Wettbewerbsverletzungen

602 Soweit sich eine Wettbewerbshandlung ausschließlich auf ein konkurrierendes Unternehmen auswirkt, ohne schutzzweckrelevante Auswirkungen auf den Wettbewerb zu entfalten, ist systematisch kein Grund für die Anwendung des Wettbewerbskollisionsrechts gegeben. Die Besonderheiten des Wettbewerbskollisionsrechts beruhen auf der Berührung von Allgemeininteressen und der Gesamtheit der Marktbeteiligten am Schutz des Leistungswettbewerbs, die dann nicht betroffen sind, wenn ausschließlich Individualinteressen eines bestimmten Mitbewerbers verletzt sind. Allgemein werden hierzu die Fallgruppen der **Geschäftsehrverletzung**, der **Betriebsspionage**, der **unbegründeten Schutzrechtsverwarnung** und der **Abwerbung von Mitarbeitern**, teilweise auch die **Verleitung zum Vertragsbruch** (KOPPENSTEINER § 21 Rn 19) gezählt.

603 Diese Fallgruppen werden aufgrund ihrer Prägung durch Individualinteressen gegenüber einem Zurücktreten von Marktstörungsaspekten und aufgrund ihrer Nähe zur deliktsrechtlichen Fallgruppe des Eingriffs in den eingerichteten und ausgeübten Gewerbebetrieb verbreitet nicht dem internationalen Wettbewerbsprivatrecht unterstellt, sondern dem **allgemeinen Deliktskollisionsrecht** (SCHIKORA 251; REUTER BB 1989, 2265, 2267; MünchKomm/KREUZER Art 38 Rn 236; für das österreichische Recht RUMMEL-SCHWIMANN § 48 Rn 9; KOPPENSTEINER § 21 Rn 19; aA WILTSCHEK GRUR IntT 1988, 299, 306).

604 Allerdings sind Fälle, in denen nicht zumindest auch die **Allgemeininteressen an einem effektiven Leistungswettbewerb** berührt sind, kaum denkbar. Denn die gezielte Behinderung eines konkreten Unternehmens durch einen Konkurrenten kann dazu führen, daß dessen Fähigkeit, Leistung im Wettbewerbsprozeß zu realisieren, behindert ist, was eine Verzerrung im Verhältnis sowohl des angreifenden als auch der übrigen Mitbewerber bewirkt. Das wird besonders deutlich anhand der Fallgruppe des **Verleitens zum Vertragsbruch**. Hier liegt zudem häufig nicht nur eine allgemeine Behinderung der Betriebstätigkeit vor, sondern in Fällen der Störung etwa eines Vertriebsbindungssystems die Funktionsbeeinträchtigung einer im Interesse des Leistungswettbewerbs liegenden Vertriebsstruktur. Insofern erscheint jedenfalls in Fällen der Störung funktionsfähiger **Vertriebsbindungssysteme** die Einordnung in die Gruppe der betriebsbezogenen Eingriffe als nicht sachgerecht (aA wohl KOPPENSTEINER § 21 Rn 19; vgl zu Vertriebsbindungssystemen auch hier Rn 582). Hinzu kommt die Gefahr der Nachahmung einer Verletzung (Stellungnahme des Max-Planck-Instituts für ausländisches und internationales Patent-, Urheber- und Wettbewerbsrecht zum Entwurf eines Gesetzes zur Ergänzung des internationalen Privatrechts, GRUR IntT 1985, 104, 107; vgl auch Rn 327). Aus diesem Grund ist auch der Gesichtspunkt, daß betriebsbezogene Wettbewerbsverletzungen regelmäßig nicht über eine Beeinflussung der Marktgegenseite stattfinden (vgl BRIEM 64), nicht geeignet, die Andersbehandlung solcher Verstöße gegenüber den übrigen Fällen unlauteren Wettbewerbsverhaltens zu rechtfertigen. Eine formale Ausklammerung sämtlicher Fallgruppen sogenannter betriebsbezogener Eingriffe aus dem Wettbewerbskollisionsrecht ist mithin nicht angebracht. Die Anknüpfung ist auch hier zumeist nach dem **Auswirkungsprinzip** vorzunehmen.

605 Im Rahmen der Fallgruppen der betriebsbezogenen Eingriffe ergibt sich indes die besondere Schwierigkeit, daß die Auswirkungen solcher Eingriffe schwer zu lokalisieren sind, weil zumeist die Bewerbung eines **konkreten Marktes** fehlt (vgl DASSER/ DROLSHAMMER, in: Kommentar zum schwPR IPRG Art 136 Rn 18). Theoretisch wird die Wettbewerbsposition des betroffenen Unternehmens auf sämtlichen Märkten, in denen es präsent ist, gestört. Dies macht eine auch nur annähernd abgrenzbare Lokalisierung eines oder gegebenenfalls mehrerer kumulativ heranzuziehender Marktorte, in denen kollisionsrechtlich relevante Auswirkungen im Sinne des Auswirkungsprinzips bestehen, nur schwer möglich. Deshalb wird verbreitet vorgeschlagen, für die Anknüpfung entsprechender Sachverhalte nicht auf einen marktbezogenen Interessenkollisionsort oder eine Marktauswirkung abzustellen, sondern auf den **Sitz des Unternehmens** (GK-SCHRICKER Einl UWG Rn F 213; REUTER BB 1989, 2265, 2267) bzw den **Ort der Behinderung der Betriebstätigkeit** (BRIEM 65) als Ausgangsort der Individualinteressen des Geschädigten. Die Auffassung, die aus praktischen Gründen auf den Unternehmenssitz abstellen will, führt im Ergebnis zu einer Anknüpfung an das **Heimatrecht des betroffenen Unternehmens**, unabhängig davon, ob es sich um einen Eingriff mit Auslandsbezug handelt oder nicht.

606 Stellt man dagegen auf den **Ort der Behinderung der Betriebstätigkeit** ab, so ist eine Anknüpfung an das Recht des Staates anzunehmen, in dem der verletzte Mitbewerber gehindert wird, seine Leistung zu erbringen. Erbringt ein Unternehmen seine Leistungen über Niederlassungen oder wirtschaftlich weitgehend unselbständige Auslieferungslager in verschiedenen Staaten, so kommt es darauf an, welcher **örtliche Bereich der betrieblichen Sphäre** von der Verletzung betroffen ist. Im Falle einer Abwerbung von Mitarbeitern oder einer Angestelltenbestechung ist dies der Ort, an dem der abgeworbene Mitarbeiter oder der bestochene Angestellte ohne das störende Verhalten des Verletzers die Leistung für seinen Arbeitgeber erbringen würde (BRIEM 65). Zu einem entsprechenden Ergebnis wird zumeist die Anwendung von **Art 136 Abs 2 schwIPRG** führen, wonach bei Rechtsverletzungen, die sich ausschließlich gegen betriebliche Interessen des Geschädigten richten, das Recht des Staates anzuwenden ist, in dem sich die betroffene Niederlassung befindet (zum Begriff der Niederlassung bzw Zweigniederlassung gem Art 136 Abs 2 schwIPRG CHRISTEN-WESTENBERG, in: Kommentar zum schwIPRG Art 20 Rn 28 ff; IPRG/vPLANTA Art 21 Rn 9). Das soll aus Gründen der Rechtssicherheit auch dann gelten, wenn die Auswirkungen des Wettbewerbsverhaltens auf einem konkreten Markt lokalisierbar sind (DASSER/DROLSHAMMER, in: Kommentar zum schwIPRG Art 136 Rn 19 mwN).

Von einer Anknüpfung an den Sitz des Unternehmens ausgenommen werden wegen **607** ihrer Marktbezogenheit teilweise die Fälle der Geschäftsehrverletzung, namentlich der **Anschwärzung** iSd § 14 UWG, und der **geschäftlichen Verleumdung** iSd § 15 UWG sowie der **Angestelltenbestechung** iSd § 12 UWG (STAUDINGER/VHOFFMANN [1998] Art 38 Rn 525; aA MünchKomm/KREUZER Art 38 Rn 247). Da in diesen Fällen nicht nur die Auswirkungen auf den Leistungswettbewerb und damit ein Allgemeininteresse betroffen ist, sondern die in den entsprechenden Tatbeständen enthaltene Betriebsbezogenheit sich über eine Einwirkung auf den Markt der Adressaten vermittelt, wird dem auch unter Zugrundelegen der herrschenden **Interessenkollisionsanknüpfung** zuzustimmen sein (vgl aber Rn 610). Insoweit wird eine Anknüpfung an das Recht des Staates angenommen, in dem auf den Adressatenkreis der anschwärzenden oder verleumdenden Aussagen oder über die Bestechung auf die inländischen Mitbewerber eingewirkt wird (STAUDINGER/VHOFFMANN [1998] Art 38 Rn 526). Das soll auch dann gelten, wenn im konkreten Fall ausschließlich inländische Konkurrenten betroffen sind (STAUDINGER/VHOFFMANN [1998] Art 38 Rn 526). Nach einer weiteren Ansicht ist bei **Geschäftsehrverletzungen** sowohl das Recht des Ortes anzuwenden, an dem die ehrverletzende Äußerung dem Adressaten zugegangen ist, als auch das Recht am Sitzort des geschädigten Unternehmens (WILDE, in: Hdb des Wettbewerbsrechts § 6 Rn 46). In der *Bierexport*-Entscheidung, in der ein deutscher Bierlieferant den Angestellten einer ausländischen Firma im Hinblick auf den Abschluß eines Alleinvertretungsvertrages für den Vertrieb des Bieres auf dem ausländischen Markt bestochen hatte, hielt der BGH das Recht am Sitz der geschädigten inländischen Konkurrenten und damit das Inlandsmarktrecht für maßgeblich, soweit nach den Vorstellungen der Parteien ausschließlich oder in erster Linie ein Wettbewerb deutscher Bierproduzenten in Betracht kam und es dem Schädiger um die Beeinträchtigung dieser Konkurrenten ging (BGH GRUR 1968, 587, 588 [Bierexport]). In diesem Fall wäre nach der Interessenkollisionslösung eine Anknüpfung an das Recht des Auslandsmarktes vorzunehmen gewesen (STAUDINGER/VHOFFMANN [1998] Art 38 Rn 526).

Eine Anknüpfung an das Recht des Staates, in dem in den genannten Fällen auf die **608** Adressaten einer Wettbewerbshandlung eingewirkt wird, wäre aus der Sicht der im herkömmlichen Sinne verstandenen **Interessenkollisionslösung** konsequent. Sieht man von dem bei Werbebehauptungen zusätzlich vorhandenen Verbraucherschutzgesichtspunkt ab, der von der einschlägigen Rechtsprechung des BGH indes kaum berücksichtigt wird (dazu Rn 351), ergibt sich insoweit eine ähnliche Ausgangslage. Auch bei Werbeaussagen wird allgemein an das Recht des Staates angeknüpft, in dem auf die Abnehmer eingewirkt wird, weil hier die Interessen der Konkurrenten unmittelbar aufeinandertreffen (Rn 488). Dabei ist auch von Bedeutung, daß eine Lokalisierbarkeit der Schadensfolgen herabsetzender Äußerungen beim Adressaten gegeben ist (WILDE, in: Hdb des Wettbewerbsrechts § 6 Rn 46). Jedenfalls wenn man im Hinblick auf Werbeäußerungen auf das Recht am Sitz der beworbenen Verbraucher abstellt, ist es folgerichtig, auch bei herabsetzenden Äußerungen nur an das Recht am Sitz der Adressaten entsprechender Äußerungen anzuknüpfen. Das gilt nicht nur dann, wenn herabsetzende Äußerungen gegenüber den **Abnehmern** des betroffenen Mitbewerbers gemacht werden (**aA** BRIEM 67 mit dem Hinweis auf einen in diesem Fall verstärkten marktbezogenen Aspekt), sondern auch, wenn die Äußerungen gegenüber **Mitbewerbern** oder **Lieferanten** fallen. Auch in diesen Fällen sind die eine Anwendung des wettbewerbskollisionsrechtlichen Anknüpfungsprinzips rechtfertigenden Gesichtspunkte gegeben, zumal sich Rufschädigungen insbesondere im Kreis der Mitbewerber potentiell auch auf den Abnehmerkreis ausdehnen.

609 Soweit darüber hinaus weiterhin an einer alternativen Anknüpfung an das Recht am Sitz des verletzten Mitbewerbers nach dem **Günstigkeitsprinzip** festgehalten wird (so WILDE, in: Hdb des Wettbewerbsrechts § 6 Rn 46; dagegen BRIEM 68 Fn 18), erscheint dies auf dem Boden der herrschenden **Interessenkollisionslösung** nicht überzeugend. Zwar ist eine Lokalisierung der durch die herabsetzenden Äußerungen erzeugten Schäden nur teilweise über die Betrachtung des Adressatenkreises erleichtert, während weitere Folgen aus der Geschäftsehrverletzung für die Wirtschaftsaktivitäten des betroffenen Unternehmens auf weiteren Märkten schwer eingrenzbar bleiben; doch besteht diese Schwierigkeit auch bei Werbeaussagen, etwa im Hinblick auf die Konkurrenzsituation auf dem Heimatmarkt der übrigen Unternehmen. Diese Auswirkungen werden allerdings von der herrschenden Meinung nicht als statutbestimmend angesehen (vgl Rn 358), weil insoweit nur mittelbare Folgen des Wettbewerbsverhaltens als gegeben angenommen werden. Nichts anderes dürfte im Hinblick auf die weiteren Folgen einer herabsetzenden Äußerung für andere Märkte als dem Markt, auf dem sich die Adressaten solcher Äußerungen befinden, gelten.

610 Nach dem **Auswirkungsprinzip** erscheint dies allerdings nicht zwingend, zumindest soweit man **mittelbare Auswirkungen** eines Wettbewerbsverhaltens nicht aus der Kollisionsprüfung ausnimmt. Danach ist eine Anknüpfung an das Recht sämtlicher Märkte möglich, in denen eine spürbare Auswirkung des Wettbewerbsverhaltens feststellbar ist. Eine dabei nicht auszuschließende **Statutenkumulation** ist hier ebenso hinzunehmen wie im Rahmen anderer Fallgruppen des unlauteren Wettbewerbs. Eine unterschiedliche Behandlung der Geschäftsehrverletzung und der Angestelltenbestechung einerseits sowie der übrigen Fallgruppen sogenannter betriebsbezogener Beeinträchtigungen andererseits erscheint deshalb nicht angebracht, weil es nur auf die negativen Auswirkungen auf den Wettbewerb ankommt, nicht aber darauf, ob die Wettbewerbshandlung über andere Marktteilnehmer, etwa im Fall der Anschwärzung, vorgenommen wird oder unmittelbar gegen einen einzelnen Mitbewerber gerichtet ist (aA STAUDINGER/vHOFFMANN [1998] Art 38 Rn 525). Im übrigen wäre in der *Bierexport*-Entscheidung danach grundsätzlich eine Anknüpfung sowohl an das Recht des Inlandsmarktes als auch an das Recht des Auslandsmarktes in Betracht gekommen, weil relevante Auswirkungen auf beiden Märkten möglich waren.

VII. Anwendung ausländischen Wettbewerbsrechts durch die deutschen Gerichte

1. Aktiv- und Passivlegitimation

Die **Aktivlegitimation** der Mitbewerber, Verbände und Kammern im Sinne des § 13 Abs 2 UWG ist nur dann gegeben, wenn nach den allgemeinen wettbewerbskollisionsrechtlichen Grundsätzen deutsches Wettbewerbsrecht anwendbar ist oder das anwendbare Recht eine entsprechende Regelung enthält (BGH GRUR 1982, 495, 497 [Domgarten-Brand]; WILDE, in: Hdb des Wettbewerbsrechts § 6 Rn 52). Die Frage der Aktivlegitimation im Sinne des § 13 Abs 2 UWG unterliegt, da es sich insoweit nicht um eine Frage prozeßrechtlicher Natur handelt, nicht der *lex fori* (BAUMBACH/HEFERMEHL UWG § 13 Rn 5; BERNHARD GRUR IntT 1992, 366, 367). Entsprechendes gilt für die **Passivlegitimation** (WILDE, in: Hdb des Wettbewerbsrechts § 6 Rn 52).

2. Fakultativität

a) Anwendung des Kollisionsrechts und Ermittlung des ausländischen Rechts

Ein wie die Frage der Zulässigkeit von (nachträglichen) Rechtswahlvereinbarungen eng mit dem Spannungsverhältnis zwischen Privatautonomie und Schutz der Allgemeininteressen im Wettbewerbsrecht zusammenhängendes Problem stellt die sogenannte **Fakultativität** dar. Danach soll ausländisches Recht nur dann gerichtlich zu beachten sein, wenn zum einen heimisches Kollisionsrecht darauf verweist und zum anderen mindestens eine Partei seine Anwendung beantragt (vgl FLESSNER RabelsZ 34 [1970] 547, 547 f; MÜLLER-GRAFF RabelsZ 48 [1984] 289, 290). Dieser allgemein internationalprivatrechtliche Gedanke wird teilweise auf das Wettbewerbskollisionsrecht übertragen (MÜLLER-GRAFF RabelsZ 48 [1984] 289, 315 f). Danach wäre ausländisches Wettbewerbsrecht vom Gericht nur dann anzuwenden, wenn es durch die Kollisionsnorm berufen ist und seine Anwendung zusätzlich von zumindest einer Partei beantragt ist. Von Bedeutung ist dies vor allem im Rahmen solcher kollisionsrechtlicher Ansätze, die eine **Statutenkumulation** bewirken, aber auch im übrigen, soweit es um die Frage geht, ob im konkreten Fall überhaupt Internationales Privatrecht angewendet werden soll, oder ohne weiteres inländisches Wettbewerbsrecht zur Anwendung kommen soll (vgl BRANNEKÄMPER WRP 1994, 661, 666; vOVERBECK, in: HANGARTNER [Hrsg], Die Allgemeinen Bestimmungen des Bundesgesetzes über das internationale Privatrecht [1988] 91, 95 f, Problem des **fakultativen Kollisionsrechts**).

Von der Fakultativitätsproblematik ist die Frage der (nachträglichen) **Rechtswahl** zu unterscheiden, wonach auch ein kollisionsrechtlich nicht berufenes Recht zur Anwendung kommen soll, soweit sich die Parteien über dessen Anwendung einigen. Ähnlichkeit besteht praktisch zur Heranziehung des **Günstigkeitsprinzips** bei Vorliegen mehrerer möglicher Statute, soweit man dieses so auffaßt, daß sich die klägerische Partei auf das für sie günstigste, bzw ihr am geeignetsten erscheinende Recht berufen kann und andere kollisionsrechtlich anwendbare Rechte nicht geprüft werden müssen, wenn sich die Klägerpartei hierauf nicht beruft (BGH GRUR 1987, 172, 174 [Unternehmensberatungsgesellschaft I]; vgl auch Rn 418). Sowohl bei der Rechtswahlproblematik als auch bei der Frage der Berufungsmöglichkeit des Klägers auf ein bestimmtes, geeignet erscheinendes Recht besteht ein problematisches Spannungsverhältnis zwischen privatautonomer Dispositionsfreiheit der Parteien und dem im Allgemeininteresse liegenden, staatlichen Regelungsbedürfnis. Dieses Spannungsverhältnis fehlt dann, wenn man unter dem Günstigkeitsprinzip in diesem Zusammenhang nur die Pflicht des Gerichts versteht, von mehreren grundsätzlich **anwendbaren** Statuten, dasjenige heranzuziehen, welches für den Kläger das günstigste ist. Zu unterscheiden ist die Fakultativität auch von der Frage der **Mithilfepflicht der Parteien** bei der Ermittlung des anwendbaren Rechts bzw der Darlegungs- und Beweislast hinsichtlich der Tatsachen, die die Anwendbarkeit eines der Partei günstigen Rechts bewirken (dazu Rn 626).

614 Gegen die Fakultativität im Bereich des Wettbewerbsrechts werden die gleichen **Argumente** angeführt, die gegen die Möglichkeit der (nachträglichen) Rechtswahl vorgebracht werden (vgl Rn 470 ff). Danach kann die Anwendung eines bestimmten ausländischen Statuts nicht der Disposition der Parteien zugänglich sein, weil das Wettbewerbsrecht gegenüber dem allgemeinen Deliktsrecht funktionelle Eigenständigkeit besitzt. Sein Schutzzweck erschöpft sich nicht im Individualinteressenschutz. Soweit etwa im Rahmen des internationalen Schuldrechts die Heranziehung ausländischen Rechts nicht für erforderlich gehalten wird, wenn die Parteien zumindest stillschweigend von der Anwendung deutschen Rechts ausgehen (vgl etwa BGH IPRspr 1958–59, Nr 36; IPRspr 1960–61, Nr 30; NJW 1962, 1005; IPRspr 1964–65, Nr 44; NJW 1988, 1592; vgl aber auch BGH IPRspr 1958–59, Nr 3), kann deshalb bei einer Übertragung dieser Praxis auf das **Wettbewerbsrecht** jedenfalls nicht darauf abgestellt werden, es liege ein Indiz für eine stillschweigende Rechtswahl durch die Parteien vor (vgl für das internationale Schuldrecht FLESSNER RabelsZ 34 [1970] 547, 548).

615 Indes ist insoweit zu unterscheiden: Das unter dem Begriff der Fakultativität beschriebene Problem grenzt sich von der **nachträglichen Rechtswahl** teilweise dadurch ab, daß sich bei letzterer die Parteien über die Anwendung eines beliebigen Rechts, etwa des eigenen inländischen Rechts, auch soweit es nach allgemeinen kollisionsrechtlichen Grundsätzen nicht anwendbar ist, einigen können. Es besteht mithin die Gefahr, daß die schutzzweckbezogene wettbewerbskollisionsrechtliche Anknüpfung mittels Parteiendisposition umgangen wird. Vergleichbar ist die Situation bei der Fakultativität, soweit die fakultative Anwendung des Wettbewerbskollisionsrechts auf die Möglichkeit einer **einseitigen Rechtswahlentscheidung zwischen dem wettbewerbskollisionsrechtlich berufenen Recht und der lex fori** hinausliefe (MOOK 53; vgl auch EINSELE RabelsZ 60 [1996] 417, 418). Die Gefahr einer Umgehung der schutzzweckbezogenen wettbewerbskollisionsrechtlichen Anknüpfung besteht aber nicht, wenn eine Partei nur **ein von mehreren nach wettbewerbskollisionsrechtlichen Grundsätzen anwendbaren Statuten** in den Rechtsstreit einbringen kann (so die Gestaltung in BGH GRUR 1991, 463, 465 [Kauf im Ausland], wo über die Anwendung deutschen Kollisionsrechts die Heranziehbarkeit deutschen Sachrechts festgestellt wurde, allein die kumulative Anwendbarkeit spanischen Sachrechts mangels Berufens des Klägers offengelassen wurde). Insoweit stellt die fehlende Dispositionsfreiheit der Prozeßparteien kein hinreichendes Argument gegen eine so verstandene Fakultativität dar. Entsprechend wäre auch die Pflicht des Gerichts, von mehreren in Betracht kommenden Statuten das für den Kläger günstigste heranzuziehen, vor diesem Hintergrund unproblematisch (dazu Rn 630 ff).

616 Es kann jedenfalls nicht der Disposition der Parteien oder einer Partei unterliegen, ob im konkreten Fall **überhaupt ausländisches Recht oder das nach kollisionsrechtlichen Grundsätzen nicht berufene inländische Recht zur Anwendung kommt** (in diesem Sinne auch MOOK 54; ähnlich allgemein MünchKomm/SONNENBERGER Einleitung Rn 564). Die

C. Internationales Wettbewerbsprivatrecht

Heranziehung des Internationalen Privatrechts in Fällen, in denen die Anwendbarkeit ausländischen Sachrechts in Betracht kommt, wird überwiegend schon wegen der **allgemeinen Verbindlichkeit der Kollisionsnormen** als zwingend angesehen (BGH NJW 1993, 2305, 2306; WM 1995, 1060, 1061); allerdings dürfte dieser Gesichtspunkt im Rahmen des Lauterkeitsrechts mangels positivrechtlich ausgeprägter Auslandsrechtsverweisungen keine Rolle spielen (MÜLLER-GRAFF RabelsZ 48 [1984] 289, 297 f). Das gilt auch für das **Kartellrecht**, da die Kollisionsnorm des **§ 130 Abs 2 GWB** nach herrschender Meinung nur als **einseitige Kollisionsnorm** anzusehen ist, die lediglich die Anwendbarkeit deutschen Rechts eröffnet (s Rn 140). **Anders** ist dies indes jedenfalls für das Kartellrecht zu beurteilen, soweit dem in § 130 Abs. 2 GWB normierten Auswirkungsprinzip eine **Allseitigkeit** zugesprochen wird (dazu Rn 78 ff). Problematisch erscheint es dann aber gleichwohl, den aus der positivrechtlichen Ausprägung des Auswirkungsprinzips im Kartellrecht folgenden, allgemeinverbindlichen Charakter auf das Lauterkeitsrecht zu übertragen, in dessen Rahmen dieses Prinzip nicht normiert ist und in dessen Rahmen in der rechtswissenschaftlichen Diskussion nach wie vor Uneinigkeit über die Heranziehbarkeit des Auswirkungsprinzips als einschlägige Kollisionsnorm herrscht. Im Bereich des marktordnungsrechtlich orientierten Wettbewerbsrechts besteht jedoch aufgrund der besonderen **wettbewerbskollisionsrechtlichen Schutzzweckerwägungen** die Pflicht der Gerichte, eine kollisionsrechtliche Prüfung vorzunehmen. Soweit unter dem Begriff der Fakultativität verstanden wird, daß das Gericht in bestimmten prozessualen Situationen die Anwendung kollisionsrechtlicher Grundsätze unterlassen kann, um ohne weiteres inländisches Recht heranzuziehen, ist die Zulässigkeit einer solchen Praxis daher abzulehnen.

Problematisch erscheint die Frage im Lichte des prozeßrechtlichen Grundsatzes **iura novit curia** bzw der Vorschrift des **§ 293 ZPO**. § 293 **Satz 1** ZPO stellt den Rechtssatz auf, daß ausländisches Recht nur insoweit des Beweises bedarf, als es dem Gericht unbekannt ist, wobei das Gericht nach **Satz 2** nicht auf die von den Parteien angebotenen Nachweise beschränkt ist, vielmehr auch andere Erkenntnisquellen benutzen und das Erforderliche anordnen darf. Nach dem prozeßrechtlichen Grundsatz **iura novit curia** bedarf das Recht an sich keines Beweises, so daß das Gericht das Recht kennen oder sich die Kenntnis des ihm unbekannten Rechts von Amts wegen verschaffen muß. Hiervon stellt § 293 Satz 1 ZPO seinem Wortlaut nach eine **Ausnahme** dar (vgl WAGNER ZEuP 1999, 6, 7; MünchKomm/PRÜTTING § 293 ZPO Rn 3, 11; vgl aber hier Rn 658). Nach dieser Auffassung gilt der Grundsatz **iura novit curia** folglich nur für **innerstaatliche** Rechtssätze (vgl zur abweichenden hM aber Rn 621). Jedenfalls wäre dem § 293 ZPO danach kein Argument gegen eine Fakultativität zu entnehmen (WAGNER ZEuP 1999, 6, 17), zumal die Vorschrift zunächst nur die gerichtliche Kenntnis bzw die Kenntniserlangung von dem maßgeblichen Recht, also die **Rechtsanwendung** betrifft und nicht die Frage des Nachweises der kollisionsrechtlichen Heranziehbarkeit eines ausländischen Statutes, mithin die Frage der Anwendung des innerstaatlichen **Kollisionsrechts** berührt (vgl aber auch SCHNYDER 35, wonach kollisionsrechtliche Statutermittlung und Ermittlung fremden Rechts miteinander verknüpft sind, so daß eine von Amts wegen erfolgende Anwendung des Kollisionsrechts eine Ermittlung des fremden Rechts von Amts wegen nach sich zieht; ähnlich KRAUSE 6).

Ungeachtet des Meinungsstreites zur Bedeutung des § 293 ZPO im Zusammenhang mit der kollisionsrechtlichen Fakultativitätslehre bleibt doch festzuhalten, daß, welcher Auffassung man sich auch anschließen mag, die einschlägigen Kollisionsnormen Rechtssätze des innerstaatlichen Rechts darstellen und damit jedenfalls dem Grundsatz **iura novit curia** unterfallen. Das gilt ebenso für die ungeschriebenen lauterkeitsrechtlichen Kollisionsnormen. Jedenfalls die **Anwendung der Anknüpfungsregeln des IPR** hat daher von Amts wegen zu erfolgen, ohne daß es darauf ankommen kann, ob sich die Parteien auf den Auslandsbezug des konkreten Sachverhaltes berufen (ZÖLLER/GEIMER § 293 Rn 10). Denn insoweit handelt es sich um innerstaatliche Normen, die das Gericht schon nach **allgemeinen Grundsätzen** von Amts wegen anwenden muß (vgl für die **Schweiz** vOVERBECK, in: HANGARTNER [Hrsg], Die Allgemeinen Bestimmungen des Bundesgesetzes über das internationale Privatrecht [1988] 91, 95 f). Dem läßt sich jedenfalls im Bereich des marktordnungsrechtlich geprägten Wettbewerbsrechts nicht entgegenhalten, daß die zivilprozessuale **Verhandlungsmaxime** dazu führen müsse, eine ausländische Rechtsnorm nicht gegen den Willen der Parteien anzuwenden, so daß eine Anwendung der innerstaatlichen Kollisionsnormen durch das Gericht von Amts wegen aus dem Grundsatz **iura novit curia** nicht folge (so aber WAGNER ZEuP 1999, 6, 19). Beruht diese Auffassung doch auf dem Gedanken der **Disponibilität der Parteien über den Streitstoff**, deren Fehlen im Wettbewerbsrecht bereits die Möglichkeit nachträglicher Rechtswahlvereinbarungen bewirkt und ebenso die Maßgeblichkeit des Parteiwillens für die Anwendung der Kollisionsnormen ausschließt. Die Notwendigkeit einer die kollisionsrechtliche Prüfung eröffnenden Behauptung der Anwendung ausländischen Rechts durch eine Partei gibt es nicht.

619 Gegen eine Fakultativität dahingehend, daß die Parteien im Ergebnis über die Anwendung der Kollisionsnormen disponieren können, spricht ferner der dem **Art 4 Abs 2 EGBGB** zu entnehmende Gedanke, wonach eine Rechtswahl der Parteien ausschließlich auf die Verweisung auf die Sachvorschriften eines Staates, nicht aber auf dessen Kollisionsrecht möglich ist. Nachdem Fakultativitätsproblematik und Rechtswahlproblematik in engem Zusammenhang miteinander stehen (vgl Rn 615), läßt sich dieser Gedanke ohne weiteres hierauf übertragen (vBAR Bd 1 Rn 541; EINSELE RabelsZ 60 [1996] 417, 421).

620 Die von Amts wegen erfolgende Anwendung des deutschen Kollisionsrechts führt nicht dazu, daß die klägerische Partei von jeglicher **Darlegungs- und Beweislast** befreit ist. Die unter die einschlägige Kollisionsnorm zu subsumierenden, maßgeblichen **Tatsachen** sind zu behaupten und gegebenenfalls nachzuweisen. Das betrifft namentlich die Gesichtspunkte, die die Annahme einer wettbewerblichen **Interessenkollision** begründen (vgl ERNST CoR 1999, 302, 303 [Nachweis, daß Deutschland als Marktort nicht in Frage kommt]), wie auch bei Heranziehung eines lauterkeitsrechtlichen Auswirkungsprinzips die Frage einer spürbaren **Auswirkung** in einem Marktbereich (FEZER GRUR 1990, 551, 565). Dasselbe gilt auch für die **Tatsachen**, aus denen sich der grundsätzliche **Auslandsbezug**, mithin die Anwendbarkeit des Internationalen Privatrechts ergibt. Eine dem Gericht von Amts wegen obliegende Sachverhaltsaufklärung würde der im deutschen Zivilprozeß herrschenden **Verhandlungsmaxime** widersprechen (ähnlich WAGNER ZEuP 1999, 6, 43).

621 Ist danach eine kollisionsrechtliche Entscheidung für ein bestimmtes Statut getroffen, so hat die richtige **Ermittlung des Inhalts des als anwendbar erkannten Rechts sowie dessen Anwendung** nach herrschender Auffassung ebenfalls **von Amts wegen** zu erfolgen (BGHZ 36, 348, 353; NJW 1988, 647, 648; BRANNEKÄMPER WRP 1994, 661, 666; vgl auch

SCHNYDER 35 und KRAUSE 9, die die Amtsermittlung des Inhalts ausländischen Rechts aus der Pflicht herleiten, die maßgebliche Kollisionsnorm von Amts wegen zu ermitteln; s zur Amtsermittlungspflicht insgesamt Rn 658). Dieses Ergebnis wird teilweise aus dem Grundsatz iura novit curia (FASTRICH ZZP 97 [1984] 423, 425; MANKOWSKI/KERFACK IPRax 1990, 372, 372), andererseits aus § 293 ZPO abgeleitet (so etwa BGH NJW 1988, 647, 648; krit dazu WAGNER ZEuP 1999, 6, 17). Das Gericht kann sich dabei der Mithilfe der Parteien bedienen (vgl § 293 Satz 2 ZPO). Teilweise wird eine auf den Inhalt des ausländischen Rechts bezogene **Darlegungslast** der Partei angenommen, die sich auf die Anwendbarkeit des ausländischen Rechts beruft (OLG Hamm WM 1981, 882; vgl auch BGH NJW 1992, 2026, 2029 regelmäßige Pflicht der Partei, die unschwer Zugang zu den maßgeblichen ausländischen Rechtsquellen hat, deren Inhalt konkret darzustellen; vgl zur Beweislast ZÖLLER/GEIMER § 293 Rn 16 mwN). Unterschiede zwischen der **Interessenkollisionslösung** und der Anknüpfung unter Heranziehung des **Auswirkungsprinzips** bestehen insoweit nicht.

b) Statutenkumulation
Eine andere mit dem Problem der Fakultativität in Verbindung stehende Frage ist, ob das Gericht in jedem Fall möglicher Statutenkumulation von Amts wegen verpflichtet sein kann, **jedes erdenkliche Statut zu ermitteln**, auch wenn sich die klägerische Partei nur auf bestimmte, kollisionsrechtlich anwendbare Statute, durch die der Klägeranspruch getragen wird, berufen hat, bzw wenn der Tatsachenvortrag des Klägers nur auf bestimmte anwendbare Statute hindeutet, oder wenn der Tatsachenvortrag lediglich auf ein Statut hindeutet, welches sich nach einer kollisionsrechtlichen Prüfung als nicht anwendbar erweist. Der BGH scheint davon auszugehen, daß eine solche Verpflichtung nicht besteht (BGH GRUR 1987, 172, 174 [Unternehmensberatungsgesellschaft I]; vgl für das schweizerische Recht auch SCHWANDER, in: BAUDENBACHER [Hrsg], Das UWG auf neuer Grundlage [1989] 161, 177). In zwei neueren Entscheidungen hat der BGH die Prüfung des Anspruchs nach dem von ihm als kollisionsrechtlich anwendbar erkannten Recht unterlassen, weil sich der Kläger nur auf ein Recht berufen hat, welches vom Gericht für nicht anwendbar gehalten wurde (BGH GRUR 1991, 463, 465 [Kauf im Ausland]; GRUR IntT 1998, 617, 619 [Gewinnspiel im Ausland]). Nach diesen Grundsätzen müßte das Gericht, wenn sich der Kläger für seinen Anspruch auf ein bestimmtes nationales Wettbewerbsrecht stützt, nur prüfen, **ob das betreffende Wettbewerbsrecht** nach den von Amts wegen anzuwendenden Kollisionsregeln **anwendbar ist**, und **ob nach diesem Recht der Anspruch besteht**. Scheidet dies aus, so entfiele eine Prüfung, ob der Anspruch nach einem anderen, gegebenenfalls ebenfalls anwendbaren Wettbewerbsrecht, auf dessen Anwendung der Kläger sich nicht berufen hat bzw dessen Heranziehbarkeit dem Tatsachenvortrag des Klägers nicht zu entnehmen ist, gerechtfertigt ist.

Richtigerweise wird man nicht auf die **ausdrückliche Berufung** des Klägers auf die Heranziehbarkeit einer bestimmten Rechtsordnung abstellen dürfen. Andererseits muß das Gericht ohne entsprechende **Anhaltspunkte im Tatsachenvortrag** des Klägers keine beliebigen möglicherweise in Betracht kommenden Statute ermitteln. Eine solche Verpflichtung würde gerade in Fällen ausufernder Statutenkumulation bei Anwendung des Auswirkungsprinzips, beispielsweise bei Gestaltungen des Internetmarketings, auf unüberwindliche Schwierigkeiten stoßen. Sie ergibt sich insbesondere weder aus dem Grundsatz **iura novit curia** noch aus **§ 293 Satz 2 ZPO**. Schon gar nicht kann eine Amtsermittlungspflicht des Gerichts bei der Ermittlung des maßgeblichen Statuts bedeuten, daß sämtliche möglicherweise in Frage kommenden

Statute gleichsam „vorbeugend" ermittelt werden müssen. Maßgeblich für die Eingrenzung der vom Gericht von Amts wegen in Erwägung zu ziehenden anwendbaren Statute ist der **Tatsachenvortrag des Klägers**.

624 Allerdings ist der Kläger hinsichtlich der **Tatsachen**, die eine wettbewerbliche Interessenkollision oder eine beachtliche Marktauswirkung in einem bestimmten Marktbereich begründen, **darlegungs- und beweispflichtig** (dazu bereits Rn 620; vgl aber zu der nicht bestehenden Beweislast hinsichtlich von Bestand und Inhalt der ausländischen Rechtsnorm BRANNEKÄMPER WRP 1994, 661, 666 mwN). Der Kläger ist dadurch ohnehin gezwungen die Rechtsordnung, in der er eine Stütze für seinen Anspruch sieht, zu benennen, um sodann seiner Darlegungs- und Beweislast hinsichtlich der Umstände, welche zu einer Anknüpfung an dieses Recht führen, nachkommen zu können. Geht man im Falle von **Multistate**-Wettbewerbshandlungen davon aus, daß die Berührung mehrerer nationaler Märkte zu einer **Statutenkumulation** führen kann, ohne daß es auf eine Schwerpunktbetrachtung ankäme (s dazu Rn 360), so kommt bei auf die verschiedenen tangierten Märkte **aufteilbaren Gesamtsachverhalten** zudem ein Schadensersatzanspruch oder ein Unterlassungsanspruch nur im Hinblick auf die auf dem jeweiligen Markt, dessen Recht anzuwenden ist, vorliegenden Auswirkungen in Betracht. Daraus wird gefolgert, daß der Kläger nur den auf dem konkreten Markt erlittenen Schaden geltend machen kann, und daß eine Gesamtschadensliquidation nach einem einzigen Wettbewerbsstatut nur dann zuzulassen ist, wenn eine unteilbare Wettbewerbshandlung vorliegt (MünchKomm/KREUZER Art 38 Rn 248; LINDACHER WRP 1996, 645, 648). Legt der Kläger mithin einen Schaden nur auf einem bestimmten Markt dar, so entfällt eine Prüfung anderer Statute.

625 Meint das Gericht, die vom Kläger für anwendbar erachtete Rechtsordnung sei nach allgemeinen kollisionsrechtlichen Grundsätzen nicht anwendbar, so darf es sich nicht darauf beschränken, die Heranziehbarkeit des vom Kläger benannten Rechts abzulehnen; vielmehr muß es von Amts wegen prüfen, ob **nach dem Tatsachenvortrag des Klägers andere Statute in Betracht kommen**. Ermittelt es dabei ein anwendbares Statut, bei dessen Heranziehung der klägerische Anspruch gestützt würde, so hat es nach diesem Recht zu entscheiden. Auch dem geht allerdings die Pflicht des Klägers voraus, eine Interessenkollision bzw eine spürbare Auswirkung zu **beweisen**. Dabei kann man daran denken, bei **kumulativer Anwendbarkeit sowohl des inländischen als auch verschiedener ausländischer Wettbewerbsrechte**, eine **Vorrangstellung des inländischen Rechts** anzunehmen. Insoweit spielt das schützenswerte Interesse der Parteien eine Rolle, die **bestmögliche Rechtsgewährung** durch das Gericht zu erlangen. Es ist indes nicht zu übersehen, daß ein inländisches Gericht sein eigenes Recht zuverlässiger und zügiger zu ermitteln in der Lage sein wird, als dies bei ausländischem Wettbewerbsrecht der Fall ist.

626 Es ist denkbar, daß sich aus dem klägerischen Tatsachenvortrag eine derart ausufernde Statutenkumulation ergibt, daß die Ermittlung eines anwendbaren Statuts, welches das Klägerbegehren stützt, nur unter **unverhältnismäßigem Aufwand oder in einem unverhältnismäßigem Zeitraum** möglich erscheint. Gerade in solchen Fällen ist es eine Obliegenheit des Klägers, seiner **Mitwirkungspflicht** im Rahmen der allgemeinen Prozeßförderungspflicht bzw im Sinne des **§ 293 Satz 2 ZPO** nachzukommen. Zwar entledigt diese Pflicht des Klägers das Gericht nicht von der ihm grundsätzlich von Amts wegen obliegenden Pflicht, den Inhalt des anwendbaren Rechts und das anwendbare Statut zu bestimmen (s auch BGHZ 69, 387, 393; BGH NJW-RR 1995, 766, 767; NJW 1997, 324, 325 [Amtsermittlung trotz besonderer Schwierigkeit bei der Ermittlung des ausländischen Rechts]). Doch bestehen insoweit gleichwohl **praktische Grenzen der Amtsermittlungspflicht** des Richters. Kommt der Kläger seiner Mitwirkungspflicht nicht nach, so kann das Gericht außerdem nachteilige Schlüsse aus seiner Untätigkeit ziehen und von weiteren Ermittlungen absehen (vgl BGH NJW 1961, 410 f; NJW 1976, 1581, 1583; BRANNEKÄMPER WRP 1994, 661, 667; KRAUSE 24 f). Allgemein braucht das Gericht nicht jegliche **unverhältnismäßige** Anstrengung zu unternehmen, um irgendein den Klägeranspruch stützendes, anwendbares Statut oder den Inhalt eines ausländischen Rechts zu ermitteln (vgl ZÖLLER/GEIMER § 293 Rn 20). Insbesondere braucht die Ermittlung, etwa bei einer breiten Statutenkumulation im Rahmen globaler Medien, nicht zeitlich unbegrenzt fortgesetzt werden (vgl zum schweizerischen Recht auch vOVERBECK, in: HANGARTNER [Hrsg], Die Allgemeinen Bestimmungen des Bundesgesetzes über das internationale Privatrecht [1988] 91, 102; zur Heranziehung eines **Ersatzrechts** s Rn 637). Das Gericht kann dann das nach pflichtgemäßem Ermessen am ehesten passende Recht aus dem festgestellten Kreis der wettbewerbskollisionsrechtlich berufenen Rechte heranziehen. Gehört hierzu auch das Recht der *lex fori*, so dürfte dessen Heranziehung häufig sachgerecht sein. Allgemein ist aber das Recht auszuwählen, welches den Klägeranspruch am ehesten stützt. Für eine **unverhältnismäßig aufwendige Feststellung des Inhaltes** des berufenen ausländischen Rechts hat der BGH die Anwendbarkeit der deutschen Sachnormen zunächst für zulässig angesehen, wenn eine starke Inlandsbeziehung vorliegt und die Beteiligten nicht widersprechen (BGHZ 69, 387, 394). Später hat er für solche Fälle eine **grundsätzliche Anwendung des deutschen Rechts** angenommen, soweit dies nicht zu „äußerst unbefriedigenden" Ergebnisse führt (BGH NJW 1982, 1215, 1216). Das gilt um so mehr im Verfahren des **einstweiligen Rechtsschutzes** (vgl dazu OLG Köln OLG-Rp Köln 1994, 110; GRUR 1994, 646, 646 f). Dementsprechend hat man davon auszugehen, daß in Fällen der Nichtermittelbarkeit des **Inhaltes** eines anwendbaren Rechts ein anderes der innerhalb einer Statutenkumulation kollisionsrechtlich berufenen Rechte heranzuziehen ist. In diesen Fällen ist allerdings die **grundsätzliche** Anwendung des deutschen Rechts jedenfalls dann nicht sachgerecht, wenn dieses nicht wettbewerbskollisionsrechtlich berufen ist.

Über das oben Dargestellte hinaus ist ein **Ermessensspielraum des Gerichts** bei der Anwendung des Kollisionsrechts abzulehnen. Das gilt vor allem für eine **Gerichtsfakultativität** dahingehend, daß das Gericht ein Ermessen bei der Wahl zwischen dem kollisionsrechtlich berufenen, ausländischen Lauterkeitsrecht und der *lex fori* hat. Schon der dem Wettbewerbskollisionsrecht zugrundeliegende Marktordnungscharakter schließt ein solches Ermessen grundsätzlich aus. Tragen die Parteien einen Sachverhalt vor, aus dem sich ein Auslandsbezug ergibt, verhandeln sie aber mit Blick auf die *lex fori*, so muß das Gericht gleichwohl das kollisionsrechtlich berufene Statut heranziehen. Eine Auslegung des Parteienverhaltens als **konkludente Rechtswahl** zugunsten der *lex fori* scheidet im Wettbewerbsrecht aus (Rn 475, 614).

Das **österreichische Recht** geht von einer umfassenden Amtswegigkeit der kollisionsrechtlichen Beurteilung aus. Das bezieht sich insbesondere auf die Anwendung der Kollisionsnormen (s näher Rn 659). Der österreichische OGH lehnt eine Fakultativität im Wettbewerbsrecht ab. Danach entbindet der Umstand, daß der Kläger sich im Prozeß nicht auf ein ausländisches Statut beruft, das Gericht nicht von der Verpflichtung zur Prüfung der Frage des anzuwendenden Rechts, wenn Anhaltspunkte für die

Anwendbarkeit ausländischen Rechts vorliegen (OGH ÖBl 1983, 162, 163 [Attco/Atco]; ÖBl 1986, 92, 94 [Noverox/Ferrox]).

629 Das **schweizerische Recht** enthält in **Art 16 Abs 1 Satz 1 IPRG** eine ausdrückliche Vorschrift, die dem Gericht die Amtsermittlungspflicht hinsichtlich des **Inhalts** des anzuwendenden, ausländischen Rechts auferlegt. Allerdings sieht Art 16 Abs 1 Satz 3 schwIPRG ausdrücklich vor, daß bei **vermögensrechtlichen Ansprüchen** den Parteien der **Nachweis des anwendbaren Rechts** auferlegt werden kann, so daß insbesondere bei möglichen Statutenkumulationen, die Partei, die sich auf die Anwendbarkeit bestimmter Rechte beruft, deren Inhalt zu beweisen hat (so SCHWANDER, in: BAUDENBACHER [Hrsg], Das UWG auf neuer Grundlage [1989] 161, 177). Art 16 Abs 1 schwIPRG regelt nicht die von Amts wegen vorzunehmende (s SCHNYDER 32) **kollisionsrechtliche Feststellung des anwendbaren Statuts**. Die Regelung entbindet das Gericht außerdem nicht von seinen aus dem Grundsatz **iura novit curia** folgenden Pflichten, so daß das Gericht bei Scheitern des Nachweises des ausländischen Rechts im zumutbaren und verhältnismäßigen Rahmen das anwendbare Recht selbst ermitteln muß (MÄCHLER/ERNE, in: Kommentar zum schwIPRG Art 16 Rn 16). Im übrigen wird im schweizerischen Schrifttum die Reichweite des Art 16 Abs 1 Satz 3 nicht einheitlich gesehen; so wird teilweise vertreten, daß Ansprüche von der Vorschrift nur dann erfaßt werden, soweit sie nicht **zum Schutz der Parteien** der Privatautonomie entzogen sind (KELLER/GIRSBERGER, in: IPRG-Kommentar Art 16 Rn 31 ff). Mit einer ähnlichen Argumentation könnten Ansprüche aus unlauterem Wettbewerb dem Anwendungsbereich des Art 16 Abs 1 Satz 3 entzogen sein, soweit man nicht allein auf das Schutzbedürfnis der Parteien abstellt, sondern auch auf die Erfordernisse aus dem Marktordnungscharakter des Lauterkeitsrechts.

3. Günstigkeitsprinzip

630 Das Günstigkeitsprinzip wird in der lauterkeitsrechtlichen **Rechtsprechung** bisweilen ohne eine nähere Herleitung herangezogen. So hat der BGH in den Entscheidungen **Kauf im Ausland** und **Gewinnspiel im Ausland** ausgeführt, daß die jeweilig zur Beurteilung stehenden Verhaltensweisen nicht nach bestimmten Wettbewerbsstatuten zu prüfen waren, weil sich der Kläger auf die Anwendung dieser Statute nicht berufen habe (GRUR 1991, 463, 465 [Kauf im Ausland]; GRUR IntT 1998, 617, 619 [Gewinnspiel im Ausland]). Ihre Grundlage dürfte diese Handhabung einer möglichen Statutenkumulation in der inzwischen durch Art 40 Abs 1 EGBGB modifizierten auf der **Ubiquitätsregel** bei Konkurrenz mehrerer Deliktsorte beruhenden Günstigkeitsregel finden. Im **allgemeinen Deliktskollisionsrecht** war danach in Fällen, in denen **Handlungs- und Erfolgsort** einer unerlaubten Handlung in verschiedenen Rechtsräumen lagen, das für den Geschädigten günstigste Recht anzuwenden (vgl BGH NJW 1974, 410, 410; MünchKomm/KREUZER Art 38 Rn 50; zur derzeitigen Rechtslage nach Art 40 Abs 1 EGBGB SPICKHOFF NJW 1999, 2209, 2213; LORENZ NJW 1999, 2215, 2215 f). Die Ubiquitätsregel in dem so verstandenen Sinne ist für den Bereich des Wettbewerbsrechts vom BGH seit der Entscheidung **Kindersaugflaschen** zugunsten einer Marktortanknüpfung aufgegeben worden (BGH GRUR 1962, 244 ff [Kindersaugflaschen]; dazu Rn 348), in der wettbewerbsrechtlichen Entscheidung **Unternehmensberatungsgesellschaft I** (BGH GRUR 1987, 172, 174 [Unternehmensberatungsgesellschaft I]) jedoch in diesem Sinne aufgegriffen worden (dazu Rn 359, 632).

C. Internationales Wettbewerbsprivatrecht

Das Günstigkeitsprinzip kann unabhängig von der im Wettbewerbskollisionsrecht **631** aufgegebenen **Ubiquitätsregel** (näher auch zur Einschränkung durch Art 40 Abs 1 Satz 3 nF EGBGB oben Rn 419) weiterhin in zweierlei Hinsicht verstanden werden: Entweder geht man davon aus, daß bei grundsätzlicher kollisionsrechtlich ermittelter Anwendbarkeit mehrerer Wettbewerbsrechte von Amts wegen dasjenige Recht heranzuziehen ist, welches den **Anspruch des Geschädigten** am ehesten stützt, ihm also am günstigsten ist. Oder man faßt es so auf, daß das kollisionsrechtlich anwendbare Recht anzuwenden ist, auf das sich der **Geschädigte** beruft, ohne daß andere mögliche Statute zu ermitteln sind. Ein Verständnis des Günstigkeitsprinzips im **ersteren Sinne** erscheint insoweit problematisch, als es außerhalb der dem Gericht von Amts wegen obliegenden Ermittlungspflicht hinsichtlich des grundsätzlich anwendbaren Rechts nicht Aufgabe des Gerichts sein kann, nach Ermittlung eines oder mehrerer prinzipiell anwendbarer Wettbewerbsstatute, dem Geschädigten durch richterliche Benennung des günstigsten Statutes die rechtliche Basis für seinen Anspruch zu bereiten. Insbesondere würde eine dem Richter obliegende Pflicht, bei Vorliegen einer Statutenkumulation immer und ohne weiteres das den Geschädigtenanspruch am besten tragende Recht zur Anwendung zu bringen, mit der **Parteienmaxime** in Konflikt geraten.

Der **BGH** scheint einem Verständnis des Günstigkeitsprinzips in dem **zweiten Sinne** **632** zuzuneigen, soweit er auf das Nichtberufen des Klägers auf ein nach wettbewerbskollisionsrechtlichen Gesichtspunkten an sich möglicherweise anwendbares Recht abstellt. Er stellt sich damit nicht in Widerspruch zu seiner Rechtsprechung seit der Entscheidung *Kindersaugflaschen* (aA BERNHARD GRUR IntT 1992, 366, 367), weil die so verstandene Anwendung des Günstigkeitsprinzips zu einer Anknüpfung an eines von mehreren möglichen Marktortrechten führt und die grundsätzlich marktordnungsorientierte Anknüpfung in Modifizierung einer allgemeindeliktsrechtlichen Anknüpfung, um die es dem BGH letztlich geht, mithin nicht in Frage gestellt wird. Problematisch erscheint insoweit allenfalls die Entscheidung *Unternehmensberatungsgesellschaft I* (BGH GRUR 1987, 172, 174 [Unternehmensberatungsgesellschaft I]), weil hier offensichtlich unter **Außerachtlassen der besonderen wettbewerbskollisionsrechtlichen Ausgangslage** von einer wahlweisen Anknüpfung an den Handlungs- oder Erfolgsort ausgegangen wird (krit insofern AHRENS JZ 1987, 471, 473; vgl auch Rn 359).

Die Anknüpfung an das vom Geschädigten benannte, ihm günstigere, kollisions- **633** rechtlich anwendbare Recht kann nicht mit dem Hinweis darauf abgelehnt werden, daß dies zu willkürlichen Ergebnissen führen könnte (in diesem Sinne aber WIRNER 99). Denn bei Vorliegen einer Statutenkumulation ist nach marktordnungsrechtlichen Gesichtspunkten jedes der anwendbaren Wettbewerbsrechte berufen. Soweit nur nach einem der berufenen Wettbewerbsrechte der Anspruch des Geschädigten berechtigt ist, muß, wenn der Geschädigte Umstände vorträgt, die auf diese Rechtsordnung hinweisen, diese Berechtigung festgestellt werden.

Ein „Berufen" des Geschädigten auf ein bestimmtes Wettbewerbsrecht kann nicht in **634** dem Sinne verstanden werden, daß er explizit die kollisionsrechtliche Heranziehbarkeit dieses Rechts vortragen muß. Es genügt vielmehr, daß der Geschädigte Umstände vorträgt, die eine **kollisionsrechtliche Prüfung der Heranziehbarkeit eines bestimmten Rechts nahelegen**. Fehlen im Vortrag derartige Anhaltspunkte, so ist das Gericht nicht verpflichtet, nach weiteren, kollisionsrechtlich möglicherweise heranziehbaren Wettbewerbsrechten zu fahnden, die den Anspruch des Geschädigten stützen. Die genannten Entscheidungen des **BGH** werden nicht dahin zu verstehen sein, daß **der Geschädigte ausdrücklich die kollisionsrechtliche Anwendbarkeit eines bestimmten Wettbewerbsrechts behaupten** bzw seinen Anspruch auf Rechtsnormen einer bestimmten Rechtsordnung stützen muß.

635 Kommt nach dem **Geschädigtenvortrag** die Anwendung **mehrerer Wettbewerbsrechte** in Betracht, so hat das Gericht zu prüfen, ob nach einem der in Frage kommenden Statute der Geschädigtenanspruch gestützt ist. Insofern hat es die Auswahl des anwendbaren Rechts im Rahmen einer Statutenkumulation nach Günstigkeitskriterien vorzunehmen.

4. Ausweichklausel

636 Wie im allgemeinen Deliktskollisionsrecht wird auch im Wettbewerbskollisionsrecht die Möglichkeit einer **Ausnahme von der wettbewerbskollisionsrechtlichen Regelanknüpfung zugunsten des Rechts eines Staates, mit dem eine wesentlich engere Verbindung besteht**, angenommen (vgl MünchKomm/KREUZER Art 38 Rn 253 mwN). Allerdings stellt bereits die Marktortanknüpfung eine Anknüpfung iSd Art 41 Abs 1 EGBGB wegen einer durch die Wettbewerbsinteressenkollision begründeten, wesentlich engeren Verbindung zum Marktortstaat dar (s Rn 350). Ausdruck einer auch von der **Rechtsprechung** angenommenen Ausnahmeanknüpfung zugunsten des Rechts der engeren Verbindung dürfte die vom BGH für möglich gehaltene Heranziehung deutschen Wettbewerbsrechts im Falle eines **Auslandswettbewerbs ausschließlich deutscher Wettbewerber** und im Falle **gezielter Wettbewerbsangriffe** gegen einen inländischen Mitbewerber auf dem Auslandsmarkt sein (vgl dazu näher Rn 352, 399, 477 f). Allerdings wird dies vom BGH **nicht allseitig verstanden**, so daß im Falle eines **Inlandwettbewerbs ausschließlich ausländischer Wettbewerber** eine Heranziehung des gemeinsamen ausländischen Heimatsrechts der Mitbewerber nicht in Betracht kommen soll (Rn 354). Eine Berichtigung der Regelverweisung soll auch in den sog **Gran Canaria-Fällen** in Betracht kommen (s dazu Rn 494), soweit keine Verbraucherschutz- oder Konkurrenteninteressen auf dem nach der herkömmlichen Interessenkollisionslösung maßgeblichen Auslandsmarkt betroffen sind (MünchKomm/KREUZER Art 38 Rn 253). Insgesamt ist ausgehend von einer konsequenten marktordnungsrechtlichen Sichtweise des Wettbewerbskollisionsrechts sowohl die Möglichkeit einer Ausnahmeanknüpfung, wie sie der BGH vornimmt, als auch wie sie von der Literatur für gegeben erachtet wird, abzulehnen. Für Ausnahmen von der wettbewerbskollisionsrechtlichen Anknüpfung besteht kein Raum.

5. Ersatzrecht

637 Für den Fall der Nichtermittelbarkeit des kollisionsrechtlich anwendbaren Rechts, insbesondere in **Eilverfahren,** bleibt Raum für die Anwendung der **lex fori** als Ersatzrecht (MünchKomm/KREUZER Art 38 Rn 253). Derartige Fälle werden indes nur selten auftreten; die Schwelle, ab der die Schwierigkeiten einer Ermittlung der fremden Rechtsnorm so groß sind, daß die Anwendung des kollisionsrechtlich berufenen Rechts im Interesse einer effektiven Verfahrenserledigung zurücktreten darf, ist hoch anzusetzen.

C. Internationales Wettbewerbsprivatrecht

6. Ordre Public

Grundsätzlich steht die Anwendung kollisionsrechtlich berufenen, fremden Wettbewerbsrechts durch inländische Gerichte unter dem Vorbehalt des deutschen **ordre public** (Art 6 EGBGB). Insoweit ist nach herrschender Meinung auf dem Boden der **Interessenkollisionslehre** zu fragen, inwieweit der Wettbewerbsverstoß trotz einer bestehenden Interessenkollision im Ausland **inländische Interessen** berührt (MünchKomm/KREUZER Art 38 Rn 255). Prinzipiell ist die Nichtanwendung des kollisionsrechtlich, berufenen ausländischen Wettbewerbsrechts nur in **Ausnahmefällen** gerechtfertigt. Allgemein ist zu vermeiden, daß durch die Anwendung des Art 6 EGBGB eine durch klare Kollisionsregeln zu erzielende Rechtssicherheit und Förderung des internationalen Entscheidungseinklangs unterlaufen wird (WILDE, in: Hdb des Wettbewerbsrechts § 6 Rn 54). Danach wird eine Verletzung des *ordre public* etwa in Fällen für möglich gehalten, in denen die Anwendung des fremden Wettbewerbsrechts die **Grundlagen des deutschen Wirtschaftslebens ernsthaft bedrohen** würde (BGH GRUR 243, 246 [Kindersaugflaschen]), oder wenn der Unterschied der staatspolitischen oder sozialen Anschauungen so erheblich ist, daß durch die Anwendung des ausländischen Rechts die **Grundlagen des deutschen staatlichen oder wirtschaftlichen Lebens angegriffen** werden (RGZ 119, 259, 263; BGHZ 22, 162, 167) und damit ein **Verstoß gegen den Zweck eines deutschen Gesetzes** vorliegt. Daneben soll der *ordre public* dann betroffen sein können, wenn sich eine im Ausland erlaubte, im Inland aber verbotene Wettbewerbshandlung **speziell gegen deutsche Mitbewerber** richtet (BAUMBACH/HEFERMEHL Einl UWG Rn 189).

Geht man entgegen der herrschenden Meinung von der Maßgeblichkeit des **Auswirkungsprinzips** im Wettbewerbskollisionsrecht aus, so bleibt für Fälle, in denen eine Verletzung des deutschen *ordre public* eine Rolle spielen könnte, kaum Raum, weil zumindest nach dem hier zugrunde gelegten Verständnis des Auswirkungsprinzips **Statutenkumulationen** bei gleichzeitiger Auswirkung auf mehrere Staaten möglich sind. Oft wird dann auch das inländische Wettbewerbsrecht kollisionsrechtlich anwendbar sein. Folgt man dagegen der **Interessenkollisionslösung**, wie sie vom BGH vertreten wird, so ist vordergründig das Bedürfnis denkbar, die einzige Anknüpfung an den Ort der Interessenkollision, an dem der BGH den Schwerpunkt des Wettbewerbsverstoßes sieht, durch eine Anwendung des deutschen Wettbewerbsrechts unter Zurückdrängung des jeweiligen berufenen ausländischen Wettbewerbsrechts zu korrigieren. Bei alledem ist indes zu berücksichtigen, daß die konsequent verstandene Wettbewerbskollisionsanknüpfung bereits aus **Schutzzweckgesichtspunkten** erfolgt und danach eine Entscheidung gegen die Anwendung des inländischen Wettbewerbsrechts regelmäßig eine Verneinung des inländischen Regelungsbedürfnisses darstellt. Mithin sind Fälle eines Verstoßes gegen den deutschen *ordre public* durch die Anwendung des ausländischen Wettbewerbsrechts allein dann denkbar, wenn die **konkrete Rechtsanwendung**, die sowohl in der **Regelung als auch in der Nichtregelung** durch das jeweilige ausländische Recht liegen kann, gegen wesentliche Grundsätze des deutschen Rechts, etwa gegen Grundrechte verstößt.

Insoweit genügt jedenfalls nicht eine bloße **Schutzlücke im anwendbaren ausländischen Recht**. Allein bei Schutzlücken gegenüber Wettbewerbshandlungen, die **sittlichen Anschauungen** kraß widersprechen, etwa im Recht sogenannter unterentwickelter Staaten, soll nach der Rechtsprechung des BGH der deutsche *ordre public* betroffen sein. Hierfür wird eine gegenüber dem Sittenverstoß gemäß § 1 UWG **gesteigerte Unsittlichkeit** gefordert, die dann vorliegen soll, wenn die konkrete Handlung nach der gemeinsamen Ansicht der durch gleiche sittliche Anschauungen verbundenen Kulturstaaten einen Wettbewerbsverstoß darstellt (BGH GRUR 1962, 243, 246 [Kindersaugflaschen]).

641 Diese Auffassung erscheint aus heutiger Sicht fragwürdig. Prinzipiell sollte im Bereich des Wettbewerbsrechts eine Zurückdrängung sittlich-moralischer Maßstäbe zugunsten einer **wettbewerbsfunktionellen Betrachtungsweise** erfolgen, die auch nicht durch die Anwendung der Vorbehaltsklausel des Art 6 EGBGB revidiert werden sollte. Die Gegenüberstellung gemeinsamer sittlicher Anschauungen sogenannter Kulturstaaten mit dem Schutzniveau sogenannter unterentwickelter Staaten erscheint zudem überholt. Allenfalls könnte man daran denken, das Unterschreiten eines bestimmten **internationalen Mindestschutzstandards**, der sich aus den einschlägigen Konventionen (vgl insbesondere die Generalklausel des Art 10bis PVÜ) ergibt, als Anwendungsfall des Art 6 EGBGB anzusehen.

642 Die ernsthafte Bedrohung des deutschen Wirtschaftslebens wird ebenfalls kaum einmal bejaht werden können. Theoretisch denkbar wären insoweit ausländische wettbewerbsrechtliche Regelungen, die sich **gezielt** gegen deutsche **Exportinteressen** richten (vgl auch WIRNER 140). Dabei kann nicht schon genügen, daß das ausländische Recht lediglich allgemein deutschen Exportinteressen zuwiderläuft, oder Exporte erschwert. Für die Annahme eines Verstoßes gegen den **deutschen** *ordre public* dürfte auch selbst die **gezielte** Behinderung von Exportinteressen der **Europäischen Union** nicht ausreichen. Insgesamt ist festzustellen, daß angesichts einer zunehmenden **Globalisierung** der Märkte mit einer wachsenden **wirtschaftlichen und rechtlichen Verflechtung der staatlichen Marktbereiche** kaum noch Sachverhalte denkbar sind, in denen unter diesem Gesichtspunkt die Anwendung des Art 6 EGBGB in Betracht kommen könnte (vgl WIRNER 140).

643 Auch **gezielte Wettbewerbsangriffe auf deutsche Mitbewerber** auf einem Auslandsmarkt rechtfertigen nicht die faktische Aushebelung der wettbewerbskollisionsrechtlichen Regelanknüpfung über die Anwendung des Art 6 EGBGB. Hierfür besteht kein Bedürfnis. Insbesondere kann der Angriff auf einen inländischen Mitbewerber nicht bewirken, daß eine allgemein mit dem deutschen *ordre public* zu vereinbarende, ausländische Rechtsnorm bzw ein allgemein hiermit zu vereinbarendes, fehlendes Verbot entsprechender Verhaltensweisen **im konkreten Fall** allein dadurch mit dem Urteil des *ordre public*-Verstoßes belegt wird, daß ein deutscher Wettbewerber im Rahmen des auf dem jeweiligen Markt geltenden Rechts gegen deutsche Mitbewerber agiert. Weder gebietet bei einer streng marktordnungsrechtlichen Sichtweise der **Zweck des deutschen Wettbewerbsrechts** in solchen Fällen eine Nichtanwendung des jeweiligen ausländischen Rechts, noch kann eine **gesteigerte Sittenwidrigkeit** gerade darin gesehen werden, daß ein deutscher Mitbewerber seinem deutschen Konkurrenten im Einklang mit dem Wettbewerbsrecht des Staates, in dessen Marktbereich sich beide Wettbewerber begeben haben, gegenübertritt. Legt man zudem das **Auswirkungsprinzip** der kollisionsrechtlichen Anknüpfungsentscheidung zugrunde, so wird in entsprechenden Fällen, indes allein aus **marktordnungsrechtlichen Gründen**, nicht selten auch das **gemeinsame Heimatrecht** der Wettbewerber kollisionsrechtlich berufen sein, so daß es auf eine Anwendbarkeit des Art 6 EGBGB nicht mehr ankommt.

7. Vorbehaltsklausel gem Art 40 Abs 3 EGBGB

Da das Lauterkeitsrecht systematisch von der herrschenden Auffassung nach wie vor im **Deliktsrecht** angesiedelt wird, spielt die **besondere Vorbehaltsklausel** des Art 40 Abs 3 EGBGB auch in diesem Rahmen eine Rolle. Danach können Ansprüche, die dem Recht eines anderen Staates unterliegen, nicht geltend gemacht werden, soweit sie einer angemessenen Entschädigung des Verletzten entweder quantitativ wesentlich nicht entsprechen oder offensichtlich anderen Zwecken als der angemessenen Entschädigung dienen, ferner soweit sie haftungsrechtlichen Regelungen eines Übereinkommens widersprechen. Die im Zuge der Neuregelung des Internationalen Privatrechts der außervertraglichen Schuldverhältnisse und des Sachenrechts vom 21.5.1999 in das Gesetz aufgenommene Regelung ersetzt das sog **Privilegium Germanicum** des Art 38 aF EGBGB, wonach gegen einen Deutschen aus einer auf einem Auslandsmarkt begangenen, unerlaubten Handlung keine weitergehenden Ansprüche geltend gemacht werden konnten, als sie nach deutschem Recht begründet waren. Diese Regelung war von jeher im Hinblick auf das europarechtliche **Diskriminierungsverbot** des Art 12 Satz 1 EGV umstritten (vgl NIESSEN NJW 1968, 2170, 2172; SACK WRP 1994, 281, 282; offengelassen von BGH NJW 1996, 1128 [Caroline von Monaco]; aA KÖHLER/PIPER/KÖHLER Einf Rn 86), was mangels Beschränkung des Anwendungsbereichs auf deutsche Staatsangehörige für Art 40 Abs 3 EGBGB nicht mehr zutreffen dürfte (vgl auch LORENZ NJW 1999, 2215, 2216). Die Regelung soll nach der gesetzgeberischen Intention vor allem die Geltendmachung **mehrfachen Schadensersatzes** und **Strafschadensersatzes** ausschließen (Begr RegE BT-Drucks 14/343, 12). Art 40 Abs 3 EGBGB stellt eine teilweise Konkretisierung der **allgemeinen** *ordre public*-Regel des Art 6 EGBGB dar und **verdrängt** diese in seinem Anwendungsbereich (vgl zu Art 38 aF EGBGB MünchKomm/KREUZER Art 38 Rn 319 mwN). Im übrigen bleibt ein Rückgriff auf Art 6 EGBGB möglich, etwa im Falle übermäßig scharfer Haftungsgründe oder eines anstößig erscheinenden Fehlens von Haftungsgründen (SPICKHOFF NJW 1999, 2209, 2213). Die Angemessenheit der Entschädigung, sowie die Beurteilung nach Art 40 Abs 3 Nr 2 EGBGB, inwieweit ein Anspruch offensichtlich anderen Zwecken als einer angemessenen Entschädigung dient, bemißt sich nach den deutschen Rechtsvorstellungen, so daß im Ergebnis eine Parallelprüfung des konkreten Wettbewerbsverhaltens nach deutschem Recht erfolgt. Im Gegensatz zu Art 38 aF EGBGB sind die Voraussetzungen für den Vorbehalt in Art 40 Abs 3 Nr 1 und Nr 2 EGBGB enger gefaßt, so daß bereits nach dem Wortlaut der Norm nur ganz erhebliche Abweichungen der **Haftungsausfüllung** nach ausländischem Recht im Verhältnis zum deutschen Recht unter Art 40 Abs 3 EGBGB fallen. Die Regelung erfaßt nur die dem Kläger zuzusprechende Schadensersatzleistung und betrifft nicht die haftungsbegründenden Tatbestandselemente. Insoweit kann aber der allgemeine *ordre public* bedeutsam werden.

Das **schweizerische Recht** kennt eine dem Art 40 Abs 3 EGBGB ähnliche Vorschrift zu **Wettbewerbsbehinderungen** in **Art 137 Abs 2 schwIPRG** (vgl auch Art 135 Abs 2 schwIPRG für die Produkthaftung). Die Regelung wird in der schweizerischen Literatur im engen Zusammenhang mit dem **ordre-public** gesehen, woraus eine enge Handhabung ihrer Voraussetzungen gefolgert wird. Eine exakte Entsprechung der ausländischen und schweizerischen Rechtslage im Hinblick auf Ansprüche aus Wettbewerbsbehinderungen wird deshalb nicht verlangt; gefordert wird vielmehr eine **offensichtliche und gravierende Verletzung der schweizerischen Maßstäbe** (DASSER/ DROLSHAMMER, in: Kommentar zum schwIPRG Art 137 Rn 20).

646 Bei einer nicht hinreichend engen Auslegung würde die Vorschrift des Art 40 Abs 3 Nr 1 und 2 EGBGB zu Ergebnissen führen, die dem den internationalen Konventionen innewohnenden Gedanken einer möglichst weitgehenden **Gleichberechtigung der verschiedenen nationalen Rechte** entgegensteht (vgl zu Art 38 aF EGBGB ZWEIGERT/ PUTTFARKEN GRUR IntT 1973, 573, 576). Zudem ist seit der *Zeiss*-Entscheidung des BGH anerkannt, daß bei der Prüfung der Sittenwidrigkeit einer nach deutschem Lauterkeitsrecht zu beurteilenden Auslandshandlung im Sinne des § 1 UWG auch die **auf dem jeweiligen Auslandsmarkt herrschenden Rechtsüberzeugungen** zu berücksichtigen sind (BGH GRUR 1958, 189, 197 [Zeiss]; vgl näher Rn 347). Dieser Gedanke ist auch für die Auslegung des Art 40 Abs 3 Nr 1 und 2 EGBGB heranzuziehen (ähnlich WILDE, in: Hdb des Wettbewerbsrechts § 6 Rn 56), da er besagt, daß das deutsche Recht allgemein fremde Rechtsvorstellungen zu respektieren hat, soweit sich das Wettbewerbsverhalten in einem fremden Marktraum abspielt. Das muß erst recht dann gelten, wenn kollisionsrechtlich nicht deutsches, sondern das jeweilige ausländische Recht berufen ist. Insgesamt ist zu vermeiden, daß über Art 40 Abs 3 EGBGB deutsche Rechtsvorstellungen das ausländische Regelungsinteresse weitgehend unterlaufen. Eine zu weitgehende Anwendung des Art 40 Abs 3 EGBGB ist mit dem marktordnungsrechtlichen Interesse an der kollisionsrechtlichen Anknüpfung an das jeweilige Wettbewerbsrecht des Interessenkollisionsortes bzw des Auswirkungsmarktes nicht zu vereinbaren.

647 Die Anwendung der Vorbehaltsklausel des Art 40 Abs 3 EGBGB hat daher zumindest ähnlich vorsichtig zu erfolgen, wie die Annahme einer Verletzung des deutschen *ordre public* durch die Anwendung des ausländischen Rechts. Insoweit können schon nach dem Wortlaut der Norm nicht jegliche Rechtsunterschiede zwischen dem deutschen Recht und dem heranzuziehenden ausländischen Recht, genügen, um die Vorbehaltsklausel anzuwenden (SPICKHOFF NJW 1999, 2209, 2213). Ähnlich wie im schweizerischen Recht (s Art 137 Abs 2 schwIPRG; dazu Rn 645) müssen **besonders gravierende Widersprüche zu Grundvorstellungen des deutschen Rechts** feststellbar sein, die die Anspruchsbejahung bzw Anspruchsbemessung nach dem ausländischen Recht als nicht mehr hinnehmbar erscheinen lassen (Begr RegE BT-Drucks 14/343, 12). Solche Widersprüche können im Einzelfall bei Verstößen gegen **tragende Grundprinzipien des inländischen Deliktsrechts** angenommen werden (vgl zu Art 38 aF EGBGB STAUDINGER/vHOFFMANN [1998] Art 38 Rn 249). Gegenüber der Fassung des alten Art 38 EGBGB hat der Gesetzgeber bei der Fassung des Art 40 Abs 3 EGBGB dies nunmehr dadurch berücksichtigt, daß nach Nr 1 nurmehr *wesentlich* weiter als erforderlich gehende Ansprüche und nach Nr 2 *offensichtlich* anderen Zwecken als einer angemessenen Entschädigung dienende Ansprüche von der Geltendmachung ausgeschlossen sind.

648 Sachgerechter erscheint es indes, auf die rechtspolitisch nicht mehr zeitgemäße Regelung *de lege ferenda* ganz zu **verzichten** (so für Art 38 aF EGBGB auch MünchKomm/ KREUZER Art 38 Rn 306; aA unter Einschränkung auf die Konkretisierung tragender Grundsätze des deutschen Deliktsrechts neuerdings STAUDINGER/vHOFFMANN [1998] Art 38 Rn 249a). Akzeptable

C. Internationales Wettbewerbsprivatrecht

Ergebnisse sind bereits über eine Heranziehung des allgemeinen *ordre public*-Vorbehalts zu erzielen, so daß die Regelung des Art 40 Abs 3 EGBGB nicht erforderlich erscheint. Vor allem bereitet die **deliktsrechtliche Prägung** der Vorbehaltsklausel des Art 40 Abs 3 EGBGB, insbesondere der Ausschluß von **Strafschadensersatz** über Art 40 Abs 3 Nr 2 EGBGB, im Bereich des **Wettbewerbsrechts** Schwierigkeiten. Es erscheint nicht ausgeschlossen, daß ein nach ausländischem Wettbewerbsrecht bestehender Schadensersatzanspruch nach der gesetzgeberischen Intention nicht ausschließlich den Zwecken einer angemessenen Entschädigung des Verletzten dient, sondern zugleich auch **präventiven Zwecken zum Schutz des Wettbewerbs**. Derartige lauterkeitskollisionsrechtlich an sich nicht sachfremden Zwecke müßten von vornherein mit der Folge einer Versagung der Anspruchsgeltendmachung nach Art 40 Abs 3 Nr 2 EGBGB verworfen werden. Damit würde der individualschützende Aspekt des Lauterkeitsrechts auch nach deutscher Rechtsvorstellung einseitig berücksichtigt. Das gilt erst recht dann, wenn man von einem Überwiegen des Marktordnungscharakters über den unmittelbaren Individualschutz ausgeht.

VIII. Internationales Wettbewerbsprozeßrecht

1. Internationale Zuständigkeit

Die internationale Zuständigkeit betrifft die Frage, ob eine Streitsache mit Auslandsbeziehung von einem deutschen oder von einem ausländischen Gericht zu entscheiden ist. Es handelt sich um eine **selbständige Prozeßvoraussetzung** (BAUMBACH/HEFERMEHL Einl UWG Rn 192; offengelassen von BGHZ 44, 46, 47; GRUR 1978, 194, 195 [Profil]). Den Zuständigkeitsregelungen des **EuGVÜ** bzw des **Lugano-Übereinkommens** (Rn 650) kommt **Vorrang** vor der Bestimmung der internationalen Zuständigkeit nach den Regeln des **autonomen nationalen Rechts** zu (Rn 40). Das autonome deutsche Recht enthält keine **speziellen Bestimmungen** zur internationalen Zuständigkeit bei Verfahren im Zusammenhang mit Verletzungen des Lauterkeitsrechts. Die internationale Zuständigkeit ist insoweit an die **örtliche Zuständigkeit** gekoppelt (BGH GRUR 1978, 194, 195 [Pofil] mwN). Prinzipiell ist das Gericht, bei dem die örtliche Zuständigkeit gemäß **§§ 12, 13, 17, 20, 23, 32 ZPO** bzw **24 UWG** begründet ist, auch international zuständig. Die örtliche Zuständigkeit indiziert die internationale Zuständigkeit. Damit sind grundsätzlich alle Gerichtsstände des deutschen Rechts geeignet, die internationale Zuständigkeit zu begründen (SCHÜTZE, in: Hdb des Wettbewerbsrechts § 97 Rn 12). Die Vorschriften der ZPO über die **Vereinbarung der Zuständigkeit eines Gerichts** (§§ 38 ff ZPO) sind für die Begründung der internationalen Zuständigkeit entsprechend anzuwenden (BGH MDR 1979, 658; vgl auch OLG Karlsruhe WuW/E OLG 2215, 2215 f [Nuklearpharmaka]). Danach ist die Vereinbarung der internationalen Zuständigkeit eines deutschen Gerichts möglich. Entsprechend der im Kartellprozeß vorherrschenden Auffassung (s Rn 311) ist dagegen der Ausschluß der nach den Zuständigkeitsnormen der ZPO gegebenen internationalen Zuständigkeit eines deutschen Gerichts durch Vereinbarung der ausschließlichen Zuständigkeit eines ausländischen Gerichts unzulässig. Dies folgt aus den bestehenden Parallelen zwischen der kollisionsrechtlichen Anknüpfung und der kompetenzrechtlichen Zuständigkeitsbestimmung, in der der Einfluß der Privatautonomie aus Schutzzweckgesichtspunkten eingeschränkt ist.

In **Art 5 Nr 3 EuGVÜ** (vgl Art 5 Nr 3 LugÜ) findet sich ein europäischer Gerichtsstand der unerlaubten Handlung, der die Zuständigkeit an dem Ort begründet, an dem das schädigende Ereignis eingetreten ist. Hierunter fallen auch Klagen aus unlauterem Wettbewerb (BGH GRUR 1988, 483, 485 [AGIAV]). Der Gerichtsstand des Art 5 Nr 3 EuGVÜ gilt trotz der Beschränkung des Wortlautes auf den Ort des **Eintritts des schädigenden Ereignisses** auch für **vorbeugende Unterlassungsklagen** (BEHR GRUR IntT 1992, 640, 607; GEIMER/SCHÜTZE Art 5 Rn 174; offengelassen von PASTOR/AHRENS/BÄHR Kap 22 Rn 33; vgl den Vorlagebeschluß des BGH zum EuGH GRUR 1994, 530 [Beta]). Er ist **konkurrierend** und tritt im Rahmen seines Geltungsbereichs an die Stelle des Gerichtsstands nach autonomem deutschen Recht (GEIMER NJW 1976, 441, 442). Ort des Eintritts des schädigenden Ereignisses ist nach der Auslegung des EuGH grundsätzlich sowohl der Ort des ursächlichen Geschehens (Handlungsort), als auch der Ort der Verwirklichung des Schadenserfolgs (Erfolgsort; EuGH NJW 1977, 493 [Mines de Potasse]; vgl auch BGHZ 98, 263, 275; High Court of Justice, Chancery Division GRUR IntT 1998, 322, 324 [Internet World]). Für den Fall der Schädigung durch Verbreitung ehrverletzender Presseerzeugnisse in mehreren Vertragsstaaten des EuGVÜ hat der EuGH eine Beschränkung der internationalen Zuständigkeit auf die im Staat des angerufenen Gerichts eingetretenen Schäden vorgenommen (EuGH NJW 1995, 1881, 1882 Rn 33 [Shevill]). Dies wird auf andere **Streudelikte** zu übertragen sein. Inwieweit eine Eingrenzung des Begehungsortbegriffs im EuGVÜ entsprechend der deutschen Rechtspraxis (vgl Rn 653) auf den Ort der wettbewerblichen Interessenkollision erfolgen kann, ist vom EuGH bislang nicht entschieden worden. Überwiegend wird davon ausgegangen, daß dem Gerichtsstand des Art 5 Nr 3 EuGVÜ eine **Einschränkung auf den Ort der wettbewerblichen Interessenkollision fehlt**, so daß die Zuständigkeit danach weiter wäre als die Zuständigkeit nach dem autonomen deutschen Recht (SCHÜTZE, in: Hdb des Wettbewerbsrechts § 97 Rn 21; BACHMANN IPRax 1998, 179, 182). Dies ist im Hinblick auf die Loslösung des Lauterkeitsrechts vom allgemeinen Deliktsrecht und die wünschenswerte Wertungskompatibilität mit dem Kollisionsrecht wohl nicht sachgerecht, entspricht aber dem Prinzip der IPR-Neutralität der Zuständigkeitsregeln des EuGVÜ (vgl dazu GEIMER, IZPR Rn 43, 1044; GEIMER/SCHÜTZE Einl Rn 53 mwN).

651 **Bilaterale Staatsverträge** über die internationale Urteilsanerkennung und Urteilsvollstreckung enthalten dort, wo sie die internationale Zuständigkeit regeln, lediglich Beurteilungsnormen, die erst im Rahmen der Anerkennungs- bzw Vollstreckbarkeitserklärung, nicht aber im erststaatlichen Erkenntnisverfahren von Bedeutung sind (GEIMER NJW 1976, 441, 441 f; vgl auch SCHÜTZE, in: Hdb des Wettbewerbsrechts § 99 Rn 14).

652 In Wettbewerbssachen wird die Zuständigkeit nach autonomem deutschem Recht gem **§ 24 Abs 1 UWG** an die gewerbliche Niederlassung, hilfsweise den Wohnsitz geknüpft. Soweit weder eine gewerbliche Niederlassung noch ein Wohnsitz im Inland gegeben sind, ist das Gericht des inländischen Aufenthaltsortes zuständig (vgl auch §§ 13, 21 ZPO). In **§ 24 Abs 2 Satz 1 UWG** findet sich für auf das UWG gestützte Ansprüche eine der allgemeinen Deliktszuständigkeit des § 32 ZPO entsprechende **Tatortanknüpfung**. Im Gegensatz zum konkurrierenden Gerichtsstand des § 32 ZPO begründet § 24 Abs 2 Satz 1 UWG einen **ausschließlichen Gerichtsstand**. Voraussetzung für den Gerichtsstand nach §§ 32 ZPO, 24 Abs 2 UWG ist die Begehung wenigstens eines **Teilaktes der Verletzungshandlung** im Bezirk des angerufenen deutschen Gerichts (OLG Frankfurt aM IPRspr 1990, Nr 155, 307, 308; BAUMBACH/HEFERMEHL Einl UWG Rn 193).

Die Rechtsprechung überträgt im Rahmen der Frage nach der Deliktszuständigkeit **653** die von ihr zur **kollisionsrechtlichen Anknüpfung** entwickelten Grundsätze auf die Zuständigkeitsprüfung (BGH GRUR 1971, 153, 154 [Tampax]; OLG Celle GRUR IntT 1977, 238, 240; OLG Frankfurt aM IPRspr 1990, 307, 309). Maßgeblich ist danach, ob nach der **Interessenkollisionslösung** der **wettbewerbliche Begehungsort** bzw der Ort der **drohenden Begehung** (vgl OLG Hamburg GRUR 1987, 403 [Informationsschreiben]) im Inland liegt (zu den Einzelheiten s Rn 348 ff). Teilweise wird dabei auf die **bestimmungsgemäß** entstehende, wettbewerbliche Interessenkollision abgestellt (zu finalen Aspekten vgl Rn 415, 506 ff, 785 ff; LG Düsseldorf GRUR 1998, 159, 160 [epson.de]; KG NJW 1997, 3321 [concert-concept.de], in der es allerdings nicht um einen Wettbewerbsverstoß ging; vgl zur bestimmungsgemäßen Verbreitung auch BACHMANN IPRax 1998, 179, 182). Eine Wahlmöglichkeit zwischen **Handlungs-** und **Erfolgsortzuständigkeit** (vgl Art 40 Abs 1 Satz 2 EGBGB) scheidet bei Distanzdelikten für das Lauterkeitsrecht daher aus. Die Übertragung der wettbewerbskollisionsrechtlichen Anknüpfungsgesichtspunkte durch die Rechtsprechung betrifft auch die in der **Stahlexport -Entscheidung** entwickelten Grundsätze zu Ausnahmen von der Marktortanknüpfung bei Inländerwettbewerb auf Auslandsmärkten (OLG Hamm NJW-RR 1047, 1048; krit LINDACHER, in: FS Nakamura [1996] 321, 335 f).

Die **vollständige Koppelung** der internationalen Zuständigkeit an die kollisionsrecht- **654** lichen Entscheidungsmaßstäbe wird im Schrifttum teilweise **kritisch** beurteilt. Grundlage hierfür ist die Erwägung, daß ein notwendiger Gleichklang zwischen kompetenzrechtlicher und kollisionsrechtlicher Anknüpfung nicht besteht (GEIMER Rn 1517 a; PASTOR/AHRENS/BÄHR Kap 22 Rn 36; LINDACHER, in: FS Nakamura [1996] 321, 325; wohl auch LG Düsseldorf GRUR 1998, 159, 160 [epson.de], wonach prozessuale Zuständigkeitsfragen durch das Territorialitätsprinzip nicht berührt werden; vgl zur Problematik auch SCHÜTZE, in: Hdb des Wettbewerbsrechts § 97 Rn 16). Insoweit wird auf die in Kompetenzrecht und Kollisionsrecht herrschenden **unterschiedlichen Zielrichtungen** verwiesen. Anders als im von wettbewerbsmotivierten Schutzzweckerwägungen beherrschten Lauterkeitskollisionsrecht spielen bei der Festlegung des internationalen Gerichtsstandes vor allem **Zweckmäßigkeits- und Zumutbarkeitserwägungen** eine Rolle (RÜSSMANN K&R 1998, 422, 422). Vorrangig kommt es danach bei der Zuständigkeitsfeststellung auf den Gedanken der **Klägerprivilegierung** über ein **Wahlrecht des Verletzten zwischen Handlungs- und Erfolgsort** an, mit dem der Verletzte in die Lage versetzt werden soll, flexibel im Hinblick auf Sach- und Beweisnäheaspekte auf die Verletzung seiner Interessen zu reagieren (LINDACHER, in: FS Nakamura [1996] 321, 328 f). Allerdings soll dieser Regelungszweck nur dort eine Rolle spielen, wo eine Klage durch den **selbst und unmittelbar betroffenen Mitbewerber** erhoben wird (Verletztenklage) und nicht im Falle von Klagen von Verbänden und Branchengenossen (Interessentenklage), weil jedenfalls hier die Allgemeininteressen am unverfälschten Wettbewerb und Verbraucherschutz gegenüber den Individualinteressen in den Vordergrund treten (so LINDACHER, in: FS Nakamura [1996] 321, 328 f). Ein weiterer Aspekt liegt in der Tendenz, eine **ausufernde internationale Zuständigkeit** der inländischen Gerichte zu vermeiden, die etwa bei Abstellen auf das konsequente Marktortprinzip im Bereich des **Internets** nicht auszuschließen wäre. Aus diesen Gründen könnte daran gedacht werden, in diesem Rahmen im Hinblick auf die unterschiedlichen Zielrichtungen von Kollisionsrecht und Kompetenzrecht für die Frage der internationalen Zuständigkeit verstärkt auf das **Herkunftslandprinzip** abzustellen, während es für die kollisionsrechtliche Fragestellung jedenfalls beim **Marktortprinzip** bleiben muß.

655 Aus **dogmatischen Gründen** ist es wünschenswert und sachgerecht, auch im Bereich der Zuständigkeitsentscheidung das Wettbewerbsrecht von seinen **deliktsrechtlichen Wurzeln zu lösen**. Insoweit liegt eine **wertungskompatible Prüfung von kollisionsrechtlicher Anknüpfung und zuständigkeitsrechtlichen Fragen** nahe. Aus diesem Aspekt ist die Handhabung der höchstrichterlichen Rechtsprechung, die die wettbewerbsspezifischen Besonderheiten auch in die Zuständigkeitsprüfung überträgt, vorzugswürdig.

656 Andererseits ist nicht zu verkennen, daß die autonome deutsche Zuständigkeitsordnung damit nicht im **Einklang mit der Zuständigkeitsordnung nach dem EuGVÜ** steht, solange nicht auch dort wettbewerbsspezifische Gesichtspunkte in die Zuständigkeitsprüfung Eingang finden. Soweit nicht vorrangige Gründe es auch bei der Zuständigkeitsprüfung nahelegen, wettbewerbsspezifische Gesichtspunkte entscheiden zu lassen, mag es daher im Interesse eines Einklanges mit der europäischen Zuständigkeitsordnung vorerst bei einer traditionellen Behandlung mit dem **Wahlrecht zwischen Handlungs- und Erfolgsort** bleiben. Den wettbewerbsrechtlichen Schutzzwecken ist im wesentlichen schon dadurch Genüge getan, daß das international zuständige Gericht das Wettbewerbsrecht anwendet, dessen Anwendbarkeit nach marktordnungsrechtlichen Gesichtspunkten kollisionsrechtlich festgestellt wurde. Im Interesse eben dieses Einklanges zwischen europäischer und autonom nationaler Zuständigkeitsordnung sollte dann aber keine Unterscheidung zwischen Verletztenklage und Interessentenklage gemacht werden.

2. Beweislastfragen

a) Kollisionsnormen

657 Die Anwendung des innerstaatlichen Kollisionsrechts erfolgt von Amts wegen. Das bedeutet indes nicht, daß die Partei, die sich auf die Anwendbarkeit einer fremden Rechtsnorm beruft, von jeglicher **Darlegungs- und Beweislast** befreit ist. Vielmehr hat sie die unter die einschlägige Kollisionsnorm zu subsumierenden, maßgeblichen **Tatsachen** zu behaupten und gegebenenfalls nachzuweisen. Das betrifft namentlich die Gesichtspunkte, die die Annahme einer wettbewerblichen **Interessenkollision** begründen, wie auch bei Heranziehung eines lauterkeitsrechtlichen Auswirkungsprinzips die Frage einer erheblichen **Auswirkung** in einem Marktbereich. Dasselbe gilt auch für die **Tatsachen**, aus denen sich der grundsätzliche **Auslandsbezug**, mithin die Anwendbarkeit des Internationalen Privatrechts ergibt. Eine dem Gericht von Amts wegen obliegende Sachverhaltsaufklärung würde der im deutschen Zivilprozeß herrschenden **Verhandlungsmaxime** widersprechen (ähnlich WAGNER ZEuP 1999, 6, 43).

b) Ermittlung und Anwendung fremder Rechtsnormen

658 Verweist das Kollisionsrecht auf eine ausländische Rechtsordnung, so hat die Prüfung hinsichtlich Bestand und Inhalt des betreffenden ausländischen Rechts **von Amts wegen** zu erfolgen, ohne daß die Partei, die sich auf seine Anwendbarkeit beruft, insoweit eine **Beweislast** trifft (BGHZ 36, 348, 353; NJW 1988, 647, 648; BRANNEKÄMPER WRP 1994, 661, 666; MANKOWSKI/KERFACK IPRax 1990, 372, 372; aA SPÄTGENS GRUR 1980, 473, 477; vgl auch SCHNYDER 35 und KRAUSE 9, die die Amtsermittlung des Inhalts ausländischen Rechts aus der Pflicht herleiten, die maßgebliche Kollisionsnorm von Amts wegen zu ermitteln). Dies entspricht der **herrschenden Meinung** und folgt aus dem Grundsatz **iura novit curia**. Trotz des nicht eindeutigen Wortlautes des § 293 Satz 1 ZPO, der dem Gericht unbekannten

ausländischen Rechtsnormen eine Beweisbedüftigkeit zuschreibt, erstreckt sich danach die Amtsermittlungspflicht auch auf Bestand und Inhalt **ausländischen Rechts** (BGH NJW 1997, 324, 325; MünchKomm/PRÜTTING § 293 ZPO Rn 12; vgl aber WAGNER ZEuP 1999, 6, 17, wonach der Grundsatz *iura novit curia* nur für **innerstaatliche** Rechtsnormen gilt; dazu Rn 617), da auch ausländisches Recht nicht Tatsachen gleichzusetzen ist (hM vgl etwa OLG Stuttgart MDR 1989, 1111; STEIN/JONAS/LEIPOLD § 293 ZPO Rn 33; HARTMANN, in: BAUMBACH/LAUTERBACH/ALBERS/HARTMANN § 293 ZPO Rn 6). Die Amtsermittlungspflicht gilt auch im **einstweiligen Rechtsschutz** (MANKOWSKI/KERFACK IPRax 1990, 372, 377). Das Gericht ist nach überwiegender Ansicht auch bei ihm **nicht bekannten** ausländischen Rechtsnormen trotz des insoweit mißverständlichen Wortlautes des § 293 Satz 2 ZPO verpflichtet, von allen von ihm zur Verfügung stehenden Erkenntnisquellen Gebrauch zu machen (STEIN/JONAS/LEIPOLD § 293 ZPO Rn 33; THOMAS/PUTZO § 293 ZPO Rn 4); es kann sich dazu geeigneter Beweismittel, etwa Gutachten bedienen (MUSIELAK/HUBER § 293 ZPO Rn 6). Das Gericht hat bei der Erforschung des ausländischen Rechts einen Anspruch auf Parteienmithilfe in zumutbarem Umfang (HARTMANNZ, in: BAUMBACH/LAUTERBACH/ALBERS/HARTMANN § 293 ZPO Rn 5). Danach wird § 293 Satz 1 ZPO nicht als **Beweislastzuweisung** ausgelegt (MünchKomm/PRÜTTING § 293 ZPO Rn 14; PAEFGEN GRUR IntT 1994, 99, 117).

Im **österreichischen Recht** sieht § 2 östIPRG vor, daß der gesamte **kollisionsrechtlich relevante Sachverhalt von Amts wegen zu ermitteln** ist. Nach einhelliger Auffassung im österreichischen Schrifttum wie in der Rechtsprechung hat auch die Anwendung der kollisionsrechtlichen Normen vom Amts wegen zu erfolgen (RUMMEL/SCHWIMANN § 2 IPRG Rn 2 mwN). Der zweite Halbsatz der Vorschrift, wonach die Amtsermittlungspflicht nicht gilt, soweit in einem der Rechtswahl zugänglichen Sachgebiet tatsächliches Parteivorbringen für wahr zu halten ist, ist auf das Lauterkeitsrecht nicht anwendbar, da insoweit eine Rechtswahl nicht zulässig ist (RUMMEL/SCHWIMANN § 48 IPRG Rn 11). Das kollisionsrechtlich anwendbare Recht ist gemäß § 3 östIPRG von Amts wegen **anzuwenden** und sein **Inhalt** gemäß § 4 östIPRG von Amts wegen **zu ermitteln**. Eine Mitwirkungspflicht der Beteiligten, erst recht eine **Beweislast**, sieht das Gesetz nicht vor (RUMMEL/SCHWIMANN § 4 IPRG Rn 2).

Das **schweizerische Recht** enthält mit Art 16 Abs 1 Satz 3 schwIPRG eine Regelung zur **Überbürdung des Nachweises** des anwendbaren Recht auf die Parteien bei **vermögensrechtlichen Ansprüchen**. Dies bezieht sich nicht auf die Frage der kollisionsrechtlichen Feststellung, welches Statut anwendbar ist, sondern auf die Ermittlung des **Inhaltes des anzuwendenden ausländischen Rechts**. Die Kollisionsnormen sind ohnehin von Amts wegen zu beachten (s SCHNYDER 32). Nachweispflichtig hinsichtlich des Inhalts des anzuwendenden Rechts ist die Partei, die aus einem fremden Recht einen Anspruch herleitet. Allerdings bleibt das Gericht in den Grenzen der Verhältnismäßigkeit und Zumutbarkeit zur Ermittlung des fremden Rechts verpflichtet, wenn der Nachweis durch die Parteien scheitert (MÄCHLER/ERNE, in: Kommentar zum schwIPRG Art 16 Rn 16). Ob Art 16 Abs 1 Satz 3 schwIPRG auf lauterkeitsrechtliche Ansprüche Anwendung findet, ist streitig (s dazu Rn 629).

D. Internationales Markenprivatrecht

Schrifttum

BÄR, Das Internationale Privatrecht (Kollisionsrecht) des Immaterialgüterrechts und des Wettbewerbsrechts, in: vBÜREN/DAVID (Hrsg), Schweizerisches Immaterialgüter- und Wettbewerbsrecht (1995)
BAEUMER, Anmerkungen zum Territorialitätsprinzip im internationalen Patent- und Markenrecht, in: FS Fikentscher (1998) 803
vBAR, Kollisionsrecht, Fremdenrecht und Sachrecht für internationale Sachverhalte im Internationalen Urheberrecht, UFITA 108 (1988) 27
ders, Internationales Privatrecht, Bd 2, Besonderer Teil (1991)
BEIER, Territorialität des Markenrechts und internationaler Wirtschaftsverkehr, GRUR IntT 1968, 8
ders, Das auf internationale Markenlizenzverträge anwendbare Recht, GRUR IntT 1981, 399
ders, Die internationalprivatrechtliche Beurteilung von Verträgen über gewerbliches Schutzrechte, in: HOLL/KLINKE (Hrsg), Internationales Privatrecht, Internationales Wirtschaftsrecht (1985) 287
BETTINGER, Kennzeichenrecht im Cyberspace: Der Kampf um die Domain-Namen, GRUR IntT 1997, 402
ders/THUM, Territoriales Markenrecht im Global Village, GRUR IntT 1999, 659
BIRK, Die Grenzen des Territorialitätsprinzips im Warenzeichenrecht, NJW 1964, 1596
BRIEM, Internationales und Europäisches Wettbewerbsrecht und Kennzeichenrecht (1995)
DAVID, Kommentar zum schweizerischen Privatrecht – Markenschutzgesetz, Muster- und Modellgesetz (4. Aufl 1994)
DEUTSCH, Wettbewerbstatbestände mit Auslandsbeziehung (1962)
ders, Die Warenzeichenlizenz im Kollisionsrecht, in: BEIER/DEUTSCH/FIKENTSCHER, Die Warenzeichenlizenz (2. Aufl 1966) 463
DROBNING, Originärer Erwerb und Übertragung von Immaterialgüterrechten im Kollisionsrecht, RabelsZ 40 (1976) 195

ENGLERT, Das Immaterialgüterrecht im IPRG, BJM 1989, 378
FEZER, Markenschutz durch Wettbewerbsrecht, GRUR 1986, 485
ders, Der wettbewerbsrechtliche Schutz der unternehmerischen Leistung, in: Gewerblicher Rechtsschutz und Urheberrecht in Deutschland, Festschrift zum hundertjährigen Bestehen der Deutschen Vereinigung für gewerblichen Rechtsschutz und Urheberrecht, Bd II (1991) 939
ders, Leistungsschutz im Wettbewerbsrecht, WRP 1993, 63
ders, Markenrecht (2. Aufl 1999)
GLOY, Handbuch des Wettbewerbsrechts (2. Aufl 1997)
HAAS, Die französische Rechtsprechung zum Konflikt zwischen Domain-Namen und Kennzeichenrechten, GRUR IntT 1998, 934
HENN, Patent- und Know-how-Lizenzvertrag (4. Aufl 1999)
vHOFFMANN, Verträge über gewerbliche Schutzrechte im Internationalen Privatrecht, RabelsZ 40 (1976) 208
HONSELL/VOGT/SCHNYDER (Hrsg), Kommentar zum Schweizerischen Privatrecht, Internationales Privatrecht (1996)
HOPPE, Lizenz- und Know-how-Verträge im internationalen Privatrecht (1994)
KATZENBERGER, Wechsel der Anknüpfungspunkte im deutschen und internationalen Urheberrecht, GRUR IntT 1973, 274
ders, Urheberrechtsfragen der elektronischen Textkommunikation, GRUR IntT 1983, 895
ders, TRIPS und das Urheberrecht, GRUR IntT 1995, 449
KIENINGER, Internationale Zuständigkeit bei der Verletzung ausländischer Immaterialgüterrechte: Common Law auf dem Prüfstand des EuGVÜ, GRUR IntT 1998, 280
KINDLER, Internationale Zuständigkeit und anwendbares Recht im italienischen IPR-Gesetz von 1995, RabelsZ 61 (1997) 228

D. Internationales Markenprivatrecht

KOCH, Internationale Gerichtszuständigkeit und Internet, CR 1999, 121
KOPPENSTEINER, Österreichisches und europäisches Wettbewerbsrecht (3. Aufl 1997)
KREUZER, Gutachtliche Stellungnahme zum Referentenentwurf eines Gesetzes zur Ergänzung des Internationalen Privatrechts (Außervertragliche Schuldverhältnisse und Sachen) – Sachenrechtliche Bestimmungen, in: Vorschläge und Gutachten zur Reform des deutschen internationalen Sachen- und Immaterialgüterrechts (1991) 37
KROPHOLLER, Europäisches Zivilprozeßrecht (6. Aufl 1998)
KUNER, Internationale Zuständigkeitskonflikte im Internet, CR 1996, 453
LICHTENSTEIN, Der gewerbliche Rechtsschutz im internationalen Privatrecht, NJW 1964, 1208
ders, Der Lizenzvertrag mit dem Ausland, NJW 1964, 1345
LOCHER, Das Internationale Privat- und Zivilprozeßrecht der Immaterialgüterrechte aus urheberrechtlicher Sicht (1993)
MANKOWSKI, Besondere Formen von Wettbewerbsverstößen im Internet und Internationales Wettbewerbsrecht, GRUR IntT 1999, 995
MARTINY, Verletzung von Immaterialgüterrechten im internationalen Privatrecht, RabelsZ 40 (1976) 218
Münchener Kommentar, BGB (3. Aufl 1998)
NEUHAUS, Freiheit und Gleichheit im internationalen Immaterialgüterrecht, RabelsZ 40 (1976) 191
NIESSEN, Internationales Privatrecht für unerlaubte Handlungen im Widerspruch zum Diskriminierungsverbot des EWG-Vertrages?, NJW 1968, 2170
OMSELS, Die Kennzeichenrechte im Internet, GRUR 1997, 328
OSTERRIETH, Die Neuordnung des Rechts des internationalen Technologietransfers, Der UNCTAD Code of Conduct on Transfer of Technology und die Revision der Pariser Verbandsübereinkunft zum Schutze des gewerblichen Eigentums (1986)
PAGENBERG/GEISSLER, Lizenzverträge (4. Aufl 1997)
PFAFF, Das Internationale Privatrecht des Ausstattungsschutzes, in: SCHRICKER/STAUDER (Hrsg), Handbuch des Ausstattungsrechts, in: FS Beier (1986) 1109
POECK, in: SCHWARZ (Hrsg), Recht im Internet, 4–2.2 (Stand Sept 1999)
REITHMANN/MARTINY, Internationales Vertragsrecht (5. Aufl 1996)
RGRK-WENGLER, Das Bürgerliche Gesetzbuch, Band IV, Internationales Privatrecht (1981)
RÖTTGER, Das Territorialitätsprinzip im Warenzeichenrecht, GRUR IntT 1964, 125
RÜSSMANN, Wettbewerbshandlungen im Internet – Internationale Zuständigkeit und anwendbares Recht, K&R 1998, 422
SCHNYDER, Das neue IPR-Gesetz (2. Aufl 1990)
SCHWIMANN, IPRG, in: RUMMEL (Hrsg), Kommentar zum ABGB (2. Aufl 1992)
SANDROCK, Das Kollisionsrecht des unlauteren Wettbewerbs zwischen dem internationalen Immaterialgüterrecht und dem internationalen Kartellrecht, GRUR IntT 1985, 507
SCHACK, Urheberrechtsverletzung im internationalen Privatrecht – Aus der Sicht des Kollisionsrechts, GRUR IntT 1985, 523
ders, Zur Qualifikation des Anspruchs auf Rechnungslegung im internationalen Urheberrecht, IPRax 1991, 347
SCHRICKER, Grenzüberschreitende Fernseh- und Hörfunksendungen im Gemeinsamen Markt, GRUR IntT 1984, 592
ders, Urheberrecht (1987)
SCHWIMANN, Grundriß des internationalen Privatrechts (1982)
SCHWIND, Internationales Privatrecht (1990)
STAUDER, Die Anwendung des EWG-Gerichtsstands- und Vollstreckungsübereinkommens auf Klagen im gewerblichen Rechtsschutz und Urheberrecht Teil 1, GRUR IntT 1976, 465
ders, Die Anwendung des EWG-Gerichtsstands- und Vollstreckungsübereinkommens auf Klagen im gewerblichen Rechtsschutz und Urheberrecht Teil 2, GRUR IntT 1976, 510
STUMPF/GROSS, Der Lizenzvertrag (7. Aufl 1998)
A TROLLER, Das internationale Privat- und Zivilprozeßrecht im gewerblichen Rechtsschutz und Zivilprozeßrecht (1952)
ders, Internationale Lizenzverträge, GRUR IntT 1952, 108
ders, Die territoriale Unabhängigkeit der Mar-

kenrechte im Warenverkehr, GRUR IntT 1960, 244

ders, Markenrecht und Landesgrenzen, GRUR IntT 1967, 261

UBBER, Rechtsschutz bei Mißbrauch von Internet-Domains, WRP 1997, 497

ULMER, Die Immaterialgüterrechte im internationalen Privatrecht (1975)

ders, Fremdenrecht und internationales Privatrecht im gewerblichen Rechtsschutz und Urheberrecht, in: HOLL/KLINKE (Hrsg), Internationales Privatrecht, Internationales Wirtschaftsrecht (1985) 257

VISCHER, Das Internationale Privatrecht des Immaterialgüterrechts nach dem schweizerischen IPR-Gesetzentwurf, GRUR IntT 1987, 670

WALTL, Online-Netzwerke und Multimedia, in:

LEHMANN (Hrsg), Internet- und Multimediarecht (Cyberlaw) (1997) 185

WEBER, Die kollisionsrechtliche Behandlung von Wettbewerbsverletzungen mit Auslandsbezug (1982)

WEGNER, Rechtlicher Schutz von Internetdomains, CR 1998, 676

WEIGEL, Gerichtsbarkeit, internationale Zuständigkeit und Territorialitätsprinzip im deutschen gewerblichen Rechtsschutz (1973)

WINDISCH, Gewerblicher Rechtsschutz und Urheberrecht im zwischenstaatlichen Bereich (1969)

WIRNER, Wettbewerbsrecht und Internationales Privatrecht (1960)

ZWEIGERT/PUTTFARKEN, Zum Kollisionsrecht der Leistungsschutzrechte, GRUR IntT 1973, 573.

Systematische Übersicht

I. **Abgrenzung**
1. Internationales Immaterialgüterrecht _____ 661
2. Verhältnis zum internationalen Sachenrecht _____ 662
3. Verhältnis zum internationalen Deliktsrecht _____ 663

II. **Rechtsquellen**
1. Autonomes deutsches Recht _____ 666
2. Konventionsrecht _____ 667
3. Ausländische Rechtsordnungen _____ 668

III. **Territorialitätsprinzip**
1. Begriff _____ 670
2. Begriff des Wirkungsterritoriums _____ 673
3. Bedeutung und Inhalt des Territorialitätsprinzips _____ 674
4. Entwicklung des Territorialitätsprinzips in der Rechtsprechung _____ 682
5. Wiederbelebung des Universalitätsprinzips im Schrifttum _____ 684
6. Folgen des Territorialitätsprinzips _____ 685

IV. **Bestimmung des Immaterialgüterstatutes**
1. Ort der wettbewerblichen Interessenkollision _____ 689

2. Auswirkungsprinzip _____ 697
3. Schutzlandanknüpfung _____ 698
   a) Grundsatz _____ 698
   b) Recht des Schutzlandes _____ 705
   c) Sachliche Reichweite der Schutzlandanknüpfung _____ 706
      aa) Begründung und Erlöschen des Markenschutzes _____ 706
      bb) Inhalt und Schutz des Markenrechts 711
      cc) Inländische Markenrechtsverletzung 713
         (1) Herrschende Auslegung des Territorialitätsprinzips _____ 713
         (2) Auflockerung der territorialen Begrenzung des Markenrechts _____ 716
   d) Einseitigkeit der Schutzlandanknüpfung _____ 734
   e) Das Schutzlandprinzip als Gesamtverweisung _____ 737
   f) Rechtswahl _____ 738
   g) Akzessorische Anknüpfung _____ 741

V. **Rechtsgeschäfte über Marken**
1. Gespaltene Anknüpfung _____ 744
2. Verpflichtungsgeschäft _____ 751
   a) Rechtswahlvereinbarung _____ 751
   b) Fehlen einer Rechtswahlvereinbarung _____ 756
      aa) Begriff der engsten Verbindung _____ 756

D. Internationales Markenprivatrecht

bb)	Maßgeblichkeit des Schutzlandrechts	758	VI.	**Internationales Markenprozeßrecht**		
			1.	Zuständigkeit		775
cc)	Maßgeblichkeit des Niederlassungsrechts von Markenrechtsüberträger bzw Markenlizenzgeber oder Markenrechtsübernehmer bzw Markenlizenznehmer	760	a)	Internationale Zuständigkeit		775
			b)	Zuständigkeit nach dem EuGVÜ		788
			2.	Vorfragenbeurteilung durch das nationale Gericht		790
			3.	Reichweite der Entscheidung des inländischen Gerichts		792
c)	Mehrere Schutzländer umfassende markenrechtliche Verträge	765	4.	Ordre Public		797
3.	Verfügungsgeschäft	768	5.	Vorbehaltsklausel des Art 40 Abs 3 EGBGB		798
4.	Zusammenfassende Übersicht über die dem Schutzlandprinzip unterworfenen Fragen	773				

I. Abgrenzung

1. Internationales Immaterialgüterrecht

Das internationale Immaterialgüterrecht umfaßt neben dem internationalen **Mar-** **661** **kenrecht** das internationale **Urheberrecht** und das internationale **Patentrecht**. Die Grundlagen für die kollisionsrechtliche Anknüpfung sind in den Teilbereichen des Immaterialgüterrechts identisch. Das gesamte Immaterialgüterkollisionsrecht wie auch die angrenzenden internationalprozeßrechtlichen Fragen werden beherrscht von der territorialen Begrenzung der gewerblichen Schutzrechte und der daraus resultierenden kollisionsrechtlichen Anknüpfung an die *lex loci protectionis* (**Schutzlandprinzip**). Es bietet sich an, das internationale Markenprivatrecht als **Markenkollisionsrecht** aufgrund der im Hinblick auf seine Schutzintention engen Verwandtschaft mit dem Lauterkeitsrecht exemplarisch für das Kollisionsrecht der Immaterialgüterrechte darzustellen. Die in diesem Rahmen gefundenen Erkenntnisse sind weitestgehend auf die übrigen Immaterialgüterrechte übertragbar.

2. Verhältnis zum internationalen Sachenrecht

Gewerbliche Schutzrechte sind in ihrer Ausprägung als geistiges und kommerzielles **662** Eigentum wegen ihrer **absoluten Wirkung** mit den Sachenrechten vergleichbar. Insoweit besteht eine Nähe zum internationalen Sachenrecht, dessen bestimmender Anknüpfungsaspekt des **Belegenheitsortes** indes wegen der fehlenden Körperlichkeit der gewerblichen Schutzrechte nur eingeschränkt herangezogen werden kann.

3. Verhältnis zum internationalen Deliktsrecht

Soweit es um die Folgen der **Verletzungen** von Immaterialgüterrechten geht, wird das **663** Immaterialgüterkollisionsrecht dem **internationalen Deliktsrecht** zugerechnet. Diese Einordnung erscheint **systematisch** ebenso **verfehlt**, wie die Zuordnung des internationalen Lauterkeitsrechts zum internationalen Deliktsrecht. Dies gilt schon begrifflich. Erscheint es doch nicht mehr mit den Vorgaben einer vorrangig dem Leistungswettbewerb als Institution dienenden **Gesamtwettbewerbsordnung** vereinbar, eine systematische Aufteilung der verschiedenen Säulen des Wettbewerbsschutzrechts in verschiedene systematische Kontexte vorzunehmen. Vielmehr müssen die Teilrechtsgebiete des Wettbewerbsrechts, bestehend aus Lauterkeitsrecht, Kartellrecht und Immaterialgüterrecht in einen eigenen wirtschaftsrechtlichen Kontext gestellt werden. Dies setzt sich auch im Kollisionsrecht fort, so daß das Internationale Privatrecht des Kartell-, Wettbewerbs- und Immaterialgüterrechts einen einheitlich aufzufassenden, integrativen Teil eines umfassenden Internationalen Wirtschaftsprivatrechts darstellt.

664 Die systematische Loslösung des Lauterkeitsrechts von seinen deliktsrechtlichen Wurzeln betrifft auch das Immaterialgüterrecht, das ebenso wie das Lauterkeitsrecht in Parallele zum Kartellrecht als Teilbereich eines **institutionellen Wettbewerbsschutzes** zu verstehen und im Lichte einer effektiven Gesamtwettbewerbsordnung auszulegen ist. Gewerbliche Schutzrechte dienen ebenso wie das Lauterkeitsrecht und das Kartellrecht institutionellen Zielen im Hinblick auf einen effektiven Leistungswettbewerb, da sie letztlich dem unternehmerischen Leistungsschutz dienen. Der **Schutz der unternehmerischen Leistung**, in dessen Interesse gewerbliche Schutzrechte durch die Begründung zeitlich begrenzter Monopolstellungen des Schutzrechtsinhabers auf den ersten Blick Einschränkungen des Wettbewerbs im Individualinteresse bewirken, ist eine **originäre Aufgabe des Wettbewerbsrechts im weiteren Sinne** (FEZER GRUR 1986, 485, 491; in: Gewerblicher Rechtsschutz und Urheberrecht in Deutschland, 939, 959 f; WRP 1993, 63, 64 f), bestehend aus Kartellrecht, Recht des unlauteren Wettbewerbs und gewerblichem Rechtsschutz. Der Immaterialgüterrechtsschutz rückt damit systematisch in die unmittelbare Nähe des Kartellrechts und des Lauterkeitsrechts. Insbesondere das Markenrecht ist aufgrund seiner Schutzintention eng mit dem Lauterkeitsrecht verwandt (vgl ULMER Rn 32); so haben sich speziell markenrechtlich geregelte Tatbestände aus allgemeinen lauterkeitsrechtlichen Quellen entwickelt.

665 Im Markenkollisionsrecht stellt sich einerseits die Frage nach der Anknüpfung hinsichtlich der **Verletzung von Markenrechten**, hinsichtlich von **Eingriffen in die Rechtsposition von Markenlizenznehmern** durch Dritte oder durch den Markenlizenzgeber und hinsichtlich von **Ansprüchen des Rechtserwerbers** aus der Verletzung des erworbenen Markenrechts (s Rn 773). Dies betrifft den traditionell deliktsrechtlichen Aspekt des internationalen Immaterialgüterprivatrechts. Zum anderen stellt sich die Frage, nach welchem Statut **Entstehung, Bestand und Untergang von Markenrechten** zu beurteilen ist, womit der dem internationalen Sachenrecht angenäherte Fragenkomplex angesprochen ist. Diese Unterscheidung erschöpft sich indes in ihrer systematischen Bedeutung, nachdem Bestands- und Schutzstatut, bedingt durch die Geltung des **Territorialitätsprinzips,** notwendig übereinstimmen (STAUDINGER/VHOFFMANN [1998] Art 38 Rn 591; MünchKomm/KREUZER Nach Art 38 Anh II Rn 13; s hier Rn 688), mithin für beide Aspekte identische Anknüpfungsgesichtspunkte heranzuziehen sind.

II. Rechtsquellen

1. Autonomes deutsches Recht

666 Im **deutschen Recht** existiert keine ausdrückliche kollisionsrechtliche Regelung zum Immaterialgüterrecht. Die einschlägigen internationalprivatrechtlichen Grundsätze haben sich in der Rechtsprechung von RG und BGH herausgebildet und sind vom Schrifttum auf dem Boden des **Deliktskollisionsrechts** weiterentwickelt worden. Der Vorschlag, im Zuge des **EGBGB-Entwurfs von 1984** eine Regelung zu Immaterialgüterrechtsverletzungen in das Deliktskollisionsrecht aufzunehmen, hat sich nicht durchgesetzt (vgl SCHACK GRUR IntT 1985, 523 ff; kritisch zur Integration des Wettbewerbsrechts in das Deliktskollisionsrecht Stellungnahme des Max-Planck-Instituts für ausländisches und internationales Patent-, Urheber- und Wettbewerbsrecht zum Entwurf eines Gesetzes zur Ergänzung des internationalen Privatrechts GRUR IntT 1985, 104, 107). Ebenso scheiterten Vorschläge, immaterialgüterkollisionsrechtliche Regelungen in den Referentenentwurf eines **Gesetzes zur Ergänzung des Internationalen Privatrechts vom 1. Dezember 1993** aufzunehmen. Im Rahmen des **Gesetzes zum Internationalen Privatrecht für außervertragliche Schuldverhältnisse und für Sachen** vom 21. 5. 1999 (BGBl I 1026) ist vom Gesetzgeber eine gesonderte Regelung für Verletzungen von Immaterialgüterrechten bewußt im Hinblick auf die allgemeine Geltung des **Schutzlandprinzips** unterlassen worden (vgl Begr RegE BT-Drucks 14/343, 10; vgl zur Frage des **intertemporalen Rechts** hier Rn 339).

2. Konventionsrecht

Die weltweite Verwertung von Marken zwingt dazu, Wertungen aus den **internationalen Konventionen** in die kollisionsrechtliche Bewertung entsprechender Sachverhalte im Zusammenhang mit Marken zu berücksichtigen (s die Einführung in das Recht der internationalen Verträge bei FEZER 2. Teil Int MarkenR). Dies betrifft vor allem die **Pariser Verbandsübereinkunft zum Schutze des gewerblichen Eigentums (PVÜ) vom 20. März 1883**, das **Madrider Abkommen über die internationale Registrierung von Marken vom 14. April 1891 (MMA)** sowie das **Protokoll zum Madrider Abkommen über die internationale Registrierung von Marken vom 27. Juni 1989 (PMMA)**. Weiterhin bedeutsam für die kollisionsrechtliche Behandlung von Markenrechten ist das **Abkommen über handelsbezogene Aspekte der Rechte des geistigen Eigentums (TRIPS) vom 14. April 1994** (BGBl II 1994, 1730). Kollisionsrechtliche Regelungen enthält die **Verordnung (EG) Nr 40/94 des Rates über die Gemeinschaftsmarke (GMV)**. Art 97 Abs 2 GMV verweist subsidiär auf das nationale Sach- und Kollisionsrecht des jeweiligen Gerichtsstaates. **Art 98 Abs 1 Satz 1 GMV** enthält eine Verweisung auf das nationale Recht des Gerichtsstaates hinsichtlich der Durchsetzung von Verletzungsverboten. Im übrigen verweist **Art 98 Abs 2 GMarkenV** hinsichtlich der Sanktionen bei Verletzung von Gemeinschaftsmarken auf das Sach- und Kollisionsrecht des Mitgliedstaates, in dem die Verletzung stattgefunden hat oder droht.

3. Ausländische Rechtsordnungen

Das **österreichische** Recht enthält in § 34 östIPRG eine spezielle kollisionsrechtliche Regelung im Bereich des immaterialgüterrechtlichen Kennzeichenschutzes. Nach **§ 34 Abs 1 östIPRG**, der subsidiär gegenüber dem Konventionsrecht zur Anwendung kommt, beurteilen sich Entstehung, Inhalt und Erlöschen von Immaterialgüterrechten nach dem Recht des Staates, in dem eine Benützungs- oder Verletzungshandlung gesetzt wird. Trotz des **Wortlauts**, der auf den Ort der Benützungs- oder Verletzungshandlung abstellt (vgl dazu vBAR UFITA 108 (1988), 27, 29, 48), wird damit das **Schutzlandprinzip** implementiert, wonach das Recht des Landes maßgeblich ist, für dessen Gebiet der Immaterialgüterrechtsschutz begehrt wird (östOGH ZfRvgl 1994, 122; 208;

GRUR IntT 1994, 638, 639 [Adolf Loos-Werke II]; OLG Wien GRUR IntT 1990, 537, 538 [Direktsatellitensendung]; RUMMEL/SCHWIMANN § 34 IPRG Rn 3). Das Recht des Schutzlandes entscheidet, ob ein immaterialgüterrechtlicher Tatbestand auf seinem Anwendungsterritorium durch Handlung oder Erfolg erfüllt ist, sowie über die Begriffsbestimmung. Es bestimmt mithin, ob eine Benützungs- oder Verletzungshandlung gegeben ist (SCHWIMANN 196; KOPPENSTEINER 799 Rn 3). Für **Verträge über Immaterialgüterrechte** galt bis zur Aufhebung im Zuge der Übernahme des EVÜ durch Österreich (östBGBl I 1998/119) die Kollisionsregel des **§ 43 östIPRG**.

669 Das **schweizerische** Recht enthält mit **Art 110 Abs 1 schwIPRG** ebenfalls eine umfassende Kollisionsnorm für Immaterialgüterrechte, die sich auf Entstehung, Bestand, Erlöschen, Inhalt, Schranken und Schutz von Immaterialgüterrechten erstreckt (dazu DAVID Einl Rn 23). Die Formulierung der Norm entspricht der herrschenden **Schutzlandanknüpfung**. Im **italienischen** Recht verweist Art 54 IPRG im Immaterialgüterrechtsschutz auf das Recht des Benutzungsstaates. Dies entspricht dem Recht des Schutzlandes (KINDLER RabelsZ 61 [1997] 227, 276 f mwN).

III. Territorialitätsprinzip

1. Begriff

670 Der Begriff des **Territorialitätsprinzips** wird im Schrifttum nicht einheitlich verwendet. Richtigerweise stellt das Territorialitätsprinzip als solches **keine eigentliche Kollisionsnorm** dar und ist vom kollisionsrechtlichen Schutzlandprinzip zu unterscheiden, welches aus dem Territorialitätsprinzip hergeleitet wird. Es umschreibt zunächst eine **räumliche materielle Beschränkung** der Wirkung des für das Immaterialgüterrecht entstandenen Schutzrechts auf das Territorium der jeweiligen Staaten. Eine von Staatsverträgen unabhängige Anerkennung ausländischer Immaterialgüterrechte für das inländische Territorium erfolgt regelmäßig nicht (MünchKomm/KREUZER Nach Art 38 Anh II Rn 13). Insoweit stellt das Territorialitätsprinzip **Sachrecht** dar.

671 Das Territorialitätsprinzip hat nicht nur **Auswirkungen** auf die sach- und kollisionsrechtliche Prüfung von immaterialgüterrechtlichen Sachverhalten, sondern betrifft auch **prozessuale Fragen** wie die internationale bzw örtliche Gerichtszuständigkeit. Dies gilt jedenfalls, wenn man der herrschenden Auffassung folgt, wonach insoweit für die kollisionsrechtliche Entscheidung und die Zuständigkeitsentscheidung dieselben Grundsätze herangezogen werden müssen (Rn 653, 781 mwN).

672 Die Begründung für die Geltung des Territorialitätsprinzips im Bereich der Immaterialgüterrechte liegt in der Besonderheit der Entstehung von Immaterialgüterrechten. Da es sich bei subjektiven Immaterialgüterrechten nach nahezu einhelliger Meinung um Rechte handelt, die von den einzelnen Staaten verliehen oder nach weitergehender Auffassung zumindest anerkannt werden, sind sie beherrscht von der **nationalen Begrenztheit des hoheitlichen Verleihungsaktes**, die sich letztlich über das Schutzlandprinzip auch kollisionsrechtlich auswirkt (zur Besonderheit beim **Urheberrecht** ULMER Rn 14; vBAR Bd 2 Rn 702). Nicht die allgemeine Territorialität der nationalen Rechtsordnungen, sondern die Begrenzung der Wirkung staatlicher Verleihungsakte ist maßgeblich für die Begründung des immaterialgüterrechtlichen Territorialitätsprinzips (DEUTSCH 21). Mittelbar spielt auch der Gesichtspunkt der engen Verbindung

der Immaterialgüterrechte mit der traditionell von hoheitlichen Interessen geprägten eigenen **Wirtschaftspolitik** der Staaten eine Rolle. Schließlich wird der **Verkehrsschutz** als weiterer Grund für das Territorialitätsprinzip genannt. Danach soll der Rechtsverkehr nicht gezwungen sein, sein Verhalten nicht nur an das in dem jeweiligen Staat geltende Recht, sondern auch an fremde Rechte anzupassen (vgl vBAR Bd 2 Rn 706). Die Berechtigung dieser *ratio* des Territorialitätsprinzips erscheint allerdings im Hinblick auf die gewandelten besonderen Rahmenbedingungen eines globalisierten Wirtschaftssystems fragwürdig.

2. Begriff des Wirkungsterritoriums

Der Wirkungsbereich eines nationalen Schutzrechts ist grundsätzlich auf das **nationale Territorium** beschränkt. Dazu gehören neben dem Landgebiet des Staates seine Territorialgewässer sowie der jeweilige Luftraum. Daneben sind dem territorialen Wirkungsbereich auch nationale Fahrzeuge oder feste Einrichtungen zuzurechnen, solange sie sich in staatslosem Gebiet aufhalten, etwa Schiffe auf hoher See, Flugzeuge über staatslosem Gebiet oder Weltraumstationen (BGB-RGRK/WENGLER 491). Das nationale Schutzrecht eines **Transitstaates**, in dem sich ein nationales Fahrzeug **vorübergehend** befindet, findet keine Anwendung auf den Bereich dieses Fahrzeugs. Somit können Kennzeichen auf Waren, die sich innerhalb solcher Fahrzeuge befinden, grundsätzlich nicht mit nationalen Zeichenrechten des Transitstaates kollidieren (BGB-RGRK/WENGLER 491). Anders ist dies zu beurteilen, wenn sich ein nationales Fahrzeug, etwa ein Schiff, nicht nur vorübergehend, sondern **auf Dauer** in dem fremden Territorium befindet.

3. Bedeutung und Inhalt des Territorialitätsprinzips

Die Geltung des Territorialitätsprinzips ist im Bereich der gewerblichen Schutzrechte international anerkannt und auch im Schrifttum weitgehend unbestritten. Sie läßt sich bereits dem einschlägigen Konventionsrecht entnehmen. Im Bereich des Markenrechts ergibt sich das Territorialitätsprinzip aus der **Pariser Verbandsübereinkunft zum Schutze des gewerblichen Eigentums (PVÜ)** vom 20. März 1883 sowie aus dem **Abkommen über handelsbezogene Aspekte der Rechte des geistigen Eigentums (TRIPS)** vom 14. April 1994. Der in Art 2 PVÜ und in Art 3 TRIPS normierte Grundsatz der **Inländerbehandlung** (Assimilationsprinzip), nach dem Ausländer weder bei dem Erwerb noch bei der Ausübung und hinsichtlich des Schutzes einer inländischen Marke schlechter gestellt werden dürfen, als Inländer, impliziert die Heranziehbarkeit des **Territorialitätsprinzips**. Denn mit der Aufnahme des Grundsatzes der Inländerbehandlung in die das Markenrecht betreffenden internationalen Konventionen ist zugleich ausgesagt, daß es bei den unterschiedlichen nationalen Markenrechten bleibt, da jeder Staat eigene sachliche Voraussetzungen für absolut wirkende Immaterialgüterrechte, ihren Inhalt sowie ihren Schutz festlegt (vBAR Bd 2 Rn 704). Die Gleichstellung der Ausländer mit den Inländern in den verschiedenen nationalen Territorien ist sodann unter diesen national festgelegten Voraussetzungen gewährleistet.

Das Prinzip der Inländerbehandlung enthält daher neben der vordergründig fremdenrechtlichen Aussage letztlich auch einen **kollisionsrechtlichen Inhalt** der nicht nur die Territorialität der Immaterialgüterrechte voraussetzt (vgl LICHTENSTEIN NJW 1964,

1208; zum TRIPS KATZENBERGER GRUR IntT 1995, 447, 460; MünchKomm/KREUZER Nach Art 38 Anh II Rn 3), sondern auch auf das Prinzip der **Maßgeblichkeit des Schutzlandrechts** verweist (vgl OLG Koblenz GRUR IntT 1968, 164 [Liebeshändel in Chioggia]; TROLLER 20; ULMER, in: HOLL/KLINKE 257, 258). Danach stellt der Inländerbehandlungsgrundsatz auch eine konkludente **völkervertragsrechtliche Kollisionsnorm** dar (vgl KREUZER, in: Vorschläge und Gutachten zur Reform des deutschen internationalen Sachen- und Immaterialgüterrechts [1991] 37, 148; zu den Folgen hieraus Rn 677). Diese Kollisionsnorm ist indes **unvollkommen** (ULMER Rn 16), weil die genaue **Reichweite** der Anwendung des Territorialitätsgrundsatzes mit den entsprechenden Folgen für die Anwendung des Schutzlandprinzips der völkerrechtlichen Kollisionsnorm nicht entnommen werden kann.

676 Der kollisionsrechtliche Gehalt des Inländerbehandlungsgrundsatzes ist nicht unbestritten (für einen ausschließlich **fremdenrechtlichen** Gehalt NEUHAUS RabelsZ 40 [1976] 191, 193, WIRNER 39 f; VISCHER GRUR IntT 1987, 670, 676; SOERGEL/KEGEL Anh Art 12 Rn 26 mwN). Eine **praktische Bedeutung** ist dem Streit indes kaum beizumessen, jedenfalls soweit man grundsätzlich die territoriale Begrenztheit der Immaterialgüterrechte anerkennt (PFAFF, in: FS BEIER [1986] 1109, 1226 Rn 21). Anders ist dies zu beurteilen, wenn man bestimmte Aspekte des Immaterialgüterrechtsschutzes von der Schutzlandanknüpfung ausnimmt und nach dem **Universalitäts- bzw Ursprungslandprinzip** behandelt, wie dies etwa allgemein für das Urheberrecht oder im Hinblick auf eine Trennung zwischen Existenz und Schutz von Immaterialgüterrechten vorgeschlagen wird (vgl dazu Rn 684). Insoweit führt die kollisionsrechtliche Festlegung auf die Schutzlandanknüpfung im Konventionsrecht dazu, daß eine derartige **Sonderanknüpfung** konventionswidrig wäre (offengelassen von JEGHER/SCHNYDER, in: Kommentar zum schwIPRG Art 110 Rn 22, 38), bzw nur im konventionsfreien Raum möglich wäre (vgl KREUZER, in: Vorschläge und Gutachten zur Reform des deutschen internationalen Sachen- und Immaterialgüterrechts [1991] 37, 149).

677 Die den das Markenrecht betreffenden Konventionen angeschlossenen Staaten sind gegenüber den anderen Mitgliedstaaten in der Gestaltung ihres Markenkollisionsrechts nicht frei. Dies ist eine Folge des Kollisionsrechtscharakters des Inländerbehandlungsprinzips in den Konventionen. Aufgrund der mit dem Territorialitätsprinzip verbundenen und von den einschlägigen internationalen Konventionen vorausgesetzten Verweisung auf das Schutzlandrecht wird eine grundsätzlich mögliche extraterritoriale Wirkung einer markenrechtlichen Sachnorm bei entsprechender Verweisung durch eine Kollisionsnorm durch die einseitige Beschränkung des Wirkungsbereichs der Sachnorm oder der Kollisionsnorm auf innerstaatliche Vorgänge aufgehoben (DEUTSCH, in: Die Warenzeichenlizenz 463, 471; ULMER Rn 17; WEBER 33).

678 Die territoriale Bestimmung des Markenrechts beginnt schon bei seiner **Entstehung**. Unerheblich ist dabei, ob das nationale Sachrecht für die Erlangung der Rechtsnatur eines Ausschlußrechts die bloße Benutzung genügen läßt, oder ob ein staatlicher Registrierungsakt erforderlich ist (PFAFF, in: FS BEIER [1986], 1109, 1125 Rn 12). Grundsätzlich ist der Wirkungsbereich nationaler Markenrechte auf das Gebiet des Staates beschränkt, nach dessen Recht sie begründet werden (Handelsgericht Zürich GRUR IntT 1985, 411). Infolgedessen erlangt der Markenrechtsinhaber **kein einheitliches, weltweit gültiges Markenrecht**. Vielmehr erlangt er bei Entstehung nach verschiedenen nationalen Rechtsordnungen allenfalls ein Bündel voneinander unabhängiger nationaler

D. Internationales Markenprivatrecht

Markenrechte, die sich nach Inhalt, Umfang und Schutzdauer voneinander unterscheiden. Insoweit wird von der **Bündeltheorie** gesprochen (BGHZ 18, 1, 13 [Hückel]; BGH NJW 1957, 140, 142 [Flava-Erdgold]; BGHZ 49, 331, 334 f [Voran]; EuGH GRUR IntT 1994, 614, 615 Rn 24 f [Ideal Standard]).

Anderes ergibt sich nicht aus den **multilateralen Konventionen** zum Markenrecht (vBAR Bd 2 Rn 703), die lediglich Regeln zur Erleichterung des Erwerbs nationaler Markenrechte durch Ausländer aufstellen, aber kein einheitliches übergeordnetes Markenrecht geschaffen haben (KATZENBERGER GRUR IntT 1995, 447, 459). Nichts anderes gilt für die im **Madrider Abkommen über die internationale Registrierung von Marken** vom 14. April 1890 (MMA) vorgesehene Möglichkeit, durch eine einzige Registrierung bei dem in Genf ansässigen Internationalen Büro der Weltorganisation für geistiges Eigentum (WIPO) Markenschutz in beliebig vielen Markenverbandsstaaten zu erlangen (vgl Art 4 MMA). Auch die Eintragung im internationalen Register begründet nur ein Bündel territorial begrenzter nationaler Markenrechte (BGHZ 18, 1, 13 [Hückel]). **679**

Das Territorialitätsprinzip kann einerseits als **Begrenzung der völkerrechtlichen Pflicht, fremde Hoheitsrechte zu achten**, gesehen werden (OLG Hamm NJW-RR 1986, 1947, 1948). Es ist andererseits Ausdruck des **Respektes der nationalen Rechtsordnung gegenüber fremder staatlicher Souveränität**. Problematisch erscheint eine konsequente Durchsetzung des Territorialitätsprinzips, soweit es eine Abschottung der nationalen Märkte ermöglicht, was dazu führen kann, daß die territoriale Beschränkung der Immaterialgüterrechte teilweise als **protektionistische Regel** angesehen werden könnte (NEUHAUS RabelsZ 40 [1976] 191, 193, 195; vgl auch BRIEM 110 mit Bezug auf die Hinwendung des RG zum Territorialitätsprinzip). Wenn auch das Territorialitätsprinzip sowohl durch das Konventionsrecht als auch durch einen breiten internationalen Konsens weitgehend vorgegeben ist, sind doch unter Berücksichtigung des im Hinblick auf die zunehmende Globalisierung der internationalen Wirtschaftsordnung notwendigen Abbaus protektionistischer Regelungen weitere internationale Harmonisierungsmaßnahmen anzustreben. Ein Anfang wurde im innergemeinschaftlichen Rahmen mit der Einführung der Gemeinschaftsmarke gemacht. Schon jetzt erscheint es unter Berücksichtigung der zunehmenden **Internationalisierung der Wirtschaft** zudem erforderlich, ein streng verstandenes Territorialitätsprinzip durch eine **verstärkte Berücksichtigung exterritorialer Sachverhalte bei territorialen Markenkollisionen** zu durchbrechen (dazu näher Rn 721 ff). **680**

Teilweise wird bereits dem **Territorialitätsprinzip selbst ein kollisionsrechtlicher Inhalt** zugeschrieben. Das jeweilige nationale Sachrecht legt Inhalt und sachliche Grenzen des Markenrechtsschutzes fest, so daß sich Entstehung, Inhalt und Umfang des Markenschutzes nach dem Recht des Staates bestimmen, für dessen Territorium der Markenrechtsschutz in Anspruch genommen wird (KOPPENSTEINER § 37 Rn 1). Andererseits wird dem Territorialitätsprinzip verschiedentlich ein kollisionsrechtlicher Inhalt gänzlich abgesprochen (vgl etwa ZWEIGERT/PUTTFARKEN GRUR IntT 1973, 573, 574; PFAFF, in: FS BEIER [1986] 1109, 1123 Rn 14 mwN [Zuordnung des Territorialitätsprinzip zum Sachrecht]; SCHACK IPRax 1991, 347, 348; vgl auch BRIEM 111). Die Frage hat keine praktische Bedeutung, denn es ist letztlich unerheblich, ob man den für die kollisionsrechtliche Entscheidung bestimmenden **Schutzlandgedanken** bereits im Territorialitätsprinzip ausgedrückt sieht, oder ob man das Schutzlandprinzip als Umsetzung eines sachrechtlichen Ter- **681** ritorialitätsprinzips in das Internationale Privatrecht versteht (so BRIEM 112; vgl auch ULMER Rn 14).

4. Entwicklung des Territorialitätsprinzips in der Rechtsprechung

682 In der Rechtsprechung des **RG** wurde im Bereich des Markenrechts zunächst von einem umfassenden, **weltweit geltenden Persönlichkeitsrecht** ausgegangen (RGZ 18, 28, 32 [Hoff]; zum Markenrecht RGZ 51, 263, 267 [Mariani]; vgl dazu WEBER 24 f). Danach konnte sich der Inhaber eines deutschen Warenzeichens auch in Fällen ausländischer Eingriffshandlungen in sein Warenzeichenrecht vor deutschen Gerichten auf den Schutz des deutschen Warenzeichens berufen. Kollisionsrechtlich entsprach dem Territorialitätsprinzip die Heranziehbarkeit des Personalstatus.

683 Im Bereich des Markenrechts wurde vom RG erstmals in der *Hengstenberg*-Entscheidung (RGZ 118, 76, 81 [Hengstenberg]) im Jahre 1927 unter ausdrücklicher Berufung auf das Internationale Privatrecht die Geltung des Territorialitätsprinzips anerkannt und damit gegenüber der Rechtsprechung zu den anderen Immaterialgüterrechten verhältnismäßig spät vom Universalitätsprinzip abgerückt.

5. Wiederbelebung des Universalitätsprinzips im Schrifttum

684 Das **Universalitätsprinzip**, welches die weltweite Geltung eines nach dem Ursprungslandrecht wirksam entstandenen Immaterialgüterrechts bewirkt (**Ursprungslandprinzip**), wird heute kaum noch vertreten. Allerdings kamen in den siebziger Jahren Vorschläge auf, zwischen Existenz und Schutz von Immaterialgüterrechten zu unterscheiden und nur den Schutz von Immaterialgüterrechten dem Territorialitätsprinzip zu unterstellen. Im übrigen sei von der Weitergeltung des Universalitätsprinzips auszugehen, mit der Konsequenz, daß insoweit an das Heimat- oder Ursprungsrecht anzuknüpfen sei (NEUHAUS RabelsZ 40 [1976] 191, 192 f). Derartige Vorschläge konnten sich indes angesichts der weltweiten Anerkennung des Territorialitätsprinzips nicht durchsetzen. Im Bereich des **Urheberrechts** haben sich daneben, begünstigt nicht zuletzt durch die Unabhängigkeit der Urheberrechtserlangung von einem besonderen hoheitlichen Verleihungsakt (vgl dazu ULMER Rn 14), Tendenzen herausgebildet, das Universalitätsprinzip wiederzubeleben (vgl SCHRICKER/KATZENBERGER vor § 120 UrhG Rn 71; ULMER, in: HOLL/KLINKE 257, 259 f; vgl auch DROBNING RabelsZ 40 [1976] 195, 197). Derartige **Sonderanknüpfungen** bestimmter Teilfragen des Immaterialgüterrechtsschutzes sind mit dem **Konventionsrecht** unvereinbar, da der dort enthaltene Grundsatz der **Inländerbehandlung** das Territorialitätsprinzip und die daraus folgende Schutzlandanknüpfung voraussetzt, mithin entsprechenden kollisionsrechtlichen Inhalt hat (str vgl näher Rn 675 f). Neuerdings zeigt sich ferner eine gewisse Tendenz der **Europäischen Kommission**, vom Schutzlandprinzip zugunsten des Ursprungslandprinzip abzuweichen (s näher Rn 446).

6. Folgen des Territorialitätsprinzips

685 Das Territorialitätsprinzip führt dazu, daß die **inländischen Markenrechtsnormen** ausschließlich Erwerb und Verlust einer **inländischen Marke** betreffen. Der Geltungsbereich einer Marke ist auf das Territorium desjenigen Staates beschränkt, nach dessen Sachrecht die Marke entstanden ist. Wenn der Wirkungsbereich des nationalen Mar-

D. Internationales Markenprivatrecht

kenrechts auf das Territorium desjenigen Staates beschränkt ist, nach dessen Recht es begründet wird, so kann prinzipiell ein **deliktisch relevanter Tatort** im Falle einer Markenrechtsverletzung ausschließlich im Hoheitsgebiet dieses Staates liegen (vgl EuGH GRUR IntT 1994, 614, 615 Rn 22 [Ideal Standard]; Handelsgericht Zürich GRUR IntT 1985, 411; MünchKomm/KREUZER Nach Art 38 Anh II Rn 26 mwN). Außerhalb des Territoriums des Entstehungsstaates der Marke kann danach keine **Rechtsgutsverletzung** bezüglich des von ihm verliehenen Markenrechts vorliegen. Grundsätzlich würde dies bedeuten, daß eine **Verletzung eines inländischen Markenrechts durch Auslandshandlungen** nicht möglich ist. Ebenso würde die Verletzung ausländischer Markenrechte durch Inlandshandlungen ausscheiden (BEIER GRUR IntT 1968, 8, 12; vgl schon RGZ 118, 76, 83 1. Abs aE [Hengstenberg])

Diese **strenge Auslegung des Territorialitätsprinzips** im Hinblick auf die Frage der Verletzung inländischer Marken durch Auslandsaktivitäten entspricht nach wie vor der überwiegenden Auffassung. Richtigerweise sind insoweit aber begrenzte **Durchbrechungen** zuzulassen, die sich aus den veränderten Rahmenbedingungen einer wachsenden Internationalisierung der Wirtschaft ergeben. Danach sind in engen Grenzen auch **exterritoriale Sachverhalte** bei territorialen Markenkollisionen zu berücksichtigen (FEZER Einl MarkenG Rn 183 ff; § 14 Rn 19 aE; näher hier Rn 721 ff).

Die **Unabhängigkeit der verschiedenen nationalen Markenrechte** voneinander hat zur Folge, daß der **Bestand inländischer Markenrechte** gegebenenfalls unabhängig von dem Bestand demselben Markeninhaber zustehender, entsprechender ausländischer Registerrechte ist (BGHZ 41, 84, 91 [Maja]). Damit sind **nationale Markeneintragungen trotz Bestehens eines identischen nach ausländischem Recht entstandenen Markenrechts** möglich. Eine weitere Folge ist, daß eine inländische Markeneintragung trotz Bestehens einer identischen Marke im Ausland lauterkeitsrechtlich regelmäßig nicht als **sittenwidrig** zu qualifizieren ist. Insbesondere genügt nicht schon die bloße **Kenntnis der Auslandsbenutzung** einer Marke zur Bejahung der Wettbewerbswidrigkeit im Hinblick auf eine inländische Markenanmeldung (BGH GRUR 1969, 607, 609 [Recrin]). Eine Wettbewerbswidrigkeit kann nur dann angenommen werden, wenn neben der Kenntnis von der Auslandsbenutzung der Marke besondere Umstände hinzutreten, die das Verhalten des Anmelders als wettbewerbswidrig erscheinen lassen. Ein solcher Umstand kann unter dem Aspekt der **zweckentfremdeten Markeneintragung als Mittel des Behinderungswettbewerbs** namentlich in der Absicht liegen, den Benutzer der identischen Auslandsmarke daran zu hindern, die Marke auf dem Inlandsmarkt zu benutzen (BGH GRUR 1969, 607, 609 [Recrin]; vgl BGH GRUR 1967, 298, 301 [Modess]; GRUR 1967, 304, 305 [Siroset]; zur bösgläubigen Anmeldung einer Marke FEZER § 150 Rn 21 ff).

Schließlich führt das Territorialitätsprinzip dazu, daß sich **Entstehung, Bestand und Untergang** eines Markenrechts ausschließlich nach ein und demselben nationalen Markenstatut richten. Einen **Statutenwechsel** gibt es nicht (MünchKomm/KREUZER Nach Art 38 Anh II Rn 13; STAUDINGER/vHOFFMANN [1998] Art 38 Rn 591; für das Urheberrecht vgl KATZENBERGER GRUR IntT 1973, 274, 277). Schutz und Bestand des Markenrechts unterfallen zwingend demselben Immaterialgüterrechtsstatut (MünchKomm/KREUZER Nach Art 38 Anh II Rn 13).

IV. Bestimmung des Immaterialgüterstatutes

1. Ort der wettbewerblichen Interessenkollision

689 Die von der Rechtsprechung zum Lauterkeitskollisionsrecht entwickelte Interessenkollisionslehre spielt im Rahmen der markenkollisionsrechtlichen Statutbestimmung keine unmittelbare Rolle. Nach diesem Grundsatz ist für Lauterkeitsrechtsverletzungen an das Recht an dem Ort anzuknüpfen, an dem die wettbewerblichen Interessen der Mitbewerber aufeinandertreffen (dazu eingehend Rn 348 ff, 368 ff). Eine einfache Übertragung diese Prinzips auf Markenrechtsverletzungen vernachlässigt die Besonderheiten, die sich aus der territorialen Begrenztheit des Markenrechts ergeben.

690 Es ist jedoch nicht zu verkennen, daß die herkömmliche Schutzlandanknüpfung besonders im Bereich des **Internets** wie auch der weltweiten **Fernsehausstrahlung**, etwa via **Satellit** zu **Schutzdefiziten** führen kann. Sie bewirkt, daß regelmäßig **ausländische Sachverhalte** nur unter äußerst engen Voraussetzungen berücksichtigungsfähig sind, weil insoweit davon ausgegangen wird, daß wegen der territorialen Begrenzung des Markenrechtsschutzes der Begehungsort einer Markenrechtsverletzung stets nur im Schutzland denkbar ist. Gleichwohl wird auch insoweit nach herkömmlicher Auffassung für den Vornahmeort der Verwertungshandlung auf das **Ausstrahlungsland** (ULMER Rn 24) bzw den **Standort des Internetservers** abgestellt (vgl zum Satellitenrundfunk auch Art 1 Abs 2 Ziff b) der **Richtlinie 93/83/EWG betreffend Satellitenrundfunk und Kabelweiterverbreitung** [ABl EG L 248/15], wonach die öffentliche Wiedergabe über Satellit nur in dem Mitgliedstaat stattfindet, in dem die programmtragenden Signale unter der Kontrolle des Sendeunternehmens und auf dessen Verantwortung in eine ununterbrochene Kommunikationskette eingegeben werden, und Art 3 des Vorschlages für eine **Richtlinie über bestimmte rechtliche Aspekte des elektronischen Geschäftsverkehrs im Binnenmarkt** [ABlEG 1999 C 30/4, 8, geänderter Vorschlag v 1.9.1999, Dok KOM ⟨1999⟩ 427 endg]; vgl OLG Frankfurt aM GRUR IntT 1996, 247, 251 [Satellit erweitert Lizenzgebiet]; vgl dazu auch Rn 446 ff). Eine inländische Immaterialgüterrechtsverletzung ist nach dieser Auffassung wegen des Territorialitätsprinzips mithin nur möglich, wenn sich der Sender bzw der Internetserver im Inland befindet. Daher kann ein potentieller Verletzer etwa den Standort des Servers, von dem aus er eine markenrechtsverletzende Information weltweit zum Abruf stellt, ohne weiteres in einen Staat verlegen, in dem kein oder nur ein schwächerer Markenschutz besteht (ähnlich LG Düsseldorf GRUR 1998, 159, 160; JACOBS/SCHULTE-BECKHAUSEN, in: Hdb des Wettbewerbsrechts § 27 Rn 43). Wird zudem durch die etwa von einem in den Vereinigten Staaten befindlichen Internetserver verbreitete Information eine deutsche Marke betroffen, so wäre nach herkömmlicher Sicht mangels berücksichtigungsfähiger Rechtsgutsverletzung nicht von einer inländischen Markenrechtsverletzung auszugehen. Ein Schutzrechtsinhaber ist wegen des Territorialitätsprinzips gezwungen, mit erheblichem finanziellen Aufwand in jedem von der Internetinformation erreichten Land gesondert gegen eine Verletzung vorzugehen; es besteht insoweit eine erhebliche **Aufwandsdiskrepanz** zwischen der ohne besondere Schwierigkeiten weltweit wirkenden Verletzung und der ungleich aufwendigeren Verfolgung derselben (vgl BAEUMER, in: FS Fikentscher [1998] 803, 818).

691 Aus diesem Grund wird im Urheberrecht teilweise die Auffassung vertreten, der zum

D. Internationales Markenprivatrecht

Lauterkeitsrecht entwickelte wettbewerbskollisionsrechtliche Ansatz sei in solchen Fällen **zusätzlich** auch auf das **Urheberkollisionsrecht** zu übertragen (KATZENBERGER GRUR IntT 1983, 895, 914; SCHRICKER GRUR IntT 1984, 592, 594; SCHRICKER/KATZENBERGER Vor § 120 UrhG Rn 89; JACOBS/SCHULTE-BECKHAUSEN, in: Hdb des Wettbewerbsrechts § 27 Rn 43). Danach wird der lauterkeitskollisionsrechtliche Ansatz **zusätzlich** zum herkömmlichen immaterialgüterkollisionsrechtlichen Ansatz bei der Statutbestimmung herangezogen. Im Bereich des Urheberrechts wird die Bereitschaft von Teilen des Schrifttums zu einer Verwässerung des Schutzlandprinzips nicht zuletzt dadurch begünstigt, daß es insoweit für die Begründung des Urheberrechts an einem konstitutiven staatlichen **Hoheitsakt** und damit an einem wichtigen Begründungselement für die territoriale Begrenzung des Immaterialgüterrechts fehlt (vgl auch Rn 672). Dazu bleibt allerdings festzuhalten, daß auch im Urheberrecht das Schutzlandprinzip durch das internationale Konventionsrecht vorausgesetzt wird (vgl für Filmwerke Art 14bis Abs 2 Ziff a) der **Revidierten Berner Übereinkunft zum Schutz von Werken der Literatur und Kunst** [RBÜ]; vgl auch **Komm Grünbuch** Urheberrecht und verwandte Schutzrechte in der Informationsgesellschaft [KOM(95) 382 endg, 39]).

Eine entsprechende Auffassung findet sich neuerdings auch im **Markenrecht**. Selten **692** wird dabei auf die bloße **Abrufbarkeit** einer ein deutsches Zeichenrecht beeinträchtigenden Information im Internet abgestellt (so wohl KUNER CR 1996, 453, 455). Einen ähnlichen Ansatz verfolgen verschiedene **französische Entscheidungen**, die nationale Markenrechtsverletzungen aufgrund des Internetinformationsempfangs im Inland, unabhängig vom Standort des Servers, angenommen haben (vgl die Nachweise bei HAAS GRUR IntT 1998, 934, 938; vgl auch Southern District Court of New York v 19. 6. 1996, 939 F Supp 1032, 1044 f [Playboy Enterprises Inc vs Chuckleberry Publishing Inc]). Zumeist wird in Parallele zur Rechtsprechung des BGH für Wettbewerbsverstöße durch Presseerzeugnisse eine **bestimmungsgemäße und nicht nur zufällige Abrufbarkeit** (LG Düsseldorf GRUR 1998, 159, 160 [epson.de]; WEGNER CR 1998, 676, 681; zum entsprechenden Problem bei der internationalen Zuständigkeit, s näher Rn 783; vgl zum Lauterkeitsrecht auch Rn 506) bzw ein offensichtlich **gezielter Eingriff** in das inländische Zeichenrecht verlangt (KUR, in: LOEWENHEIM/KOCH, 325, 375 f unter Hinweis auf KG NJW 1997, 3321 [concert-concept.de]; vgl auch POECK, in: SCHWARZ [Hrsg], 4–2.2, 73; da sich das KG in dieser nicht markenrechtlichen Entscheidung nicht mit dem Schutzlandprinzip auseinandergesetzt hat, erscheint ihre Heranziehbarkeit allerdings fraglich). Bisweilen wird darauf abgestellt, ob die Zeichennutzung im Internet **im inländischen geschäftlichen Verkehr** erfolgt ist (KOCH CR 1999, 121, 124). Auffällig ist, daß die Vertreter dieser Auffassung teilweise nicht näher hinterfragen, ob die Verletzung eines inländischen Markenrechts aufgrund seiner territorialen Begrenzung durch die im Ausland erfolgende Einspeisung der Information in das Netz als **Auslandshandlung** überhaupt möglich ist (dazu Rn 685; vgl auch UBBER WRP 1997, 497, 503 unter mißverständichem Verweis auf die Entscheidung RGZ 118, 76 [Hengstenberg], in der lediglich erstmals die territoriale Begrenzung des Markenrechts festgestellt wurde [81 f]). Zumeist wird ohne weiteres auf die von der Rechtsprechung entwickelten Grundsätze zum Lauterkeitskollisionsrecht verwiesen (vgl etwa BETTINGER GRUR IntT 1997, 402, 416 aE; OMSELS GRUR 1997, 328, 337), oder es wird pauschal festgestellt, daß bei Internetverletzungen stets auch Deutschland als Tatort anzusehen sei (vgl WEGNER CR 1998, 676, 680). Soweit sich die entsprechenden Stimmen im Schrifttum auf die Frage der internationalen Tatortzuständigkeit und nicht ausdrücklich auf die Frage nach dem für Kennzeichenverletzungen im Internet anwendbaren Recht beziehen, dürfte dies darauf beruhen, daß allgemein im Rahmen der **internationalen Zuständigkeit** davon ausgegangen wird, das Territorialitäts- bzw Schutzlandprinzip führe hier nicht zu Modifikationen des Begehungsortbegriffes (sog **relative Territorialität**, s Rn 778).

693 Diese Auffassung würde entsprechend der Anwendung der Interessenkollisionslösung im Rahmen der lauterkeitsrechtlichen Aspekte einer Werbeeinwirkung auf die Verbraucher (dazu Rn 506) in einschlägigen Fällen zu einer Anknüpfung an das Recht derjenigen Staaten führen, in denen die Internetinformation abgerufen werden kann bzw in denen die Sendungen empfangen werden können, in denen also auf die Marktgegenseite **eingewirkt** wird (**Einwirkungsmarkt**). Ähnlich wie im Lauterkeitsrecht versucht man auch hier den Kreis der danach möglichen Statute dadurch einzugrenzen, daß man auf **finale Aspekte** abstellt und nur die bestimmungsmäßige Möglichkeit des Empfanges oder der Abrufbarkeit aus dem Internet genügen lassen will (so JACOBS/SCHULTE-BECKHAUSEN, in: Hdb des Wettbewerbsrechts § 28 Rn 43; KUR in: LOEWENHEIM/KOCH, 325, 376). Letztlich bedeutet dies die **Aushebelung des kollisionsrechtlichen Schutzlandprinzips** zugunsten einer auf einzelne **Fallgruppen** beschränkten Anwendung der lauterkeitsrechtlichen Kollisionsgrundsätze.

694 Hierin liegt zugleich der grundlegende **Kritikpunkt** im Hinblick auf die dargestellte Auffassung. Denn sie verkennt die **prinzipielle Beherrschung des Immaterialgüterkollisionsrechts durch das Territorialitätsprinzip**, welche auch international schon durch das einschlägige Konventionsrecht anerkannt oder sogar festgeschrieben ist. Zudem erscheint es methodisch unbefriedigend, kollisionsrechtliche Grundsätze innerhalb eines Rechtsgebietes uneinheitlich zur Anwendung gelangen zu lassen. Letztlich handelt es sich bei der direkten Heranziehung der Interessenkollisionslösung für den Internet- und Satellitenausstrahlungsbereich um eine rein ergebnisorientierte Ausnahme von dem herrschenden Schutzlandprinzip. Schließlich ist die dargestellte Auffassung auch nicht ohne weiteres auf das Markenrecht übertragbar, weil es hier im Gegensatz zum Urheberrecht (vgl Rn 691) eines konstitutiven hoheitlichen Verleihungsaktes bedarf, der notwendig eine territoriale Begrenzung des so entstandenen Markenrechts bewirkt und damit auf das Schutzlandprinzip hinführt.

695 Wenn auch eine **direkte Übertragung** der lauterkeitskollisionsrechtlichen Grundsätze auf das Immaterialgüterrecht nicht möglich erscheint, so ist doch den Vertretern dieser Auffassung darin zuzustimmen, daß die modernen Kommunikationstechnologien bei einer traditionellen Sichtweise des Territorialitätsprinzips zu erheblichen Schutzlücken führen können. Es ist daher an eine allgemeine **Modifikation** des auf dem Territorialitätsprinzip basierenden, überkommenen Immaterialgüterkollisionsrechts zu denken. Dabei bleibt es im Grundsatz bei der alleinigen Anwendung des **Schutzlandprinzips** unter Anerkennung des Territorialitätsprinzips. Allerdings müssen verstärkt auch **Auslandssachverhalte** in die immaterialgüterkollisionsrechtliche Bewertung einfließen können. Dies läßt sich dadurch erreichen, daß man dem jeweiligen Schutzlandrecht die Bewertung überläßt, welche Sachverhalte es als Verletzung eines inländischen Markenrechts qualifizieren will (**Eingriffslokalisierung**). Grundsätzlich können in diesem Rahmen, wenn auch in engen Grenzen, auf ausländischem Territorium erfolgende Aktivitäten als inländische Markenrechtsverletzungen anerkannt werden, so daß insbesondere Markenrechtsverletzungen im Internet, die von einem ausländischen Server aus erfolgen, denkbar sind.

696 Da insoweit aufgrund der erforderlichen **Rücksichtnahme auf das weltweit anerkannte**

D. Internationales Markenprivatrecht

Territorialitätsprinzip nicht jegliche im Ausland erfolgenden, störenden Aktivitäten zwingend inländische Markenrechtsverletzungen begründen können, müssen indes besondere Kriterien gefunden werden, die es rechtfertigen, einen exterritorialen Sachverhalt als inländische Rechtsgutsverletzung zu qualifizieren. Ein solches Kriterium kann in einem **hinreichenden Inlandsbezug** gesehen werden. In diesem Rahmen bietet sich sodann die Heranziehung **lauterkeitskollisionsrechtlicher Grundsätze** gleichsam als **Bewertungsmaßstäbe**, nicht aber als eigentliche Anknüpfungsgrundsätze an. So erscheint es naheliegend, etwa eine entsprechende Interessenkollision im Inland oder, soweit man die Existenz eines lauterkeitskollisionsrechtlichen Auswirkungsprinzip anerkennt, eine spürbare Auswirkung auf den Inlandsmarktbereich zur sachrechtlichen Bestimmung der räumlichen Elemente des konkreten Verletzungstatbestandes heranzuziehen (näher dazu Rn 726 ff).

2. Auswirkungsprinzip

Entsprechendes wie für eine direkte Übertragung der aus der Interessenkollisionslehre folgenden Kollisionsgrundsätze auf das Immaterialgüterkollisionsrecht gilt für eine Übertragung des wettbewerbskollisionsrechtlichen Auswirkungsprinzips. Eine unmittelbare Anwendung des Auswirkungsprinzips auf immaterialgüterrechtliche Sachverhalte steht in einem prinzipiellen Widerspruch zu den Folgen der territorialen Begrenzung der Immaterialgüterrechte. Es kann aber das Auswirkungsprinzip als ein Kriterium zur sachrechtlichen Bestimmung der räumlichen Elemente des immaterialgüterrechtlichen Verletzungstatbestandes herangezogen werden (**Verletzungslokalisierung**, s dazu Rn 722).

3. Schutzlandanknüpfung

a) Grundsatz

Maßgeblich für die Beurteilung von Entstehung, Inhalt und Umfang des Markenschutzes ist das Recht des Schutzlandes (*lex loci protectionis*). Der Begriff des Schutzlandprinzips kann in zwei unterschiedlichen Richtungen aufgefaßt werden. Einerseits kann er dahingehend verstanden werden, daß maßgeblich das Recht des Staates ist, **in dem der Immaterialgüterrechtsschutz beansprucht wird**. Das Recht des Schutzlandes und das Recht des Forumstaates fallen bei einem solchen Verständnis zwar begrifflich zusammen, decken sich jedoch nicht stets. Ursprünglich wurde davon ausgegangen, daß deutsche Gerichte nur für die Entscheidung über die Verletzung deutscher Schutzrechte nach deutschem Sachrecht international zuständig seien (s zur internationalen Zuständigkeit Rn 776 ff), so daß Schutzlandrecht und Forumrecht notwendig zusammenfielen. Diese Sichtweise ist indes überholt, da eine internationale Zuständigkeit grundsätzlich auch für die Beurteilung der Verletzung ausländischer Schutzrechte nach ausländischem Sachrecht gegeben sein kann. Es herrscht daher das Verständnis vom Schutzlandprinzip vor, daß es auf das Recht des Staates ankommt, **für den der Schutz beansprucht wird**.

Nachdem die nationalen Sachrechte aufgrund der Maßgeblichkeit des Territorialitätsprinzips Inhalt und sachliche Grenzen des auf dem jeweiligen nationalen Territorium begründeten Markenrechtsschutzes festlegen, bestimmt sich somit nach dem Recht des Staates **für dessen Territorium** eine markenrechtliche Rechtsfolge nach Eintragung oder Benutzung in Anspruch genommen werden soll, ob der Markenrechtsschutz entstanden ist, fortbesteht und welche sachliche Reichweite er hat (KOPPENSTEINER § 37 Rn 1). Demgegenüber findet sich teilweise in Anlehnung an Art 5 Abs 2 Satz 2 und Art 6bis Abs 2 der Revidierten Berner Übereinkunft zum Schutz von Werken der Literatur und Kunst (RBÜ) die Formulierung, zuständig sei das Recht des Staates, **in dem der Schutz beansprucht wird**. Diese Formulierung, ist wie gezeigt (Rn 698), mißverständlich, da sie dem Wortlaut nach auf die Maßgeblichkeit der *lex fori* verweist (vgl ULMER Rn 16; MünchKomm/KREUZER Nach Art 38 Anh II Rn 8). *Lex loci protectionis* und *lex fori* fallen nicht zwingend zusammen (A TROLLER 49; ULMER Rn 18), auch wenn dies in der Praxis oft der Fall sein wird.

700 Soweit in der **Rechtsprechung** gelegentlich noch von einer Anknüpfung an das Recht am **Ort der Verletzung des Immaterialgüterrechts** die Rede ist (vgl etwa LG Düsseldorf GRUR IntT 1968, 101, 102 [Frauenthermometer]), bedeutet dies keine Abweichung von der Schutzlandanknüpfung. Dies folgt daraus, daß allgemein eine Rechtsgutsverletzung bei Immaterialgütern nur auf dem Territorium des Staates, nach dessen Recht das Immaterialgüterrecht begründet ist, für möglich gehalten wird (s schon Rn 685). Damit ist auch der **Begehungsort** der Immaterialgüterrechtsverletzung auf dieses Territorium beschränkt. Der Begehungsort wird infolge der Geltung des Territorialitätsprinzips von der Rechtsprechung also **immaterialgüterspezifisch** bestimmt (STAUDINGER/vHOFFMANN [1998] Art 38 Rn 593). Im **Ergebnis** kommt es auf den **Entstehungs-** bzw **Bestandsort** an (STAUDINGER/vHOFFMANN [1998] Art 38 Rn 574).

701 Bei der Anwendung des Schutzlandprinzips ist zu fragen, ob gerade nach dem Recht des Staates, für den der Verletzte den Schutz des Markenrechts in Anspruch nimmt, das Markenrecht besteht und Schutz genießt. Dieses Recht bestimmt, ob die Marke wirksam begründet wurde, fortbesteht und inwieweit sie Schutz genießt. **Rechtswahlvereinbarungen** scheiden aus (dazu näher Rn 738). Dabei bestimmt nach **traditioneller kollisionsrechtlicher Sichtweise** das Internationale Privatrecht der *lex fori* unter Zuhilfenahme des Schutzlandprinzips das anwendbare Recht. Die Schutzlandverweisung des Forumstaates ist dann eine **Gesamtverweisung** auf das Sach- und Kollisionsrecht des Staates, für den der Schutz beansprucht wird.

702 Nach einem **neueren Ansatz** entscheidet dagegen das Recht des Staates, auf dessen Schutz sich der Kläger **beruft**, aufgrund **seines eigenen Kollisionsrechts** über seine Anwendbarkeit und sodann über die Existenz des Zeichenrechts sowie über die Frage der räumlichen Erfassung der konkreten Verletzungshandlung durch dieses Recht (VISCHER GRUR IntT 1987, 670, 678; ENGLERT BJM 1989, 378, 382 f; dagegen etwa LOCHER 17 f). Die Verweisung des Forumstaates stellt sich nach dieser Auffassung als eine bloße Verweisung auf die Kollisionsnormen des vom Kläger benannten Schutzstaates dar. Diese Sichtweise hat für sich, daß sie theoretisch eine Auflockerung des hier kritisierten starren Territorialitätsgedankens bewirkt, zumal es für möglich gehalten wird, daß der Schutzstaat etwa eine Anknüpfung nach dem Ursprungslandprinzip vornimmt (so VISCHER GRUR IntT 1987, 670, 678); ihre tatsächliche auflockernde Wirkung erscheint allerdings fraglich, soweit man von einer konventionsrechtlichen Festlegung der Staaten auf das Schutzlandprinzip ausgeht, weil die Staaten, auf deren Schutz sich der Kläger beruft, danach keinen abweichenden Kollisionsansatz etablieren könnten.

703 Während nach diesem neueren Ansatz die Schutzlandverweisung im Ergebnis ledig-

lich eine Verweisung auf das **Kollisionsrecht** des Schutzlandes darstellt, weil die kollisionsrechtliche Anwendungsentscheidung und damit der Verweis auf das jeweilige Sachrecht nicht von der *lex fori*, sondern von der *lex loci protectionis* getroffen wird, handelt es sich nach der nach wie vor **überwiegenden Auffassung** bei der Berufung des Rechts des Schutzlandes um eine **Gesamtverweisung** (STAUDINGER/vHOFFMANN [1998] Art 38 Rn 594; vgl auch Art 4 Abs 1 EGBGB; § 5 östIPRG). Es wird mithin sowohl auf das **Sachrecht** des Schutzlandes als auch auf dessen **Kollisionsrecht** verwiesen. **Rück- und Weiterverweisungen** sind grundsätzlich zu beachten (ULMER Rn 20; MünchKomm/KREUZER Nach Art 38 Anh II Rn 10; RUMMEL/SCHWIMANN § 34 Rn 3; **anders für § 110 Abs 1 schwIPRG** JEGHER/SCHNYDER Art 110 Rn 25 [Sachnormverweisung] mwN). Das führt dazu, daß **ausnahmsweise** das **Ursprungsland** anstatt des Schutzlandes berufen ist, soweit die Verweisung auf das Schutzland, etwa aufgrund **besonderer völkerrechtlicher Kollisionsnormen**, nicht angenommen wird, und es zu einer Rückverweisung (**Renvoi**) kommt.

Das gilt etwa im Bereich der nach der Rechtslage im Markengesetz als **subjektive** 704 **Rechte mit eingeschränkter Ausschließlichkeitsfunktion** (dazu FEZER § 1 Rn 14) ausgestalteten **geographischen Herkunftsangaben**, für die aufgrund ihrer Nähe zur Marke nach deutschem kollisionsrechtlichem Verständnis an sich ebenfalls das Schutzlandprinzip heranzuziehen ist. Insoweit wird in verschiedenen zweiseitigen Staatsverträgen (Herkunftsabkommen) hinsichtlich der Voraussetzungen für die Benutzung geographischer Herkunftsangaben entweder teilweise (vgl Art 13 **deutsch-kubanisches** Abkommen vom 22. März 1954 BGBl II 1112) oder insgesamt (vgl etwa deutsch-schweizerisches Abkommen vom 7. März 1967 BGBl II 1463; deutsch-österreichisches Abkommen vom 6. Oktober 1981 noch nicht ratifiziert, abgedruckt bei FEZER, Herkunftsabkommen Rn 18) auf das Recht des Ursprungslandes verwiesen.

b) Recht des Schutzlandes
Das Schutzlandrecht umfaßt einerseits das **innerstaatliche autonome Sachrecht** des 705 betreffenden Staates. Daneben gehören auch die für den betreffenden Staat verbindlichen und in diesem Staat unmittelbar vorrangig vor den autonomen innerstaatlichen Rechtsnormen anzuwendenden **internationalen Verträge** zum Recht des Schutzlandes (ULMER Rn 19; MünchKomm/KREUZER Nach Art 38 Anh II Rn 9). Im Bereich des Markenrechts kommen insoweit neben dem MarkenG die PVÜ, das MMA, das TRIPS und die GMarkenV in Betracht. Stets ist auf den Regelungskomplex zurückzugreifen, auf den der Schutzanspruch im konkreten Fall gestützt wird (MünchKomm/KREUZER Nach Art 38 Anh II Rn 9).

c) Sachliche Reichweite der Schutzlandanknüpfung
aa) Begründung und Erlöschen des Markenschutzes
Ausschließlich das Recht des Schutzstaates bestimmt vorbehaltlich einer selten ge- 706 gebenen Rückverweisung (vgl Rn 703) zunächst, ob die Marke als **Ausschließlichkeitsrecht** geschützt wird.

Nach dem Sachrecht des Schutzstaates richten sich die Voraussetzungen für das 707 **Entstehen** des Schutzes einer nationalen Marke (BGHZ 18, 1, 13 [Hückel]; 41, 84, 85 sowie 88 [Maja]; OLG Stuttgart NJW-RR 1988, 490, 491), auch soweit hierauf die PVÜ Anwendung findet (vgl Art 6 Abs 1 PVÜ; MünchKomm/KREUZER Nach Art 38 Anh II Rn 57). Davon betroffen ist die Frage, inwieweit die Notwendigkeit einer **Registereintragung** für das

Entstehen des Markenschutzes gegeben ist und inwieweit vor einem Formalakt eine **Prüfung der materiellen Schutzvoraussetzungen** erfolgt. Das Schutzlandrecht bestimmt daher auch, inwieweit unter besonderen Voraussetzungen eine Eintragung entbehrlich ist, etwa bei einer bloßen **Benutzung**, die zum Erwerb einer Verkehrsgeltung der Marke (vgl § 4 Nr 2 MarkenG) oder einer sogenannten **faktischen Marke** geführt hat (OLG Stuttgart NJW-RR 1988, 490, 491; vgl Art 2571 italienisches ZGB). Ferner entscheidet das Schutzlandrecht über das Schicksal eines **Formalaktes**, der den Erwerb eines markenrechtlichen Schutzes bewirken soll. So ist möglich, daß der Formalakt bei etwaigen Eingriffen in ein **älteres Markenrecht** oder in den Schutz einer **notorisch bekannten Marke** im Sinne des Art 6bis PVÜ von vornherein ungültig bzw zu versagen ist, oder daß zunächst ein markenrechtlicher Schutz entsteht, der erst auf Antrag durch Eintragungslöschung oder Nichtigkeitserklärung zu beseitigen ist.

708 Ausnahmsweise kommt es im Ergebnis auf die Vorschriftsmäßigkeit der Markenentstehung nach dem Sachrecht des **Ursprungslands** und nicht des Schutzlands im Rahmen der *telle-quelle*-Marken an (Art 6^{quinquies} A Abs 1 PVÜ). Da die PVÜ in den Verbandsstaaten Bestandteil des Schutzlandrechts ist (s Rn 705), liegt hierin indes keine eigentliche Durchbrechung des Schutzlandprinzips (MünchKomm/KREUZER Nach Art 38 Anh II Rn 57). Nach dem Schutzlandrecht richtet sich die Auslegung der in Art 6^{quinquies} B PVÜ geregelten Zurückweisungsgründe. Ähnlich wie bei der *telle-quelle*-Marke setzt auch die **internationale Registrierung** nach Art 3 MMA die Entstehung des Markenrechts im Ursprungsland und damit den Heimatschutz voraus (FEZER Art 4 MMA Rn 1), der sich nach dem dortigen Sachrecht bestimmt. Auch insoweit liegt aus den genannten Gründen keine Durchbrechung des Schutzlandprinzips vor.

709 Das Schutzlandrecht und nicht das Recht des **Forumstaates** entscheidet über die **räumliche Reichweite seiner Verletzungstatbestände**, nachdem das Kollisionsrecht des Forumstaates auf die *lex loci protectionis* verwiesen hat (s Rn 701). Die verschiedentlich vor allem im **schweizerischen Schrifttum** in Erwägung gezogene **materielle** Bestimmung des räumlichen Anwendungsbereichs der Schutzlandrechte durch die Auslegung des **Forumstaates** anstatt des Schutzstaates wird überwiegend abgelehnt (BÄR, in: vBÜREN/DAVID 92; JEGHER/SCHNYDER, in: Kommentar zum schwIPRG Art 110 Rn 23; LOCHER 23; von der **sachrechtlichen** Eingrifflokalisierung durch die Auslegung des **Schutzstaates** gehen ferner aus: MARTINY RabelsZ 40 [1976] 218, 225 f; SANDROCK GRUR IntT 1985, 507, 514; BRIEM 113).

710 Nach dem Recht des **Schutzlandes** richtet sich schließlich das **Erlöschen** sowohl **nationaler Marken** als auch von *telle-quelle*-Marken (MünchKomm/KREUZER Nach Art 38 Anh II Rn 60). Nach Art 6^{quinquies} D PVÜ stellt das Entfallen des Zeichenschutzes im Ursprungsland für *telle-quelle*-Marken einen zusätzlichen Erlöschensgrund dar. Hierüber entscheidet das Sachrecht des jeweiligen **Ursprungslandes** im Sinne des Art 6^{quinquies} A Abs 2 PVÜ. Eine **IR-Marke** ist grundsätzlich wie die *telle-quelle*-Marke hinsichtlich ihres Bestandes von dem Bestehen des Heimatschutzes abhängig (FEZER Art 6 MMA Rn 2); auch hierüber entscheidet das Sachrecht des Ursprungslandes. Allerdings endet diese Abhängigkeit von der Ursprungsmarke gemäß Art 6 Abs 2 MMA mit Ablauf von 5 Jahren vom Zeitpunkt der internationalen Registrierung an.

D. Internationales Markenprivatrecht

bb) Inhalt und Schutz des Markenrechts

Das Schutzlandrecht bestimmt über den **Inhalt des Markenrechts**. Dies umfaßt die **Ausübung** des Markenrechts sowie insbesondere Voraussetzungen und Umfang seines **Schutzes**. Dies gilt auch für die **IR-Marke** und die *telle-quelle*-Marke. Das Schutzlandrecht entscheidet bereits darüber, ob eine **Benutzungshandlung** oder eine **Verletzungshandlung** vorliegt (KOPPENSTEINER § 37 Rn 3), sowie über sämtliche mit der Verletzungshandlung zusammenhängenden **Sanktionen** (östOGH GRUR IntT 1986, 735, 737 [Hotel Sacher]). Für *telle-quelle*-Marken bestehen dabei keine Besonderheiten. Nach dem Schutzlandrecht richten sich die **Ansprüche aus der Verletzung** des Markenrechts, wie **Unterlassungsansprüche** und **Schadensersatzansprüche**, auch **Auskunftsansprüche** (dazu FEZER § 14 Rn 525) und Ansprüche auf **Rechnungslegung** (dazu FEZER § 14 Rn 528; vgl auch östOGH GRUR IntT 1991, 650, 651 [Sachverständigenprüfung]), soweit sie nicht prozessual, sondern **materiellrechtlich** ausgestaltet sind (vgl östOGH ÖBl 1986, 92, 95 [Noverox/Ferrox]). Über die Qualifikation als materiellrechtlicher oder prozeßrechtlicher Rechnungslegungsanspruch entscheidet die *lex fori* (SCHACK IPRax 1991, 347, 350). Das Schutzlandrecht bestimmt auch, inwieweit der Verletzte **Bereicherungsansprüche** wegen eines Eingriffes in sein Markenrecht geltend machen kann (vgl zum Urheberrecht BGHZ 136, 380, 390 [Spielbankaffäre]).

Die Schutzlandanknüpfung im Hinblick auf die Verletzung von Markenrechten **verdrängt** eine **lauterkeitskollisionsrechtliche** bzw allgemeine **deliktskollisionsrechtliche Anknüpfung**. Das bedeutet indes nicht, daß sämtliche mit der Markenrechtsverletzung zusammenhängenden Aspekte dem Schutzlandprinzip unterfallen. Kann ein Sachverhalt, der eine relevante Verletzung eines bestehenden Markenrechts darstellt, zugleich einen lauterkeitsrechtlichen Tatbestand darstellen (zur Konkurrenz zwischen markenrechtlichem und lauterkeitsrechtlichem Schutz FEZER § 2 MarkenG Rn 3), so soll sich die Beurteilung des letzteren, insbesondere die Frage, ob ein Lauterkeitsverstoß vorliegt, nach den **lauterkeitskollisionsrechtlichen Grundsätzen** (SCHWIND Rn 403; aA RUMMEL/SCHWIMANN § 34 Rn 3; vgl auch Rn 333) bestimmen.

cc) Inländische Markenrechtsverletzung
(1) Herrschende Auslegung des Territorialitätsprinzips

Nach herkömmlicher Auffassung kann eine **inländische** Marke ausschließlich durch Aktivitäten verletzt werden, die auf dem Territorium des Staates vorgenommen werden, der den markenrechtlichen Schutz verliehen hat. Eine Verletzung des inländischen Markenrechts durch eine Auslandshandlung scheidet danach aus. Umgekehrt wird von der herrschenden Auffassung angenommen, daß ein **ausländisches** Zeichenrecht nicht durch eine Inlandshandlung verletzt werden kann (grundlegend RGZ 118, 76, 83 [Hengstenberg]; BGHZ 41, 85, 91 [Maja]; s auch BEIER GRUR IntT 1968, 8, 12). Dies wird aus der strengen Territorialität des Markenrechts gefolgert, welche es im Grundsatz ausschließt, daß der deliktisch relevante Tatort einer Markenrechtsverletzung außerhalb des Hoheitsgebietes des Verleihungsstaates liegt (vgl EuGH GRUR IntT 1994, 614, 615 Rn 22 [Ideal Standard]; Handelsgericht Zürich GRUR IntT 1985, 411; schwBG GRUR IntT 1991, 229 [Atrexa]; MünchKomm/KREUZER Nach Art 38 Anh II Rn 26 mwN).

Auf dieser Grundlage wird von einer äußerst **begrenzten Berücksichtigungsfähigkeit ausländischer Sachverhalte** bei der Prüfung inländischer Markenrechtsverletzungen ausgegangen, um eine **faktische extraterritoriale Wirkung des inländischen Zeichenrechts** zu vermeiden. Auf ausländischem Territorium durchgeführte **Verletzungshand-**

lungen sind danach nicht geeignet, inländische Marken zu verletzen. Die Verletzung einer inländischen Marke scheidet etwa aus, wenn der Inhaber der Marke Ware, die er im Inland mit der Marke vertreiben will, im Ausland herstellen läßt und der Fabrikant Teile der entsprechend gekennzeichneten Ware abredewidrig im Ausland vertreibt (OLG Hamm Urt v 19.12.1980 – 4 W 103/80). Allenfalls die Vornahme von **Teilakten** einer Schutzrechtsverletzung im Ausland wird im Einzelfall als nicht schädlich für die Annahme einer inländischen Schutzrechtsverletzung angesehen (vgl für das Urheberrecht zB SCHRICKER/KATZENBERGER Vor § 120 UrhG Rn 83). **Beihilfehandlungen** zu Verletzungen inländischer Marken sind nur dann relevant, wenn sie auf dem jeweiligen Schutzterritorium vorgenommen werden (RGZ 118, 76, 83 [Hengstenberg]). Grundsätzlich gilt diese Beurteilung auch im Bereich des **Internet**. Unter Zugrundelegung der herkömmlichen Auffassung ist die Verletzung eines inländischen Markenrechts durch die Verwendung eines hiermit identischen Zeichens auf einer *Webpage*, die von einem ausländischen *Server* auch vom Inland aus abrufbar ist, nicht möglich (vgl Rn 690). Dabei spielt es keine Rolle, ob der potentielle Verletzer gezielt auf den inländischen Markt einwirken will, oder ob die Störung einzig Effekt der mangelnden technischen Begrenzbarkeit einer internationalen Informationsbeschaffung im Internet ist (vgl aber die **aA** Rn 692).

715 Hiervon ist die Problematik der **Vorfragenbeurteilung ausländischer Sachverhalte** bei der Prüfung inländischer Verletzungshandlungen zu unterscheiden. Solange dabei nicht ausländische Verletzungshandlungen Sanktionen nach deutschem Markenrecht nach sich ziehen können, ist damit kein eigentliches **kollisionsrechtliches** Problem verbunden, weil es insoweit nicht um die Frage geht, welches Recht auf den konkreten ausländischen Sachverhalt anwendbar ist. Gleichwohl hängt die Problematik eng mit der Frage nach dem Markenstatut zusammen, weil eine weite Auslegung des Begriffes der inländischen Markenrechtsverletzung im Ergebnis zu einer Anwendbarkeit inländischen Markenrechts auf ausländische Sachverhalte führen kann (vgl Rn 719). Eine Berücksichtigung ausländischer Sachverhalte als Vorfrage bei der Prüfung der Verletzung inländischer Markenrechte wird von der Rechtsprechung für möglich gehalten (vgl BGHZ 41, 84, 91 [Maja]; schwBG GRUR IntT 1998, 520, 523 [Chanel]; s Rn 718, vgl auch 764 f). In der Entscheidung *Maja* ging es allerdings um einen ausländischen Sachverhalt, der einen **Anspruch** des Schutzrechtsinhabers aufgrund des inländischen Markenrechts **ausschloß** (rechtmäßiges Inverkehrbringen im Ausland).

(2) Auflockerung der territorialen Begrenzung des Markenrechts
716 Nach der strengen Auslegung des immaterialgüterrechtlichen Territorialitätsprinzips ergeben sich Schutzlücken infolge einer erheblichen Verkürzung des innerstaatlichen Schutzes inländischer Marken. Dies gilt in besonderem Maße für den Bereich des technisch bedingt grenzenlosen **Internetmarketings**. Ein wachsendes Volumen des weltweiten *e-commerce* wird hier verstärkt Probleme schaffen, auf die die hergebrachten kollisionsrechtlichen Instrumentarien kaum vorbereitet sind. Bislang dürften Markenrechtsbeeinträchtigungen auf *Webpages* nach deutschem Markenrecht nicht relevant sein, soweit sich der *Server*, von dem aus die *Webpage* weltweit abrufbar ist, im Ausland befindet (s schon Rn 690). Zwar gab es bereits vor der Ausbreitung des Internets **staatenübergreifende Informationsverbreitung**, etwa durch grenzüberschreitende Rundfunksendungen, doch geht die moderne Entwicklung einher mit einer zunehmenden **Globalisierung des Handels** auch im Bereich der Endabnehmer, so daß gleichsam ein **internationaler Marktplatz** in der Entstehung begrif-

fen ist. Bereits jetzt wird man etwa kaum davon ausgehen können, daß eine nicht in der jeweiligen Landessprache abgefaßte Internetinformation vernachlässigbare Auswirkungen auf den nationalen Markt zeitigt, da jedenfalls die Hauptsprache des Internet, Englisch, im Vergleich zu den siebziger Jahren überall zunehmend verstanden wird. Zudem werden in absehbarer Zukunft sinnvoll einsetzbare Rohübersetzungsprogramme im Internet selbst verfügbar sein.

Beträchtliche Schutzlücken ergeben sich bis zur Schaffung weltweit geltender Schutzrechte im Zuge einer internationalen Harmonisierung unter Zugrundelegung eines streng verstandenen Territorialitätsprinzip auch in Fällen **internationaler Rufausbeutung und Rufbeeinträchtigung** mit der Folge einer Beeinträchtigung der überragenden Kennzeichnungskraft und Wertschätzung einer **Weltmarke**. Dem wird die ausschließliche Erfassung von auf inländischem Territorium vorgenommenen Aktivitäten nicht gerecht, etwa in Fällen, in denen die Inlandswettbewerbsposition eines inländischen Schutzrechtsinhabers, dessen Marke durch eine besondere Weltgeltung verstärkt Beeinträchtigungen ausgesetzt ist, durch Schädigungsaktivitäten vom Ausland aus beeinträchtigt ist. Wollte man in entsprechenden Fällen die Möglichkeit einer Berücksichtigung solcher Aktivitäten mit der Begründung ablehnen, es handle sich um eine Handlung außerhalb der territorialen Geltung des inländischen Markenrechts, so würde das innerstaatlicher Recht gerade den Bereich der Kennzeichen mit Weltgeltung, der infolge der Internationalisierung der Wirtschaft immer bedeutsamer wird, außer acht lassen. Das **Territorialitätsprinzip** und das hieraus folgende **Schutzlandprinzip** sollte daher **weltmarktkompatibel** aufgefaßt werden, um eine sinnvolle Anpassung an die gewandelten realwirtschaftlichen Gegebenheiten zu erreichen. 717

Trotz einer grundsätzlichen Anerkennung des weltweit herrschenden Territorialitätsprinzips im Bereich der Immaterialgüterrechte sollten daher exterritoriale Sachverhalte unter engen Voraussetzungen über eine bloße Vorfragenberücksichtigung im inländischen Markenprozeß hinaus **berücksichtigt** werden können. Das muß auch für solche exterritorialen Sachverhalte gelten, die nicht einen Anspruch des Schutzrechtsinhabers aufgrund seines im Inland bestehenden Markenrechts ausschließen (vgl BGHZ 41, 85, 91 [Maja]), sondern einen **Anspruch begründen** können. 718

Dies kann einerseits dadurch geschehen, daß man eine inländische Markenrechtsverletzung durch eine Handlung annimmt, deren Begehungsort nach üblichem deliktsrechtlichem Verständnis im Inland liegt, wobei die Verletzungshandlung zum Teil im Ausland vorgenommen wird. Dies würde durch eine entsprechende, freilich zielvorgabenorientierte, **Bestimmung des deliktsrechtlichen Begehungsortbegriffes** ermöglicht, die, wie allgemein die Bestimmung der Tatbestandsvoraussetzungen einer Immaterialgüterrechtsverletzung, dem Schutzland obliegt. Hierbei besteht die Gefahr, daß eine zu weite Auslegung der inländischen Schutznormen mit dem Ergebnis einer Kollision mit dem international anerkannten Territorialitätsprinzip erfolgt. Bei der Bestimmung der Schutzvoraussetzungen für den nationalen Markenschutz sind dem Schutzsstaat daher enge **Grenzen** gesetzt. Diese sind dann überschritten, wenn auch Sachverhalte erfaßt werden, bei denen im konkreten Fall kein unter Berücksichtigung des Territorialitätsgedankens hinreichenden Inlandsbezug mehr vorliegt (vgl auch ULMER Rn 25). Bei Beachtung dieser Grenzen sind exterritoriale Sachverhalte 719 bei der Prüfung inländischer Markenrechtsverletzungen grundsätzlich berücksichtigungsfähig.

720 Weiterhin ist denkbar, eine inländische Zeichenrechtsverletzung auch durch eine nach deliktsrechtlicher Sichtweise **ausländische Verletzungshandlung** für möglich zu halten. Nach rein deliktsrechtlichem Verständnis wird in diesem Fall ein Begehungsort im Inland ausscheiden, weil es an einem hinreichenden Inlandsbezug fehlt.

721 Allgemein sollte eine Anpassung des Verständnisses des Schutzlandprinzips im Sinne einer **weltmarktkompatiblen Betrachtungsweise** erfolgen. Diese führt dazu, daß ausländische Sachverhalte bei der Beurteilung von Zeichenverletzungen nach deutschem Recht in bestimmten Grenzen zu beachten sind. Die herkömmliche Anwendung des Territorialitätsgrundsatzes berücksichtigt nicht hinreichend die zunehmend an Bedeutung gewinnende **weltmarktorientierte Abgrenzung des räumlich relevanten Marktes** und geht noch zu stark von der Existenz starrer nationaler Begrenzungen der Marktbereiche aus. Dies ist ein Problem des gesamten internationalen Kollisionsrechts im wettbewerbsrechtlichen wie im übrigen wirtschaftsrechtlichen Bereich. Es wird aber besonders deutlich anhand der traditionell geprägten territorialen Sichtweise des Kollisionsrechts der Immaterialgüterrechte.

722 Zweckmäßigerweise sollte der erste genannte Ansatz herangezogen werden, wonach eine **weltmarktkompatible Auslegung** der inländischen Schutznormen durch eine entsprechende **sachrechtliche Bestimmung der räumlichen Elemente des Verletzungstatbestandes** erfolgt. Eine **Abkehr vom Schutzlandprinzip** bzw dem zugrundeliegenden Territorialitätsgrundsatz ist damit nicht verbunden, weil das **Schutzlandrecht** lediglich die maßgeblichen **sachrechtlichen** Gesichtspunkte für die Erfüllung des inländischen Zeichenrechtsverletzungstatbestandes bestimmt. Nach dem **Recht des Schutzlandes** entscheidet sich, inwieweit ein inländischer Eingriff in eine im Schutzland geschützte zeichenrechtliche Rechtsposition verwirklicht ist, insbesondere inwieweit in einer exterritorialen Aktivität ein inländischer Eingriff zu sehen ist (**Eingriffslokalisierung**; vgl auch MARTINY RabelsZ 40 [1976] 218, 226; SANDROCK GRUR IntT 1985, 507, 514; LOCHER 23). Das **Schutzlandrecht** selbst legt die Kriterien fest, unter denen es einen hinreichenden Bezug zu sich anerkennt (ähnlich VISCHER GRUR IntT 1987, 670, 678).

723 Auf der Basis dieser Sichtweise ist es grundsätzlich möglich, daß ein inländisches Zeichenrecht durch Aktivitäten auf ausländischem Territorium verletzt ist. Darin liegt eine **Durchbrechung** des traditionell verstandenen Territorialitätsprinzips. Diese erscheint einerseits durch die Notwendigkeit einer Anpassung des Immaterialgüterkollisionsrechts an die wachsende **Globalisierung des Wettbewerbs** gerechtfertigt. Die Rechtsentwicklung im Bereich des gewerblichen Rechtsschutzes ist bereits jetzt durch die Entwicklung neuer weltweiter, einseitiger und interaktiver Kommunikationsformen, wie insbesondere das Internet überholt. Noch bestehende Hemmnisse im internationalen *e-commerce*, die derzeit noch dazu führen, daß sich die tatsächlichen Marktauswirkungen von internationalem Internetmarketing in Deutschland in engen Grenzen halten, werden nur von kurzer Dauer sein und spätestens mit verbesserten Übertragungstechnologien und fortentwickelten Sicherheitsstandards für die Datenübertragung überwunden werden. Kollisionsrechtliche Probleme werden daher in Zukunft verstärkt auftreten. Ein wirksamer Schutz von Immaterialgüterrechten ist derzeit aufgrund der technisch nicht möglichen und auch nicht wünschens-

werten nationalen Begrenzbarkeit von Internetinformationen auf der Grundlage eines traditionell verstandenen Territorialitätsprinzips kaum erreichbar. Zur Begründung eines strengen Territorialitätsprinzips herangezogene **völkerrechtliche Rücksichtnahmeaspekte** werden in einer fortschreitend globalisierten Weltmarktordnung weitgehend zurückgedrängt. Dem **hoheitlichen Charakter** der staatlichen Schutzrechtsverleihung ist dadurch Rechnung getragen, daß das inländische Recht weder einschränkend, noch ausweitend über die räumliche Reichweite ausländischer Schutzrechte bestimmen kann; eine begrenzte **Definition des eigenen Schutzumfangs durch das inländische Recht** bleibt indes möglich. Soweit diese Schutzdefinition dazu führt, daß im Ergebnis auch bestimmte Auslandsaktivitäten von inländischen Schutzrechten erfaßt werden können, ist damit zwar möglicherweise eine Berührung ausländischer Souveränitätsinteressen verbunden. Dies stellt aber zuvorderst ein völkerrechtliches Problem dar, nicht hingegen ein Problem im Zusammenhang mit der aus der Souveränität des Schutzstaates folgenden Rechtsmacht. In einer globalisierten Weltmarktordnung sind gewisse Einschränkungen traditioneller völkerrechtlicher Positionen, insbesondere des völkerrechtlichen Rücksichtnahmegebotes allerdings bis zu einem bestimmten Grad angelegt und hinzunehmen. Zu berücksichtigen ist auch der Aspekt, daß nach Schaffung der WTO international eine **Verpflichtung zu einem an den Erfordernissen einer globalisierten Marktordnung ausgerichteten Schutz des Leistungswettbewerbes** anzunehmen ist, die dazu führt, daß gravierende aus der Internationalisierung erwachsende Schutzlücken des dem effektiven Leistungswettbewerb dienenden Immaterialgüterrechtsschutzes auszugleichen sind.

Auch soweit mit dem hier vorgeschlagenen Ansatz eine Zurückdrängung von **Verkehrsschutzgesichtspunkten** (s dazu Rn 672) verbunden ist, sollte dies hingenommen werden. Es ist nicht zu verkennen, daß die hier vertretene Sichtweise den Rechtsverkehr letztlich dazu zwingt, sein Verhalten nicht nur an das in dem jeweiligen Staat geltende Recht anzupassen, sondern auch an Rechte anderer Staaten, soweit bestimmte Kriterien erfüllt sind, die einen entsprechenden Bezug zu diesen Staaten begründen. Im **globalen Handel** ist dies indes eine notwendige Begleitfolge und stellt die Kehrseite der Chancen eines über die Staatengrenzen hinaus ausgedehnten Handels dar.

Schließlich steht auch der rechtsbegründende **staatliche Hoheitsakt** faktisch nicht länger im Vordergrund der rechtlichen Betrachtung von Zeichenrechten, wenngleich eine völlige Aufgabe der traditionellen immaterialgüterkollisionsrechtlichen Grundsätze zugunsten einer einfachen lauterkeitskollisionsrechtlichen Lösung wegen der begrenzten Hoheitsgewalt des Verleihungsstaates nicht angebracht erscheint. Gleichwohl ist die Marke als ein vom Unternehmen losgelöster Vermögenswert anzusehen. Markenschutz dient mithin dem Schutz der unternehmerischen Leistung, namentlich der unternehmerischen Investition in die Marke. Dieser Schutz läßt sich parallel durch das Lauterkeitsrecht erreichen, so daß sich der Schutz der Marke **von der traditionellen Sichtweise eines bloßen Registermarkenschutzes entfernt** und dem Lauterkeitsrecht annähert. Damit tritt auch der hoheitliche Verleihungsakt in den Hintergrund.

Zur Feststellung des hinreichenden Bezuges einer Auslandshandlung zum Inland sind geeignete **Kriterien** zu bestimmen, die sodann eng zu handhaben sind, um die durch den Territorialitätsgedanken gesetzten Grenzen einer innerstaatlichen Verletzungslokalisierung nicht zu überschreiten. Als Kriterien, die bei Sachverhalten mit Auslandsberührung einen hinreichenden Bezug zum Inland begründen können, bieten sich die **wettbewerbsrechtlichen Kollisionsprinzipien** an. Zweckmäßigerweise sollte insoweit auf die lauterkeitskollisionsrechtlichen Grundsätze zurückgegriffen werden, da hierdurch im Ergebnis eine **Kompatibilisierung der verschiedenen Teilbereiche des internationalen Wirtschaftsrechts** erreicht werden kann. Das ist folgerichtig angesichts der Annäherung des Immaterialgüterrechtsschutzes an das **Lauterkeitsrecht** und angesichts dessen Entwicklung zum **Marktordnungsrecht** (s Rn 663 f, vgl auch Rn 325). Die Heranziehung lauterkeitskollisionsrechtlicher Kriterien bei der immaterialgüterkollisionsrechtlichen Prüfung führt zur notwendigen Berücksichtigung **marktordnungsrechtlicher Gesichtspunkte** im Immaterialgüterrechtsschutz und zu einer wettbewerbsspezifischen anstelle einer traditionell deliktsrechtlichen Beurteilung von Zeichenverletzungen. Damit erfolgt gleichsam eine **Annäherung an wettbewerbsrechtliche Kollisionsprinzipien**, ohne dabei allerdings vom Grundgedanken der territorialen Begrenztheit der Zeichenrechte und dem immaterialgüterrechtlichen Schutzlandprinzip abzurücken. Die immaterialgüterkollisionsrechtliche Anknüpfung erfolgt auch weiterhin nach dem **Schutzlandprinzip**. Allein das vom Schutzland**sachrecht** zu bestimmende Vorliegen der Verletzung eines im Schutzland bestehenden Zeichenrechts beurteilt sich nach lauterkeitskollisionsrechtlichen Kriterien. Das Festhalten an der grundsätzlichen territorialen Begrenztheit der Zeichenrechte führt dazu, daß einer durch das Sachrecht des Schutzlandes vorzunehmenden Verletzungslokalisierung bestimmte Grenzen gesetzt sind, die sich vornehmlich aus den **Souveränitätsansprüchen** fremder Staaten ergeben. Diese dürfen nicht über ein wegen der besonderen Rahmenbedingungen des modernen Welthandels hinzunehmendes Maß (s Rn 705) hinaus beeinträchtigt werden. Zu fordern ist eine **hinreichende Intensität** des Bezuges eines Sachverhaltes zum jeweiligen Schutzstaat.

727 Die herrschende Auffassung im Schrifttum und die Rechtsprechung folgen im Bereich des Lauterkeitsrechts der **Interessenkollisionslösung**, wonach das Recht des Staates maßgeblich ist, in dem die wettbewerblichen Interessen der Konkurrenten aufeinandertreffen. Der Interessenkollisionsgesichtspunkt läßt sich teilweise als Kriterium zur Bestimmung eines hinreichend engen Bezuges zum Schutzstaat heranziehen, auch soweit man ihn als **Kollisionsnorm** wegen seiner systematischen Verhaftung im Deliktskollisionsrecht nicht als geeigneten Gesichtspunkt für das Wettbewerbskollisionsrecht ansieht (zur Kritik s Rn 398 ff). Da die Interessenkollisionslösung im Zeichenrecht nicht als **Anknüpfungsnorm** dient, sondern Kriterien für eine **sachrechtliche** Bestimmung einer inländischen Zeichenverletzung liefern soll, ist es möglich, daß eine wettbewerbliche Interessenkollision als **eines von mehreren Kriterien** in Betracht kommt.

728 Das gilt nicht für die vom BGH in der **Stahlexport-Entscheidung** (BGHZ 40, 391 [Stahlexport]) entwickelten **Fallgruppen** zur Heranziehung des deutschen Wettbewerbsrechts bei **Auslandswettbewerb deutscher Unternehmen** (vgl zur Kritik an diesen Fallgruppen im Zusammenhang mit der **lauterkeitskollisionsrechtlichen** Fragestellung Rn 398 f). Danach ist in Ausnahme von dem Interessenkollisionsgrundsatz deutsches Wettbewerbsrecht auch bei Wettbewerbshandlungen in einem Auslandsmarktbereich anwendbar, wenn sich die Wettbewerbshandlung eines deutschen Wettbewerbers gezielt gegen einen deutschen Konkurrenten richtet, oder wenn in dem jeweiligen Auslandsmarktbereich ausschließlich deutsche Mitbewerber aktiv sind. Insoweit ist zu erwägen, zumindest den Grundgedanken der ersten Fallgruppe für die Bestimmung eines hinreichenden Inlandsbezuges zu nutzen, und in Fällen **gezielter Angriffe eines deutschen Wettbewerbers auf die Weltmarke eines deutschen Mitbewerbers** in Auslandsmarktbereichen regelmäßig einen hinreichender Inlandsbezug anzunehmen, soweit sich der Angriff wesentlich auf die Wettbewerbsposition des angegriffenen Konkurrenten im inländischen Heimatmarktbereich auswirkt. Die in dieser Fallgruppe enthaltene **Finalität** des Angriffes kann nach hier vertretener Auffassung allgemein zwar nicht alleine ausschlaggebend für eine kollisionsrechtliche Anknüpfung sein, wäre aber als **indizielles Kriterium** für die **sachrechtliche** Prüfung eines hinreichenden Inlandsbezuges geeignet. Allerdings erscheint die Differenzierung nach der Staatsangehörigkeit des Angreifers unter marktordnungsrechtlichen Aspekten unsachgemäß. Allenfalls könnte man in Betracht ziehen, allgemein gezielte Angriffe auf eine Weltmarke unter bestimmten Voraussetzungen als Aspekt für die Feststellung eines hinreichenden Inlandsbezuges anzuerkennen. Dies läßt sich allerdings nur auf dem Boden des Auswirkungsprinzips begründen, nicht dagegen auf der Basis der als Ausnahme von der marktortbezogenen Interessenkollisionsanknüpfung formulierten gemeinsamen Heimatanknüpfung des BGH (vgl Rn 730).

Auch die zweite vom BGH in der **Stahlexport-Entscheidung** entwickelte Fallgruppe erscheint nicht als Kriterium für einen hinreichenden Inlandsbezug geeignet. Es kann aus marktordnungsrechtlicher Sichtweise keine Rolle spielen, ob in einem Auslandsmarktbereich **ausschließlich inländische Wettbewerber** agieren oder nicht. Dieser Aspekt kann daher auch für eine sachrechtliche Bestimmung eines Eingriffsortes nicht bedeutsam sein. Davon abgesehen werden derartige Gestaltungen nur selten vorkommen.

Maßgeblicher Gesichtspunkt sollte die **Auswirkung exterritorialer Aktivitäten** auf dem Schutzlandmarkt sein (zum Auswirkungsprinzip als lauterkeitsrechtliche Kollisionsnorm s Rn 380 ff, 403 ff). Allgemein ist zu fragen, ob eine exterritoriale Aktivität erhebliche Auswirkungen auf den Schutzlandmarkt hat. Sind keine Auswirkungen von erheblicher Intensität feststellbar, so scheidet die Annahme eines hinreichenden Inlandsbezuges der exterritorialen Handlung aus. Mit dem Kriterium einer hinreichenden Auswirkung im Schutzlandmarktbereich entfällt zugleich die Notwendigkeit, bestimmte Fallgruppen mit verstärktem Inlandbezug als Ausnahme von der allgemeinen wettbewerbskollisionsrechtlichen Anknüpfung zu formulieren (s Rn 728). Insbesondere der gezielte Angriff auf inländische Mitbewerber ist vorrangig unter dem Gesichtspunkt einer Auswirkung auf den Heimatmarkt des Verletzten zu betrachten. Für die Prüfung einer marktordnungsrechtlich aufzufassenden Inlandsauswirkung durch den Angriff ist es schließlich nicht von Bedeutung, ob die Verletzungshandlung von einem inländischen oder von einem ausländischen Mitbewerber begangen wird, so daß nicht ausschließlich der Auslandswettbewerb inländischer Konkurrenten betrachtet wird. Die Fallgruppe einer Präsenz ausschließlich inländischer Mitbewerber in einem Auslandsmarktbereich entfällt mangels besonderer Relevanz im Hinblick auf eine Marktauswirkung ganz.

Allgemein muß eine bedeutende **Intensität der Inlandsmarktwirkung** vorliegen, die wegen der gebotenen Rücksichtnahme auf die territoriale Begrenztheit der Marke und der damit verbundenen Strenge bei der Prüfung einer inländischen Zeichenverletzung nicht identisch mit der niedrigeren *de-minimis*-Schwelle sein kann. Vielmehr ist eine deutlich **angehobene Spürbarkeitsgrenze** zugrundezulegen.

732 Die Heranziehung des **Auswirkungsgedankens** im Rahmen der kollisionsrechtlichen Anknüpfung nach dem Schutzlandprinzip ist im Immaterialgüterrechtsschutz vereinzelt bereits früh vertreten worden. Ähnlich wie im Lauterkeitsrecht mit der Bestimmung des spezifischen lauterkeitsrechtlichen Begehungsortes durch die Interessenkollisionslösung des BGH wurde auch hier vorgeschlagen, eine inhaltliche Bewertung eines einzelnen sachrechtlichen Verletzungstatbestandsmerkmales als signifikant für die Bestimmung des Begehungsortes einer Schutzrechtsverletzung vorzunehmen (vgl WINDISCH 109; dazu MARTINY RabelsZ 40 [1976] 218, 227).

733 Die zur Berücksichtigung exterritorialer Sachverhalte führende sachrechtliche Eingriffslokalisierung nach einem ausländischen Schutzlandrecht ist bei der Rüge einer Markenrechtsverletzung nach diesem Recht vor einem **inländischen Gericht** von diesem grundsätzlich zu beachten. Allerdings ist die Berücksichtigung offensichtlich zu ausgedehnter Eingriffslokalisierungen durch ausländische Rechtsnormen gegebenenfalls durch den nationalen *ordre public* zu korrigieren (vgl VISCHER GRUR IntT 1987, 670, 678, der von der Möglichkeit der Existenz **allseitiger** etwa auf das Ursprungslandrecht verweisender Kollisionsnormen ausgeht; zur Frage der Allseitigkeit der immaterialgüterrechtlichen Kollisionsnorm s Rn 734 ff).

d) Einseitigkeit der Schutzlandanknüpfung

734 Unter Zugrundelegung der herrschenden **traditionellen kollisionsrechtlichen Sichtweise** stellt die Schutzlandanknüpfung grundsätzlich eine **allseitige Kollisionsnorm** dar (STAUDINGER/VHOFFMANN [1998] Art 38 Rn 594; SCHNYDER Rn 512), weil das **Kollisionsrecht des Forumstaates** unter Heranziehung des in ihm enthaltenen Schutzlandprinzips über die Anwendbarkeit eines fremden Markenrechts bestimmt, soweit der Forumstaat nicht zugleich der Schutzstaat ist. Das Gericht im **inländischen Markenprozeß**, in dem sich der Kläger auf eine ausländische Verletzung eines ausländischen Schutzrechts beruft, hat zu prüfen, ob nach dem betreffenden ausländischen Recht ein Schutz besteht, und ob nach den entsprechenden Schutznormen eine Verletzung gegeben ist. Dabei folgt es der Auslegung des Verletzungstatbestandes, einschließlich dessen räumlicher Reichweite, die der Schutzstaat selbst vorgenommen hat.

735 Eine **andere Beurteilung** ergibt sich nach der Sichtweise, wonach das Kollisionsrecht des Staates, auf dessen Zeichenschutz sich der Kläger beruft, über die Anwendbarkeit seines eigenen Sachrechts bestimmt, das Schutzlandprinzip im Forumstaat mithin gleichsam eine bloße **Verweisung auf das Kollisionsrecht des Schutzstaates** enthält (dazu näher Rn 702). Insoweit zieht das Schutzlandrecht das kollisionsrechtliche Schutzlandprinzip nur zur Beantwortung der Frage heran, ob das **eigene Sachrecht** auf den konkreten Fall Anwendung findet. Es liegt damit ein **einseitiger Anknüpfungsansatz** vor. Daran würde sich auch dann nichts ändern, wenn man das zur Bestimmung eines hinreichenden Inlandsbezuges herangezogene **Auswirkungsprinzip** selbst als allseitige Kollisionsnorm auffaßt (s Rn 424; anders die hM zum kartellrechtlichen Auswirkungsprinzip, s Rn 140), oder soweit man die von der herrschenden Auffassung als allseitige Kollisionsnorm verstandene **Interessenkollisionslösung** (s dazu Rn 379) als Kriterium für einen hinreichenden Inlandsbezug anwendet. Denn für die eigentliche markenkollisionsrechtliche Bewertung bleibt es bei dem Schutzlandprinzip (vgl Rn 722).

D. Internationales Markenprivatrecht

Teilweise wird die Schutzlandanknüpfung auch auf der Grundlage des traditionellen **736** kollisionsrechtlichen Ansatzes als **einseitige Kollisionsanknüpfung** angesehen. Begründet wird dies damit, daß das **Recht des Schutzlandes** auf **sachrechtlicher** Ebene entscheidet, ob sein eigenes Markenrecht anwendbar sei. Die im Sachrecht des Schutzlandes vorhandene **Schutznorm** bestimmt dabei im Ergebnis ihren **eigenen räumlichen Anwendungsbereich** mittels einer zielvorgabenorientierten Auslegung des Verletzungstatbestandes (ähnlich SANDROCK GRUR IntT 1985, 507, 516; vorsichtiger LOCHER 23). Das erscheint ungenau, da es bei der **sachrechtlichen** Verletzungslokalisierung gerade nicht um die Prüfung der Anwendbarkeit eines Statutes im **kollisionsrechtlichen** Sinne geht, sondern um die bloße Tatbestandsausgestaltung im Rahmen des anwendbaren Statuts, freilich mit Auswirkungen auf die räumliche Reichweite der betreffenden Schutznorm.

e) Das Schutzlandprinzip als Gesamtverweisung

Nach dem **herrschenden kollisionsrechtlichen Ansatz**, der davon ausgeht, daß das **737** Kollisionsrecht des **Forumstaates** und nicht das Kollisionsrecht des Schutzstaates die **kollisionsrechtliche** Anknüpfungsentscheidung zu treffen hat (zur aA Rn 702), handelt es sich bei der Berufung des Rechts des Schutzlandes um eine **Gesamtverweisung** (MünchKomm/KREUZER Nach Art 38 Anh II Rn 10; STAUDINGER/VHOFFMANN [1998] Art 38 Rn 594), so daß sowohl auf das Sachrecht des Schutzlandes als auch auf dessen Kollisionsrecht verwiesen wird (zu den Konsequenzen für **Rück- und Weiterverweisungen** s Rn 703).

f) Rechtswahl

Grundsätzlich scheiden privatautonome Rechtswahlvereinbarungen im Immaterial- **738** güterkollisionsrecht aus (BGHZ 118, 394, 397 f [Alf]; 136, 380, 386 [Spielbankaffäre]; MünchKomm/KREUZER Nach Art 38 Anh II Rn 15; ZWEIGERT/PUTTFARKEN GRUR IntT 1973, 573, 577; s für das der Verfügung über das Markenrecht zugrundeliegende Verpflichtungsgeschäft Rn 751 ff). Die allgemeine deliktsrechtliche Rechtswahlmöglichkeit nach Art 42 EGBGB ist insoweit unanwendbar (Begr RegE BT-Drucks 14/343, 10). Im Markenkollisionsrecht liegt die Begründung hierfür darin, daß die **territoriale Begrenzung** der Zeichenrechte durch Rechtswahlvereinbarungen, welche das Recht eines Staates berufen, zu dessen Territorium die Verletzungshandlung keinen hinreichenden Bezug hat, mißachtet würde (BRIEM 114). Darüber hinaus steht der auch im Immaterialgüterkollisionsrecht vorhandene **Marktordnungsgedanke**, welcher über die Heranziehung marktordnungsrechtlicher Anknüpfungsgesichtspunkte bei der sachrechtlichen Bestimmung der räumlichen Reichweite des Verletzungstatbestandes seine Ausprägung findet (s dazu Rn 696), der Zulässigkeit von Rechtswahlvereinbarungen entgegen. Schließlich erscheint die Zulässigkeit nachträglicher Rechtswahlvereinbarungen hinsichtlich des Deliktsstatutes auch unter dem Aspekt als nicht sinnvoll, daß Markenrechtsverletzungen regelmäßig **Dauerdelikte** sind (Stellungnahme des Max-Planck-Instituts für ausländisches und internationales Patent-, Urheber- und Wettbewerbsrecht zum Entwurf eines Gesetzes zur Ergänzung des internationalen Privatrechts, GRUR IntT 1985, 104, 106 f). Nach einer Minderheitsmeinung soll eine Rechtswahl dagegen wenigstens für die Frage der **Haftungsfolgen** möglich sein (STAUDINGER/VHOFFMANN [1998] Art 38 Rn 595; vgl auch BÄR, in: VBÜREN/ DAVID 110; ENGLERT BJM 1989, 378, 383; VISCHER, in: IPRG-Komm Art 110 schwIPRG Rn 9 zur Begrenzung der Rechtswahlregelung des Art 110 Abs 2 schwIPRG auf die Verletzungsfolgen; s dazu auch Rn 740). Eine noch weitergehende Rechtswahlmöglichkeit der Parteien nach einer Immaterialgüterrechtsverletzung ohne Beschränkung auf die bloßen Rechtsfolgen der Verletzung sah Art 42 Abs 1 RefE vor (zustimmend SCHACK GRUR IntT 1985,

523, 525; ablehnend Stellungnahme des Max-Planck-Instituts für ausländisches und internationales Patent-, Urheber- und Wettbewerbsrecht zum Entwurf eines Gesetzes zur Ergänzung des internationalen Privatrechts, GRUR IntT 1985, 104, 106 f).

739 Die Rechtswahl ist auch nach **österreichischer Rechtsauffassung** ausgeschlossen. Dies wird aus der im östIPRG ausschließlich für das Ehegüterrecht und das Schuldrecht vorgesehenen Rechtswahlmöglichkeit geschlossen (östOGH GRUR IntT 1986, 735, 736 [Hotel Sacher]).

740 In **Art 110 Abs 2 schwIPRG** ist für Immaterialgüterrechtsverletzungen eine **beschränkte Rechtswahl** vorgesehen. Danach ist die nachträgliche Wahl der *lex fori* möglich. Die Vorschrift verdrängt die allgemeine deliktsrechtliche Rechtswahlregel des Art 132 schwIPRG und wird im Hinblick auf die immaterialgüterrechtlichen Besonderheiten teilweise einschränkend dahingehend ausgelegt, daß die Rechtswahlmöglichkeit nur für die Frage der **Rechtsfolgen** einer Immaterialgüterrechtsverletzung gilt (Bär in: vBüren/David 110; Englert BJM 1989, 378, 383; Vischer, in: IPRG-Komm Art 110 schwIPRG Rn 9; aA Jegher/Schnyder, in: Kommentar zum schwIPRG Art 110 Rn 32).

g) **Akzessorische Anknüpfung**

741 Im Rahmen der **Markenübertragung** stellt sich die Frage, inwieweit die grundsätzlich dem Vertragsstatut unterworfene Beurteilung des Verpflichtungsgeschäfts der Markenübertragung auf das Verfügungsgeschäft (s zum Rechtsübergang einer Marke Fezer § 27 Rn 14 ff) hinüber wirkt, bzw inwieweit sowohl verpflichtende als auch verfügende Teile einer Markenübertragung einheitlich dem Vertragsstatut unterfallen, mithin eine **akzessorische Anknüpfung** des Verfügungsgeschäfts an das Vertragsstatut erfolgt. Grundsätzlich gilt nach überwiegender Auffassung für die eigentliche **Verfügung** über das Markenrecht das **Schutzlandprinzip** (s Rn 768 ff), ungeachtet der Anwendung des Vertragskollisionsrechts für den verpflichtenden Teil einer Markenübertragung.

742 Teilweise wird eine akzessorische Anknüpfung für möglich gehalten, wobei zur Begründung auf den Umstand verwiesen wird, daß einerseits zahlreichen Rechtssystemen die Unterscheidung zwischen Verpflichtungs- und Verfügungsgeschäft fremd sei und andererseits Übertragung und obligatorische Verpflichtung zur Übertragung des gewerblichen Schutzrechts regelmäßig in demselben Rechtsakt miteinander verbunden seien (Vischer GRUR IntT 1987, 670, 680 f; vgl auch Ulmer Rn 133, der allerdings anstelle einer akzessorischen Anknüpfung eine einzelfragenbezogene Schutzlandanknüpfung befürwortet; vgl hier Rn 747). Diese Lösung erscheint im Hinblick auf die dem Immaterialgüterkollisionsrecht innewohnenden, besonderen Aufgaben im Zusammenhang mit marktordnungsrechtlichen Funktionen des gesamten Wettbewerbsrechts nicht sachgerecht (so auch Zweigert/Puttfarken GRUR IntT 1973, 573, 577). Dabei ist auch zu berücksichtigen, daß eine einheitliche vertragskollisionsrechtliche Anknüpfung, welche die **Rechtswahlmöglichkeit** der Parteien auch auf die Verfügung über gewerbliche Schutzrechte erstreckt, mangels internationaler Anerkennung der Einheitsanknüpfung bzw der Anknüpfung des verfügenden Teils einer Schutzrechtsübertragung an das Vertrags- anstatt an das Immaterialgüterrechtsstatut kaum durchsetzbar ist (MünchKomm/Kreuzer Nach Art 38 Anh II Rn 15, 22; Hausmann, in: FS Schwarz [1988] 47, 63).

D. Internationales Markenprivatrecht

V. Rechtsgeschäfte über Marken

Besonderheiten gelten bei rechtsgeschäftlichen Verfügungen über Markenrechte. Dazu gehören **Markenrechtsübertragungen** iSd § 27 MarkenG, **Markenlizenzen** iSd § 30 MarkenG, **Vergleiche** in Fällen von Markenkollisionen sowie **rechtsgeschäftliche Verpfändungen** von Markenrechten oder Markenanwartschaftsrechten.

1. Gespaltene Anknüpfung

Markenrechtsübertragungen bestehen, ungeachtet des Umstandes, daß sie zumeist in einem einzigen Akt erfolgen, nach deutschem Rechtsverständnis aus einem verpflichtenden und einem verfügenden Element (**Trennungsprinzip**), die im Sinne des **Abstraktionsprinzips** in ihrem Bestand unabhängig voneinander sind (s dazu im einzelnen FEZER § 27 Rn 14 ff). Nach ganz überwiegender Auffassung sind das Verfügungsgeschäft der Abtretung des Markenrechts iSd §§ 413, 398 ff BGB und das zugrundeliegende Verpflichtungsgeschäft als Rechtsgrund für die Abtretung unterschiedlichen kollisionsrechtlichen Anknüpfungsgrundsätzen unterworfen (**Spaltungstheorie**). Der **verpflichtende Teil** der Markenrechtsübertragung richtet sich danach nach vertragskollisionsrechtlichen Grundsätzen, während der **verfügende Teil** nach immaterialgüterkollisionsrechtlichen Grundsätzen beurteilt wird (BGH GRUR IntT 1965, 504 [Carla]). Die **Aufspaltung** des einheitlichen Vertragswerkes in Verpflichtungsgeschäftsstatut und Verfügungsgeschäftsstatut einerseits und in verschiedene aufgrund der territorialen Begrenzung der Schutzrechte anwendbare Rechtsordnungen im Falle globaler markenrechtlicher Verträge im Hinblick auf den verfügungsrechtlichen Teil eines Vertragswerkes andererseits wird dabei hingenommen. Eine gleichsam über das Kollisionsrecht stattfindende **Übertragung des dem deutschen Recht eigenen Abstraktionsprinzips auf andere Rechtsordnungen** ist mit der Spaltungstheorie nicht verbunden (so aber ZWEIGERT/PUTTFARKEN GRUR IntT 1973, 573, 577), weil die getrennte rechtliche Beurteilung von Verpflichtungs- und Verfügungsgeschäft die Abstraktheit des Verfügungsgeschäfts nicht voraussetzt (so zu Recht PFAFF, in: FS Beier [1986] 1109, 1142). Schwierigkeiten bereitet aber schon die Frage der Abgrenzung des verfügenden und des verpflichtenden Teils eines Gesamtvertragswerkes, insbesondere im Hinblick darauf, daß das **Trennungsprinzip** in ausländischen Rechtsordnungen oft nicht in der Schärfe durchgeführt wird, wie im deutschen Recht. Insoweit dürfte es sachgerecht sein, bereits die **Abgrenzung zwischen schuldrechtlichen und verfügenden Rechtsgeschäftsteilen** einer Markenrechtsübertragung dem **Recht des Schutzlandes** zu überlassen (MünchKomm/KREUZER Nach Art 38 Anh II Rn 24; PFAFF, in: FS Beier [1986] 1109, 1133, 1139 Rn 52; vgl zur grundsätzlichen **Qualifikation nach der lex fori** hier Rn 36).

Die Grundsätze zur Trennung zwischen obligatorischem und verfügungsrechtlichem Teil von Markenrechtsübertragungen gelten entsprechend für **Markenlizenzverträge** (PFAFF, in: FS Beier [1986] 1109, 1142 f Rn 7). Das soll grundsätzlich unabhängig davon gelten, ob das Nutzungsrecht dingliche oder schuldrechtliche Natur besitzt (MünchKomm/KREUZER Nach Art 38 Anh II Rn 25; vgl auch hier Rn 769). Da sich die Abgrenzung zwischen dem obligatorischen und dem verfügungsrechtlichen Teil eines markenrechtlichen Gesamtvertragswerks nach dem Schutzland richtet (s Rn 744), ist denkbar, daß etwa die Lizenzierung einer Marke für einen Staat, dessen Recht Markenlizenzierungen gesamtheitlich als obligatorische Verträge betrachtet, im Ergebnis insgesamt dem Vertragsstatut unterfallen könnte.

746 Vorschläge, den Umstand, daß verfügender und verpflichtender Teil einer Markenrechtsübertragung regelmäßig in einem Akt erfolgen, zum Anlaß zu nehmen, beide Teile ein und demselben Statut zu unterwerfen, haben sich nicht durchgesetzt. Das gilt vor allem für den Versuch, das gesamte Vertragsgefüge einer Markenrechtsübertragung oder einer Markenlizenzierung, einschließlich der mit Entstehung, Übertragbarkeit, Lizenzierbarkeit, Bestand und Schutzreichweite des Markenrechts, über welches verfügt wird, zusammenhängenden Fragen **einheitlich dem Vertragskollisionsrecht** zu unterstellen (akzessorische Anknüpfung; s Rn 742). Eine **unflexible Anwendung des Vertragskollisionsrechts** auch auf Fragen, die den Bestand und Inhalt des Markenrechts, einschließlich der Rechtsinhaberschaft betreffen, würde die marktordnungsrechtliche Funktion des immaterialgüterrechtlichen Bereichs des internationalen Wettbewerbsrechts unterlaufen. Zumindest für diese Fragen muß es daher bei der Anwendung des Schutzlandprinzips bleiben, mit der Konsequenz, daß insoweit **Rechtswahlvereinbarungen** ausgeschlossen sind.

747 Bislang nicht durchgesetzt hat sich im Markenkollisionsrecht der **vermittelnde Vorschlag** von ULMER im Rahmen des **Urheberkollisionsrechts**, wonach auf die **Unterscheidung zwischen dem verfügenden und dem obligatorischen Teil** eines immaterialgüterrechtlichen Vertrages **verzichtet** werden soll (**Einheitstheorie**; ULMER Rn 133 f; ZWEIGERT/PUTTFARKEN GRUR IntT 1973, 573, 577; SCHRICKER/KATZENBERGER Vor § 120 UrhG Rn 92; vgl auch OLG Frankfurt aM OLG-Rp Frankfurt 1997, 112, 114). Eine **vollständige** Anknüpfung des gesamten Vertragswerks nach vertragskollisionsrechtlichen Grundsätzen ist mit dieser Auffassung allerdings nicht verbunden, weil danach bestimmte Einzelfragen isoliert werden, die notwendig dem Schutzlandprinzip unterworfen sind. Dazu zählen die Fragen der **Zulässigkeit einer Schutzrechtsübertragung, Teilübertragung** oder **Lizenzierung** (ULMER Rn 141). Weiterhin beurteilen sich nach dieser Auffassung jedenfalls die **Ansprüche aus der Verletzung der Rechte des Markenlizenznehmers** (vgl ULMER Rn 142; östOGH MuR 1991, 112, 113 [Gleichgewicht des Schreckens]), insbesondere im Falle einer **ausschließlichen Lizenz** nach dem Schutzlandprinzip. Schließlich wird die Schutzlandanknüpfung auch für bestimmte, die Übertragung oder Lizenzierung betreffende **Formfragen** (s Rn 771), sowie das Erfordernis einer **Eintragung in ein öffentliches Register** (ULMER Rn 138) für notwendig gehalten. Daneben fallen sämtliche **nach allgemeinen Grundsätzen dem Immaterialgüterrechtsstatut zugehörigen Fragen** notwendig unter die Schutzlandanknüpfung (näher Rn 762).

748 Diese **einzelfallbezogene Schutzlandanknüpfung** vermeidet eine Umgehung der für den Bereich der Immaterialgüterrechte international anerkannten und durch Konventionsrecht vorgegebenen Schutzlandanknüpfung, soweit man darauf achtet, im Einzelfall nicht Teile eines einheitlichen Vertragswerkes vertragskollisionsrechtlich zu beurteilen, die unmittelbar mit Entstehung, Übertragbarkeit, Lizenzierbarkeit, Bestand und Schutzreichweite des Markenrechts, über das verfügt wird, zusammenhängen (vgl auch LICHTENSTEIN NJW 1964, 1345, 1349). Andererseits hat die **Einheitstheorie** den Vorteil, daß die problematische und auf internationaler Basis bisweilen schwer zu leistende Abgrenzung zwischen obligatorischem und verfügendem Teil des Gesamtvertragswerks entfällt. **Im Ergebnis** werden **kaum Unterschiede zur herrschenden Auffassung** bestehen, weil die dem Schutzlandprinzip unterstellten Fragen regelmäßig in den verfügenden Bereich des Gesamtvertragswerks fallen werden.

749 Einer **einheitlichen** Unterstellung des Gesamtvertragswerks unter das **Immaterialgü-**

terstatut (vorgeschlagen von BEIER GRUR IntT 1981, 299, 307; vgl auch PFAFF, in: FS Beier [1986] 1109, 1143 Rn 68; krit SOERGEL/vHOFFMANN Art 28 Rn 495) würde das Territorialitätsprinzip nicht widersprechen (MünchKomm/KREUZER Nach Art 38 Anh II Rn 22). Sie scheidet aber im Hinblick auf den schuldrechtlichen Bereich jedenfalls aus, wenn die Parteien insoweit ausdrücklich oder konkludent eine Rechtswahl getroffen haben. Daneben wäre daran zu denken, auch bei Vorliegen besonderer Umstände aus **Zweckmäßigkeitserwägungen** auf eine einheitliche Anknüpfung nach dem Schutzlandprinzip zu verzichten und auf den obligatorischen Teil Vertragskollisionsrecht anzuwenden (vgl BEIER GRUR IntT 1981, 299, 307). Das erscheint jedenfalls dann angebracht, wenn ein und derselbe markenrechtliche Vertrag sich auf mehrere Schutzländer erstreckt, etwa im Fall einer **globalen Markenlizenzierung**, so daß es bei einer einheitlichen Anknüpfung nach dem Schutzlandprinzip zu einer **Aufsplitterung nicht nur des Verfügungsstatuts, sondern auch des Verpflichtungsstatuts** kommen würde (dazu näher Rn 765).

Eine getrennte kollisionsrechtliche Betrachtung von verpflichtendem und verfügendem Teil von markenrechtlichen Verträgen wird auch im **schweizerischen Recht** vorgenommen (vgl JEGHER/SCHNYDER, in: Kommentar zum schwIPRG Art 122 Rn 7). Danach regelt Art 122 Abs 1 schwIPRG nur den obligatorischen Teil des immaterialgüterrechtlichen Gesamtgeschäfts (s Rn 755). Im **österreichischen Recht** wurde die Unterscheidung im Zusammenhang mit § 43 Abs 1 östIPRG dagegen zumeist nicht problematisiert, jedenfalls soweit davon ausgegangen wurde, daß das rechtsgeschäftliche Element des Verfügungsgeschäfts regelmäßig mit dem Verpflichtungsgeschäft verschmilzt (vgl RUMMEL/SPIELBÜCHLER § 425 ABGB Rn 2). Allerdings galt für Immaterialgüterrechtsverträge nach § 43 Abs 1 östIPRG ohnehin einheitlich das Recht des Staates, für den das Immaterialgüterrecht übertragen oder eingeräumt wird, mithin das **Schutzlandprinzip**. Die Regelung galt danach für die gesamte vertragsrechtliche Seite der Markenrechtsübertragung bzw Markenlizenzierung (KOPPENSTEINER § 37 Rn 6; zu den Konsequenzen für die **Rechtswahlmöglichkeit** der Parteien hier Rn 755); das dürfte das Statut des **verfügenden Rechtsgeschäftes** einschließen (ebenso RUMMEL/SCHWIMANN § 43 IPRG Rn 2), nicht hingegen jedenfalls die vom Immaterialgüterrechtsstatut erfaßte Frage des **Bestandes der den Gegenstand der Verfügung darstellenden Marke**. Bei der Maßgeblichkeit des Immaterialgüterrechtsstatuts bleibt es insoweit auch nach Aufhebung des § 43 östIPRG (östBGBl 1998/119).

2. Verpflichtungsgeschäft

a) Rechtswahlvereinbarung

Das der Verfügung über das Markenrecht zugrundeliegende **Verpflichtungsgeschäft** unterliegt den Regeln des **internationalen Vertragsrechts** (BGH GRUR IntT 1965, 504 [Carla]; auch STAUDINGER/MAGNUS[12] Art 28 Rn 602; MünchKomm/MARTINY Art 28 Rn 261; MünchKomm/KREUZER Nach Art 38 Anh II Rn 22). Ausdrückliche und stillschweigende **Rechtswahlvereinbarungen** der Parteien sind daher im Gegensatz zum Marktordnungsrecht grundsätzlich möglich und entscheiden vorrangig über das maßgebliche Statut (Art 27 Abs 1 Satz 1 EGBGB; vgl OLG Karlsruhe GRUR IntT 1987, 788, 789 [Offenendspinnmaschinen]).

752 **Zulässigkeit und Grenzen der Rechtswahl** bestimmen sich nach der *lex fori* (Münch-Komm/MARTINY Art 27 Rn 7; vgl für das **schweizerische** Recht AMSTUTZ/VOGT/WANG, in: Kommentar zum schwIPRG Art 116 Rn 8 mwN).

753 Die Frage nach dem für Umfang und Wirkung der Rechtswahl maßgeblichen Statut ist zu unterscheiden von der Frage nach der **kollisionsrechtlichen Anknüpfung des Rechtswahlvertrages**. Zustandekommen und Wirksamkeit der Rechtswahlvereinbarung bestimmt sich im Einklang mit dem Hauptvertrag nach dem von den Parteien gewählten Recht (Art 27 Abs 4 iVm Art 31 Abs 1 EGBGB; vgl Art 116 Abs 2 Satz 2 schwIPRG; vgl für das **österreichische** Recht RUMMEL/SCHWIMANN § 11 IPRG Rn 7 mwN [lex fori]). Die Rechtswahlfreiheit der Parteien unterliegt im deutschen Recht der Begrenzung durch das **allgemeine Willkürverbot**. Dabei genügt es allerdings, wenn irgendein anerkennenswertes Interesse an der Herrschaft des gewählten Rechts erkennbar ist. Dieses wird indes nur selten zu verneinen sein, so daß der Begrenzung kaum praktische Bedeutung zukommt (REITHMANN/MARTINY/MARTINY Rn 52; BEIER GRUR IntT 1981, 299, 300; vgl auch schwBG, BGE 91 II, 44, 51; 102 II, 143, 146).

754 Weitere Beschränkungen der Rechtswahlmöglichkeiten können sich aus **gesetzlichen Regelungen** insbesondere im Bereich des **Verbraucherschutzes** ergeben. Eine derartige Beschränkung fand sich in **§ 41 Abs 2 östIPRG**, der bei Verbraucherverträgen die Wahl eines ausländischen Rechts für unbeachtlich erklärte, **soweit** die Rechtswahl zur Umgehung zwingender Normen zum Nachteil der Verbraucher führen würde. Die Norm erklärte die **gesamte** Rechtswahl allenfalls dann für unbeachtlich, wenn nach Normzweck oder Parteiwillen der für den Vertrag beachtliche Teil des gewählten Rechts nicht vom unbeachtlichen Teil trennbar war (RUMMEL/SCHWIMANN § 42 IPRG Rn 4). Mit Übernahme des EVÜ durch Österreich wurde die Norm aufgehoben (östBGBl 1998/119). Eine ähnliche Begrenzung der Rechtswahl enthält **Art 29 Abs 1 EGBGB**. Dagegen läßt § 12 AGBG die Wahl des ausländischen Rechts an sich unberührt und ordnet im Interesse des Verbraucherschutzes unter bestimmten Umständen die **zusätzliche Anwendung** des deutschen AGBG an. Bei dieser Regelung handelt es sich letztlich um eine besondere Ausprägung des *ordre-public*-Grundsatzes. Da Verträge über Markenrechte keine Verbraucherverträge darstellen, werden entsprechende Beschränkungen im Einzelfall allenfalls **indirekt** Bedeutung erlangen können, etwa bei der Frage der Durchsetzung von Vertragsklauseln in Markenlizenzverträgen, die dem deutschen Lizenznehmer vorschreiben, bei seinen Kundenverträgen eine Rechtswahl zugunsten ausländischen Rechts zu vereinbaren (BEIER GRUR IntT 1981, 299, 302).

755 Im **schweizerischen Recht** sieht Art 122 Abs 2 schwIPRG eine Rechtswahlmöglichkeit vor, die sich jedoch wie im deutschen Recht auf das Vertragsstatut beschränkt, nachdem Art 122 Abs 1 schwIPRG nur das Vertragsstatut betrifft (JEGHER/SCHNYDER, in: Kommentar zum schwIPRG Art 122 Rn 18). Die Rechtswahlmöglichkeit der Parteien wird im **österreichischen Recht** für Markenrechtsverträge umfassend für möglich gehalten (vgl KOPPENSTEINER § 37 Rn 6; BRIEM 115; differenzierend RUMMEL/SCHWIMANN § 43 IPRG Rn 1a [Rechtswahl ausgeschlossen, wo Territorialität mißachtet würde]); eine Trennung zwischen obligatorischem und verfügungsrechtlichem Teil des markenrechtlichen Gesamtvertragswerks wird, soweit ersichtlich, nicht scharf durchgeführt (s Rn 750).

D. Internationales Markenprivatrecht

b) Fehlen einer Rechtswahlvereinbarung
aa) Begriff der engsten Verbindung
Haben die Parteien keine Rechtswahlvereinbarung getroffen, so kommt es gemäß 756 Art 28 Abs 1 Satz 1 EGBGB für die kollisionsrechtliche Anknüpfung des Verpflichtungsgeschäfts auf die Frage an, mit welchem Staat der Vertrag die **engste Verbindung** aufweist. Vor Inkrafttreten des Gesetzes zur Neuregelung des Internationalen Privatrechts vom 25. Juli 1986 (BGBl I, 1142 ff) bestimmte die herrschende Meinung das Vertragsstatut nach dem **hypothetischen Parteiwillen**, der allerdings auf der Grundlage einer Interessenabwägung unter Einstellung bestimmter **objektiver Kriterien** ermittelt wurde (vgl BGH NJW 1987, 1141).

Der in Art 28 Abs 1 Satz 1 EGBGB verwendete **Begriff der engsten Verbindung** ist 757 unscharf und bedarf der Ausfüllung. Ein Vertrag kann Verbindungen zu mehreren Rechtsordnungen aufweisen, was sich aus Art 28 Abs 1 Satz 2 EGBGB ergibt (MünchKomm/MARTINY Art 28 Rn 6). Maßgeblich sind die Bezüge eines Vertrages zu einer **bestimmten Rechtsordnung** und nicht der Zusammenhang mit einem Gebiet oder Raum (REITHMANN/MARTINY/MARTINY Rn 103). Der für Verträge über Marken einschlägige Art 28 Abs 2 Satz 1 EGBGB stellt eine **Vermutung** auf, wonach der **Sitzort der Partei** maßgeblich ist, welche die charakteristische Leistung erbringt. Die engste Verbindung würde der Vertrag danach mit dem Staat aufweisen, in dem der **Markenrechtsinhaber** seinen Sitz hat (s Rn 760). Über die **Ausweichklausel** des Art 28 Abs 5 EGBGB können jedoch darüber hinaus **weitere Umstände** für die Ermittlung der engsten Verbindung zu einem bestimmten Staat maßgeblich sein und die **Vermutung des Art 28 Abs 2 EGBGB widerlegen**. In diesem Fall kommt wieder Art 28 Abs 1 EGBGB zur Anwendung. Für Markenlizenzverträge und Verträge über Markenrechtsübertragungen wird von der herrschenden Meinung jedenfalls dann, wenn der Vertrag nur ein einziges Schutzland umfaßt, von einer **Verlagerung des Rechtsgeschäftsschwerpunktes** über die Ausweichklausel auf das **Schutzland** ausgegangen.

bb) Maßgeblichkeit des Schutzlandrechts
Die **herrschende Meinung** kommt bei Markenrechtsverträgen, die sich auf ein ein- 758 ziges Schutzland erstrecken, zu einer **Verlagerung des Rechtsgeschäftsschwerpunktes auf das Schutzland**. Nach geltender Gesetzeslage läßt sich dieses Ergebnis über eine Anwendung der **Ausweichklausel** des Art 28 Abs 5 EGBGB erzielen (MünchKomm/MARTINY Art 28 Rn 262; aA SOERGEL/vHOFFMANN Art 28 Rn 503; vgl auch HAUSMANN, in: FS Schwarz [1988] 47, 58; REITHMANN/MARTINY/HIESTAND Rn 1278). Auch vor der Neuregelung wurde der **objektive Schwerpunkt** des Rechtsgeschäfts im Schutzland gesehen. Angeknüpft wird danach an das Recht des Staates, für den die **Markenlizenzierung** oder die **Markenrechtsübertragung** erfolgt (OLG Düsseldorf GRUR IntT 1962, 256, 257 [Tubenverschluß]; OLG Karlsruhe GRUR IntT 1987, 788, 789; LG Stuttgart IPRspr 1956–57 Nr 29, 114, 116; LICHTENSTEIN NJW 1964, 1345, 1350; BEIER, in: HOLL/KLINKE 287, 297; STUMPF/GROSS Rn 444; HENN Rn 457; PAGENBERG/GEISSLER Rn 318). Dies entspricht dem **Erfüllungsort** (vgl PFAFF, in: FS Beier [1986] 1109, 1145 Rn 72). Im Fall von **Vergleichen bei Markenkollisionen** ist das Recht des Staates, in dem die Markenkollision stattgefunden hat, maßgeblich. Bei **rechtsgeschäftlichen Verpfändungen von Markenrechten oder Markenanwartschaftsrechten** kommt es ebenfalls auf das Recht im Schutzland des verpfändeten Markenrechts an.

Die Auffassung, die auch im Hinblick auf das Verpflichtungsgeschäft von einer 759

Schutzlandanknüpfung ausgeht, ist, soweit man nicht der oben vertretenen **Einheitstheorie** mit einer **einzelfallbezogenen Schutzlandanknüpfung** folgt (s Rn 747), **vorzugswürdig**, weil sie eine sinnvolle **Parallelanknüpfung hinsichtlich des Verfügungs- und des Verpflichtungsgeschäfts** bewirkt (ebenso BEIER, in: HOLL/KLINKE 287, 298; MünchKomm/ MARTINY Art 28 Rn 269; zweifelnd HAUSMANN, in: FS Schwarz [1988] 47, 58). Zudem stößt die Bestimmung der charakteristischen Leistung eines Rechtsgeschäfts nicht selten auf erhebliche Schwierigkeiten, insbesondere bei Vergleichen im Fall von Markenkollisionen oder bei markenrechtlichen Abgrenzungsvereinbarungen (s Rn 763) sowie in Fällen, in denen die Gegenleistung für die Lizenzeinräumung in der Überlassung einer anderen Lizenz besteht. Allerdings besteht die **Gefahr eines Statutenwechsels**, wenn sich der räumliche Bereich des markenrechtlichen Vertrages von einem auf mehrere Schutzländer erweitert (REITHMANN/MARTINY/HIESTAND Rn 1278; SOERGEL/vHOFFMANN Art 28 Rn 496; vgl auch DEUTSCH, in: FS Ulmer [1963] 463, 473). Das von den **Gegnern einer Schutzlandanknüpfung** des verpflichtungsrechtlichen Teils einer Markenlizenzierung vorgebrachte Argument, wonach der unmittelbar mit dem Immaterialgüterrecht zusammenhängende Teil einer Gesamtvereinbarung nicht unter Mißachtung von anderen nicht mit dem Schutzlandrecht verknüpften Vertragsbestandteilen, insbesondere **Know-how-Vereinbarungen,** bei der kollisionsrechtlichen Anknüpfung überwiegen darf (REITHMANN/MARTINY/HIESTAND Rn 1278; SOERGEL/vHOFFMANN Art 28 Rn 496), spielt zumindest für das Markenrecht eine allenfalls untergeordnete Rolle. Soweit ein markenrechtliches Lizenzgesamtvertragswerk Vereinbarungen außerhalb der eigentlichen Markenlizenzierungen enthält, ist davon auszugehen, daß der immaterialgüterrechtliche Vertragsbestandteil dem Vertragswerk zumeist sein Gepräge geben wird. Im übrigen ist eine Unterwerfung auch der nicht immaterialgüterrechtlichen Vertragsbestandteile unter das Schutzlandprinzip im Interesse einer einheitlichen Anknüpfung hinzunehmen.

cc) **Maßgeblichkeit des Niederlassungsrechts von Markenrechtsüberträger bzw Markenlizenzgeber oder Markenrechtsübernehmer bzw Markenlizenznehmer**

760 Nach **abweichender Ansicht** sollen auch bei markenrechtlichen Verträgen, die sich auf nur ein einziges Land beziehen, andere Kriterien als das Schutzland maßgeblich für die Bestimmung des **Rechtsgeschäftsschwerpunktes** sein. Vorgeschlagen wird insoweit das Recht am **Niederlassungsort des Rechtsüberträgers** bzw des **Markenlizenzgebers** (vBAR Rn 498; REITHMANN/MARTINY/HIESTAND Rn 1276; STAUDINGER/MAGNUS[12] Art 28 Rn 610 f; vgl auch schwBG GRUR IntT 1977, 208, 209 [EFASIT]). Diese Auffassung entspricht der Vermutung des Art 28 Abs 2 Satz 1 EGBGB und setzt an der Bestimmung der **charakteristischen Leistung** des Vertrages an. Entsprechendes gilt für Auffassungen, die im Fall von Markenlizenzierungen den Rechtsgeschäftsschwerpunkt entweder am Ort der **Niederlassung des Markenlizenznehmers** sehen (OSTERRIETH 149), oder danach differenzieren, ob eine **Pflicht des Markenlizenznehmers zur Verwertung** besteht, oder ob es sich um eine **ausschließliche Markenlizenz** handelt (ULMER Rn 147).

761 Charakteristisch ist die Leistung, die für den konkreten Vertrag eigentümlich ist und ihn von anderen Vertragstypen abgrenzt. Im Falle von **Markenrechtsübertragungen** ist nicht eine Entgeltzahlung, sondern die **Rechtsübertragung** auf den Übernehmer charakteristisch für den Vertrag (für Urheberrechtsverträge ebenso ULMER Rn 75; HAUSMANN, in: FS Schwarz [1988] 47, 55). Bei **Markenlizenzverträgen** stellt die Lizenzierung die charakteristische Leistung dar. Schwerpunkt des Markenlizenzvertrages ist demnach der

D. Internationales Markenprivatrecht

Sitz des Markenlizenzgebers (aA BEIER, in: HOLL/KLINKE 287, 297 [objektiver Schwerpunkt im Schutzland]).

Auch nach dieser Auffassung sind sämtliche Fragen, die nach **allgemeinen Grundsätzen** dem **Immaterialgüterrechtsstatut** unterfallen, dem Vertragsstatut entzogen. Das betrifft einerseits die Frage der **Existenz** und des **Erlöschens** des den Vertragsgegenstand darstellenden Markenrechts, einschließlich der Entstehungsvoraussetzungen, der Rechtsform sowie formeller Anforderungen. Andererseits sind dem Vertragsstatut Fragen des **Schutzinhalts und Schutzumfangs** sowie die Frage der Ansprüche aus der Verletzung des Rechts entzogen. Schließlich bestimmt das Schutzlandrecht, inwieweit eine markenrechtliche Lizenzierung als **dinglich, quasi-dinglich oder rein schuldrechtlich** zu qualifizieren ist (zur Unterscheidung zwischen dinglicher Markenlizenz und schuldrechtlicher Gebrauchsüberlassung s FEZER § 30 Rn 6 f). 762

Schwierigkeiten bei der Bestimmung der charakteristische Leistung werden oft bei **Vergleichen** im Fall von Markenkollisionen auftreten. Eine **kumulative Anknüpfung** an die Rechtsordnungen beider Parteien scheidet wegen des in Art 28 Abs 1 Satz 1 EGBGB enthaltenen **Grundsatzes der engsten Beziehung** aus. Insoweit könnte vertreten werden, daß bei Betrachtung des konkreten Inhalts der jeweiligen Vereinbarung zu entscheiden ist, auf welcher Seite das gegenseitige Nachgeben überwiegt, um den Rechtsgeschäftsschwerpunkt am Sitz dieser Partei zu lokalisieren. Dies erscheint indes wenig praktikabel. Ähnlich schwierig würde sich die Bestimmung der charakteristischen Leistung bei markenrechtlichen **Abgrenzungsvereinbarungen** und in Fällen gestalten, in denen die Gegenleistung für die Lizenzierung ihrerseits in der Überlassung einer anderen Lizenz besteht (SOERGEL/VHOFFMANN Art 28 Rn 504). Im Rahmen von Rechtsgeschäften, bei denen eine charakteristische Leistung nicht oder nur schwer auszumachen ist, so daß Art 28 Abs 2 EGBGB gemäß **Art 28 Abs 2 Satz 3 EGBGB** keine Anwendung findet, erscheint es deshalb sinnvoll, soweit möglich, den **Schutzlandgedanken** als alleiniges Kriterium zur **Bestimmung** des Rechtsgeschäftsschwerpunktes heranzuziehen. Mithin ist bei markenrechtlichen Vergleichen das Recht des Staates heranzuziehen, für dessen Territorium der Vergleich abgeschlossen wird. Bei markenrechtlichen **Abgrenzungsvereinbarungen**, die sich nicht auf verschiedene Staaten beziehen, gilt entsprechendes. Abweichungen ergeben sich jedoch im Falle von Vereinbarungen und Vergleichen, die sich auf die Territorien mehrerer Staaten erstrecken (s dazu Rn 765 ff). 763

Stellt man nicht wie die herrschende Meinung allgemein auf das Schutzland ab bzw erachtet den Erfüllungsort der vertraglichen Leistung als maßgebend, sondern stellt die **charakteristische Leistung** des markenrechtlichen Vertrages in den Vordergrund, so sind die vorgenannten Grundsätze nur im **Regelfall** heranzuziehen. Eine andere Beurteilung des Rechtsgeschäftsschwerpunktes kann sich je nach der **konkreten Ausgestaltung des markenrechtlichen Vertrages** ergeben. So erscheint es möglich, daß sich im Einzelfall eine **Hauptleistungspflicht des Lizenznehmers zur Verwertung** als die gegenüber der Lizenzerteilung vorrangige, charakteristische Leistung darstellt. In diesem Fall ist regelmäßig das Recht am **Sitz des Lizenznehmers** maßgeblich, jedenfalls soweit sich die Markenbenutzung durch den Lizenznehmer als wesentlich für den Markeninhaber darstellt (ULMER Rn 147; VHOFFMANN RabelsZ 40 [1976] 208, 214; aA REITHMANN/MARTINY/HIESTAND Rn 1276). Dies ist zumindest dann der Fall, wenn in dem betreffenden Staat ein markenrechtlicher **Benutzungszwang** vorgesehen ist (ULMER 764

Rn 147). Ebenso würde die Einräumung einer **ausschließlichen Markenlizenz** wegen des insoweit vorliegenden, besonderen Interesses des Lizenzgebers an einer Verwertung durch den Lizenznehmer regelmäßig dazu führen, daß der Rechtsgeschäftsschwerpunkt am Sitz des Lizenznehmers liegt. Ein entsprechendes Ergebnis läßt sich über eine Anwendung der **Ausweichklausel** des Art 28 Abs 5 EGBGB erzielen. Stets kommt es jedoch auf die konkrete Ausgestaltung der Rechte und Pflichten aus dem markenrechtlichen Vertrag an, so daß die dargestellten Grundsätze lediglich als **Anhaltspunkte für typische Fallkonstellationen** dienen können.

c) Mehrere Schutzländer umfassende markenrechtliche Verträge

765 Besonderheiten bestehen, wenn **ein und derselbe** markenrechtliche Vertrag die Verfügung über ein **Bündel verschiedener nationaler Markenrechte** zum Vertragsgegenstand hat. Dies betrifft vor allem globale **Lizenzverträge** über Marken, die für mehrere Länder abgeschlossen werden. In diesem Fall führt die Heranziehung des Schutzlandrechts auch im Rahmen des Verpflichtungsgeschäftes zu einer **Aufspaltung des einheitlich konzipierten Lizenzvertrages in die Rechtsordnungen sämtlicher betroffenen Schutzländer** (zur verfügungsrechtlichen Seite Rn 772). Insoweit wird von der herrschenden Meinung für das Vertragsstatut die (subsidiäre) Anknüpfung an das Recht am **Niederlassungsort des Lizenzgebers** vertreten, um diese durch das Territorialitätsprinzip bewirkte Aufsplitterung des Schuldstatuts zu verhindern (MünchKomm/ MARTINY Art 28 Rn 269a; TROLLER GRUR IntT 1952, 108, 120 f; OSTERRIETH 150; STUMPF/GROSS Rn 445; vgl dagegen HENN Rn 458 [generell Recht am Sitz des **Lizenznehmers**]; ähnlich § 43 Abs 1 Satz 2 aF östIPRG [Recht am Sitz des **Rechtserwerbers**]). Ein ähnlicher Ansatz, der die Zersplitterung des Schuldstatuts zu vermeiden sucht, jedoch **im Ergebnis** auf den **Sitz des Lizenznehmers** abstellt, ist die Anknüpfung an das **Recht des primären Schutzlandes**. Danach bleibt es auch bei globalen markenrechtlichen Verträgen bei der regelmäßigen Schutzlandanknüpfung; maßgeblich ist aber nur das Recht desjenigen Schutzlandes, in dem der Lizenznehmer seinen Sitz hat, produziert, kennzeichnet und von dem aus er die gekennzeichnete Ware in Verkehr bringt (BEIER GRUR IntT 1981, 299, 307; ders, in: HOLL/KLINKE 287, 296 f).

766 Es erscheint fraglich, ob im Fall globaler markenrechtlicher Verträge davon ausgegangen werden kann, daß der Zusammenhang des Lizenzvertrages mit **einem der erfaßten Schutzstaaten** überwiegt. Eine Anwendung der Ausweichklausel des Art 28 Abs 5 EGBGB scheidet unter dieser Prämisse aus. Regelmäßig ist bei globalen markenrechtlichen Lizenzverträgen daher an das Recht am **Sitzort des Markenlizenzgebers** anzuknüpfen, es sei denn, der Rechtsgeschäftsschwerpunkt verlagert sich auf den **Sitzort des Markenlizenznehmers**, etwa in Fällen ausschließlicher Markenlizenzen oder bei Verwertungspflichten des Lizenznehmers (s Rn 764).

767 Auch insoweit sind allerdings bestimmte **Einzelfragen** notwendig dem Schutzlandprinzip unterworfen. So bestimmen sich jedenfalls die **Zulässigkeit einer Übertragung oder Lizenzierung** (vgl Art 33 Abs 2 EGBGB; REITHMANN/MARTINY/HIESTAND Rn 1289), die **Ansprüche aus der Verletzung der Rechte des Markenlizenznehmers** auch gegenüber **Dritten** (vgl BGHZ 118, 394, 397 f [ALF]; vgl aber OLG Köln GRUR 2000, 66, 67, wo ohne Erwähnung des Schutzlandprinzips eine Tatortanknüpfung vorgenommen und eine Rechtswahl nach Vertragskollisionsrecht für möglich gehalten wird; vgl zur Frage der Rechtswahl im Rahmen des Immaterialgüterkollisionsrechts Rn 738), insbesondere im Falle einer **ausschließlichen Lizenz**, sowie die Lizenzierung betreffende **Formfragen** (s Rn 771) und die **Art und Weise**

der Erfüllung (vgl Art 32 Abs 2 EGBGB) nach dem Recht des Schutzlandes. Dasselbe gilt für die nach **allgemeinen Grundsätzen dem Schutzlandrecht unterworfenen Fragen**, insbesondere die Vorfrage der **Existenz** des den Vertragsgegenstand darstellenden Markenrechts (s näher Rn 762). Maßgeblich ist insoweit jeweils das **konkrete Schutzland** aus dem Bündel der umfaßten Schutzländer (vgl auch OLG München GRUR IntT 1960, 75, 76 zur Übertragung von **urheberrechtlichen** Befugnissen).

3. Verfügungsgeschäft

Für die eigentliche Verfügung über das Markenrecht ist, soweit man mit der herrschenden Meinung bei der kollisionsrechtlichen Prüfung von einer Unterscheidung zwischen dem verpflichtungs- und dem verfügungsrechtlichen Teil eines markenrechtlichen Gesamtvertragswerks ausgeht, unstreitig stets das **Recht des Staates anzuwenden, für dessen Territorium über das Recht verfügt wird**. Das folgt aus der territorialen Begrenzung der Immaterialgüterrechte, die sämtliche Fragen betrifft, welche mit dem Bestand und Inhalt des Markenrechts in Zusammenhang stehen. Dies gilt für die **Markenrechtsübertragung** iSd §§ 413, 398 ff BGB als gleichsam dingliche Rechtsübertragung, aber auch für **Markenlizenzierungen**. Regelmäßig stellt die Markenlizenz einen **Verfügungsvertrag** über das Markenrecht mit der **dinglichen Wirkung** des § 30 MarkenG dar, soweit von den Parteien nicht eine **rein schuldrechtlich wirkende** Gebrauchsüberlassung der Marke vereinbart wird (FEZER § 30 MarkenG Rn 8). Die Frage, inwieweit eine **dingliche**, **quasi-dingliche** oder rein **schuldrechtliche Markenlizenzierung** gegeben ist, bestimmt sich nach dem Recht des Schutzlandes (vgl auch REITHMANN/MARTINY/HIESTAND Rn 1285 [Frage des Sukzessionsschutzes bzw der Drittwirkung]). Eine Rechtswahl scheidet bei Maßgeblichkeit des Immaterialgüterstatuts aus (Rn 738). 768

Das Schutzlandrecht soll insoweit unabhängig davon anwendbar sein, ob die Markenlizenz **dinglicher oder schuldrechtlicher Natur** ist, weil mit der Einräumung der Benutzungsbefugnis an den Lizenznehmer der Kerngehalt des Schutzrechts übertragen wird (MünchKomm/KREUZER Nach Art 38 Anh II Rn 25; das Problem wird bei der Gemeinschaftsmarkenlizenz erheblich). Das erscheint allerdings dann problematisch, wenn man mit der herrschenden Meinung im Kollisionsrecht der **Trennung zwischen verpflichtungs- und verfügungsrechtlichem Teil des Gesamtrechtsgeschäfts** folgt. Eine rein **schuldrechtliche Markenlizenz**, die in der Verpflichtung des Markeninhabers gegenüber dem Lizenznehmer liegt, von seinem Verbietungsrecht keinen Gebrauch zu machen, entbehrt dann eines Verfügungsgeschäftes (HOPPE 140). Folgt man hingegen der **einzelfallbezogenen Schutzlandanknüpfung** (s Rn 747 ff), die lediglich bestimmte Fragen der Schutzlandanknüpfung unterwirft, so erübrigt sich eine Unterscheidung zwischen obligatorischem und dinglichem Teil einer Lizenzierung. 769

Nach herrschender Auffassung gilt die Schutzlandanknüpfung jedenfalls für die Frage der **Zulässigkeit der Rechtsübertragung** (BGHZ 136, 380, 387 [Spielbankaffäre]), insbesondere der Zulässigkeit einer **Teilübertragung** der Marke (BGH GRUR IntT 1965, 504, 505 [Carla]), der **Zulässigkeit der Lizenzeinräumung**, der **Fähigkeit, die Marke zu erwerben**, der Möglichkeit eines **gutgläubigen Markenrechtserwerbs** sowie allgemein der **Wirksamkeit des Verfügungsgeschäfts**. 770

Überwiegend wird angenommen, daß auch die **Form der Verfügung** über die Marke dem Recht des Schutzlandes unterworfen ist (STAUDINGER/FIRSCHING[12] Vorbem 436 zu 771

Art 12 aF). Diese Frage ist angesichts von die notwendigen Förmlichkeiten betreffenden, starken Unterschieden in den verschiedenen Rechtsordnungen von erheblicher Bedeutung. Eine Anwendung des **Art 11 Abs 1 EGBGB** mit der Folge, daß die Frage der Form nicht zwingend nach dem Schutzlandrecht zu beurteilen wäre (vgl SOERGEL/ KEGEL Art 11 Rn 15), scheidet zumindest in **analoger Anwendung des Art 11 Abs 5 EGBGB** aus (MünchKomm/KREUZER Nach Art 38 Anh II Rn 21; REITHMANN/MARTINY/HIESTAND Rn 1291; gegen eine alternative Heranziehung von Vertragsstatut und *lex loci actus* außerhalb von Urheberrechtsverträgen auch ULMER Rn 97). Die Form der Verfügung über das Markenrecht ist Teilfrage für den Rechtserwerb beim Erwerber bzw Lizenznehmer infolge der markenrechtlichen Verfügung. Nachdem die Entstehung einschließlich der formellen Entstehungsvoraussetzungen des Markenrechts unstreitig dem Recht des Schutzlandes unterworfen ist, kann für die mit der Verfügung über das Markenrecht zusammenhängenden Fragen nichts anderes gelten (vgl auch ULMER Rn 137 aE).

772 Bei **multinationalen markenrechtlichen Vertragswerken** besteht die Erfüllung in den **Einzelverfügungen über die jeweiligen nationalen Markenrechte** aus dem Gesamtbündel der von dem Vertrag umfaßten Markenrechte. Eine einzige globale Verfügung hinsichtlich aller von dem Vertrag erfaßten Schutzstaaten scheidet wegen des Territorialitätsprinzips aus. Das hat zu Folge, daß jedes einzelne Verfügungsgeschäft nach dem Recht des Staates zu beurteilen ist, für den das konkrete Recht übertragen wird (MünchKomm/KREUZER Nach Art 38 Anh II Rn 22), so daß im Hinblick auf die verfügungsrechtliche Seite des Gesamtvertragswerkes eine **Vielzahl von Statuten** bestehen kann (**Spaltungstheorie**).

4. Zusammenfassende Übersicht über die dem Schutzlandprinzip unterworfenen Fragen

773 Unabhängig davon, ob der unterschiedlichen kollisionsrechtlichen Behandlung von verpflichtungsrechtlichem und verfügungsrechtlichem Teil eines markenrechtlichen Gesamtvertragswerkes gefolgt wird, oder ob man einheitlich das Vertragsstatut heranzieht und bestimmte Einzelfragen dem Schutzlandprinzip unterwirft, läßt sich zusammenfassend die **Maßgeblichkeit des Schutzlandrechts** für die folgenden Fragen feststellen:

– sämtliche nach **allgemeinen Grundsätzen dem Immaterialgüterrechtsstatut unterfallende Fragen**, insbesondere die Vorfrage des **Entstehens und Fortbestehens** der den Vertragsgegenstand darstellenden Marke sowie die **Ansprüche des Rechtserwerbers aus der Verletzung** des erworbenen Markenrechts;

– die **Zulässigkeit einer Schutzrechtsübertragung** oder Schutzrechtsteilübertragung sowie die **Zulässigkeit einer Markenlizenzierung** und die **Fähigkeit** des Vertragspartners, das Markenrecht zu **erwerben**;

– die Frage, ob der Markenlizenzierung **dinglicher oder ausschließlich schuldrechtlicher Charakter** zukommt, einschließlich der **Wirkung gegenüber Dritten,** sowie die Möglichkeit eines **gutgläubigen Erwerbs** des Markenrechts vom Nichtberechtigten;

– die **Ansprüche**, die dem Lizenznehmer **aus der Verletzung seiner Rechte gegenüber Dritten oder dem Lizenzgeber** zustehen;

- die Rechtsübertragung und die Lizenzierung betreffende **Formfragen**;

- die Frage der **Art und Weise der notwendigen Erfüllungshandlungen**, insbesondere die Frage, inwieweit eine **Eintragung in ein öffentliches Register** erforderlich ist;

- geht man mit der herrschenden Meinung von einer unterschiedlichen Betrachtung von verpflichtungs- und verfügungsrechtlichem Teil des Gesamtvertragswerks aus, so entscheidet das Schutzlandrecht auch über die **Abgrenzung zwischen schuldrechtlichen und verfügenden Elementen**.

Nach dem **Vertragsstatut** bestimmt sich dagegen das wirksame **Zustandkommen** des markenrechtlichen Verpflichtungsvertrages, einschließlich die das **Verpflichtungsgeschäft** betreffende **Form**, sowie die **Auslegung** des Vertrages und der aus ihm folgenden Verpflichtungen (Art 32 Abs 1 EGBGB), insbesondere die Frage, ob eine Markenrechtsübertragung oder eine Markenlizenzierung beabsichtigt ist (STAUDINGER/ FIRSCHING[12] Vorbem 436 zu Art 12 aF mwN).

VI. Internationales Markenprozeßrecht

1. Zuständigkeit

a) Internationale Zuständigkeit

Die internationale Zuständigkeit betrifft die Zuständigkeit des örtlich zuständigen deutschen Gerichts im Verhältnis zu ausländischen Gerichten. Die Zuständigkeitsregeln des **EuGVÜ** und des Parallelabkommens zwischen den Staaten der EU und den EFTA-Staaten (**Lugano-Übereinkommen**) genießen **Vorrang** vor der Bestimmung der internationalen Zuständigkeit nach autonomem deutschem Recht (s Rn 40). Im autonomen deutschen Recht ist die Frage der internationalen Zuständigkeit der deutschen Gerichte in Markensachen mangels besonderer Regeln an die **örtliche Zuständigkeit** gekoppelt. Grundsätzlich ist hiernach das örtlich zuständige Gericht auch international zuständig (BGH MDR 1979, 658; OLG Frankfurt aM IPRspr 1990, Nr 155, 307, 308). Die Regeln hinsichtlich von Vereinbarungen über die Zuständigkeit der Gerichte insbesondere § 39 ZPO finden nach Auffassung des BGH auch auf die internationale Zuständigkeit entsprechende Anwendung (BGH NJW 1976, 1581; 1976, 1583; MDR 1979, 658). Dem steht das aus dem Marktordnungscharakter des Wettbewerbsrechts folgende **öffentliches Interesse an einem Ausschluß der Parteiautonomie** nicht entgegen.

Die internationale Zuständigkeit der deutschen Gerichte besteht unabhängig davon, ob es um die **Beurteilung inländischer oder ausländischer Markenrechtsverletzungen** geht (RGZ 129, 385, 388 [Vacuum/Arctic]; BGH NJW 1957, 140, 142 [Flava-Erdgold]; GRUR 1969, 607, 608 [Recrin]; ULMER Rn 27; WEIGEL 121; PFAFF, in: FS Beier [1986] 1109, 1129 Rn 28; offengelassen noch von RGZ 118, 76, 82 [Hengstenberg]). Das wird sowohl für Klagen auf **Schadensersatz** wegen der Verletzung von Kennzeichenrechten, als auch für **Unterlassungsansprüche** angenommen (BGH NJW 1957, 140, 142 [Flava-Erdgold]; GRUR 1957, 231, 236 [Taeschner/Pertussin]). **Unterlassungstitel** wegen der Verletzung ausländischer Immaterialgüterrechte können ohne Verstoß gegen das Territorialitätsprinzip gegen einen im Inland befindlichen Anspruchsgegner **vollstreckt** werden (für die Schweiz VISCHER GRUR IntT 1987, 670, 673). Es besteht **keine ausschließliche auf das Schutzland begrenzte** territoriale Zuständigkeit am Handlungsort (für die Schweiz Handelsgericht Zürich GRUR IntT 1985, 411). Das folgt auch aus der in einer **globalisierten Marktordnung** gegebenen Notwendigkeit, einen wenn auch territorial unterteilten, so doch effektiven internationalen Schutz der nationalen Marken zu sichern. Dem entspricht die Möglichkeit des verletzten Rechtsinhabers, mehrere Klagen wegen der Verletzung verschiedener nationaler Markenrechte an einem Ort zusammengefaßt zu erheben, anstatt einzeln in den jeweiligen Schutzstaaten (VISCHER GRUR IntT 1987, 670, 672).

777 Wegen der ausschließlich auf das Inland beschränkten Wirkung eines Urteils ist jeweils kein Eingriff in die **Souveränität des ausländischen Staates** zu befürchten (BAUMBACH/HEFERMEHL Einl UWG Rn 195), zumal die **Anerkennung und Vollstreckung** eines derartigen Urteils im Ausland allein dem betreffenden ausländischen Staat vorbehalten bleibt. Diese Beurteilung ändert sich auch nicht aufgrund der Möglichkeit einer **im Inland erfolgenden** Vollstreckung eines inländischen Unterlassungstitels gegen einen sich im Inland befindlichen Anspruchsgegner wegen einer ausländischen Immaterialgüterrechtsverletzung. Dies ist lediglich eine Konsequenz des Umstandes, daß das Kollisionsrecht den nationalen Richter verpflichtet, gegebenenfalls ausländisches Immaterialgüterrecht auf eine Auslandshandlung anzuwenden und damit insoweit das ausländische dem inländischen Immaterialgüterrecht gleichsetzt (VISCHER GRUR IntT 1987, 670, 673; vgl auch BGB-RGRK/WENGLER 481, wonach infolge der Anwendung des Schutzlandrechts im Inland ein zu dem im Schutzland bestehenden Recht **paralleles subjektives Recht** geschaffen wird). Da das Territorialitätsprinzip die territoriale Reichweite der Wirkung von Markenrechtsnormen betrifft, müssen zudem folgerichtig die nationalen Gerichte einen Auslandssachverhalt in diesem Sinne beachten und der anwendbaren ausländischen Rechtsordnung gegebenenfalls in deren Regelungsinteresse zur Geltung verhelfen. Ein Eingriff in die **Territorialität der Marke** ist damit nicht verbunden.

778 Das Territorialitätsprinzip wirkt sich damit weithin nicht auf die Zuständigkeitsfrage aus (**relative Territorialität**; vgl auch LG Düsseldorf GRUR 1998, 159, 160 [epson.de]). Der Ausschluß der internationalen Zuständigkeit iSd Entscheidungsgewalt des deutschen Gerichts in Fällen, in denen wegen des Territorialitätsprinzips das deutsche Sachrecht keine Anwendung findet (**absolute Territorialität**; vgl LICHTENSTEIN NJW 1964, 1208, 1211; zum Begriff PFAFF, in: FS Beier [1986] 1109, 1122 Rn 11, 1129 Rn 28), wird heute kaum noch vertreten (vgl aber Rn 781).

779 Eine **internationale Zuständigkeit** des nationalen Gerichts wird man wegen des Territorialitätsprinzips allerdings regelmäßig für Klagen **verneinen** müssen, die sich unmittelbar gegen Bestand und Wirksamkeit ausländischer Markenrechte richten (**Bestandsklagen**; vgl Art 109 Abs 1 Satz 3 schwIPRG; 16 Nr 4 EuGVÜ). Die Entscheidung über den Bestand des Markenrechts ist gleichsam die Kehrseite der Rechtsverleihung und bleibt deshalb den staatlichen Organen des Verleihungsstaates und damit des Schutzstaates vorbehalten (krit VISCHER GRUR IntT 1987, 670, 674). Eine bloße **Vorfragenbeurteilung** des Markenrechtsbestands ist davon jedenfalls **nicht generell** betroffen (s Rn 790 f), auch dann nicht, wenn der betreffende Schutzstaat die **Geltendmachung der Schutzrechtsnichtigkeit als Einrede** verbietet (vgl auch JEGHER/ SCHNYDER, in: Kommentar zum schwIPRG Art 109 Rn 9). Die deutschen Gerichte können außerdem über die Frage entscheiden, ob der Inhaber eines **ausländischen Markenrechts** nach **inländischem Deliktsrecht** verurteilt werden kann, die **Löschung der**

D. Internationales Markenprivatrecht

Marke im Ausland zu beantragen (OLG Hamm NJW-RR 1986, 1047, 1048), weil mit einer entsprechenden gerichtlichen Entscheidung mangels unmittelbarer Wirkung auf den Bestand des ausländischen Markenrechts noch kein Eingriff in die Souveränität des Schutzstaates verbunden ist.

Maßgeblich für die örtliche Zuständigkeit in Kennzeichenrechtsverletzungsprozessen ist der besondere Gerichtsstand des **Begehungsortes**. Anwendung findet insoweit der konkurrierende Gerichtsstand des § 32 ZPO. Daneben kommt der allgemeine Gerichtsstand der §§ 12 ff ZPO in Betracht. Gemäß § 141 MarkenG müssen auch Ansprüche, die im MarkenG geregelt sind, aber auf Vorschriften des UWG begründet werden, nicht im ausschließlichen Gerichtsstand des § 24 UWG, insbesondere § 24 Abs 2 Satz 1 UWG geltend gemacht werden. Besteht kein Wohnsitz, keine Niederlassung bzw kein Vermögen des Verletzers im Inland gemäß §§ 12, 13, 17, 20, 21, 23 ZPO, so ist im Grundsatz die örtliche Zuständigkeit bei dem Gericht gegeben, in dessen Bezirk wenigstens ein **Teilakt der Markenverletzung** begangen wurde (OLG Frankfurt aM IPRspr 1990, Nr 155, 307, 308). Im praktisch bedeutsamen Fall der gezielten Verbreitung von markenrechtsverletzenden Informationen im **Internet** kommt nach Auffassung der Rechtsprechung grundsätzlich, zumindest neben dem Standort des Internetservers, auch jeder Terminalstandort auf dem Gebiet der Bundesrepublik Deutschland, an dem die Internetinformation bestimmungsgemäß abrufbar ist, als Begehungsort in Betracht (vgl LG München I CR 1997, 155, 156 [Schmähkritik im Internet]; LG Düsseldorf GRUR 1998, 159, 160 [epson.de]; dazu näher hier Rn 783 ff). Entsprechendes dürfte für **Satellitenausstrahlungen** gelten. 780

Die Rechtsprechung nimmt auch für Markenverletzungsprozesse den **Ort der wettbewerblichen Interessenkollision** als Begehungsort an (LG Düsseldorf GRUR 1998, 159, 160 [epson.de]). Das erscheint zunächst überraschend, bedarf doch auf der **kollisionsrechtlichen** Ebene die im Lauterkeitsrecht entwickelte Bestimmung des Begehungsortes wegen des im Immaterialgüterrecht herrschenden Territorialitätsprinzips erheblicher Modifikationen. Diese Modifikationen sind indes im Rahmen der **prozessualen Zuständigkeitsbestimmung** nicht erforderlich, da das Territorialitätsprinzip auf die Zuständigkeitsfrage wegen der von der herrschenden Meinung anerkannten **relativen Territorialität** kaum Auswirkungen hat (s Rn 778). Läßt man es grundsätzlich zu, daß ein inländisches Gericht über eine ausländische Markenrechtsverletzung entscheiden kann, so besteht keine Notwendigkeit, auch für die Zuständigkeitsbestimmung die dort indirekt bestimmenden, allgemeinen wettbewerbsrechtlichen Anknüpfungsmaßstäbe im Sinne des Schutzlandprinzips zu modifizieren. Anderer Auffassung sind in dieser Frage im Sinne einer **Parallelbeurteilung der kollisionsrechtlich vorzunehmenden, territorialen Einschränkung und der zuständigkeitsbegründenden Bestimmung des Begehungsortes** iSd § 32 ZPO Teile des Schrifttums (vgl KOCH CR 1999, 121, 124; BETTINGER/THUM GRUR IntT 1999, 659, 663). Danach soll der deliktische Gerichtsstand des § 32 ZPO auf Klagen aus deutschen Zeichenrechten beschränkt sein. Ausländische Verletzungshandlungen sollen insoweit allenfalls dann eine internationale Tatortzuständigkeit begründen können, wenn sie im konkreten Fall auf eine Erstbegehungsgefahr für das Inland schließen lassen (vgl OLG Hamburg GRUR 1987, 403 f [Informationsschreiben]). Entsprechendes wird für die internationale Deliktszuständigkeit nach Art 5 Nr 3 EuGVÜ vertreten (s dazu Rn 789). 781

Nach der anderen Auffassung ist auf der Grundlage der herrschenden Interessen- 782 kollisionslösung die örtliche Zuständigkeit des Gerichts gegeben, in dessen Bezirk die wettbewerblichen Interessen der Mitbewerber aufeinandertreffen. Bei markenrechtlichen Verletzungshandlungen ist dies regelmäßig der Ort, an dem auf die Marktgegenseite eingewirkt wird (**Einwirkungsmarkt**). Die Rechtsprechung sieht die internationale Zuständigkeit des deutschen Gerichts mithin immer dann als gegeben an, wenn auch in seinem Bezirk eine Einwirkung auf die Marktgegenseite, insbesondere die **Verwechslungsgefahr** gegeben ist (vgl KG NJW 1997, 3321, 3321 [concert-concept]).

783 Dabei wird vor allem bei Markenverletzungen im **Internet** eine Einschränkung dahingehend vorgenommen, daß nur solche Orte als Marktort angenommen werden, an denen die wettbewerbliche Interessenkollision **bestimmungsgemäß** entsteht (LG Düsseldorf GRUR 1998, 159, 160 [epson.de]; vgl zu Namensverletzungen auch KG NJW 1997, 3321, 3321 [concert-concept]; UBBER WRP 1997, 497, 502; ähnlich OMSELS GRUR 1997, 328, 337, wonach es auf ein nach subjektiven und objektiven Kriterien vorliegendes Handeln im inländischen geschäftlichen Verkehr ankommt; vgl auch Rn 692 f), um **exorbitante Gerichtsstände** bei einer Internetverbreitung zu verhindern. Diese Einschränkung wird aus der höchstrichterlichen Rechtsprechung zu Wettbewerbsverletzungen durch **Presseerzeugnisse** hergeleitet. So hat der BGH solche unerlaubten Handlungen als nicht statutbestimmend angesehen, die auf einer zufälligen Verbreitung von Druckerzeugnissen außerhalb ihres festgelegten Zustellungsgebietes und regelmäßigen Geschäftsbetriebs beruhen (BGH GRUR 1971, 153, 154 [Tampax]; BAUMBACH/HEFERMEHL Einl UWG Rn 193; vgl aber auch LG Mannheim [Tannenzeichen] bei BETTINGER/THUM GRUR IntT 1999, 659, 664).

784 Übertragen auf die **Informationsverbreitung durch elektronische Medien** kommt es danach weder auf den Ort der Vorbereitungshandlung, der Verbreitungshandlung oder des Schadenseintritts, noch auf den Wohnsitz oder die Staatsangehörigkeit des einzelnen Abrufenden an. Auf einer rein technisch bedingten, weltweiten Verbreitung in elektronischen Medien beruhende unerlaubte Handlungen führen nach dieser Auffassung nicht zu einem Begehungsort im Inland und damit nicht zur Begründung eines inländischen Deliktsgerichtsstands, wenn sich die Information nicht gezielt bzw bestimmungsgemäß an inländische Empfänger richtet (vgl auch KOCH CR 1999, 121, 124, der auf eine Zeichennutzung im inländischen geschäftlichen Verkehr abstellt; kritisch gegenüber einem Bestimmtheitskriterium BETTINGER/THUM GRUR IntT 1999, 659, 667). Die **Bestimmungsgemäßheit** der Informationsverbreitung bzw Abrufbarkeit im Hinblick auf das deutsche Hoheitsgebiet kann sowohl anhand von **subjektiven Kriterien** als auch anhand **inhaltlicher Kriterien** festgestellt werden. Zumeist werden subjektive und inhaltliche Kriterien **kumulativ** herangezogen. So wird es durchweg nicht als ausreichendes Kriterium angesehen, daß sich die subjektive Absicht des Verletzers nicht auf das betreffende Territorium bezieht; vielmehr werden ergänzend inhaltliche Kriterien, etwa die **Sprache der Information** (vgl RÜSSMANN K&R 1998, 422, 424 f) oder die **Angebotsstruktur** (vgl OMSELS GRUR 1997, 328, 337; UBBER WRP 1997, 497, 503) für erforderlich gehalten. Denkbar ist insoweit auch das Abstellen auf die **Zumutbarkeit** der Vermeidung kennzeichenverletzender Verbrauchereinwirkungen in dem konkreten Marktbereich. So wird eine Zumutbarkeit einer **Firmen- oder Markenrecherche** in den bestimmungsgemäß zu erreichenden Staaten zu bejahen, eine entsprechende das gesamte mögliche Empfangsgebiet umfassende und über das geschäftliche Verkehrsgebiet hinausgehende Recherche dagegen abzulehnen sein.

Die Ansätze, die **finale Elemente** bei der Bestimmung des Begehungsortes heranzie- **785** hen, sind, wie schon im Zusammenhang mit der kollisionsrechtlichen Anknüpfung (vgl Rn 415), **abzulehnen**. Finalitätserwägungen sind mit dem Marktordnungscharakter des Wettbewerbsrechts grundsätzlich nicht vereinbar. Zwar bezieht sich diese Erwägung vorrangig auf die Frage der **Anwendbarkeit eines bestimmten nationalen Wettbewerbsrechts**, dessen Normzweck schon durch die kollisionsrechtliche Anknüpfung zur Geltung zu bringen ist. Dagegen ist die Frage der internationalen Zuständigkeit von **prozessualen Zweckmäßigkeitserwägungen** geprägt (RÜSSMANN K&R 1998, 422, 422). Prinzipiell erschiene daher eine Übertragung der aus dem Kollisionsrecht entnommenen Normzweckerwägung nicht zwingend. Gleichwohl sollte ein in Prozeßrecht und Kollisionsrecht unterschiedliches Verständnis vom Begriff des Begehungsortes vermieden werden. Zudem sollte in den Fällen, in denen deutsches Wettbewerbsrecht Anwendung findet, auch die Annahme der internationalen Zuständigkeit eines deutschen Gerichts möglich sein, da insoweit indirekt den Schutzzwecken inländischen Wettbewerbsrechts, bedingt durch die **größere Sachnähe der inländischen Gerichte,** besser Genüge getan ist. Das ist durch einen weitgehenden Gleichlauf der im Kollisionsrecht und im Prozeßrecht maßgeblichen Kriterien, insbesondere des Begriffs des Begehungsortes, zu erreichen (vgl allerdings zur Bedeutungslosigkeit des Territorialitätsprinzips im Rahmen der Zuständigkeitsfeststellung Rn 781). Zugleich stellt das Sachnäheargument auch eine **prozessuale Zweckmäßigkeitserwägung** dar. Möglich ist danach, daß das inländische Gericht international für eine Verletzung zuständig ist, die aufgrund des Schutzlandprinzips nicht nach inländischem Markenrecht zu beurteilen ist, nicht dagegen, daß die internationale Zuständigkeit in einem Fall fehlt, in dem inländisches Markenrecht Anwendung findet. Für eine Heranziehung finaler Eingrenzungskriterien spricht schließlich auch nicht eine **bessere Handhabbarkeit zur Vermeidung ausufernder Statutenkumulationen**. Die Bestimmungsgemäßheit einer etwa im Internet stattfindenden Wettbewerbshandlung ist als subjektives Kriterium kaum zuverlässig feststellbar und bedarf ihrerseits der Festlegung objektiver Hilfskriterien, etwa der verwendeten Sprache als Indizien für eine Bestimmungsgemäßheit. Damit besteht kein praktischer Vorteil gegenüber einer rein objektiven Feststellung einer spürbaren Auswirkung auf den Inlandsmarkt. Letztlich können auch finale Eingrenzungskriterien eine Statutenkumulation kaum wirksam verhindern.

Einem marktordnungsrechtlichen Verständnis der kollisionsrechtlichen Anknüp- **786** fungsbegriffe, die auch in die zuständigkeitsrechtliche Prüfung Eingang finden, wird eine konsequente Heranziehung des **Auswirkungsprinzips** gerecht. Danach scheiden subjektiv-finale Aspekte, wie etwa die Zielgerichtetheit oder die Zumutbarkeit der Vermeidbarkeit entsprechender Verbrauchereinwirkungen in dem betreffenden Marktbereich, auch soweit sie objektiviert werden, als taugliche Kriterien aus. Maßgeblich für die Anknüpfung und damit auch für die Frage der internationalen Zuständigkeit des inländischen Gerichts ist ausschließlich eine aus **Spürbarkeitsgesichtspunkten nicht vernachlässigbare Auswirkung im inländischen Marktbereich**. Dabei ist der Begriff der Auswirkung entsprechend dem allgemeinen Wettbewerbskollisionsrecht zu verstehen.

Die **herrschende Meinung** sucht mit der Heranziehung des Kriteriums einer bestim- **787** mungsgemäßen Verbreitung und der Aussonderung rein technisch bedingter, zufälliger Verbreitungen gerade im Internet eine ausufernde Statuten- bzw Gerichtsstandskumulation zu vermeiden. Richtig ist dabei, daß etwa eine Markenrecherche, die sich auf sämtliche potentiell erreichbaren Staaten erstreckt, für ein Unternehmen kaum zumutbar, wegen der möglichen Betroffenheit sämtlicher technisch erreichbarer Staaten indes oft das einzige wirksame Mittel zur Vermeidung möglicher Kennzeichenkonflikte ist. Auch die hier vertretene Auffassung, die Kriterien wie die Zumutbarkeit einer Vermeidung entsprechender Verletzungen oder die Finalität des Handelns aufgrund des Marktordnungscharakters des gesamten Wettbewerbsrechts ablehnt, muß daher zu einem anderen Eingrenzungskriterium kommen, das rein objektiver Herkunft sein muß. Dieses Kriterium stellt eine dem Kartellrecht entnommene **Spürbarkeitsgrenze** dar, die streng zu handhaben ist (vgl auch Rn 731).

b) Zuständigkeit nach dem EuGVÜ

788 Art 16 Abs 4 EuGVÜ bestimmt eine **ausschließliche Zuständigkeit** in dem Staat, in dem die Eintragung erfolgt ist oder in dem die Eintragung beantragt wurde, soweit es sich um eine Klage handelt, deren **Hauptgegenstand** die **Eintragung** oder die **Gültigkeit** von Marken ist (STAUDER GRUR IntT 1976, 510, 511). Das umfaßt **Klagen auf Eintragung** und **Löschung** von Markenrechten sowie **Nichtigkeitsklagen** (KROPHOLLER Art 16 Rn 43 ff), **nicht** dagegen **Schadensersatz- und Unterlassungsklagen** wegen der Verletzung von Markenrechten (STAUDER GRUR IntT 1976, 510, 513 ff; vgl zu Patentrechten auch EuGH GRUR IntT 1984, 693, 696 Rn 23 [Schienenbefestigung]). Das gilt auch dann, wenn in einem Prozeß wegen der Verletzung einer Marke die **Nichtigkeit der Marke einredeweise** geltend gemacht wird (KIENINGER GRUR IntT 1998, 280, 281; vgl auch Rn 779). Auch für **Klagen aus Markenrechtsübertragungsverträgen** und für **Klagen wegen der Verletzung von Markenlizenzverträgen** gilt Art 16 Abs 4 EuGVÜ nicht (KROPHOLLER Art 16 Rn 48 mwN).

789 Allgemein ist für Markenverletzungsklagen der **besondere Gerichtsstand der unerlaubten Handlung** nach Art 5 Nr 3 EuGVÜ einschlägig. Dieser gilt ungeachtet des restriktiveren Wortlauts, der auf den Ort des Eintritts des schädigenden Ereignisses abstellt, auch für **vorbeugende Unterlassungsklagen** (BEHR GRUR IntT 1992, 604, 607). Regelmäßig führt die Anwendung des Art 5 Nr 3 EuGVÜ im Ergebnis wie Art 16 Abs 4 EuGVÜ zur internationalen Zuständigkeit des **Eintragungsstaates**, weil zumindest nach **herrschender Auffassung** aus dem Territorialitätsprinzip folgt, daß die Verletzung nationaler Markenrechte ausschließlich auf dem Territorium des Eintragungsstaates möglich ist (KIENINGER GRUR IntT 1998, 280, 282; BETTINGER/THUM GRUR IntT 1999, 659, 664). Bei einer Parallelbeurteilung der kompetenzrechtlichen und der kollisionsrechtlichen Frage (vgl allerdings auch Rn 650) wird daher davon auszugehen sein, daß die Zuständigkeit nach Art 5 Nr 3 EuGVÜ ausschließlich für Klagen aus inländischen, nicht dagegen aus ausländischen Zeichenrechten gegeben ist (vgl STAUDER GRUR IntT 1976, 465, 474; KIENINGER GRUR IntT 1998, 280, 282; BETTINGER/THUM GRUR IntT 1999, 659, 664; vgl aber zu § 32 ZPO auch hier Rn 781).

2. Vorfragenbeurteilung durch das nationale Gericht

790 Nach Auffassung des OLG Hamm folgt aus der durch das Territorialitätsprinzip begrenzten völkerrechtlichen Pflicht zur Achtung fremder staatlicher Hoheitsakte, daß eine vom Schutzstaat beanspruchte ausschließliche Zuständigkeit für Rechtsstreitigkeiten über Bestand und Wirksamkeit des von ihm verliehenen Markenrechts vom nationalen Gericht zu beachten sei. Das führt dazu, daß eine Entscheidung des

D. Internationales Markenprivatrecht

nationalen Gerichts über Bestand und Wirksamkeit eines ausländischen Markenrechts nicht nur als Hauptsache, sondern auch als Vorfrage, etwa in einem Prozeß über nach ausländischem Recht zu beurteilende lauterkeitsrechtliche Ansprüche ausscheidet (OLG Hamm GRUR IntT 1976, 511, 513).

Dies erscheint allerdings nicht zwingend. Einer **Vorfragenbeurteilung** von Bestand und Wirksamkeit ausländischer Markenrechte durch das inländische Gericht steht das **Territorialitätsprinzip nicht generell entgegen**. Eine entsprechende gerichtliche Entscheidung, der die vorfragenweise Beurteilung des Markenrechtsbestands in der Entscheidungsfindung zugrundeliegt, stellt für sich keinen Eingriff in die staatliche Souveränität des Verleihungsstaates dar. Insoweit wird zu **differenzieren** sein: Stellt die **Frage nach der Überprüfbarkeit von Bestand und Wirksamkeit des ausländischen Markenrechts** eine solche des **Sachrechts** dar, so hätte das Sachrecht des Schutzlandes bereits eine abschließende Entscheidung über den Rechtsbestand getroffen, die wegen des Schutzlandprinzips das im konkreten Fall international zuständige inländische Gericht bindet und eine Überprüfbarkeit auch im Rahmen der Inzidentprüfung ausschließt. Im übrigen erscheint eine vorfragenweise Prüfung der Entstehungs- und Wirksamkeitsvoraussetzungen des ausländischen Markenrechts unter Heranziehung ausländischen Sachrechts durch das inländische Gericht jedenfalls dann möglich, wenn keine **konkrete Entscheidung eines Gerichts oder einer sonstigen zuständigen staatlichen Stelle des Schutzlandes über die Wirksamkeitsvoraussetzungen des jeweiligen Markenrechts** vorliegt. Entsprechende auf das konkrete Markenrecht bezogene positive Entscheidungen eines Gerichts des Schutzstaates dürften indes auch vorfragenweise zu respektieren sein.

3. Reichweite der Entscheidung des inländischen Gerichts

Die Internationalität des **Internet** und anderer global grenzüberschreitender Medien führt zu besonderen Problemen im Zusammenhang mit der begrenzten Rechtsmacht der nationalen Gerichte. Wirbt ein Unternehmen vom Ausland aus im Internet unter Verwendung einer dort geschützten Marke, die im Inland zugunsten eines anderen Unternehmens geschützt ist, so ist nach herrschender Auffassung kollisionsrechtlich deutsches Markenrecht jedenfalls dann anzuwenden, wenn mit der Werbung im Internet gezielt auch deutsche Verbraucher angesprochen werden sollen (s Rn 782 f), nach hier vertretener Auffassung dann, wenn eine spürbare Auswirkung auf dem nationalen Markt gegeben ist (vgl aber zum Herkunftslandprinzip auch Rn 690 ff). In einem derartigen Fall liegt die Verletzung eines inländischen Kennzeichens durch die ausländische Internetwerbung vor. Das inländische Gericht kann mithin die Verwendung der Marke auf dem inländischen Territorium untersagen. Ein entsprechendes Unterlassungsurteil beschränkt sich indes auf das inländische Territorium. Nur insoweit besteht materiellrechtlich ein Unterlassungsanspruch des inländischen Markeninhabers, nicht dagegen im Hinblick auf die Verwendung der Marke außerhalb des Inlands. Untersagt das inländische Gericht die Verwendung der Marke auf der ausländischen *Domain*, soweit sie vom Inland aus abgerufen werden kann, gleichsam für das inländische Territorium, so erscheint nicht ausgeschlossen, daß damit **faktisch eine weltweite Wirkung des inländischen Unterlassungsurteils** verbunden ist, soweit eine auf das Inland begrenzte Nichtverwendung der Marke auf der *Domain* technisch nicht möglich ist. Entsprechende Probleme ergeben sich in Fällen von **Kollisionen ausländischer Domainnamen mit im Inland geschützten Kennzeichen**.

793 Im Ergebnis darf die **Effektivität des inländischen Wettbewerbsschutzsystems** nicht infolge der Internationalität des Internet außer Kraft gesetzt werden. Sind wirksame technische Möglichkeiten zur nationalen Beschränkung schutzrechtsverletzender Informationen im Internet oder vergleichbaren Medien nicht gegeben, so muß ein für das nationale Hoheitsgebiet geltender Unterlassungsanspruch faktisch einem **Anspruch auf weltweite Unterlassung der Kennzeichenbenutzung im Internet** gleichkommen, weil eine Inlandsverletzung nur durch eine internetweite Unterlassung abzustellen ist (vgl JACOBS/SCHULTE-BECKHAUSEN, in: Hdb des Wettbewerbsrechts § 27 Rn 51; POECK, in: SCHWARZ [Hrsg] 4–2.2, 72 f). Darin liegt formal keine Überschreitung der Kompetenzen des inländischen Gerichts, weil lediglich eine rein **faktische Erstreckung des Unterlassungsurteils** über das inländische Hoheitsgebiet hinaus vorliegt (aA Southern District Court of New York v 19. 6. 1996, 939 F Supp 1032, 1040 [Playboy Enterprises Inc vs Chuckleberry Publishing Inc]).

794 Aus Sicht der **herrschenden Meinung**, die rein technisch bedingte Verbreitungen nicht als statutbegründend ansieht und lediglich bei einer **bestimmungsgemäßen Verbreitung** das deutsche Markenrecht angewendet sehen will, erscheinen technische Mittel zur Beschränkung der Verbreitung auf den Auslandsbereich möglich. Insoweit kommen Maßnahmen in Betracht, die die **Zielgerichtetheit auf den inländischen Markt** ausschalten. Zu denken ist insoweit an einen auf der ausländischen *Domain* erfolgenden Hinweis des Anbieters (sog **Disclaimer**) an inländische Interessenten, daß der Bezug des auf der Webseite angebotenen Produktes für Inländer ausgeschlossen ist (vgl dazu aber Rn 427, 503). Wirksamer erscheint im Bereich des Internet die durch den Domainbetreiber erfolgende **Paßwortvergabe** an die Benutzer in den Staaten, auf die sich die Unterlassungsverfügung des inländischen Gerichts nicht bezieht (Southern District Court of New York v 19. 6. 1996, 939 F Supp 1032, 1044 f [Playboy Enterprises Inc vs Chuckleberry Publishing Inc]). Zwar sind Paßwortschutzsysteme nicht lückenlos, doch könnte die Einrichtung eines entsprechenden Paßwortschutzes eine Bestimmungsgemäßheit der Informationsverbreitung beseitigen.

795 Lehnt man finale Kriterien im Rahmen der kollisionsrechtlichen Prüfung ab und folgt dem oben vertretenen **Auswirkungsprinzip**, so erscheint eine technische Begrenzbarkeit der Informationen auf den vom inländischen Unterlassungsurteil erfaßten Bereich schwieriger. Jedenfalls bloße **Disclaimer** können insoweit nicht ausreichen, weil diese die Auswirkung auf den inländischen Marktbereich und damit eine vom deutschen MarkenG erfaßte Störung des inländischen Kennzeichens nicht ohne weiteres zu beseitigen vermögen (vgl allgemein auch WALTL, in: LEHMANN [Hrsg], Internet- und Multimediarecht [Cyberlaw] 185, 190; hier Rn 427, 503). Allenfalls eine **Paßwortvergabe** kann ein annähernd wirksames Mittel darstellen, auch wenn dieses nicht lückenlos möglich erscheint (zweifelnd auch BETTINGER/THUM GRUR IntT 1999, 659, 660). Insoweit könnte zumindest eine **Spürbarkeit der Inlandsmarktauswirkung** indiziell verneint werden.

796 Unabhängig von dem Weg, den man bei der kollisionsrechtlichen Anknüpfung beschreitet, besteht insbesondere im Fall der Kollision von ausländischen **Domainnamen** mit inländischen Marken das Problem, daß im **gemeinschaftsrechtlichen Rahmen** bei einer Verhinderung der Domainnamenbenutzung im Inland eine Beschränkung der **Warenverkehrsfreiheit** im Sinne des **Art 28 EGV** nicht ausgeschlossen erscheint. Denn durch eine Sperrung etwa einer **Portaldomain** für potentielle inländische Abnehmer kann auch der Vertrieb von auf der betreffenden Webseite angebotenen, anderen Produkten, deren Angebot seinerseits nicht notwendig inländische Markenrechte verletzt, behindert sein. Die Sperrung der Domain kann im Einzelfall insoweit einem generellen Vertriebsverbot von auf der Domain angebotenen Produkten gleichkommen. Allerdings wird regelmäßig eine **Rechtfertigung nach Art 30 EGV** im Sinne des **Schutzes des gewerblichen Eigentums** in Betracht kommen.

4. Ordre Public

Bei der Anwendung ausländischen Markenrechts durch die deutschen Gerichte ist grundsätzlich der Vorbehalt des *ordre public* gem Art 6 EGBGB zu beachten (Münch-Komm/KREUZER Nach Art 38 Anh II Rn 31).

5. Vorbehaltsklausel des Art 40 Abs 3 EGBGB

Die **herrschende Meinung** wendete Art 38 aF EGBGB im internationalen Immaterialgüterrecht an, obwohl die Verletzung ausländischer Markenrechte wegen der **Territorialität** der Immaterialgüterrechte nach überwiegender Auffassung (vgl Münch-Komm/KREUZER Nach Art 38 Anh II Rn 30; SCHRICKER/KATZENBERGER vor §§ 120 Rn 78; aA wohl BGB-RGRK/WENGLER 481 Fn 19) keine unerlaubte Handlung im Sinne des deutschen Deliktsrechts darstellt. Ein Deutscher, der im Ausland ein ausländisches Markenrecht verletzt hat, war danach als Folge der Anwendung des Art 38 aF EGBGB keiner weitergehenden Haftung ausgesetzt, als im Falle der entsprechenden Verletzung eines inländischen Markenrechts (sog **Privilegium Germanicum**). Diese besonders wegen der Privilegierung deutscher Staatsbürger umstrittene Regelung wurde im Zuge der Neuregelung des Internationalen Privatrechts der außervertraglichen Schuldverhältnisse und des Sachenrechts vom 21. 5. 1999 durch die **besondere Vorbehaltsklausel** des Art 40 Abs 3 EGBGB ersetzt, die eine Beschränkung auf deutsche Staatsangehörige nicht mehr enthält (zur Kritik s Rn 647 f).

Die Vorbehaltsklausel des Art 40 Abs 3 EGBGB führt nicht dazu, daß eine Verurteilung wegen der Verletzung eines in Deutschland nicht geschützten Markenrechts nicht möglich ist. Die Vorschrift verhindert nicht die Verfolgung von Verletzungen aufgrund ausländischen Sachrechts (vgl zu Art 38 aF RGZ 129, 385, 388 [Vacuum/Arctic]), sondern beschränkt sich auf die Korrektur grober mit den Grundgedanken des deutschen Rechts unvereinbarer Abweichungen im Bereich der **Haftungsausfüllung** (s Rn 644). Demgegenüber bestimmen sich die **Haftungsvoraussetzungen** ausschließlich nach dem kollisionsrechtlich anwendbaren Recht. Maßgeblich ist insoweit das **Schutzlandrecht**. Die Rechtsprechung und der überwiegende Teil des Schrifttums legte Art 38 aF EGBGB weit aus, indem ein dem verletzten ausländischen Markenrecht entsprechendes inländisches Markenrecht fingiert und sodann geprüft wurde, ob und in welchem Umfang der Verletzer nach deutschem Markenrecht haften würde (RGZ 129, 385, 388 [Vacuum/Arctic]; BGH NJW 1957, 140, 142 [Flava-Erdgold]). Dies beruhte darauf, daß Art 38 aF EGBGB darauf abstellte, ob der geltend gemachte Anspruch auch nach deutschem Recht begründet gewesen wäre, während die Verletzung eines ausländischen Immaterialgüterrechts keinen Schadensersatzanspruch nach inländischem Recht nach sich ziehen kann. Nachdem Art 40 Abs 3 Nr 1 und 2 EGBGB nur noch allgemein auf die Angemessenheit der nach ausländischem Sachrecht zu bestimmenden Haftungsausfüllung abstellt, spielt diese Problematik indes keine Rolle mehr. Art 40 Abs 3 Nr 1 EGBGB beschränkt insbesondere nicht die Geltendmachung eines Anspruchs wegen der Verletzung eines ausländischen Markenrechts, wenn ein Vergleich mit den bei der Verletzung eines fingierten entsprechenden deutschen Rechts anzuwendenden Verjährungsregeln ein erhebliches Mißverhältnis in der Verjährung ergibt (vgl aber für die alte Rechtslage RGZ 129, 385, 388 [Vacuum/Arctic]; LG Düsseldorf GRUR IntT 1968, 101, 103 [Frauenthermometer]; vgl auch SOERGEL/LÜDERITZ Art 38 Rn 112).

Sachregister

Die Zahlen beziehen sich auf die Randnummern.

Abgrenzungsordnung
  Völkerrechtliche – 99 f, 123 f
Abkommen, Übereinkommen
  s. Staatsverträge
Abmahnung
  eines ausländischen Beteiligten in Kartellsachen 820, 342
Absatz, Absatzmarkt
  s. a. Werbung
  und Auswirkungsprinzip 381
  Begriff des Absatzmarktes 369, 371, 411
  vom Einwirkungsmarkt abweichender – 359
  Fallgruppen im Wettbewerbsrecht 368
  Gratisverteilung von Produkten 563
  Interessenkollisionslösung 456
  Internet
    s. dort 205
  Kontrolle inländischer Absatzwege 184, 220, 196, 241, 264
  Lockvogelangebote 543 ff
  Marktauswirkung 409
  Nachfrage nach der Leistung 372
  und Ort der Leistungserbringung 410
  Ort wettbewerblicher Interessenkollision 369
  und produktionsbezogene Wettbewerbshandlungen 378
  Statutenhäufungen 418
  und Verbraucherschutzrecht 371
  Vertriebsgebundene Ware 582
  Werbemarkt und Absatzmarkt, Auseinanderfallen 370
  und Werbemarkt, Überschneidung 9, 11
Abwägung
  s. Interessenabwägung
Abwerbung von Mitarbeitern
  Kollisionsrechtliche Behandlung 602
Agentur
  EuGVÜ-Gerichtsstand 309, 331
Akzeptanz, gegenseitige
  der nationalen Kartellrechte 109, 133
Alleinvertriebsvereinbarungen
  und europäisches Kartellrecht 295, 317
Allgemeine Rechtsgrundsätze
  Statut des Internationalen Gerichtshofs 94, 101, 118, 125
Allgemeine Regeln VR Rspr
  des Völkerrechts 94, Auflag, Rspr, 118
Allgemeininteressen
  und ausländische Märkte 353

Allgemeininteressen (Forts.)
  Betriebsbezogene Wettbewerbsverletzungen 327, 604
  Lauterkeitsrecht 325, 326, 366, 420, 471, 476
  Marktstörung 559
  und Privatautonomie 471
  Rechtsbruch 568
  und/oder Individualinteressen betroffener Unternehmen 325 ff
  und Vertragskollisionsrecht 335
Allseitige Kollisionsnormen
  s. Anknüpfung
Anbieter
  und Verbraucherinteressen 351
Anerkennung inl. Ele.
  Kartellrechtliche Entscheidungen im Ausland 324, 346
Angebot und Nachfrage
  Wettbewerb im Ausland 201, 225
  Wettbewerb im Inland 200, 224
Angestelltenbestechung
  Kollisionsrechtliche Behandlung 607
Anknüpfung
  s. a. Kollisionsrecht (Wirtschaftskollisionsrecht)
  Absatzmarkt, Werbemarkt 409 ff
  Abwendung von klassischen Prinzipien 362 f
  Akzessorische – 343, 476, 741 f
  Allseitige, einseitige im Kartellrecht
    s. dort
  Allseitige, einseitige im Lauterkeitsrecht
    s. dort
  Allseitige, einseitige im Markenprivatrecht
    s. dort
  Anwendung der IPR-Regeln von Amts wegen 618
  und Aufspaltung des Wettbewerbsrechts 43
  Auswirkungsanknüpfung
    s. dort
  Doppelfunktionalität 141, 16
  Durchführungsort 114, 135
  Eigenes Sachnormrecht 394
  Einheitsanknüpfung 64, 81
  Fungibilität 78, 100
  Gespaltene – 329, 744 ff
  Heimatrecht
    s. dort
  Kompatibilisierung des Wettbewerbsrecht 16

333

Anknüpfung (Forts.)
  Herkunftslandprinzip
    s. dort
  Marktortanknüpfung
    s. dort
    und ordre-public-Grundsatz 83
    nach Sachnormzweck 364, 395
  Sachrechtlicher Zweck und Tatsachenbestimmung für die – 172
  Schutzlandanknüpfung
    s. dort
  Sinnvolle – 308
  Sonderanknüpfung
    s. dort
  Staatsangehörigkeit 135
  Statutenkumulation
    s. dort
  Tatort 22
  Unsicherheiten (Multistate-Problematik) 417
  Wettbewerbsspezifische – 366 ff
Anmeldepflicht
  Zusammenschlußkontrolle
Anpassung
  und globaler Ansatz
Anschwärzung
  Kollisionsrechtliche Behandlung 607
Anwendungsbereich
  und Geltungsbereich des GWB 117
Anwendungswille
  des ausländischen Rechts 109
Arbeitsteilung
  Auswirkungsprinzip und internationale – 136
  Internationale –
Ausbeutungsmißbrauch 264
  Kontrolle inländischen Absatzweges
Auskunftsbefugnis
  der Kartellbehörde gegen ausländische Verfahrensbeteiligte 338
Ausländer
  und Verfahrensbeteiligung in Kartellsachen 338
Ausländische Quellen
  Allgemein zugängliche 337
Ausländische Volkswirtschaft
  und inländisches Recht 230
Ausländischer Inhaber
  eines inländischen Schutzrechts, Inlandsauswirkung lizenzvertraglicher Beschränkung 252
Ausländischer Markt
  s. a. Inländischer Markt
  Absatzförderung gegenüber Inländern im – 337
  Absatzmarkt 372
  Alleinvertriebsrecht durch inländischen Unternehmer 245

Ausländischer Markt (Forts.)
  Allgemeininteressen, betroffene 353
  Anerkennung deutscher Kartellrechtsentscheidungen 346
  Ausländisches Wettbewerbsverhalten deutscher Unternehmen 345
  Auslandsmißbrauch und Inlandsmarkt 264
  Auslandswettbewerb deutscher Unternehmen 398
  Ausschließlichkeitsbindungen 240
  Behinderungsmißbrauch mittels eines – 264
  Betätigungsfreiheit, auslandsmarktbezogener Schutz 263
  Binnenmarktbeschränkungen und Inlandsauswirkung 204
  Boykottaufruf inländischen Unternehmens 274
  Deutscher Wettbewerb 352
  GWB-Schutzzweck-Erweiterung
  und inländische Interessenberührung 638
  Inländische Mitbewerber, gezielter Angriff gegen sie auf dem – 422, 643
  Inländische Unternehmen, Wettbewerb auf dem – 728
  und inländisches Schutzrecht, Inlandsauswirkung 253
  Interessenkollisionslösung 454
  Kundeneinwirkungen, gezielte 414
  Lizenzverträge, Wettbewerbsbeschränkungen 255
  Markenrecht inländischen Mitbewerbers, gezielter Angriff auf dem – 728
  Marktbeherrschung durch ausländisches Unternehmen und Inlandsauswirkung 263
  Rabatte, Zugaben: Wettbewerbsverstöße mit Bezug auf den – 462 ff
  Rechtsüberzeugungen, herrschende 646
  und Vertriebsbindungssystem im Inland 594
  Werbung im Ausland 491 ff
  Werbung vom Ausland aus mittels Rundfunk, Sattelit, Internet, Kabel 502 ff
  Werbung mit Rabatten und Zugaben 371
Ausländischer Rechtsbruch
  Ausnutzung 75
Ausländischer Sachverhalt
  und Auswirkungsanknüpfung 117
  Inlandsbezug und Einbeziehung des – 130, 138
  Kartellrecht und ausufernde Berücksichtigung –
  und Markenrechtsverletzung 685
  Mißbrauchsaufsicht 239
  und Rechtsmißbrauchsverbot 125
  und Schutzlandanknüpfung 13

Ausländischer Sachverhalt (Forts.)
  und Staatenimmunität 323
  Tatsachen für einen Auslandsbezug 620
  un Markenrechtsschutz 690
  und weltmarktkompatible Regelung 133
  Zusammenschlußkontrolle 255
Ausländischer Staat
  Extraterritoriale Rechtsanwendung und
    Regelungsinteressen des – 117
  und fremde Gesetzgebung 134
  Hoheitliche Durchführung von Wettbe-
    werbsbeschränkungen 142
  Hoheitliche Ermittlungen im Ausland ohne
    Zwangscharakter 337 ff
  und Rechtsanwendungsinteressen inländi-
    scher Gesetzgeber 79
  Schwerpunkt einer Fusion 130
  Territorialitätsprinzip und fremde Hoheits-
    rechte 680
  und völkerrechtliche Schranken der
    Anwendung inländischen Kartellrechts
    133
  Wettbewerbsbeschränkungen, veranlaßte
    310, 313
  Zustellung als Hoheitsakt 342
Ausländischer Zusammenschluß
  Inlandsauswirkung 286 ff
  Untersagungsbefugnisse 296 ff
Ausländisches Gericht
  Derogation deutschen Gerichtsstandes
    333
Ausländisches Recht
  Akzeptanz fremden Wirtschaftsrechts 143, 165
  und allseitiger Kollisionsansatz 90,
    406
  Anwendungsanspruch zwingender
    Normen 88
  Anwendungswille 100, 109
  Ausfuhrverbote 73
  Ausländisches Wettbewerbsrecht, Anwen-
    dung 11
  Austauschbarkeit 29
  und Auswirkungsanknüpfung als allseitige
    Norm 430
  Berücksichtigung entgegenstehenden
    Kartellrechts 127
  Berücksichtigung, uneingeschränkte im
    Privatrecht 59
  Eingriffsnormen 72
  Eingriffsnormen und Durchsetzungsmacht
    87
  und einseitige Kollisionsnorm 164
  Ermittlung 617 ff
  Exportbeschränkungen 142
  Fakultativität 612
  Geltungsansprüche, exorbitante 99
  und Gleichberechtigung verschiedener
    Rechte 646

Ausländisches Recht (Forts.)
  Inländische Rechtsanwendung und
    Berücksichtigung der Wertungen des –
    460 f
  und inländischer Markenprozeß 734
  Interessenabwägung und Vorrang des –
    126
  Kartellrecht und Auswirkungsprinzip
    135 ff
  Kartellrecht, Nichtanwendbarkeitsdogma
    25
  Kartellrecht als Vertrags- oder Deliktssta-
    tut 165
  Lauterkeitsrecht, allseitiges Verständnis
    406
  Lauterkeitsrecht, Anwendung durch deut-
    sche Gerichte 611 ff
  Lauterkeitsrecht, Ermittlung und Anwen-
    dung des – 658 ff
  Lauterkeitsrecht und Vorbehaltsklausel Art
    40 Abs 3 EGBGB 644 ff
  Lauterkeitsrechtliche Beachtung (§ 1
    UWG) 375
  Lex fori-Bestimmung des Anwendungsbe-
    reichs 100, 107
  Markenrecht 797
  Marktordnungsrecht, Rechtfertigung für
    eine Heranziehung 113, 108
  Nichtanwendbarkeitsdogma 70, 90 ff
  Nichtanwendbarkeitsdogma, Verständnis-
    wandel 16, 83
  Ordre public-Vorbehalt 638, 797
  Privilegium Germanicum 798
  Rechtswahlfrage 616
  Schutzlücken 640
  Sozial- und Wirtschaftsrecht, Sonderan-
    knüpfungstheorie 85
  Störendes – 104
  Verbotsnormen 73 ff
  Werbung im Ausland 491 ff
  Wirtschaftsrecht, Anwendung 10
Ausländisches Schiedsgericht
  Derogation deutschen Gerichtsstandes
    335
Ausländisches ~~Schutzrecht~~ Recht Schutzrecht
  Lizenzverträge, Inlandsauswirkungen
    244 ff
Ausländisches Unternehmen
  s. a. Inländische Unternehmen
  Alleinimportvereinbarung mit deutschem
    Importeur 241
  Alleinvertriebsabreden zwischen ausländi-
    schem und inländischem Hersteller 245
  Alleinvertriebsrecht durch inländischen
    Unternehmer für – 245
  und Anwendungsbereich § 130 Abs 2 GWB
    160

Ausländisches Unternehmen (Forts.)
  im Ausland veranlaßte Wettbewerbsbe-
    schränkung 215
  Auslandshandlungen mit Inlandsauswir-
    kungen 160
  Auslandszusammenschluß 130
  Auswirkungsprinzip, Begrenzung 193 ff
  Bezugsbindungen gegenüber inländischem
    Hersteller 246
  Bezugssperren 271
  Boykottverbot 272 f, 337
  Bußgelder in Kartellsachen gegen –
  Diskriminierung auf inländischem Markt
    durch – 267
  Diskriminierung, inlandsmarktbezogene
    267
  Diskriminierung der Marktgegenseite 269
  Existenzsicherung und Anwendbarkeit
    deutschen Rechts 230
  Export, Exporteur
    s. dort
  Herstellerbindung eines inländischen
    Abnehmers 242
  als Herstellerunternehmen, Diskriminie-
    rung ausländischen Exporteurs 270
  Inländischer Wettbewerb ausschließlich –
    326
  Klage aus wettbewerbsbeschränkenden
    Verträgen gegen – 326
  Konzernzugehörigkeit und Kartellamtsbe-
    fugnisse 340 ff
  und Marktbeherrschung 263
  Marktmachtbestimmung 261 ff
  Meistbegünstigung durch inländisches
    Unternehmen 237
  Preisbindung eines anderen ausl. Unterneh-
    mens 236
  Preisbindung, inländische eines ausländi-
    schen Exporteurs durch – 236
  Preisbindung für den Reimport durch
    inländischen Hersteller 237
  Reimportverbot seitens inländischen
    Herstellers 243
  Selbstbeschränkungsabkommen 230
  Spürbarkeit inländischer Marktauswirkung
    213
  Ungleichbehandlung mit inländischen
    Unternehmen 193
  Weiterkauf an inländische Exporteure,
    Bindung durch – 237, 224 ff
  Wettbewerb im Inland, im Ausland 200 ff
  Wettbewerbsbeschränkende Absprachen,
    Beteiligung ausschließlich – 219
  Wettbewerbsbeschränkung mit Beteiligung
    inländischer Unternehmen 195
  Wettbewerbsbeschränkung unter Beteili-
    gung nur – 145

201, 219

Ausländisches Unternehmen (Forts.)
  Wettbewerbsbeschränkungen ausschließ-
    lich bezogen auf – 203
  Wettbewerbsbeschränkungen ohne
    Inlandsbeziehung 200
  Zusammenschlußkontrolle 284 f
  Zustellung im Ausland 343
Auslandsberührung
  Sachverhalt mit einer – 1 gegenüber m.d.WB
Auslandslizenzen
  Diskriminierende Vergabe 267
Auslegung
  des nationalen Kartellrechts und völker-
    rechtliches Rechtsmißbrauchsverbot
    125
  Völkerrechtsfreundliche – 55
  Völkerrechtskonforme des Kollisionsrechts
    144, 196
  Völkerrechtskonforme des § 130 Abs2
    GWB 117
Ausnutzung von Unerfahrenheit
  Kollisionsrechtliche Bedeutung 547
Ausschließlichkeitsrecht
  Marke als – 706
Ausschließlichkeitsverträge
  Exportmarktbezogene – 244
  Inlandsauswirkung 219 ff 237
Außenpolitische Interessen
  und Berücksichtigung ausländischen
    Kartellrechts 127
  und fremde kartellfördernde Gesetzgebung
    98
  und kartellbehördliche Abwägung 133
Außenseiterwettbewerb
  Kollisionsrechtliche Beurteilung 587
Außervertragliche Schuldverhältnisse
  s. Schuldverhältnisse
Ausstrahlungsland
  und Schutzlandanknüpfung 13
Ausstrahlungsort
  Fernsehrichtlinie 341
Ausweichklausel
  Markenrechtsgeschäft 757
  im Wettbewerbskollisionsrecht 636
Auswirkungsanknüpfung
  Absatzhandlungen, Werbungshandlungen
    490 ff
  Akzeptanz, wachsende internationale 110
    137
  als allseitige Anknüpfung 12, 392, 595,
    735
  Anknüpfungen, Verdrängung anderer 115
  und ausländisches Recht 430
  Ausnutzung von Unerfahrenheit 547
  Ausufernde Anwendung deutschen Wett-
    bewerbsrechts 406
  Behinderung 549 ff, 555

Sachregister

Auswirkungsanknüpfung (Forts.)
Betriebsbezogene Wettbewerbsverletzungen 604, 610
Darlegungs- und Beweislast 621
und EG-Grundfreiheiten 648
EU-Kartellrecht 306
Exportkartelle 161
und Extraterritorialität nationaler Rechtsanwendung 31, 117
Gesamtwettbewerbsschutzsystem und allseitiges Prinzip der – 110
Gratisabgabe von Produkten 562
als Grundprinzip kollisionsrechtlicher Anknüpfung 20, 30
und Herkunftslandprinzip 450
und Immaterialgüterschutz 697, 732
Inlandsauswirkung, allgemeine und spezielle 182
Inlandsauswirkung, Begriff und Abgrenzung 429
und Intentionen des Wettbewerbers 429
Kartellrecht und Lauterkeitsrecht, Annäherung der Schutzziele 381
im Kartellrecht für vertragliche/deliktische Ansprüche 155
und Kartellrechtskollisionsnorm, zwingende 163
Kartellrechtssachnorm und autonomer Auswirkungsbegriff 183
Lauterkeitsrecht und allseitige – 380 ff, 424
und lauterkeitsrechtliche Interessenkollisionslösung 403, 423
Lockvogelangebote 544 ff
Markenrechtsverletzung 786, 795
Marktauswirkungsbegriff, sachgerechte Ausfüllung 405
und Marktordnungsinteresse 95
und Marktordnungsrecht 381
Marktstörung 560
Massenverteilung von Originalware 562
Nachweis im konkreten Marktbereich 418
Objektive Kriterien 416
Österreich 32
Ordre public-Verletzung 639
Preiskampf 567
Rabattgewährung 537
Schutzziele GWB/UWG 381
Schweiz 32
Sonderveranstaltungen, Räumungsverkäufe 540 ff
und Souveränitätsbedenken 20
Spürbarkeit 209
und Statutenhäufung 417 ff
Tatsächliche Auswirkungen 153
und Territorialitätsprinzip 113
und Unmittelbarkeitskriterium 144
199, 264

Auswirkungsanknüpfung (Forts.)
Verfahrensrechtliche Bedeutung 336
Vertriebsbindungssystem 580, 583, 592
Völkerrechtliche Begrenzungen 118
und völkerrechtliches Rücksichtnahmegebot 431 f
Vorhersehbarkeit 147
bei Werbemaßnahmen 514 ff
Wesentlichkeit, Beträchtlichkeit einer Marktauswirkung 127
Wettbewerbsschutz durch allseitige – 112
und WTO-Rahmenbedingungen 132

Bagatellgrenze
Inlandsmarktauswirkung 209
Lizenzvertrag, Inlandsauswirkung 249
Bedeutsamkeitsbetrachtung
Exportbeschränkungen, Inlandsrückwirkungen 180
Befehlsgewalt
und Zwangsgewalt des Staates 119
Begehungsort
Auslandswettbewerb inländischer Unternehmen 346
Erfolgsort oder Handlungsort 344
Inlandsauswirkung 306
und Interessenkollisionslösung 349
Kartelldelikte 305
Klage am Handlungs- oder Erfolgsort 307
Lauterkeitsrecht und Deliktsrecht, Besonderheiten 348
Lauterkeitsrecht, überholte Anknüpfung an den – 381
Markenrechtsverletzung 719, 780
und Schwerpunktbetrachtungsweise 357
einer Wettbewerbshandlung 454
Wettbewerbsspezifische Bestimmung 303, 653 ff
Wettbewerbsstatut, allgemeines Deliktsrecht 21
Behinderung
durch Handlungen auf einem ausländischen Markt 264
Inlandsauswirkung bei inlandsmarkt- und auslandsmarktbezogenen Diskriminierungen 266
Kollisionsrechtliche Bedeutung 548 ff
durch Markeneintragung 687
Behördlicher Beurteilungsspielraum
Gerichtliche Nachprüfbarkeit 141
Beihilfehandlungen
Markenrechtsverletzung 714
Berner Übereinkunft
zum Schutz von Werken der Literatur und Kunst 699
Bestellung
Grenzüberschreitende Leistungen auf – 485

Bestimmtheitsgebot
und Abwägungsprinzip im Kartellrecht 141
Beträchtlichkeit
einer Marktauswirkung 249 ff
Betriebsbezogene Wettbewerbsverletzungen
Abwerbung von Mitarbeitern 602
Allgemeininteressen, Individualinteressen 327, 604
Angestelltenbestechung 607
Anschwärzung 607
Auswirkungsanknüpfung 604, 610
Betriebsspionage 602
Deliktskollisionsrecht 326, 603
Geschäftliche Verleumdung 607
Geschäftsehrverletzung 602, 607
Günstigkeitsprinzip 609
Interessenkollisionslösung 607, 608, 609
und marktbezogene Wettbewerbsverstöße, Unterscheidung 422
Marktkonkretisierung 605
und nachträgliche Rechtswahlvereinbarungen 471
Ort der Behinderung 605 f
Schutzrechtsverwarnung, ungerechtfertigte 602
Schweiz 606
Sitz des Unternehmens 605
Statutenkumulation 610
Verleitung zum Vertragsbruch 602, 604
Betriebsgeheimnisse
als inländisches Schutzrecht 251
Betriebsspionage
Kollisionsrechtliche Behandlung 602
Bezugnehmende Werbung
Kollisionsrechtliche Bedeutung 529 ff
Bezugsbindungen
und europäisches Kartellrecht 317
Inlandsauswirkung 267
Bezugssperren
Inlandsauswirkung 274
Binnenmarkt
s. Europäischer Binnenmarkt
Blocking statutes
Ausländisches Kartellrecht und – 137
Borddelikte
Rabattgewährung an Bord 534
Boykottverbot
Inlandsauswirkung 273
Bündeltheorie
im Markenrecht 678
Bußgeldverfahren
s. Ordnungswidrigkeiten
Cassis-Rechtsprechung (EuGH) 33, 433, 449
Comitas
Anwendung fremden Rechts 95

Comitas (Forts.)
Anwendungsbereich ausländischer Normen 100
Auswirkungsprinzip und allgemeines Interessenabwägungsgebot 138 f
und Gleichlauf internationalisierter Interessen 97
Interessen fremder Staaten 134
Dassonville-Formel des EuGH 439
Datumstheorie
Heranziehung ausländischen öffentlichen Rechts 74
Dauerdelikte
Markenrechtsverletzungen 738
De-minimis-Regel
Inlandsauswirkung 381
Kartellrecht, deliktsrechtlicher Handlungsbegriff 356
Lauterkeitsrecht 360
Markenrechtsverletzung 731
Deliktsrecht
Ausländisches Kartellrecht als Deliktsstatut 165
Ausweichklausel 636
Auswirkungsanknüpfung, kartellrechtliche 155
Betriebsbezogene Wettbewerbsverletzungen 326, 603
de-minimis-Regel 356, 332
EuGVO Gerichtsstand 310, 650
Gerichtsstand 325
Gesetzeskonkurrenz UWG und BGB-Deliktsregeln 330
Gesetzliche Regelung des internationalen – 339
Grundprinzipien, tragende des inländischen – 647
Günstigkeitsprinzip 419, 630
Handlungsbegriff 501
und Immaterialgüterrecht 2, 663 ff
IPR-Gesetz für außervertragliche Schuldverhältnisse
— Bedeutung für Lauterkeitsrecht, Immaterialgüterdeliktsrecht 52
Kartelldelikte 327
Lauterkeitskollisionsrecht, Einordnung oder Trennung vom internationalen – 325 ff, 404
Lauterkeitsrecht und Begehungsort 381
Lauterkeitsrecht und Vorbehaltsklausel Art 40 Abs 3 EGBGB 644 ff
und Lauterkeitsrecht, Zuständigkeitsfrage 655
Markenrechtsverletzung 719, 779
oder Marktordnungscharakter des Wettbewerbsrechts 2, 423
und Schutzlandanknüpfung 712

338

Sachregister — Europäisches Recht

Deliktsrecht (Forts.)
  Verleitung zum Vertragsbruch 581
  Werbung 373
  Wettbewerbsverhalten als Lauterkeitsverstoß und als Delikt zugleich 329
Deutscher Markt
  s. Inländischer Markt
  Inlandsauswirkung
  s. Auswirkungsanknüpfung
Deutsches Unternehmen
  s. Inländisches Unternehmen
Dienstleistungsrichtlinie
  für Rechtsanwälte 341
Diplomatische Noten
  Interessen fremder Staaten 140
Disclaimer 427, 475, 503, 794
Diskriminierungsverbot
  Inlandsauswirkung bei inlandsmarkt- und auslandsmarktbezogenen Diskriminierungen 266 ff
  und kollisionsrechtliche Differenzierung 187
  und kollisionsrechtliches Herkunftslandprinzip 453
  und Privilegium Germanicum 644
Doppelfunktionalität
  des Kartellrechts 25
Draft International Antitrust Code 7
Durchführungsort
  und Anknüpfung im Kartellrecht 135
Durchgriff
  Konzernzugehörigkeit und Kartellamtsbefugnisse 340 ff

E-commerce
  und Kollisionsrecht 13
  Markenrechtsverletzung 716, 723
E-mail
  Werbung mittels – 515
EG-Übereinkommen 346 Verweis
  über die gerichtliche Zuständigkeit und die Vollstreckung von gerichtlichen Entscheidungen in Zivil- und Handelssachen 324
Einfuhrbehinderungen
  Europäisches Recht 435
Eingriffsnormen
  Ausländische Normen und Durchsetzungsmacht 87
  Begriff der inländischen, ausländischen 52, 72 *Qualifikationsfrage*
Einheitliche Qualifikation
  EVÜ, Art 36 EGBGB 37
Einkaufsgemeinschaften
  und ausländische Unternehmen 230
Einseitige Kollisionsnorm
  s. Anknüpfung

Einstweiliger Rechtsschutz
  und Anwendung/Ermittlung ausländischen Rechts 658
Elektronische Medien
  Markenrechtsverletzung durch Informationsverbreitung 784
Elektronischer Geschäftsverkehr *E-Commerz*
  Richtlinienvorschlag über bestimmte rechtliche Aspekte 341, 447, 690
Engste Verbindung
  Markenrechtsgeschäft, fehlende Rechtswahlvereinbarung 756 ff
Entflechtungsverfahren
  und Auslandsbezug 305
Entwicklungsförderung
  und fremde kartellfördernde Gesetzgebung 93
  und störendes ausländisches Recht 104
Erfolgsort
  s. Begehungsort
Erfüllungsort
  Bestimmung nach der Lex causae 326
  EuGVVO-Gerichtsstand 331
Ersatzrecht
  bei Nichtermittelbarkeit kollisionsrechtlich anwendbaren Rechts 637
EuGVVO
  Kartelldelikte 332
  Kartellsachen, Derogationsmöglichkeit 334
  Kartellzivilrechtsstreitigkeiten 331
  Lauterkeitsrecht, autonome Zuständigkeitsregeln und – 656
  Markenrechtsverletzung 788 f
  Unerlaubte Handlung 650
  Unterlassungsklage, vorbeugende 650, 789
  Vereinbarte Zuständigkeit 334
  und Vermögensgerichtsstand 330
  Vorrang vor nationalen Zuständigkeitsregelungen 59, 324, 649, 775
  Wettbewerbsspezifische Auslegung 307
  Zuständigkeitsregeln 309
Euromarketing 441
Europäische Union
  und internationales Wirtschaftsrecht 5
  Völkerrechtsbindung 310
Europäischer Binnenmarkt
  und Ausnutzung internationalen Rechtsgefälles 377
  und GWB-Marktschutz 261 ff
  und internationales Wirtschaftsrecht 5
  und Vordringen europäischen Kartellrechts 158
Europäisches Recht
  Gemeinschaftsrechtliche Fragestellung und kollisionsrechtliche Fragestellung 433

Europäisches Recht (Forts.)
 Grundfreiheiten und Auswirkungsprinzip 64
 Vorrang vor nationalem Kollisionsrecht 54
 Warenverkehrsfreiheit 195
Europäisches Recht (Kartellrecht)
 Abgrenzung zum nationalen Kartellrecht 157
 Alleinvertriebs-, Alleinbezugsvereinbarungen 317
 Anknüpfung 286, 289, 307
 Anwendungsbereich 306
 Ausländische Interessen/EU-Interessen 310
 Ausländische Regierungen und Wettbewerbsbeschränkungen 188, 310, 313
 Auslandszusammenschlüsse, reine 314
 Auswirkungsprinzip, eingeschränktes gemeinschaftsrechtliches 285 ff, 304
 Auswirkungsprinzip (Kommissionspraxis) 63, 313
 Auswirkungsprinzip und Mißbrauchshandlung 318
 Auswirkungsprinzip und Territorialitätsprinzip 312
 Beschränkungen des Anwendungsbereichs 310
 Binnenmarktentwicklung 158
 und Diskriminierungsverbot 197
 Drittlandsmärkte, nicht erfaßte 313
 Drittstaatenunternehmen 315
 Durchführungsakt im Gemeinsamen Markt 315, 318
 Effektiver Wettbewerbsschutz 307
 und EGV-räumlicher Anwendungsbereich 306
 EuGH-Praxis 311
 Exportkartelle 313, 315
 Exportverbot 317
 Extraterritoriale Anwendung 306
 Farbstoffe-Entscheidung 311
 Gemeinschaftsauswirkung/Durchführung im Gemeinsamen Markt 311
 Gemeinschaftsunternehmen 315
 Gencor/Lonrho-Entscheidung
 Gleichlaufprinzip (Sachrechtsanwendung, internationale Zuständigkeit) 336
 und GWB § 130 Abs 2 156
 Herkunftslandprinzip als Kollisionsregel 64
 Kommissionspraxis 343
 Lizenzabsprachen 317
 Mißbrauch marktbeherrschender Stellung 318
 Personalitätsprinzip 308
 Preiskartell 312, 315
 Reexportverbot 315

Europäisches Recht (Kartellrecht) (Forts.)
 Sitzort und Gemeinschaftswirkung 313
 Spürbarkeitsgrenze 313
 Stützpunkt, innergemeinschaftlicher 312
 Territorialitätsprinzip 285, 286, 289, 306
 Ungleichbehandlung inländischer/ausländischer Unternehmen 193
 Unmittelbarkeit, Beabsichtigung der Auswirkungen 313
 Unmittelbarkeit, Vorhersehbarkeit, Wesentlichkeit einer Auswirkung 312
 Unternehmenseinheit 341
 Unternehmenseinheit Mutter/Tochtergesellschaft 343, 311
 Vertriebsbindungssysteme, selektive 317
 Vertriebsvereinbarungen Drittstaatenhersteller/EU-Händler 317
 Zellstoff-Entscheidung 312
 Zusammenschlußkontrolle s. dort
 Zustellung 343
 Zwangskartelle, Zwangsfusionen im Ausland 310
 Zweischrankentheorie 157
 Zwischenstaatlichkeitsklausel Art 81 Abs 1 EGV 306
Europäisches Recht (Lauterkeitsrecht)
 Alpine Investment-Entscheidung 435, 444, 445
 Bankenrichtlinie 341
 Cassis-Rechtsprechung 433, 449
 Clinique-Entscheidung 441
 Dassonville-Formel des EuGH 439
 De Agostini-Entscheidung 443
 Dienstleistungsfreiheit 445
 Dienstleistungsrichtlinie für Rechtsanwälte 341
 Diskriminierungsverbot und Herkunftslandprinzip 453
 EGV Art 28-Wirkung, eingeschränkte 441
 Einfuhrbehinderungen 435, 442
 Elektronischer Geschäftsverkehr (Richtlinienvorschlag) 341, 447 ff
 und EU-Richtlinien 446 ff
 Euromarketing-Fall 441
 Exportbehinderung 436
 Fernsehtätigkeit, Ratsrichtlinie zur Koordinierung von Rechts- und Verwaltungsvorschriften 341, 446, 451
 GB-INNO-Entscheidung 441
 Gemeinschaftsrechtliche und kollisionsrechtliche Fragestellung 433
 Grundfreiheiten, Bedeutung 434, 449
 Herkunftslandprinzip 341, 342, 447, 449, 453
 Inländerdiskriminierung 438, 453
 Interessenkollisionsansatz 450
 Internet 447, 452

Sachregister

Europäisches Recht (Lauterkeitsrecht) (Forts.)
  Irreführende Werbung, Richtlinie 341
  Keck-Entscheidung 440, 441, 443, 444
  Kollisionsrechtsbildung, bislang nicht erfolgte 342
  Lauterkeit des Handelsverkehrs 439
  Lebensversicherungsrichtlinie 341
  Marketing-Mix-Fall 441
  Marktortanknüpfung und EGV-Vorgabe 434
  Marktortanknüpfung und entgegenstehende Richtlinien 450
  Marktortanknüpfung und Grundfreiheiten 449
  Marktortanknüpfung und Herkunftslandprinzip 433, 435, 447
  Marktortprinzip und Gemeinschaftsrecht 341
  Marktzutritt, Doppelbelastung 442
  Mars-Entscheidung 441
  Mithouard-Entscheidung 440
  Produktbezogene Regelungen/Verkaufsmodalitäten 440
  Satellitenrichtlinie 446, 451
  Schadensversicherungs-Richtlinie 341
  V.A.G.-Entscheidung 588
  Verbraucherschutz 439
  Verkaufsmodalitäten 440, 444
  Warenverkehrsfreiheit 437, 438, 449
  Werbekosten, erhöhte 441
  Werbemarkt und Herkunftslandprinzip 441
  Werbeverbote, weitgehende 443
  Yves Rocher-Entscheidung 441

Europäisches Übereinkommen EuGVÜ-?
  Zustellung von Schriftstücken ~~323~~ 344

Export, Exporteur
  Ausschließlichkeitsvereinbarung, auf ausländisches Markt bezogene ~~220~~ 240
  Ausschließlichkeitsverträge, Inlandsauswirkung ~~225~~ 244
  Boykottaufruf ~~253~~ 274
  Boykottverbot ~~252~~ 273
  Diskriminierung, exportmarktbezogene und Inlandsauswirkung ~~241~~ 265
  Marktbeherrschung inländischer, ausländischer – ~~242~~ 263
  Marktmachtbehinderung ~~244~~ 267
  Marktzutritt, inländischer für ausländischen – ~~249~~ 270

Exportbehinderung
  aufgrund Selbstbeschränkungsabkommen ~~118~~ 142
  Europäisches Recht 436
  Inlandsrückwirkungen von – ~~156~~ 180

Exportinteressen
  Behinderung, gezielte 642

Geistiges Eigentum

Exportkartelle
  Auswirkungsprinzip ~~137, 19~~ 161, 221
  Beseitigung der Privilegierung ~~87~~ 111
  und europäisches Kartellrecht ~~291~~ 315
  Inlandsauswirkung ~~176~~ 200
  Schutz inländischer Kartellaußenseiter ~~247~~ 268

Exportlieferung
  als inländischer Teil im Ausland vollendeter Wettbewerbshandlung 346

Exportverband
  und Diskriminierungen ~~250~~ 271

Exportverbote
  und europäisches Kartellrecht ~~293~~ 317

Exportwirtschaftsverkehr
  GWB-Schutz der Betätigungsfreiheit im deutschen – ~~155~~ 179

Extraterritorialität
  und Anwendungsbereich des GWB ~~93~~ 117
  und Auswirkungsanknüpfung ~~29, 93~~ 117, 31
  bei territorialen Markenkollisionen 686 ff
  Völkerrechtliche Konflikte ~~94 ff~~ 118 ff

Exzeptions-Klauseln
  in internationalen Kartellverträgen ~~143~~ 167
  (Durchnahme deutscher Marktbereich in material-rechtlichem Sinn)

Fernsehausstrahlung
  und Schutzlandanknüpfung 13
  Schutzlandanknüpfung und Schutzdefizite 690

Fernsehtätigkeit
  Ratsrichtlinie zur Koordinierung von Rechts- und Verwaltungsvorschriften 341, 451

Flugzeuge
  Rabattgewährung an Bord 534

Formvorschriften — Frage
  Kartellverträge ~~88~~ 112 privates Ulrice Sachnorme

Frankreich
  Auswirkungsanknüpfung im Kartellrecht ~~113~~ 137
  Rechtshilfe in Kartellsachen 322
  Schutz geographischer Herkunftsangaben 340

Fremde Staaten
  s. Ausländischer Staat

Fusionskontrolle
  s. Zusammenschlußkontrolle

GATT 19947/1994
  und internationales Wirtschaftsrecht 6

Gefahr, Gefährdung
  Kartellrechtsnormen und Wettbewerbsbeeinträchtigung ~~167 ff~~ 191

Gegenseitige Akzeptanz
  der nationalen Kartellrechte ~~109~~ 133

Geistiges Eigentum
  Internationales Büro der Weltorganisation für – 679

  [Quelle des internen Kartellrechts]

Geltungsbereich
  und Anwendungsbereich des GWB 117
Gemeinschaftsrecht
  s. Europäisches Recht
Gemeinschaftsunternehmen
  und europäisches Kartellrecht 293 315
Generalklauseln
  und Berücksichtigung fremden Kartellrechts 73
Genf
  Internationales Büro der Weltorganisation für geistiges Eigentum 679
Geographische Herkunftsangaben
  Staatsverträge, zweiseitige 340, 704
Gerichtsstand
  Lauterkeitsrecht, Kartellrecht, Markenprivatrecht
  s. Prozeßrecht
Gesamtschuldnerische Haftung
  von Kartellmitgliedern 88 112
Gesamtverweisung
  Schutzlandprinzip als – 737
Geschäftliche Verleumdung
  Kollisionsrechtliche Behandlung 607
Geschäftsehrverletzung
  Allgemeininteressen 327
  Kollisionsrechtliche Behandlung 602, 607
Gesetz gegen Wettbewerbsbeschränkungen
  s. Kartellrecht
Gesetzesanwendungsbereich
  des inländischen Kartellrechts 160
Gesetzesverstoß
  Kollisionsrechtliche Bedeutung 568 ff
Gesetzgebung
  Ausländischer Staat und fremde – 134
Gewerblicher Rechtsschutz
  s. a. Immaterialgüterrecht
  s. a. Markenprivatrecht
  Staatsverträge 340
  und Territorialitätsprinzip 365, 674
  und Wettbewerbsschutz 664
Gewinnspiele
  Werbung mit – 523
Gleichberechtigung
  verschiedener nationaler Rechte 646
Gleichheitsgrundsatz
  Ungleichbehandlung inländischer/ausländischer Unternehmen 195
Gleichlauf
  Sachrechtsanwendung und internationale Zuständigkeit 336
Globalisierung
  s. a. Weltmarkt
  und allseitige Auswirkungsanknüpfung 424
  Anpassung statt – 8
  und ausländisches öffentliches Recht 91

Globalisierung (Forts.)
  Auswirkungsprinzip, Schutzlandprinzip und – 35
  und effektive Weltmarktordnung 95
  und Gerichtsentscheidungen, begrenzte Reichweite 792
  und Gesamtwettbewerbsschutzsystem 110
  als Gestaltung 8
  und globalisierte Betrachtungsweise des nationalen Rechts
  und Interessenkollisionslösung 404
  Internationaler Konsens, Standards
  und internationaler Marktplatz
  und internationales Wirtschaftsrecht, Neukonzeption 2
  Internet
  s. dort
  Kartellfreundliche ausländische Gesetzgebung 80
  und Kollisionen nationaler Regelungsinteressen
  Konzernbildung 341
  Markenrechtsverletzung 776
  Markenrechtsverletzung, Auflockerung des Territorialitätsprinzips 716 ff
  und Marktbeherrschung 262
  Ordre public-Verständis 10, 99
  und Qualifikationsfrage
  Räumlicher Marktbereich, Bestimmung 408
  und Regelung internationaler Sachverhalte 1
  als Theorieansatz des Wirtschaftskollisionsrechts 2, 2
  und Weltmarktliberalisierung 8, 132
  Wettbewerb, internationales Anliegen 78
  und Wettbewerbskollisionsrecht (Fortentwicklung)
  und Zusammenschlußkontrolle 276
Gran Canaria-Fälle
  und Anwendbarkeit deutschen Wettbewerbsrechts 494
Gratisabgabe von Produkten
  Kollisionsrechtliche Bedeutung 561 ff
Grenzüberschreitung
  s. International
Griechenland
  Schutz geographischer Herkunftsangaben 340
Großbritannien
  Ausländisches Kartellrecht/blocking statutes 137
Grundfreiheiten (EGV)
  Gemeinschaftsrechtliche Fragestellung und kollisionsrechtliche Fragestellung 433
Günstigkeitsprinzip
  Betriebsbezogene Eingriffe 609
  Deliktsrecht 630

Günstigkeitsprinzip (Forts.)
  Europäisches Lauterkeitsrecht 435
  Lauterkeitsrecht 613, 630 ff
  und Marktordnungsinteresse 105
  Statutenhäufungen 418

Haager Übereinkommen
  über die Zustellung gerichtlicher und außergerichtlicher Schriftstücke in Zivil- und Handelssachen 345
Handel
  Internethandel und Marktortbestimmung 408
Handlungsort
  s. Begehungsort
Haustürwiderrufsgesetz
  Rechtsbruch durch Verstoß gegen das – 572
Heimatrecht
  Anwendung gemeinsamen deutschen – 379, 399, 455, 477 ff
  Anwendung des gemeinsamen Heimatrechts (Schweiz, Österreich) 382 ff
  Auslandsunternehmen, Wettbewerb auf dem inländischen Markt 354
  Auswirkungsprinzip statt Heranziehung gemeinsamen – 425
  Behinderung durch Werbemaßnahmen 554
  Betriebsbezogene Eingriffe 605
  Deutscher Wettbewerb auf ausländischen Märkten 352
  Irreführende Werbung und gemeinsame Heimatanknüpfung 526 ff
  Lauterkeitsrecht 343
  und marktorientierte Anknüpfung 399
  Preiskampf 557
  Recht der gemeinsamen Niederlassung 378
  der Verbraucher 335
Herkunftslandprinzip 342, 433, 435, 437 ff
  und Auswirkungsanknüpfung 49

Immaterialgüterrecht
  s. a. Markenprivatrecht
  Berner Übereinkunft zum Schutz von Werken der Literatur und Kunst 699
  und Deliktsrecht 22
  und Einheit des materiellen Wettbewerbsrechts 21, 325
  IPR-Gesetz für außervertragliche Schuldverhältnisse und für Sachen, Bedeutung für das – 38
  Kollisionsrechtliche Regelung, keine ausdrückliche 666
  und Lauterkeitsrecht, Anknüpfung in Konkurrenzfällen 333

Immaterialgüterrecht (Forts.)
  und Lauterkeitsrecht, herkömmliche Abgrenzung 57
  Lauterkeitsrecht/Kartellrecht und – 20
  Lizenzverträge und Inlandsauswirkung 255
  Markenprivatrecht
    s. dort
  Marktauswirkungsgedanke 333
  und Marktordnungsschutz 60
  und Sachenrecht, internationales 662
  Schutzlandprinzip, allgemeine Geltung 666
  Schutzzweck und Modernisierung des Kollisionsrechts 16
  Schutzzweckdiskrepanz zum Kartellrecht/Lauterkeitsrecht 13
  Systematischer Standort 214
  und Wettbewerbsrecht, materielles 21
Importbegrenzung
  und Inlandsauswirkung 223
Importeur
  Beeinträchtigung von Ausländern auf dem Inlandsmarkt 268
Importvereinbarungen
  und Inlandsauswirkung 241
Inländerbehandlung
  und Territorialitätsprinzip 674
Inländerdiskriminierung
  und Diskriminierungsverbot 453
  Europäisches Recht 438
Inländische Markenrechtsverletzung
  Territorialitätsprinzip 713 ff
Inländische Schutzrechte
  Lizenzvertrag über – 251
Inländischer Inhaber
  eines inländischen Schutzrechts, Lizenzverträge mit Auslandsbezug 253
Inländischer Markt
  s. a. Ausländischer Markt
  Auslandshandlungen mit Inlandsauswirkungen 160
  Auslandsunternehmen, Wettbewerb auf dem – 354
  Ausschließlichkeitsbindungen 241
  Diskriminierung durch Auslandsunternehmen 267
  Exportbeschränkungen, Inlandsrückwirkungen 180
  und Geltungsbereich ausländischen Rechts 95, 138
  Geringe Inlandsberührung 98
  GWB-Anwendung bei Inlandsauswirkung 166
  Inlandsauswirkung 224
  Liefersperre 273
  Rechtsstreit und Inlandsbezug 330
  Schutzziel des UWG/GWB 381

Inländischer Markt (Forts.)
  Teilsachverhalt 167
Inländisches Recht
  Aktivlegitimation von Mitbewerbern, Verbänden, Kammern 611
  und ausländisches Wettbewerbsrecht 458
  Austauschbarkeit 29
  und Berücksichtigung ausländischer Rechtswertungen 460 f
  Existenzsicherung ausländischer Unternehmen 230
  und fremde staatliche Souveränität 680
  auf Inlandswettbewerb beschränkte Rechtsanwendung 462 ff
  und internationale Zuständigkeit 166
  Kartellrecht, Gesetzesanwendungsbereich 159 f, 202 [im Kartellrecht (oder -gesetz?)]
  Markenrechtsnormen, auf inländische Marken bezogene 685
  und ordre-public-Grundsatz 83
  Rücksichtnahme im Wettbewerbsrecht 363
  Stillschweigende Parteienvereinbarung 475
  Wettbewerbsbeschränkungen, vom ausländischen Staat veranlaßte 142
  Wettbewerbsrecht, Problem ausufernder Anwendung auf internationale Sachverhalte 406
  Widersprüche zu Grundvorstellungen, gravierende 647
  Wirkungen einer Wettbewerbsverletzung 144 ff
Inländisches Unternehmen
  s. a. Ausländisches Unternehmen
  Alleinbezugsverpflichtung eines ausländischen Exporteurs 242
  Alleinimportvereinbarung mit ausländischem Hersteller 241
  Alleinvertriebsabreden mit ausländischem Unternehmer 245
  Alleinvertriebsrecht für einen ausländischen Markt durch – 245
  Anschwärzung gegenüber ausländischem Kunden 422
  und Anwendungsbereich § 130 Abs 2 GWB 160
  und ausländische Binnenmarktbeschränkungen 204
  Ausländischer Unternehmenszusammenschluß 286
  Ausländisches Wettbewerbsverhalten 345
  [144, 201, 215] und im Ausland veranlaßte Wettbewerbsbeschränkung
  Auslandsbezogene Betätigungsfreiheit und GWB-Zweck 177
  Auslandsmarkt, Diskriminierung durch beherrschendes – 268

Inländisches Unternehmen (Forts.)
  Auslandsmarkt, gezielter Angriff gegen – 643
  Auslandsmarktkonditionen, Vertrag zwischen – 238
  Auslandsunternehmen, Wettbewerbsbeschränkungen unter Einbeziehung – 201
  Auslandswettbewerb und Anwendung deutschen Lauterkeitsrechts 352
  Auslandswettbewerb inländischer Unternehmen 346, 398
  Ausschließlichkeitsvereinbarung, auf ausländisches Markt bezogene 240
  Auswirkungsprinzip, Begrenzung 193 f
  Bezugsbindung zwischen inländischen Exporteur, inländischen Hersteller 246
  Bezugsbindungen eines ausländischen Abnehmers 246
  Bezugssperren 274
  Bezugsvertrag, ausschließlicher mit ausländischem Hersteller 212
  Diskriminierung durch Auslandsunternehmen 267
  Diskriminierung der Marktgegenseite 269
  Exporteur, marktbeherrschender 263
  Exportverbote 247
  Konzernzugehörigkeit und Kartellamtsbefugnisse 340 ff
  Lauterkeitsrechtsverletzung im Ausland 345
  Lizenzverträge, Bindungen 253
  Meistbegünstigung ausländischen Unternehmens durch – 237
  Preisbindung für den Reimport in das Inland für ausländischen Abnehmer durch – 238
  Reimportverbot gegenüber ausländischem Abnehmer 243
  Spürbarkeit inländischer Marktauswirkung 213
  Ungleichbehandlung mit ausländischen Unternehmen 193
  und völkerrechtliche Schranken 193
  Weiterkauf an inländische Exporteure, Bindung durch – 237
  Wettbewerb im Inland, im Ausland 224 f
Inländisches Wirtschaftsleben
  Ernsthafte Bedrohung durch Anwendung fremden Rechts 638
Inlandsauswirkung
  s. Auswirkungsanknüpfung
Interessenabwägung
  Allseitiger Kollisionsansatz, Reichweite 103
  Auswirkungsprinzip und Abwägungsprinzip 139 ff
  Individualinteressen 140

Interessenabwägung (Forts.)
  Kollisionssituationen, echte 142
  und völkerrechtliches Einmischungsgebot 128
  und Vorrang ausländischen Rechts 126
  Zusammenschlußkontrolle und Untersagungsbefugnisse 304
Interessenanalyse
  und Sonderanknüpfungstheorie 84
Interessenbewertung
  und Akzeptanz fremden Wirtschaftsrechts 143
Interessenkollision
  Eigene Staatsinteressen, internationalisierte Interessen 98
Interessenkollisionslösung
  Absatzhandlungen 485
  als allseitige Anknüpfung 379, 595, 735
  und allseitige Auswirkungsanknüpfung 381, 393, 423
  Anwendbarkeit des deutschen Lauterkeitsrechts 349 ff
  Auslandswettbewerb deutscher Mitbewerber 398
  Ausnutzung von Unerfahrenheit 547
  Behinderung 549 ff, 553
  Betriebsbezogene Wettbewerbsverletzungen 607 ff
  Darlegungs- und Beweislast 620
  und deliktsrechtliche Lösung 368
  Gratisverteilung von Produkten 564
  und Heranziehung gemeinsamen Personalstatuts 478
  und Herkunftslandprinzip 450
  Immaterialgüterstatut 689 ff
  Lauterkeitsrecht 689, 727
  Lockvogelangebote 544
  Markenrechtsverletzung 692, 727, 781
  als marktordnungsrechtlicher Kollisionsansatz 57
  Ordre public 638
  Preiskampf 567
  Rabattgewährung 536
  Rechtsprechungsnachweise 454 ff
  Sonderveranstaltungen, Räumungsverkäufe 539 ff
  Urheberrecht 691
  und Verbraucherschutz 401
  Vertriebsbindungssystem 582, 589, 591
  bei Werbemaßnahmen 507 ff
  Werbung im Ausland 496 ff
  Werbungshandlungen 488
  und Zuständigkeitsprüfung 653
Internationale Arbeitsteilung
  und Auswirkungsprinzip 136
Internationale Entscheidungsharmonie
  Sonderanknüpfungstheorie 84
  und internationalisierter Schutzstandard 11
  und System allseitiger Kollisionsnormen 100
  und System einseitiger Kollisionsnormen 108
Internationale Konzerne
  und Kartellamtsbefugnisse 340 ff
Internationale Verbände
  Diskriminierung von Unternehmen durch 271
Internationale Wirtschaftsvorgänge
  s. Globalisierung
  s. Weltmarkt
Internationale Zuständigkeit
  s. a. Prozeßrecht
  und Anwendbarkeit inländischen materiellen Rechts 166
  Gleichlauf Sachrechtsanwendung und – 336
  und kollisionsrechtliche Entscheidungsmaßstäbe 654
  Vereinbarung eines deutschen Gerichts 333
Internationaler Gerichtshof
  Allgemeine Rechtsgrundsätze des Statuts 118, 125
Internationaler Konsens
  Wettbewerbspolitische Konzeption 84
Internationaler Marktplatz
  aufgrund Globalisierung 12
Internationaler Sachverhalt
  und Schaffung eigener Sachnormen 362 f
Internationaler Wirtschaftsverkehr
  und Auswirkungsprinzip 136
Internationales Deliktsrecht
  s. Deliktsrecht
Internationales Kartellamt
  s. Kartellrecht
Internationales Lauterkeitsrecht
  s. Lauterkeitsrecht
Internationales Ordnungswidrigkeitenrecht
  IPR-Regeln, verdrängt 195 durch GWB
Internationales Privatrecht
  Wirtschaftskollisionsrecht
  s. Kollisionsrecht
  Zuordnungsproblematik 2
Internationales Prozeßrecht
  s. Prozeßrecht
Internationales Rechtsgefälle
  Ausländisches Verhalten inländischer Unternehmen 347
  Ausnutzung mittels Werbung 374
  und Vertriebsbindungssystem 598
Internationales Regelungsinteresse
  und Nichteinmischungsverbot 133
Internationales Sachenrecht
  und internationales Immaterialgüterrecht 662

Internationales Strafrecht
  Prinzipien 12 A
Internationales Verwaltungsrecht
  und kartellrechtliche Anknüpfung 155
Internationales Wirtschaftsrecht
  Anknüpfung
    s. dort
  Begriff 1
  Einheitliches Rechtsverständnis 23
  Immaterialgüterrecht
    s. dort
  Internationalisierung und allseitige
    Anknüpfung 113
  Kartellrecht
    s. dort
  Kollisionsrecht
    s. dort
  Kollisionsrechtliches System, einheitliches 396
  Lauterkeitsrecht
    s. dort
  Neugestaltung 54 f (Wohnrechte?)
  Neukonzeption aufgrund Globalisierungsansatzes 23
  Sachrecht und Kollisionsrecht 172
  Schutzzweck und Modernisierung des Kollisionsrechts 16
  Wirtschaftskollisionsrecht
    s. Kollisionsrecht
Internationalisierte Interessenlagen
  und Berücksichtigung ausländischen Eingriffs- und Ordnungsrechts 88
  und Konzept allseitiger Kollisionsnormen 96
  und staatliche Rechtsanwendungsinteressen 117
  aus Weltmarktgesichtspunkten 143
  WTO-Verpflichtungen und liberalisierter Welthandel 113
Internet
  Abrufstatistiken (Losfiles) 427
  Absatzhandlungen, Ort 412, 486
  Disclaimer 427
  e-commerce-Richtlinie und Werbung im – 452
  Herkunftslandprinzip 447, 452
  und internationale Standards, fehlende 12
  und internationale Zuständigkeit 654
  Internet-Marketing 487
  Kennzeichennutzung, Anspruch auf weltweite Unterlassung im – 793
  Kennzeichennutzung im geschäftlichen Verkehr 692
  Lauterkeitsverletzungen, multinationale und strengstes anwendbares Recht 105
  Markenrechtsverletzung im – 780, 783
  Markenrechtsverletzung, Auflockerung des Territorialitätsprinzips 714, 716 ff

Internet (Forts.)
  Multistate-Werbung 499
  Ort von Wettbewerbsverstößen 406
  und Schutzlandanknüpfung 13, 693
  Schutzlandanknüpfung und Schutzdefizite 690
  Spürbarkeitsgrenze 502
  Standort des Internetservers 13
  Werbung, Abrufbarkeit 429, 488
  Werbungssprache 503, 506
Intertemporales Recht
  IPR-Gesetz für außervertragliche Schuldverhältnisse und für Seite (1999)/
  — Bedeutung für Lauterkeitsrecht, Immaterialgüterdeliktsrecht 52
IR-Marke 710 f
Irreführende Werbung
  Kollisionsrechtliche Bedeutung 526 ff
Italien
  Schutz geographischer Herkunftsangaben 340

Kabeleinspeisungen
  Werbetätigkeit vom Ausland aus 499
Kaffeefahrten in das Ausland
  und Anwendbarkeit deutschen Wettbewerbsrechts 492
Kartellrecht
  s. a. Europäisches Recht (Kartellrecht)
  s. a. Kartellrecht (Fallmaterial)
  s. a. Prozeßrecht
  s. a. Wettbewerb
  Absatzweg, Kontrolle eines inländischen 205, 220
  Absprachen und Inlandsauswirkung 213 ff
  Abstrakter Gefährdungstatbestand 250
  Abwägungspflicht und Einmischungsverbot 128
  Abwägungsprinzip 139
  Abwehrgesetze 137
  Akzeptanz nationaler Kartellrechte, gegenseitige 133
  Alleinbezugsverpflichtung ausländischen Exporteurs 242
  Alleinimportvereinbarung mit deutschem Importeur 242
  Alleinvertriebsabreden 245 (im Wettbsch.)
  Allgemeininteresse 165
  Allseitige und einseitige Anknüpfung, Unterschied 109
  × Allseitige Kollisionsnorm 68 ff, 74, 78 ff, 109, 145, 159, 190 ff, 102 ff, 169 f
  Angebot und Nachfrage (im Ausland) 225
  Angebot und Nachfrage (Wettbewerb im Inland) 224
  Anknüpfung, sinnvolle 110, 122 ff, 73
  Anknüpfung, Verständniswandel 25

346

+ oder Kollisions...

Sachregister — Kartellrecht

Kartellrecht (Forts.)
- Arbeitsteilung, internationale 136
- Auffangtatbestand § 7 GWB 207
- Auskunfts- und Prüfungsbefugnis 338
- Ausländische Eingriffsnormen 53 ff, 73 ff, 87 ff
- Ausländische Produktionsbeschränkungen 205
- Ausländische Schutzrechte 253
- Ausländische Unternehmen
  s. dort
- Ausländische Volkswirtschaft und Bereichsausnahmen 230
- Ausländische Wettbewerbsbeschränkung 160, 176
- Ausländischer Markt
  s. dort
- Ausländischer Sachverhalt und Begrenzung des Auswirkungsprinzips 192 ff
- Ausländischer Sachverhalt und Inlandsbezogenheit 138
- Ausländisches Preiskartell 204
- Ausländisches Recht
  s. dort
- Auslandspatente 255
- Auslandsregelung eines Kartellverbots, ausschließliche 222
- Auslandssachverhalt und anwendbares Recht 56
- Auslandssachverhalt und Rechtsmißbrauchsverbot 125
- Auslandssachverhalt und Souveränitätsgrundsatz 119
- Auslandssachverhalt und Weltmarktkompatibilität 133
- Auslandsveranlassung und tatsächliche Wirkungen 214 ff
- Auslegung, völkerrechtskonforme 131
- Ausschließlichkeitsverträge 239 ff
- Ausschließlichkeitsverträge, exportmarktbezogene 244, 127, 139
- Außenpolitische Interessen
- Außenwirkungen 224, 240, 248, 250, 252
- Auswirkungsanknüpfung 145, 208, 213, 219
  s. dort
- Bagatellgrenze
- Bedeutsamkeitsbetrachtung 180
- Bereichsausnahmen 229 ff
- Bestimmtheitsgebot und Abwägungskriterien 141, 251
- Betriebsgeheimnisse als Schutzrecht
- Bezugssperren 274
- Bezugsvertrag 242
- Bezwecken einer Wettbewerbsbeschränkung 207, 219
- Bilateral rechtsangleichende Maßnahmen 142

Kartellrecht (Forts.)
- Blocking statutes 137
- Boykottverbot 272
- Comitas
  s. dort
- Datumstheorie 74
- de minimis-Regel
  s. dort
- Deliktsstatut 165
- Diplomatische Maßnahmen 142
- Diskriminierung – und Behinderungsverbot 265 ff
- Doppelfunktionalität 16, 25, 59, 108, 165
- Doppelstufige Prüfung 175
- Draft International Antitrust Code 7
- Dritte, an Kartellabsprache Unbeteiligte 224
- Drittmarktbeschränkung 220
- Durchführungsort, ungeeignete Anknüpfung 135
- Eigene geschäftliche Verhältnisse 339
- Eigeninteressen, schutzwürdige 104
- Eignung zur Wettbewerbsgefährdung 215
- Eingriffsnormen, drittstaatliche 72, 82, 87
- Einheitsanknüpfung 81, 85, 162
- Einkaufsgemeinschaften 230
- Einmischungsverbot 128
- Einseitige Kollisionsnorm 64, 70, 88, 93 ff, 97, 159, 164
- — Auswirkungsprinzip § 130 Abs 2 GWB als — 64, 70
- Empfehlungen 168
- Engste Beziehung 95
- Entscheidungseinklang, internationaler 108
- Ermessensausübung, kartellbehördliche 141
- Europäischer Binnenmarkt 261
- Europäisches Kartellrecht
  s. dort
- EU, EVO
  s. dort
- Export, Exporteur
  s. dort
- Extraterritoriale Wirkung eigenen Rechts 117
- Exzeptions-Klauseln 167
- Fernwirkung über einen Drittmarkt 220 ←→
- Finalität einer Marktauswirkung 147, 191
- Folgetheorie 196
- Freigestellte Kartelle 229 ff
- Funktionsangleichung Rechtsmaterien 25
- GATT 1947/1994 6
- Gebietsabgrenzungen 228
- Gefährdung freien Wettbewerbs 127

Kartellrecht (Forts.)
- Gefährdung freien Wettbewerbs, Sachnormbetrachtung 166 ff, 130
- Gefährdungstatbestände 189, 191, 213, 216
- Gegenseitige Rücksichtnahme 106, 130
- Gemeinwohlinteressen 67, 71
- Generalklauseln und ausländisches Recht 152, 73
- Gerichtsbarkeit 104, 323
- Gesetzesanwendungsbereich des inländischen /– 130, 160
- Gleichbehandlung ausländischer/inländischer Unternehmen 174, 195
- Globalisierung s. dort
- Günstigstes anwendbares Recht 84, 105
- GWB und allgemeine IPR-Normen 131, 155
- GWB: Anwendungsbereich, Geltungsbereich 93, 117, 160
- GWB und Gemeinschaftskartellrecht 132 ff, 156 ff
- GWB-Anwendungsbereich und betroffener Personenkreis 171, 195
- GWB-UWG-Schutzzwecke 16, 18
- Handlungsfreiheit Dritter 229, 248
- Handlungsfreiheit gebundener Unternehmen 220, 240
- Hoheitliche Ermittlungen im Ausland 337
- Hoheitliche Wettbewerbsbeschränkungen 118, 142
- und Immaterialgüterrecht, Abgrenzung 112 ff, 664
- Importbegrenzung 209, 223
- und Individualinteressen 67, 71
- Inländische Schutzrechte 231, 253
- Inländische Schutzrechte, Lizenzvertrag 231, 251
- Inländische Unternehmen s. dort
- Inländischer Markt s. dort
- Inländischer Wettbewerb, geschützter 136, 239, 160, 261
- Inlandsauswirkung s. Auswirkungsanknüpfung 171
- Inlandsauswirkung, Abgrenzung 147 ff
- Inlandsbeziehung und Auskunftsersuchen 310, 338
- Inlandsbeziehung und einzubeziehender Auslandssachverhalt 114, 138
- Innenwirkung als Inlandsauswirkung 162, 186
- Innenwirkungen 220, 229, 231, 240, 248, 250
- Interessenabwägungspflicht und Rechtsmißbrauchsverbot 103, 126
- Interessenbewertung vor einer Abwägungspflicht 119, 143
- Interessenidentität Erlaßstaat/Forumstaat 57 ff, 196

Kartellrecht (Forts.)
- Internationale Zuständigkeit s. dort
- Internationaler Konsens, Bedeutung 64, 84
- und internationales Wirtschaftsrecht, einheitliches Rechtsverständnis 84, 23
- Internationalisierte Interessen 67, 74, 78, 89, 93, 108, 182, 88, 96, 113, 117
- Internationalisierung einer Interessenbewertung 119, 143
- IPR-Regeln 46, 47, 78, 61 f, 100
- IPR-Regeln, allgemeine und § 130 II GWB 131, 155
- Justiziabilität 147, 171, Vorfrage
- Kapazitätsauslastungen, verminderte inländische 203, 227
- Kartellbehördlicher Beurteilungsspielraum 117, 141
- Kollisionsnorm und sachrechtlicher Zweck 148, 172
- Kollisionsnorm § 130 II GWB 135 ff, 159 f
- Kollisionsrecht und Tatsächlichkeitsprüfung 192, 216 f
- Kollisionsrechtliche Anwendungsprüfung, materiellrechtliche Tatbestandssubsumtion 159, 219, 183, 239
- Kompetenzkonflikte 72, 94
- Konditionenbindungen 210 ff, 283 ff
- Konditionenkartell auf Auslandsmarkt 203, 227
- Konflikte Forumstaat/internationalisierte Interessen 74, 98
- Konzerne und Auskunfts- und Prüfungsbefugnisse 318, 340
- Koppelungsverträge 220, 240
- und Lauterkeitsrecht, Abgrenzung 12 ff, 57 ff, 332 ff
- und Lauterkeitsrecht, Frage allseitiger Auswirkungsanknüpfung 392 ff
- und Lauterkeitsrecht, Verhaltensweisen und Verzerrungsfolgen 409
- und Lauterkeitsrecht, Verständniswandel 14, 16
- und Lauterkeitsrecht, Zielparallelität 405
- Lex fori 41, 62
- Lex fori und Anwendung ausländischen Rechts 52, 78, 83, 72, 102, 107
- Lex fori und lex causae, Auseinanderfallen 50, 76
- Lex fori und lex causae (Statutenkumulation) 81, 105
- Lizenzverträge 167, 229 ff, 191, 248 f
- Machttheorie 66, 87, und Territor.
- Markt, relevanter 150, 174
- Marktaufteilung durch Alleinvertriebsrecht 220, 245
- Marktaufteilungskartell, internationales 204, 228

Lex causae

Sachregister — Kartellrecht

Kartellrecht (Forts.)
- Marktauswirkung und allseitige/einseitige Kollisionsnorm 95
- Marktauswirkungskriterium 146, 149 ff, 208, 210
- Marktbereiche, mehrere betroffene 105
- Marktmacht und Inlandsmarkt 262
- Marktmacht und Marktbeherrschung 261
- Marktordnung und Ausschluß der Privatautonomie 163
- Marktordnung und Erfordernis objektiver Kriterien 207
- Marktordnung, Neubewertung nationaler Regelungsziele 179
- Marktordnung und tatsächliche Inlandsauswirkung 217
- Marktordnung, weltmarktbezogene Interessen 109, 57, 60, 71, 82
- Marktordnungsinteressen 103, 135, 146
- Marktstruktur und Spürbarkeitskriterium 209 ff
- Marktverhältnisse, Beeinflussung inländischer 227
- Marktzutritt, geschützter 240
- Maßstabsproblem 151
- Ministererlaubnis 206
- Mißbrauch marktbeherrschender Stellung 131, 260 ff
- Mißbrauchsaufsicht 151
- Mittelbare Marktauswirkungen 105, 23?
- Mittelstandskartelle 230
- Nichteinmischungsgebot
- Normen- und Typenkartelle
- Normzweckparallelität Lauterkeitsrecht/ Immaterialgüterrecht und – 20
- Objektive Zurechenbarkeitskriterien 146
- Öffentliches Recht und Privatrecht, Zuordnungsfrage 59, 71
- Öffentliches Recht und Territorialitätsprinzip 70
- Opportunitätsprinzip 127
- Ordre public 83, 99
- Ordre public-Verständnis des § 130 II GWB 81, 162
- Personales Moment 194
- Personalitätsprinzip, ungeeignetes 121
- Präventivschutz 153, 217
- Praktikabilität 171 r Ehrap
- Praktische Handhabbarkeit allseitiger Kollisionsnorm 110
- Preisbindungen 233, 81, 236
- Preiskartell auf Auslandsmarkt 227
- Privatautonomie und Marktordnungsprinzip 163
- Privatrechtliche Sachverhalte 61
- Privatrechtsfolgen 112
- Protektionismus 97 f, 136, 143

Kartellrecht (Forts.)
- Rationalisierungskartelle 230
- Rechtsanwendungsinteressen 30
- Rechtsmißbrauch und Abwägungsprinzip 139
- Rechtsmißbrauch und Auswirkungsprinzip 151
- Rechtsmißbrauch und Einmischungsverbot 128
- Rechtsmißbrauch und sinnvolle Anknüpfung 125
- Rechtsquellen 164 ff
- Rechtswahl, ausgeschlossene 163
- Reflexwirkungen ausländischer Binnenmarktbeschränkungen 204
- Regelungszuständigkeit der Staaten 125
- Reimportverbot 243
- Renvoi 114
- Sachnorm und Inlandsauswirkung 184 ff, 216
- Sachnorm und Spürbarkeitskriterium 209 ff
- Sachnormen und Schutzzwecklehre (tatsächliche Wirkungen, bloße Eignung zur Beeinträchtigung) 185 ff, 185
- Sachrecht und Kollisionsrecht 159, 172
- Schuldstatutstheorie 81, 85
- Schutzbereich und ausländischer Markt 177 ff r (Reier Wettbewerb (u.Lds maur))
- Schutzbereichsverletzung und Inlandsauswirkung 176
- Schutzrichtung von Lauterkeitsrecht und – 332
- Schutzzweck und Modernisierung des Kollisionsrechts 16
- Schutzzweckdiskrepanz zum Lauterkeitsrecht/Immaterialgüterrecht 17
- Schutzzwecke des GWB 171, 173
- Schutzzwecklehre 159, 184 ff, 230, 260
- Schutzzwecklehre und Ausschließkeitsverträge 239 ff
- Schutzzwecklehre und konkrete Sachnorm 216
- Schutzzwecklehre und präventiver Wettbewerbsschutz 189
- Schutzzwecklehre und Preis- und Konditionenbindungen 233 ff
- Schwerpunktbetrachtungsweise 105, 126
- Selbstbeschränkungsabkommen (orderly marketing) 142, 230
- Sinnvolle Anknüpfung 134
- Sittenwidrigkeitsbegriff 75
- Sonderanknüpfung einordne s. dort
- Souveränitätsprinzip einsode s. dort
- Spezialisierungskartelle 230

Kartellrecht (Forts.)
Spürbarkeitsgrenze
s. dort
Staatenimmunität und Gerichtsbarkeit 301 323
Staatenpraxis und Auswirkungsprinzip 119 137
Staatliche Regelungsinteressen (Auswirkungsstaat/Veranlasserstaat) 126 150
Staatliche Wettbewerbsbeschränkung 118 142
Staatsangehörigkeit, ungeeignete Anknüpfung 111 135
Staatsinteressen, im Widerstreit stehende 116 140
Statutenkumulation 84 105
Strafrechtsprinzipien, internationale 97 121
Strengstes anwendbares Recht 84 105
Strukturkrisenkartelle 206 230
Subjektive Kriterien und Marktauswirkung 123 147
Systematischer Standort 179 211
Tatortprinzip, ungeeignetes 97 121
Tatsächliche Auswirkungen 129 f., 168, 190 ff., 219 153, 192, 214 f.
Teilsachverhalt und Inlandsauswirkung 143 167
Territorialitätsprinzip und ausländisches Recht 69 91
Territorialitätsprinzip und Verfahrensdurchführung 311 337
Territorialitätsprinzip und Weltwirtschaft 96 120
Theorie sinnvoller Anknüpfung 98 ff. 122 ff.
Treu und Glauben und Abwägungspflicht 105 129
Umgehungstatbstände 254
Unilateralistische Betrachtungsweise 68 90
Unmittelbare Wirkungen einer Wettbewerbsverletzung 120 ff., 168, 175 ff., 181 f., 202, 243 144 f., 192, 199 f., 205 f., 226, 264
Unternehmenssitz, Differenzierung 171 195
Unwirksamkeitsurteil, nicht eindeutiges 84 105
Verbotsgesetz, ausländisches 64 75
Verbraucher im Inland 201 230
Verfahrensdurchführung 315 ff. 337
Verfahrensrechtliche Bedeutung des § 130 II GWB 142 166
Verhältnismäßigkeit 110, 114 134, 140
Verlagserzeugnisbezogene Preisbindungen 211, 215
Verschuldenselemente 123 147
Verständniswandel 14 16
Vertikale Preisempfehlungen 211
und Vertragsrecht 47 62 81, 162, 165
Vertragsstatut 61, 138, 141
Vertriebsbindungen 220 240

Kartellrecht (Forts.)
Verwertungsrechte, gegenseitige Übertragung 204 228
Völkerrecht 2
s. dort
Volkswirtschaftliche Folgen 206 230
Vorhersehbarkeit einer Marktauswirkung 123, 181 147, 205
Warenverkehrsfreiheit 171 195
Weltkartellrecht, Ansätze 7
Weltmarkt
s. dort
Weltweites Kollisionsrecht 84 108
Wesentlichkeit einer Marktauswirkung 125, 185, 219 149, 209, 239
Wettbewerb, Förderung eines beschränkungsfreien 70 97 f. 122
Wettbewerb im Inland 200 224
Wettbewerb als Institution 220, 229 240, 249
Wettbewerbsbeschränkung (Begriff § 130 II GWB) 144 168
und Wettbewerbsrecht, materielles 97 121
Wettbewerbsschutz und allseitige Kollisionsnorm 86 110 s. Schw.
Wettbewerbsschutzsystem 43, 89, 92 58, 113, 118
Wettbewerbsverhinderung 195 219
Wirtschaftsfeindliche Ziele des Veranlasserstaates 119 143
WTO
s. dort
Ziel 130, 143 154, 167
Zivilrechtliche Generalklauseln und ausländisches Recht 53 73
Zusammenschlußkontrolle
s. dort
Zuständigkeit, internationale
s. Prozeßrecht
Zwingendes Recht 54 71
Kartellrecht (Fallmaterial)
Aluminiumeinfuhren 288, 311 313, 310, 336, 14
Aluminiumeinfuhren aus Osteuropa 118
Ausgleichsanspruch 240 263, 247, 163
Babcock-Artos 239, 284 261, 305
Backofenmarkt 239 261
Bayer France-Firestone France 239, 274 261, 2 211
Beregnungsrohre 225 ff. 249
Betriebsgeheimnis 232, 234 251, 253
BMW-Importe 252, 303, 305, 311 273, 325, 3
Bremsrollen 216
Computer 258 279
CRP-Umzüge 152, 200, 200 f. 176, 224 f.
DDR-Außenhandelsmonopol 60 73
Eisenbahnschwellen 148 172
ENASA 260, 271 281, 282, 287, 300 ff.
Exportförderung 224 243, 247
Fernost-Schiffahrtskonferenz 242 263
Finnisches Haarpräparat 225 f. 244 f.

Sachregister

Kartellrecht (Fallmaterial) (Forts.)
- Fischbearbeitungsmaschine ~~230, 233, 236~~ 249, 252, 255, 254
- Flugzeugschlepper ~~188, 201~~ 212, 225
- ~~Französische MG 319~~
- Gema ~~304~~ 228, 140, 142, 328
- Gencor/Lonrho 116, 118
- Gillette-Wilkinsin ~~261, 265, 280~~ 282, 286, 30
- Hauer ~~163, 231~~ 187, 250, 153, 214, 339
- Import-Schallplatten ~~314~~ 336, 339
- Inlandstochter ~~283~~ 303, 301
- Kartoffelstärke ~~143, 264~~ 167, 285
- Kfz-Kupplungen ~~271~~ 293
- Korkschrot ~~163~~ 187, 214
- Kugellager 118, 288, 142, 310, 313
- Kundenschutzvereinbarung ~~125~~ 244 f, 200
- Lademagazine ~~225~~ 244, 203
- Linde-Lansing 143, ~~239, 266, 274, 280~~ 7.241, 295
- Linoleum ~~176, 203~~ 200, 227, 268
- MAN-Sulzer ~~280~~ 301
- Metro-Kaufhof ~~272~~ 293, 339
- Mikrophos ~~313~~ 335
- Morris-Rothmans ~~98, 101, 104, 106, 112, 114, 116, 143, 258, 260, 264, 271, 277, 280, 284~~ 323, 125,18, 136,138, 167,279, 285,292, 304
- Nigeria-Kulturgut 55, 269, 75, 323 f
- Nuklearpharmaka ~~248, 301 ff, 311~~ 121, 159,172, 187, 211,200, 3,200, 5,199, 5,229
- Ölfeldrohre ~~129, 135 ff, 148, 152, 161, 198, 203~~ 153, 159, 172, 176, 185, 222
- Organische Pigmente ~~129, 135, 148, 152, 163, 258 f, 262, 265 f~~ 279 f, 283, 286
- Polyamid ~~204~~ 228
- Raffinerie-Abnahmepreise ~~317 f~~ 339
- Schotter ~~313~~ 335
- ~~Stahlexport 247~~
- Stangenlademagazine ~~225~~ 244
- Straßenbaugeräte 187, ~~258~~ 211, 279
- Stromversorgungsbausteine ~~216~~ 236, 126, 130, 128
- Synthetischer Kautschuk I ~~320 f~~ 342 f, 117
- Synthetischer Kautschuk II ~~93, 98, 102, 104, 106, 187, 260, 274, 279, 283~~ 5, 300
- Triest-Klausel ~~200~~ 224, 266, 228, 336
- Verwertungsgesellschaften ~~142, 304, 314~~
- ~~Wildhaber 104~~
- Zahnradfabrik Friedrichshafen/Allison ~~98, 116, 176, 280~~ 122, 140, 301
- Zanussi ~~265~~ 286
- Zellstoff ~~118, 288, 314~~ 142, 310, 336, 312

Klage, Klagbarkeit
- aus wettbewerbsbeschränkenden Verträgen ~~304~~ 326

Know-how-Vereinbarungen
- Rechtsgeschäft und Anknüpfungsfrage 759

Kollisionsrecht / Wirtschaftsvölkerrecht
- Anknüpfung
  - s. dort
- Anwendung klassischer Regeln ~~24~~ 26

Kollisionsrecht (Forts.)
- Austauschbarkeit der Normen ~~23~~ 25
- Ausweichklausel 636
- Deliktsrecht
  - s. dort
- und e-commerce ~~11~~ 13
- Einheitlicher Normenkomplex 365
- Einseitige, allseitige Kollisionsnorm und weltoffenes Kollisionsrecht ~~9~~ 9
- Ersatzrecht 637
- Europäisches Gemeinschaftsrecht, Vorrang ~~40~~ 54
- Fakultativitätslehre 612 ff
- Gemeinschaftsrechtliche Fragestellung und kollisionsrechtliche Fragestellung 433
- Gleichwertigkeit, Austauschbarkeit der Normen ~~44~~ 59
- Globaler Ansatz und Fortentwicklung des – ~~7~~ 9
- und Globalisierung ~~8~~ 10
- GWB § 130 Abs. 2 als – ~~135 ff~~ 159 ff
- Immaterialgüterrecht
  - s. dort
- Inkompatibilität von Begrifflichkeiten 11, 408
- Inländerbehandlungsgrundsatz 675 f, 684
- und internationale Zuständigkeit 654
- Internationaler Konsens, Standards ~~9~~ 11
- Internationales Wirtschaftsrecht
  - s. dort
- IPR-Konzeption ~~21~~ 23
- iura novit curia 617 ff
- Kartellrecht
  - s. dort
- Konventionsrecht, Vorrang ~~39~~ 53
- Lauterkeitsrecht
  - s. dort
- Markenprivatrecht
  - s. dort
- Öffentliches – ~~131~~ 155
- Privatautonomie, Einfluß ~~27~~ 29
- Privatautonomie, öffentliche Wirtschaftsinteressen 2
- Privatrechtsbezug ~~44~~ 55 materielle Kartell-
- Sach- und kollisionsrechtliche Elemente, Vermengung ~~135~~ (Kartellrecht) 159
- Sachrecht und Kollisionsrecht ~~148~~ 172
- Schutzweck, gemeinsamer und Modernisierung des – ~~14~~ 16
- Sonderanknüpfung, erforderliche ~~26~~ 28
- Systematischer Standort ~~19 f~~ 21 f
- und Territorialitätsprinzip 681
- Verdrängung der allgemeinen IPR-Regeln ~~47~~ 62 (Kartell-kollisionsrecht)
- Völkerrecht
  - s. dort
- Weltoffenes Kollisionsrecht 11

Kollisionsrecht (Forts.)
und Zuständigkeitsprüfung 653

Kommunikationsformen
und Werbung mit individuellem Adressatenkreis 514 ff

Kommunikationstechnologie
und Schutzlandprinzip 695

Konkurrentenschutz (Individualschutz)
Lauterkeitsrecht 366, 393, 422

Konkurrenzverhältnisse
und Interessenkollisionsbegriff 351

Konventionsrecht
s. Staatsverträge 17/11

Konzernunternehmen
EuGH-Praxis: Grundsatz der Unternehmenseinheit 289 311
und Kartellamtsbefugnisse 318 ff 340 ff

Koppelungsverträge
Inlandsauswirkung und Mißbrauchsaufsicht 219 240

Kreditkarte
Ankündigung, Gewährung von Rabatten 535

Kuba
Schutz geographischer Herkunftsangaben 704

Kündigung
~~von~~ Kartellverträgen — Sachnormverw. 88 113 freier

Kulturförderung
und störendes ausländisches Recht 101 104

Kulturgüter
Ausfuhrverbote 173

Lauterkeitsrecht
s. a. Europäisches Recht (Lauterkeitsrecht)
s. a. Lauterkeitsrecht (Entscheidungshinweise)
s. a. Prozeßrecht
s. a. Wettbewerb
Absatz, Absatzmarkt
s. dort
Abwägungspflicht, keine allgemeine 431
Akzeptanz fremder Interessen 431
Allgemeininteressen 325, 326, 366, 420, 471, 476
Allgemeininteressen auf ausländischem Markt 353 110
Allseitige Kollisionsnorm ~~86~~, 379, 392, 406, 417, 424, 430, 455
Anknüpfung, akzessorische 476
Anknüpfung, nach dem Deliktsrecht erfolgende ~~19, 30~~ 344 ff, 381, 404, 415, 454
Anknüpfung, vom Deliktsrecht gesonderte 350, 381, 404, 423
Anknüpfung, eigenständige Ansätze 362 f

21,32

Lauterkeitsrecht (Forts.)
Anknüpfung (Kartellrecht, Lauterkeitsrecht) 332
Anknüpfung, normzweckbezogene 364, 395
Anknüpfung, wettbewerbsspezifische 325, 366 ff
Anschwärzung inländischer Konkurrenten 422
Ausländische Rechtssituation 375
Ausländische Wertungen und Anwendung inländischen Sachrechts 431, 460
Ausländischer Markt
s. dort
Ausländisches Unternehmen
s. dort
Auslandskunden, Einflußnahme 414
Auswirkungsanknüpfung
— als alleitige Kollisionsnorm 68 190
Auswirkungsanknüpfung
s. dort
Begehungsort 346, 348, 381
Begehungsort, wettbewerbsspezifische Bestimmung 349, 419, 454
Behinderung 548 ff
Bestellungen, grenzüberschreitende Leistungserbringung 412
Betriebsbezogene, marktbezogene Auswirkungen 422, 482
Betriebsbezogene Wettbewerbsverletzungen
s. dort
Betriebssitz des Geschädigten 422
de-minimis-Regel 360, 381
und Deliktsrecht, Auswirkungsprinzip 392
und Deliktsrecht, Besonderheiten 367
Deliktsrecht, dogmatische Loslösung des – 350, 381, 404, 423
und Deliktsrecht, dogmatische Zuordnung durch BGH 454
und Deliktsrecht, hergebrachtes Verständnis ~~19, 30~~ 344 ff, 381, 404, 415 21,3
und Deliktsrechtlicher Verstoß 329
Deliktsstatut, Bestimmung 330
Dogmatische Einordnung, Abgrenzung 325
EG-Richtlien 341
Einseitige Kollisionsnorm 379, 424, 455
Entscheidungseinklang 469
Erfolgsort 344, 345, 373
Europäisches Recht
s. dort
Fallgruppen 482 ff
Finalität der Wettbewerbshandlung 358, 369, 415
Geographische Herkunfsangaben, Schutzabkommen 340

Sachregister — Lauterkeitsrecht

Lauterkeitsrecht (Forts.)
Gesamtverweisung 469
Geschäftsehrverletzung 327, 395
Gesetzeskonkurrenz UWG/Deliktsrecht 330
und gewerbliche Schutzrechte 365
Globalisierung 404, 408, 424
Günstigkeitsprinzip 418, 419
GWB/UWG-Schutzzwecke 16, 381
Handlungsbegriff, deliktsrechtlicher 356
Handlungsort 344, 345, 350, 419
Hauptmarkt 369
Heimatrecht, Anwendung des gemeinsamen 353, 364, 378, 399, 423, 455, 479 f
Heimatrecht, ausländisches 354
und Immaterialgüterrecht, herkömmliche Abgrenzung ~~142~~ 334 51
Immaterialgüterrechte und Grundsätze des – 689 ff, 726
Individualschutz 366, 393, 402, 422, 482
Inländischer Markt
  s. dort
Inländisches Unternehmen
  s. dort
Inlandssitz der Mitbewerber, gemeinsamer 477 ff
Innerstaatliches/ausländisches Recht, Widerspruch 375
Institutionenschutz, Marktschutz 14 18
Intentionen des Wettbewerbers 429
Interessenkollisionslösung
  s. dort
Internationaler Lauterkeitsmaßstab 420
Internationales Rechtsgefälle 347
und internationales Wirtschaftsrecht, einheitliches Rechtsverständnis 123
Internet
  s. dort
52, IPR-Gesetz für außervertragliche Schuldverhältnisse und für Sachen, Bedeutung für das – ~~18~~, 339, 343, 344, 350, 454
IPR-Tradition 363
Kaffeefahrt 457, 480, 492, 493
und Kartellrecht, herkömmliche Abgrenzung ~~542~~, 332 f, 393
Kartellrecht, Immaterialgüterrecht und – 365, 396
und Kartellrecht, Verhaltensweisen und Verzerrungsfolgen 409 20 110
und Kartellrecht, Zielparallelität ~~14–86~~, 366, 405, 429, 431
Kaufmann, ehrbarer 347
Kollisionsregel, keine allgemein gesetzlich normierte 343
Konkurrentenbeeinträchtigung und Interessenkollisionsbegriff 351

Lauterkeitsrecht (Forts.)
Konkurrentenschutz, Abnehmerschutz und Allgemeininteressen 366, 393, 402, 422, 482
Lex fori 331
Lockvogelangebote 543 ff
~~und Markenrecht~~ 21 23
~~und Markenschutz~~ ~~83~~ 35
Marktbereich, konkreter 418
Marktbezogenheit der Anknüpfung 325
Marktgegenseite, Ort der Einwirkung 369
als Marktordnungsrecht 20, 49, 366, 392, 398, 402, 404, 409, 415, 420, 422, 429, 470, 472, 490, 558 ff
als Marktordnungsrecht statt deliktsrechtliche Betrachtungsweise 423
Marktortrecht 364, 477
Marktschutzbedürftigkeit 426
Massenverteilung von Originalware 561 ff
Mittelbare Folgen einer Wettbewerbshandlung 358, 414, 432
Mittelbare Wettbewerbsverhältnisse 400
Multinationale Verletzungen ~~81~~ 105
Multistate-Problematik
  s. dort
Nachahmungsgefahr 327
Nachfrage nach der Leistung 372
Nachfragerverlust 421
Niederlassung, Recht der gemeinsamen 378
Niederlassungsmarkt 409, 414
Normzweckparallelität Kartellrecht/Immaterialgüterrecht und – ~~18, 86~~, 20, 110, 366, 405, 429, 431
Nußbaumsche Regel 345
Ordre public 375
Ort des Vertragsabschlusses 371, 411
Ort der wettbewerblichen Interessenkollision
  s. Interessenkollisionslösung
Prävention 366
Preiskampf 556 f, 566 f
Privatrecht und Auswirkungsprinzip 392
Produktionsbezogene Wettbewerbshandlungen 378
Produktionsort 370
PVÜ 340
Rabatte
  s. dort
Rechtsbruch 347
Rechtsgefälle, internationales 374
Rechtsgut, geschütztes 366
Rechtsordnungen, Austauschbarkeit 431
Rechtsquellen 338 ff
Rechtswidrigkeit 366
Reichweite des Statuts 329
Renvoi 469

Lauterkeitsrecht

Lauterkeitsrecht (Forts.)
Rundfunk- und Satellitenwerbung 499, 502
Sachnormzweck und Anknüpfung 364
Schadenseintritt 380
Schadensersatz und Unterlassungsanspruch, Vergleich mit dem Deliktsrecht 325
Schadensort, bedeutungsloser 366
Schutzbedürftigkeit des jeweiligen Marktraums 490
Schutzlandprinzip 365
Schutzlandprinzip und System internationalen Wirtschaftsrechts 396
Schutzzweck 325, 366, 381, 395, 409, 413, 420
Schutzzweck und Modernisierung des Kollisionsrechts 174 16
Schutzzweckdiskrepanz zum Kartellrecht/ Immaterialgüterrecht 15 17
Schwerpunkt wettbewerbsrelevanten Eingriffs 357, 369, 381, 426, 428
Sittenwidrigkeit und ausländische Wertung 460
Sittenwidrigkeit, wettbewerbsfunktionsbezogenes Verständnis 409
Sittenwidrigkeitsbegriff, weltmarktorientierter 15 75
Sitz, inländische des Geschädigten 345
Sonderanknüpfungsregelung, nicht erfolgte 343
Sonderveranstaltungen, Räumungsverkäufe 539 ff
Sonderverbindungsstatut 476
Spürbarkeitsgrenze
s. dort
Staatenverträge 340
Statutenkumulation 359, 417
Stillschweigende Verständigung zur deutschen Rechtsanwendung 475
Strengstes Recht 417
Streudelikte 369, 417
Subjektive Elemente 416, 429
Subsidiaritätverhältnis UWG/Deliktsrecht 330
Systematischer Standort 1621 f
Tatortbegriff wettbewerblicher Interessenkollision 459
Territorialitätsprinzip 365
TRIPS-Abkommen 340
Universalitätsgedanke 345
Unmittelbarkeitskriterium 381, 426
UWG und Individualschutz 404
UWG, Loslösung vom Deliktsrecht 330, 350, 381, 404, 423
UWG-Schutzziel 381, 395, 409, 413, 420
Verbraucheranreize 532 ff

Lauterkeitsrecht (Forts.)
Verbraucherschutz 325, 351, 366, 371, 398, 401, 402, 465, 471, 483, 495
Vergleich der Parteien 472
Verhaltenskontrolle 409
Verkaufsort, inländischer 372
Vertragskollisionsrecht, Abgrenzung 335 ff
Vertriebsbindungssysteme
s. dort
Völkerrechtliches Rücksichtnahmegebot 429, 431
Vorhersehbarkeit der Einwirkung 369, 416, 429
Werbung
s. dort
Wesentlich engere Verbindung 350, 459, 477
Wettbewerb im deutschen Marktraum 426
Wettbewerbskollisionsort 368
Wettbewerbsposition, verschlechterte eines Unternehmens 327
Wettbewerbsrecht, international kompatibles 423
Wettbewerbsrecht, konzeptionelle Einheit 325
und Wettbewerbsrecht, materielles 1621
Wettbewerbsschutz 325, 326, 336, 366, 408, 465, 471
Wettbewerbsschutz und Auswirkungsprinzip 404
Wettbewerbsschutz und internationaler Konsens 420
Wettbewerbsschutz in liberalisierter Weltmarktordnung 420
Wettbewerbsverstöße 406
Wirtschaftliche, politische Belange 363
Zielsetzung 325, 366, 381, 409, 413, 420
Zugaben
s. dort
Zumutbarkeitserwägungen 369, 416
Zuständigkeit, internationale
s. Prozeßrecht
Zweck 381

Lauterkeitsrecht (Entscheidungshinweise)
Asbestimporte 347, 375, 574
Bierexport 347, 353, 607, 610
Champagner unter den Mineralwässern 354, 357, 370, 379, 460, 597
Domgarten-Brand 353, 526, 531, 550, 574
Fremdenverkehrsverband 386
Gewinnspiel im Ausland 358, 359, 370
Giftnotruf-Box 568
Gratisschnittmuster 345
Haftgel 360
Hoff 345
Hohner 345 f

Lauterkeitsrecht (Entscheidungshinweise) (Forts.)
  Kaffeefahrten in das Ausland 480, 492, 493
  Kauf im Ausland 352, 359, 370, 480, 494, 547, 574, 592
  Kindersaugflaschen 348, 349, 357, 378, 419, 454, 630 f
  Kodak 347
  LTU-Eurocard 356, 358, 374
  Pkw-Schleichbezug 352
  Profil 356
  Schweizer Außenseiter 588
  Stahlexport 247, 344, 349, 352, 363, 378, 384, 386, 423, 477, 479 ff, 491, 526, 531, 550, 557, 653, 728, 728 ff
  Taeschner/Pertussin 346
  Tampax 355, 355 f, 357, 358, 360, 405, 416, 500, 504, 507, 515, 783
  Uhrenrohwerke 346
  Unternehmensberatungsgesellschaft I 344, 359, 622, 630 f
  Weltweit-Club 374, 376, 564
  Zeiss 55, 347, 362, 377, 460, 467, 597, 600, 646

Lebensversicherung
  Richlinie 341

Leistungserbringungsort
  als Auswirkungsort 410

Leistungsort
  EuGVÜ-Gerichtsstand 309 331

Leistungswettbewerb
  s. Wettbewerb

Lex causae
  Erfüllungsortbegriff 304 326 S. 7
  Günstigtes Recht 811 105
  Multinationale Wettbewerbsbeschränkungen 82 106
  Sittenwidrigkeit, Bestimmung 54 f 74
  Sittenwidrigkeitsbegriff, Auseinanderfallen lex fori und – 56 76
  Teilnichtigkeit wettbewerbsbeschränkenden Vertrages und – 82 106

Lex fori
  Ausländisches Kartellrecht, räumlicher Anwendungsbereich 78, 83 100, 107
  Eingriffsnormen, Qualifikation 52 72
  als Ersatzrecht 637
  Gerichtsstandsvereinbarung, Zulässigkeit derogierender 311 333
  Kollisionsnormen, Anwendung und Reichweite 47 62
  Lauterkeitsrecht, Rechtswahlentscheidung 615
  Lauterkeitsstatut, Bestimmung der Reichweite 331
  und lex causae, Verhältnis 82 106
  und lex loci protectionis 699

Lex fori (Forts.)
  Markenrecht und Schutzlandanknüpfung 752
  Öffentlichrechtliche Normen/privatrechtliche Normen, Abgrenzung 46 61
  Ordnungsinteresse, wirtschaftsbezogenes 82 106 41
  Qualifikationsfrage 56 744
  Schiedsgerichtsvereinbarung, Zulässigkeit ausschließlicher ausländischer Zuständigkeit 317 335
  und Schutzlandverweisung 703
  Sittenwidrigkeitsmaßstäbe 54 f 74
  Sonderanknüpfungsprinzip Art 34 EGBGB 65 85
  Statutenkumulation 81 105

Lex loci delicti commissi
  s. Begehungsort

Lex loci protectionis
  s. Schutzlandanknüpfung

Liefersperre
  Inlandsauswirkung 252 273

Lizenzverträge
  Auswirkungsprinzip für verbotene – 229 ff 248 ff
  Mißbrauchsaufsicht 167 181
  Qualifikationsfrage 37

Lockvogelangebote
  Kollisionsrechtliche Bedeutung 543 ff

Logfiles 427

Luftraum
  und Territorialitätsprinzip 673

Lugano-Übereinkommen
  Vorrang vor nationalen Zuständigkeitsregeln 40, 103, 649, 775 55 324

Machttheorie
  Anwendung ausländischen Rechts 66 87

Madrider Abkommen
  über die internationale Registrierung von Marken 679

Markenprivatrecht
  s. a. Immaterialgüterrecht
  s. a. Markenprivatrecht (Rechtsprechungshinweise)
  s. a. Prozeßrecht
  Allseitige, einseitige Anknüpfung (Schutzlandanknüpfung) 734 ff
  Anknüpfung, akzessorische bei Markenübertragung 741 f
  Anknüpfung, gespaltene 744 ff
  Anknüpfungsfragen (Bestands- und Schutzstatut) 665, 688
  Ausländische Schutzrechte und inländisches Recht 723
  Ausländisches Territorium und Verletzung inländischen Rechts 723

Markenprivatrecht (Forts.)
Ausländisches Zeichenrecht und inländische Verletzung 713
Auslandsbenutzung einer Marke 687
Auslandshandlungen 685
Auslandsnormen und ordre public 733
und Auswirkungsprinzip 697, 732, 786, 795
Begehungsort 719
Begehungsort der Verletzung 700, 780
Dauerdelikte 738
und Deliktskollisionsrecht 666
EG-Verordnung über die Gemeinschaftsmarke 667
Elektronische Medien 784
Engste Verbindung 756 f
Fahrzeuge 673
Fernsehaustrahlung 690 ff, 780
Geographische Herkunftsangaben 704
Globalisierungsproblem 723
Hoheitlicher Verleihungsakt 672
Immaterialgüterrecht, Bestandteil 661
Inländische Markenrechtsverletzung 713 ff
und Interessenkollisionslehre 689 ff, 727, 735
Internetverbreitung 690 ff, 780
IPR-Gesetz für außervertragliche Schuldverhältnisse und Sachen 1999 666
Kollisionsrecht, exemplarisches 661
Kommunikationstechnologie, moderne 695
Konventionsrecht 667
Ländermehrheit bei Markenübertragungen 765
und Lauterkeitsrecht 21, 334, 661, 691, 695, 725 f
Madrider Registrierungsabkommen (MMA, PMMA) 667, 679
Marke und Unternehmen 725
Markeneintragung als Behinderungswettbewerb 687
Markenrechtsgeschäfte (Übertragung, Lizenzierung, Vergleich, Verpfändung) 743 ff
Markenschutz als bloßer Registermarkenschutz 725
Marktordnungsrecht 726, 738
Nationaler Verleihungsakt 672
Niederlassungsrecht des Markenüberträgers 760 ff
Österreich 668, 739, 750, 754
Pariser Verbandsübereinkunft (PVÜ) 667, 674
Persönlichkeitsrecht 682
Rechtsgeschäfte über Marken 34
Rechtswahl 738, 751 ff
Rufausbeutung, Rufbeeinträchtigung 717

Markenprivatrecht (Forts.)
und Sachenrecht, internationales 662
Satellitenausstrahlung 690 ff, 780
Schutzlandanknüpfung
– Abkehrfrage 722
– Allgemeine Geltung 666, 698
– als allseitige Anknüpfung 734
– Ausschließlichkeitsrecht 706
– und Auswirkungsgedanke 732, 786
– Begründung und Erlöschen des Markenschutzes 706 ff
– Einseitigkeit 734 ff
– Exterritoriale Aktivitäten 730
– Gesamtverweisung 701 ff
– Inländische Markenrechtsverletzung 713 ff
– Kollisionsrechtsverweisung oder Gesamtverweisung 701 ff
– und Lauterkeitskollisionsrecht 726
– lex fori und Bestimmung anwendbaren Rechts 701 ff
– lex loci protectionis 661, 698
– Markenrecht, Inhalt und Schutz 711 ff
– Markenübertragung und – 747 ff
– Markenverträge 758 f
– Markenverträge, verpflichtende 758 f
– Ort der Rechtsverletzung 700
– Rechtsübertragung, Zulässigkeit 770
– Sachrecht, Kollisionsrecht 703 ff
– Schutzdefizite 690, 716
– Staat, den Schutz beanspruchender 698
– und Territorialitätsprinzip 696
– Verletzungstatbestand, räumliche Reichweite 709
Schutzlandrecht, maßgebliches 675
Schweiz 669, 709, 740, 750, 755
Spaltungstheorie (Markenkollisionsrecht) 34
und staatliche Wirtschaftspolitik 672
Statutenwechsel, ausgeschlossener 688
telle-quelle-Marken 710
Territorialitätsprinzip
– Auflockerung 716 ff
– und ausländische Sachverhalte bei inländischer Markenrechtsverletzung 714
– Auslandshandlungen, extrerritoriale Sachverhalte 686
– und Ausstrahlungsort 690
– und Auswirkungsprinzip 697
– Bedeutung, Inhalt 674 ff
– Begriff, Geltungsgründe 670 ff
– Bestands- und Schutzstatut 665
– Durchbrechung 723
– Durchbrechungen 686
– und fremde Hoheitsrechte 680
– Inländerbehandlung 674, 684

Sachregister

Marktordnung, Marktordnungsrecht

Markenprivatrecht (Forts.)
— und inländische Markenrechtsverletzung 713 ff
— und Internationalisierung der Wirtschaft 680
— Kollisionsrechtlicher Inhalt 670, 681
— und Protektionismus 680
— Rechtsentwicklung 682 ff
— Rücksichtnahme auf das – 696
— und Schutzgedanke 681, 696
— Weltmarktkompatibilität 717 ff
— Wirkungsterritorium 673
— und Zuständigkeitsfrage 777 ff
Transitstaat 673
TRIPS-Abkommen 667, 674
Universalitäts- bzw. Ursprungslandprinzip 345, 676, 684
Unternehmerische Leistung, geschützte 33, 664
Verbraucherschutz 754
Verfügungsgeschäfte über Marken 768 ff
Verkehrsschutz 672
Verkehrsschutzgesichtspunkte 724
Verletzungsfolgen 663, 665
Vermögenswert, vom Unternehmen losgelöster 33
Verpflichtungsgeschäfte über Marken
— Rechtswahl 751 ff
— Rechtswahl, fehlende 756 ff
Vertragsrecht 751 ff
Vertragsstatut und Schutzlandprinzip 747 ff, 774
Völkervertragsrechtliches Kollisionsrecht 675
Weltmarke, Schutzlücken 12
Weltweit gültiges, einheitliches Markenrecht (Ausschluß) 678
Wettbewerbsordnung, Einordnung des – 663
Wettbewerbsschutz, institutioneller 664
WIPO 679
Wirkungsterritorium 673
Zuständigkeit, internationale
s. Prozeßrecht

Markenprivatrecht (Rechtsprechungshinweise)
concert-concept 782 f
epson.de 780, 783
Flava-Erdgold 678, 776
Hengstenberg 683, 685, 692, 776
Hoff 682
Hückel 678 f
Ideal Standard 678, 713
Informationsschreiben 781
Liebeshändel in Chioggia 675
Maja 715, 718
Mariani 682
Modess 687
Recrin 687, 776

Markenprivatrecht (Rechtsprechungshinweise) (Forts.)
Satellit erweitert Lizenzgebiet 690
Schmähkritik im Internet 780
Siroset 687
Tampax 783
Tannenzeichen 783
Vacuum/Arctic 776
Voran 678
Marketing-Mix 441
Markt, ausländischer
s. Ausländischer Markt
Markt, inländischer
s. Inländischer Markt
Marktanteile
und Marktauswirkung 211
Marktaufteilungskartell
Inlandsauswirkung 228
Marktauswirkung
s. Auswirkungsanknüpfung
Marktbeherrschende Stellung
Tatsächliche Beeinträchtigung des Inlandswettbewerbs 260
Marktbereich
Abgrenzung des räumlichen – 91
und Auswirkungsprinzip 115
und Globalisierungsproblem 408
Wettbewerbsbeschränkende Absprache und Mehrheit betroffener – 105
Marktgegenseite
Ort der Einwirkung 369
Marktmachtbestimmung 239
Marktordnung, Marktordnungsrecht
s. a. Wettbewerb, Wettbewerbsrecht
Allseitige Kollisionsnormen 102 ff, 133, 392, 406, 424, 735
Anknüpfung, gesonderte 85
Ausländisches Recht, Rechtfertigung einer Heranziehung 113
Auslandsmarkt 178, 398
Auslandswettbewerb deutscher Unternehmen 398
und Auswirkungsanknüpfung 135
oder deliktsrechtliche Betrachtung 423
Effektive Weltmarktordnung 95
Europäischer Binnenmarkt 158, 434
Fremdes Recht, Toleranz 103
und Gesamtwettbewerbsschutzsystem 60
Globale Ordnungsinteressen 109
Günstigtes Recht 105
und GWB § 130 Abs 2 163
Immaterialgüterrecht 726, 738
und individualbezogene Kontrolle 58
Interessenkollisionslehre 57
Internationales Ordnungsinteresse 106
Kartellrecht 18, 20, 30, 42, 73
Lauterkeitsrecht 18, 20, 30, 325 ff, 366, 423

Marktordnung, Marktordnungsrecht (Forts.)
    Markenprivatrecht 726, 738
    Objektivierte Betrachtungsweise 81, 105
    und Parteiinteressen 79, 103
    und Privatautonomie 304, 326
    und Privatrechtsausschluß 139, 163
    Rahmenbedingungen, gewandelte für internationale Vorgänge 153, 179
    Rechtswahlmöglichkeit 62, 65, 82, 85
    Regelungszweck inländischen Rechts 186
    und Schuldstatutstheorie 182
    Ungleichbehandlung inländischer/ausländischer Unternehmen 170, 194
    Weltmarktbetrachtungsweise 82, 85, 106, 109
    Wettbewerbsrecht und Marktordnungscharakter 170, 423, 194
    WTO-Verpflichtungen 80, 89, 108, 104, 113, 132

Marktortanknüpfung
    und europäischer Binnenmarkt 433
    und gemeinsames Personalstatut 477
    Gemeinschaftsrecht und kollisionsrechtliches – 341, 434, 449, 450
    Heimatrechtsanknüpfung 399
    und Herkunftslandprinzip 450
    und internationale Zuständigkeit 654
    Sachnormzweckbezogene Anknüpfung 364
    und Verbraucherschutz 371
    und wesentliche engere Verbindung 343

Marktplatz
    Globalisierung und internationaler – 12

Marktraum
    und Marktordnung 128, 152

Marktrelevanz
    Bestimmung des Inlandsmarktbezuges 150, 174

Marktsegmente
    Absatzmarkt
        s. dort
    Werbemarkt
        s. dort

Marktstörung
    Begriff, Bedeutung 558 ff
    Gratisabgabe von Produkten 561 ff
    Massenverteilung von Originalware 561 ff
    Preiskampf 566 ff

Massenverteilung von Originalware
    Kollisionsrechtliche Bedeutung 561 ff

Mißbrauch
    s. Rechtsmißbrauch

Mißbrauch marktbeherrschender Stellung
    und europäisches Kartellrecht 295, 318

Mißbrauchsaufsicht
    bei Auslandssachverhalten 219
    über Ausschließlichkeitsbindungen, Inlandsauswirkung 167
    über freigestellte Kartelle, Inlandsauswirkung 167

Mißbrauch marktb. St.
s. Kartelle

Mißbrauchsaufsicht (Forts.)
    Lizenzverträge, Inlandsauswirkung übermäßig beschränkender 167

Mißbrauchsverbot
    Zusammenschlußkontrolle und Untersagungsbefugnisse 283

Mittelstandskartelle
    und ausländische Unternehmen 200, 230

Multinationale Wettbewerbsbeschränkungen
    und Bevorzugung lex fori oder lex causae 82, 106

Multistate-Problematik
    und Anknüpfungsunsicherheiten 417
    Interessenkollisionslösung 406
    und Rechtswahlvereinbarung 474
    Rundfunk-, Satelliten- und Internetwerbung vom Ausland aus 502 ff
    Statutenkumulation und aufteilbarer Gesamtsachverhalt 624
    Überbordende Werbung (Overspill) 499 ff
    und Verletzungsschwerpunkt 81
    Werbungsschwerpunkt 360
    Zeitschriftenwerbung, grenzüberschreitende 355

Nachfrage
    und Absatzmarkt 411

Nichteinmischungsgebot s. Kartellrecht
    Auswirkungsanknüpfung 289, 310
    und Grundsatz sinnvoller Anknüpfung 104, 128
    und international legitimes Regelungsinteresse 109, 133
    Sinnvolle Anknüpfung und völkerrechtliches – 101, 125
    Zusammenschlußkontrolle und Untersagungsbefugnisse 283, 304

Nichtrechtsfähige Kartelle
    Bestellung inländischen Vertreters 320

Niederlassung
    EuGVÜ-Gerichtsstand 309, 331
    Inländische Niederlassung ausländischen Unternehmens 304, 326 Klage aus
    Markenrechtsüberträger, Markenrechtslizenznehmer 760 ff
    Recht der gemeinsamen Niederlassung 378
    Statutenhäufungen 418
    Zuständigkeit in Wettbewerbssachen 652

Nußbaumsche Regel
    Ausländisches Wettbewerbsverhalten deutscher Unternehmen 345

Öffentliche Interessen
    fremder Staaten 69, 91 (neu!)

Öffentliche Wirtschaftsinteressen
    und Privatautonomie: Kollisionsanknüpfung 2

Sachregister

— und auch M'er

Öffentliche Zustellung
~~Kartellsachen 322~~ 344
Öffentliches Kollisionsrecht
GWB § 130 Abs 2 als – ~~131~~ 155
Öffentliches Recht
und allseitige Auswirkungsanknüpfung 392
Ausländisches Recht, Nichtanwendungsdogma ~~24,~~ 68 ff 26, 90 ff
Fußnote, Berücksichtigung ausländischen Kartellrechts ~~50 ff~~ 70 ff
Kartellrechtszuordnung (Doppelfunktion) ~~44~~ 59
und Privatrecht, Verständniswandel 14, 25
und privatrechtliche Rechtsverhältnisse ~~84~~ 108
Territorialitätsprinzip, Durchbrechung ~~des strengen 50~~ 70
Wirtschaftsrecht und Trennung Privatrecht und – ~~65~~ 85
Ökonomische Analyse des Rechts
~~des Rechts 102~~ 126 (neu)
Örtliche Zuständigkeit
und internationale Zuständigkeit in Markensachen 775
Lauterkeitsrecht, internationale Zuständigkeit und – 649
Österreich
Ausländisches Wettbewerbsrecht, Anwendung 628
Immaterialgüterkollisionsrecht, Rechtswahl 739
Immaterialgüterrecht, kollisionsrechtlicher Schutz 668
Kartellrecht und Auswirkungsanknüpfung ~~113~~ 137
Kollisionsrechtlich relevanter Sachverhalt, Ermittlung von Amts wegen 659
Lauterkeitskollisionsrecht 343
33 Lauterkeitsrecht und Auswirkungsanknüpfung ~~80~~ 382 ff
Lauterkeitsrecht und Kartellrecht, Annäherung ~~85~~ 136
Markenrecht, Verpflichtungsgeschäft 755
Rechtsbruch 575
Schutz geographischer Herkunftsangaben 704
Opportunitätsprinzip / Berücksichtg)
Kartellrechtsbehörde ~~und Vorrang~~ ausländischen Rechts ~~103~~ 127
Ordnungsinteressen
s. Marktordnung, Marktordnungsrecht
Ordnungsnormen
Rechtsbruch 569
Ordnungswidrigkeitenrecht
Kartellrechtliches – ~~131, 302, 314~~
155, 324, 336

Ordre public
Abwehrinstrument zum Schutz inländischer Normen ~~63~~ 83
und allseitige Kollisionsnormen ~~85~~ 109, Kartellrecht
Ausländisches Lauterkeitsrecht, Anwendung 638 ff
Ausländisches Markenrecht, Anwendung 797
Ausländisches Recht, exorbitanter Geltungsanspruch ~~77, 85~~ 99, 108
Ausnutzung internationalen Rechtsgefälles 375
und Exportinteressen 642
und globale Betrachtungsweise 5, 10
GWB § 130 Abs 2 als Ausprägung des – ~~61 ff, 138~~ 81 ff, 162
und Interessenbetrachtung ~~79~~ 103
Internationale Mindestschutzstandards 641
und Lauterkeitskollisionsrecht 638 ff
Schutzlandprinzip 733
und Sittenverstoß § 1 UWG 640
Vorbehaltsklausel Art 40 Abs 3 EGBGB 644 ff
Ort der Betriebsbehinderung 605 f
Ort der Einwirkung auf Marktgegenseite 369
Ort der Immaterialgüterrechtsverletzung 700
Ort der Leistungserbringung 410
Ort verbotener Handlung 409
Ort des Verkaufs
als Absatzmarkt 372
Ort des Vertragsbruchs 589
Ort der Vornahme einer Verwertungshandlung 1 ?
Ort der wettbewerblichen Interessenkollision
s. Interessenkollisionslösung
Overspill 499 ff
Pariser Verbandsübereinkunft
zum Schutz des gewerblichen Eigentums
s. PVÜ
Persönlichkeitsrecht
und Lauterkeitsrechtsverletzung 345
Markenrecht als weltweit geltendes – 682
Personalitätsprinzip int.
und Kartellrecht ~~97~~ 121
Personalstatut
s. Heimatrecht
Prävention
und Wettbewerbsrecht 366
Preis- und Konditionenbindungen
Inlandsauswirkungen 210 ff
Preis- und Konditionenkartell
Inlandsauswirkung 203
Preisausschreiben
Werbung mit – 523
Preiskampf
Kollisionsrechtliche Bedeutung 556 f, 566 ff

359

Preiskartell
  und europäisches Kartellrecht 293, 315
  und Inlandsauswirkung 181, 205
Presseerzeugnisse
  Wettbewerbsverstöße durch – 692, 783
Privatautonomie
  und Kartellrecht 23, 25
  und Marktordnungsrecht 304, 326
  und Schutz unverfälschten Wettbewerbs 471
Privatrecht
  und allseitige Anknüpfung im Kartellrecht 89, 113
  und Berücksichtigung ausländischen Rechts 44, 59
  IPR-Regeln 44, 59
  Kartellrechtszuordnung (Doppelfunktionalität) 45, 60
  und lauterkeitsrechtliches Auswirkungsprinzip 392
  und öffentliches Recht, Verständniswandel 14, 84, 16, 108
  und Staat-Gesellschaft, gewandeltes Verständnis 23, 25
  und Wettbewerbsbeschränkungen 88, 112
  und Wirtschaftskollisionsrecht 2
  und wirtschaftspolitische öffentliche Normen 24, 26
  Wirtschaftsrecht und Trennung öffentliches Recht und – 65, 85
Privilegium Germanicum 644, 798
Produktion, Produktionsort
  Absatzbezogene, produktionsbezogene Wettbewerbshandlungen 378
  Fallgruppen im Wettbewerbsrecht 368
  Ort wettbewerblicher Interessenkollision 370
Produktionsbeschränkungen
  und Inlandsauswirkung 181, 205
Protektionismus
  und Freihandelsinteressen 76, 98
  und Interessen des Auswirkungsstaates 119, 143
  und territoriale Beschränkung der Immaterialgüterrechte 680
Prozeßrecht (internationales Kartellrecht)
  Ausländische Staaten 301, 323
  Begehungsort (Handlungs- oder Erfolgsort) 305 ff, 327
  EuGVÜ Zuständigkeitsordnung 307 ff, 298
  Gerichtsbarkeit 301, 323
  Internationale Zuständigkeit 302 ff, 324
  Kartellbehörde, Verfahrensdurchführung 315 ff, 337
  Kartelldelikte 305, 327
  Kollisionsrechtliche Anknüpfung und internationale Zuständigkeit 303, 325
  Konzerne, transnationale 318 ff, 340

Prozeßrecht (internationales Kartellrecht) (Forts.)
  Staatenimmunität 301, 323
  Verwaltungs- und Bußgeldverfahren 302, 324, 314, 336, 324, 326, 345
  Zivilsachen 302, 304 ff, 309, 323
  Zustellung im Ausland 320 ff, 342 +1
Prozeßrecht (internationales Lauterkeitsrecht)
  Ausländisches Recht, Ermittlung und Anwendung 658 ff
  Begehungsort (kollisionsrechtliche Anknüpfung) 653
  Beweislastfragen 657 ff
  Bilaterale Verträge 651
  Deliktsrecht, Bedeutung 655
  EuGVÜ 649 ff, 656
  Gewerbliche Niederlassung 652
  Handlungs- und Erfolgsort, Wahlrecht 654 ff
  Internationale Zuständigkeit 649 ff
  Internationale Zuständigkeit und kollisionsrechtliche Anknüpfung 654
  Örtliche Zuständigkeit und internationale Zuständigkeit (autonomes Recht) 649
  Österreich 659
  Schweiz 660
Prozeßrecht (internationales Markenrecht)
  Anerkennung und Vollstreckung inländischer Urteile 771
  Ausländische und inländische Markenrechtsverletzungen 776
  Ausländische Markenrechte, Vorfragenbeurteilung 790 f
  Auswirkungsprinzip 786
  Begehungsort bei Kennzeichenverletzungsprozessen 780
  Bestandsklagen 779
  Einwirkungsmarkt 782
  Elektronische Medien, Informationsverbreitung 784
  EuGVÜ 788 f
  Inländische Gerichtsentscheidung, Reichweite 792 f
  Inländische Urteilswirkung 777
  Internationale Zuständigkeit 775
  Internetverbreitung 780, 783, 793
  Örtliche Zuständigkeit und internationale Zuständigkeit 775
  Ordre public 797
  Presseerzeugnisse 783
  Satellitenausstrahlung 780
  Schutzland und Zuständigkeit 776
  Souveränität des ausländischen Staates 777
  Spürbarkeit 786 f
  Territorialitätsprinzip 776 ff
  Unterlassungstitel 776
  Verwechselungsgefahr 782

Sachregister

Prozeßrecht (internationales Markenrecht) (Forts.)
  Zweckmäßigkeitserwähungen, prozessuale 785
Prüfungsbefugnis
  der Kartellbehörde gegen ausländische Verfahrensbeteiligte ~~314~~ 338
PVÜ
  Mindestschutzstandard bei unlauterem Wettbewerb 340
  telle-quelle-Marken 710
  Territorialitätsprinzip, Inländerbehandlung 674

Qualifikation
  Einheitliche Auslegung (rechtsvergleichende Qualifikation) ~~37~~ 41
  ~~Globalisierungsfrage 37~~
  ~~Lex fori 36~~   neu
  ~~Lex loci protectionis 36~~ 41 ff

Rabatte
  Ankündigung im Ausland zulässiger – 376, 377
  Gewährung 533 ff
  auf Inlandswettbewerb beschränkte Rechtsanwendung 462 ff
  Werbung mit – 461, 517 ff
  Werbung im Ausland 371
Räumlicher Marktbereich
  und nationale Abgrenzung 91
Räumungsverkäufe
  auf Inlandswettbewerb beschränkte Rechtsanwendung 463
  Kollisionsrechtliche Bedeutung 539 ff
Rationalisierungskartelle
  und ausländische Unternehmen ~~204~~ 230
Rechtliches Gehör
  für ausländische Beteiligte in Kartellsachen ~~320~~ 342
Rechtsanwälte
  Dienstleistungsrichtlinie 341
Rechtsanwendung
  Ausländisches Recht s. dort
  Inländisches Recht s. dort
  Internationalrechtliche Sachverhalte und – 363
Rechtsanwendungsinteressen
  Abwägung eigener nationaler und fremder Interessen ~~8~~ 10
  und Globalisierung der Wirtschaft ~~69~~ 117
RechtsanwendungVO 1942
  Aufhebung der – 343
Rechtsbruch
  Ausländisches Verhalten inländischer Unternehmen 347

Sachverhalt

Rechtsbruch (Forts.)
  Ausnutzung eines ausländischen – ~~55~~ 75
  Kollisionsrechtliche Bedeutung 568 ff
Rechtsgeschäfte Immaterialgüterrecht
  über ~~Marken~~ (Kollisionsrecht) ~~34~~ 35
Rechtshilfe
  Zustellung in Kartellsachen ~~322~~ 344
Rechtsmißbrauchsverbot
  Sinnvolle Anknüpfung und völkerrechtliches – ~~101~~ 125
  Wesentlichkeit, Beträchtlichkeit einer Auswirkung ~~127~~ 151
Rechtsstreit
  und Inlandsbezug ~~308~~ 330
Rechtsvergleichende Qualifikation ~~37~~ 42
Rechtswahl
  und Fakultativität ausländischen Rechts 615
  Immaterialgüterkollisionsrecht 738 ff
  Lauterkeitsrecht 343
  Lauterkeitsrecht und nachträgliche – 470 ff, 613 ff
  Markenrecht, Verpflichtungsgeschäft 751 ff
  und Marktordnungsrecht ~~62, 65~~ 82, 85
  Zwingende Kollisionsnorm § 130 Abs 2 GWB und Ausschluß einer – ~~139~~ 163
Registereintragung
  und Markenschutz 707
Reimportbeschränkungen
  und Inlandsauswirkung ~~217~~ 237 f
Renvoi
  Anwendungswille ausländischen Rechts ~~85~~ 109
  und kartellrechtliche Kollisionsanknüpfung ~~90~~ 114
  Schutzlandverweisung 703
  Wettbewerbsrechtliche Kollisionsanknüpfung 469
Rücktritt
  ~~von~~ Kartellverträgen 88 113 f Sachnorm-qualifik.
Rufausbeutung
  Schutzlücken bei internationaler – ~~12~~ 14
  und Territorialitätsprinzip 717
Rufbeeinträchtigung
  Schutzlücken bei internationaler – ~~12~~ 14
  und Territorialitätsprinzip 717
Rufschädigungen
  Auswirkungsanknüpfung 546
Rundfunksendungen
  Ausstrahlungsort 341
Rundfunkwerbung
  Kollisionsrechtliche Relevanz bei Werbung vom Ausland aus 502 ff

Sachverhalt
  s. Ausländischer Sachverhalt

Satellit
und Schutzlandanknüpfung 413
Satellitenrichtlinie 451
Satellitenwerbung
Kollisionsrechtliche Relevanz bei Werbung vom Ausland aus 502 ff
Schadensersatzanspruch
Lauterkeitsrecht und Deliktsrecht, Vergleich 325
Lauterkeitsrecht und Vorbehaltsklausel 644
Markenschutz 711, 776
bei Wettbewerbsverstößen 88, 112

[Sachnorm-Anwendung]

Schadensort
und Wettbewerbsrecht 366
Schadensversicherung
Richlinie 341
Schiffe
Rabattgewährung an Bord 534
Schuldstatutstheorie
Einheitsanknüpfung 81
Schuldverhältnisse (außervertragliche)
IPR-Gesetz 1999, Bedeutung für Lauterkeits- und Immaterialgüterrecht 52
Schutzlandanknüpfung
Ausländische Sachverhalte, berücksichtigungsfähige 413
Einheitlicher Wettbewerbsschutz durch – 396
im Markenprivatrecht
s. dort
Qualifikationsfrage 41
Rufausbeutung, Rufbeeinträchtigung (Schutzlücken) 14
Territorialitätsprinzip und daraus folgende – 14
und Territorialitätsprinzip (Internetinformation) 13
Schutzrechtsverwarnung, ungerechtfertigte
Kollisionsrechtliche Behandlung 602
Schutzzwecklehre
im Kartellrecht
s. dort
im Lauterkeitsrecht
s. dort
Schweiz
Ansprüche aus Wettbewerbsbehinderungen 112
Anwendbares Recht, Nachweis 660
Ausländisches Wettbewerbsrecht, Anwendung 629
Immaterialgüterkollisionsrecht, Rechtswahl 740
Immaterialgüterrecht, kollisionsrechtlicher Schutz 669
Kartellrecht und Auswirkungsanknüpfung 69, 137
Lauterkeitskollisionsrecht 343

Schweiz (Forts.)
Lauterkeitsrecht und Auswirkungsanknüpfung 30, 382 ff
Lauterkeitsrecht, Funktionswandel und funktionaler Ansatz 36
Lauterkeitsrecht und Kartellrecht, Annäherung 36
Lauterkeitsrecht und Vorbehaltsklausel 645
Markenrecht, Verpflichtungsgeschäft 755
Rechtsverletzungen gegen betriebliche Interessen 606
Schutz geographischer Herkunftsangaben 340, 704
Schwerpunktbetrachtungsweise
Inlandsauswirkung 426
und Vorrang ausländischen Rechts 126
bei Wettbewerbsbeschränkungen 105
Wettbewerbsverletzungen an mehreren Begehungsorten 357, 369
Zusammenschlußkontrolle und Auslandsunternehmen 301
Selbstbeschränkungsabkommen
und GWB-Anwendbarkeit 142
Ministererlaubnis 206
Shared value approach
Berücksichtigung ausländischer Eingriffsnormen 88
Sinnvolle Anknüpfung 122 ff, 134, 309
und Auswirkungsprinzip 98 ff, 110, 287
Sittenwidrigkeit
Ausländisches Recht und internationales Rechtsgefälle 375
und ausländisches Verbotsgesetz 75
und Berücksichtigung fremden Kartellrechts 73 ff
Ordre public, § 1 UWG 640
Rechtsbruch 568
Wettbewerbsbezogenes Verständnis 409
Wettbewerbsverstöße auf Auslandsmärkten 353
Sitz einer Partei
Markenrechtsgeschäft 757
Sitz des Unternehmens
Anknüpfung bei betriebsbezogenen Wettbewerbshandlungen 605
Diskriminierungsverbot 266
Lauterkeitsrecht und inländischer – 345
Ungleichbehandlung inländischer/ausländischer Unternehmen 195
Sitz des Werbenden 515
Sonderanknüpfung
BGH-Berücksichtigung 87 + Rechtspr.
Erforderlichkeit im Wirtschafts- bzw. Kartellrecht 27
Immaterialgüterrecht 684
und internationale Entscheidungsharmonie 84

Sachregister

Sonderanknüpfung (Forts.)
  Kartellrecht 82
  Lauterkeitsrecht 343
  Marktordnungsinteresse und – 60
  und Nichtanwendungsdogma ausländischen öffentlichen Rechts 26
  und sachrechtliche Berücksichtigung ausländischen Rechts 75
  Schutzlandanknüpfung 675
Sonderrabatte
  Inlandsauswirkung 267
Sonderveranstaltungen
  auf Inlandswettbewerb beschränkte Rechtsanwendung 463
  Kollisionsrechtliche Bedeutung 539 ff
Sonderverbindungsstatut
  Wettbewerbsverletzung und – 476
Souveränität
  und Auswirkungsanknüpfung 131
  Auswirkungsprinzip und Abwägungsprinzip 140
  Auswirkungsprinzip und Souveränitätsbedenken 20
  und internationale Zuständigkeit 308
  Souveräne Gleichheit der Staaten 128
  und Territorialitätsprinzip 680
  und Weltmarktliberalisierung 132
  und Weltwirtschaftsordnung 9
Spaltungstheorie
  im Markenkollisionsrecht 34
Spanien
  Schutz geographischer Herkunftsangaben 340
Spezialisierungskartelle
  und ausländische Unternehmen 230
Sprache der Werbung
  Kollisionsrechtliche Bedeutung 503 ff
  Werbung vom Ausland her 503
Spürbarkeitsgrenze
  und europäisches Kartellrecht 315
  Exportbeschränkungen, Inlandsrückwirkungen 180 205 ff
  Inlandsauswirkung ff, 381, 405, 417, 426, 490, 508, 565
  Markenrechtsverletzung 731, 795
  Marktauswirkungen 154
  Rechtssetzungskonflikte zwischen den Staaten 142
  und Statutenkumulation 105
  Wettbewerbswidriges Verhalten auf inländischem Markt 356
  Zusammenschlußkontrolle 281 ff
Staatengleichheit
  Souveräne Gleichheit der Staaten 128
Staatenimmunität
  und auslandsbezogene Sachverhalte 323
Staatenzuständigkeit
  und Grundsatz sinnvoller Anknüpfung 123

Staatliche Regelungsinteressen
  Auswirkungsstaat und Veranlasserstaat im Kartellrecht 150
Staatliche Regelungszuständigkeit
  und Rechtsmißbrauchsverbot 125
Staatsangehörigkeit
  und Anknüpfung im Kartellrecht 135
  Ungleichbehandlung inländischer/ausländischer Unternehmen 195
Staatsverträge (Konventionsrecht) s. A(M)
  Berner Übereinkunft
    s. dort
  EuGVÜ
    s. dort
  Madrider Abkommen
    s. dort
  PVÜ
    s. dort
  Schutz geographischer Herkunftsangaben 704
  TRIPS-Abkommen
    s. dort
  Vorrang ggü nationalen autonomen Kollisionsregeln 53
Standort Deutschland
  und globale Ansätze im Wirtschaftsrecht 8
Standortwettbewerb
  und internationales Wirtschaftsrecht 5
Statutenkumulation im kartellr.
  und allseitiger Kollisionsansatz 105
  Auswirkungsanknüpfung 417 ff, 639
  Betriebsbezogene Eingriffe 610
  und Fakultativität ausländischen Rechts 612
  iura novit curia 622 ff
  Markenrechtsverletzung 785
  Mehrzahl von Begehungsorten 359
Statutenwechsel
  Markenrecht 688
Strafrecht
  Prinzipien des internationalen – 121
Streudelikte
  Multistate-Delikte 360
  Schwerpunkt des Wettbewerbsverstoßes 369
  und Statutenhäufung 417 ff
Strukturkrisenkartelle
  und ausländische Unternehmen 230
Tatort
  s. Begehungsort
Tatortprinzip
  und Kartellrecht 121
Tatsächliche Auswirkungen
  Inlandsauswirkungen einer Marktbeeinträchtigung ff, 163 ff, 190 ff 134 187 ff 214 ff
  Mißbrauch marktbeherrschender Stellung 260 ff

Telle-quelle-Marken 708, 710
Territorialitätsprinzip
  s. a. Markenprivatrecht
  Ausländische Eingriffsnormen 66, 87
  Ausländisches Kartellrecht, Heranziehbarkeit 69, 91, 121 H
  und Auswirkungsprinzip, Kollision 97 ff
  Begriff 670 ff
  und effektiver Wettbewerbsschutz 286, 307
  und europäisches Wettbewerbsrecht 285 ff, 306 ff
  Europäisches Wettbewerbsrecht, extraterritoriale Anwendung 285
  und grenzüberschreitende Märkte 240, 262
  Hoheitsakte, Zwangsgewalt und Befehlsgewalt 95, 119
  und Immaterialgüterrecht (Schutzlandprinzip) 11, 32, 236, 334, 365, 396, 670 ff [13, 34, 255]
  Kartellverfahren 315, 337
  und Kollisionsrecht 670
  Lauterkeitskollisionsrecht 365
  Lauterkeitsrecht und Schutzlandprinzip 365, 396
  Machttheorie 66, 87
  und Markenprivatrecht (Schutzlandanknüpfung)
    s. dort
  Markenrechtsverletzung 665
  im öffentlichen Recht 60, 97, 70, 121
  Rufausbeutung, Rufbeeinträchtigung (Schutzlücken) 71, 94
  als Sachrecht 670
  Sonderanknüpfung im Kartellrecht 82, 106
  Strafrecht 97, 121
  Unternehmenseinheit Mutter-Tochtergesellschaft (EuGH-Rechtsprechung) 289, 311 f
  Verwaltungsrechtliches Handeln 131, 155
  Völkerrechtliches Prinzip 96, 120
  und Wettbewerbsschutz 121, 136
Transitstaat
  und Territorialitätsprinzip 673
Treu und Glauben
  Auswirkungsanknüpfung und Abwägungspflicht 104, 129
TRIPS-Abkommen
  über handelsbezogene Aspekte der Rechte des geistigen Eigentums 674
  Lauterkeitsrechtliche Regeln 340
Umgehungstatbestände
  und Inlandsauswirkung 254
Umweltschutz
  und störendes ausländisches Recht 84, 104
Unerlaubte Handlung
  Internationales Deliktsrecht
  s. Deliktsrecht

Universalitätsprinzip
  Immaterialgüterrecht 684
  im Lauterkeitsrecht 345
Unlauterer Wettbewerb
  s. Lauterkeitsrecht
Unmittelbarkeit 199 ff, 264
  Inlandsauswirkung 175 ff, 243, 381, 426
  Wirkungen einer Wettbewerbsverletzung 120 ff, 144 ff
Unmöglichkeitsregeln
  und Berücksichtigung fremden Kartellrechts 53 ff, 73 ff
Unterlagenvorlage
  im Inland 316, 338
Unterlassungsanspruch
  Lauterkeitsrecht 325, 650
  Markenrechtsverletzung 711, 776
  Weltweite Internet-Unterlassung 793
  bei Wettbewerbsverstößen 88, 112
Unterlassungsklage (vorbeugende)
  EuGVÜ-Gerichtsstand 650
Unternehmen
  Allgemeininteressen und/oder individueller Konkurrentenschutz 325 ff
  Markenschutz 33
Unternehmen, ausländisches
  s. Ausländisches Unternehmen
Unternehmen, inländisches
  s. Inländisches Unternehmen
Unternehmenseinheit
  EuGH-Rechtsprechung 289, 311
  und Kartellamtsbefugnisse 318, 340 ff
Unternehmensverbindungen
  und Zusammenschlußkontrolle 266, 287
Unternehmerische Leistung
  und Vertriebsbindungssystem 584
Untersagung
  von Wettbewerbsvereinbarungen, Inlandsauswirkung 167
  eines Zusammenschlusses aufgrund Zusammenschlußkontrolle 269 ff s. dort
Unwirksamkeit
  Kartellvertrag und Statutenkumulation 84, 105
Urheberrecht
  Rechtsgeschäft 747
  und Universalitätsprinzip 684
  Wettbewerbskollisionsrechtlicher Ansatz im – 691
Urlaubsort
  und Werbung 504
Ursprungsland
  Immaterialgüterrecht 684
  Markenentstehung 708
  Schutz geographischer Herkunftsangaben 340

Sachregister

Verbotsnormen
und Berücksichtigung ausländischen Rechts 173
Verbraucher
und Anbieterinteressen 351
Verbraucheranreize
Kollisionsrechtliche Bedeutung 532 ff
Verbraucherschutz
Absatzförderung im Ausland 337
Anknüpfungskrierien und verkürzter – 401
Auslandswettbewerb deutscher Unternahmen 398
und institutioneller Wettbewerbsschut 497
vor irreführender Werbung 508
Kaffeefahrten in das Ausland, Gran Canaria-Fälle 495
Lauterkeitsrecht 325, 366
Marktortbestimmung 371
und Privatautonomie 471
vor unlauterer Werbebeeinflussung 505
und Vertragskollisionsrecht 335
und Wettbewerbsrecht 336, 402
Vereinigte Staaten
Rechtshilfe in Kartellsachen 344
Verfassungsrecht, Verfassungsmäßigkeit
Ungleichbehandlung inländischer/ausländischer Unternehmen 195
Verfügung
über Markenrechte 768 ff
Vergleich
Markenkollisionen 763
und nachträgliche Rechtswahlvereinbarungen 472
Verhältnismäßigkeit
Auswirkungsprinzip und Abwägungsprinzip 140
Interessen fremder Staaten 134
Verhaltenskontrolle
Lauterkeitsrecht 409
Verkaufsort
Ort wettbewerblicher Interessenkollision 372
Verkehrsauffassung
Wettbewerbsverstöße auf Auslandsmärkten 353
Verkehrsschutz
Immaterialgüterrechte 724
und Territorialitätsprinzip 672
~~Verlagserzeugnisse~~
~~Preisbindungen, inlandsmarktbezogene 215~~
Verleitung zum Vertragsbruch
Allgemeininteressen, Konkurrenzschutz 604
Kollisionsrechtliche Behandlung 602

Völkerrecht

Verschulden
Kartellkollisonrecht und Bedeutung des – 147
Vertragsbindungsbruch
Kollisionsrechtliche Bedeutung 576
Vertragsstatut
Ausländisches Kartellrecht 165
Haustürwiderrufsgesetz, Verstoß 572
Kartellrechtliche Anknüpfung 138, 167
und Lauterkeitsrecht (Wettbewerbsstatut) 335 ff
Markenprivatrecht 747 ff, 774
Vertriebsbindungen
und europäisches Kartellrecht 317
Inlandsauswirkung und Mißbrauchsaufsicht 240
Kollisionsrechtliche Bedeutung 577 ff
Schutzlücken 588
Verwaltungsrechtliches Handeln
Territorialitätsprinzip 155
Verwaltungsverfahren
Kartellrecht, Gleichlauf Sachrechtsanwendung und internationale Zuständigkeit 336
Verwertungshandlung
Schutzlandanknpüfung und Ort der – 3
Völkerrecht
Abgrenzungsordnung 1234
Abwägungsprinzip und Auswirkungsanknüpfung 139 ff, 192
Allgemeine Regeln 118
und allseitige Kollisionsnormen 133
Anknüpfung, sinnvolle 122 ff, 134
und Auskunftsersuchen 338
Ausländisches Kartellrecht, Heranziehung 91
und ausländisches öffentliches Recht 91
Ausländisches Recht, vorrangiges 126
Ausländisches Recht, widersprechendes 104
Auslegung des Kollisionsrechts 144
Auswirkungsprinzip (Kartellrecht) 431
Auswirkungsprinzip (Lauterkeitsrecht) 431
Auswirkungsprinzip und Souveränitätsbedenken 20
comitas – Prinzip 140
de minimis-Regel (431) 149 ff
und Europarecht 310
GBW § 130 Abs 2, Auslegung 117 f, 131, 171, 196
und globale Marktordnung 132
Immaterialgüterrecht und Inländerbehandlungsgrundsatz 675
Inländerbehandlungsgrundsatz 675
International legitimes Regelungsinteresse 133

Völkerrecht Sachregister

Völkerrecht (Forts.)
  Kartellfreundliche ausländische Gesetzgebung ~~60~~ 80
  Kartellrecht und Schranken des – ~~169~~ 193
  Kartellverfahren ~~316~~ 338
  Lauterkeitsrecht 429
  Nichteinmischungsgebot
    s. dort
  Rechtsmißbrauchsverbot 101 ff, 288 125 ff, 310
  Rücksichtnahmegebot 104 ff, 429, 431
  Souveränitätsgrundsatz 95 f, 108 119 f, 132
  Staatenimmunität ~~301~~ 323
  Strafrechtsprinzipien ~~97~~ 121
  Tatsächliche Auswirkungen 129 ff, 164, 168, 190 ff 153 ff, 188, 192, 214 ff
  und Territorialitätsprinzip ~~69, 72~~ 91
  Unmittelbarkeit der Auswirkung 120 ff, 168, 175, 178 144 ff, 192, 198, 202
  Verhältnismäßigkeit ~~119~~ 140
  Vertragsrecht 40
  Völkercourtoisie ~~288~~ 310
  und Weltwettbewerb 79
  Wettbewerbsrecht, extraterritoriale Anwendung ~~93~~ 117
  und Zuständigkeitsordnung ~~99~~ 123 f
Vorbehaltsklausel
  und Lauterkeitsrecht 644 ff
Vorfragenanknüpfung
  Markenrechtsverletzung 715, 790 f
  Rechtsbruch 573
Vorhersehbarkeit
  als Zurechenbarkeitskriterium für eine Marktauswirkung ~~123, 243~~, 416
Vorlage von Unterlagen
  Verlangen im Inland auf – ~~316~~ 338

Wasser
  und Territorialitätsprinzip 673
Wegfall der Geschäftsgrundlage
  und Berücksichtigung ausländischen Rechts ~~53~~ 73
Weltmarke
  Schutzlücken ~~12~~ 14
Weltmarkt
  s. a. Globalisierung
  Ausländisches Recht und Liberalisierung des – ~~80~~ 104
  und Auslandssachverhalt ~~109~~ 133
  und extraterritoriale Wirkungen eigenen Rechts ~~112~~ 136
  und Gleichlauf internationalisierter Interessen ~~73~~ 97
  und GWB-Marktschutz ~~239 ff~~ 261 ff
  und Internationalisierung der Interessenbewertung ~~119~~ 143
  Lauterkeitsrecht, Schutzfunktion 420
  und lauterkeitsrechtlicher Sittenwidrigkeitsbegriff ~~55~~ 75

Weltmarkt (Forts.)
  Neubewertung nationaler Interessen ~~108~~ 132
  Rahmenbedingungen, gewandelte ~~155~~ 179
  und Territorialitätsprinzip 717, 722
  und wettbewerbsrelevante Ordnungsinteressen ~~82~~ 106
  ~~und Zusammenschlußkontrolle 240~~
  Zusammenschlußkontrolle ~~261~~ 282
  Weltoffenes Kollisionsrecht Markt
  und einseitige Kollisionsnormen ~~9~~ 11
Weltweites Markenrecht
  Bündel von Markenrechten statt – 678
  Weltwettbewerb Markt
  WTO-Verpflichtung zur Förderung verzerrungsfreien – ~~87~~ 111 Wettbew
  Weltwirtschaft Markt
  und Begriff des internationale Wirtschaftsrechts 1
  Globalisierung
    s. dort
  und souveränitätsfreundliches Völkerrechtsverständnis ~~96~~ 120
Werbung
  s. a. Absatz, Absatzmarkt
  s. a. Internet
  Absatz im Ausland, Beziehung zum deutschen Markt 457
  Absatzmarkt und Werbemarkt, Auseinanderfallen 370, 489
  Absatzmarkt und Werbemarkt, Überschneidung ~~9~~ 11
  Absicht einer Markterreichung 508
  Anknüpfung an den Werbemarkt 413
  für Ausländer im Inland 498
  im Ausland 491 ff
  vom Ausland aus 502 ff
  Auswirkungsanknüpfung 516, 518, 527
  Auswirkungsanknüpfung: Erscheinungsort der Werbung 490
  Auswirkungsanknüpfung: Werbung im Ausland 490
  Behinderung durch Werbemaßnahmen 553 ff
  Bezugnehmende – 529 ff
  Deliktsrechtliche Betrachtung 373
  Deutschsprachige Werbung 506
  Fremdsprachige Werbung im Grenzbereich 509
  mit Gewinnspielen, Preisausschreiben 523
  Gran Canaria-Fälle 494
  Gratisverteilung von Produkten 563
  Heimatanknüpfung 531
  Herkunftslandprinzip (europäisches Lauterkeitsrecht) 441
  Individueller Adressatenkreis 514 ff
  Inländische Abnehmer als Adressaten ausländischer – 352

Sachregister — Wettbewerbsbeschränkung

Werbung (Forts.)
  Interessenkollisionslösung 456, 487 f, 492, 496, 512, 529
  Interessenkollisionsort 507
  International konzipierte 506
  Internationales Rechtsgefälle, Ausnutzung 374
  Irreführende Werbung 526 ff
  Kaffeefahrt in das Ausland 492
  Lockvogelangebote 543 ff
  Marktauswirkung 409
    mit materiellen Anreizen 517 ff
  Mittelbare Auswirkungen 358
  Mittelbare Wettbewerbsverhältnisse 400
  Multistate-Werbung
    s. Multistate-Problematik
  Ort wettbewerblicher Interessenkollision 370
  Overspill 487, 499
  Rabatte, verbotene 461
    mit Rabatten und Zugaben 371, 372, 517 ff, 533 ff
  Richtlinie über irreführende Werbung 341
  Schutzlandprinzip 693
  Schwerpunktbetrachtungsweise 357
  Statutenhäufungen 418
  Urlaubsort, bedarfsbezogene – 504
  am Urlaubsort inländischer Touristen 494
  Verbraucheranreize 532 ff
  Verbraucherschutz 505, 508, 526
  Zeitschriftenwerbung, grenzüberschreitende 355
  als zentraler UWG-Bereich 487
Wesentlich engere Verbindung
  und gemeinsames Personalstatut 477
  und Interessenkollisionslösung 350
Wesentlichkeit
  einer Marktauswirkung 125 ff 143 ff
Wettbewerb, Wettbewerbsrecht
  s. a. Lauterkeitsrecht; Kartellrecht; Immaterialgüterrecht
  s. a. Marktordnung, Marktordnungsrecht
  und allseitige Auswirkungsanknüpfung 10
  Anknüpfung, gesonderte 65
  Aufspaltung, hergebrachte 43
  Ausländische Marktbereiche 154 78
  Ausländisches Recht und Förderung des – 80 104
  Außenpolitische Interessen 76 98
  und Auswirkungsanknüpfung 91 f, 111, 332 115 f, 135
  und Begehungsort 305 322
  Deliktsrechtliche Betrachtung oder Marktordnungscharakter des – 423
  Effektives Schutzsystem 73, 89, 92, 332, 404, 424, 664 113, 116
  Europäischer Binnenmarkt 134, 434 158

Wettbewerb, Wettbewerbsrecht (Forts.)
  Gesamtschutzsystem 45 60
  Gesamtschutzsystem und Auswirkungsanknüpfung 92 116
  und gewerbliche Schutzrechte 664
  Globale Interessen 89, 108 113, 132
  Globaler Gesamtansatz 209 232
  Globalisierung und Weltwettbewerb 6 8
  GWB-Marktschutz, Umfang des geschützten Marktes 239 ff 261 ff
  GWB-UWG-Schutzzwecke 16 18 234
  Handlungsfreiheit 251 272 Bestabjuup
  Handlungsfreiheit dritter Marktteilnehmer 245 266
  Immaterialgüterrecht 663, 664
  Individualinteressen, geschützte 664
  Inländischer Wettbewerb 200 224
  Institutionenschutz 16, 212, 229, 245, 251, 336, 559, 664 18, 248, 266, 272
  Internationale Interessen 9, 80, 93, 93 117
  Internationaler Konsens 64 84
  Internationalisierung und allseitige Anknüpfung 89 113
  Kartellrecht 151 ff 175 ff
  Konkurrentenschutz 336
  Konsens, internationaler 25 29
  Konzeptionelle Einheit des materiellen – 19 21
  Lauterkeitsrecht 325 ff, 366
  Leistungswettbewerb, geschützter 16 18
  Marktordnung und Individualkontrolle 43 58
  Marktordnungscharakter 170 194
  Öffentlicherechtliches/privatrechtliches Rechtsgebiet 44 59
  Rechtsbruch 570
  Schadensort 366
  Schutzdefizite 12 f 14 f
  Schutzfunktion, Ortsbestimmung 420
  Schutzsystem und kollisionsrechtlicher Rahmen 14 16
  Schutzzweck Kartellrecht/Lauterkeitsrecht 16 18
  Sittlich-moralische Maßstäbe 641
  Ungleichbehandlung inländischer/ausländischer Unternehmen 170 194
  Weltmarktkompatible Sichtweise 112 136
  Weltmarktliberalisierung 82 106
  Wettbewerbsschutzsystem, Neubestimmung der Aufgaben 89 113
  Wirtschaftliche Handlungsfreiheit Dritter 229 248
  WTO-Verpflichtungen 80, 89, 108 104, 113, 132
Wettbewerbliche Interessenkollision
  s. Interessenkollisionslösung
Wettbewerbsbeschränkung
  Bedeutung des Begriffs (§ 130 Abs 2 GWB) 144 168

Wettbewerbsbeschränkung (Forts.)
  Inlandsauswirkung 219 ff
  Rechtssystematische Zuordnung der Rechtsfolgen 122
Wettbewerbspolitik
  Internationaler Konsens 84
Wettbewerbsschutz
  Internationalisierung 6
Wettbewerbssituation
  und Auswirkungsbegriff 115
Wettbewerbsverhältnis
  und Interessenkollisionslösung 351
WIPO
  Internationales Büro der Weltorganisation für geistiges Eigentum 679
Wirkungsterritorium
  Schutzlandprinzip und – 673 ff
Wirtschafts- und Sozialrecht
  Internationale Entscheidungsharmonie und Sonderanknüpfung 84
Wirtschaftskollisionsrecht
  s. Kollisionsrecht
Wirtschaftspolitik
  und internationalisiertes Interesse 80
  und Territorialitätsprinzip 672
Wirtschaftspolitische Normen
  Trennung Privatrecht/öffentliches Recht 26
Wirtschaftsrecht
  Akzeptanz fremden – 143
  Internationales Wirtschaftsrecht
  s. dort
  und Trennung öffentliches Recht/Privatrecht 85
Wirtschaftsstandort
  s. Standort
WTO
  Ausländische Kartellgesetzgebung, widersprechende 104
  und Ausnutzung internationalen Rechtsgefälles 377
  Austauschbarkeit wirtschaftspolitischer Normen 29
  Auswirkungsanknüpfung als Konfliktursache 132
  Draft International Antitrust Code 7
  und Exportkartellprivilegierung 111
  Freihandelsinteresse 109
  Internationalisiertes Regelungsinteresse aufgrund – 113
  Konsensbildung hinsichtlich Wirtschaftskonzeption 84
  Marktordnungsinteressen, weltmarktbezogene 99
  und Realisierung weltweiten Wirtschaftsrechts 76
  Verpflichtung zur Förderung verzerrungsfreien Weltwettbewerbs 111

WTO (Forts.)
  Verpflichtungen zu einem internationalen Regelungswerk 7
  Vorrang globaler Marktordnungsinteressen 104
  Weltmarktbezogenes Marktordungsinteresse 109
  Weltmarktliberalisierung und völkerrechtliche Vorbehalte 416
  Wettbewerbsschutz und globalisierte Marktordnung 723
Zugaben
  Gewährung 533 ff
  auf Inlandswettbewerb beschränkte Rechtsanwendung 462 ff
  Werbung mit – 517 ff
  Werbung im Ausland 371
Zumutbarkeit
  Berücksichtigung grenzüberschreitender Wettbewerbsfolgen 416
Zurechenbarkeitskriterien
  Anwendung inländischen Kartellrechts 144 ff
Zusammenschlußkontrolle
  Anmelde- und Anzeigepflicht 175
  Anmeldepflicht und Auslandszusammenschluß 279
  Anmeldepflicht und Vollzugsverbot 283
  Auslandssachverhalte und extraterritoriale Rechtsgeltung 276
  Auslandsunternehmen 261 ff
  Auslandsunternehmen und Untersagungsbefugnisse 296 ff
  Auslandszusammenschlüsse, Inlandsauswirkung 286 ff
  Auslandszusammenschluß 130
  Auswirkungsprinzip und Marktbeherrschung 293
  Auswirkungsprinzip und Untersagungsbefugnisse 296 ff
  und Einheit des materiellen Wettbewerbsrechts 325
  Entflechtungsverfahren und Auslandsbezug 305
  Europäisches Recht 314, 319 f
  und GWB § 130 Abs. 2 168
  Inlandsauswirkung, geringe 130
  Inlandsauswirkung und Marktanteilshinzuerwerb 295
  Inlandsauswirkung 191
  Inlandsumsatzschwelle 278
  Inlandszusammenschlüsse, Inlandsauswirkung 284 ff
  Kollisionsrecht, materielles Recht 290
  Marktanteil und Inlandsmarkt 293
  Marktbeherrschung 281, 290
  Ministererlaubnis 305

Zusammenschlußkontrolle (Forts.) 30
  Morris-Rothmans-Entscheidung ~~280~~
  Mutter/Tochterunternehmen, Verflechtung ~~281~~ 302   283
  Organische Pigmente-Entscheidung ~~262~~
  Schutzzwecklehre und Inlandsauswirkung ~~256, 258, 259, 277~~ ff
  Schutzzwecklehre und Marktbeherrschung ~~269 ff~~ 290 ff
  Spürbarkeitsgrenze, kollisionsrechtliche ~~257, 260 ff, 273~~ 278, 281 ff, 294
  Systematischer Standort des materiellen ~~19~~
  Trennbarkeit inlandsbezogene/auslandsbezogener Bereich ~~279, 279 ff~~ 300 ff
  Untersagung aufgrund Inlandsauswirkung ~~269 ff~~ 290 ff
  Untersagungsbefugnisse ~~275 ff~~ 296 ff
  Völkerrechtliches Mißbrauchs- oder Einmischungsverbot ~~283~~ 304
  und völkerrechtliches Nichteinmischungsgebot ~~106~~ 130

Zusammenschlußkontrolle (Forts.)
  Weltmarktprinzip ~~240~~ 282
  Wettbewerbsbedingungen, Verbesserung inländischer ~~270~~ 291
  ~~und Wettbewerbsrecht, materielles 19~~
  ~~Zustellungsbefugter 320~~ 342
  Zustellungsbevollmächtigter ~~320~~ 342
  Zweck der Kontrolle ~~281~~ 302
Zuständigkeit
  Internationale Zuständigkeit
    s. Prozeßrecht
Zustellung
  im Ausland in Kartellsachen ~~320~~ 342
Zwangsgewalt
  und Befehlsgewalt des Staates ~~95~~ 119
Zweigniederlassung
  EuGVÜ-Gerichtsstand ~~309~~ 331
Zweischrankentheorie
  Nationales und gemeinschaftsrechtliches Kartellrecht ~~133~~ 157

J. von Staudingers
**Kommentar zum Bürgerlichen Gesetzbuch
mit Einführungsgesetz und Nebengesetzen**

Übersicht Nr 70/1. August 2000

Die Übersicht informiert über die Erscheinungsjahre der Kommentierungen in der 12. Auflage sowie in der 13. Bearbeitung und deren Neubearbeitung 1998 ff. (= Gesamtwerk STAUDINGER).

Die Übersicht ist für die 13. Bearbeitung und für deren Neubearbeitung zugleich ein Vorschlag für das Aufstellen des „Gesamtwerks STAUDINGER" (insbesondere für solche Bände, die nur eine Sachbezeichnung haben). Es wird empfohlen, die Austauschbände chronologisch neben den überholten Bänden einzusortieren, um bei Querverweisungen auf diese schnell Zugriff zu haben. Bei Platzmangel sollten die ausgetauschten Bände an anderem Ort in gleicher Reihenfolge verwahrt werden.

	12. Aufl.	13. Bearb.	Neub. 1998 ff.
Erstes Buch. Allgemeiner Teil			
Einl BGB; §§ 1 - 12; VerschG	1978/1979	1995	
§§ 21 - 103	1980	1995	
§§ 104 - 133	1980		
§§ 134 - 163	1980	1996	
§§ 164 - 240	1980	1995	
Zweites Buch. Recht der Schuldverhältnisse			
§§ 241 - 243	1981/1983	1995	
AGBG	1980	1998	
§§ 244 - 248	1983	1997	
§§ 249 - 254	1980	1998	
§§ 255 - 292	1978/1979	1995	
§§ 293 - 327	1978/1979	1995	
§§ 328 - 361	1983/1985	1995	
§§ 362 - 396	1985/1987	1995	2000
§§ 397 - 432	1987/1990/1992/1994	1999	
§§ 433 - 534	1978	1995	
Wiener UN-Kaufrecht (CISG)		1994	1999
§§ 535 - 563 (Mietrecht 1)	1978/1981 (2. Bearb.)	1995	
§§ 564 - 580 a (Mietrecht 2)	1978/1981 (2. Bearb.)	1997	
2. WKSchG (Mietrecht 3)	1981	1997	
MÜG (Mietrecht 3)		1997	
§§ 581 - 606	1982	1996	
§§ 607 - 610	1988/1989		
VerbrKrG; HWiG; § 13 a UWG		1998	
§§ 611 - 615	1989	1999	
§§ 616 - 619	1993	1997	
§§ 620 - 630	1979	1995	
§§ 631 - 651	1990	1994	
§§ 651 a - 651 k	1983		
§§ 652 - 704	1980/1988	1995	
§§ 705 - 740	1980		
§§ 741 - 764	1982	1996	
§§ 765 - 778	1982	1997	
§§ 779 - 811	1985	1997	
§§ 812 - 822	1979	1994	1999
§§ 823 - 825	1985	1999	
§§ 826 - 829	1985/1986	1998	
ProdHaftG		1998	
§§ 830 - 838	1986	1997	
§§ 839 - 853	1986		
Drittes Buch. Sachenrecht			
§§ 854 - 882	1982/1983	1995	
§§ 883 - 902	1985/1986/1987	1996	
§§ 903 - 924	1982/1987/1989	1996	
Umwelthaftungsrecht		1996	
§§ 925 - 984	1979/1983/1987/1989	1995	
§§ 985 - 1011	1980/1982	1993	1999
ErbbVO; §§ 1018 - 1112	1979	1994	
§§ 1113 - 1203	1981	1996	
§§ 1204 - 1296	1981	1997	
§§ 1 - 84 SchiffsRG		1997	
§§ 1 - 25 WEG (WEG 1)	1997		
§§ 26 - 64 WEG; Anh Besteuerung (WEG 2)	1997		
Viertes Buch. Familienrecht			
§§ 1297 - 1302; EheG u.a.; §§ 1353 - 1362	1990/1993		
§§ 1297 - 1302; NeLebGem (Anh §§ 1297 ff.); §§ 1303 - 1362		2000	

	12. Aufl.	13. Bearb.	Neub.1998 ff.
§§ 1363 - 1563	1979/1985	1994	2000
§§ 1564 - 1568; §§ 1 - 27 HausratsVO	1994/1996	1999	
§§ 1569 - 1586 b	1999		
§§ 1587 - 1588; VAHRG	1995	1998	
§§ 1589 - 1600 o	1983	1997	
§§ 1589 - 1600 e; Anh §§ 1592, 1600 e			2000
§§ 1601 - 1615 o	1992/1993	1997	
§§ 1616 - 1625	1985		
§§ 1626 - 1665; §§ 1 - 11 RKEG	1989/1992/1997		
§§ 1638 - 1683			2000
§§ 1666 - 1772	1984/1991/1992		
§§ 1773 - 1895; Anh §§ 1773 - 1895 (KJHG)	1993/1994	1999	
§§ 1896 - 1921	1995	1999	
Fünftes Buch. Erbrecht			
§§ 1922 - 1966	1979/1989	1994	2000
§§ 1967 - 2086	1978/1981/1987	1996	
§§ 2087 - 2196	1980/1981	1996	
§§ 2197 - 2264	1979/1982	1996	
BeurkG	1982		
§§ 2265 - 2338 a	1981/1983	1998	
§§ 2339 - 2385	1979/1981	1997	
EGBGB			
Einl EGBGB; Art 1 - 6, 32 - 218	1985		
Einl EGBGB; Art 1 - 2, 50 - 218		1998	
Art 219 - 221, 230 - 236	1993	1996	
Art 222		1996	
EGBGB/Internationales Privatrecht			
Einl IPR; Art 3, 4 (= Art 27, 28 aF), 5, 6	1981/1984/1988	1996	
Art 7 - 11	1984		
Art 7, 9 - 12		2000	
IntGesR	1980	1993	1998
Art 13 - 17	1983	1996	
Art 18		1996	
IntVerfREhe	1990/1992	1997	
Kindschaftsrechtl. Ü; Art 19 (= Art 18, 19 aF)	1979	1994	
Art 20 - 24	1988	1996	
Art 25, 26 (= Art 24 - 26 aF)	1981	1995	2000
Art 27 - 37; 10	1987/1998		
Art 38	1992	1998	
IntWirtschR		2000	
IntSachenR	1985	1996	
Alphabetisches Gesamtregister	1999		
BGB-Synopse 1896-1998		1998	
BGB-Synopse 1896-2000			2000
100 Jahre BGB - 100 Jahre Staudinger (Tagungsband 1998)	1999	1999	
Demnächst erscheinen			
§§ 104 - 133; BeurkG		2001	
§§ 255 - 314			2001
§§ 315 - 327			2000
§§ 631 - 651			2000
§§ 651 a - 651 l		2001	
§§ 652 - 704			2001
§§ 1601 - 1615 o			2001
§§ 1616 - 1625		2001	
§§ 1684 - 1717		2001	
§§ 1741 - 1772		2001	

Nachbezug der 13. Bearbeitung und deren Neubearbeitung: Um sich die Vollständigkeit des „Gesamtwerks STAUDINGER" zu sichern, haben Abonnenten jederzeit die Möglichkeit, die ihnen fehlenden Bände früherer Jahre zu für sie erheblich vergünstigten Bedingungen nachzubeziehen (z. B. 55 bis Dezember 1998 erschienene Bände [1994 ff.; ca. 35.800 Seiten] seit 1. Januar 2000 als Staudinger-Einstiegspaket 2000 für DM 9.800,-/öS 71.540,-/sFr 8.722,-). Auskunft erteilt jede gute Buchhandlung und der Verlag.

Nachbezug der 12. Auflage: Abonnenten haben die Möglichkeit, die 12. Auflage komplett oder in Teilen zum Vorzugspreis zu beziehen (so lange der Vorrat reicht). Hierdurch verfügen sie schon zu Beginn ihres Abonnements über das „Gesamtwerk STAUDINGER".

Dr. Arthur L. Sellier & Co. KG - Walter de Gruyter GmbH & Co. KG, Berlin
Postfach 30 34 21, D-10728 Berlin, Telefon (030) 2 60 05-0, Fax (030) 2 60 05-222